TANGSONG LISHI BIJI LUNCONG

青海民族大学民族学博士点建设文库

唐宋历史笔记论丛

姚继荣　姚忆雪　著

民族出版社

目　录

一 唐宋历史笔记述论

唐宋史，有广狭之分。一般说来，唐代始于武德元年（618），终于天祐四年（907）；宋代始于建隆元年（960），终于祥兴二年（1279）。而唐宋之间，还有半个世纪的五代；与两宋并存的，还有辽、金和西夏王朝，乃至大理和唃厮啰政权。所以，广义的唐宋史，除了唐宋两代而外，至少还应包括五代、辽、金、西夏以及大理和唃厮啰的历史，这也应该是唐宋历史笔记讨论的年限与范围。从唐宋历史笔记发展的实际情况考虑，大略可按唐代、五代、宋代和辽金四大时段来把握它的发展和演变之迹。

○唐宋社会走向与历史贡献

唐朝以惠农、府兵和科举立国，又以无比的自信包容异族文化，在中国历史上书写了最华丽的篇章。从秦汉到明清，唐朝无疑是首屈一指的耀眼盛世。

唐高祖李渊、唐太宗李世民父子，开启了大唐的盛世之门，天下从大乱走向大治。先是出现了“贞观之治”的局面，后经武周时代的持续发展，至开元、天宝之年，唐朝步入全盛期，社会稳定，经济繁荣，文化灿烂，国力雄厚，声威远播，万国来朝，赢得了“开元盛世”的美誉。

在中国历史上，唐朝是统治最长、疆域最辽阔的王朝之一，也是中国统一多民族国家发展的重要阶段。它拥有东临大海、西达咸海、北越贝加尔湖、南到南海的广阔疆土，控制人口超过了5000万，是当时领先于世界民族之林的大国，也是中国古代历史上最灿烂辉煌的一页。

还应该说明，和西汉接续的是秦朝这样一个二世而亡的大一统王朝一样，唐朝接续的是隋朝这样一个二世而亡的大一统王朝；比起汉初的统治者来，唐初的统治者在总结前朝暴政而亡的经验教训上，是有过之而无不及的。《二十四史》中有八部即成于唐初，绝不是一个偶然的史学现象，而是贞观君臣“有的放矢”的结果。李世民不仅亲自部署，还亲手捉笔为《晋书》中的宣帝、武帝纪及陆机、王羲之传写了史论。这也充分表明唐初统治者对历史总结的高度关注，而这种关注也正是帮助他们矫正前朝弊端、刷新当前政治，从而赢得空前盛世的关键因素之一。

另外，对于外来文化，唐人所表现出的恢弘的胸怀气度与对待不同文化的兼容心态，造就了中外文化交融的开放风气，创造了有利于文化繁荣的氛围环境，从总体上影响到了唐代文化的风貌，文学、史学、书法、绘画、雕塑、音乐和舞蹈也有了很大的发展。[①]

755—763年的“安史之乱”，是唐朝由盛到衰的转折点。唐中叶以后，内乱外患交困，国势江河日下，既有宦官专权、朋党之争，又有藩

① 袁行霈主编：《中国文学史》（二），169页，北京，北京大学出版社，2005。

镇割据和异族入侵，而此起彼伏的农民战争最终为唐朝奏响了挽歌。

接续盛唐而来的五代十国，是一个动荡纷扰的历史时段。所谓“五代”，是先后占据中原而更迭兴起的后梁、后唐、后晋、后汉和后周，它们的统治中心主要是在淮河以北及黄河中下游。而在淮河以南，还先后存在过九个小国，它们是吴、吴越、南平、南唐、前蜀、后蜀、南汉、闽、楚，连同山西、河北的北汉，这就是所谓的“十国”。实际上，还有幽州刘守光的“燕”①、靺鞨族的“渤海”、耶律氏的“契丹”、云南段氏的“大理”和关中李茂贞的“岐王”这些政权。

就大势而言，五代十国的分裂局面，实际上是晚唐乱世的延续。在旧史家看来，五代十国的形势和格局，是“僭窃交兴，称号纷杂”②。这样分裂、动荡的半个多世纪，也在为从乱世纷争走向统一准备条件。从总体上看，五代的实力要超过十国中的任何一国，这是之所以由代后周而起的北宋完成统一的关键所在。不过，北方的战争破坏要严重得多，偏安江南的小朝廷，坚守保境安民的政策，致力于社会经济的恢复和发展，从而使以长江流域为代表的南方经济渐次成为全国的经济重心所在，随后也一直为宋元明清各个朝代所倚重。

宋辽金元是一个很耐人寻味的历史时代。北宋与辽和西夏鼎足而三，随后，南宋又与金和西夏彼此抗衡，最后由元朝完成统一多民族国家的历史任务。

这种历史格局，让中国又迎来了一次各民族的大“洗牌”。宋辽金元与两晋之际一样，从总体上说，北方又经历了一次“胡化”的过程，既提升了入主中原的少数民族的水平，也造成了北方历史和文化的停滞乃至倒退；而很多先进的北方人逃往南方，也使南方又经历了一次“汉化”的过程，既提升了祖居南方的少数民族的水平，也成就了南方历史

---

① 国号“大燕”，又称“桀燕”。

② 《新五代史·十国世家年谱》，北京，中华书局，1974。

和文化的进步与繁荣。

陈桥兵变，赵匡胤黄袍加身，代后周而立北宋；随后，又通过一系列战争，结束了五代以来的分裂局面，实现了国家的局部统一。说北宋是局部的统一，一是因为它的北边只及河北中部，而西边也只及甘肃东南部，这与早先汉唐之辽阔疆域已相去甚远；二是因为终北宋一朝，北方及西北的辽、西夏一直与之并存，在青藏高原东北部还有藏族的唃厮啰政权在活动。

立国之初，北宋统治者也想借吞并南方及北汉的余威，向北和西北拓展自己的疆域，力图恢复像汉唐那样的泱泱大国气象，于是，与辽和西夏展开了大规模的战争。可天不遂愿，北宋在这些战争中总是处于下风，还不得不与辽和西夏订立了有些屈辱的和约。

不过，宋、辽、西夏三方也各自清醒意识到，谁也没有能力消灭和吞并对方，所以，和约在消弭战争中起到了很好的作用，三方也在各自的轨道上发展社会经济与文化。在这方面，北宋的社会经济文化恢复发展得尤为迅速。

另外，为了从侧翼牵制西夏，也为了取得战争所需要的马匹，北宋与唃厮啰政权关系密切，一度也还借“熙和开边”深入到了青海的河湟流域。这一时段，除了与唃厮啰政权加强政治联系之外，北宋与以藏族为主体的西北各族的茶马互市也开展得有声有色。

北宋一直存在“三冗”问题，即“冗官”、“冗兵”和“冗费”，也使朝廷不堪其累。翰林学士宋祁叹道：“三冗不去，不可以为国。”①于是，随后有了范仲淹的庆历新政和王安石的熙宁变法，目的在于富国强兵，既改变入不敷出的现状，又对付来自北方的强敌。不过，积习难改，旧势力过大，这些令人炫目的改革也多半流产了，没有起到有效扭

① 宋祁：《宋景文集·三冗三费疏》，见（文渊阁）《四库全书》，台湾，商务印书馆，1983—1986。

转世风和时局的作用；在与契丹和党项的战事中，依旧改变不了连吃败仗的命运。

北宋统治者以武立国，所以也很警惕武人乱政；又有鉴于中唐以来藩镇强盛、尾大不掉的历史教训，采取了“崇文抑武”的国策，而文臣受到了高度重视。这种“重文轻武”的倾向，一方面使文人学士大受鼓舞，这也是北宋文化积累大为可观的一个重要原因；另一方面，军队的训练、提调和统领偏离正轨，这也是北宋与外敌接战屡屡失败的一个重要因素。至宋徽宗、宋钦宗父子，北宋已难以抗御来势凶猛的金兵，从而招致了开封城破、他们双双做了金兵俘虏的“靖康之耻”，最终客死黑龙江五国城，落得个丧国辱身的可悲下场。

北宋灭亡后，宋钦宗的九弟赵构在应天府（今河南商丘）重组宋政权。不过，他在刚即位的几年中，一直是在疲于奔命中度过的。在金兵的穷追不舍之下，他先是从中原逃到临安（今浙江杭州），再从临安逃到宁波，随后又沿海岸线避难，一度还寄居在沙船之上。金人北返后，他结束了颠沛流离的亡命生涯，重回临安。临安在汴京之南，所以，这以后的宋朝即称“南宋”。

金兵的南侵和南宋的抗金，上演了一场金戈铁马、浴血拼争的大戏。应该说，双方各有胜负，南宋又略处下风。绍兴和议的缔结，各以淮河至大散关一线为界，这也表明，南宋比北宋的疆域又小了不少。不过，这之后也少有大规模的战争冲突了，是有利于社会经济文化的恢复和发展的。

偏安江南的南宋朝廷，虽说在政治上没有多少作为。不过，大略上还是做到了保境安民，战争没有给南方造成太大的破坏，而发展生产、复兴文化的举措也还算是很有效的。一方面，讲究耕作，重视水利，从东部的沿海到西边的四川，形成了连片的水稻主产区，太湖流域还赢得了“苏湖熟，天下足”的美誉；另一方面，手工业、商业发展提升到了一个新的水平，产品精细化、行业专业化趋于明显；再一方面，因北有金、西北有夏，北方传统的中西交通孔道阻绝，海外贸易异军突起，十分活跃；另外，文化和科技的积累，虽说减缓了步伐，可也没有明显停顿下来，这是成就朱熹集宋代理学之大成的一个重要原因。

权臣当道，是南宋政治的一大特点。秦桧、韩侂胄、史弥远和贾似道，是南宋臭名昭著的权臣。在很大程度上，他们左右了政治走向，造成了南宋巨大的内耗。所以，南宋初年尚能勉强与金兵作拉锯之争，而到了后来，它已没有多少能力抵御比金兵强大得多的蒙古铁骑了。

一直以来，在对外交往中，宋朝给人以软弱的印象。不过，从总的形势看来，两宋社会有两个方面还是值得关注的：一是阶级矛盾不是很突出，北宋也只发生过像成都周边的王小波、李顺起义和水泊梁山的宋江起义，南宋也只发生过浙皖毗邻的方腊起义和洞庭湖畔的钟相、杨么起义，这些农民的暴动，规模不大，持续时间也不长；二是统治者重文轻武，文禁不多，科举兴盛，仕途通畅，思想、言论比较自由，读书人的日子也比较好过，即使有不听圣命的，也很少会招致坐牢和杀头①，一般不过是受到降级、贬官和罢官的处罚而已。宋弁《曲洧旧闻》记，一举子因试不第，给成都知府的献诗中云："把断剑门烧栈道，西川别是一乾坤"，既发泄了自己的不满，又鼓动知府割据一方，与宋朝分庭抗礼。知府吓坏了，随即把举子绑缚京城，请求朝廷治罪。宋仁宗得知后，哈哈一笑道："老秀才急于当官而为之，不足治也。可授以司户参军，处于远小郡。"写了反诗，非但没有被治罪，反而得到了官位，足见宋仁宗对读书人的宽容。所以，宋朝一直是读书人十分憧憬和向往的时代。

---

① 叶梦得《避暑漫抄》称：建隆三年（962），宋太祖密镌一碑，立于太庙寝殿之夹室，谓之"誓碑"，留下了赵匡胤的一条祖训："不得杀士大夫及上书言事人，子孙有渝此誓者，天必殛之。"王夫之《宋论·太祖三》云："太祖勒石，锁置殿中，使嗣君即位，入而跪读。其戒有三：一、保全柴氏子孙；二、不杀士大夫；三、不加农田之赋。呜呼！若此三者，不谓之盛德也不能。"

从总体上看，北宋的疆土和国势胜于南宋，而南宋的经济和文化则超过了北宋。另外，与两宋同时并存的一些少数民族政权，也不乏可圈可点之处。

契丹族，原本是辽东古鲜卑族的一支，后来也像他们的先人一样，向西迁到了内蒙古。至耶律阿保机立国，定国号“大辽”、“大契丹国”，还让人仿汉字和回鹘字创制出了契丹文。

宋辽的和战，一直是研究者关注的焦点。不过，有一点很重要，澶渊之盟为双方社会经济文化的恢复和发展创造了条件，也提供了有力的保障。

辽至全盛，不仅拥有北方草原，还一直向南拓展到黄河北岸，设立了五京，包括上京临潢府（今内蒙古巴林右旗）、中京大定府（今内蒙古宁城）、东京辽阳府（今辽宁辽阳）、西京大同府（今山西大同）和南京析津府（今北京）。辽对不同地区实行不同的制度，中枢官员也分为北面官和南面官，北面官负责契丹事务，南面官负责汉人事务。

辽的主要问题，一是皇族为争夺继承权的内耗，二是对它统治下的女真人的打压过重。另外，它的生气也渐渐消失了，而后来它也正是亡于它所刻薄对待的女真人之手的。

党项族，原本是甘青川边古羌族的一支，后来辗转向东北于贺兰山下立国，控制了宁夏、陇东及河西走廊。元昊与北宋打了多年的仗，后来通过和议得到了不少好处，还厘定了一些制度，让人搞出了西夏文字，有力促进了党项族社会的发展。

从1209—1227年，崛起于北边的蒙古人三征西夏，也最终灭掉了这个奇异神秘的王国。很让人不解的是，一度在西北活跃乃至显赫的党项族，仿佛一夜之间就突然蒸发了。后来，有人说，在沙坡头一个很隐蔽的黄河港湾，有一些与外界很少联系的人们，他们一直自称是西夏王室的后裔。另外，在喜马拉雅山中生活的夏尔巴人，藏语的含义是“来自东方的人”，这就是有人所称的神秘“雪人”。他们的语言和风俗与藏族明显不同，自称与西夏的党项族有渊源关系。西夏亡国后，有些党项人融入于蒙古族，有一部分人流亡山西、河北、河南、山东，渐次融入到汉族当中，还有一部分人跋涉千里，向南远徙至印度、尼泊尔和不丹毗邻地区。

女真族，原本是黑龙江流域黑水靺鞨的后裔，后来又向南拓展到了松花江流域。至完颜阿骨打立国，有了自己的国号“金”和京城上京会宁府（今黑龙江阿城），后来还创制了女真文字。

早先，金的社会组织是原始的“猛安”和“谋克”①，每300户为一谋克，十谋克则组成一个猛安。后来，因统治区域扩大到淮河北岸，为了有效管理黄淮海的汉族，又仿效宋朝官制，在中央设三省和枢密院，还把京城迁到了关内的燕京（今北京），改称“中都”。不过，金和辽一样，虽说在中原也采用了汉制，可他们毕竟不善于农业文明的经营，他们的统治多少还是造成了中原社会的停滞乃至倒退。

宋金的和战，一直也是研究者关注的焦点。不过，绍兴和议为双方社会经济文化的恢复和发展创造了条件，也提供了有力的保障。

不过，金国也是问题成堆。一是统治者失去了进取心，朝政荒废，社会上弥漫腐化享乐的风气；二是偏颇的民族政策渐渐也激化了民族矛盾，敢怒而不敢言的怨愤一直也在暗中涌动；三是崛起于北部的蒙古族，已在悄然影响到政治和民族格局的变化，而女真人几乎还没有意识到灭顶之灾已经迫近自己了……

○唐宋学术思潮与史学发展大势

唐代思想发展的一大特点，是佛教哲学压倒儒道思想，成为占主导

① “猛安”、“谋克”，系女真语音译，原义分别是部落酋长和氏族长。

地位的思想文化。唐代皇帝大多扶植过佛教，朝廷还组织译场翻译佛经。经过历代高僧的努力，调和减除与本土信仰者的心理障碍，佛教教义业已深入士人民众，对社会心理发生了重要影响。

佛教发展到唐代，各宗派的消失隆替，不同程度地反映了佛教文化中国化的历程。一方面，佛学初传即依附于本土思想，传播过程即是自身中国化的过程；另一方面，本土固有文化心理和积淀，又影响制约它对外来文化的吸收，表明接受主体对外来文化与本土文化交汇中的整合功能。这是传播与选择的双向交流过程。拘泥旧有形式和内容的唯识、三论，到中唐后渐次消亡，而变异本体的华严、禅宗则得到了迅速发展。另外，佛教传播有层次之别，当政者更多是从统治的需要利用宗教维持社会秩序的功能，而知识分子多从事于理论形态的吸收，像天台宗使中国哲学更系统化，三论宗导致逻辑学和认识论的大发展，唯识宗扩大了知识领域，理学改造禅宗，更向内心本性探求；广大民众则径取最简易切近的学说，以满足生活中安全、归属的心理需求。所以，净土宗与禅宗南宗的称名念佛与顿悟说大受欢迎，这也表明，最接近下层民众的宗教发展最快也最持久。

道教是由原始宗教意识和神话传说及殷周时代鬼神崇拜发展而来的多神教。中经近千年的发展，理论教义、宗教实践得到进一步的完善，而佛教的传入也成为发展的推力。为争取更多的人信仰，道教从理论、教义到争取信徒与佛教展开激烈抗争，还得到了政治权威的有力支持，至少在政治上取得了与佛教分庭抗礼的席位。

与佛道两种哲学社会思潮相表里，儒学在唐代走过了由衰微到复振的历程。唐初，由于佛教的强大冲击和统治者对道教的推崇，儒学有所式微，又努力在佛道对立的两极中保持必要的张力；中晚唐，经过对天人关系的重新论证和援佛道以入儒的历时性转化，儒学内容体系趋于完备，儒家学说日益升值，实开宋明理学之先河。儒学哲学依然是官方正统思想，唐代通过尊崇孔子及其学派，整理儒家经典、发展学校教育，来维持它的存在和发展。不过，从唐代文化总体发展看，佛道大发展，佛经梵典的译注成为盛行一时的学术风潮，老子、庄子、文子、列子抬升为经，成为考试科目，儒学失去了独尊的地位，文学艺术的高度繁荣，也掩盖了经学的强大身躯。

三教争衡，是唐代学术思潮的一大特点。儒释道竞相发展自己思想、吸引信仰者，争取政治统治的支持。三教鼎足而立，并行不废，对社会思潮产生了深刻影响。

三教论衡在排次上，只宣宗朝释为道先，大多数时候则是道居释前。这是因为，唐皇室自认道教为本家，对它的政治和宗教地位予以肯定。不过，大部分争论的结果是佛教取胜。盖因佛教以“三论”和因明学的发达，重视逻辑推理与论证，有规范化了的神学理论，从世界观和方法论的高度统一信仰者的思想。同时，佛教的礼仪简便易行，像南禅的顿悟和人人有佛性的说法，也便于推广流行。与道教比起来，在理论精致程度和信仰人数上占有绝对优势。

而佛教各派中，除法相宗外，没有不吸收儒学的。禅宗也参与讨论和解决儒家的心性问题；佛与道也有融和，湛然《止观辅行传弘诀》中即引入了道教的服丹成仙思想；密宗不少理论与修炼术有关。儒者援佛入儒，以李翱为代表，而王维、柳宗元、刘禹锡、白居易也不同程度地肯定或倾心佛教。道教学者大多吸收儒家的伦理观念，而儒学者也多认为儒道同归。

三教论争更是有积极的社会功能，政治权威容忍各学术思想派别的论争，养成公开论衡思辨的社会风气。儒学不为一统思想居于各派学术思想之上，有利于学术思想间的交融，形成比较开放多样的文化政策，不同阶层人士有一定程度的较为自主的价值选择和不同的宗教信仰，也有利于创造出盛唐丰富多彩的文化。

在走向文化民族化的历程中，唐代经受住了外来文化的全面冲击，充满自信地迈向新的历史发展阶段。儒释道三教争衡，对学术文化的发展产生了深刻的影响，这也是造成唐代文化具有鲜明时代特征的一个方面。[①]

至于五代，虽天下多故，可也大略承续了唐代的学术风气。

自汉武帝“独尊儒术”之后，儒家学说成为中国政治与文化的道统。韩愈于中唐倡导古文运动，主张“文以载道”，即以卫道的面目出现；而李翰的《复性书》，实开宋代理学的先声。“理学家虽从佛、道两家那里得到启发，然而，他们的学说的终极目的却与宗教神学不同。佛教、道教尽管宗旨各异，都是鼓吹出世，理学仍着眼于应世。”[②] 所以，理学的骨子里依然是儒学，统治者的治世与理学家的应世，并没有离开儒家学说。宋初柳开[③]于《应责》一文中即云：“吾之道，孔子、孟轲、扬雄、韩愈之道；吾之文，孔子、孟轲、扬雄、韩愈之文。”这就是说，文学应做到文、道合一。略细说来，即以道为本，以文为末，道为载文之道，文为载道之文。[④]

至宋真宗，深感时文游离道统，于大中祥符二年（1009）下诏，一方面，批判“近代以来，属词多弊，侈靡滋甚，浮艳相高”；另一方面，要求文统归一，还声称：“今后属文之士，有辞涉浮华，玷于名教者，必加朝典，庶复古风。”[⑤] 随后，范仲淹接过柳开、王禹偁的大旗，也领会到了宋真宗的旨意，于入仕政纲中，强调“敦谕词臣，兴复古道”[⑥]。再后，宋仁宗连下两诏，要求戒浮华以明道，书散文而绝骈体，言之有物，而又物归于理。除了柳、王、范之外，像穆修、孙复、宋

① 李岩：《三教争衡与唐代的学术发展》，载《社会科学家》，1994（5）。

② 马积高：《宋明理学与文学》，5页，长沙，湖南师范大学出版社，1989。

③ 柳开（947—1000），字绍先、仲涂，号“东郊野夫”、“补亡先生”，河北大名人。开宝六年（973）进士，官至州、军长官，殿中侍御史，提倡韩柳散文，以复兴古道、述作经典自命，为宋代古文运动倡导者，撰有《河东先生集》。

④ 郑宪春：《中国笔记文史》，282页，长沙，湖南大学出版社，2004。

⑤ 石介：《徂徕石先生文集·祥符诏书记》，北京，中华书局，1984。

⑥ 范仲淹：《范文正公集·奏上时务书》，北京，北京图书馆出版社，2006。

祁、尹洙、石介、尹源和苏舜钦这些人，也身体力行，在文坛上卷起一股重道致用、宗汉唐而远浮华的旋风。而欧阳修、苏轼又克服宋初以来道学气十足的局限，他们虽宗韩柳，可又跳出了旧有之窠臼，言道崇尚平实，言文力求平易，以道统文，所谓“道胜者文不难而自至”①。在他们的影响下，宋庠、苏辙、苏舜元、苏舜钦、曾巩和王安石这些人，弘扬“平易说道理”的新道统。而这种道统，实际上也是一种风格，贯穿于他们的各式各样的文体之中。这种风气也影响到了南渡后的文人，像陆游、叶适、胡铨、辛弃疾、陈亮、洪迈和文天祥这些人，于有关政论、笔记和小品文中充分表现了这种风气与传统。

又宋朝统治者崇文抑武，既强化了君权，又使士大夫的社会责任感和参政热情空前高涨。他们以国家栋梁自居，意气风发地表达自己的政见。②“开口揽时事，议论争煌煌”③，成了宋代文人的特有风貌。唐宋以来的学术风气，对唐五代、宋辽金史学也产生了深刻影响。

至隋唐五代，中国史学出现了新的转折。一是私人修史受到了限制，朝廷设立史馆，完善了史官制度，官修史书成绩斐然；二是史学在思想文化领域中逐步摆脱经学的羁绊，卓然自立的地位得到了社会的承认；三是出现了总结史学工作的专书，史学批评日趋成熟，标志了史学的发展步入更加自觉的阶段；四是编年体史书和纪传体史书长期发展的基础上，出现了典制体④这一新的表现形式，表明制度史的撰述受到史学家的重视，从而丰富了史学的内涵，扩大了历史撰述的领域；五是出现了通史撰述的复苏态势和历史笔记的全新发展。这些情况反映出这一时段的历史和史学特点，对后来史学发展产生了很大的影响。⑤

① 欧阳修：《欧阳修全集·答吴元秀才书》，北京，中华书局，2001。

② 袁行霈主编：《中国文学史》（三），3～4页，北京，北京大学出版社，2005。

③ 欧阳修：《欧阳文忠公集·镇阳读书》，北京，北京图书馆出版社，2004。

④ 又作“典志体”和“政书体”。

⑤ 瞿林东：《中国史学史纲》，291页，北京，北京出版社，1999。

宋辽金三朝，是中国史学发展的一个新的阶段，主要特点是史家的历史与史学意识更加趋于深化，主要标志是忧患、会通、史学批评和历史认同意识，有了明显的表现与发展。以会通意识而言，出现了司马光的《资治通鉴》和郑樵的《通志》，又有《资治通鉴》而孳生出朱熹的《资治通鉴纲目》和袁枢的《通鉴纪事本末》这样的纲目体和纪事本末体史书。李焘的《续资治通鉴长编》、李心传的《建炎以来系年要录》和徐梦莘的《三朝北盟会编》，反映出史家对当代历史问题的关注；《新唐书》、《旧五代史》和《新五代史》三部“正史”，则是史家对前朝史的改作和撰写。而会要体史书也有了突出的发展，从内容上说，既有关于前朝的，像王溥的《唐会要》和《五代会要》，又有关于本朝的，像官修的《宋会要》。另外，有关民族关系、中外交通、地方经济文化和历史文献学的史书，也取得了令人瞩目的成就。

辽金史学与两宋史学有十分密切的联系，一方面，表现出自身的民族特点；另一方面，又鲜明反映出对多民族国家历史的认同，是中国史学反映统一的多民族国家之历史进程的重要组成部分。[①]

〇唐宋笔记、野史笔记和历史笔记

“笔记”一词，语出南梁刘勰。《文心雕龙》卷九《才略》云：“路粹、杨修，颇怀笔记之功；丁仪、邯郸，亦含论述之美。”同卷《总术》又解释道：“今之常言，有文有笔，以为无韵者笔也，有韵者文也。夫文以足言，理兼诗书；别目两名，自近代耳。颜延年以为笔之为体，言之为文也；经典则言而非笔，传记则笔而非言。请夺彼矛，还

① 瞿林东：《中国史学史纲》，432～433页，北京，北京出版社，1999。

攻其楯矣。何者？易之文言，岂非言文？若笔不言文，不得云经典非笔矣……予以为发口为言，属笔曰翰，常道曰经，述经曰传。”从刘勰的话可知，他所提到的“笔记”，还没有视同于一种文体。同时代的王僧孺，于《太常敬子任府君传》云：“辞赋极其精深，笔记尤尽典实。”①王氏把“笔记”和“辞赋”对比，倒是有些考究文体的意味了。在《南齐书·丘巨源传》中，也有“笔记贱伎，非杀活所待；开劝小说，非否判所寄”之说，在这里，有吐词为文之意，又含有鄙夷之情。在南北朝，骈偶文大行其道，讲究对仗的工整和声律的铿锵。在文士们看来，辞藻华丽而又受字句和声律约束之文，谓之“文”；而随笔记录，或叙事，或记人，或表心，或纳物，不讲究音韵和排比，没有任何束缚及限制的文字表述，谓之“笔”。可见，“笔记”一词，原本的含义，不过是信笔记录而已。后来，一般即把用散文所写零碎琐屑的随笔、杂记之类，统统归之为“笔记”之属。

而所谓“笔记”者，究竟又是什么呢？刘勰下述的一些话，对于理解“笔记”是有启示的：“记之言志，进已志也”，“夫书记广大，衣被事体，笔札杂名，古今多品……并述理于心，著言于翰，虽艺文之末品，而政事之先务也”，“或事本相通，而文意各异，或全任质素，或杂用文绮，随事立体，贵乎精要；意少一字则义阙，句长一言则辞妨，并有司之实务，而浮藻之所忽也”②。有学者综合刘氏的说法，说大略有四层语义：（1）笔记是个人情志的表露和记录；（2）笔记包罗万象，虽属文之“末品”，可也有经国教化的功用；（3）笔记不拘形式，而又以精练为要；（4）笔记的语言文字并举，雅俗共赏。③

应该说，笔记之文，早已有之，先秦之左史记言、右史记事，诸子“语录”和“札记”性质之文，或可看作是它的源头。至于汉魏以来刘

---

① 欧阳询：《艺文类聚》卷49引王僧孺文，上海，上海古籍出版社，1982。

② 刘勰：《文心雕龙》卷25《书记》，上海，上海古籍出版社，2010。

③ 郑宪春：《中国笔记文史》，3～4页，长沙，湖南大学出版社，2004。

向的《新序》、《说苑》，干宝的《搜神记》和刘义庆的《世说新语》之类，则是学界公认的最早一批有代表性的笔记。不过，直至北宋，宋祁的《宋景文笔记》，方才第一次公开亮明了“笔记”的名号。而实际上，笔记是随心所欲、随笔记录的文体，名号众多，像“丛谈”、“丛话”、“丛录”、“谈丛”、“谈录”、“杂俎”、“杂识”、“杂录”、“杂忆”、“杂记”、“野记”、“札记”、“笔记”、“笔谈”、“琐言”、“琐语”、“闲话”、“漫钞”、“漫录”、“随笔”、“野闻”、“述闻”、“见闻录”和“闻见录”之类，不一而足。

笔记“杂名”、“多品”的状况，使学人对它的分类难免纠结。明人胡应麟作《少室山房笔丛》，把小说分为六类：“小说家一类，又分为数种：一曰志怪，《搜神》、《述异》、《宣室》、《酉阳》之类是也；一曰传奇，《飞燕》、《太真》、《崔莺》、《霍玉》之类是也；一曰杂录，《世说》、《语林》、《琐言》、《因话》之类是也；一曰丛谈，《容斋》、《梦溪》、《东谷》、《道山》之类是也；一曰辨订，《鼠璞》、《鸡肋》、《资暇》、《辨疑》之类是也；一曰箴规，《家训》、《世范》、《劝善》、《省心》之类是也。”[①] 在这六类中，除“传奇”、“规箴”属子部杂家类之外，“志怪”、“杂录”、“丛谈”和“辨订”四门，则属于笔记体性质。

至乾隆朝，编《四库全书》，对与笔记有关的图书，四库馆臣分别列入“史部·杂史”、“子部·杂家”和“子部·小说家”三类。这里的“杂史”，是“事系庙堂，语关军国”之书，而所述不过是“一事之始末”、“一时之见闻，不得为正史”[②]。这里的“杂家”，分为六类：(1) 不宗一家的“杂学”，像颜之推的《颜氏家训》；(2) 辨证事实的“杂考”，像顾炎武的《日知录》；(3) 既有资料又有议论的“杂说”，

① 胡应麟：《少室山房笔丛》卷29《九流绪论》，上海，上海书店，2001。
② 《四库全书总目》卷51史部杂史类，北京，中华书局，1965。

像孙承泽的《春明梦余录》；（4）推究原理而所记纤细的“杂品”，像刘体仁的《七颂堂识小录》；（5）分类编辑旧闻的“杂纂”，像陶宗仪的《说郛》；（6）汇刻各类文体的“杂编”，像冯班的《钝吟杂录》。[①]这里所谓的“小说家”，分为杂事、异闻和琐语三类。[②]

杂史类与小说家杂事类，同记杂事，不易区分，所以，又“述朝政军国者入杂史，其参以里巷闲谈，词章细故者”，则入杂事[③]。文体虽同，可内容上有朝野之异，所以即有所分别。不过，这样的分类并不完全合理。至于杂家类，“杂学”以学术观点立目，与“杂考”、“杂说”、“杂品”、“杂纂”和“杂编”以体例庞杂立目，原则不一，置于一类也不合适。至晚清，张之洞作《书目问答》，认为杂史记“有关政制风俗轶事”，可分为事实、掌故和琐记三类，把《春明梦余录》入琐记；至于杂家类，则以学术观点划分，所谓“学术不纯宗一家者入此，其杂记事实者入杂史，杂考经史者入儒家”。这样一来，从文体上说，杂家与笔记也就没有关系了。而小说家之书，在他看来，是记事之作中“多参议论，罕关政事”[④]的，像王士禛的《居易录》。以记政事之多寡，划分杂史与小说，与四库馆臣的看法大略一致。今人谢国桢作《明清笔记谈丛》，视“笔记”、“小说笔记”、“野史稗乘”、“野史笔记”为同一概念，把杂史、杂学、小说家、史地、史抄和传记类图书，一律归入“野史笔记”[⑤]。不过，这种分法也不十分理想，主要是偏于零乱而不便把握。

今人刘叶秋作《历代笔记概述》，第一次系统研究了笔记的文体流别和发展大势。他把笔记分为三类：（1）小说故事，即志怪、轶事小

① 《四库全书总目》卷117子部杂家类，北京，中华书局，1965。
② 《四库全书总目》卷140子部小说家类，北京，中华书局，1965。
③ 《四库全书总目》卷140子部小说家类，北京，中华书局，1965。
④ 张之洞：《书目答问·子部杂家注》，北京，三联书店，1998。
⑤ 谢国桢：《明清笔记谈丛·重版说明》，上海，上海书店，2004。

说；（2）历史琐闻，即谈掌故、辑文献的杂录、丛谈；（3）考据辨证，即读书随笔和札记。不过，他也看到了这种分法还欠周密，所以，又说“归纳古代笔记为三大类也无非粗举大凡而已”。另外，在他看来，笔记具有以下特点：“以内容论，主要在于‘杂’：不拘类别，有闻即录；以形式论，主要在于‘散’：长长短短，记叙随宜。”[①] 应该说，在笔记的分类和特点的概括上，他比前人前进了一大步，摆脱了传统四部分类法的局限和束缚，从而把古代笔记真正归为一门。

今人吴调公作《文学分类的基本知识》，他认为，笔记可分为九类，即（1）官制仪注；（2）风土人情；（3）名人轶事；（4）人物品评；（5）诗文品评及佳作引述；（6）神异怪诞；（7）野史珍闻；（8）胜景清游；（9）生平琐议和杂感。[②]

今人冯尔康作《清史史料学》，他认为，古代笔记随笔记录当时见闻，阅读古今图书、文物心得，随笔撰写具有虚构性的人物故事。作者所及的见闻，可以是朝廷的，达官贵人的，里巷细民的；所阅读鉴赏的文献、文物，可以是古今各种各类的。所以，它的内容，涉及当时和历史上的社会生活各个方面。它们不拘形式，信笔所记，杂乱无章。作者记一些素材以备遗忘，可以进一步综合而成专著，有的因条件不成熟而没有实现目的，有的则因它本身就是一种体裁，也就乐而为之定稿了。[③]

今人郑宪春作《中国笔记文史》，把笔记分为笔记小说、笔记小品、山水笔记、随笔、诗话和日记六类，又说还可另分出学术笔记、野史笔记、杂著笔记以及尺牍、序跋和笺注之类。[④] 不过，把诗话、尺牍、序跋和笺注划入笔记，至少是不大容易让人理解的。

---

① 刘叶秋：《历代笔记概述》，5～6页，北京，北京出版社，2011。

② 吴调公：《文学分类的基本知识》，196页，武汉，长江文艺出版社，1985。

③ 冯尔康：《清史史料学》，307页，沈阳，沈阳出版社，2004。

④ 郑宪春：《中国笔记文史》，30页，长沙，湖南大学出版社，2004。

近年，严昌洪作《中国近代史史料学》，他认为：“史事记载和笔记、野史类史料，属于记事史料。史事记载比较系统，而笔记比较灵活，野史则是私家所撰的历史。”他还说：“笔记是作者根据亲身经历，时事新闻、书刊所载，随手笔录的杂记，没有专著那样全面、系统和完整。这就是笔记和史事记载的区别。”① 应该说，这样的区分是很有问题的。一来，史事记载这个概念很模糊，笔记中也不乏史事记录，野史更是专述有关史事的；二来，笔记和野史俱为私家所撰，而严氏所说的史事记载，也有很大一部分属于私撰的范畴。

在上述的有关论说中，刘氏对笔记的分类，比谢氏、冯氏、郑氏和严氏的考量要细致、深入与合理一些。换句话说，像《历代笔记概述》那样，把笔记分为“小说故事”、“历史琐闻”和“考据辨证”三大类，大略也是可取的。② 而所谓历史笔记，则应既包括历史琐闻类笔记，小说故事类笔记中志人记事的部分，还有考据辨证类笔记中考史的部分。

唐人笔记，“突破了魏晋南北朝笔记的内容和形式的限制，而前进了一大步”③。笔记在唐代的发展，大致是一分为四：一为传奇，一为野史笔记，一为学术笔记，一为琐言杂著笔记。可以说，笔记于唐代，形体已发育完备④，奠定了后之形制与功用的走向。

“在唐代的笔记发展中，晚唐实是一个重要的阶段，可以认为是笔记的勃兴的阶段”，“晚唐的历史琐闻类笔记，因其作者的身份、见解、兴趣、视野的不同而具有各自的特点和价值。但这些书说人物，论事件，讲制度，旁及学术文化、生产技艺、社会风情等，都可以从一个方

① 严昌洪：《中国近代史史料学》，247、254页，北京，北京大学出版社，2011。

② 牛钧鹏、姚继荣：《笔记、史料笔记和历史笔记的界说与价值》，载《青海师范大学学报》，2014（4）。

③ 刘叶秋：《历代笔记概述》，45页，北京，北京出版社，2003。

④ 郑宪春：《中国笔记文史》，209页，长沙，湖南大学出版社，2004。

面反映出历史的面貌”。[①]

五代的笔记，大略承续晚唐笔记的余波，要么追忆前朝故事，要么留心身边琐事。又因五代短促，天下动荡不安，留下的笔记也屈指可数。[②] 具体说来，从历史笔记看，既有怀旧者，像王定保的《唐摭言》、王仁裕的《开元天宝遗事》和尉迟偓的《中朝故事》之类；又有记见闻、琐事者，像王仁裕的《玉堂闲话》和《王氏闻见录》之类；还有属于杂著者，像景焕的《野人闲话》、刘崇远的《金华子》之类；另有属于学术笔记者，像丘光庭的《兼明书》和马缟《中华古今注》之类。

宋代的笔记，从数量和质量上，远远超过了唐朝和五代。

宋人笔记，以记掌故、轶闻的史料笔记一类最为发达，主要特点在于“亲见”、“亲历”和“亲闻”，内容比较切实，不乏第一手的材料。[③]

北宋的笔记，沿袭先前的传统，大多还是文人写作正史、经书、诗文之外的捎带之作，像司马光的《涑水记闻》、欧阳修的《归田录》、宋敏求的《春明退朝录》、苏轼的《东坡志林》和《仇池笔记》。

宋初士大夫，有一些五代旧臣，熟知唐五代的故事，故所撰笔记，于此为详。像郑文宝的《南唐近事》和《江南余载》、张洎的《贾氏谈录》和钱易的《南部新书》之类。仁宗朝以后，笔记日多，又偏重于辑录当代轶事和朝廷故实，像司马光的《涑水记闻》、欧阳修的《归田录》、李廌的《师友谈记》、王辟之的《渑水燕谈录》、王琪的《国老谈苑》、范镇的《东斋记事》、张耒的《明道杂志》、范公偁的《过庭录》、王暐的《道山清话》和彭乘的《墨客挥犀》之类。

两宋之交，刀火板荡。南宋偏安江左以后，政局相对稳定，社会经济有了很大发展，为文人笔记创作创造了有利环境和条件。南宋文人与北宋文人不同，不少人致力于笔记创作，从而也提高了笔记这种文体的

① 瞿林东：《中国简明史学史》，50 页，上海，上海人民出版社，2005。
② 郑宪春：《中国笔记文史》，256 页，长沙，湖南大学出版社，2004。
③ 刘叶秋：《古典小说论丛》，183 页，天津，南开大学出版社，1985。

地位。像罗大经之作《鹤林玉露》，洪迈之作《容斋随笔》，周密之作《齐东野语》、《癸辛杂识》、《武林旧事》、《志雅堂杂抄》和《云烟过眼录》之类。

南渡后士大夫，追述北宋旧闻，像朱弁的《曲洧旧闻》、邵伯温的《邵氏闻见录》之类。而南宋人笔记，以记朝政得失和士大夫言行最为可取，于一事之始末细节，往往述说甚详，为史传所不载，像王明清的《挥麈录》、叶绍翁的《四朝闻见录》、岳珂的《桯史》、赵令畤的《侯鲭录》、何薳的《春渚纪闻》、陆游的《老学庵笔记》和周密的《齐东野语》之类。另外，又有偏于诗论、文评者，像罗大经的《鹤林玉露》、孔平仲的《续世说》、宋敏求的《春明退朝录》、庞元英的《文昌杂录》和叶梦得的《石林燕语》之类；还有偏记都市生活与风俗习惯者，像孟元老的《东京梦华录》、耐得翁的《都城纪胜》、西湖老人的《西湖老人繁胜录》、吴自牧的《梦粱录》和周密的《武林旧事》之类。

宋人笔记，又别有记事与考辨间杂者，像沈括的《梦溪笔谈》、洪迈的《容斋随笔》、王应麟的《困学纪闻》、王观国的《学林》、程大昌的《演繁录》、赵升的《朝野类要》、黄朝英的《靖康缃素杂记》、孔平仲的《珩璜新论》、吴曾的《能改斋漫录》、王楙的《野客丛书》、赵彦卫的《云麓漫抄》、马永卿的《嬾真子》和姚宽的《西溪丛语》之类。

笔记发展到宋代，日臻成熟，标志主要有三：一是内容更广泛了，二是志怪的成分更少了，三是外部结构形式更完善了。[①]

宋代笔记的发展，可大略划作三段，即北宋、南宋和两宋之交，而所记内容又各有侧重。大体说来，北宋的笔记，偏记军国大政，文人贵族的言行、思想和生活轶事；两宋之交的笔记，偏记民族矛盾和冲突，战争的灾难，宋金朝廷主战、主和派的矛盾和斗争，金兵的烧杀抢掠暴行；南宋的笔记，偏记生活琐事、文人贵族、皇帝宫廷的享乐，下层人

① 张晖：《宋代笔记研究》，23～24页，武汉，华中师范大学出版社，1993。

民的生活、思想以及社会风貌。[①]

○唐宋历史笔记的史料价值与缺陷

从总体上说，唐人及五代笔记，已突破了魏晋南北朝笔记的内容和形式的限制。一方面，表现为演志怪为传奇，变轶事为杂录；另一方面，表现为传奇小说出于文人的"作意好奇"[②]，用心而为以致蔚为大观；再一方面，历史琐闻类笔记不仅内容丰富，还呈现出多样化发展态势；又一方面，言时事、谈掌故的风气，也影响到了考据辨证类笔记发展。在小说故事类、历史琐闻类和考据辨证类这三种笔记中，又不乏足资采择以补史乘之阙的珍贵资料。在它们当中，从史学的角度看，自然是历史琐闻类笔记最值得重视，像刘餗的《隋唐嘉话》、刘肃的《大唐新语》、李肇的《唐国史补》、李德裕的《次柳氏旧闻》、郑处诲的《明皇杂录》、郑綮的《开天传信记》、王仁裕的《开元天宝遗事》、张鷟的《朝野佥载》、韦绚的《刘公嘉话录》、赵璘的《因话录》、李绰的《尚书故实》、范摅的《云溪友议》、王定保的《唐摭言》、孙光宪的《北梦琐言》、何光远的《鉴戒录》、高彦休的《唐阙史》和刘崇远的《金华子》之类。另外，在唐人及五代的考据辨证类笔记中，考史的分量也不小，像封演的《封氏闻见记》、苏鹗的《苏氏演义》、李匡乂的《资暇集》、马缟的《中华古今注》和丘光庭的《兼明书》之类，也是这一时段史学所取得的重要成就。

而宋代的文化积累很丰厚，历史笔记中的成果也很多。这些历史笔

① 张晖：《宋代笔记研究》，49页，武汉，华中师范大学出版社，1993。

② 胡应麟：《少室山房笔丛·二酉缀遗中》，上海，上海书店，2001。

记的史料价值，具体表现在以下八个方面[1]：

一是保存了大量的科技史料。像沈括《梦溪笔谈》，凡六百零九条，人文资料占全书的 57.5%，人文科学占 12.3%，自然科学占 30.3%，英国科技史家李约瑟谓之“中国科学史的里程碑”[2]。又沈书卷十八记毕昇发明陶活字，何薳《春渚纪闻》卷二“毕斩赵谂”条记宋代蜡版刻字，叶梦得《石林燕语》卷八记五代以来雕版情况，邵博《邵氏闻见后录》卷五记后唐刊印《九经》，是十分珍贵的印刷史资料。又沈书卷十一记巧合龙门、卷十三记陵州盐井，苏轼《东坡志林》卷四“筒井用水鞴法”条记机械取盐工序，何书卷八记潘谷、沈珪、柴珣、陈昱、关珪、关瑱、郭遇明、张处厚、胡景纯和一大批无名氏墨工和作坊主，王辟之《渑水燕谈录》卷八记青州飞桥，岳珂《桯史》卷一“汴京故城”条记金兵炮轰汴京，朱弁《曲洧旧闻》卷九记神臂弓，是有关科技、手工业和兵器的重要史料。又沈书卷三记凸透镜、卷十一记钱塘石堤、卷十三记穿石穴止洪水、卷二十一记动植物化石、卷二十四记指南针，叶书卷九记辽代历法，彭乘《墨客挥犀》卷五、曾敏行《独醒杂志》卷四、陆游《老学庵笔记》卷五记动植物化石，罗大经《鹤林玉露》乙编卷二“物畏其天”条记动物天敌，邵书卷二十九记张济善针灸、耳疗法，为研究中国古代光学、磁学、天文学、生物学、渔业、水利、机械制造、潮汐和医学，提供了不可多得的史料。

二是保存了正史不屑于记录的史料。像孟元老《东京梦华录》卷三“防火”条，吴自牧《梦粱录》卷十“防隅巡警”、“帅司节制司马”条，是宋代消防的第一手资料；罗大经《鹤林玉露》丙编卷五“陆氏义门”条，记陆象山一家生活安排；洪迈《容斋随笔》卷二“汉唐置邮”、卷八“姑舅为婚”条，沈括《梦溪笔谈》卷十一“驿传三

---

[1] 张晖：《宋代笔记研究》，57～87 页，武汉，华中师范大学出版社，1993。
[2] ［英］李约瑟：《中国科学技术史》（一），290 页，北京，科学出版社，1990。

递”条，钱易《南部新书》已集记波斯船舶养鸽子传信，佚名《南渡录》记金国七月七用人、羊祭神，是研究古代邮政、驿传、海上通讯、中外交通和宗教风俗的珍贵史料。

三是保存了丰富的法律史料。像邵博《邵氏闻见后录》卷二十一记司马光议一案件，类似今之法律类推判定谋杀、劫杀和斗杀这三种杀人罪；又朱弁《曲洧旧闻》卷五记元丰以后大狱纷起，张邦基《墨庄漫录》卷八记官员以重刑杀人为升官之道，范镇《东斋记事》“钱若水”条记录事参军以重刑屈打成招事，吴曾《能改斋漫录》卷十二“曾鲁公责妓讼官吏”条记审判官以重刑惩妓，周密《齐东野语》卷七“洪端明入冥”条记官官相护以致坏人逍遥法外，王巩《甲申杂记》记看守肆杀沙门岛囚犯，庄绰《鸡肋编》卷中记宋法紊乱来自朝廷，周煇《清波杂志》卷一记吕大防建言，魏泰《东轩笔录》卷十一记轻罪惩贪、卷十三记行政法规不健全，施德操《北窗炙輠录》卷下“一言决狱”记智断杀人案，沈括《梦溪笔谈》卷十一记老吏验伤，陈世崇《随隐漫录》卷五记钱塘以骗局为业的游手，对研究宋代法律制度大有助益。

四是保存了生动的科举史料。研究宋代科举制度，除了《宋史·选举制》及有关纪、传，《宋会要辑稿》“选举类”，马端临《文献通考》“选举门”，王应麟《玉海》和李焘《续资治通鉴长编》的有关内容外，主要依靠宋代历史笔记。像吴曾《能改斋漫录》卷一、卷二、卷五、卷八、卷十一、卷十二、卷十三、卷十四、卷十六、卷十八和“逸文”；洪迈《容斋随笔》卷九，“续笔”卷十三，“三笔”卷九、卷十和卷十四，“四笔”卷八和卷十三；沈括《梦溪笔谈》卷一、卷九、卷十五和卷二十二；马永卿《嬾真子》卷三和卷四；王应麟《困学纪闻》卷十八；叶绍翁《四朝闻见录》甲集、乙集和丁集；张端义《贵耳集》卷中和卷下；庞元英《文昌杂录》卷四和卷五；王楙《野客丛书》卷十二和卷二十六；俞文豹《吹剑录外集》“绍兴状元籍贯”、“惠民局医生考试”、“李观特旨登科”和“处州三魁”条；龚明之《中吴纪闻》卷一“孙百篇”和“金花帖子”条；朱弁《曲洧旧闻》卷三和卷五；袁文《瓮牖闲评》卷八“科场例宽”和“三条烛尽”条；司马光《涑水记闻》卷一、卷二、卷三和卷七；周密《齐东野语》卷一、卷五、卷六、卷八、卷十、卷十三、卷十七和卷十八；王铚《默记》卷中和卷下；罗大经《鹤林玉露》甲编卷三、卷四和卷五，乙编卷六，丙编卷二、卷五和卷六；彭乘《墨客挥犀》卷七“礼部礼进士规则”条；陈鹄《耆旧续闻》卷八“后唐时行卷”条；赵彦卫《云麓漫抄》卷四“恩科”条；岳珂《桯史》卷二、卷九和卷十，《愧郯录》卷九和卷十三；张世南《游宦纪闻》卷六“鄱阳自雍熙至绍定登科者”条；陆游《老学庵笔记》卷九“宋有高蹈丘园科”和不取“不求闻达”奏状条；邵伯温《邵氏闻见录》卷二“殿试落第，有赴水而死者”条；邵博《邵氏闻见后录》卷十四、卷十九和卷二十；方勺《泊宅编》卷八“进士名同而误”条；王辟之《渑水燕谈录》卷七和卷九；赵与时《宾退录》卷十“科举名次”条；吴自牧《梦粱录》卷二、卷三、卷四和卷十七；王林《燕翼诒谋录》卷一、卷二、卷四和卷五；叶梦得《石林燕语》卷二、卷三、卷四、卷五、卷六、卷八和卷九；魏泰《东轩笔录》卷一“科场不开者十年”条；范镇《东斋记事》卷一、卷三和卷五；范公偁《过庭录》“孙山赋诗解嘲”条；刘祁《归潜志》卷七、卷八和卷十中的有关内容。

五是记录农军领袖结局与正史不同。以黄巢为例，两唐书《黄巢传》、司马光《资治通鉴》卷二百五十六，要么说他于泰山狼虎谷为外甥林言所杀，要么说他是自刎而由林言献首级。不过，邵博《邵氏闻见后录》卷十七、张端义《贵耳集》卷中，则说他兵败后于南禅寺出家为僧。又以李顺为例，《宋史·太宗纪》上说他兵败后被杀，而沈括《梦溪笔谈》卷二十五，则说他多年后于广州被俘遇难；陆游《老学庵笔记》卷九，也说他被俘于岭南，后来死于狱中。又以方腊为例，《宋史·方腊传》说他及妻儿一干人为宋军所擒，而张端义《贵耳集》卷中，则说他兵败后“不知所终”。又以赖文政为例，《宋史·孝宗纪》上说他为辛弃疾诱杀，而罗大经《鹤林玉露》甲编卷二，则记录了他的脱身经过。笔记中的这类记录，足可与有关农民战争史的史传比对参证。

六是反映了宋代君臣图治之迹。像朱弁《曲洧旧闻》卷一记宋仁宗重科举事；王辟之《渑水燕谈录》卷一记余靖反对重修开宝寺塔，卷四记吴遵路赈济灾民，卷六记苏辙举贤良对策，卷七记范仲淹事；魏泰《东轩笔录》卷十记张希颜治理萍乡；周煇《清波别志》卷上记苏轼知杭州事；吴曾《能改斋漫录》卷十四记包拯家训；俞文豹《吹剑录外集》记欧阳修致书侄子；范镇《东斋记事》记李畋拒绝新罗使节送礼；张邦基《墨庄漫录》卷二记包拯劝仁宗“薄赋敛，宽力役，救荒歉”；龚明之《中吴纪闻》卷一记王贽改两浙亩税三斗为一斗；邵伯温《邵氏闻见录》卷二记咸平、景德、天圣、明道之年，家给人足，天下太平；岳珂《桯史》卷二、罗大经《鹤林玉露》甲编卷一记宋孝宗力图恢复中原事，从一个重要的侧面反映了宋代政治的面貌。

七是揭批了统治集团的荒淫腐败。像朱弁《曲洧旧闻》卷十记王黼卖官鬻爵，张邦基《墨庄漫录》卷五记朱勔行裙带之风，文莹《玉壶清话》卷七和司马光《涑水记闻》卷六记宋太宗、魏泰《东轩笔录》卷三记宋真宗、罗大经《鹤林玉露》乙编卷五记宋高宗、朱弁《曲洧旧闻》卷七和陆游《老学庵笔记》卷五记宋徽宗滥封滥赏；又田况《儒林公议》卷上记宋太宗、真宗斥巨资建寺观，张邦基《墨庄漫录》卷五记朱勔采办花石纲，庄绰《鸡肋编》卷上记成都“公私富贵，上下佚乐”、卷中记绍兴四年（1134）临安更修射殿，王巩《随手杂录》记宋太祖与潘美纵饮，苏辙《龙川别志》卷上记宋真宗以声妓自娱、卷下记寇准和李允则比宴请排场，周煇《清波杂志》卷二记蔡京怂恿宋徽宗用玉器设宴、卷六又记他教唆强师明在长安嫖妓，魏泰《东轩笔录》卷十五记宋祁多内宠；又吴曾《能改斋漫录》卷十二记杜祁先廉后贪，彭乘《墨客挥犀》卷五记李溥进奉茶纲“所贡余者，悉入私室”；又黄震《古今纪要逸编》揭批贾似道，岳珂《桯史》卷十二揭批秦桧，罗大经《鹤林玉露》甲编卷一说军队抄略甚于戎寇，魏泰《东轩笔录》卷十记官员勾心斗角，蔡絛《铁围山丛谈》卷二记武将自重，庄绰《鸡肋编》卷中记督将冒功，陆游《老学庵笔记》卷三记对朝廷史官的压制。这些内容，从不同侧面反映了宋代统治集团的真实面目。

八是真实记录了广大民众的苦难。除《宋史·五行志》从总体上反映宋代自然灾害外，有关的历史笔记详细记录了灾荒情形。像方勺《泊宅编》卷十记苏轼语云：“熙宁八年，只缘张、沈二守不知此策，致二浙灾荒疾疫，只西路死者五十余万人。”范公偁《过庭录》卷三记叶梦得语云，许昌水灾后，他从沟壑救回三千八百个灾民弃儿。苏轼《东坡志林》卷三以志怪笔法记饥妇弃儿情形，表达了催人泪下的悲剧内容。而庄绰《鸡肋编》卷中记灾年人吃人现象，读来令人毛骨悚然：

> 唐初，贼朱粲以人为粮，置捣磨寨，谓啖醉人如食糟豚。每览前史，为之伤叹。而自靖康丙午岁，金狄乱华，六七年间，山东、京西、淮南等路，荆榛千里，米斗至数十千且不可得，盗贼、官兵以至居民，更相互食，人肉之价贱如犬豕。壮者一枚不过十五斤驱，暴以为腊……男子、妇女谓之“饶把火”，妇人少艾者，肥壮者一枚不过十五千，全躯暴以为腊。登州范温率忠义之人，绍兴癸丑岁泛海到钱塘，有持至行在犹食者。老瘦男子庾词谓之“饶把火”，妇人少艾者名之“不羡羊”，小儿呼为“和骨烂”，又通目为“双脚羊”。唐止朱粲一军，今数百倍于前。

所有这些，足以表明唐宋历史笔记的史学价值，充分表现出了“详他书之略，补他书之阙，正他书之误”的作用。

不过，唐宋笔记的缺陷也是突出的。在唐及五代，一方面，传奇毕竟属于小说，不以真人真事为限，所以未必真实可信。另一方面，在不少的历史琐闻录笔记中，也有传奇故事；即便是记时流言行，又大多采诸风闻传说，不免渲染附会，往往介于小说和笔记之间，与传奇也难分界限，不少还属于传奇的支流。难怪，鲁迅也这样评价说：它们“仍以传奇为骨”[1]。所以，不当因这些笔记中所记的是历史人物，即一律视之为实录，把它们当作完全真实可信的史料，而要仔细予以甄别辨识。[2]

比之于唐及五代，宋人笔记承先启后，也更关注与人事。在它们当中，历史笔记占了很大的比重，具有很高的史料价值。可也仍旧是有明显不足的。一方面，它们的作者，大多是官僚、士大夫，宣扬旧道德、美化统治者、诋毁反抗民众、排斥进步思想，也就成了很普遍的问题。另一方面，历史琐闻笔记中所叙事实，真伪杂糅而难于分辨，又因编排杂乱而不易选择取舍。再一方面，考据辨证类笔记所考所记，也不免零零碎碎，缺乏系统；互相抄袭，陈陈相因，更是这一类笔记的通病；至于引证书证，又往往只凭记忆，随意删改原文，难免出现“讹”、“脱”、“衍”、“倒”之类的毛病。实际上，后来元明清的历史笔记，同样也存在类似这样的缺陷，自当引起有关研究者的高度重视，采摭和利用这些笔记资料，也必须慎之又慎、去伪存真、择善而从。[3]

〇唐宋历史笔记的出版、研究与利用

历史笔记的价值，除了体现在文献和史料的层面上之外，又因作者

① 鲁迅：《中国小说史略·唐之传奇集及杂俎》，53页，北京，中华书局，2010。

② 刘叶秋：《历代笔记概述》，45页，北京，北京出版社，2003。

③ 刘叶秋：《历代笔记概述》，248页，北京，北京出版社，2003；牛钧鹏、姚继荣：《笔记、史料笔记和历史笔记的界说与价值》，载《青海师范大学学报》，2014（4）。

身份、见识、兴趣与视野的不同而具有的思想价值，引起了历代学人的关注，一般也很乐于网罗收藏。宋明以来，不少人有编野史、笔记丛书的兴趣，而收入唐宋历史笔记的，主要有下述的官私丛书——

《百川学海》，左圭编，弘治无锡华氏复宋本；至民国，又有武进陶氏影宋本和上海博古斋影印华氏本。

《顾氏文房小说》，顾元庆编，嘉靖顾氏夷白斋刊本；民国十四年（1925），又有商务印书馆景印本。

《明朝四十家小说》，顾元庆编，嘉靖顾氏夷白斋刊本；民国三年（1914），又有古今图书局石印本。

《古今说海》，陆楫编，嘉靖二十三年（1544），云间陆氏俨山书院刊本，分说选部（小录家和偏记家）、说渊部（别传家）、说略部（杂记家）、说纂部（逸事家、散录家和杂纂家）；民国四年（1915），由上海进步书局石印；1988 年，又有巴蜀书社排印本。

《历代小史》，李栻编，万历安溪李氏刊本；民国二十九年（1940），由商务印书馆景印；1989 年，又有广陵古籍刻印社影印本。

《格致丛书》，胡文焕编，万历三十一年（1603）刊本。

《宝颜堂秘笈》，陈继儒编，万历三十四年（1606），绣水沈氏刊本；民国十一年（1922），又有上海文明书局石印本。

《稗乘》，黄昌龄编，书分十函，万历四十六年（1618），徽州新安黄氏刊本；1986 年，又有中国书店影印本。

《稗海》，商濬编，万历会稽商氏半埜堂刊本；于康熙、乾隆朝，又有中振鹭堂补刊和重订本。

《古今逸史》，吴琯编，分逸志（合志和分志）、逸记（纪、世家和列传），万历漳州吴氏刊本。至民国，又有上海涵芬楼影印本。

《唐宋丛书》，钟人杰编，分经翼、别史、子余和载籍四类，崇祯钟氏刊本。

《续百川学海》，吴永编，分甲、乙、丙、丁、戊、己、庚、辛、壬、癸十集，崇祯金陵心远堂刊本；2012 年，又有人民出版社排印本。

《津逮秘书》，毛晋编，书分十五集，崇祯虞山毛氏汲古阁刊本；1980 年，又有香港中文出版社影印本。

《稽古堂丛刻》，高承埏编，崇祯八年（1635），绣水高氏刻本。

《宋人百家小说》，陈燾编，晚明桃源溪陈氏刊本。

《说郛续》，陶珽编，书分四十六卷，顺治三年（1646），两浙宛委山堂刊本；1988 年，收入《说郛三种》，由上海古籍出版社影印。

《武英殿聚珍版丛书》，清官修，乾隆武英殿木活字本。

《雅雨堂丛书》，卢见曾编，乾隆二十一年（1756），德州卢氏刊本。

《唐人说荟》，陈世熊编，乾隆五十三年（1792），青浦挹秀轩刊本；嘉庆十一年（1806），改题《唐代丛书》，王文诰编，为仁和莲塘居士刊本。

《知不足斋丛书》，鲍廷博/鲍志祖编，乾隆、道光长塘鲍氏刊本；民国十年（1921），又有上海古书流通处景印本。

《龙威秘书》，马俊良编，乾隆五十九年（1794），石门马氏大西山房刊本。

《学津讨原》，张海鹏编，书分二十集，嘉庆十年（1805），虞山张氏照旷阁刊本；民国十一年（1922），又有商务印书馆景印本。

《墨海金壶》，张海鹏编，嘉庆十四年（1809），虞山张氏照旷阁刊本；民国十年（1921），又有上海博古斋景印本。

《函海》，李调元编，书分四十函，嘉庆十四年（1809），绵州李氏万卷楼刊本；道光五年（1825），又有李朝夔补刊本；至光绪朝，另有广汉钟登甲乐道斋刊本。

《读画斋丛书》，顾修编，嘉靖四年（1799），桐川顾氏刊本。

《宛委别藏》，阮元编，嘉庆原稿本，今存国家图书馆。

《得月簃丛书》，荣誉编，道光九年（1829），得月簃荣氏刊本。

《指海》，钱熙祚/钱培让/钱培杰编，道光金山钱氏重编本；民国二十四年（1935），上海大东书局景印本。

《学海类编》，曹溶/陶越编，道光十一年（1831），六安晁氏活字排印本；民国九年（1920），又有上海涵芬楼景印本。

《守山阁丛书》，钱熙祚编，分经、史、子、集四部，道光二十四年（1844），金山钱氏重编本；光绪十五年（1889），又有上海鸿文书局景印本；民国十一年（1922），另有上海博古斋景印本。

《惜阴轩丛书》，李锡龄编，道光二十六年（1846），宏道书院刊本。

《海山仙馆丛书》，潘仕成编，道光、咸丰番禺潘氏刊本；2010 年，又有凤凰出版社影印本。

《艺海珠尘》，吴省兰/钱熙辅编，嘉庆南汇吴氏听彝堂刊本；道光三十年（1850），又有金山钱氏重编本。

《粤雅堂丛书》，伍崇曜编，分初编、二编和三编，道光、光绪南海伍氏刊本；1990 年，又有文物出版社影印本。

《琳琅秘室丛书》，胡珽编，咸丰三年（1853），仁和胡氏木活字本。

《啸园丛书》，葛元熙编，同治仁和葛氏刊本。

《榕园丛书》，李光廷编，同治真州张氏刊本。

《金华丛书》，胡凤丹编，分经、史、子、集四部，同治、光绪永康胡氏退补斋刊本；1983 年，又有广陵古籍刻印社影印本。

《武林掌故丛编》，丁丙编，光绪钱塘丁氏嘉惠堂刊本；2008 年，又有广陵刻印社影印本。

《畿辅丛书》，王灏编，光绪五年（1879），定州王氏谦德堂刊本；1985 年，又有河北人民出版社影印本。

《赵氏藏书》，赵承恩编，光绪五年（1879），红杏山房赵氏刊本。

《弢园丛书》，王韬编，光绪九年（1883），香港铅印本。

《碧琳琅馆丛书》，方功惠编，分甲、乙、丙、丁四部，光绪十年(1884)，巴陵方氏广东刊本。

《清芬堂丛书》，梅雨田编，光绪十六年（1890），黄梅梅氏慎自爱轩刊本。

《常州先哲遗书》，盛宣怀编，光绪二十五年（1899），武进盛氏汇刻本。

《对雨楼丛书》，缪荃孙编，光绪江阴缪氏刊本。

《藕香零拾》，缪荃孙编，宣统江阴缪氏刊本。

《十万卷楼丛书》，陆心源编，光绪湖州陆氏刊本。

《古今说部丛书》，国学扶轮社编，书分十集，宣统二年（1910），上海国学扶轮社排印本。

《豫章丛书》，胡思敬编，民国南昌编刻局刊本。

《吴兴丛书》，刘承干编，民国吴兴刘氏嘉业堂刊本。

《择是居丛书》，张钧衡编，民国吴兴张氏刊本。

《抱经楼丛刊》，沈德寿编，民国慈谿沈氏刊本。

《托跋廛丛刻》，陶湘编，民国武进陶氏刊本；1986 年，又由中国书店影印。

《古今文艺丛书》，何藻编，为民国广益书局排印本；1995 年，又由广陵古籍刻印社影印。

《涵芬楼秘笈》，孙毓修编，书分十集，民国商务印书馆影印本。

《适园丛书》，张钧衡编，民国乌程张氏刊本；1973 年，又有台北艺文印书馆影印本。

《古书丛刊》，陈琰编，民国十一年（1922），古书流通处影印本。

《萤雪轩丛书》，（日）近藤元粹编，民国二年（1913），青木嵩山堂刊本。

《说库》，王文濡编，民国四年（1915），上海文明书局石印本。

《赤城遗书汇刊》，金嗣献编，民国四年（1915），台州金氏刊本。

《广四十家小说》，顾元庆编，民国四年（1915），上海文明书局石印本。

《湖北先正遗书》，卢靖编，民国十二年（1923），沔阳卢氏慎始基斋刊本。

《五朝小说大观》，佚名编，分魏晋小说、唐人百家小说、宋人百家小说和皇明百家小说，民国十五年（1926），上海扫叶山房排印本；1991 年，又由中州古籍出版社重印。

《笔记小说大观》，上海进步书局编，书分八辑，另附外集，民国二十三年（1934），上海进步书局石印本；1984 年，又由广陵古籍刻印社影印。

《郎园先生全书》，叶德辉/叶启倬编，民国二十四年（1935），长沙中国古书刊印社汇印本。

《宋人小说》，李华卿编，民国二十九年（1940），神州国光社排印本。

《宋元人说部书》，涵芬楼编，民国九年（1920），商务印书馆排印本。

另外，不少的唐宋历史笔记，还收入像《四库全书》、《续修四库全书》、《四库全书存目丛书》、《四库禁毁书丛刊》、《四库未收书辑刊》、《万有文库》、《丛书集成》、《中国野史集成》和《新世纪万有文库》之类的大型丛书。

《四库全书》，清官修，分经、史、子、集四部，乾隆文渊阁抄本；1983—1986 年，又由台湾商务印书馆影印。《续修四库全书》，顾廷龙主编，分经、史、子、集四部，1995—2000 年，由上海古籍出版社影印。《四库全书存目丛书》，季羡林主编，分经、史、子、集四部，1995—2001 年，由齐鲁书社影印。《四库禁毁书丛刊》，王钟翰主编，分经、史、子、集四部，1997—2005 年，由北京出版社影印。《四库未收书辑刊》，本书编委会编，分经、史、子、集四部，1997 年，由北京出版社影印。

《丛书集成初编》，王云五主编，1935—1937年，由商务印书馆排印，1985年又由中华书局重印。另外，台湾新文丰公司和上海书店，后来又分别编印了《丛书集成续编》。《万有文库》，王云五主编，1929—1937年，由商务印书馆排印。《新世纪万有文库》，辽宁教育出版社编，1996—2005年，由辽宁教育出版社印行。

《中国野史集成》，缪钺主编，1993年，巴蜀书社影印本；《中国野史集成续编》，四川大学图书馆编，2000年，巴蜀书社影印本。

20世纪80年代以来，上海书店和上海古籍出版社，还分别编印了《历代笔记丛刊》、《宋元笔记丛刊》、《唐五代笔记小说大观》和《宋元笔记小说大观》。另外，台湾新兴书局编印《笔记小说大观丛刊》，也收入了不少唐宋历史笔记。

从20世纪50年代起，中华书局先后编印的《唐宋史料笔记丛刊》，是有关历史琐闻类笔记的史料丛刊；它们所收入的史料，范围广泛，体裁不一；书前一般有“点校说明”，介绍书之作者、内容、价值、缺失、版本以及点校所依据的本子。另外，中华书局还编印有《学术笔记丛刊》，内中有关唐宋的学术笔记，包含考史内容者，也属于唐宋历史笔记的考察范畴。

关于对唐五代、宋辽金笔记的认识，很值得关注的，是刘叶秋的《历代笔记概述》（北京出版社，2003年版）、周勋初的《唐人笔记小说考索》（江苏古籍出版社，1996年版）和《唐代笔记小说叙录》（凤凰出版社，2008年版）、严杰的《唐五代笔记考论》（中华书局，2009年版）、张晖的《宋代笔记研究》（华中师范大学出版社，1993年版）和郑宪春的《中国笔记文史》（湖南大学出版社，2004年版）。

刘书研究了笔记的定义和类型，又依据分类，介绍了魏晋至明清的代表性笔记，评述了不同时期各类笔记的特点，还论及笔记的作用和缺陷，可视为阅读笔记的入门书。不过，它毕竟是薄书一册，既泛论“笔记”，又通说“古代”，不可能系统展开，也难于深入探究，对于历史笔记研究来说，还有十分广阔的拓展空间。即以唐五代、宋辽金而言，它也很难反映出这一时段历史笔记的完整形象。

周氏二书，《叙录》晚出，也很代表他的见识。书中介绍了五十七种唐人笔记，即《隋唐嘉话》、《朝野佥载》、《御史台记》、《教坊记》、《封氏闻见记》、《大唐说纂》、《辨疑志》、《大唐新语》、《国史补》、《刘宾客嘉话录》、《开天传信记》、《次柳氏旧闻》、《戎幕闲谈》、《常侍言旨》、《明皇杂录》、《大唐传载》、《谭宾录》、《羯鼓录》、《芝田录》、《卢氏杂说》、《乾𦠆子》、《酉阳杂俎》、《因话录》、《资暇集》、《东观奏记》、《贞陵遗事》、《续贞陵遗事》、《云溪友议》、《幽闲鼓吹》、《杜阳杂编》、《桂苑丛谈》、《刊误》、《北里志》、《柳氏叙训》、《松窗杂录》、《玉泉子》、《补国史》、《尚书故实》、《阙史》、《本事诗》、《剧谈录》、《异闻集》、《抒情诗》、《岚斋集》、《唐摭言》、《中朝故事》、《金华子》、《皮氏见闻录》、《闽川名士传》、《北梦琐言》、《纪闻谭》、《鉴戒录》、《开元天宝遗事》、《贾氏谈录》、《唐会要》、《南部新书》和《唐语林》。从结构安排上看，周书又主要分三个部分，即书名及异称、著录与版本、内容之分析，还涉及一些作者事迹行状。这样的梳理，对深入研究是一种有益的引导。不过，在笔记小说的取舍标准和具体分类上，还有值得商榷之处；像《鉴戒录》、《北梦琐言》和《南部新书》之类的作者，有主要生活于五代者，有乃至身在北宋者，而列入唐代考察之列，恐怕也难说妥当。

严书分上中下三编，实为唐五代笔记之深究之作。上编四文，即“笔记与小说概念的目录学探讨”、“唐代笔记对国史的利用”、“唐代笔记的娱乐性”和“唐代笔记的撰者因素”；中编一文，即“唐五代笔记述要”，于“分述”中，又介绍了四十五种唐五代笔记，即《朝野佥载》、《隋唐嘉话》、《教坊记》、《封氏闻见记》、《大唐新语》、《国史补》、《大唐传载》、《次柳氏旧闻》、《明皇杂录》、《开天传信记》、《谭宾录》、《羯鼓录》、《刘宾客嘉话录》、《酉阳杂俎》、《杂纂》、《资暇集》、《因话录》、《松窗杂录》、《幽闲鼓吹》、《杜阳杂编》、《苏氏演义》、《云溪友议》、《卢氏杂说》、《尚书故实》、《玉泉子》、《阙史》、《北里志》、《本事诗》、《东观奏记》、《剧谈录》、《乐府杂录》、《刊误》、《兼明书》、《灌畦暇语》、《卓异记》、《桂苑丛谈》、《唐摭言》、《中华古今注》、《中朝故事》、《金华子》、《开元天宝遗事》、《玉堂闲话》、《鉴戒录》、《北梦琐言》和《贾氏谈录》；下编六文，即"《朝野佥载》考"、"《大唐传载》考"、"《明皇杂录》考"、"《因话录》考"、"《玉泉子》考"和"唐代宰相会食考"。这样的考察，无疑是有助于推进唐五代笔记的研究的。不过，深究归深究，严书终归只是薄薄一册，所考内容也远难反映出唐五代笔记的总像。

张书分五篇，即"宋笔记的地位和特点"、"南北宋笔记之不同"、"宋笔记的史学价值"、"宋笔记的文学价值"和"宋笔记的缺点"。从史学的角度看，书中最当关注的，是有关笔记价值与缺点的部分：前者可谓是对采撰研究的一种有益的引领，后者可谓是对引用史料的可贵的提醒。即以后者来说，书中所及宋笔记二十三种致误情形，确乎是有关研究者需要关注的。不过，书之厚重感还是稍偏不足，以至于难窥宋代历史笔记之全貌。

郑书分量不小，文分九章，即"笔记绪论"、"先秦笔记"、"秦汉笔记"、"魏晋笔记"、"隋唐五代笔记"、"宋代笔记"、"金元笔记"、"明代笔记"和"清代笔记"。大略看来，它可以说是《历代笔记概述》的赓续之作，在广度和深度上也有所拓展，清晰勾勒出了中国笔记的发展大势。不过，客观而论，它对笔记的分类，笔记发展之因、演变之由，从科学性和厚重感上还没有超越刘书。具体说来，一方面，把《山海经》作为中国笔记的开端，这个结论是很值得商榷的。这是因为，说笔记的产生受到先秦书文的影响，这是人们容易理解和接受的；不过，《山海经》的性质，主要还是具有神话色彩的地理之书。另一方面，就笔记分类而言，不论是郑书所说的笔记小说、笔记小品、山水笔记、随笔、诗话、日记，还是再分为学术笔记、野史笔记、杂著笔记以及尺牍、序跋、笺注，也不及刘书把笔记分为小说故事、历史琐闻和考据辨证三大类那样合理。远且不说，“笔记小品”和“山水笔记”的界说即很成问题，而把诗话、尺牍、序跋、笺注之类列入笔记，恐怕也难以得到学界的认同。另外，郑书也是泛论笔记而已，至于唐五代、宋辽金的历史笔记，书中的介绍自然也很有限。

总的说来，刘书、周书、严书、张书和郑书，于唐宋笔记研究的开拓之功，是值得充分肯定和高度关注的。本书的写作，从中也受益匪浅，从一定程度上说，也是关于笔记研究的一种学术接力；而对笔记的关注，又有所不同，从另一个角度来说，又是有关笔记研究的一种新的尝试。历史笔记的切入点，首先应该关注的是它们的史料价值。所以，一般说来，既不涉及那些纯文学性质的小说故事类笔记，也不涉及不关乎“史”之内容的考据辨证类笔记，而主要是历史琐闻类笔记、小说故事类笔记中志人记事的部分和考据辨证类笔记中的考史部分。予之所愿，说来还是那么简单，这就是有助于唐史、五代史、宋辽金史研究者更好了解和利用有关的历史笔记。

二　唐代历史笔记（上）

○概说

唐代的历史（618—907），经历了高祖、太宗、高宗、武周、中宗、殇帝、睿宗、玄宗、肃宗、代宗、德宗、顺宗、宪宗、穆宗、敬宗、文宗、武宗、宣宗、懿宗、僖宗、昭宗和哀帝二十二朝，前后持续了近三个世纪。一般说来，高祖至睿宗朝为“初唐”，玄宗至文宗朝为“中唐”，武宗至哀帝朝为“晚唐”；[①] 又大略可以“安史之乱”为界，把唐史分为前后两段，即前期（618—783）和后期（784—907），而后者大略也可视为中晚唐。

在唐代前期，官修史书的成就很高，主要表现在修“正史”、编起居注、纂实录和作礼书上。

一方面，是完成了八部“正史”，即《晋书》一百三十卷、《梁书》

① 实际上，唐代历史阶段的划分，至今还没有一致的说法。

五十六卷、《陈书》三十六卷、《北齐书》五十卷、《周书》五十卷、《南史》八十卷、《北史》一百卷和《隋书》八十五卷[①]；另一方面，是编撰了大量的国史、谱牒和礼书，像《大唐创业起居注》三卷、《开元起居注》三千六百八十二卷，太祖至玄宗朝七部实录[②]、《武德贞观两朝史》八十卷、《唐书》一百卷和一百三十卷，《国史》一百零六卷，又《氏族志》[③] 一百卷、《姓氏录》二百卷和《姓氏系录》二百卷，还有《贞观礼》一百三十卷、《显庆礼》一百三十卷和《大唐开元礼》一百五十卷。

在这些官修史书中，最重要的自然是八部“正史”，连同沈约的《宋书》、萧子显的《南齐书》和魏收的《魏书》，是关于两晋、南北朝和隋代最重要的历史记录。

这一时段的私撰史书，也可谓异彩纷呈。第一，出现了划时代的史学批评之作；第二，通史呈现复苏迹象；第三，是中外交通史取得新成就；第四，是历史笔记的全新涌现。

以史学批评而言，主要是刘知几的《史通》二十卷。刘书分内外篇，内篇十卷三十九文[④]，外篇十卷十三文。内篇为全书的主体，主要阐述了史书的体裁、体例、史料采集、表述要求和撰述原则，而又以评论纪传体史书体例为主；外篇论述史官制度、正史源流，又杂评史家、史书的得失，还申明了刘氏对于历史的见解。[⑤]

以通史而言，最有代表性的，是虞世南的《帝王略论》和已佚的

---

① 需要说明的是，梁陈二书、南北二史，分别成于姚察和姚思廉父子、李大师和李延寿父子之手。不过，贞观中，姚思廉奉诏改撰梁陈二史，而李延寿又有直国史的身份，所以，成于他们之手的这四部，既可是为私撰之史，又可列入官修之作。

② 今存温大雅《大唐创业起居注》和韩愈《顺宗实录》。

③ 又作《大唐氏族志》和《贞观氏族志》。

④ 今本亡佚《体统》、《纰缪》和《弛张》三文。

⑤ 瞿林东：《中国史学史纲》，311～312页，北京，北京出版社，1999。

韩琬《续史记》。虞书五卷，是一部有记有评的历史通论；记事上起传说中的包羲、炎黄，下迄隋朝灭亡；而评论所及，则上起夏禹，下至隋文帝。全书史论结合，是一部名副其实的帝王通史。在对人物的评价中，虞氏广泛采用历史比较的方法，对后代的历史评论产生了重要影响。

另外，还有吴兢的《贞观政要》十卷，记唐太宗贞观之年的政治和历史，是一部杰出的断代政治史，充分反映了唐初统治者关于治国方略的认识。

以中外交通史而言，主要是玄奘的《大唐西域记》十二卷，记他游学亲历和见闻所及一百三十八个城邦、地区和国家，广泛涉及历史、地理、交通、物产、风俗、宗教、文化、政治与经济情况，为研究中亚、南亚社会历史和中外交通的珍贵历史文献。另外，还有慧超的《往五天竺国行传》、义净的《南海寄归传》和《大唐西域求法高僧传》。

而这一时段的历史笔记，则主要有杜宝的《大业杂记》、张询古的《五代新说》、韩琬的《御史台记》、张鷟的《朝野佥载》、吴兢的《开元升平源》、崔令钦的《教坊记》、刘餗的《隋唐嘉话》、佚名的《灌畦暇语》、李冗的《独异志》、封演的《封氏闻见记》、李翱的《卓异记》、柳宗元的《龙城录》、赵元一的《奉天录》、牛肃的《纪闻》、姚汝能的《安禄山事迹》和何光远的《鉴戒录》。

在它们当中，又主要以张鷟《朝野佥载》、崔令钦《教坊记》、刘餗《隋唐嘉话》、李冗《独异志》、封演《封氏闻见录》和姚汝能《安禄山事迹》为代表。

杜宝与《大业杂记》

杜宝（?），生卒年、字号及爵里俱不详。他由隋入唐，于大业中，官至学士宣德郎，参修过《十郡志》，另撰有《水饰图经》；入唐，官至著作郎，参编过《隋书》，另撰有《大业杂记》。

《大业杂记》一卷，原本十卷。宋人陈振孙说：它“纪炀帝一代事。序言贞观修史未尽实录，故为此书，以弥缝阙漏”①。可见，杜氏作书，是为了弥补《隋书》“未尽实录”之不足。

杜书编年记事，起于仁寿四年（604），止于武德四年（621），实属杂史笔记。今本主要内容有五：一是东都洛阳城的营建及建筑布局，百官府署的设置；二是江都宫与临江宫、汾阳宫与十二亭、毗陵郡四殿十六离宫、丹阳宫的建造；三是造大船、隋炀帝巡游江都；四是通济渠、永济渠、江南河的开凿；五是间杂杨素造凶宅、蔡王设斋弘敬寺之类怪异传闻，保存了十分丰富的文献资料。②

入宋，刘义庆作有同名书一卷。清人周中孚说：“是书专记隋炀帝营建东京，巡幸江都，并诸处建置宫苑之事，自大业元年迄十二年止，凡八则，叙述详瞻，颇具《三辅黄图》遗意。”③

《大业杂记》成书后，入宋，收入晁载之《续谈助》。于晚明，收入《历代小史》和《唐宋丛书》，分别为万历安溪李氏刊本和崇祯钟氏刊本。顺治三年（1646），收入《说郛续》，为两浙④李氏宛委山堂刊本。于道光朝，收入《粤雅堂丛书》，为南海伍氏刊本。于光绪朝，又收入《十万卷楼丛书》，为湖州陆氏刊本。至民国，收入《丛书集成初编》，由商务印书馆排印，1985年又由中华书局重印。⑤另外，1993年，又收入《中国野史集成》，由巴蜀书社影印。2005年，三秦出版社

① 陈振孙：《直斋书录解题》卷5《杂史类·大业杂记》，上海，上海古籍出版社，1987。

② 霍宏伟：《〈大业杂记〉与隋唐洛阳城》，载《中国地方志》，2006（12）。

③ 周中孚：《郑堂读书记》补逸卷9《史部·杂史类·大业杂记》，上海，上海书店，2009。

④ 两浙，为浙江之代称。至道三年（997），设两浙路，为北宋十五道之一，治杭州。至南宋，分设东、西二路：两浙东路治绍兴，两浙西路治杭州。

⑤ 辛德勇：《〈大业杂记〉考说》，载《古籍整理与研究》，1987（1）。

排印辛德勇辑校本，列入《长安史迹丛书》，与韦述《两京新记》合刊一册，是为现在最通行的版本。

另外，还有《大业拾遗记》二卷，又作《南部烟花录》，旧题署“颜师古”，实际上是一部流俗伪作，几无历史文献价值。

张询古与《五代新说》

张询古[①]（？），祖上清河人。大略于唐高宗朝，官至吏部侍郎，今存所撰《五代新说》。

《五代新说》一卷，原本二卷，三十篇。卷首张氏自序云：

> 予咸亨之始著作东观，以三余之瑕，阅五代之书。后与好事者谈，或以叙存录目，余搦管随记疏之，因而诠次，遂加题目，名曰《五代新说》，三十篇，分为两卷。

“咸亨”，为唐高宗年号（670—673）；“东观”，原为汉代皇家藏书处，后来也泛称“史馆”，说明张氏做过修史工作；“五代”，即梁、陈、北齐、北周、隋。书仿刘义庆《世说新语》，原分三十门，即帝王、符命、忠节、孝道、友爱、义烈、谏争、诚感、儒学、词林、著述、博综、敏对、武略、胆勇、识量、方雅、简素、廉让、周给、止足、惠政、道术、伎艺、任诞、嘲谑、隐逸、怪异、叹逝和烈女。今本已非完帙，凡二十六门，计五十八条，大部分内容源自“五代史”，即《梁书》、《陈书》、《北齐书》、《周书》和《隋书》；不过，也有一些的内容和文字不见于“五代史”，还收录了一些重要的异文，具有一定的史料价值和校勘价值。

像“友爱”记李岳条云：“北齐李中散（岳），弟庶为临漳令，以

① 《崇文总目》作“张绚古”，《说郛》作“徐炫”，《四库全书》和《中国野史集成》作“徐铉”。

讼魏史不平，文宣帝怒杖之三百，死临漳狱中。中散痛之，终身不经临漳。居弟丧，不许婢入室，而令妻伴弟妻元氏。”而《北齐书》无李岳传，仅仅于卷三十五《李构传附李庶传》略有提及。又“胆勇”记彭乐条云：“北齐将军彭乐，从神武帝与周文帝战于沙苑，入深被刺，肠出不尽，截去复战。”而《北齐书》也无彭乐传，《北史·彭乐传》云：“天平四年，从神武西讨，与周文相拒。神武欲缓持之，乐气奋请决战，曰：我众贼少，百人取一，差不可失也。神武从之。乐因醉入深，被刺肠出，内之不尽，截去复战，身被数创，军势遂挫，不利而还。”从行文可见，张书与《北史》大略同源。

另从校勘价值来看，“符命”记齐神武帝“与同志数人称猎于迥泽”，《北齐书·神武帝纪》“迥泽”作“回泽”，而《北史》也作“迥泽”，似“迥泽”于义为长。又“符命”记梁武帝“人或遇者，体辄肃然”，《梁书·武帝纪》“遇者”作“过者”，而《南史·梁武帝纪》也作“遇者”，似以“遇者”为佳。①

《五代新说》成书后，久无刊刻，一直以抄本流传。顺治三年（1646），收入《说郛续》，为两浙李氏宛委山堂刊本。1993年，又收入《中国野史集成》，由巴蜀书社影印，是为现在最通行的版本。

韩琬与《御史台记》

韩琬（?），字茂贞，邓州南阳（今属河南）人。景云进士，官至监察御史、河北按察使、殿中侍御史。他长于史学，撰有《续史记》、《南征记》和《御史台记》。

《御史台记》十二卷，今存一卷。宋人晁公武说：“载唐初至开元御史台中制度故事，以大夫、中丞、侍御史、殿中监察、主簿、录事，

① 罗宁：《张询古〈五代新说〉考论》，载《中国典籍与文化》，2009（2）。

分门载次名氏、行事。著论一篇，叙御史正邪得失、进擢诛灭之状，附卷末，以为世戒。”① 陈振孙又说：“自唐初迄开元五年，御史姓名、行事及官制沿革，皆详著之。第八卷为琬著传，九卷以后为右台。右台创于武后，废于中宗，岁月盖不久也。末有杂说五十七条。”②

可知，韩书记唐初至开元御史台中制度故事，以大夫、中丞、侍御史、殿中监察、主簿和录事，分门录次名氏、行事。刘肃作《大唐新语》，内中不少人物事迹，可与韩书对应，似韩书为《国史》所采纳，而刘氏又从《国史》引录过来。③ 另外，杜佑《通典》、苏冕《会要》，记初唐御史台事，显然也参考过韩书，足见它影响之大。而司马光《资治通鉴考异》，引韩书内容十七条，又挑出它的记录之误，也说明他对这部书的重视。④

即以《太平广记》为例，像卷二五四引韩书“狄仁杰”条云：“狄仁杰倜傥不羁，尝授司农员外郎，每判事，多为正充卿同异。仁杰不平之，乃判曰：‘员外郎有同侧室，正员卿位擅嫡妻。此难曲事女君，终是不蒙颜色。’正员颇亦惭悚。时王及善、豆卢钦望，拜左右相。仁杰以才望时议归之，颇冀此命。每戏王豆卢，略无屈色。王豆卢俱善长行，既拜，谓时宰曰：‘某无材行，滥有此授。’狄谓曰：‘公二人并能长行，何谓无材行。’或曰左相事，云适已白右相。狄谓曰：‘不审唤为右相，合呼为有相。’王豆卢问故，狄曰：‘公不闻，聪明儿不如有相子，公二人可谓有相子也。’二公强笑，意亦悒悒。”又同卷引韩书

① 晁公武：《郡斋读书志》卷7《职官类·御史台记》，上海，上海古籍出版社，1990。

② 陈振孙：《郡斋读书志》卷6《职官类·御史台记》，上海，上海古籍出版社，1990。

③ ［日］池田温：《论韩琬〈御史台记〉》，见《唐研究论文选集》，北京，中国社会科学出版社，1999。

④ 周勋初：《唐代笔记小说叙录·御史台记》，16页，南京，凤凰出版社，2008。

“左右御史台”条云：“孝和朝，左右台御史，有迁南省仍内供奉者三，墨敕授者五，台讥之为‘五墨三仍’。左台呼右台为高丽僧，言随汉僧赴斋，不咒愿叹呗，但饮食受亲而已。讥其掌外台。在京辇无所弹劾，而俸禄同也。自右台授左台，号为出蕃；自左台授右台，号为没蕃。每相遇，必相嘲谑不已也。”又卷二五五引韩书“邵景”条云：“景嵩状貌类胡，景鼻高而嵩须多，同时服朱绂，对立于庭。铿独帘中窃窥而咏曰：‘一双胡子著绯袍，一个须多一鼻高。’”又同卷引韩书“宋务先”条云：“唐有监察御史不工文，而好作不已。既居权要，多为人所谀，不之觉也。每篇辄为宋务先书以光台。月俸几尽，其妻谓曰：‘公经生，素非文笔，所称篇咏，不为外人所传。此必台中玩公，折俸助厨耳。奈何受人嗤玩?’自后虽吟咏不辍，不复出光台钱矣。或问之，以妻言对。诸御史退相谓曰：‘彼有人焉，未可玩也。’乃止。”又同卷引韩书“贾言忠”条云：“唐贾言忠撰《监察本草》云：‘服之心忧，多惊悸，生白发。’时义云：‘里行及试员外者，为合口椒，最有毒。监察为开口椒，毒微歇。殿中为萝卜，亦曰生姜，虽辛辣而不为患。侍御史为脆梨，渐入佳味。迁员外郎为甘子，可久服。或谓合口椒少毒而脆梨毒者，此由触之则发，亦无常性。唯拜员外郎，号为摘去毒。欢怅相半，喜迁之，惜其权也。’”

另外，唐人记御史台事，除韩书外，还有杜易简的《御史台杂注》、韦述的《御史台记》和李构的《御史台故事》。而今，只存韩书残卷，可谓殊属难得。

《御史台记》成书后，于南宋，收入曾慥《类说》，天启六年(1626)，又有岳钟秀刻本。民国四年（1915)，收入《旧小说》，由商务印书馆排印。2000年，收入《中国野史集成续编》，由巴蜀书社印行，是为现在最通行的版本。

张鷟与《朝野佥载》

张鷟（658—740），字文成，号“浮休子”、“青钱学士”，深州陆泽（今河北深县）人。上元二年（675）进士，官至岐王府参军、长安尉、鸿胪丞、司门员外郎、监察御史。他长于文史，撰有《游仙窟》、《朝野佥载》和《龙筋凤髓判》。

《朝野佥载》六卷，凡三百七十条。今本补辑九十四条，合为四百六十四条。① 原书分三十五门，而今本逐条连写，不分门类。另外，今本有敬宗朝事，可断为后人增入；还有记张鷟事者，也非出自作者之手。所以，大约是宋人把原书和补遗摘录、合并，又删去了门类的结果。②

“佥”者，皆也；所谓“佥载”，即“并录”之义。具体到张书中的内容，既有朝中大政，又不乏世俗神异。它虽以记怪异、琐屑之事为后人所讥，可所述武后、玄宗朝的轶闻遗事，包括人物事迹、典章制度、社会风尚和传闻异事，可据为史料者也有不少。③ 像卷一记武后朝以来选人情形：

> 张文成曰：乾封以前选人，每年不越数千；垂拱以后，每岁常至五万。人不加众，选人益繁者，盖有由矣。尝试论之，祇如明经、进士、十周、三卫、勋散、杂色、国官、直司，妙简实材，堪入流者十分不过一二。选司考练，总是假手冒名，

---

① 马雪琴：《评〈朝野佥载〉》，见《古代文献研究集林》（1），西安，陕西师范大学出版社，1989。

② 刘叶秋：《历代笔记概述》，81～82页，北京，北京出版社，2003。

③ 赵守俨：《张鷟和〈朝野佥载〉拾遗》，见《文史》（8），北京，中华书局，1980；车喆：《张鷟〈朝野佥载〉研究》，上海大学中国古代文学硕士论文（2009）；盛亮：《〈朝野佥载〉研究》，上海师范大学历史文献学硕士论文（2009）；王元元：《〈朝野佥载〉的史料价值研究》，复旦大学中国古代史硕士论文（2009）。

势家嘱请。手不把笔，即送东司；眼不识文，被举南馆。正员不足，权补试、摄、检校之官。贿货纵横，赃污狼藉。流外行署，钱多即留，或帖司助曹，或员外行案。更有挽郎、辇脚、营田、当屯，无尺寸工夫，并优与处分。皆不事学问，惟求财贿。是以选人冗冗，甚于羊群，吏部喧喧，多于蚁聚。若铨实用，百无一人。积薪化薪，所从来远矣。

即便是所记怪异，多少也反映了当时的社会生活。像卷三记定州富民何名远“家有绫机五百张”、长安人罗会“以剔粪为业”而致“家财巨万”，卷五记长安人邹骆驼“常以小车推蒸饼卖之”，是重要的社会史料；又卷四、卷五记蒋恒、王璥、裴子云、魏昶、张楚金、董行成、张松寿以及张鷟本人审案事，则已稍具公案小说雏形。①

另外，对比两唐书和《资治通鉴》，可知不乏采于唐之实录和国史者；而两唐书，则又实采于张书之处也不少。② 不过，正像宋人洪迈所云：“《佥载》纪事，皆琐尾摘裂，且多喋语”③，从而也影响到了它的史料价值。

对张书，四库馆臣评价说：

其书皆纪唐代故事，而于谐噱荒怪，纤悉胪载，未免失于纤碎，故洪迈《容斋随笔》讥其记事琐屑擿裂，且多媟语。然耳目所接，可据者多，故司马光作《通鉴》亦引用之。兼收博采，固未尝无裨于见闻也。④

清人周中孚对它则有讥评：“其书记唐朝轶事，凡及伪周必正称曰周，故郑氏误列在隋代杂史，注曰‘记周、隋以来事迹’。所记多琐屑猥杂，真小说家言，而《唐志》、《宋志》、《通志》俱列之史部，皆难

① 严杰：《唐五代笔记考论》，58页，北京，中华书局，2009。
② 严杰：《唐五代笔记考论》，108页，北京，中华书局，2009。
③ 洪迈：《容斋续笔》卷12《龙筋凤髓判》，上海，上海古籍出版社，1996。
④ 《四库全书总目》卷140《〈朝野佥载〉提要》，北京，中华书局，1965。

免见名不见书之讥也。”①

《朝野佥载》成书后，于南宋，收入曾慥《类说》，天启六年(1626)，又有岳钟秀刻本。至晚明，又收入《古今说海》、《历代小史》、《宝颜堂秘笈》和《续百川学海》，分别为嘉靖云间陆氏俨山书院刊本、万历安溪李氏刊本、绣水沈氏刊本和崇祯金陵心远堂刊本。顺治三年（1646），收入《说郛续》，为两浙李氏宛委山堂刊本。至乾隆朝，编《四库全书》，收入“子部小说家类”，为内府藏本。嘉庆十一年(1806)，收入《唐代丛书》，为仁和莲塘居士刊本。至民国，又收入《五朝小说大观》和《丛书集成初编》，分别由上海扫叶山房和商务印书馆排印，1985年后者又由中华书局重印，与韩愈《昌黎杂说》和韦绚《刘宾客嘉话录》合刊一册。今人赵守俨以宝颜堂秘笈本为底本点校，1979年由中华书局印行，收入《唐宋史料笔记丛刊》，与刘餗《隋唐嘉话》合刊一册；今人恒鹤同以宝颜堂秘笈本为底本点校，2012年由上海古籍出版社排印，列入《历代笔记小说大观》，与范摅《云溪友议》合刊一册，是为现在最通行的版本。另外，1993年，又收入《中国野史集成》，由巴蜀书社影印。

又可见《耳目记》一卷，系于张氏名下，而实为《朝野佥载》之节本。

吴兢与《开元升平源》

吴兢（670—749），汴州浚仪（今河南开封）人。于武周朝入史馆，官至右拾遗内供奉、右补阙、起居郎，水部郎中、为谏议大夫、修文馆学士、卫尉少卿、太子左庶子。他博通经史，撰有《国史》、《齐

① 周中孚：《郑堂读书记》卷63《子部·小说家类·朝野佥载》，上海，上海书店，2009。

史》、《梁史》、《周史》、《陈史》、《隋史》、《唐书》、《唐春秋》、《贞观政要》和《开元升平源》。

《开元升平源》一卷，今之所存，似为残帙，书记中唐姚崇事。“开元”，为唐玄宗年号；姚崇（650—721），原名元崇，字元之，因避“开元”年号讳而改名，陕州硖石（今河南陕县）人。他三度任相，与宋璟合称“姚宋”。

吴书虽薄，可又是有关姚崇的重要史料。① 而记“献言十条”、玄宗与姚氏君臣问对，则足可令学者所乐道：

> 至顿，上命宰臣坐。公跪奏：“臣适奉作弼之诏不谢者，欲以十事上献。有不可行，臣不敢奉诏。”上曰：“悉数之！朕当量力而行，然后定可否。”公曰：“自垂拱已来，朝廷以刑法理天下。臣请圣政先仁义，可乎?”上曰：“朕深心有望于公也。”又曰：“圣朝自丧师青海，未有牵复之悔。臣请三数十年不求边功，可乎?”上曰：“可。”又曰：“自太后临朝以来，喉舌之任，或出于阉人之口。臣请中官不预公事，可乎?”上曰：“怀之久矣。”又曰：“自武氏诸亲，猥侵清切权要之地，继以韦庶人、安乐、太平用事，班序荒杂。臣请国亲不任台省官，凡有斜封待阙员外等官，悉请停罢，可乎?”上曰：“朕素志也。”又曰：“比来近密佞幸之徒，冒犯宪纲者，皆以宠免。臣请行法，可乎?”上曰：“朕切齿久矣。”又曰：“比因豪家戚里，贡献求媚，延及公卿方镇，亦为之。臣请除租庸赋税之外，悉杜塞之，可乎?”上曰：“愿行之。”又曰：“太后造福先寺，中宗造圣善寺，上皇造金仙、玉真观，皆费巨百万，耗蠹生灵。凡寺观宫殿，臣请止绝建造，可乎?”上曰：“朕每睹之，心即不安，而况敢为者哉?”又曰：“先朝亵

① 卞孝萱：《〈开元升平源〉初探》，载《许昌师专学报》，2000（1）。

狎大臣，或亏君臣之敬。臣请陛下接之以礼，可乎?”上曰：“事诚当然，有何不可?”又曰：“自燕钦融、韦月将献直得罪，由是谏臣沮色。臣请凡在臣子，皆得触龙鳞、犯忌讳，可乎?”上曰：“朕非唯能容之，亦能行之。”又曰：“吕氏产、禄，几危西京，马、窦、阎、梁，亦乱东汉，万古寒心，国朝为甚。臣请陛下书之史册，永为殷鉴，作万代法，可乎?”上乃潸然良久曰：“此事真可为刻肌刻骨者也。”

《开元升平源》成书后，久无刊刻，一直以抄本流传。入宋，采入《资治通鉴考异》，不过，司马光认为，所述难以尽信，殆好事者假托吴氏为之。民国十六年（1927），收入《唐宋传奇集》，由北新书局排印，1956年又由文学古籍刊行社重印。1985年，上海古籍出版社印行丁如明辑校本，收入《开元天宝遗事十种》[①]；2006年，又由北方文艺出版社排印，是为现在最通行的版本。

崔令钦与《教坊记》

崔令钦（?），博陵安平（今河北定州）人[②]，合州刺史崔班之子，生卒年、字号不详。于开元朝，以父荫为左金吾仓曹参军，官至丹徒令、礼部员外郎、著作佐郎、仓部和主客郎中、万州刺史、国子司业，今存所撰《教坊记》。

《教坊记》一卷，卷首崔氏自序云：

余为左金吾仓曹，武官十一二三是坊中人，每请俸禄，每加访问，尽为余说之。今中原有事，漂寓江表，追思旧游，不

① 收入李德裕《次柳氏旧闻》、郑处诲《明皇杂录》、郑綮《开天传信录》、王仁裕《开元天宝遗事》、吴兢《开元升平源》、郭湜《高力士外传》、陈鸿《长恨歌传》、乐史《杨太真外传》、佚名《李林甫外传》和《梅妃传》。

② 李一飞：《〈教坊记〉作者崔令钦生平考补》，载《文献》，1997（2）。

可复得，粗有所识，即复疏之，作《教坊记》。

“教坊”，为唐代管理宫廷音乐的官署，专司雅乐以外的音乐、歌唱、舞蹈、百戏的教习、排练、演出事务。崔书主要记述了开元中教坊制度、有关轶事及乐曲的内容和起源，包括大曲四十六个，一般曲目二百七十八个，是唐代音乐、舞蹈、戏曲、杂技表演艺术的真实写照，为有关历史文化研究的重要资料。以记大曲名为例：

踏金莲、绿腰、凉州、薄媚、贺圣乐、伊州、甘州、泛龙舟、采桑、千秋乐、霓裳、玉树后庭花、伴侣、雨霖铃、柘枝、胡僧破、平翻、相驼逼、吕太后、突厥三台、大宝、一斗盐、羊头神、大姊、舞大姊、急月记、断弓弦、碧霄吟、穿心蛮、罗步底、回波乐、千春乐、龟兹乐、醉浑脱、映山鸡、昊破、四会子、安公子、舞春风、迎春风、看江波、寒雁子、又中春、玩中秋、迎仙客、同心结。

又记入选宫中的歌舞女子的生活：

妓女入宜春院，谓之“内人”，亦曰“前头人”。常在上前，若其家犹在教坊，谓之“内人家”。敕有司给赐同十家，虽数十家，犹故以“十家”呼之。每月二日十六日，内人母得以女对，无母则姊妹若姑一人对，十家就本落，余内人并坐内教坊对，内人生日，则许其母姑姊妹等来对，其对所如式。

楼下戏出队，宜春院人少，即以云韶添之，云韶谓之“宫人”，盖贱隶也，非直美恶殊貌，居然易辨明。内人带鱼，宫人则否，平人女以容色选入内者，教习琵琶三弦箜篌筝等者，谓“搊弹家”。

而有关《菩萨蛮》一曲，可证晚唐苏鹗《杜阳杂编》卷下所言宣宗朝始制此曲之谬。四库馆臣评价说：

所记多开元中猥杂之事，故陈振孙讥其鄙俗。然其后记一篇，谆谆于声色之亡国，虽礼为尊讳，无一语显斥玄宗，而历引汉成帝、高纬、陈叔宝、慕容熙，其言剀切而著明。乃知令钦此书，本以示戒，非以示劝。《唐志》列之于经部乐类，固为失当，然其风旨有足取者。[①]

清人周中孚也说："今观其书，凡十六条，其记曲名尤详，足有资于考证。后记一篇，反复推明声色之亡国，其垂戒至为深切，故书虽猥杂，而著书之本旨自正大也。"[②]

《教坊记》成书后，于南宋，收入曾慥《类说》，天启六年(1626)，又有岳钟秀刻本。至晚明，收入《古今说海》、《古今逸史》和《续百川学海》，分别为嘉靖云间陆氏俨山书院刊本、万历漳州吴氏刊本和崇祯金陵心远堂刊本。顺治三年（1646），收入《说郛续》，为两浙李氏宛委山堂刊本。至乾隆朝，编《四库全书》，收入"子部小说家类"，为内府藏本。嘉庆十一年（1806），收入《唐代丛书》，为仁和莲塘居士刊本。至民国，又收入《五朝小说大观》和《丛书集成初编》，分别由上海扫叶山房和商务印书馆排印，1985 年后者又由中华书局重印，与皇甫枚《非烟传》、薛莹《龙女传》、任蕃《梦游录》、孙棨《北里志》、佚名《薛昭传》、于邺《扬州梦记》、佚名《张无颇传》、牛僧孺《周秦行记》和张泌《妆楼记》合刊一册。1957 年，收入《中国文学参考资料小丛书》，由古典文学出版社排印，与孙棨《北里志》和夏庭芝《青楼集》合刊一册。1959 年，又收入《中国古典戏曲论著集成》（一），由中国戏剧出版社排印。今人吴企明以古今逸史本为底本点校，2012 年由中华书局印行，列入《唐宋史料笔记丛刊》，与李德裕《次柳氏旧闻》、郑綮《开天传信记》和段安节《乐府杂录》合刊一册，是为现在最通行的版本。

另外，与崔书性质类同的，还有孙棨《北里志》一卷、南卓《羯

① 《四库全书总目》卷 140《〈教坊记〉提要》，北京，中华书局，1965。

② 周中孚：《郑堂读书记》卷 63《子部·小说家类·教坊记》，上海，上海书店，2009。

鼓录》二卷、段安节《琵琶录》一卷和《乐府杂录》一卷。孙书记晚唐长安平康坊[①]名妓故事，也涉及一些公卿子弟，可作为研究唐代歌妓生活、城市情状和士人生活的参考资料，对研究晚唐诗歌也有一定的参考价值。1957 年，由古典文学出版社排印，列入《中国文学参考资料小丛书》，与崔令钦《教坊记》和夏庭芝《青楼集》合刊一册，1959 年又由中华书局上海编辑所重印，是为现在最通行的版本。南书记“羯鼓”这一来自西域之乐器的源流、形状以及开元君臣的爱好，还附录了有关诸宫曲名，有助于了解唐代音乐艺术和宫廷生活。[②] 1958 年，由古典文学出版社排印，列入《中国文学参考资料小丛书》，与段安节《乐府杂录》和王灼《碧鸡漫志》合刊一册，1986 年又由上海古籍出版社重印，是为现在最通行的版本。段氏《琵琶录》记琵琶的历史、形状、演奏技巧以及名家轶事，光绪十三年（1887），收入《十万卷楼丛书》，为归安陆氏刊本；《乐府杂录》记教坊各部、乐器、乐曲和艺人事迹，提供了丰富的音乐资料。1958 年，由古典文学出版社排印，列入《中国文学参考资料小丛书》，与南卓《羯鼓录》和王灼《碧鸡漫志》合刊一册，1986 年又由上海古籍出版社重印，是为现在最通行的版本。

刘餗与《隋唐嘉话》

刘餗（?），字鼎卿，徐州彭城（今江苏徐州）人，刘知几[③]次子。天宝进士及第，官至河南功曹参军、集贤院学士、右补阙，撰有《史例》、《隋唐嘉话》和《乐府古题解》。

---

① 平康坊，在长安城北，旧称“北里”，孙氏因以题书。

② 周艳：《〈羯鼓录〉研究》，武汉音乐学院音乐学硕士论文（2007）。

③ 刘知几（661—721），字子玄，徐州彭城（今属江苏）人。永隆元年（680）进士，官至著作佐郎、左史、著作郎、秘书少监、太子左庶子、左散骑常侍。他长于史学，参编过《唐书》、《武后实录》、《睿宗实录》、《则天实录》、《中宗实录》、《氏族志》和《姓族系录》，另撰有中国第一部史学理论之作《史通》。

《隋唐嘉话》三卷，原名《传记》，又作《小说》、《小说旧闻》、《国朝传记》、《国朝杂记》、《国史异纂》、《国史纂异》和《隋唐佳话》。卷首刘氏自序云：

余自髫丱之年，便多闻往说，不足备之大典，故系之小说之末。昔汉文不敢更先帝约束而天下理康，若高宗拒乳母之言，近之矣。曹参择吏必于长者，惧其文害。观焉马周上事，与曹参异乎许高阳谓死命为不能，非言所也。释教推报应之理，余尝存而不论。若解奉先之事，何其明著。友人天水赵良玉睹而告余，故书以记异。

书分上中下，上卷四十二条，中卷六十一条，下卷七十三条，凡一百七十六条。从所记内容来看，主要是唐初的宫廷轶闻以及高宗、武后朝的琐事和一些有名士大夫的言行，可资考史参证，为后人引作典故者也不少。书内所记人物、故事，以太宗朝的轶闻最多，又偶有关于文学、艺术的记录。所采为简短的言行片断，从体裁和文字上看，也表现出它是《世说新语》的流派。[①] 像卷上记：

炀帝善属文，而不欲人出其右，司隶薛道衡由是得罪。后因事诛之，曰："更能作'空梁落燕泥'否？"

又卷中云：

太宗将致樱桃于酅公，称"奉"则以尊，言"赐"又以卑，乃问之卢监，曰："昔梁武帝遗齐巴陵王称饷。"遂从之。

不难看出，这很像《世说新语》的"文学"、"言语"篇中的内容。[②]

又卷上记唐太宗纳谏事云：

太宗曾罢朝，怒曰："会杀此田舍汉！"文德后问："谁触忤陛下？"帝曰："岂过魏征，每廷争辱我，使我常不自得。"

---

① 程毅中：《〈唐小说〉与〈隋唐嘉话〉》，载《书品》，1997（1）。

② 刘叶秋：《历代笔记概述》，70～71页，北京，北京出版社，2003。

后退而具朝服立于庭，帝惊曰："皇后何为若是?"对曰："妾闻主圣臣忠。今陛下圣明，故魏征得直言。妾幸备数后宫，安敢不贺?"

又卷中反映唐代士人之人生追求：

薛中书元超谓所亲曰："吾不才，富贵过分，然平生有三恨：始不以进士擢第，不得娶五姓女，不得修国史。"

又同卷记唐代郡望风气云：

高宗朝，以太原王、范阳卢、荥阳郑、清河博陵二崔、陇西赵郡二李等七姓，恃其族望，耻与他姓为婚，乃禁其自姻娶。于是不敢复行婚礼，密装饰其女以送夫家。

又卷下记娄师德之弟拜代州刺史，娄师德嘱咐他遇事要忍耐，即便有人唾其面，也当笑而受之，候唾液自干。这便是"唾面自干"一语的出处，《新唐书》本传也采入了这个传说。又卷中记云："旧官人所服唯黄紫二色而已。贞观中始令三品服紫，四品以上朱，六品、七品绿，八品、九品以青焉"，可知贞观朝官吏服色的变更；又卷下记云："武后以吏部选人多不实，乃令试日自糊其名，暗考以定等第。判之糊名，自此始也"，可知武后朝吏部甄选用糊名制之始，是涉及唐代典制的可贵史料。

对刘书，清人周中孚评价说："是编记自隋至唐轶事琐闻，迄开元中止，而唐初之事为详，可资考证。"①

《隋唐嘉话》成书后，于南宋，收入曾慥《类说》，天启六年(1626)，又有岳钟秀刻本。至中晚明，又收入《顾氏文房小说》、《历代小史》、《稽古堂丛刻》和《续百川学海》，分别为嘉靖顾氏夷白斋刊本、万历安溪李氏刊本、崇祯绣水高氏刻本和金陵心远堂刊本。顺治三

① 周中孚：《郑堂读书记》补逸卷28《子部·小说家类·隋唐嘉话》，上海，上海书店，2009。

年（1646），收入《说郛续》，为两浙李氏宛委山堂刊本。嘉庆十一年（1806），收入《唐代丛书》，为仁和莲塘居士刊本。至民国，又收入《说库》和《五朝小说大观》，分别由上海文明书局、商务印书馆石印和排印。1957 年，由古典文学出版社排印，列入《中国文学参考资料小丛书》。今人程毅中以顾氏文房本为底本点校，1979 年由中华书局印行，列入《唐宋史料笔记丛刊》，与张鷟《朝野佥载》合刊一册，是为现在最通行的版本。另外，1993 年，又收入《中国野史集成》，由巴蜀书社影印。

佚名与《灌畦暇语》

《灌畦暇语》一卷，凡三十二条，卷首有作者自序，卷尾有天顺八年（1464）明人李东阳跋。自序云：

> 灌畦暇语者何？老圃腾颊之云也……夫借暄于春阳，射利者不争；资润于泉脉，乾没者不忌。而又继日以从事，其为力可以不匮；卒岁而计入，其为收亦足糊口。每风日好时，皋壤悦畅，负杖曳屦，暂出郊堑，比邻之人，偶相与立，曹相与谈。忽觉朒颐咄咤，故态横发，或童颠之叟，或粗有知识之少年，时时相顾，捧腹一笑，意虽不伦，弃亦可惜，因取而疏之，以其缘隙，日乃有得也，故以“暇语”题辞。

又李跋云：

> 《灌畦暇语》，非完书也。余顷僦居京城之西。一日，有卖杂物者过门，见其筐有故书数种，大抵首尾不全。《灌畦暇语》一编，尤为断烂。余以数十钱购得之。爱其“出言皆有微意，可为破颜”，因料理其可读者，才得三十许条余。不可，删取者，尚三分之一，甚可惜也。他日好事君子如有善本，幸为我足之。

“灌畦”一词，为“抱瓮灌畦”之略，语出《庄子·天地篇》：“子贡南游于楚，反于晋。过汉阴，见一丈人，方将为圃畦，凿隧而入井，抱瓮而出灌，搰搰然用力甚多，而见功寡。”词之本义，是抱瓮舀水浇灌田地，比喻安于拙陋的淳朴生活，后人讽喻安于拙劣、不求改进的保守思想。以“灌畦”连同“暇语”题书，足以表明作者之“黄老”倾向。不过，于行文言词中，又不乏对政事有感而发的议论；另外，于各条之末还附有“老圃曰”的评议文字，则更显出了作者实则入世的思想本质。像“唐太宗责太常少卿”条云：

贞观三年，王珪为侍中。文皇帝以太常少卿祖孝孙教宫人声乐不称旨，切责之。珪与温彦博进曰：“孝孙，雅士，陛下忽以教女乐责之，臣恐天下怪愕。”上怒曰：“卿等皆我腹心，奈何附下罔上，反为孝孙游谈也?”彦博皇恐，顿首谢，珪独不拜。徐曰：“臣本事前宫，罪已当死，陛下矜恕性命，不以臣为不肖，而置之枢近，责臣以忠直。今所言实无私意，陛下忽疑臣，是陛下负臣，臣决不负陛下。”上默然而起。翌日，谓房玄龄曰：“自古帝王能纳谏者，固难。周武圣人，尚不用夷齐之谏；宣王贤主，杜伯乃以无罪死。朕每夙夜以古为鉴，昨责珪等，今犹惭悔，公可为勅，勿以此事遂不进直言。”

老圃曰：臣观文皇帝，天姿聪明，从谏如流，直千载而一遇，希阔不可逢值之真主也……念兹皇祖，臣观今日之势，固宜以皇祖为戒也。

有关王珪事，也见于《旧唐书》，可见本条与之一样，同出自唐国史。对《灌畦暇语》，四库馆臣评价说：

书中皆自称曰“老圃”，唐太宗一条独称臣、称皇祖，知为唐人……其书凡三十二条，观其答黄仲秉一条宗旨，盖出于黄老，而大抵持论笃实，亦不悖于圣贤……核其词旨，确为唐人著述，虽残阙，终可贵也。①

清人周中孚也说："今观其书……皆列旧文于前，而后称老圃以论断之。其出言皆有微义，雅近黄、老宗旨，而持论尚不诡于正。"②

《灌畦暇语》成书后，久无刊刻，一直以抄本流传。于晚明，收入《稽古堂丛刻》，为绣水高氏刊本。顺治三年（1646），收入《说郛续》，为两浙李氏宛委山堂刊本。至乾隆朝，编《四库全书》，收入"子部杂家类"，为浙江巡抚采进本；又收入《奇晋斋丛书》，为平湖陆氏刊本。道光十一年（1831），收入《学海类编》，为六安晁氏活字排印本；宣统二年（1910），又收入《古今说部丛书》，为上海国学扶轮社排印本。1991年，收入《丛书集成初编》，由中华书局印行，与佚名《玉泉子》合刊一册，是为现在最通行的版本。

李冗与《独异志》

李冗（?），一说作"李亢"，一说作"李元"，一说作"李冘"，生卒年、字号、爵里及事迹行状俱不详。他官至明州刺史，今存所撰《独异志》。

《独异志》三卷，卷首李氏自序云：

> 《独异志》者，记世事之独异也。自开辟以来迄于今世之经籍，耳目可见闻，神仙鬼怪，并所摭录。然有纪载所繁者，俱不量虚薄，构成三卷。愿传博达，所贵解颜耳。

书分上中下，今本由点校者拟目，正文三百九十二条，即卷上"异人异事"、"乘槎至天津"、"斑竹"、"公孙吕"、"赵伯翁奇胖"、"刘曜长须"、"刘胜多子孙"、"独孤信三女为后"、"昌邑王罪恶"、"项羽叱

① 《四库全书总目》卷120《〈灌畦暇语〉提要》，北京，中华书局，1965。

② 周中孚：《郑堂读书记》卷56《子部·杂家类·灌畦暇语》，上海，上海书店，2009。

咤”、“司马懿”、“麦铁杖善行”、“程干”、“梁武帝三舍身”、“郭子仪富贵”、“郭太后贵极”、“李广利刺石得水”、“孟业自秤”、“干宝母妬”、“玄奘书壁”、“柳子升再世夫妇”、“严根妾”、“贾弼之梦中换头”、“韦诞书额”、“赵未”、“橘中有蛇”、“戴竿伎王大娘”、“韶阳牧牛人”、“姮娥奔月”、“大耳国”、“狗头新妇”、“安金藏保中宗”、“后稷”、“陆续强记”、“剑客殉葬”、“钩弋夫人”、“王献之书法”、“王戎视日”、“廉颇食量”、“陶侃指文”、“有尾人”、“李子昂奇遇”、“糟丘酒池”、“东方朔出生”、“刘备”、“邹衍吹律”、“京房吹律易姓”、“人化虎”、“申包胥哭秦延”、“夫妇相食”、“两头四臂女”、“典论失误”、“木兰从军”、“杨行廉木偶”、“黄安坐龟”、“苻坚大赦”、“禹治水”、“王濬楼船”、“乞者解如海”、“王樊冢”、“官军残民”、“韩滉明察”、“玄宗”、“刘伶狂放”、“李蒙奇祸”、“刘闢求卦”、“贺知章告老”、“刘薪妇人”、“孙思邈千金方”、“卞壶尸异”、“髦头”、“裴章薄妻”、“张宝藏因医致贵”、“山中宰相”、“绘画通神”、“何曾家法”、“李则尸变”、“买赋求宠”、“侯景瘤”、“耿秉遗恩”、“赵云因酒得祸”、“郑覃仕宦”、“萧瑀夸贵”、“天谴墨吏”、“玄奘摩顶松”、“郭璞多智”、“商汤祝天”、“霍光”、“贾琮撤帷”、“吴隐之廉洁”、“伍员吹箫乞食”、“庖丁解牛”、“运斤成风”、“高宗求医”、“阮籍放旷”、“唐太宗虬髯”、“韩干画马”、“谢灵运须”、“泰山神女”、“鸲鹆学语”、“张说横财”、“裴度赏花”、“庾亮识孟嘉”、“王敦入厕”、“殷仲文死兆”、“刘向父子博闻”、“岁星东方朔”、“王霸善抚士卒”、“刘琨解围”、“宋景公至德三言”、“李师古幕客之厄”、“楚昭取遗履”、“杨素富侈”、“李善义行”、“魏武借头”、“五丁开道”、“于公治门”、“殷仲堪节俭”、“伊尹”、“大禹治水”、“孙坚战马救主”、“蔡邕重王粲”、“勾践尝胆”、“贺敦诫子”、“刘裕不忘贫贱”、“梁武含恕”、“铛足御史”、“太阿退敌”、“谢安教侄”、“东方朔多智”、“宋明帝借苑与张永”、“汉光武爱士卒”、“东方朔自责”、“秦穆公轻马重人”、“卫玠通恕”、

“汉阴丈人”、“始皇见海神”、“历阳成湖”、“傅奕排佛”、“勿近禁脔”、“侯彝侠义”、“穆王南征”、“陈胜丹书”、“的庐跃檀渊”、“任公子钓鱼”、“田子方赎马得士”、“吴起吮卒”和“塞翁失马”；卷中“专诸刺僚”、“堕泪碑”、“王允杀蔡邕”、“陈寿撰史”、“入室之宝”、“赵尧代周昌”、“王夷甫论旱涝”、“仁政得雨”、“爱妾换马”、“绣囊马融”、“齐后化蝉”、“严泰放龟得报”、“王导梦中卖子”、“汉景帝猎虎”、“潜龙马略”、“烈士饮酒”、“纸鸢化鸟”、“京房临刑”、“李子长为政动神”、“荼芜香”、“孟召文差颠狂”、“刘子光斩石人得水”、“齐王焕二子”、“六顷嘉禾”、“北斗三台并流”、“葛祚治江”、“史满女饮水而孕”、“司马懿”、“高唐神女”、“车胤映萤读书”、“猩猩能言”、“徐勉勤公”、“勾践揖怒蛙”、“冯稜妻复生产子”、“五大夫松”、“汉高祖黑子”、“柳积书粮”、“刘圣公凶兆”、“曹操凶残”、“刘牧山居”、“蚩尤兄弟”、“韩朋夫妇”、“蚩尤旗”、“弘成子”、“陶侃葬父”、“杨震忠贞”、“葛玄隐几化鹿”、“司马郊隐居”、“魏文害陈思”、“夜郎侯”、“颜娘泉”、“杨仆移关”、“韩娥鬻歌”、“始皇墓”、“兰金泥”、“石虎奢侈”、“逐臭之夫”、“晋文见蛇修政”、“委蛇”、“无忌劾鹳”、“卢景白毛”、“裴安祖救难”、“郑弘行春”、“临川王刘义庆”、“陶答子妻”、“李势宫人”、“吴道子”、“王武子赌牛”、“姜维胆”、“左思撰三都赋”、“张仓”、“阳城兄弟”、“路随志行”、“桓玄贪移”、“吴隐之兄”、“要离羸极”、“飞燕身轻”、“高开道取箭镞”、“娄师德教弟”、“苍梧王好杀”、“何晏服妇人衣”、“黄耳传书”、“陈正辨冤”、“张宽”、“沈约僻恶”、“王元宝多财”、“王元宝富可敌贵”、“玄宗幸蜀”、“陆贾分产”、“鲍子都义行”、“毛玠移风俗”、“窦婴分金”、“宋昭王复位”、“王戒贪鄙”、“王澄旷放”、“兰亭记叙”、“张骞出使大月支”、“和亿审虎”、“郑玄”、“索綝报仇”、“公仪休为相”、“韩康伯买药”、“东明出生”、“铜雀伎乐”、“子臧服灾”、“晋武焚雉头裘”、“陶潜洒酒”、“羊琇造酒”、“汉文俭约”、“庾衮戒酒”、“晋明帝幼慧”、“管辂幼时”、“舜之孝道”、“黄霸治颍”、“任氏子”、“何劭日食”、“用重求轻”、“张公百忍”、“萧何”、“阮修婚礼”、“刘君良兄弟聚居”、“中宗抛石”、“荀奉倩”、“玄宗幸蜀见白鱼”、“河间王孝恭才识”、“大公之国”、“齐桓谋伐莒”、“朱敬则孝友忠鲠”、“公仪休为相”、“晋文伐卫”、“海人狎鸥”、“姚泓死异”、“王猛知子”、“欧阳通孝行”、“汉宣帝足毛”、“颜含事兄疾”、“宋燕知过”、“庄子赐楚王聘”和“汲黯卧理淮阳”；卷下“赵襄子伐中牟”、“太康失国”、“商山四皓”、“张嘉祐”、“耿寿昌立常平仓”、“崔群庄田”、“魏元忠安闲神异”、“杜伏威武勇”、“献果之始”、“高洋凶残”、“抛石杀敌”、“承宫威名”、“宦官灭汉”、“张安石举贤”、“骄奢之灾”、“邴丹养志乐”、“蔡邕为张衡后身”、“长刀阚稜”、“薄昭之死”、“马蹄突厥”、“回文诗”、“贾逵舌耕”、“钟繇纳正室”、“卫青尚主”、“汉武赦乳母”、“优旃”、“戛羹侯”、“晏子智谏”、“半面妆”、“祝鸡翁”、“李怀光子”、“鬼拽生人”、“王锷贵相”、“续弦胶”、“华佗”、“张果老”、“刘焉”、“长安县陷为湖”、“王涯奢侈”、“诡”、“豹尾”、“张祚死兆”、“贾直言夫妻孝义”、“曹操奸诈”、“子贡”、“狄仁杰考功”、“高洋残酷”、“玄宗禳安禄山”、“河上公傲文帝”、“陆云笑癖”、“太宗三镜”、“李衡木奴”、“祭彤为辽东太守”、“周亚夫饿死”、“吕蒙击贼”、“隋文帝禁大船”、“守株待兔”、“窦武蛇弟”、“郅都诛豪强”、“韦逞母博学”、“荀灌娘”、“契苾何力识见”、“郗超引进寒素”、“鲁肃义气”、“王浑妻鉴识”、“伊尹负鼎干汤”、“商较卿相”、“杜预连榻待客”、“李德裕奢侈”、“六岁为皇后”、“萧颖士死异”、“效龟活命”、“太真香帔”、“荀爽女坚贞”、“愚公移山”、“焚书坑儒”、“赫连勃勃残暴”、“周兴嗣撰千字文”、“刘幽求拜相”、“虞世南五绝”、“公孙瓒疑畏”、“袁绍之死”、“魏武好杀重艺”、“范粲佯狂”、“狄仁杰除淫祠”、“张巡守宁阳”、“阮籍居丧”、“时苗泄愤”、“季孙节俭”、“哀牢夷”、“娘子军”、“魏文侯问孤卷子”、“老子问常摐疾”、“子产闻哭察奸”、“破镜重圆”、

“女娲兄妹为夫妇”、“羊角哀左伯陶”、“刘仁轨”、“张良圯下纳履”、“汉武兄弟”和“滥竽充数”。又补佚二十八条，即“晋武哭羊祜”、“梁玉清”、“卢婴奇蹇”、“西灵塔渡海”、“陈霸先贵兆”、“李源鬼友”、“淮南奇祸”、“管宁柩”、“宋则宽恕”、“陈子昂求名”、“关羽张飞待人”、“菑丘诉之勇”、“桓石虔勇猛”、“彭乐勇猛”、“李嗣真”、“淳于智灵卦”、“李佐父爱乐弃家”、“犯讳得祸”、“侯四娘从军”、“谢道韫才学”、“李广心神”、“隋文贵兆”、“厕神惑李赤”、“邵进续首复生”、“夏侯婴佳城”、“李灌义行”、“特牛湫”和“齐庄公平狱”。

从设目来看，李书杂录古事，广记唐代流传的奇闻异事，而语怪者不少，像海人狎鸥、愚公移山、女娲兄妹为夫妇之类，篇幅短小，梗概粗陈，与六朝[①]志怪、志人小说的写法一样，艺术价值不高。不过，对研究历史故事传说和唐人小说发展的沿革，还是有一定价值的。[②] 四库馆臣评价说：

> 其书杂录古事，亦及唐代琐闻，大抵语怪者居多。如女娲兄妹为夫妇事，皆齐东之语。又如《列子》海人狎鸥、愚公移山事，皆摭寓言为实事，尤为肤固。至王涯为仇士良所害，本非文宗之命，乃称涯为天兵枭戮，则悖谬甚矣。[③]

《独异志》成书后，于南宋，收入曾慥《类说》，天启六年(1626)，又有岳钟秀刻本。至晚明，又收入《稗海》，为万历会稽商氏半埜堂刊本。顺治三年（1646），收入《说郛续》，为两浙李氏宛委山堂刊本。至乾隆朝，编《四库全书》，列入“子部小说家存目”，为江苏巡抚采进本。至民国，收入《丛书集成初编》，1985 年又由中华书局重印。今人张永钦、侯志明以稗海本为底本点校，1983 年由中华书局

---

① 六朝，即先后定都今南京的东吴、东晋及南朝之宋、齐、梁、陈六个朝代。

② 郭仕超：《〈独异志〉研究》，西南大学中国古典文献学硕士论文（2009）。

③ 《四库全书总目》卷 144《〈独异志〉提要》，北京，中华书局，1965。

印行，列入《古小说丛刊》，与张读《宣室志》合刊一册，是为现在最通行的版本。1995 年，又收入《续修四库全书》，由上海古籍出版社影印。

封演与《封氏闻见记》

封演（?），渤海蓨（今河北景县）人。天宝十五年（756）进士，官至检校屯田郎中、邢州刺史，又为魏博节度使田承嗣从事、司刑侍郎、检校吏部郎中、御史中丞。他长于文史，撰有《续钱谱》、《封氏闻见记》和《古今年号录》。

《封氏闻见记》十卷，又作《闻见记》、《封氏见闻记》、《封氏见闻录》和《封氏见闻志》。今本卷首乾隆二十一年（1756）卢见曾序云：

> 昔渔洋[①]最爱《封氏闻见记》、《唐摭言》二书，以为“秘本可贵”……寻《唐书艺文志》、《晁氏读书志》并云五卷，今所传乃十卷，翻有阙佚，则似展转相录而失其本真耳。然考据该洽，论辩详明，乃说部之佳者，宜为渔洋所宝爱云。

封书又卷下设目，凡一百零一条，即卷一“道教”和“儒教”；卷二“文字”、“典籍”、“石经”和“声韵”；卷三“贡举”、“制科”、“铨曹”和“风宪”；卷四“尊号”、“运次”、“降诞”、“金鸡”、“露布”、“匦使”、“定谥”、“明堂”、“武监”和“漳渎”；卷五“卤簿”、“公牙”、“官衔”、“颂德”、“壁记”、“豹直”、“烧尾”、“花烛”、“第宅”、“巾幞”、“图画”和“长啸”；卷六“饮茶”、“打球”、“拔河”、“绳妓”、“石志”、“碑碣”、“羊虎”、“纸钱”、“道祭”和“忌日”；

---

① 王士祯（1634～1711），原名士禛，字子真、贻上，号阮亭，又号“渔洋山人”，人称“王渔洋”，山东新城人。他为文丰富，撰有《居易录》、《渔洋诗话》、《香祖笔记》和《池北偶谈》，于清中叶有“一代宗匠”之誉。

卷七“视物远近”、“海潮”、“北方白虹”、“西风则雨”、“松柏西向”、“蜀无兔鸽”、“月桂子”、“石鼓”、“弦歌驿”、“高唐馆”和“温汤”；卷八“历山”、“二朱山”、“峄山”、“羑里城”、“文宣王庙树”、“孟尝镬”、“佛图澄姓”、“巨骨”、“大鱼腮”、“窃虫”、“霹雳石”和“鱼龙畏铁”；卷九“刚正”、“淳信”、“端悫”、“贞介”、“謇谔”、“抗直”、“忠鲠”、“诚节”、“任使”、“礼遣”、“迁善”、“惠化”、“推让”、“奇政”、“掩恶”、“解纷”、“凌压”和“除蠹”；卷十“务尚”、“讽切”、“欢狎”、“祛怪”、“修复”、“赞成”、“讨论”、“颖悟”、“敏速”、“避忌”、“戏论”、“失误”、“谬识”、“查谈”、“嘲玩”、“惭悚”、“狂谲”和“侮谑”。

封氏编排很有条理，首列“道教”，以示尊重王室；除皇家仪制外，像文献、科举和民俗之类，皆有完整的表述。[①] 具体说来，卷一至卷六记掌故、考名物；卷七、卷八多记古迹，附以杂论；卷九和卷十，为唐代士大夫的遗事轶闻。从史料价值上说，最重要的是记掌故的部分，而有关人物轶事遗闻稍次之。书偏旧闻考证，像卷二“文字”、“声韵”条，历来受到学人重视；又卷三“贡举”条，记李林甫不依唐玄宗之旨而维护进士科取才之规；又卷五“颂德”、“豹直”和“烧尾”条，记唐朝官场习惯；又卷五“第宅”、卷六“道祭”条，反映高官奢侈之风；又卷五“花烛”，卷六“饮茶”、“打毬”、“拔河”、“绳妓”和“纸钱”条，有助于了解唐代文化；又卷七“月桂子”条，驳月中桂子降于台州之事云：“或者，台岭与岭南地接，山多桂树，桂子多因风而至。有若从天而来，时人不加详考，谓之月桂”，也显示出封氏观察事物的务实态度。

清人对封书评价很高，四库馆臣即云：

---

① 周勋初：《唐代笔记小说叙录·封氏闻见记》，21页，南京，凤凰出版社，2008。

> 唐人小说，多涉荒怪，此书独语必征实。前六卷多陈掌故，七、八两卷多记古迹及杂论，均足以资考证。末二卷则全载当时士大夫轶事，嘉言善行居多，惟末附谐语数条而已……唐人说部，自颜师古匡谬正俗、李匡乂《资暇集》、李涪《刊误》之外，固罕其比偶矣。①

综观全书，可知卢见曾说它“考据该洽，论辨详明”，可谓也并非虚言。清人王士祯又云：“唐人说部流传至今者绝少，此书洎《封氏闻见记》，皆秘本可贵重。”② 作为一代文豪的他，之所以偏好这部书，自然也不是没有道理的。

《封氏闻见记》成书后，于南宋，收入曾慥《类说》，天启六年（1626），又有岳钟秀刻本。至乾隆朝，编《四库全书》，收入“子部杂家类”，为安徽巡抚采进本。乾隆二十一年，又收入《雅雨堂藏书》，为德州卢氏刊本。嘉庆十年（1805），收入《学津讨原》，为虞山张氏照旷阁刊本；道光十一年（1831），收入《学海类编》，为六安晁氏活字排印本；光绪五年（1879），又收入《畿辅丛书》，为定州王氏谦德堂刊本。至民国，收入《丛书集成初编》，由商务印书馆影印，1985 年又由中华书局重印。今人赵贞信以雅雨堂本为底本点校，1958 年由中华书局印行，2005 年又重排校注本，列入《唐宋史料笔记丛刊》，是为现在最通行的版本。

李翱与《卓异记》

李翱（772—841），字习之，陇西成纪（今甘肃秦安）人。贞元进士，官至国子博士、史馆修撰、考功员外郎、礼部郎中、中书舍人、桂

---

① 《四库全书总目》卷 120《〈封氏闻见记〉提要》，北京，中华书局，1965。

② 王士祯：《蚕尾集·跋〈摭言〉足本》，见《四库全书存目丛书》，济南，齐鲁书社，1997。

州刺史、山南东道节度使。他追随韩愈，阐释韩氏关于“道”的观念，强调文以明道。他还主张反佛，发挥《中庸》“天命之谓性”的思想，主张性善情恶说，与韩愈同撰《论语笔解》，另撰有《卓异记》，后人又集有《李文公集》。

《卓异记》一卷，书记唐代君臣盛事，因以“卓异”题书。卷首开成五年（840）李氏自序云：

> 翱所著《卓异记》，皇唐帝功，瑰特奇伟，前古无可比伦。及臣下盛事，超绝殊常。挥昔而照今，贻谋纪述，家世徽范。奉上度密，不自显发，人莫知之，至有误为传说者。洎正人硕贤，守道不挠，立言行己，真贯白日，得以爱慕遵楷，其奸邪之迹睹而益明。自广利随所闻见，杂载其事，不以次第，然皆是儆畅在心，或可讽叹。且神仙鬼怪，未得谛言，非有亦用俾好生杀，为人一途无害于教化。故贻自广，不俟繁书，以见意。

今本卷下设目，凡二十六条，即“叙封禅并两朝”、“两即帝位”、“平贼同日”、“三圣子皆登帝位”、“相有二亲”、“三代为相”、“三拜中书”、“三十二年居相位”、“二十七年背相印”、“代妻父为节度”、“与妻父同时为相”、“与使主同时为相”、“三拜左仆射”、“父子同时为节度使”、“兄弟三人为礼部侍郎”、“子弟四人皆任节度”、“兄弟四人皆任掌记”、“四代掌纶诰”、“座主见门生知举”、“起家二年为丞相”、“与同列子弟为丞相”、“父子皆自扬州再入为相”、“文士为文元功六拜正司徒兼侍中中书令晋国公裴度”、“门生先为座主佩金紫”、“门生为翰林学士撰座主白麻”和“三代自中书舍人拜侍郎”。

“卓异”一词，本义是出众，后来代指杰出之人。而李氏所谓“卓异”，则记宫廷盛事。从设目来看，李书广涉唐代人事，自然不乏史料价值。不过，在认识和史事上，也有可商榷之处。四库馆臣尖刻批评道：

其书皆纪唐代朝廷盛事，故曰《卓异》。然中宗、昭宗皆已废而复辟，一幽囚于悍母，一迫胁于乱臣，皆国家至不幸之事，称为“卓异”，可谓无识之尤矣。①

清人周中孚也说：“前有开成五年自序，书中记及昭宗，系李翱、陈翱以后事，其为依托无疑。所载凡二十六条，皆记唐一代君臣盛事，故曰‘卓异’。”②

另外，像“平贼同日”条，记宪宗杀刘辟、吴元济、李翰同为十一月一日，而据两唐书《宪宗本纪》和《资治通鉴》卷二三七，刘辟死于元和元年十月戊子，可证李书记录之误。

《卓异记》成书后，久无刊刻，一直以抄本流传。入宋，收入《百川学海》，弘治十四年（1501），又有无锡华氏覆宋本。至中晚明，收入《顾氏文房小说》、《历代小史》和《宝颜堂秘笈》，分别为嘉靖顾氏夷白斋刊本、万历安溪李氏刊本和绣水沈氏刊本。顺治三年（1646），收入《说郛续》，为两浙李氏宛委山堂刊本。至乾隆朝，编《四库全书》，收入“史部传记类”，为内府藏本。嘉庆十一年（1806），收入《唐代丛书》，为仁和莲塘居士刊本。至民国，又收入《五朝小说大观》和《丛书集成初编》，分别由上海扫叶山房和商务印书馆排印，1985 年后者又由中华书局重印，与韩愈《顺宗实录》合刊一册，是为现在最通行的版本。另外，1993 年，又收入《中国野史集成》，由巴蜀书社影印。

又北宋乐史作《广卓异记》二十卷，“首卷记帝王，次卷记后妃、王子、公主，三卷杂录，四卷至十七卷皆记臣下贵盛之极与显达之速者，十八卷杂录，十九卷举选，二十卷专记神仙之事”③，大略可视为

---

① 《四库全书总目》卷 57《〈卓异记〉提要》，北京，中华书局，1965。

② 周中孚：《郑堂读书记》卷 23《史部·传记类·卓异记》，上海，上海书店，2009。

③ 《四库全书总目》卷 61《〈广卓异记〉提要》，北京，中华书局，1965。

李书之续作。

柳宗元与《龙城录》

柳宗元（773—819），字子厚，河东郡（今山西运城）人，人称“柳河东”、“河东先生”。贞元九年（793）进士，官至校书郎、蓝天尉、礼部员外郎、永州司马、柳州刺史。他与韩愈一道，力倡古文运动，合称“韩柳”，为唐宋八大家之一，撰有《天说》、《贞符》、《非国语》、《封建论》、《龙城录》和《永州八记》，后人又集有《柳河东集》①。

《龙城录》一卷，又作《河东先生龙城录》。今本卷首序云：

> 柳先生谪居龙城，因次所闻于中朝士大夫，摭其实者为录，后之及史之阙文者，亦庶几焉。

“龙城”，系柳州旧称，为柳氏谪居处，大略也是成书之地，因以题书。不过，书之作者，早有争讼。即以宋人为例，何薳《春渚纪闻》卷五、张邦基《墨庄漫录》卷二，认为是王铚伪作；而洪迈《夷坚志》卷七、《容斋随笔》卷十，则说出于刘无言之手。时至今日，仍无确论，姑归柳氏而已。

柳书又卷下设目，凡四十三则，即“吴峤精明天文”、“魏征嗜醋芹”、“上帝追摄王远知易总”、“武居常有身后名”、“房玄龄为相无嗣”、“韩仲卿梦曹子建求序”、“赵师雄醉憩梅花下”、“李太白得仙”、“韩退之梦吞丹篆”、“宁王画马化去”、“含元殿丹石隐语”、“景州龙见三头”、“神尧皇帝破龙门贼”、“明皇梦游广寒宫”、“任中宣梦水神持镜”、“夜坐谈鬼而怪至”、“裴武公夜得鬼诗而化为烬”、“房玄龄有大誉”、“阎立本有丹青之誉”、“王宏善为八体书”、“张昶著龙山史记

---

① 又作《河东先生集》和《柳河东文集》。

注”、“龙城无妖邪之怪”、“王渐作孝经义”、“晋哀帝著书深窥至理”、“老叟讲明种蓺之言”、“李明叔精明古器”、“贾奭著书仙去”、“开元藏书七万卷”、“明皇识射覆之术”、“明皇梦姚宋当为相”、“太宗沉书于滹沱”、“尹知章梦持巨凿破其腹”、“高皇帝宴赏牡丹”、“魏征善治酒”、“裴令公训子”、“华阳洞小儿化为龙”、“贾宣伯有治三虫之药”、“李吉甫以毒虐弄正权”、“张复条山集论世外事”、“罗池石刻”、“刘仲卿隐金华洞”、“赵昱斩蛟”和“宋单父种牡丹”。

从设目不难看出，柳书偏小说家言，不乏传奇本色，充斥梦兆、鬼神之类内容，文学成就很高，而史学价值实淡。不过，书中毕竟广涉唐代君臣，也有与有关史传参证的作用。

《龙城录》成书后，刘禹锡编入《柳河东集》。入宋，后者又有葛峤刻本；1960 年由中华书局排印，1974 年又由上海人民出版社重印。顺治三年（1646），收入《说郛续》，为两浙李氏宛委山堂刊本。乾隆五十三年（1792），又收入《唐人说荟》，为青浦挹秀轩刊本。嘉庆十一年（1806），收入《唐代丛书》，为仁和莲塘居士刊本。宣统二年（1910），收入《古今说部丛书》，为上海国学扶轮社排印本。民国十五年（1926），又收入《五朝小说大观》，为上海扫叶山房排印本。今人崔中孚以扫叶山房本点校，2012 年由上海古籍出版社排印，列入《历代笔记小说大观》，与刘肃《大唐新语》、赵璘《因话录》、佚名《大唐传载》、皇甫枚《三水小牍》和高彦休《唐阙史》合刊一册，是为现在最通行的版本。

赵元一与《奉天录》

赵元一（?），生卒年、字号、爵里及事迹行状俱不详，今存所撰《奉天录》。

《奉天录》四卷，卷首赵氏自序云：

> 元一代居关右，世业三秦，亲睹欃枪，媸妍必记。虽形阙奉亲，而内怀其孝；身乖事主，而心荷圣恩。每览嵇绍、纪信之高义，感千载而仰慕；寻淳齿、王敦之遗迹，思奋剑而誓心。疾恶之志，不忘寤寐。起自建中四祀孟冬月上旬三日，泾原叛命，终兴元元年孟秋月中旬有八日，皇帝再复神都。于中可否，总纪其事也。夫史官之笔，才、识、学也；苟无三端，难以措其手足。元一不敏，敢窃凤皇之一毛，以效麒麟之千里。独学而无知，孤陋而寡闻，迹不践于邱门，文有惭于先哲。轻尘罕增于巨岳，坠露无益于广川。辄中萤烛之光，将助太阳之照。述而不作，有愧老彭；冀革前非，用警来祀云尔。

“关右”，即关西，汉唐之际，泛言函谷关、潼关以西之地，主要是说今之关中，可知赵氏为关中人。“奉天”，即唐之奉天县（今陕西乾县），因境内有高宗乾陵，寓“奉祖先陵寝”之义；“泾原”，即泾原节度使，治泾州（今甘肃泾川），领泾、原二州军事。

建中四年（783）十月，拟调往淮西平叛的泾原兵马，途经长安，因不满朝廷待遇而发生哗变，史称“泾师之变”。京城守备空虚，唐德宗仓皇出逃到奉天，成为唐朝继玄宗、代宗以后又一位出京避乱的皇帝。赵书即是记李适出逃避难奉天的第一手资料。它按日而记，偏于功臣勋业及逆臣言行，以示惩劝，不时还作简短评论。从总体上说，它的叙事记言，比之正史还要详尽可信，可据以考订事实真相，虽间有失实之处，自然也是不足为病的。①

关于神策军难以御敌之因，卷一记云：“时关东、河北频战不利，屡发禁兵相次东征，警卫遂虚。上乃出白苑北门，六军羽卫才数十骑。”应该说，“屡发禁兵”造成警卫空虚，这是符合实情的。关于刘德信、张光晟被杀事，卷二又记：“制将御史大夫异姓王李公晟，自赵州拔城，

① 孙庆艳：《〈奉天录〉研究》，上海师范大学历史文献学硕士论文（2013）。

从飞狐口，越白马津，闻难骏奔，军次栎阳县。有诏加工部尚书、神策军行营节度，驻军于东渭桥。斩刘德信，而并其军。公身与士卒同甘苦，家无私蓄，夏不操扇，雨不张盖，寒不备裘；军气益盛，三札之将也。初，刘德信军礼不备，失仪于公，公斩之"；卷四又记："右仆射李公晟、金商节度尚可孤、同华节度骆元光、神策制将高秉哲、潼关大使御史大夫唐朝臣等，自东渭桥至终南山，百有余里，南北布兵。骑士行列，前后如鱼鳞焉"，"右仆射李公晟、金商节度尚可孤、同华节度骆元光、神策制将高秉哲、潼关大使御史大夫唐朝臣等，自东渭桥至终南山，百有余里，南北布兵。骑士行列，前后如鱼鳞焉"。应该说，也透漏出了一些重要的信息。①

对赵书，清人周中孚的评价很高："虽止一二年之事，而纪月系日，始末俱详，凡忠臣义士身死王事者，咸悉载之。承危伺隙与时浮沉者，其徒非一，国史备书，故缺而不录；志怀问鼎者，不使漏网。直笔直言，无矫无妄。其文于叙事之中，间以论断，亦深得左、史遗意。"②

《奉天录》成书后，久无刊刻，一直以抄本流传。入宋，收入龙万育敷文阁刊本，今存台湾傅斯年图书馆。道光三年（1823），又有秦恩复石砚斋刻本；道光二十三年（1843），收入《指海》，为金山钱氏重编本；咸丰二年（1852），收入《粤雅堂丛书》，为南海伍氏刊本；光绪二十一年（1895），收入《云自在龛丛书》，为江阴缪氏本。至民国，收入《丛书集成初编》，1985 年又由中华书局重印，与蔡世钹《读旧唐书随笔》、佚名《平巢事迹考》和吕夏卿《唐书直笔》合刊一册。今人夏婧以缪氏本为底本点校，2014 年由中华书局印行，列入《唐宋史料笔记丛刊》，与佚名《玉泉子》、尉迟偓《中朝故事》和刘崇远《金华

---

① 黄寿成：《赵元一〈奉天录〉的史料价值》，载《洛阳师专学报》，1996(4)。

② 周中孚：《郑堂读书记》卷 19《史部・杂史类・奉天录》，上海，上海书店，2009。

子杂编》合刊一册，是为现在最通行的版本。另外，1993 年，又收入《中国野史集成》，由巴蜀书社影印。

唐人记李希烈、朱泚[①]叛唐事，除赵书外，还有徐岱《奉天记》和崔光庭《德宗幸奉天录》。司马光作《通鉴考异》，引徐书八条、崔书九条，未及赵书。不过，比对赵书和《通鉴》，二书不少类似和相同之处。像卷一记云："诏泾原节度姚令言赴援，总师五千，东至浐水。时京兆尹王翃属吏，置顿牛酒俭薄，将士色厉，遂传箭而回。十月三日巳时也。"《通鉴》建中四年（783）十月丙午则记："泾原节度使姚令言，将兵五千至京师。"而《考异》曰："旧传云：'令言率本镇兵五万赴援。'按《奉天记》曰：'哥舒曜表请加师，上使泾州节度使姚令言赴援。令言本领三千，请加至五千。'今从之。"可见，赵书既可以辨正史之误，也可与徐书一样可信以为据[②]。

牛肃与《纪闻》

牛肃（?），生卒年、字号、爵里及事迹行状俱不详。他做过岳州刺史，今存所撰《纪闻》。

《纪闻》原书十卷，今之所存，已十不及一。关于它的作者，近人汪辟疆说："所可知者，但知有女曰应贞，适弘农杨汤源而已。惟其书既记肃宗时事，或为贞元、元和间人。"[③] 日本学者沟部良惠，则推定

① 朱泚（742—784），幽州昌平（今属北京）人。早先，为卢龙节度使李怀仙部将。大历十二年（777），为陇右节度使。建中四年（783），泾原兵变发生后，唐德宗出逃，姚令言拥立他为"大秦"皇帝。次年，李晟破长安，他逃往宁州彭原（今甘肃镇原），旋为部将所杀。

② 谢保成：《隋唐五代史学》，312 页，北京，商务印书馆，2007。

③ 汪辟疆：《唐人小说·叙录》，239 页，上海，古典文学出版社，1955。

他生于武后朝前期（684—704）[①]。

《纪闻》早佚，入宋，佚文残篇收入《太平广记》。于晚清，丁氏善本书室有抄本十卷，已非牛书之旧。今之所存，偏记开元、天宝人事。至民国，汪辟疆以“牛应贞”和“吴保安”二条，收入《唐人小说》，1955 年由古典文学出版社排印。今节录于次：

牛应贞　长女曰应贞，适弘农杨唐源。少而聪颖，经耳必诵。年十三，凡诵佛经三百余卷，儒书子史又数百余卷，亲族惊异之。初，应贞未读《左传》。方拟授之。而夜初眠中，忽诵《春秋》。起“惠公元妃孟子卒，终智伯贪而复，故韩魏反而丧之”，凡三十卷，一字无遗，天晓而毕。当诵时，若有教之者，或相酬和。其父惊骇，数呼之，都不答。诵已而觉，问何故，亦不知。试令开卷，则亦精熟矣，问不答。著文章百余首。后遂学穷三教，博涉多能。每夜中眠熟，与文人谈论文，皆古之知名者，往来答难，或称王弼、郑玄、王衍、陆机，辩论烽起；或与文人论文，皆古之知名者；或论文章、谈名理、往往数夜不已。年二十四而卒。今采其文《魍魉问影赋》著于篇。其序曰：庚辰岁，予婴沉痛之疾，不起者十旬。毁顿精神，羸悴形体。药物救疗，有加无瘳……初应贞梦裂书而食之，每梦食数十卷，则文体一变。如是非一，遂工为赋颂。文名曰《遗芳》。

吴保安　吴保安，字永固，河北人，任遂州方义尉。其乡人郭仲翔，即元振从侄也。仲翔有才学，元振将成其名宦。会南蛮作乱，以李蒙为姚州都督，帅师讨焉。蒙临行，辞元振。元振乃见仲翔，谓蒙曰：“弟之孤子，未有名宦，子姑将行，

① ［日］沟部良惠：《牛肃〈纪闻〉考——以〈吴保安〉为中心》，见《唐代文学研究》（11），桂林，广西师范大学出版社，2006。

如破贼立功，某在政事，当接引之，仰其縻薄俸也。”蒙诺之。仲翔颇有干用，乃以为判官，委之军事。至蜀。保安寓书于仲翔……仲翔得书，深感之。即言于李将军，召为管记。未至而蛮贼转逼。李将军至姚州，与战破之。乘胜深入蛮，覆而败之。李身死军没，仲翔为虏。蛮夷利汉财物，其没落者，皆通音耗，令其家赎之，人三十匹。保安既至姚州，适值军设，迟留未返。而仲翔于蛮中间关致书于保安……保安得书，甚伤之。时元振已卒，保安乃为报，许赎仲翔。乃倾其家，得绢二百匹，往，因住嶲州，十年不归。经营财物，前后得绢七百匹，数犹未至。保安素贫窭。妻子犹在遂州。贪赎仲翔，遂与家绝。每于人有得，虽尺布升粟，皆渐而积之。后妻子饥寒，不能自立，其妻乃率弱子，驾一驴自往泸南，求保安所在。于途中粮尽，犹去姚州数百。其妻计无所出，因哭于路左，哀感行人。时姚州都督杨安居乘驿赴郡，见保女妻哭，异而访之。妻曰：“妾夫遂州方义尉吴保安，以友人没蕃，丐而往赎。因住姚州，弃妾母子，十年不通音问。妾今贫苦，往寻保安。粮乏路长，是以悲泣。”安居大奇之，谓曰：“吾前至驿当候夫人，济其所乏。”既至驿，安居赐保安妻钱数千，给乘令进。安居驰至郡。先求保安，见之。执其手升堂……保安喜。取其绢，令蛮中通信者，特往；向二百日，而仲翔至姚州。形状憔悴，殆非人也。方与保安相识，语相位也。安居曾事郭尚书，则为仲翔洗沐赐衣装，引与同坐宴乐之。安居重保安行事，甚宠之，于是令仲翔摄治下尉。仲翔久于蛮中，且知其款曲，则使人于蛮洞市女口十人，皆有姿色。既至，因辞安居归北，且以蛮口赠之。安居不受……而保安亦为安居厚遇，大获资粮而去。仲翔到家，辞亲凡十五年矣。却至京，以功授蔚州录事参军，则迎亲到官。两岁，又以优授代州户曹参军。秩满，内忧，葬毕，因行服墓次，乃曰："吾赖吴公见赎，故能拜职养亲。今亲殁服除，可以行吾志矣。"乃行求保安。而保安自方义尉选授眉州彭山丞。仲翔遂至蜀访之。保安秩满，不能归，与其妻皆卒于彼，权窆寺内。仲翔闻之，哭甚哀。因制缞麻，环绖加杖，自蜀郡徒跣，哭不绝声。至彭山，设祭酹毕，乃出其骨，每节皆墨记之，盛于练囊。又出其妻骨，亦墨记，贮于竹笼，而徒跣亲负之，徒行数千里至魏郡。保安有一子，仲翔爱之如弟。于是尽以家财二十万厚葬保安，仍刻石颂美。仲翔亲庐其侧，行服三年。既而为岚州长史，又加朝散大夫。携保安子之官，为娶妻，恩养甚至。仲翔德保安不已。天宝十二年，诣阙，让朱绂及官于保安之子，以报。时人甚高之。初，仲翔之没也，赐蛮首为奴，其主爱之，饮食与其主等。经岁，仲翔思北，因逃归追而得之，转卖于南洞。洞主严恶，得仲翔苦役之，鞭笞甚至。仲翔弃而走，又被逐得，更卖南洞中，其洞号"菩萨蛮"。仲翔居中，经岁，困厄复走。蛮又追而得之，复卖他洞。洞主得仲翔，怒曰："奴好走，难禁止邪?"乃取两板，各长数尺，令仲翔立于板，以钉其足背钉之，钉达于木。每役使常带二木行。夜则纳地槛中，亲自锁闭。仲翔二足，经数年，疮方愈。木锁地槛，如此七年。仲翔初不堪其忧。保安之使人往赎也，初得仲翔之首主。展转为取之。故仲翔得归焉。

牛书之"牛应贞"条，可与宋若昭[①]的《牛应贞传》比对参证。而

① 宋若昭（？—825），清阳贝州（今河北清河）人，初唐诗人宋之问裔孙宋廷芬之女，于德宗朝召入宫廷为女学士，又历穆宗、敬宗和文宗三朝，晋封梁过夫人。

“吴保安”条，更是文史研究者所津津乐道的。[①] 对牛书，汪辟疆的看法很可取：“牛氏此书，虽为小说家言，然其遗文轶事，颇足以补史乘存文献，又未可以猥琐诞妄视之也。”[②]

姚汝能与《安禄山事迹》

姚汝能（?），官至华阴县尉，生卒年、字号、爵里及事迹行状俱不详，今存所撰《安禄山事迹》。

《安禄山事迹》三卷，卷尾光绪三十年（1904）缪荃孙跋云：

> 是书上卷序禄山始生至玄宗宠遇，起长安三年，尽天宝十二载；中卷序天宝十三、四载禄山构乱事；下卷序禄山僭号被杀，并安庆绪、史思明、史朝义事，下尽宝应元年。分纲列目，兼有论议，较正史纪述颇详。据《通鉴考异》，与《幸蜀记》、《天宝乱离记》、《河洛春秋》、《蓟门纪乱》等书相出入，今诸书不存，独此书尚为完帙，洵属可宝。

书分上中下，卷上记安禄山始生至宠遇，起于长安三年（703），终于天宝十二年（753）；卷中记天宝十三、十四年安禄山起兵事；卷下记安禄山僭号、被杀及史思明、史朝义事，终于宝应元年（762）。

于宋代以前，有关安史之乱的史书，像宋巨《明皇幸蜀记》、温畬《天宝乱离记》、包谞《河洛春秋》和平致美《蓟门纪乱》，早已荡然不存，而姚书独存，足见它的珍贵了。值得注意的是，两唐书之《安禄山传》，大多不出姚书的范围，可见它是二书这一传记的主要来源；另外，姚书中还有一些二书所不记的史事，像安禄山恃宠纵恶、受任官衔、军

① 黄楼：《牛肃〈纪闻〉及其史料价值探讨》，载《史学月刊》，2005（6）；曾庆丽：《牛肃〈纪闻〉研究》，西南大学中国古代文学硕士论文（2009）。

② 汪辟疆：《唐人小说·叙录》，239页，上海，古典文学出版社，1955。

队构成，乃至一些具体战役、潜谋作乱的经过，可视为一手材料。[①]

姚书记事，也很生动。像卷上记唐玄宗宠信安禄山事云：

玄宗春秋渐高，托禄山心膂之任。禄山每探其旨，常因内宴承欢，奏云："臣蕃戎贱臣，受主宠荣过甚，臣无异材为陛下用，愿以此身为陛下死。"玄宗不对，私甚怜之，因命皇太子见之。禄山见太子不拜，左右曰："何为不拜?"禄山曰："臣蕃人，不识朝仪，不知太子是何官?"玄宗曰："是储君。朕百岁之后，传位于太子。"禄山曰："臣愚，比者只知陛下，不知太子，臣今当万死。"左右令拜，禄山乃拜。玄宗尤嘉其纯诚。时贵妃太真宠冠六宫，禄山遂请为养儿。每对见，先拜太真，玄宗问之，奏曰："蕃人先母后父耳。"玄宗大悦。禄山恩宠寖深，上前应对，杂以谐谑，而贵妃常在座，诏杨氏三夫人约为兄弟。由是，禄山心动。

又卷中记颜杲卿、袁履谦坚贞不屈情形：

禄山虽盗据河朔，百姓怨其残暴，所在叛去，累其兵力不能进尺寸之地。乃遣其党史思明、蔡希德以平卢步骑五千攻常山，颜杲卿力屈而城陷。思明执杲卿及袁履谦送于禄山，怒缚于洛水桥柱。杲卿诟骂之声，至死不绝。履谦性刚狷，诟贼尤甚。贼怒之，先截其舌，履谦以血喷贼面，遂脔割之，路人皆不忍视。

又卷下记安禄山生性残暴云：

禄山先患眼疾，日加昏昧，殆不见物，又性转严酷，事不如意，即加棰挞，左右给侍微过，便行斧钺。特宠段氏，常欲以段氏所生庆恩代长子庆绪为嗣。庆绪每惧见废，严庄亦虑禄

① 黎文远：《简论〈安禄山事迹〉的史体价值》，载《四川师范大学学报》，1991（1）；谢保成：《隋唐五代史学》，311页，北京，商务印书馆，2007。

山眼疾转甚，恐官中事变之后将不利，遂夜与庆绪及禄山左右阉竖李猪儿等同谋。庄谓庆绪曰："殿下闻大义灭亲乎？臣子之闲事不得已而为者，不可失也。"庆绪小胡，性又怯懦，忧惧之际，遂应之曰："兄之所为，敢不从命。"又谓猪儿曰："汝事皇帝，鞭笞宁可数乎？汝不行大事，死无日矣。"二年正月五日，遂相与谋杀禄山。严庄、庆绪执兵立于帐外，猪儿执大刀直入帐下，以刀斩其腹，左右惧不敢动。禄山眼无所见，床头常著佩刀，始觉难作，扪刀不得，但以手撼帐竿大呼云："贼由严庄。"须臾，腹已数斗血流出。掘床下地，以毡裹其尸埋之，戒官中勿令泄。庄明日宣言于外，称禄山疾亟，伪诏立庆绪为皇太子，军国事大小并决之于庆绪。伪即位，尊禄山为太上皇。庆绪常兄事严庄，每事必咨之。

对姚书，清人周中孚评价说："上卷记禄山被宠事，中卷记禄山搆乱事，下卷记禄山被杀前后事，自长安三年迄宝应元年止，叙述颇详，而不免于琐杂，然新、旧《唐书》、《资治通鉴》所记禄山事，亦不能舍此而他求也。"①

《安禄山事迹》成书后，久无刊刻，一直以抄本流传。劳权道光抄本，今存国家图书馆。道光十一年（1831），收入《学海类编》，为六安晁氏活字排印本。于晚清，又收入《藕香零拾》，为宣统江阴缪氏刊本。今人曾贻芬以缪氏本为底本点校，1983 年由上海古籍出版社排印。2006 年，中华书局重排曾氏点校本，列入《唐宋史料笔记丛刊》，与王仁裕《开元天宝遗事》合刊一册，是为现在最通行的版本。另外，1993 年，又收入《中国野史集成》，由巴蜀书社影印。

① 周中孚：《郑堂读书记》卷 24《史部·传记类·安禄山事迹》，上海，上海书店，2009。

三　唐代历史笔记（下）

○概说

中晚唐史学，不同于唐初，官修史书走低。一方面表现为量的骤减，另一方面表现为质的下降，也反映了这一时段统治者对史学关注的微弱。

中晚唐官修史书的成就，主要还是表现在纂实录、续谱牒和作礼书上。具体说来，一是完成了肃宗至武宗朝九部实录[①]；二是出现贾至《百家类例》十卷、林宝《元和姓纂》十卷、柳芳《皇室永泰谱》二十卷、柳璟《续皇室永泰谱》十卷、李衢和林宝《皇唐玉牒》一百一十卷[②]；三是还有王泾《郊祀录》十卷、韦公肃《礼阁新仪》、王彦威《曲台新礼》三十卷和《续曲台礼》三十卷。

---

① 另外，宣宗至哀帝朝四部实录，由宋人宋敏求撰写，久佚；赵吕甫：《唐代的〈实录〉》，载《西华师范大学学报》，1981（1）。

② 今存林宝《元和姓纂》。

这一时段的私撰史书，则在唐初的基础上有所发展。一方面，出现了中国第一部典制体和会要体史书；另一方面，通史撰述的复苏迹象还在发酵；再一方面，是民族关系史新作迭出；另外，历史笔记几乎成倍递增。

具体说来，杜佑《史通》二百卷，分食货、选举、职官、礼、乐、兵、刑、州郡和边防九门，下属一千五百八十四个子目，记述了自远古迄于唐代天宝之际历代的典章制度的嬗变。杜书于各目之下，每事以类相从，又按朝代顺序记述。这样的排序，反映了杜佑观察社会的视角和卓识：食货、选举、职官置于前，是因为国家的经济措施、选举制度、政府机构三者至关重要；礼、乐、兵、刑居于中，是因为礼乐是维护统治的软手段，兵刑是维护统治的硬手段，二者不可或缺；而全国的行政区划以及四方邻国，又关系国家的稳定和安全，所以州郡、边防两门殿于后。从总体上说，杜书“以分门囊括制度，以会通贯串古今，以议论指陈得失，开拓了历史撰述的新领域，奠定了中国典制体史书发展的宏伟基础”[①]。

贞元十九年（803），苏冕汇编唐高祖至德宗九朝沿革损益之制，撰成《会要》40卷；大中七年（853），崔铉又汇集唐德宗至宣宗八朝的典故史事，撰成《续会要》40卷。

以编年、纪传通史而言，最有代表性的，是许嵩《建康实录》二十卷，它贯通东吴、东晋和南朝的宋、齐、梁、陈六代，是一部编年体通史。另外，还有韩潭《统载》三十卷、高峻《高氏小史》六十卷、马总《通历》十卷、陈鸿《大统纪》三十卷和姚康《统史》三百卷。

以民族关系史而言，樊绰《蛮书》[②] 十卷，偏记南诏史事，内容包括“云南界内途程”、“三川江源”、“六诏”、“名类”、“六睑”、“云南

① 瞿林东：《中国史学史纲》，328页，北京，北京出版社，1999。

② 又作《云南志》、《云南记》、《云南史记》、《南夷志》、《南蛮志》和《南蛮记》。

城镇”、“云南管内物产”、“蛮夷风俗”、“蛮夷条教”和“南蛮疆界接连诸番夷国名”，是一部有关云南自然与社会、历史与现状且具有民族史志性质的综合性史书。另外，还有李德裕的《异域归忠传》和《西南备边录》、高少逸的《四夷朝贡录》、韦齐休的《云南行记》、窦滂的《云南别录》和《云南行记》、徐云虔的《南诏录》、卢携的《云南事状》和达奚洪的《云南风俗录》。

而这一时段的历史笔记，则主要有李德裕的《次柳氏旧闻》、韦瓘的《大唐传载》、刘肃的《大唐新语》、李绰的《尚书故实》、段成式的《酉阳杂俎》、温庭筠的《乾𦠆子》、李商隐的《义山杂纂》、郑綮的《开天传信记》、刘轲的《牛羊日历》、郑处诲的《明皇杂录》、赵璘的《因话录》、李肇的《唐国史补》、钟辂的《前定录》和《续前定录》、李涪的《刊误》、卢言的《卢氏杂说》、韦绚的《戎幕闲谈》和《刘公嘉话录》、张固的《幽闲鼓吹》、孙棨的《北里志》、范摅的《云溪友议》、冯贽的《云仙杂记》、高彦休的《唐阙史》、张读的《宣室志》、佚名的《玉泉子》、李匡乂的《资暇集》、裴铏的《传奇》、令狐澄的《贞陵遗事》、柳玭的《续贞陵遗事》、李濬的《松窗杂录》、孟棨的《本事诗》、康軿的《剧谈录》、苏鹗的《苏氏演义》和《杜阳杂编》、皇甫枚的《三水小牍》、韩偓的《金銮密记》、严子休的《桂苑丛谈》和杜光庭的《历代崇道记》。

其中，又主要以李德裕《次柳氏旧闻》、韦瓘《大唐传载》、刘肃《大唐新语》、段成式《酉阳杂俎》、郑綮《开天传信记》、郑处诲《明皇杂录》、赵璘《因话录》、李肇《唐国史补》、韦绚《刘公嘉话录》、范摅《云溪友议》、高彦休《唐阙史》、张读《宣室志》、李匡乂《资暇集》、裴铏《传奇》、苏鹗《苏氏演义》和《杜阳杂编》、皇甫枚《三水小牍》和严子休《桂苑丛谈》为代表。

李德裕与《次柳氏旧闻》

李德裕（787—850），字文饶，赵郡（今河北赵县）人，宪宗朝宰相李吉甫[①]之子。以父荫补校书郎，官至监察御史、浙西观察使、兵部侍郎、剑南西川和淮南节度使、兵部尚书、门下侍郎、同平章事。他内驭宦官，外败回纥，很有官声，另撰有《次柳氏旧闻》、《会昌一品集》[②]和《文武两朝献替记》。

《次柳氏旧闻》一卷，又作《柳氏史》、《柳氏旧闻》、《柳芳旧闻》和《明皇十七事》。卷首李氏自序云：

太和八年秋八月乙酉，上顾问宰臣曰："故内臣始终事迹，试为我言之。"奏云："上元中，史臣柳芳得罪，窜黔中，时力士亦从巫中，因相与周旋。力士以芳尝司史，为芳言先时禁中事，皆芳所不能知，而芳亦有质疑者，芳默识之。及还，编次其事，号曰《问高力士》。"上曰："令访史氏，取其书。"奏云："今按求其书，亡失不获。臣德裕亡父先臣，与芳子吏部郎中冕，中元初俱为尚书郎。后谪官，亦俱东出，道相与语，遂及高力士之说。且曰，彼皆目睹，非出传闻，信而有征，可为实录。先臣为臣言之，臣伏念所忆，授凡有十七事，岁祀久，遗稿不传……唯次旧闻，惧失其传，不足以对大君之问，谨录如左，以备史官之阙云。"

---

① 李吉甫（758—814），字弘宪，赵郡（今河北赵县）人。以父荫入仕，官至太常博士，忠州、郴州及饶州刺史，考功郎中，翰林学士，中书侍郎，淮南节度使，集贤殿大学士。他长于政务，撰有《李吉甫集》、《元和国计簿》和《元和郡县图志》。

② 又作《李文饶文集》。

“次”即编次，柳氏即柳芳[①]，从高力士口中得知开元、天宝轶事，后传于子柳冕，冕又传于李吉甫，吉甫再传于李德裕，因以“次柳氏”题书。

李氏自序称，所记是“信而有征，可为实录”的。应该说，所记之事，大多同于郑处诲的《明皇杂录》，而又偏好神怪不经之谈，具有传奇色彩，不尽实录，可备为异闻。不过，像记玄宗好神仙，得见仙人张果；僧人三藏咒龙求雨，吴后梦金甲神投胎之类，又涉神异，自非实事。又像叙肃宗割羊肉，以饼拭刀，因玄宗熟视不悦，即举饼而啖之。而依《隋唐嘉话》卷上所记，应是宇文士及与唐太宗事，足见李书所述当出传闻之误。

李氏作书，偶有附注，以表明他向人核对过。像记圣善寺僧召龙致云事注云：“时孟温礼为河南尹，目睹其事。温礼子，尝言于臣亡祖先臣，与力士同。”又记吴后梦金甲神降附而生代宗事注云：“吴操尝言于先臣，与力士说符。”

不过，研究玄宗朝宫廷情况，李书还是有些价值的。像记玄宗在东宫为太平公主所忌、即位后信任姚崇、宋璟，与诸王在花萼楼饮宴，西幸入蜀不焚府库以及李林甫谗陷之事，虽难合事理，可也足供有关研究者参考。即以记李隆基为太平公主所忌事云：

> 玄宗之在东宫，为太平公主所忌，朝夕伺察，纤微闻于上。而宫闱左右亦潜持两端，以附太平之势。时元献皇后得幸，方娠，玄宗惧太平，欲令服药除之，而无可与语者。张说以侍读得进太子宫中，玄宗从容谋及说，说亦密赞其事。他日，说又入侍，因怀去胎药三煮剂以献。玄宗得其药，喜，尽去左右，独构火殿中，煮未及熟，怠而假寐。肸蠁之际，有神

① 柳芳（?），字仲敷，蒲州河东（今山西永济）人，理国公柳彪之孙。初为永宁县尉，后迁升史官，撰有《唐历》40卷。

人长丈余，身披金甲，操戈绕药鼎三匝，煮尽覆而无遗焉。玄宗起视，异之，复增火，又抶一剂，煮于鼎中。因就榻，瞬目以候之，而见神覆煮如初。凡三煮皆覆，乃止。明日，说又至，告其详，说降阶拜贺曰："天所命也，不可去。"厥后，元献皇后思食酸，玄宗亦以告说，说每因进经，辄袖木瓜以献。故开元中，说恩泽莫之与比，肃宗之于说子均，若亲戚昆弟云。芳本张说所引，说尝自陈述，与力士词协也。

对李书，四库馆臣评价说：

是书所记皆玄宗遗事，凡十七则……中如元献皇后服药张果饮堇汁、无畏三藏祈雨、吴后梦金甲神、兴庆池小龙、内道场素黄文事，皆涉神怪；其姚崇、魏知古相倾轧及乳媪以他儿易代宗事，亦似非实录，存以备异闻可也。①

清人周中孚则略有讥评："是书前有自序，与晁氏所载相同，但自序称力士之说彼皆目睹，非出传闻，信而有征，可为实录，而书中多涉邪怪不经之谈，恐难当实录之目也。"②

《次柳氏旧闻》成书后，于南宋，收入曾慥《类说》，天启六年(1626)，又有岳钟秀刻本。至中晚明，又收入《顾氏文房小说》、《稗乘》、《历代小史》和《宝颜堂秘笈》，分别为嘉靖顾氏夷白斋刊本、万历徽州新安黄氏刊本、安溪李氏刊本和绣水沈氏刊本。顺治三年(1646)，收入《说郛续》，为两浙李氏宛委山堂刊本。至乾隆朝，编《四库全书》，收入"子部小说家类"，为江苏巡抚采进本。道光十一年(1831)，收入《学海类编》，为六安晁氏活字排印本。至民国，收入《郎园先生全书》和《丛书集成初编》，分别为中国古书刊印社、商务印书馆汇印本和排印本，1985 年后者又由中华书局重印，与郑处诲

① 《四库全书总目》卷 57《〈卓异记〉提要》，北京，中华书局，1965。

② 周中孚：《郑堂读书记》卷 63《子部·小说家类·次柳氏旧闻》，上海，上海书店，2009。

《明皇杂录》、郑綮《开天传信记》、王仁裕《开元天宝遗事》、裴廷裕《东观奏记》和郑辂《宝应录》合刊一册。1985 年，上海古籍出版社印行丁如明辑校本，收入《开元天宝遗事十种》；今人吴企明以顾氏文房小说本为底本点校，2012 年由中华书局印行，列入《唐宋史料笔记丛刊》，与崔令钦《教坊记》、郑綮《开天传信记》和段安节《乐府杂录》合刊一册，是为现在最通行的版本。另外，1993 年，又收入《中国野史集成》，由巴蜀书社影印。

韦瓘与《大唐传载》

韦瓘（789—?），字茂弘，京兆万年（今西安）人。元和四年（809），官至左拾遗、右补阙、司勋郎中、中书舍人、康州及明州长史、楚州刺史、桂林观察使、太子宾客。他长于文史，撰有《周秦行纪》和《大唐传载》。[1]

《大唐传载》一卷，原名《传载》，又作《传载录》、《传载故实》。卷首作者小序云：

> 八年夏，南行极岭峤，暇日泷舟传其所闻而载之，故曰《传载》。

序中所言“八年”，不系年号，有人考为太和八年（834）。[2]

全书凡一百三十条，记唐初至太和之年事，又偏于中唐一段，主要是名臣言行和公卿事迹，还有一些诙谐谑语和朝野琐事，也涉及一些典章制度和民情风俗。五代至宋，一些内容为两唐书与《资治通鉴》所采用，足见它的价值之高。

像记有关制度云：

---

① 严杰：《〈大唐传载〉考》，载《古籍整理研究学刊》，1990（5）。
② 谢保成：《隋唐五代史学》，307 页，北京，商务印书馆，2007。

高祖之制：凡出将，赐旌节专征，行军有大总管之号也。高祖之制：镇军有大都督之号。玄宗之初为节度大使、节度之号。凡皇太子、亲王统军，中有元帅府之制。宰相遥领节度使，自牛仙客始也……

赋役之制有四：一曰租，二曰税，三曰役，四曰徭。凡丁岁输粟二石。凡调随乡土所产，绢、绫、絁各二丈，布加五分之一，麻三斤。凡役，岁二旬，闰加二日……

乾元元年七月，铸钱使第五琦奏请铸乾元钱，每贯重二十斤，一文当五十。宝应元年以盗铸日甚，物价腾贵，咸称非便，减重轮钱，以一当三十。

乾元二年，御史中丞元载为江淮五道租庸使，高户定数征钱，谓之“白著”榷酤。至德二年，敕天下州县量定酤酒，随月纳税。建中二年，更加青苗。大历中，初税每亩十文，三年加五文。敕以御史大夫充使，其后割归度支。

又记李龟年兄弟事云：

李龟年、彭年、鹤年兄弟三人，开元中皆有才学盛名。鹤年诗尤妙唱《渭城》，彭年善舞，龟年善打羯鼓。玄宗问：“卿打多少杖?”对曰：“臣打五千杖讫。”上曰：“汝殊未，我打却三竖柜也。”后数年，有闻打一竖柜，因赐一拂杖。羯鼓后卷流传，至建中三年，任使君又传一弟子。使君今取江陵漆盘底，泻水卷中，竟日不散，以其至平。又云：“卷人鼓只在调竖慢，此卷一调之后，经月如初。”今不知所存。

对韦书，四库馆臣评价说：

记唐初至元和中杂事……所录唐公卿事迹言论颇详，多为史所采用。间及于诙谐谈谑及朝野琐事，亦往往与他说部相出入……盖当时流传互异，作者各承所闻而录之，故不免牴牾也。[①]

清人周中孚也说："其书记唐初以至元和中事，殆宪宗以后人作……后之汇刻丛书者，所当留意也。"[②]

《大唐传载》成书后，于南宋，收入曾慥《类说》，天启六年(1626)，又有岳钟秀刻本。至乾隆朝，编《四库全书》，收入"子部小说家类"，为江苏巡抚采进本；乾隆五十三年（1792），又收入《唐人说荟》，为青浦挹秀轩刊本。嘉庆十一年（1806），收入《唐代丛书》，为仁和莲塘居士刊本。道光二十四年（1844），收入《守山阁丛书》，为金山钱氏重编本。民国四年（1915），又收入《说库》，为上海文明书局石印本。1958 年，由中华书局上海编辑所以守山阁本排印，列入《中国文学参考资料丛书》，与张固《幽闲鼓吹》、尉迟偓《中朝故事》合刊一册。1991 年，收入《丛书集成初编》，由中华书局排印，与林洪《山家清事》，佚名《清尊录》、《续墨客挥犀》、《碧湖杂记》和《宣政杂录》合刊一册。今人恒鹤以守山阁本为底本点校，2012 年由上海古籍出版社排印，列入《历代笔记小说大观》，与刘肃《大唐新语》、柳宗元《龙城录》、赵璘《因话录》、皇甫枚《三水小牍》和高彦休《唐阙史》合刊一册，是为现在最通行的版本。另外，1993 年，又收入《中国野史集成》，由巴蜀书社影印。

另外，韦氏作《周秦行纪》一卷，旧题署牛僧孺，以自述口吻记迷途奇遇，是为传奇之文。学界认为，它是李德裕为攻讦政敌牛氏而作，可也很难确信。今人汪辟疆编入《唐人小说》，后附李德裕《周秦行纪论》和刘轲《牛羊日历》，1955 年由古典文学出版社排印。

---

① 《四库全书总目》卷 140《〈大唐传载〉提要》，北京，中华书局，1965。

② 周中孚：《郑堂读书记》补逸卷 28《子部·小说家类·大唐传载》，上海，上海书店，2009。

刘肃与《大唐新语》

刘肃（?），生卒年、字号、爵里及事迹行状俱不详。元和中，官至江都、浔阳主簿，今存所撰《大唐新语》。

《大唐新语》十三卷，原名《新语》，又作《唐世说》、《唐世说新语》和《大唐世说新语》。卷首元和二年（807）刘氏自序云：

> 圣唐御寓，载几二百，声明文物，至化玄风，卓尔于百王，辉映于前古。肃不揆庸浅，辄为纂述，备书微婉，恐贻床屋之尤；全采风谣，惧招流俗之说。今起自国初，迄于大历，事关政教，言涉文词。道可师模，志将存古，勒成十三卷，题曰《大唐世说新语》。聊以宣之开卷，岂敢传诸奇人？

书仿刘义庆《世说新语》，按内容分门系事，凡三十门，即卷一“匡赞”和“规谏”，卷二“极谏”和“刚正”，卷三“公正”和“清廉”，卷四“持法”和“政能”，卷五“忠烈”、“节义”和“孝行”，卷六“友悌”和“举贤”，卷七“识量”、“容恕”和“知微”，卷八“聪敏”和“文章”，卷九“著述”、“从善”和“谀妄”，卷十“厘革”和“隐逸”，卷十一“褒锡”和“惩戒”，卷十二“劝励”和“酷忍”，卷十三“谐谑”、“记异”和“郊禅”，记录自武德初年到大历晚年文人名士的言行及琐闻。每类记述，依时间先后为序，或记人物，或叙史事，或录制度，少则数条，多至二三十条。每条又各具首尾，叙述稍详，和《世说新语》偏于截取片言只语不同，它更接近于“杂史”一类。[①] 而从史源上看，它又主要来自官修之《国史》。[②]

书中的故事，有不少已见于《隋唐嘉话》，像卷四“持法”中，记

---

① 刘叶秋：《历代笔记概述》，72页，北京，北京出版社，2003。

② 陈寅恪：《元白诗笺证稿·新乐府·七德舞》，上海，古典文学出版社，1958；周勋初：《唐代笔记小说叙录·大唐新语》，29页，南京，凤凰出版社，2008。

河南尹李杰审判寡妇；又卷六“知微”中，记侯君集谋反；又卷七“容恕”中，记卢承庆考校内外官；又卷八“聪敏”中，记贾嘉隐与李勣、长孙无忌问对；又卷九“谀佞”中，记唐太宗谓宇文士及为佞人；又卷十二“谐谑”中，记长孙无忌与欧阳询相嘲，当即采自《嘉话》。不过，从所收材料来看，又比《嘉话》丰富。像卷八“文章”中，记唐玄宗命张说和徐坚、韦述辑录《初学记》的经过，可知古代类书是为作文速成、取材方便而撰集，还可了解《初学记》比前代类书在编排的形式、体例上的一些改进。又同卷“文章”中，记王勃、杨炯、卢照邻和骆宾王，以文词知名海内，时人称为“王、杨、卢、骆”，还提到张说对杨炯的“耻居王后，愧在卢前”的评语，为后来论唐诗者所引用。又同卷“文章”中，保存了上官仪、苏味道、刘怀一、张宣明、李峤、陆余庆诗的一些零章断句，也为辑唐诗者所采录。像卷九“谀佞”中，记侍御史郭霸尝御史大夫魏元忠的便溺以讨好上司；又卷十“厘革”中，记唐初吏部典选之制和有关贡举的故事；又卷十一“褒锡”中，记唐太宗画二十四名功臣像于凌烟阁；又卷十二“记异”中，记唐玄奘赴天竺取经、一行撰《开元大演历》，或涉典制，或关史实，或涉官场，或关宗教、学术，也有一定的参考价值。另外，像卷七“识量”中，记李适之被李林甫排挤而罢相，自赋“避贤初罢相，乐圣且衔杯”之句，杜甫作《饮中八仙歌》即把这两句引入诗中，可见《大唐新语》这段叙述的真实性。又卷十二“酷忍”中，记武后朝酷吏周兴、来俊臣特造十个大枷，名为“定百脉”、“喘不得”、“失魂魄”和“死猪愁”之类，还编《告密罗织经》，用非刑逼供，诬人谋反。这又是两唐书《酷吏传》部分内容的依据。

于刘书中，还有不见于他书者。像卷三“公直”记云：

> 太宗谓侍臣曰：“朕戏作艳诗。”虞世南便谏曰：“圣作虽工，体制非雅。上之所好，下必随之。此文一行，恐致风靡。而今而后，请不奉诏。”太宗曰：“卿恳诚若此，朕用嘉之。

群臣皆若世南，天下何忧不理!”乃赐绢五十疋。先是，梁简文帝为太子，好作艳诗，境内化之，浸以成俗，谓之“宫体”。晚年改作，追之不及，乃令徐陵撰《玉台集》，以大其体。永兴之谏，颇因故事。

虽说刘书近于小说，不可完全视之为史料；可研究唐代文史，它仍不失为一部很值得参考的书。四库馆臣评价说：

所记起武德之初，迄大历之末，凡分三十门，皆取轶文旧事有裨劝戒者。有自序，后有总论一篇，称昔荀爽纪汉事可为鉴戒者，以为汉语，今之所记，庶嗣前修云云。故《唐志》列之杂史类中。然其中谐谑一门，繁芜猥琐，未免自秽其书，有乖史家之体例。今退置小说家类，庶协其实。①

《大唐新语》成书后，久无刊刻，一直以抄本流传。于晚明，收入《稗海》，为万历会稽商氏半埜堂刊本。顺治三年（1646），收入《说郛续》，为两浙李氏宛委山堂刊本。至乾隆朝，编《四库全书》，收入“子部小说家类”，为两江总督采进本。嘉庆十一年（1806），收入《唐代丛书》，为仁和莲塘居士刊本。至民国，收入《笔记小说大观》、《丛书集成初编》，分别由上海进步书局、商务印书馆石印和排印，1984年前者由广陵古籍刻印社重印，次年后者又由中华书局重印。1957年，由古典文学出版社排印，列入《中国文学参考资料小丛书》。今人许德楠、李鼎霞以稗海本为底本点校，1984年由中华书局印行，列入《唐宋史料笔记丛刊》；今人恒鹤同以稗海本为底本点校，2012年由上海古籍出版社排印，列入《历代笔记小说大观》，与柳宗元《龙城录》、赵璘《因话录》、佚名《大唐传载》、皇甫枚《三水小牍》和高彦休《唐阙史》合刊一册，是为现在最通行的版本。另外，1993年，又收入《中国野史集成》，由巴蜀书社影印。

① 《四库全书总目》卷140《〈大唐新语〉提要》，北京，中华书局，1965。

李绰与《尚书故实》

李绰（？—862），字肩孟，赵郡（今河北高邑）人，官至太常博士、吏部郎中。黄巢入长安，他避乱于郑州中牟；唐亡后，又远避于南方，撰有《尚书故实》和《秦中岁时记》。

《尚书故实》一卷，又作《尚书故事》、《尚书谭录》和《张尚书故实》。卷首李氏自序云：

> 宾护尚书河东张公，三相盛门，四朝雅望。博物自同于壮武，多闻远迈于咠臣。缚避难圃田，寓居佛庙，秩有同于锥印，迹更甚于酒佣。叨遂迎尘，每容侍话。凡聆征引，必异寻常。足广后生，可贻好事。遂纂集尤异者，兼杂以诙谐十数节，作《尚书故实》云耳。

序中之“张公”，即河东张尚书；“圃田”，即今中牟圃田；李书为记录张尚书所谈而成，偏于往事、旧闻，因以“故实”题书。它所记偏杂，除轶事、异闻、志怪和辨疑之外，而有关书画、碑帖者又占了全书的大半。书中虽不免涉及神怪，而可供研究文史作参考者也不少。像记晋王羲之《兰亭序》藏于昭陵事云：

> 太宗酷好法书，有大王真迹三千六百纸，率以一丈二尺为一轴。宝惜者独《兰亭》为最，置于座侧，朝夕观览。尝一日，附耳语高宗曰：“吾千秋万岁后，与吾《兰亭》将去也。”及奉讳之日，用玉匣贮之，藏于昭陵。

宋人桑世昌《兰亭考》，全录了李文，足见他深信不疑；又记唐太宗与郑虔诗画事云：

> 郑广文学书而病无纸，知慈恩寺有柿叶数间屋，遂借僧房居止，日取红叶学书，岁久殆遍。后自写所制诗并画，同为一卷封进。玄宗御笔书其尾曰：“郑虔三绝。”

欧阳修作《新唐书》，于郑虔传也采录李文。又记卢元公好道事云：

卢元公好道，重方士，有王谷者得黄白术，变瓦砾泥土立成黄金。宾护时在相国大梁幕中，皆目睹之。谷一日死于淮阴，宾护见范阳公叙言，公曰："王十五兄不死。"后果有人于湘潭间见之，已变姓名矣。宾护既徙知广陵，常亦话于崔魏公。公因说他日有王修能变竹叶为黄金，某所目击也。

进士卢融尝说，卢元公镇南海日，疽发于鬓，气息惙然。有一少年道士，直来床前谓相国曰："本师知尚书病疮，遣某将少膏药来，可便傅之。"相国宠姬韩氏遂取膏药疾贴于疮上，至暮而较数日平复。于仓皇之际，不知道士所来。及令勘中门至衙门十数重，并无出入处。方知其异也。盛膏小银合子。韩氏收得，后犹在。融即相国亲密，目验其事，因附于此。

至于晋顾长康绘《清夜游西园图》，梁周兴嗣奉武帝之命编《千字文》以及戴颙刻佛像、顾况善画之类，也往往被后人征引为故实。可见，李书不仅丰富了文坛趣事，也为一些人事的探讨，提供了十分难得的史料线索。

对李书，四库馆臣评价说：

其书杂记近事，亦兼考旧闻……王楙《野客丛书》引据最为博洽，而牡丹引杨子华事，天厨引西园图事，又引其东方朔一条证《山海经》事，皆据为出典，在唐人小说中亦因话录之亚也……要之瑕不掩瑜，固不以一二小节废矣。[①]

清人周中孚也说："其书七十九条，多记杂事，兼征古义，援据博洽，颇有可采，其体例与韦文明《刘宾客嘉话录》相近，但韦氏书全

① 《四库全书总目》卷120《〈尚书故实〉提要》，北京，中华书局，1965。

然小说家言耳。”①

《尚书故实》成书后，久无刊刻，一直以抄本流传。入宋，收入《百川学海》，弘治十四年（1501），又有无锡华氏覆宋本；另收入曾慥《类说》，天启六年（1626），又有岳钟秀刻本。万历三十四年（1606），收入《宝颜堂秘笈》，为绣水沈氏刊本。顺治三年（1646），收入《说郛续》，为两浙李氏宛委山堂刊本。至乾隆朝，编《四库全书》，收入“子部杂家类”，为安徽巡抚采进本。又乾隆五十三年（1792），收入《唐人说荟》，为青浦挹秀轩刊本；嘉庆十一年（1806），收入《唐代丛书》，为仁和莲塘居士刊本；光绪五年（1879），收入《畿辅丛书》，为定州王氏谦德堂刊本。至民国，收入《说库》、《五朝小说大观》和《丛书集成初编》，分别由上海文明书局、扫叶山房和商务印书馆石印和排印，1985年后者又由中华书局重印，与王定保《唐摭言》合刊一册，是为现在最通行的版本。

段成式与《酉阳杂俎》

段成式（803—863），字柯古，齐州临淄（今山东淄博）人，穆宗朝宰相段文昌②之子。以父荫入仕，官至秘书省校书郎，尚书郎，吉州、处州和江州刺史，太常少卿。他早有文名，除《酉阳杂俎》、《庐陵官下记》外，《全唐文》还存文十六篇，《全唐诗》存诗一卷。

《酉阳杂俎》三十卷，包括前集二十卷，续集十卷。卷首段氏自序云：

① 周中孚：《郑堂读书记》卷56《子部·杂家类·尚书故实》，上海，上海书店，2009。

② 段文昌（773—835），字墨卿、景初，官至监察御史、左补阙、翰林学士、中书舍人、中书侍郎、同平章事和御史大夫，还以使相出镇淮南、荆南和西川。他长于文学，《全唐文》存文五篇，《全唐书》存诗四首。

夫《易》象“一车”之言，近于怪也；诗人南箕之奥，近乎戏也。固服缝掖者，肆笔之余，及怪及戏，无侵于儒。无若诗书之味大羹，史为折俎，子为醯醢也。炙鸮羞鳖，岂容下箸乎？固役而不耻者，抑志怪小说之书也。成式学落词曼，未尝覃思，无崔骃真龙之叹，有孔璋画虎之讥。饱食之暇，偶录记忆，号《酉阳杂俎》，凡三十篇，为二十卷，不以此间录味也。

段书分门别类，像是类书，实乃仿张华《博物志》体例而变化、扩大。鲁迅谓之“杂俎体”，还说它“或录秘书，或叙异事，仙佛人鬼，以至动植，弥不毕载，以类相聚，有如类书，虽源或出于张华《博物志》，而在唐时，则犹之独创之作矣”①。

段书又卷下设目，即前集卷一“忠志”、“礼异”和“天咫”；卷二“玉格”和“壶史”；卷三“贝编”；卷四“境异”、“喜兆”、“祸兆”和“物革”；卷五“诡习”和“怪术”；卷六“艺绝”、“器奇”和“乐”；卷七“酒食”和“医”；卷八“黥”、“雷”和“梦”；卷九“事感”和“盗侠”；卷十“物异”；卷十一“广知”；卷十二“语资”；卷十三“冥迹”和“尸穸”；卷十四“诺皋记上”；卷十五“诺皋记下”；卷十六“广动植之一（羽篇、毛篇）”；卷十七“广动植之二（鳞介篇、虫篇）”；卷十八“广动植之三（木篇）”；卷十九“广动植类之四（草篇）”；卷二十“肉攫部”，凡九百零七条。续集卷一“支诺皋上”；卷二“支诺皋中”；卷三“支诺皋下”；卷四“贬误”；卷五“寺塔记上”；卷六“寺塔记下”；卷七“金刚经鸠异”；卷八“支动”；卷九“支植上”和卷十“支植下”，凡三百七十六条。

书中所记，自仙佛鬼怪、人事、动物、植物、酒食、寺庙，还有一

---

① 鲁迅：《中国小说史略·唐之传奇集及杂俎》，53页，北京，中华书局，2010。

些考证文字，内容不可谓不杂，也足见段氏博学，而标目又很新异。像志怪异的一门称“诺皋记”，记道术的一门称“壶史”，抄佛书的一门称“贝编”，讲养鹰之法的一门称“肉攫部”，可以说是各有寓意。① 可见，它把志怪、传奇、杂录、琐闻和考证各体汇为一编，名曰“杂俎”，也确乎恰当。

“酉阳”，山名，在今湖南沅陵西北，有大小酉山。宋人周登后序云：

> 余闻《方舆记》云；“昔秦人隐学于小酉山石穴中，有所藏书千卷。”梁湘东王尤好聚书，故其赋曰：“访酉阳之逸典。”或成式所著书有异乎世俗，故取诸逸典之义以名之也。

“俎”，是古之祭祀盛祭品的器物。而所谓“杂俎”，是说所作为杂记及类事之书，好像肴蔌之杂陈于俎。

具体到段书内容，有的故事，录自前人著作；有的情节，近似同时诸书所记，像续集卷四引许彦鹅笼的故事，即标明出《续奇谐记》；天宝中道士顾玄绩请人助守药炉的情节，和《续玄怪录》的“杜子春”、《传奇》的“韦自东”条如出一辙，足见其语怪一类，亦未能出新。不过，全书所涉范围很广，所辑材料很多，可资谈助、采掌故、供考证之处，也有不少。像“语资”记王勃为文，先磨墨而卧，然后奋笔直书，时人谓之腹稿；李白于玄宗前令高力士脱靴，为唐代有名的传说，与他书所述相合。又记张说事一条云：

> 明皇封禅太山，张说为封禅使。说女婿郑镒本九品官，旧例封禅后，自三公以下皆迁转一级；惟郑镒因说骤迁五品，兼赐绯服。因大脯次，玄宗见镒官位腾跃，怪而问之，镒无词以对。黄幡绰曰：“此乃太山之力也。”

① “诺皋”是道家之太阴名，道家又有壶天、壶公的传说。所以，段成式以志怪的部分为“诺皋记”，记道术的部分为“壶史”。在印度，贝多树叶（简称“贝叶”）可当纸用，人取以写佛经，段氏因以抄佛经的部分为“贝编”。

后人称岳父为太山，即多征引此事，以为典故。又“羽篇”记有一种妖鸟叫作“夜行游女”，能作祟为害小儿，与北魏郦道元《水经注》卷三十五“江水”引《玄中记》所称“女鸟”，梁宗懔《荆楚岁时记》所称“鬼鸟姑获”，亦出于同一传说，可以互相参证。另外，像“尸穸”之志丧礼，“贬误”之考弹棋，“寺塔记”之述寺庙，于研究古代风习、名物、宗教信仰以及唐时街巷，也值得参考。即以“寺塔记”为例，可与后魏杨衒之的《洛阳伽蓝记》相比。像宋人宋敏求撰《长安志》，元人李好文编《长安志图》，全据这部分材料，以考见唐代街巷。清人徐松撰《唐两京城坊考》，也大量采用“寺塔记”的内容。所以，书中虽不免荒诞，而后人还是多从中取资。

对段书，四库馆臣评价说：

> 其书多诡怪不经之谈，荒渺无稽之物，而遗文秘籍，亦往往错出其中，故论者虽病其浮夸，而不能不相征引。自唐以来，推为小说之翘楚，莫或废也。①

晚清李慈铭也说：“虽多迂怪琐屑，其门目如忠志、天咫、玉格、壶史、贝编之类，尤为纤诡，然采取甚博，遗闻佚事，往往而存，实小说之渊薮……续集《寺塔记》二卷……其每寺下备载塔院像设，灵踪古迹，名木奇卉，尤详缋事，实《洛阳伽蓝记》之比。”②

《酉阳杂俎》成书后，嘉定七年（1214），先有永康周氏刊本；嘉定十六年，又有武阳邓氏刊本；又收入曾慥《类说》，天启六年（1626），又有岳钟秀刻本。于晚明，收入《津逮秘书》，为崇祯虞山毛氏汲古阁刊本，又有李云鹄和闽琅环斋刻本。至乾隆朝，编《四库全书》，收入“子部小说家类”，为内府藏本。嘉庆十年（1805），收入《学津讨原》，为虞山张氏照旷阁刊本。至民国，收入《湖北先正遗

① 《四库全书总目》卷142《〈酉阳杂俎〉提要》，北京，中华书局，1965。

② 李慈铭：《越缦堂读书记·杂记·酉阳杂俎》，北京，中华书局，2006。

书》、《四部丛刊》和《丛书集成初编》，分别由沔阳卢氏、商务印书馆影印，1985年后者又由中华书局重印。今人方南生以四部丛刊本为底本点校，1981年由中华书局印行；今人曹中孚以学津讨原本为底本点校，2012年由上海古籍出版社排印，列入《历代笔记小说大观》，是为现在最通行的版本。

温庭筠与《乾𦠆子》

温庭筠（812—866），字飞卿，太原祁县（今属山西）人。貌寝，号“温钟馗”；每入试，押官韵，八叉手而成八韵，因有“温八叉”之称。他工诗，与李商隐齐名，人称“温李”；又为“花间派”词人之首，与韦庄齐名，合称“温韦”，今存所撰《金奁集》、《乾𦠆子》，后人又集有《温飞卿集》。

今本《乾𦠆子》，已非完帙。有人统计，今存序文一篇和佚文五十三则。[①] 宋人陈振孙云：

> 《乾𦠆子》三卷，唐温庭筠飞卿撰。《序》言：“不爵不觥，非炰非炙，能悦诸心，聊甘众口，庶乎乾之义。”“𦠆”与“馔”同，字从肉，见古礼经。[②]

明人胡应麟解说道：

> 庭筠著《乾𦠆子》，《序》谓语怪悦宾，犹悦口，与《杂俎》义正同，然前人无此说也。非庭筠自序，至今不知何谓，亦以为《天咫》、《贝编》。[③]

从温书残卷佚文来看，既有引用前人资料而重编者，又有依个人见

① 王国良：《〈乾𦠆子〉研究》，载《东吴中文学报》，1995（1）。

② 陈振孙：《直斋书录解题》卷11《小说家类·乾𦠆子》，上海，上海古籍出版社，1987。

③ 胡应麟：《少室山房笔丛·二酉缀遗上》，上海，上海书店，2001。

闻而撰述者。大凡初唐人物故事，每引用前人成说，像《绀珠集》引“御史胡”条，记张元一事，见张鷟《朝野佥载》卷四，又见于刘肃《大唐新语》卷十三。又中唐人物故事，于前人书文所记者外，又有一些新添内容，像《太平广记》卷二百四十二引“萧俛”条，与李肇《唐国史补》卷中“误造郑云逵”条类同；又《太平广记》卷四百九十六引“赵存”条，与李书卷上“参军打家僮”条类同。至于温氏自拟之文，像《太平广记》卷一百二十二引“华州参军”条，既不见于他书，又情节曲折，已是晚唐传奇格局，对后之小说也有影响。[①]

《乾鹯子》早佚，入宋，李昉作《太平广记》，录入佚文三十三条；曾慥编《类说》，录入佚文十九条，另序文一篇，天启六年（1626），为淮安岳钟秀刻本。顺治三年（1646），《说郛续》录入佚文十一条，为两浙李氏宛委山堂刊本；又佚名编《绀珠集》，录入佚文十九条，为绍兴七年（1137）刊本。

李商隐与《义山杂纂》

李商隐（813—858），字义山，号“玉谿生”、“樊南生”，怀州河内（今河南沁阳）人，生于荥阳（今属郑州）。开成二年（837）进士，官至校书郎、弘农尉、剑南及东川判官。他长于诗，与杜牧合称“小李杜”，与温庭筠合称“温李”，撰有《义山杂纂》，后人又集有《李义山诗集》。

《义山杂纂》一卷，原名《杂纂》，又卷下设目，凡四十五条，即“必不来”、“不相称”、“羞不出”、“怕人知”、“不嫌”、“迟滞”、“不得已”“相似”、“不如不解”、“恶不久”、“恼人”、“失本体”、“隔壁闻语”、“富贵相”、“谩人语”、“酸寒”、“不快意”、“惶愧”、“杀风

① 周勋初：《唐代笔记小说叙录·乾鹯子》，71页，南京，凤凰出版社，2008。

景”、“不忍闻”、“虚度”、“不可过”、“难容”、“意想”、“恶模样”、“不达时宜”、“无所知”、“闷损人”、“痴顽”、“愚昧”、“时人渐颠狂”、“非礼”、“枉屈”、“不祥”、“须贫”、“必富”、“有智能”、“教子”、“教女”、“失去就”、“强会”、“无见识”、“十戒”、“少知尘俗”和“七不称意”。

综观全书，它阐述的主要是李氏的思想、观点，包括立身处世、立志成才和处理家庭关系以及人际关系的一系列准则，也涉及为官、治国、治学、修身、养性和对社会、自然、人生的思考。它的文字玲珑生动，琅琅上口，往往一针见血，很有欣赏价值。于今看来，有些说法已不可取，而大多还是可作借鉴的。有人还认为，它是中国第一部歇后语辞典。[①] 另外，李书开杂纂体的先河，之后，宋人王琪所撰《杂纂续》，苏轼《杂纂二续》，明人黄允交《杂纂三续》，韦光黻《杂纂新续》，清人顾禄《广杂纂》、石成金《纂得确》和《纂得确二集》，显然是步其后尘而作的。[②] 不过，从中也透露出晚唐的很多信息，至少可作为了解有关社会风气和李氏价值取向的资料。

像“不得已”条云：

> 忍病饮酒，大暑赴会，掩意打儿女，流汗行礼，忍痛灼艾，为妻骂爱宠，冒暑迎谒，老乞休致，穷寺院待客，为人题疏头，被势位牵率。

又“不如不解”条云：

> 措大[③]解音则废业，妇人解诗则犯物议，僧解饮则犯戒，劣奴解识字则作过，子弟解烧炼则贫，士人解手艺则卑污。

又“恼人”条云：

---

① 祝注先：《〈义山杂纂〉——我国最早的一本歇后语辞典》，载《辞书研究》，1986（5）。

② 曲彦斌：《〈义山杂纂〉及历代续仿之作》，载《寻根》，2013年（2）。

③ 措大：即贫寒失意的读书人。

遇佳味脾家不和，终夜欢饮酒樽却空，方谒上官忽背痒，赌博方胜油尽难寻，淘井汉急屎尿。遣不去无赖穷亲，牵不动驴马，著不稳衣裳，扇不去蚊蝇。

又“失本体”条云：

不学发遣书题，失子弟体；吊孝不哀，失凶礼体；不收拾碗器家事，口中不喃喃，失老婢体；送客不出门下厅，不安排椅榻，失主人体；不阑腰，不持刀砧，失厨子体；不点检学生作课念书，失先生体；不口打口骂，失节级体；早晚不点检门户家私，失家长体；仆子著鞋袜衣服宽长，失仆子体；逃席后，不传语谢主人，失宾客体；唱小喏，行步迟缓，失武官体；早晚不礼拜念佛，失僧尼体。

又“谩人语”条云：

说风尘有情，说烧炼致富，说在官课绩，说主上见知，说所入庄课，说爱宠年纪小，穷县说官清，自说勤苦读书，夸说器皿价例。

又“杀风景”条云：

花间喝道，看花泪下，苔上铺席，斫却垂杨，花下晒裈，游春重载，石笋系马，月下把火，妓筵说俗事，果园种菜，背山起楼，花架下养鸡鸭，步行将军。

又“不达时宜”条云：

下贱人前谈经史，向娼妇吟诗，认他高贵为亲，将主人酒食作人情，残食还主人，将男女赴席，夸男女伎俩，奖男女娇騃，筵上包弹品味，强学时样妆束，入境不顺风仪，隔席和人唱，筵上啜醋声。

又“痴顽”条云：

有钱不还债，知过不能改，见他言语强拗，见人文字强评訾，自不知过强怪人，把酒犯令不受罚，家贫强作富贵相，话语不信。

又“枉屈”条云：

> 好父母无好子，好儿无好妇，好女无好婿，有钱不会使，好衣不会著，好厅馆不洒扫，有匹帛不装著，好颜色不解匹配，好妾驱使重难事，惜钱有病不医，男女长成不教，家藏书不解读，明月夜早睡，有好花不吟诗酌酒，近好山水不游玩，有美味悭藏臭腐，清要官自犯赃罪，有美质懒惰废业，权在手不作好事，年少时好闲不习事，向口惜食，向身惜衣。

《义山杂纂》成书后，久无刊刻，一直以抄本流传。嘉靖二十三年（1544），收入《古今说海》，为云间陆氏俨山书院刊本。至民国，收入《丛书集成初编》，1985年又由中华书局重印，与苏轼《问答录》、《艾子杂说》，胡锜《耕禄槁》，郑相如《汉林四传》，郦琥《会仙女志》，屠隆《冥寥子游》和郑清之《文房四友除授集》合刊一册。2005年，又收入《古人云丛书》，由岳麓书社印行，是为现在最通行的版本。

郑綮与《开天传信记》

郑綮（？—899），字蕴武，郑州荥阳（今属河南）人。晚唐进士，官至庐州刺史、右散骑常侍、礼部侍郎、同中书门下平章事。他长于诗，偏诙谐，号为“郑五歇后体”，另撰有《开天传信记》。

《开天传信记》一卷，凡三十二条，今本又附“补遗”六条。卷首郑氏自序云：

> 国朝政事，莫盛于开元、天宝之际，服膺简策，管窥王业，参于闻听；或有阙焉，承平之盛，不可殒坠，辄因簿领之暇，搜求遗逸，传于必信，名曰《开天传信记》。

书以“传信”为名，主要记开元、天宝之际的传闻，包括唐玄宗在藩邸的生活、出巡上党、封禅泰山以及偏好乐舞之类。书中关于安禄山表面愚鲁、实则奸诈的段落，是学者们津津乐道的记录：

上幸爱禄山为子，尝与贵妃于便殿同乐。禄山每就坐，不拜上而拜妃。上顾问："此胡不拜我而拜妃子，意何在也?"禄山奏曰："胡家即知有母，不知有父故也。"上笑而舍之。禄山丰肥大腹，上尝问曰："此胡腹中更有何物其大如是。"禄山寻声应曰："腹中更无他物，惟赤心尔。"上以言诚，而益亲善之。

在《安禄山事迹》、《旧唐书》和《资治通鉴》中，也有类似的记录，可比对参证。又记唐玄宗车驾上党情形，也是一段重要的文字：

上封泰山回，车驾次上党。路之父老，负担壶浆，远近迎谒。上皆亲加存问，受其献馈，锡赉有差。父老有先与上相识者，上悉赐酒食，与之话旧。故过村部，必令询访孤老丧疾之家，加吊恤之。父老忻忻然，莫不瞻戴叩乞驻留焉。及车驾过金桥，御路萦转，上见数十里间，旌纛鲜洁，羽卫整齐，顾谓左右曰："张说言：'勒兵三十万，旌旗千里间。陕右上党，至于太原。'真才子也。"左右皆称万岁。上遂诏吴道玄、韦无忝、陈闳，令同制金桥图。圣容及上所乘照夜白马，陈闳主之；桥梁、山水、车舆、人物、草树、雁鸟、器仗、帷幕，吴道玄主之；狗马、骡驴、牛羊、骆驼、猫猴、猪貀四足之类，韦无忝主之。图成，时为三绝焉。

不过，"传闻"不少难免失实，所以也不足以"传信"。像记唐玄宗在华阴见岳神、梦游月宫，罗公远隐形、叶法善符篆各条，俱涉神怪；又记唐玄宗游韦杜，过王琚家，谋诛韦氏，与《旧唐书·王琚传》上的记录也有出入。从这个层面说，书中可征信的材料，是比不上《明皇杂录》的。不过，后人谈唐代故实，往往沿用郑说。像记黄幡绰嘲笑刘文树貌似猿猴，即为宋人罗烨《醉翁谈录》所采录。玄宗游月宫听仙乐，也被后人当作典故，写入诗文。另外，像记裴谞为河南尹，有妇人投状争猫儿云："若是儿猫，即是儿猫；若不是儿猫，即不是儿猫。"① 这不仅显示了口语的诙谐，还说明了唐代民间已有了把"儿"当作"牝牡"之"牡"的用法。

另外，"补遗"多非开元、天宝朝事，又称"宪宗皇帝"、"穆宗皇帝"，风格与正文惯称唐玄宗为"上"不同，绝非原书所有②，恐为后人所补记。

对郑书，四库馆臣评价说：

> 书中皆记开元、天宝故事，凡三十二条。自序称簿领之暇，搜求遗逸，期于必信，故以传信为名……然行世既久，诸书言唐事者多沿用之，故录以备小说之一种焉。③

清人周中孚也大略有类似的看法："今观其书，凡三十条，皆记开元、天宝间传闻之事，间有失实。又如华阴岳神、梦游月宫及卢公远、叶法善诸事，尤不足以传信，以文士久相引用，今亦不得而废之焉。"④

《开天传信记》成书后，久无刊刻，一直以抄本流传。入宋，收入《百川学海》，弘治十四年（1501），又有无锡华氏覆宋本；另收入曾慥《类说》，天启六年（1626），又有岳钟秀刻本。于晚明，收入《历代小史》，为万历安溪李氏刊本。至乾隆朝，编《四库全书》，收入"子部小说家类"，为浙江鲍士恭家藏本。乾隆五十三年（1792），又收入《唐人说荟》，为青浦挹秀轩刊本。于嘉庆朝，收入《唐代丛书》和《学津讨原》，分别为仁和莲塘居士刊本和虞山张氏照旷阁刊本。宣统二年（1910），收入《古今说部丛书》，为上海国学扶轮社排印本。至民国，收入《说库》和《丛书集成初编》，分别由上海文明书局、商务

① 这四句话中第一、三两句的"儿"字，指牝牡之"牡"；第二、四两句的"儿"字，为妇人自称，含义是"我的"。

② 谢保成：《隋唐五代史学》，311 页，北京，商务印书馆，2007。

③ 《四库全书总目》卷142《〈开天传信记〉提要》，北京，中华书局，1965。

④ 周中孚：《郑堂读书记》卷66《子部・小说家类・开天传信记》，上海，上海书店，2009。

印书馆石印和排印，1985 年后者又由中华书局重印，与郑处诲《明皇杂录》、李德裕《次柳氏旧闻》、王仁裕《开元天宝遗事》、裴廷裕《东观奏记》和郑棨《宝应录》合刊一册。今人丁如明以百川学海本为底本点校，1985 年由上海古籍出版社印行，收入《开元天宝遗事十种》。2012 年由上海古籍出版社排印丁氏点校本，列入《历代笔记小说大观》，与王仁裕《开元天宝遗事》、郑处诲《明皇杂录》、李濬《松窗杂录》、孟棨《本事诗》、苏鹗《杜阳杂编》、康軿《剧谈录》和严子休《桂苑丛谈》合刊一册；今人吴企明以百川学海本为底本点校，2012 年由中华书局印行，列入《唐宋史料笔记丛刊》，与崔令钦《教坊记》、李德裕《次柳氏旧闻》和段安节《乐府杂录》合刊一册，是为现在最通行的版本。另外，1993 年，又收入《中国野史集成》，由巴蜀书社影印。

刘轲与《牛羊日历》

刘轲（?），字希仁，徐州沛县人。元和十五年（820）进士，先于史馆供职，官至侍御史、洺州刺史。他工诗文，马植①称之为韩愈流亚，今存所撰《牛羊日历》。

《牛羊日历》一卷，成书于大和九年（835）。“牛”即牛僧孺，“羊”即杨虞卿、杨汉公兄弟。唐穆宗至宣宗朝，发生以牛僧孺与李德裕为首的朋党之争，为晚唐弊政之一。元和三年（808），牛氏因讥李氏父李吉甫而不得升迁，双方结怨。长庆元年（821），李氏受宠，逐牛党之李宗闵出朝，双方矛盾升级。随后，此消彼长，争斗不止。最终，李氏贬死崖州，牛氏还朝旋亡。

书记牛、杨朋比之事，与韦瓘《周秦行记》一样，是李党攻击、

---

① 马植（？—857），字存之，关中扶风（今属陕西）人。元和进士，官至寿州团练副使、饶州刺史、安南都护、黔中观察使、刑部及户部侍郎、中书侍郎、礼部尚书、忠武及宣武节度使。

诬陷牛党之作。从总体上说，应视之为“小说”，不能当作历史文献。不过，书中所记，并非完全是空穴来风，仍存与有关史文比对参证的价值。

《牛羊日历》成书后，久无刊刻，一直以抄本流传。至晚清，收入《十万卷楼丛书》和《藕香零拾》，分别为光绪湖州陆氏刊本和宣统江阴缪氏刊本。于道光朝，收入《粤雅堂丛书》，为南海伍氏刊本。佚文一则，今人汪辟疆编入《唐人小说》，附于韦瓘《周秦行纪》之后，1955 年由古典文学出版社排印。1993 年，收入《中国野史集成》，由巴蜀书社影印；1994 年，又收入《丛书集成续编》，由上海书店影印，是为现在最通行的版本。

郑处诲与《明皇杂录》

郑处诲（?），字廷美，郑州荥阳（今属河南）人，德宗、宪宗朝宰相郑余庆[①]之子。大和八年（834）进士，官至校书郎、监察御史、拾遗、尚书郎、给事中、工部及刑部侍郎、赵州及汴州刺史、浙东观察使、检校刑部尚书、宣武军节度观察使，今存所撰《明皇杂录》。

《明皇杂录》二卷，书分上下，二十六条；又补遗（别录）一卷，十条，凡三十六条，成书于大中九年（855）。今本点校者拟有标题，即卷上“和璞预言房琯之卒”、“孙生相房琯崔涣”、“唐玄宗用张嘉贞为相”、“苏颋文学该博”、“神童刘晏”、“杨暄恃父权明经及第”、“肃颖士恃才傲物”、“韦诜撰婿”、“姚崇算张说”、“李适之父子遭李林甫陷害”、“李林甫宅怪异”、“玉龙子”、“王准凌辱驸王瑶”和“王毛仲骄横失宠”；卷下“唐玄宗赐张九龄白羽扇”、“李林甫忌芦绚”、“唐玄

① 郑余庆（746—820），字居业，郑州荥阳人。大历进士，官至翰林学士，于贞元、元和朝两次为相，两任节度使，又两为国子祭酒，后人集有《郑余庆集》。

宗大辅”、“李龟年之遭遇”、“冯绍正画龙”、“王维等为崔圆画壁”、“张说致书苏颋”、“唐玄宗华清宫汤池之豪奢”、“虎国夫人夺韦氏宅”、“道士张果”、“李遐周道术”、“官吏皆薄外任”、“萧嵩少才气”和“宇文融排斥异己”。又补遗“高力士贬巫州”、“乐工雷海清忠贞不屈”、“孙曾生道术”、“僧人义福”、“僧人一行”、“唐巩冀为宰相”、“唐玄宗舞马”、“唐玄宗回京感旧”、“雨霖铃曲”、“公主进食”、“宁王谏玄宗”和“杜甫之死”。另外，今本还收逸文三十一条，即“怀素书取法公孙大娘剑舞”、“崇胡子软舞”、“杨贵妃擅琵琶”、“甘露羹”、“杨慎矜厌胜获罪”、“卢怀慎尚节俭”、“崔曙明堂火珠诗”、“周广之医术”、“哥舒翰奏事使乘白骆驼”、“毛顺巧结缯彩灯楼”、“玄宗夜游西凉州”、“三元日讲经”、“赐宁王红玉带”、“赐岐王紫金带”、“五王帐”、“安禄山脚有黑子”、“吴道玄画天宫寺壁”、“唐玄宗紫玉笛”、“李峤作水调歌”、“段师弹玉环”、“张说袖进木瓜”、“唐玄宗谈宝带”、“荔支香曲由来”、“唐玄宗梦中得紫云迴曲”、“唐玄宗作凌波曲”、“崔琳少缌麻之丧”、“雪衣娘”、“唐玄宗所乘马”、“枯松复生”、“西凉州观灯”和“唐玄宗幸绣岭宫”；又辑佚十三条，即“梨园弟子”、“碧芬之裘”、“唐玄宗避暑”、“李林甫欲动摇太子地位”、“刘希夷等流落不偶”、“杨贵妃之装饰”、“张垍激怒安禄山”、“贺兰进明之黜与陟”、“天宝之盛世”、“士庶好胡服”、“明皇吟傀儡诗”、“王元宝”和“明皇赐虢国照夜玑”。

在清人钱熙祚看来，郑氏因《次柳氏旧闻》叙述未详而有此作。[①]郑书偏记唐玄宗朝轶闻遗事，偶及唐肃宗、代宗朝事，包括李隆基政治生活片断、杨氏家族“冠绝一时”以及名相权臣事迹。

比之《次柳氏旧闻》，郑书记开元、天宝朝轶事要更为详尽一些。

---

① 钱熙祚：《守山阁丛书·明皇杂录校勘记序》，道光二十四年（1844），金山钱氏重编本。

像卷上“杨暄恃父权明经及第”条，记杨国忠为相，仗势跋扈，其子杨暄举明经考试不及格，而礼部侍郎因国忠怒骂，就不敢不列之于上第。又同卷“姚崇算张说”条，记姚崇与张说不和，病重时预教其诸子笼络张说以免祸之计；又同卷“李适之父子遭李林甫陷害”条，记李林甫陷害李适之，并杖杀其子李雪，反映唐代政治的黑暗和统治集团内部矛盾的尖锐。又卷下“唐玄宗华清宫汤池之豪奢”条，记华清宫里有长数十间的浴室，池内还置以银镂漆船和白香木船，连橹楫都用珠玉装饰；杨贵妃姊妹的一个犊车，也要“饰以金翠，间以珠玉。一车之费，不下数十万贯”。又补遗“公主进食”条，记天宝中诸宫在进食时，“水陆珍羞数千，一盘之费，盖中人十家之产”，足见当时宫廷的奢侈浪费，《资治通鉴》也采入正文，系于天宝九年（750）二月；又同卷“乐工雷海清忠贞不屈”条，记乐工雷海清在凝碧池为安禄山所害，王维闻之而作“万户伤心生野烟，百官何日更朝天”之句；又同卷“杜甫之死”条，记杜甫晚年沦落，因耒阳宰送牛肉白酒，饮食过多而卒，虽系文苑轶闻，可也有参证价值。另外，像卷上“神童刘晏”条记云：

> 玄宗御勤政楼，大张乐，罗列百伎。时教坊有王大娘者，善戴百尺竿。竿上施木山，状瀛洲、方丈，令小儿出入于其间，歌舞不辍。

这条材料，可考见唐代已有类似今之顶高竿的杂技表演。

郑书中也有荒诞不经的故事，像记张果的神异、冯绍正画龙飞去之类。又记张九龄做宰相，为李林甫所毁谤，玄宗于秋日赐以白羽扇，张氏认为这是“秋扇见捐”之义，十分惶恐，于是作赋以献，又赋“归燕”诗赠李氏以示自己打算隐退。宋人叶梦得，据《曲江集》的“白羽扇赋序”中“开元二十四年夏盛暑奉敕使大将军高力士赐宰相白羽扇，某与焉”，强调赐扇并非秋日，亦非专与张九龄，也可见郑书所记失实。[①]

另外，宋人《太平广记》引郑书，记卢怀慎为吏部尚书，而家极贫俭，病时卧于敝箦单席，门无廉箔，每风雨至，则以席蔽云云[②]，也似乎夸张过分，溢美违真；足见记叙事实真伪掺杂，是这类笔记的通病。[③] 四库馆臣评价说：

> 是书成于大中九年，有处诲自序……处诲是书亦不尽实录。然小说所记，真伪相参，自古已然，不独处诲。在博考而慎取之，固不能以一二事之失实，遂废此一书也。[④]

应该说，不独对郑书，还包括几乎所有的笔记小说，这个看法总体上是很允当可取的。清人周中孚则说："今观是书，凡二十六条，又《别录》十条，皆记开元、天宝间琐事轶闻，多与李文饶《次柳氏旧闻》相同，所记亦不尽实录。"[⑤]

《明皇杂录》成书后，于南宋，收入曾慥《类说》，天启六年（1626），又有岳钟秀刻本。至乾隆朝，编《四库全书》，收入"子部小说家类"，为兵部侍郎纪昀家藏本；又乾隆五十三年（1792），收入《唐人说荟》，为青浦挹秀轩刊本。嘉庆十四年（1809），收入《墨海金壶》，为虞山张氏照旷阁刊本；道光二十四年（1844），又收入《守山阁丛书》，为金山钱氏重编本。至民国，收入《丛书集成初编》，1985年又由中华书局重印，与李德裕《次柳氏旧闻》、郑綮《开天传信记》、王仁裕《开元天宝遗事》、裴廷裕《东观奏记》和郑辂《宝应录》合刊

---

① 严杰：《〈明皇杂录〉考》，见《古典文献研究》（1991—1992），南京，南京大学出版社，1994。

② 《太平广记》卷165《廉俭·卢怀慎》，北京，中华书局，1961。

③ 宋人洪迈《容斋随笔》卷3"张嘉贞"条，也考辨《明皇杂录》谈玄宗欲任张嘉贞为相而忘其名，误记为朔方节度使张齐邱一节叙述的不实，谓张氏于开元八年即做宰相，齐邱于天宝八年始为朔方节度使，二者相隔有三十年之久。

④ 《四库全书总目》卷140《〈明皇杂录〉提要》，北京，中华书局，1965。

⑤ 周中孚：《郑堂读书记》卷63《子部·小说家类·明皇杂录》，上海，上海书店，2009。

一册。今人丁如明以守山阁丛书本为底本点校，1985 年由上海古籍出版社印行，收入《开元天宝遗事十种》。今人田廷柱同以守山阁本为底本点校，1994 年由中华书局印行，列入《唐宋史料笔记丛刊》，与裴廷裕《东观奏记》合刊一册；2012 年，上海古籍出版社排印丁氏点校本，列入《历代笔记小说大观》，与王仁裕《开元天宝遗事》、郑綮《开天传信记》、李濬《松窗杂录》、孟棨《本事诗》、苏鹗《杜阳杂编》、康骈《剧谈录》和严子休《桂苑丛谈》合刊一册，是为现在最通行的版本。另外，1993 年，又收入《中国野史集成》，由巴蜀书社影印。

赵璘与《因话录》

赵璘（?），字泽章，河南南阳人。大和八年（834）进士，官至左补阙、秘书省校书郎、衢州刺史、尚书省郎官。他出身名门，娴于旧事，撰有《因话录》和《登科记》。

《因话录》六卷，书之题名，应与《管子》之言有关：“因也者，非吾所顾，故无顾也。”[①] “因”即“旧”，所以，“因话”即“旧话”。从书中所记，可知与赵氏的经历、交往有关，很多是得之于他人言谈。

书按五音分部，凡一百三十三条，即卷一“宫部”为君，记唐玄宗至宣宗朝人君言行；卷二、卷三“商部”为臣，记王公大臣妙语卓行；卷四“角部”为人，记不仕者事迹，另附谐戏；卷五“征部”为事，记中央台省制度；卷六“羽部”为物，记见闻杂事，包括无所归附者。

赵氏记君、记臣，还广涉家族和亲戚。像卷一记玄宗柳婕妤，是因她为赵氏之母柳氏之叔曾祖母；卷一、卷二记郭子仪，因得之于郭氏幕僚的外伯祖柳并；卷三记萧颖士，则是因他的外祖母为萧氏之女。另

① 《管子·心术》，见《诸子集成》，北京，中华书局，1954 年重印本。

外，卷四所记，透露出民间流俗，像便换、透门剑伎、割治眼瘤医术之类；又卷五记御史台三院，有他书所不及者：而卷六所记更广，像“便换”条，即是有关货币史的重要史料；又记书生奔驰入京应不求闻达科，僧文淑借讲经论投世俗之好而听者填咽，至教坊效其声调以为歌曲之类，也有一定的参证价值。

即以卷五记御史台三院情形为例：

御史台三院，一曰台院。其僚曰侍御史，众呼为“端公”。见宰相及台长，则曰“某姓侍御”。知杂事，谓之“杂端”。见台长，则曰“知杂侍御”。虽他官高秩兼之，其侍御号不改。见宰相，则曰“知杂某姓某官”。台院非知杂者，乃俗号“散端”。二曰殿院。其僚曰殿中侍御史，众呼为“侍御”。见宰相及台长杂端，则曰“某姓殿中”。最新入，知右巡；已次知左巡，号“两巡使”，所主繁剧。及迁向上，则又入推，益为劳屑，惟其中间，则入清闲。故台中谚曰：“免巡未推，只得自知。”言其畅适也。厅有壁画小山水甚工，云是吴道玄真迹。三曰察院。其僚曰监察御史，众呼亦曰“侍御”。见宰相及台长杂端，则曰“某姓监察”。若三院同见台长，则通曰“三院侍御”，而主簿纪其所行之事。每公堂食会，杂事不至，则无所检辖，惟相揖而已。杂事至，则尽用宪府之礼，杂端在南揖，主簿在北揖，两院则分坐，虽举匕箸，皆绝谈笑。食毕，则主簿持黄卷揖曰：“请举事。”于是台院白杂端曰：“举事。”则举曰：“某姓侍御有某过，请准条。”主簿书之。若举时差错，则最小殿中举院长，最小侍御史举殿院长。若杂端失笑，则三院皆笑，谓之“烘堂”，悉免罚矣。凡见黄卷罚直遇赦悉免，台长到诸院，凡官吏所罚，亦悉免。御史历三院虽至美，而月满殿中推鞫之劳，惮于转两院。以向下侍御史，便领推也，多不愿为，以此台中以殿中转两院为戏谑之辞。每出入行步，侍御史在柱里，殿察两院在柱外，有时殿中入柱里，则共咍之曰：“著去也。”三院御史主簿有事白端公，就其厅。若有中路白事，谓之“篸端”。篸端有罚。殿中已免巡，遇正知巡者假故，则向上人又权知，谓之“蘸巡”。台官有亲爱除拜喜庆之事，则谒院长、杂端、台长，谓之“取贺”。凡此，皆因胥徒走卒之言，遂成故事。院长每上堂了各报，诸御史皆立于南廊，便服靸鞋以俟院长。立定，院长方出。相揖而序行，至殿院门，揖殿中。又序行，至食堂门，揖侍御史，凡入门至食，凡数揖。大抵揖者，古之肃拜也。台中无不揖，其酒，无起谢之礼，但云揖酒而已，酒最合敬，以恐烦却损。往往自台拜他官执事，亦误作台揖，人皆笑之。每赴朝，序行至待漏院偃息，则有卧揖。上门有马揖。凡院长在厅院内，御史欲往他院，必先白。决罚又必先白。察院有都厅，院长在本厅，诸人皆会话于都厅，亦曰察院南院，会昌初，监察御史郑路所葺。礼察厅，谓之“松厅”，南有古松也。刑察厅，谓之“魇厅”，寝于此多魇。兵察常主院中茶，茶必市蜀之佳者，贮于陶器，以防暑湿。御史躬亲缄启，故谓之“茶瓶厅”。吏察主院中入朝人次第名籍，谓之“朝簿厅”。吏察之上，则馆驿使。馆驿使之上，则监察使。监察使，同僚之冠也，谓之“院长”。台中敬长，三院皆有长。察院风彩尤峻。凡三院御史初拜，未朝谢，先谒院长。院长辞疾不见，则不得谢及上矣。

对赵书，四库馆臣评价说：

璘家世显贵，又为西眷柳氏之外孙，能多识朝廷典故……故其书虽体近小说，而往往足与史传相参……然其他实多可资考证者，在唐人说部之中。犹为善本焉。①

近人岑仲勉也称赞道：“赵《录》事，余尝以他史料参合勘之，殊

① 《四库全书总目》卷140《〈因话录〉提要》，北京，中华书局，1965。

少大疵谬，实晚唐笔记之上乘。”[1]

《因话录》成书后，于南宋，收入曾慥《类说》，天启六年（1626），又有岳钟秀刻本。于晚明，收入《稗海》，为万历会稽商氏半埜堂刊本。至乾隆朝，编《四库全书》，收入“子部小说家类”，为内府藏本。嘉庆十一年（1806），收入《唐代丛书》，为仁和莲塘居士刊本。民国二十三年（1934），收入《笔记小说大观》，由上海进步书局石印；1984年，又由广陵古籍刻印社重印。1958年，由古典文学出版社排印，列入《中国文学参考资料小丛书》，与李肇《唐国史补》合刊一册，1979年改由上海古籍出版社重印。今人曹中孚以稗海本为底本点校，2012年由上海古籍出版社排印，列入《历代笔记小说大观》，与刘肃《大唐新语》、柳宗元《龙城录》、韦瓘《大唐传载》、皇甫枚《三水小牍》和高彦休《唐阙史》合刊一册，是为现在最通行的版本。另外，1993年，又收入《中国野史集成》，由巴蜀书社影印。

李肇与《唐国史补》

李肇（?），属赵郡李氏东祖一系，为李华之子，官至大理评事、太常协律郎、监察御史、翰林学士、左补阙、司勋员外郎、澧州刺史、华州参军、江西观察从事、著作郎、左司郎中、中书舍人、将作少监，撰有《翰林志》、《唐国史补》和《经史释题》。[2]

《唐国史补》三卷，原名《国史补》，凡三百零八条；书分上中下，上卷、中卷各为一百零三条，下卷为一百零二条。卷首李氏自序云：

> 昔刘餗集小说，涉南北朝至开元，著为《传记》。予自开元至长庆撰《国史补》，虑史氏或阙则补之意，续传记而有不

① 岑仲勉：《唐史余沈》卷3，上海，上海古籍出版社，1979。

② 李一飞：《〈唐国史补〉作者李肇行述考略》，载《文献》，1991（3）。

为。言报应，叙鬼神，征梦卜，近帷薄，悉取之；纪事实，探物理，辨疑惑，示劝戒，采风俗，助谈笑，则书之，仍分为三卷。

由自序可知，李书接续刘氏《隋唐嘉话》而作，旨在补史家之有阙；刘书记南北朝至开元中史事，而李书则记开元到长庆朝的轶事、琐闻。而书分为三卷，也依刘氏《传记》之旧。另外，“言报应，叙鬼神，征梦卜，近帷薄，悉取之；纪事实，探物理，辨疑惑，示劝戒，采风俗，助谈笑，则书之”，则又大略确立了历史琐闻类笔记的总体倾向。

今本李书，又卷下设目，各以五字标题，即卷上“鲁山乳兄子”、“崔颢见李邕”、“张说西岳碑”、“衮公答参军”、“刘迅著六说”、“玄宗幸长安”、“西国献狮子”、“裴旻遇真虎”、“伪撰庚桑子”、“李白脱靴事”、“张均答弟垍”、“王维取嘉句”、“张旭得笔法”、“李阳冰小篆”、“绛州碧落碑”、“胡雏犯崔令”、“王积薪闻棋”、“房氏子问疾”、“王摩诘辨画”、“张果老衣物”、“白岑发背方”、“张公戏浑瑊”、“安禄山心动”、“杨妃好荔枝”、“百钱玩锦鞦”、“玄宗思张公”、“临淮代汾阳”、“蜀郡万里桥”、“李翰论张巡”、“左震斩巫事”、“李唐讽肃宗”、“柳芳续韦书”、“李华含元赋”、“李翰借音乐”、“二李叙昭穆”、“李稹称族望”、“张说婚山东”、“王家号鈒镂”、“杨氏居阌乡”、“元次山称呼”、“出家大丈夫”、“李勉投犀象”、“李廙有清德”、“李华赋节妇”、“李端诗擅场”、“袁傪破贼事”、“郗昂犯三怒”、“刘晏见钱流”、“母喜严武死”、“郑损为乡葬”、“刘沮迁幸议”、“鱼朝恩讲易”、“淮水无支奇”、“佛法过海东”、“路嗣恭入觐”、“都卢缘橦歌”、“韩滉召径山”、“黄三姑穷理”、“李丹与妹书”、“熊执易义风”、“刘颇偿瓮直”、“德宗恕尼哭”、“杨炎有崖谷”、“卢杞论官猪”、“王武俊决水”、“执朱泚使者”、“裴佶佯为奴”、“李令能戢兵”、“于公异露布”、“李令勋臣首”、“埋怀村下营”、“韩滉自负米”、“张凤翔被害”、“韩滉过大梁”、“卢杞为奸邪”、“马燧雪怀光”、“和解二勋臣”、“李马不举乐”、“卢迈撒盐醋”、“包佶恶陈氏”、“颜鲁公死事”、“高郢陷河中”、“窦申号鹊喜”、“三处士高卑”、“汴州佛流汗”、“德宗望云骓”、“命马继祖名”、“徐州朝天行”、“伊李署子壻”、“李泌任虚诞”、“李氏子坠塔”、“疗风酝蛇酒”、“乌鬼报王稹”、“韦丹驴易鼋”、“阳城裂白麻”、“裴延龄画雕”、“韩皋劫吕渭”、“张造批省牒”、“张宏毅过驿”、“伦朝朔望”、“韩陆同使幕”、“三评事除拜”和“诸道出界粮”；卷中“浑令喜不疑”、“韦皋次汾阳”、“韦太尉设教”、“高郢焚制草”、“扬穆分优劣”、“穆氏四子目”、“孟容拒宦者”、“德宗幸金銮”、“行状比桓文”、“阎吉州入道”、“韦聿白方语”、“耻科第为资”、“误造郑云逵”、“何儒亮访叔”、“陆羽得姓名”、“顾况多轻薄”、“崖膺性狂率”、“刘圆假官称”、“康昆仑琵琶”、“悬买米画图”、“京兆府筵馔”、“刘澭理普润”、“李惠登循吏”、“阳城勉诸生”、“置广文馆事”、“李实鹰萧佑”、“任迪简呷醋”、“熊执易谏疏”、“应制排公在”、“崔叔清恶诗”、“马畅宅大杏”、“曹洽杀小使”、“薛尚衍何祥”、“襄样节度使”、“史牟杀外甥”、“郑珣瑜罢相”、“王叔文扬言”、“郑絪草诏书”、“谋始得郊公”、“刘辟为乱阶”、“韦李皆心疾”、“唐衢唯善哭”、“得草圣三昧”、“李约买萧字”、“韩愈登华山”、“王先生名言”、“灵澈莲花漏”、“百官待漏院”、“封山辄有雨”、“役者将化虎”、“鸩鸟久愈毒”、“犀牛解鸩毒”、“张氏三代相”、“高郢致仕制”、“苗夫人贵盛”、“李锜裂襟书”、“李铦自拘囚”、“裴垍报崔枢”、“宪宗问京尹”、“独孤郁嘉壻”、“韦相叱广宣”、“韦相拒碑志”、“杜羔有至行”、“余长安复雠”、“孔戣论海味”、“侯高试县令”、“毬场草生对”、“郑阳武易比”、“王相注太玄”、“蒋乂宰臣录”、“陈谏阅染簿”、“求碑志救贫”、“崔昭行贿事”、“夜不开女墙”、“王锷散财货”、“韩弘贼张圆”、“陈仪刺高洪”、“论害武相事”、“晋公祭王义”、“张仲方驳谥”、“李氏公惭卿”、“李愬用李佑”、“诛贬同晦朔”、“鉴虚煮胛法”、“卢昂瑟瑟枕”、“京师尚牡丹”、“郝玼食吐蕃”、“王忱百日约”、“公主降回鹘”、

"赵太常精健"、"田孝公自杀"、"韦山甫服饵"、"僧荐重元阁"、"贮醋辟蛟龙"、"王彦伯治疾"、"宋清有义声"、"王四舅一字"、"窦氏白麦面"、"灞浐中浸黄"、"射雉兔之法"、"古屋东为户"、"故囚报李勉"和"妾报父冤事";卷下"近代宰相评"、"拜相礼优异"、"宰相判事目"、"台省相呼目"、"两省上事仪"、"中书参酌院"、"论仆射仪注"、"论尚书丞郎"、"申明同省敕"、"长名定留放"、"就私第注官"、"郎官判南曹"、"李建论选集"、"朱泚伪黄案"、"郎官分判制"、"叙诸曹题目"、"度支判出入"、"当直夜发敕"、"省中四军紫"、"御史台故事"、"御史扰同州"、"崔御史巡囚"、"御史给公券"、"御史争驿厅"、"用使下御史"、"台省相爱憎"、"内外诸使名"、"叙著名诸公"、"叙专门之学"、"张参手写书"、"熊氏类九经"、"高定易外传"、"董和通乾论"、"诗赐载叔伦"、"二文僧首出"、"韦应物高洁"、"李益著诗名"、"韩沈良史才"、"张登善小赋"、"叙近代文妖"、"叙进士科举"、"礼部置贡院"、"曲号义阳子"、"宋济答客嘲"、"宋五又坦率"、"叙时文所尚"、"裴冀论试题"、"二崔俱捷事"、"熊执易擅场"、"第果实进士"、"韩愈引后进"、"宋沆得徵调"、"李汧公琴名"、"雷氏琴品第"、"郑宥调二琴"、"韩会歌妙绝"、"李舟著笛记"、"李牟夜吹笛"、"赵璧说五弦"、"李八郎善歌"、"于公嫂知音"、"于公顺圣乐"、"曲名想夫怜"、"讹谬坊中语"、"叙诸茶品目"、"叙酒名著者"、"叙诸州精纸"、"货贿通用物"、"诙谐等所自"、"叙风俗所侈"、"饮酒四字令"、"叙博长行戏"、"董叔儒博经"、"叙古樗蒲法"、"叙舟楫之利"、"狮子国海舶"、"舟中鼠有灵"、"天官所书气"、"虹霓飓风母"、"人食雷公事"、"龙门人善游"、"杜邠公下峡"、"鱼登龙门化"、"蝎为主簿虫"、"江东吐蚊鸟"、"猓然有人心"、"猩猩好酒屐"、"甘子不结实"、"扬州江心镜"、"苏州伤荷藕"、"宣州兔毛褐"、"越人娶织妇"、"造物由水土"、"善和坊御井"、"叙祠庙之弊"、"菹库蔡伯喈"、"大摩尼议政"、"元义使新罗"、"李汭不受赠"、"虏帐中烹茶"、"维州复陷事”和“赞普妻名号”。

李氏自序称，不谈神鬼、报应、梦卜，而要“纪事实，探物理，辨疑惑，示劝戒，采风俗，助谈笑”，可卷上“淮水无支奇”条记淮中水怪，“乌鬼报王稹”条记乌鸦之鬼复仇，仍为谈怪异、言报应的故事。不过，这类的故事很少，大部分内容涉及唐代人物传说、典故和风俗，也多有可取。像卷中“唐衢唯善哭”条，记文士唐衢，有才学而不得志，又善哭，每一发声，音调哀切，让闻者泣下；又“得草圣三昧”条，记长沙僧怀素好草书，弃笔埋在山下，称为“笔冢”；又“宋清有义声”条，记宋清卖药于长安，倾财急难，救人之困，也是很有名的故事；又“故囚报李勉”条，记李勉做开封尉，开脱一个囚犯，后来他罢官北去，这个囚犯反倒要害他，有侠客杀了囚犯夫妻。明人冯梦龙作《醒世恒言》，中有“李汧公穷邸遇侠客”一回，即是依这一情节演绎而成的。

又卷下谈典制、掌故的条目不少，像“内外诸使名”一条，记天宝、大历以来在朝内的太清宫使、度支使，在外任的节度使、观察使之设置大略，可供研究唐代官制的参考；又“叙进士科举”一条，谈及进士间的称呼以及考中后题名于慈恩寺塔、大宴于曲江亭之类，为有关科举的掌故；又“宰相判事目”和“台省相呼目”记云：

> 宰相判四方之事，有堂案；处分百司，有堂帖；不次押名曰“花押”；黄敕既下，下有小异同，曰“帖黄”，一作“押黄”。
>
> 宰相相呼为“元老”，或曰“堂老”。两省相呼为“阁老”，尚书丞、郎、郎中，相呼为“曹长”，外郎、御史、遗、补，相呼为“院长”。上可兼下，下不可兼上，唯侍御史相呼为“端公”。

上一条解释宰相的两种判牍名称和花押、帖黄之含义，下一条说明台省官的互称，对阅读有关书文、理解语词是有帮助的。另外，同卷

“叙舟楫之利”和“狮子国海舶”条，一谈东南郡邑的航运与江湖之险，一记外国商船的往来，为有关唐中叶运输与贸易的重要史料；又“饮酒四字令”、“叙博长行戏”、“董叔儒博经”和“叙古樗蒲法”条，又于饮、博、樗蒲作了具体的介绍，也有助于研究有关民俗内容。

对李书，清人周中孚评价说：“其书唯探物理，辨疑似，示劝戒，采风俗，助谈笑而已，而于鬼邪墓卜报应以及帷箱之事，悉去之不载，在唐人小说中最为近正。”①

《唐国史补》成书后，久无刊刻，一直以抄本流传。至明代，先有汲古阁刊影宋本；于崇祯朝，收入《津逮秘书》，为虞山毛氏汲古阁刊本。嘉庆十年（1805），又收入《学津讨原》，虞山张氏照旷阁刊本。道光九年（1829），收入《得月簃丛书》，为得月簃荣氏刊本。民国二十三年（1934），收入《笔记小说大观》，为上海进步书局石印本，1984 年又由广陵古籍刻印社影印。1957 年，由古典文学出版社排印，列入《中国文学参考小丛书》，1979 年又由上海古籍出版社重印，与赵璘《因话录》合刊一册，是为现在最通行的版本。

另外，林恩作《补国史》十卷，早佚；入宋，残卷佚文录入《太平御览》、《太平广记》、《类说》、《绀珠集》和《唐语林》，有关吐蕃、南诏的文字，则最具史料价值。②

钟辂与《前定录》、《续前定录》

钟辂（?），生卒年、字号、爵里及事迹行状俱不详。于文宗朝，官至崇文馆校书郎，今存所撰《前定录》、《续前定录》和《缑山月夜

① 周中孚：《郑堂读书记》卷 63《子部·小说家类·唐国史补》，上海，上海书店，2009。

② 周勋初：《唐代笔记小说叙录·补国史》，116 页，南京，凤凰出版社，2008。

闻王子晋吹笙》诗一首。

《前定录》一卷，凡二十三则；又《续前定录》，凡二十四则。钟氏于闲暇集录编次，事涉前定，不免于附会，可又含有劝诫之义。钟氏自序即谓："庶达识之士，知其不诬，而奔竞之徒，亦足以自警。"所谓"前定"，是一种宿命论的说法；在钟氏看来，人事像是命中注定，因以题书。不过，他虽有牵强比附之嫌，又属小说家言，虽不可尽信，书中所记还是有可与史传参证之处的。

像前录记杜思温事云：

> 贞元初，有太学生杜思温，善鼓琴，多游于公侯门馆。每登临宴，往往得与。尝从宾客夜宿城南苟家觜，中夜后，山月如画，而游客皆醉，思温独携琴临水闲泛。忽有一叟支颐来听，思温谓是座客，殊不回顾。及曲罢与语，乃知非向者同游之人，遽置琴而起。老人曰："少年勿怖，余是秦时河南太守梁陟也。遭难身没于此中，平生好鼓琴。向来闻君抚琴，弦轸清越，故来听耳。知音难遇，无辞，更为我弹之。"思温奏《为沉湘》，老人曰："此弄初成，吾尝寻之其间音，指稍异此。"思温因求其异，随而正之。声韵涵古，又多怨切，时人莫之闻焉。叟因谓思温曰："君非太学诸生乎？"曰："然。"叟曰："君何不求于名誉而常为王门之伶人乎？"思温竦然受教，且问穷达之事。叟曰："余之少，于主管人间禄籍，当为君问之。此后二日，当再会于此。"至期，而思温往见叟亦至焉。乃告曰："惜哉！君终不成名，亦无正官，然有假禄，在巴蜀一十九年，俸入不绝。然慎勿为武职，当有大祸。非禳所免，志之志之。"言讫，遂不见。思温明年又下第，遂罢，举西游抵成都，以所艺谒韦令公。公甚重之，累署要籍，随军十七八年，所请杂俸，月不下二万。又娶大将军女，车马第宅甚盛。而妻父，常欲思温在辕门。思温记老人之言，辄辞不就。

后二日，密请韦令公，遂补讨击使。牒出方告。不敢复辞，而常惧祸。至求为远使竟不果。及刘辟反叛时，思温在鹿头城，城陷，为官军所杀，家族不知所在也。

又续录记郑滂事云：

进士郑滂，在名场岁久，辈流多已荣达，常有后时之叹。一夕，忽梦及第，而与韦周方同年。当时，韦氏举人无名周方者，益闷之。大和元年秋，移举洛中。时韦弘景尚书，廉察陕邦，族弟景方赴举过陕。尚书诘曰："我名弘景，汝兄弘方，汝名景方，兄弟各分吾名一字，诚无意也。"遂更名周方。滂闻之喜曰："吾及第有望矣！"四年，周方升名，而果同年焉。滂子溥，又自说应举时曾梦，看及第榜上，但见凤字。大中元年，求解凤翔，偶看本府乡贯，首便是凤字。至东都，试《缑山月夜闻王子晋吹笙》诗，生侧诸诗，悉有凤字，明年果登第焉。

对钟书，四库馆臣评价说：

是书所录前定之事，凡二十三则，与《书录解题》所言合。前有自序，称庶达识之士知其不诬，奔竞之徒亦足以自警，校他小说为有劝戒。高彦休《唐阙史》曰：世传《前定录》，所载事类实繁。其间，亦有邻委曲以成其验者，盖即指此书。然小说多不免附会，亦不能独为此书责也。《续录》一卷，不题撰人名氏，《书录解题》亦载之。观其以唐明皇与唐玄宗析为两条，知为杂采类书而成，失于删并。①

清人周中孚也说："今观是书，悉与之合，尚属宋人相传旧本……

① 《四库全书总目》卷142《〈前定录/续录〉提要》，北京，中华书局，1965。

以上序说，盖其著书之旨，本为劝戒起见，故异于他小说也。”[①]

《前定录》、《续前定录》成书后，久无刊刻，一直以抄本流传。入宋，收入《百川学海》，弘治十四年（1501），又有无锡华氏覆宋本。顺治三年（1646），收入《说郛续》，为两浙李氏宛委山堂刊本。至乾隆朝，编《四库全书》，收入“子部小说家类”，为浙江鲍士恭家藏本。嘉庆十年（1805），又收入《学津讨原》，为虞山张氏照旷阁刊本。

李涪与《刊误》

李涪（?），陇西（今属甘肃）人，生卒年、字号及事迹行状俱不详。他是唐宗室李福[②]之子，官至宗正卿、太仆卿、国子祭酒，今存所撰《刊误》。

《刊误》二卷，书分上下，卷首李氏自序云：

> 余尝于学古问政之暇，而究风俗之不正者，或未造其理，则病之于心。爰自秦汉，迨于近世，凡曰乖盭，岂可胜道哉？前儒广学刊正，固已多矣。然尚多漏略，颇惑将来。则《书》、《传》深旨，莫测精微。而沿习舛仪，得陈愚浅，撰成五十篇，号曰《刊误》。虽欲自申专志，亦如路瑟以掇其讥也。

自序虽云五十篇，实则正文四十九篇，应是算上了自序之故。今本李书又卷下设目，即卷上“二都不并建”、“春秋仲月巡陵不合击树”、“礼仪使”、“开府仪同三司”、“宰相不合受节察防御团练等使櫜鞬拜

① 周中孚：《郑堂读书记》卷66《子部·小说家类·前定录/续录》，上海，上海书店，2009。

② 李福（?），字能之，陇西（今属甘肃）人。大和进士，官至蓝田尉，监察御史，尚书郎，商州、郑州、汝州及颍州刺史，户部尚书，剑南西川及山南东道节度使。

礼”、“副大使”、“都都统”、“上事拜厅”、“压角”、“曾参不列四科”、“出土牛”、“侍中仆射官号”、“士大夫立私庙不合奏请”、“九寺皆为棘卿”、“京尹不合避御史”、“火”、“座主当门生拜礼”和“非验”；卷下“封爵”、“祈雨”、“发救兵”、“进献奇零”、“起居”、“佳礼”、“鹈”、“拜客”、“拜四”、“妇谒姑不宜表以绢囊”、“乐论”、“释怪”、“昭穆”、“洛随”、“仅甥傍缪厩荐”、“奉陵”、“宰相合与百官抗礼”、“切韵”、“祭物先”、“吊者跪”、“短启短疏”、“七曜历”、“厩焚”、“腊日非节”、“缮完葺墙”、“论医”、“舅姑服”、“杖周议”、“祭节拜戟”、“客卿”和“参谋”。

李书系杂考之作，它探究典故，论辨杂事，主要涉及典制、礼仪，以说明近制之误，还间及杂事。而有关礼仪、典制的内容，于史多有所补，很值得学人关注。像卷上“礼仪使”条云：

> 九卿太常专掌礼乐，累代沿习，不更其名。又春官氏主国之五礼：吉、凶、宾、军、嘉也。寺有少卿、博士，礼部有郎中、员外，慎选儒学达于典礼者，足以咨访大国仪范，岂有阙文？而代宗皇帝用颜真卿为礼仪使。真卿博通典式，曷不授太常卿、礼部尚书，而使掌国礼。奈何礼仪以使为名，则何异营田租庸者乎？前史所无，我唐有之，必为后世之讥，宜亟去其名也。

这就是说，既已有礼部和太常寺，则不宜再设礼仪使了。又同卷“宰相不合受节察防御团练等使櫜鞬拜礼”条云：

> 今代节度使带平章者，凡经藩镇，节察使必具櫜鞬迎于道左，未知礼出何代。前史国典并无其文，且国初州郡皆以都督敕使理之。至景云二年，贺拔延嗣除凉州都督，充河西节度，自此始有节度之号。景云以后，《六典》、《会要》并无节度使、观察使戎服迎拜使相之礼。若宜有之，则节度使降麻防御使制下之日，便合具军容，诣中书谒谢。在城既无此礼，外府

何为行之？宰相位虽崇重，犹与九品抗礼。今则俱是将相，岂可倨受戎容？予常仰而思之，乃悟其事必因元帅都统，遂有是仪。何者？天宝逆胡，建中叛臣，既陷两京，兵连淮朔。此际征集师旅，又假虏骑，军戎繁杂，宜以位高威震者都统而制之。哥舒翰、郭子仪继为元帅都统，时诸道节使会兵讨叛者，必以军礼导之。而淮朔亦不以是为让，欲使军中禀大将军之命也。尔后元和十一年，裴度提相印充淮西节使兼淮西宣慰使，会诸镇师旅十余万众。指挥节制，宪宗悉委于度。及平逋寇，李愬统兵入蔡州，屯兵鞠场以待度马首，具櫜鞬。度将避之，愬曰："此方不识上下等威久矣。愬今具戎服拜相国于堂下，使吏民瞻睹，敬畏生焉。如此可不劳理矣。"度然之。蔡邦遂清，蔡人遂宁。愬以度兼宣慰处置使，宰相专征不异都统之重，故具戎服以申拜敬，且以礼示蔡民也。尔后为藩镇兼平章事者，不谓我非元帅都统，唯以宰相合当节度防御等使櫜鞬拜礼。舛误相承，所宜改正。

按李氏的看法，节度使拜礼宰相乃因元帅军礼而起。又同卷"都都统"条，说明了设这一职位的缘由：

辛丑岁，大驾在蜀。以巨寇未殄，命中书令王铎仗节镇滑台，且统关东诸将收复京国。时有论曰："京西北言统者三四人，虑不禀铎之节制，宜立其号，曰'都都统'。"铎两朝丞相，三陟台司，名位显著，武将莫不望风愿受其画，曷须"都都"方可统制。自秦汉已降，将相统戎盖多，无有"都都统"之号。所引故事则曰，先帝时俳优各恃恩宠，愿为都知者，咸允其请。一日大合乐，乐工喧哗。上召都知止之，三十人并进。上曰："止召都知，何为毕至。"梨园使奏曰："三十人皆都知，职列既等，不能相下上。"乃命李可及为都都知。此则故事也。然中令急于殄寇，不以是为辱。曷不曰诸军西南行营都统？制帅之号，莫过于斯。

对李书，四库馆臣评价说：

> 其书皆考究典故，引旧制以正唐末之失，又引古制以纠唐制之误，多可以订正礼文。下卷间及杂事……亦颇资博识。唐末文人，日趋佻巧，而涪独考证旧文，亦可谓学有根柢者矣。①

清人周中孚也说：“今观其书，上卷止十八条，下卷止三十一条，则已佚其一矣……然是书所论，皆精核可据。”②

《刊误》成书后，久无刊刻，一直以抄本流传。入宋，收入《百川学海》，弘治十四年（1501），又有无锡华氏覆宋本。于万历朝，又收入《古今逸史》，为漳州吴氏刊本。至乾隆朝，编《四库全书》，收入“子部杂家类”，为两江总督采进本。于同治朝，又收入《榕园丛书》，为真州张氏刊本。至民国，收入《景印元明善本丛书》，由商务印书馆影印。今人吴企明以百川学海本为底本点校，2012 年由中华书局印行，列入《唐宋史料笔记丛刊》，与苏鹗《苏氏演义》、马缟《中华古今注》和李匡文《资暇集》合刊一册，是为现在最通行的版本。

另外，类同《刊误》者，还有丘光庭《兼明书》五卷，又卷下设目，即卷一“诸书”，卷二《周易》、《尚书》、《毛诗》，卷三《春秋》、《礼记》、《论语》、《孝经》、《尔雅》，卷四《文选》和卷五“杂说”。从设目来看，内容偏于经、子之书；又各条先列旧说，再以“明曰”而示己见，已近于系统性的读书学术札记。③

---

① 《四库全书总目》卷 118《〈刊误〉提要》，北京，中华书局，1965。

② 周中孚：《郑堂读书记》卷 54《子部·杂家类·刊误》，上海，上海书店，2009。

③ 严杰：《唐五代笔记考论》，91 页，北京，中华书局，2009。

卢言与《卢氏杂说》

卢言（?），生卒年、字号、爵里及事迹行状俱不详。文宗朝以来，官至尚书省郎官、大理卿，[①] 今存所撰《卢氏杂说》。《全唐诗》收入他的《上安禄山》："象曰云雷屯，大君理经纶。马上取天下，雪中朝海神。"

《卢氏杂说》一卷，又作《卢言杂说》、《卢氏小说》，偏记中晚唐史事，又不乏一些抄撮内容。以今之存文来看，卢书虽只是残文片断，而仍有一定的史料价值。像记郑余庆事云：

> 郑余庆，清俭有重德。一日，忽召亲朋官数人会食，众皆惊。朝僚以故相望重，皆凌晨诣之。至日高，余庆方出。闲话移时，诸人皆嚣然。余庆呼左右曰："处分厨家，烂蒸去毛，莫拗折项。"诸人相顾，以为必蒸鹅鸭之类。逡巡，舁台盘出，酱醋亦极香新。良久就餐，每人前下粟米饭一碗，蒸胡芦一枚。相国餐美，诸人强进而罢。[②]

又记开成、会昌士子风气，有关于"芳林十哲"的最早说法：

> 开成会昌中，又曰："郑杨段薛，炙手可热。"又有薄徒，多轻侮人。故裴泌应举，行美人赋以讥之。又有大小二甲，又有汪已甲，又有四字，言"深耀轩庭"也。又有四蚕甲，又"芳林十哲"，言其与内臣交游，若刘晔、任息、姜垍、李岩士、蔡鋌、秦韬玉之徒。鋌与岩士，各将两军书题，求状元。时谓之"对军解头"。太和中，又有杜顗、窦紃、肖嶰，极有时称，为后来领袖，文宗曾言进士之盛。时宰相对曰："举场中自

---

① 周勋初：《卢言考》，载《学术月刊》，1987（4）。

② 李昉：《太平广记》卷165《郑余庆》，北京，中华书局，1961。

云。乡贡进士，不博上州刺史。”上笑之曰：“亦无奈何。”①

又记崔郢、夏侯孜事，反映了中晚唐官场习气：

崔郢为京尹日，三司使在永达亭子宴丞郎。崔乘酒突饮，众人皆延之。时谯公夏侯孜为户部使，问曰：“尹曾任给舍否?”崔曰：“无。”谯公曰：“若不曾历给舍，京光尹不合冲丞郎宴。命酒纠来，命下筹，且吃罚爵。”取三大器物，引满饮之，良久方起。②

又记李德裕罪谴后，有人作诗斥责，表现出偏于牛党的倾向性：

唐卫公李德裕，武宗朝为相，势倾朝野。及罪谴，为人作诗曰：“蒿棘深春卫国门，九年于此盗乾坤。两行密疏倾天下，一夜阴谋达至尊。目视具僚忘匕箸，气吞同列削寒温。当时谁是承恩者，肯有余波达鬼村。”又云：“势欲凌云威触天，权倾诸夏力排山。三年骥尾有人附，一日龙须无路攀。画阁不开梁燕去，朱门罢扫乳鸦还。千岩万壑应惆怅，流水斜倾出武关。”③

《卢氏杂说》早佚，入宋，李昉作《太平广记》，收入佚文超过六十条；另外，曾慥《类说》、佚名《绀珠集》也有收录。元明之际，陶宗仪作《说郛》，收录一卷；顺治三年（1646），收入《说郛续》，为两浙李氏宛委山堂刊本。时至今日，很有系统整理之必要，以俟出版而嘉惠学林。

韦绚与《戎幕闲谈》、《刘公嘉话录》

韦绚（?），字文明，京兆（今西安）人，顺宗朝宰相韦执谊之子，

---

① 李昉：《太平广记》卷181《郑余庆》，北京，中华书局，1961。

② 李昉：《太平广记》卷233《郑余庆》，北京，中华书局，1961。

③ 李昉：《太平广记》卷256《郑余庆》，北京，中华书局，1961。

元稹之婿。大和二年（828）进士，官至剑南西川节度巡官、校书郎、起居舍人、吏部和司封员外郎，江陵少尹、义武军节度使，观察处置和北平军使。他长于文史，撰有《戎幕闲谈》和《刘公嘉话录》。

韦氏二书，为名人谈话录。

《戎幕闲谈》一卷，成书于大和五年。卷首韦氏自序云：

> 赞皇公博物好奇，尤善语古今异事。当镇蜀时，宾佐宣吐，亹亹不知倦焉。乃谓绚曰："能题而纪之，亦足以资于闻见。"绚遂操觚录之，号为《戎幕闲谈》。

今之所存，已为残卷，凡二十条，即"武士彟墓碑"、"杜元颖"、"高崇文"、"玉鱼符"、"资州献龙"、"扬子江白黑气"、"救世之相"、"神撼条"、"先父秉炬"、"神告休咎"、"费鸡师"、"颜真卿"、"泓师"、"李辅国"、"范氏尼"、"郑仁钧"、"畅璀"、"韦安石"、"源乾曜"和"李汤"。从设目来看，大多近似人物小传，像有关窦参、武元衡的内容，有助于研究有关唐代人事。

像"武士彟墓碑"条云：

> 赞皇公曰：予昔为太原从事，睹公牍中文水县解牒，武士彟墓前有碑，元和中忽失龟头所在。碑上有武字凡十处，皆镌去之。其碑高大于华岳碑，且非人力拔削所及。不经半年，武相遇害。

文字虽短，可与宋人赵明诚《金石录》、王明清《挥麈录余话》、孙光宪《北梦琐言》以及两唐书之《李德裕传》、《武元衡传》比对参证，也足见韦绚对武氏的仇视。以武士彟墓失去龟头，比喻武元衡被贼"批其颅骨怀去"①，可谓是一个很尖刻的嘲笑。②

另外，柳珵作《常侍言旨》，今本存"李辅国"、"杨妃好荔枝"、

---

① 《旧唐书·武元衡传》，北京，中华书局，1975。

② 卞孝萱：《〈戎幕闲谈〉新探》，载《西北师范大学学报》，2000（4）。

“安禄山心动”、“玄宗思张公”、“玄宗幸长安”和“李唐讽肃宗”六条，近于历史小说；卷尾另附“刘幽求”和“上清传”两篇传文，可谓传奇小说。柳书大略与韦书同源异脉，从编排上看，也反映唐人学术观点的变化。[①]

《戎幕闲谈》成书后，久无刊刻，一直以抄本流传。于南宋，收入曾慥《类说》，天启六年（1626），又有岳钟秀刻本。至乾隆朝，编《四库全书》，曾书列入“子部类书类存目”，为浙江巡抚采进本。顺治三年（1646），收入《说郛续》，为两浙李氏宛委山堂刊本。民国二十四年（1935），韦书八则收入《旧小说》，为商务印书馆的排印本。

《刘公嘉话录》一卷，又作《嘉话》、《嘉话录》、《刘公嘉话》、《宾客佳话》和《刘宾客嘉话录》，成书于大中十年（856）。卷首韦氏自序云：

> 长庆元年春，蒙丈人[②]许措足侍立，解衣推食，晨昏与诸子起居，或因宴命坐，与语论，大抵根于教诱，而解释经史之暇，偶及国朝文人剧谈，卿相新语，异常梦话，若谐谑卜祝，童谣佳句。即席听之，退而默记，或染翰竹简，或簪笔书绅，其不暇记，因而遗忘者，不知其数，在掌中梵夹者，百存一焉。今悉依当时日夕所话而录之，不复编次，号曰《刘公嘉话录》，传之好事，以为谈柄也。

早年，韦氏从学于刘禹锡。由自序可知，书中所记，为长庆元年（821）刘氏在白帝城的谈话。“刘公”即刘禹锡，做过太子宾客，后人因以“刘宾客”题书。四库馆臣考辨说：“前有大中十年绚自序，称为江陵少尹时，追述长庆元年在白帝城所闻于刘禹锡者。末有乾道癸巳下

① 周勋初：《唐代笔记小说叙录·常侍言旨》，49页，南京，凤凰出版社，2008。

② 丈人：老者也，语出《论语·子路》：“子路从而后，遇丈人，以杖荷蓧。”唐代以后，则多谓妻父。

圜跋，称《新唐书》多采用之，而人罕见全录，家有旧本，因锓版于昌化……盖《学海类编》所收诸书，大抵窜改旧本，以示新异。遂致真伪糅杂，炫惑视听。幸所搀入者尚有踪迹可寻，今悉刊除，以存其旧。”①

今本韦书一百一十条，四库馆臣说有三十九条，与李绰《尚书故实》同；今人唐兰认为，今本中属于原书者只有四十五条，掺入《尚书故实》三十七条、《隋唐嘉话》二十九条、《续齐谐记》二条，而他又从《唐语林》和《太平广记》中辑出佚文五十六条。②

韦书偏记有关史事和艺文掌故，还有一些讨论经传、品评诗文、鉴赏碑刻和书画的内容。有关王方庆、许敬宗、刘晏、韩愈、元载的内容，很有参考价值，而也不乏为两唐书所采者。像《新唐书·许远传》附雷万春传，记安史之乱中，令狐潮围雍丘，张巡在城上与雷万春共语，伏弩射中雷氏面，而他一动不动，敌疑为木人，事即出于韦书：

> 时张巡将雷万春于城上与巡语次，被贼伏弩射之，中万春面，不动。令狐潮疑是木人，询问巡，知是万春，乃言曰：“向见雷将军，方知足下军令矣。然其如天理何?”巡与潮书曰：“仆诚下材，亦天下一男子耳。今遇明君圣主，畴则屈腰。逢豺狼犬羊，今须展志”云云，“请足下多服续命之散，数加益智之丸，无令病入膏肓，坐视斧锁也”。

又记李程“善谑”事云：

> 李二十六丈丞相善谑。为夏口日，有客辞焉。相留更住三两日。客曰：“业已行矣，舟船已在汉口。”曰：“此汉口不足信。”其客掩口而退。又因与堂弟居守相石投盘饮酒，居守误

① 《四库全书总目》卷140《〈刘宾客嘉话录〉提要》，北京，中华书局，1965。

② 罗联添：《〈刘宾客嘉话录〉校补及考证》，见《唐代文学论集》，台湾，学生书局，1989。

收骰子，纠者罚之。丞相曰：“何罚之有?”司徒曰：“汝向忙闹时把他堂印将去，又何辞焉?”饮酒家谓重四为堂印，盖讥居守太和九年冬，朝廷有事之际而登庸也。又与石话服食，云：“汝服钟乳否?”曰：“近服甚觉得力。”司徒曰：“吾一不得乳力。”盖讥其作相日，无急难之效也。又尝于街西游宴，贪在北局，时已昏黑，从者迭报云：“鼓动。”司徒应声曰：“靴！靴！”其意谑鼓动似受慰之声，以吊客“靴、靴”答之，连声索靴，言欲速去也。又在夏口时，官园纳苎头而余者分给将校，其主将报之，军将谢苎头，司徒手拍头云：“着他了也。”然后传语：“此苎头不必谢也。”

这一大段文字，可证《旧唐书·李程传》所言“滑稽好戏”不虚。

总之，在唐代笔记小说中，韦书是价值很突出的一种，涉及了当时的政治、经济、历史及文化诸多方面，为研究唐代文史提供了丰富的视角和资料。而它的史料价值，集中体现在两个方面：可以补充正史缺漏，有助于推进唐代社会风尚的研究。①

对韦书，清人周中孚评价说：“今观是书，凡一百条。其文与李肩吾《尚书故实》相同者，凡三十八条，疑原书残缺，后人妄采李氏书补成帙。”② 今人唐兰则大为称赞道：

韦绚此书，在当时实为创作。盖杂记之书，大抵述故事，陈怪异，而此书或讨论经传，评骘诗文，前所未有。③

《刘公嘉话录》早佚，于中晚明，收入《顾氏文房小说》、《稽古堂

---

① 李孙娃：《〈刘公嘉话录〉研究》，四川师范大学中国古代文学硕士论文(2011)；王红霞、李德生：《试论〈刘公嘉话录〉的史料价值》，载《西南交通大学学报》，2013 (1)。

② 周中孚：《郑堂读书记》卷63《子部·小说家类·刘宾客嘉话录》，上海，上海书店，2009。

③ 唐兰：《〈刘宾客嘉话录〉的校辑与辨伪》，见《文史》(四)，北京，中华书局，1965。

丛刻》和《续百川学海》，分别为嘉靖顾氏夷白斋刊本、崇祯绣水高氏刊本和金陵心远堂刊本。至乾隆朝，编《四库全书》本，收入“子部小说家类”，为内府藏本。嘉庆十一年（1806），又收入《唐代丛书》，为仁和莲塘居士刊本。至民国，收入《五朝小说大观》和《丛书集成初编》，分别由上海扫叶山房和商务印书馆排印，1985年后者又由中华书局重印，与张鷟《朝野佥载》和韩愈《昌黎杂说》合刊一册，是为现在最通行的版本。

胡璩与《谭宾录》

胡璩（?），字子温，生卒年、爵里及事迹行状俱不详。于武宗朝，居处成都，今存所撰《谭宾录》。

《谭宾录》十卷，今本五卷。“谭”当作“谈”，改“谈”为“谭”，是为了避唐武宗李炎讳。“谈宾”一词，语出晋人刘琨《答卢谌》：“素卷莫启，幄无谈宾”，乃“谈笑之宾客”、“与宾客之谈笑”之义。

胡书又卷下设目，即卷一“杜正玄”、“台门”、“虞世基”、“李密”、“许胤宗”、“刘龙”、“唐太宗”、“文德皇后”、“唐霍王元轨”、“李金才”、“欧阳询”、“刘文静”、“薛收”、“秦叔宝”、“尉迟敬德”、“程知节”、“马周”、“阎立德”、“李靖”、“赵元楷”、“王师旦”、“李百药”、“褚遂良”、“萧德言”、“张后胤”、“崔仁师”、“公孙武达”、“薛仁贵”、“乌贼”①、“选将”、“高季辅”、“王远知”和“甄权”；卷二“胡楚宾”、“王方庆”、“张楚金”、“李义府”、“许敬宗”、“秦鸣鹤”、“薛万备”、“张文”、“李晦”、“天后”、“武后”、“天后”、“狄仁杰”、“侯思止”、“郝象贤”、“郑杲”、“刘奇”、“元万顷”、“赵谦光”、“孙思邈”、“杂编”、“王义方”、“唐休”、“崔敬嗣”、“俞文

① 乌贼：对唐李靖弟李客师的戏称。

俊”、“杜审言”、“裴知古”、“卢藏用”、“苏瑰”、“苏□”、“薛稷”和“万回”；卷三“卢齐卿”、“王丘”、“卢从愿”、“宋□”、“王□”、“王君□”、“冯光震”、“白履忠”、“二王真迹”、“贺知章”、“杨妃”、“华清池”、“梨园乐”、“雪衣女”、“程伯斌”、“李林甫”、“李林甫”、“李邕”、“宋昱韦儇”、“振旅亭”、“杨国忠”和“张环”；卷四“用番将”、“哥舒翰”、“封常清”、“安禄山”、“达奚”、“郭子仪”、“又”、“白孝德”、“李光弼”、“李嗣业”、“来□”、“裴冕”、“裴冕”、“李正己”、“赵骅”和“穆宁”；卷五“赵涓”、“李勉”、“于休烈”、“丘为”、“马勋”、“马□”、“马燧”、“李景略”、“陈少游”、“元载”、“裴延龄”、“画雕”、“卢杞”、“曹文治”、“于邵”、“归崇敬”、“崔损”、“董晋”、“牛角”、“虬尾”、“杏园”和“下第诗”。

书中所记，不少与《旧唐书》类同，可知二书主要源出唐国史。[①]

对胡书，宋人晁公武谓之“皆唐朝史之所遗”[②]。从设目不难看出，书之内容，广及中唐以前社会的各个方面，而于玄、肃、代、德四朝轶事最详，大多征实可信。从笔法来看，它偏于小说家言，一些篇目写得也很形象生动。可见，它既有文学价值又具史料价值。像卷一“阎立德”条记云：

> 唐贞观三年，东蛮王谢元深入朝，冠乌熊皮冠，以金络额，毛帔以裳，为行縢，著履。中书侍郎颜师古奏言：“昔周武王治致太平，远国归款，《周史》乃集其事为《王会篇》。今圣德所及，万国来朝，卉服鸟章，俱集蛮邸，实可图写贻于后，以彰怀远之德。”从之，乃命立德等图画之。又赵郡李嗣真论书，其上品之第三，序右相博陵子阎立本，洎其兄工部尚

① 贾宪保：《从〈旧唐书〉、〈谭宾录〉中考索唐国史》，见《古代文献研究集林》(1)，西安，陕西师范大学出版社，1989。

② 晁公武：《郡斋读书志》卷13《小说类·谭宾录》，上海，上海古籍出版社，1990。

书大安公立德之画曰："大安、博陵，难兄难弟。自江右陆、谢云亡，北朝子华长逝，象人之妙，实为中兴。至如万国来庭，奉涂山之玉帛；百蛮朝贡，接应门之序位，折旋矩规，端簪奉笏之仪；魁诡谲怪，鼻饮头飞之俗。莫不尽该豪末，备得精神。"

又同卷"王知远"条记云：

道士王远知，本琅琊人也。父昙选，除扬州刺史。远知母，驾部郎中丁超女也，常梦彩云灵凤集其身上，因而有娠。又闻腹中声。沙门宝诰谓昙选曰："生子当为神宗伯。"远知少聪敏，博综群书。初入茅山，师事陶弘景，传其道法。及隋炀帝为晋王，镇扬州，起玉清玄坛，邀远知主之，使王子相、柳顾言相次召之。远知遂来谒见，斯须而须发变白，晋王惧而遣之。少选又复其旧。唐高祖之龙潜，远知尝密陈符命。武德中，秦王世民与幕属房玄龄微服以谒远知，远知迎谓曰："此中有圣人，得非秦王乎？"太宗因以实告，远知曰："方作太平天子，顾自爱也。"太宗登极，将加重位，固请归山。贞观九年，润州茅山置太平观，并度二七人，降玺书慰勉之。

又卷五"曹文洽"条记云：

曹文洽，郑滑之裨将也。时姚南仲为节度使，被监军薛盈珍怙势干夺军政，南仲不从，数为盈珍构谗于上，上颇疑之。后盈珍遣小使程务盈驰表，奏南仲不法，诬谗颇甚。文洽时奏事赴京师，窃知盈珍表中语，洽私怀愤怒，遂晨夜兼道追务盈。至长乐矣，及之，与同舍宿。中夜，杀务盈，沉盈珍表于厕中，乃自杀。日旰，驿吏开门，见血流满地，傍得文洽二缄，一状告盈珍罪，一表理南仲冤，且陈谢杀务盈。德宗闻其事，颇骇异。南仲虑衅深，遂入朝。初至，上曰："盈珍扰卿甚耶？"南仲曰："盈珍不扰臣，自隳陛下法耳。如盈珍辈所在，虽羊、杜复生，抚百姓，御三军，必不能成恺悌父母之政，师律善阵之制矣。”德宗默然久之。

《谭宾录》成书后，于南宋，收入曾慥《类说》，天启六年(1626)，又有岳钟秀刻本。至晚清，从《太平广记》辑出抄本，分藏归安陆氏皕宋楼和杭州丁氏八千卷楼。民国二十四年（1935），胡书十一则收入《旧小说》，为商务印书馆的排印本。1995年，收入《续修四库全书》，由上海古籍出版社影印，是为现在最通行的版本。

张读与《宣室志》

张读（834—882），字圣用、圣朋，深州陆泽（今河北深县）人。他出身名门，是张鷟的后裔，牛僧孺的外孙。大中六年（852）进士，官至中书舍人、礼部侍郎、尚书左丞、弘文馆学士。他学识广博，撰有《宣室志》和《建中西狩录》。

《宣室志》十卷，凡一百九十九条；又《补遗》一卷，大略是后人辑他书而成的。“宣室”，是汉文帝召见贾谊询问鬼神之事的地方。张氏受外公《玄怪录》影响，以记仙鬼灵怪、佛门休咎为主，因以“宣室”题作书名。张书为神怪小说之集大成者，所记鬼神狐精与人相爱故事，生动感人，具有传奇色彩，多为后世小说、戏曲所取材。书中一些佛教故事，也可见印度文化对中国文学的影响，是研究中印文化交流的资料；对了解当时的风俗习尚及古代小说发展的变化，也有一定的参考价值。①

张书杂糅佛道思想，不乏六朝以来流行的鬼狐变化之说。像卷一记北都衙将宁勉平日爱诵《金刚经》，后来，叛军围困他所驻守的飞狐

① 萧相恺：《唐代小说家张读及其小说〈宣室志〉》，载《东南大学学报》，2002（6）；陈菁楠：《〈宣室志〉研究》，复旦大学中国古代文学硕士论文（2004）；郝凤梅：《〈宣室志〉研究》，西北师范大学中国古代文学硕士论文（2009）。

城，金刚即显灵为他退敌；同卷记许文度病中入冥，他的妻子奉佛祈祷，铸二金像，许氏得二金人救护而复苏；同卷记杀死蜘蛛的，就被蜘蛛所螫，臂溃而亡。又卷三记不养猫的，就得到老鼠的报答，免遭屋塌压死之祸；又卷四记群鱼俱呼佛号；卷七记鸡卵亦喊观音，宣扬佛法，感恩报怨，寓戒杀放生之义。而这些故事，反映了唐中叶君臣崇信佛教的实际。

至于卷八记兰陵逸人因吃灵芝而长生不老，卷九记永乐县蒲道华以窃食道士丹药而成仙之类，还是以往志怪小说中炼丹术药、尸解飞升的道教故事，并无什么新异。而谈人物变化的，像卷三记江南吴生之妾为夜叉，卷五记晋阳西童子寺葡萄作怪，卷八记太原王含之母为狼之类，也不免于拾魏晋人的唾余。可见，唐人小说承袭魏晋志怪，于张书中表现得十分明显。

虽说张书大力宣扬迷信，可也不乏历史异闻和民间传说，对于了解社会风貌有一定的参考价值。而以事言神怪，而有关之“事”，实则也是反映现实情状的史料。

像卷一记李师道事云：

> 李师道以青齐叛，章武帝将讨之，凡数年而王师不胜。师道益骄。尝一日坐于堂，其榻前有银鼎，忽相鼓，其一鼎耳足尽坠。后月余，刘悟手刃师道，青齐遂平。

又同卷李宗闵事云：

> 丞相李宗闵，大和七年夏，出镇汉中。明年冬，再入相。又明年夏中，尝退朝于靖安里第，其榻前有熨斗，忽跳掷久之。宗闵异且恶。是时，李训、郑注以奸诈得幸。数言于帝。训知之，遂奏以致其罪。后旬日，有诏贬为明州刺史，连贬潮州司户，盖其兆也。

又卷二记厉鬼致病云：

> 云朔之间尝大旱，时暑亦甚，里人病热者以千数。

又卷五记裴度事云：

> 元和元中秋九月，淮西师吴少诚死，子元济拒命，诏邻淮西者以兵四攻之，凡数年不克。十三年，召丞相晋国公裴度将而击焉。度既至，因命封人深池濠，且发其地。有得一石者，上有雕出文字为铭，封人持以献度。文曰："井底一竿竹，竹色深绿绿。鸡未肥，酒未熟，障车儿郎且须缩。"度得之，以示从事，令辩其义焉，咸不能究。

又卷八记晋阳民家云：

> 晋阳以北，地寒而少竹，故居人多种苇成林，所以代南方之竹也。唐长庆初，北都有民，其家地多林苇，里中尝有会宴，置余食于其舍，至明日辄不知其所在。其民有贮缯帛于其室者，亦亡之。民窃异焉。后夜闻婴儿号者甚众，迫而听之，则阒然矣。明夕又闻，民惧且甚。后一日，乃语里中他民曰："数多闻林中有婴儿号，吾度此地不当有婴儿，惧其怪耳。"

对张书，四库馆臣评价说：

> 是书所记，皆鬼神灵异之事……《补遗》一卷，旧本并题读撰，然诸家书目皆无之。疑刊刻者，摭他书所引，载于后也。"宣室"之义，盖取汉文帝宣室受釐，召贾谊问鬼神事。然鬼神之对，虽在宣室，而"宣室"之名，实不因鬼神而立。取以题志怪之书，于义未当，特久相沿习不觉耳。①

《宣室志》成书后，于南宋，收入曾慥《类说》，天启六年(1626)，又有岳钟秀刻本。至晚明，又收入《稗海》，为万历会稽商氏半埜堂刊本。至乾隆朝，编《四库全书》，收入"子部小说家类"，为内府藏本。今人张永钦、侯志明以稗海本为底本点校，1983年由中华书局印行，列入《古小说丛刊》，与李冗《独异志》合刊一册；今人萧

① 《四库全书总目》卷142《〈宣室志〉提要》，北京，中华书局，1965。

逸以稗海本为底本点校，2012 年由上海古籍出版社排印，列入《历代笔记小说大观》，与裴铏《裴铏传奇》合刊一册，是为现在最通行的版本。

张固与《幽闲鼓吹》

张固（?），清河郡（今属河北）人，生卒年、字号、爵里及事迹行状俱不详。于武宗朝，官至金部郎中、桂管观察使，今存所撰《幽闲鼓吹》。

《幽闲鼓吹》一卷，凡二十五条。今本卷尾明人顾元庆跋云：

> 固在懿、僖间，采摭宣宗遗事，简当精核，诚可以补史氏之阙。

“幽闲”一词，当是张氏作书之心境；“鼓吹”一词，当作宣扬解，语出《世说新语·文学》：“孙兴公云：《三都》、《二京》，五经鼓吹。”张氏以之题书，足见他宣扬圣朝之心情。[①]

张书记事，以宣宗朝为主，上及唐玄宗、宪宗、文宗和武宗朝事。书虽不厚，大多真实可信。宋人编《太平广记》，引录超过二十条，占了全书之大半；又《新唐书》和《资治通鉴》，对张书也有一定量的采用，足见它重要的史料价值。

像记宣宗与万寿公主事云：

> 宣宗属念万寿公主，盖武皇世有保护之功也。驸马郑尚书之弟觊尝危疾，上使讯之。使回，上问：“公主视疾否?”曰：“无。”“何在?”曰：“在慈恩寺看戏场。”上大怒，且叹曰：“我怪士大夫不欲与我为亲，良有以也。”命召公主，公主走

① 周勋初：《唐代笔记小说叙录·幽闲鼓吹》，94 页，南京，凤凰出版社，2008。

辇至，则立于阶下，不视。久之，主大惧，涕泣辞谢。上责曰："岂有小郎病，乃亲看他处乎？"立遣归宅。毕宣宗之世，妇礼以修。

又记张延赏审案事，既反映了晚唐冤狱泛滥、司法腐败的现实，又可知"钱可通神"一语之出处：

相国张延赏将判度支，知有一大狱颇有冤滥，每甚扼腕。及判，使即召狱吏严诫之，且曰："此狱已久，旬日须了明。"旦视事案上有一小帖子，曰："钱三万贯，乞不问此狱。"公大怒，更促之。明日，帖子复来曰："钱五万贯。"公益怒，命两日须毕。明日，复见帖子曰："钱十万贯。"公曰："钱至十万，可通神矣。无不可回之事，吾惧及祸，不得不止。"

又记白居易以诗谒顾况、李贺以诗谒韩愈事云：

白尚书应举，初至京，以诗谒顾著作。顾睹姓名，熟视白公曰："米价方贵，居亦弗易。"乃披卷首篇曰："咸阳原上草，一岁一枯荣。野火烧不尽，春风吹又生。"即嗟赏曰："道得个语，居即易矣。"因为之延誉，声名大振。

李贺以歌诗谒韩吏部。时为国子博士分司送客归，极困，门人呈卷，解带旋读之。首篇《雁门太守行》曰："黑云压城城欲摧，甲光向日金鳞开。"却援带命邀之。

这两段文字虽不长，可也留下了传之久远的文坛佳话。

对张书，四库馆臣评价说：

是书末有明顾元庆跋，称共二十五篇，与晁公武《读书志》所言合……书中元和、会昌间事不一而足，非仅记宣宗事也……固所记虽篇帙寥寥，而其事多关法戒，非造作虚辞，无裨考证者，比唐人小说之中，犹差为切实可据焉。①

① 《四库全书总目》卷140《〈幽闲鼓吹〉提要》，北京，中华书局，1965。

清人周中孚也称赞道：顾元庆“称固在懿、僖间，采摭宣宗遗事，简要精核，诚可以补史氏之阙。然书中并载及元和、会昌时事，不仅如顾氏所云也。其书多关于劝戒，固唐人小说中之翘楚欤”①。

《幽闲鼓吹》成书后，于南宋，收入曾慥《类说》，天启六年（1626），又有岳钟秀刻本。至中晚明，又收入《顾氏文房小说》、《历代小史》和《续百川学海》，分别为嘉靖顾氏夷白斋刊本、万历李氏刊本和崇祯金陵心远堂刊本。至乾隆朝，编《四库全书》，收入“子部小说家类”，为内府藏本。于嘉庆朝，收入《学津讨原》和《唐代丛书》，分别为虞山张氏照旷阁刊本和仁和莲塘居士刊本。宣统二年（1910），收入《古今说部丛书》，为上海国学扶轮社排印本。民国十五年（1926），又收入《五朝小说大观》，为上海扫叶山房排印本。1958 年，由中华书局上海编辑所排印，列入《中国文学参考资料丛书》，与《大唐传载》、《中朝故事》合刊一册；1991 年，收入《丛书集成初编》，由中华书局印行，与康軿《剧谈录》合刊一册，是为现在最通行的版本。另外，1993 年，又收入《中国野史集成》，由巴蜀书社影印。

范摅与《云溪友议》

范摅（?），江南东道长洲（今江苏吴县）人，因移居会稽郡，境内有若耶溪，自号“云溪子”、“五云溪人”，生卒年及事迹行状不详。②他大略以布衣终，今存所撰《云溪友议》。

《云溪友议》三卷，今本卷首范氏自序云：

> 近代何自然续《笑林》，刘梦得撰《嘉话录》，或偶为编次，论者称美。余少游秦、吴、楚、宋，有名山水者，无不弛

① 周中孚：《郑堂读书记》卷 63《子部・小说家类・幽闲鼓吹》，上海，上海书店，2009。

② 汤华泉：《范摅二考》，载《文献》，1996（2）。

驾踌躇，遂兴长往之迹。每逢寒素之士作清苦之吟，或樽酒和酬，稍蠲于远思矣。摅昔籍众多，因所闻记，虽未近于丘坟，岂可昭于雅量。或以篇翰嘲谑，率尔成文，亦非尽取华丽，因事录焉，是曰《云溪友议》。傥论交会友，庶希于一述乎！

范氏以自号题书，书分上中下①，凡六十五条，即卷上“名儒对”、“南阳录”、“苎萝遇”、“鲁公明”、“真诗解”、“毗陵出”、“巫咏难”、“灵丘误”、“襄阳杰”、“冯生佞”、“江都事”、“南海非”、“四背篇”、“严黄门”、“哀贫诫”、“古制兴”、“夷君诮”、“饯歌序”、“宗兄悼”、“梦神姥”、“玉泉祠”和“舞娥异”；卷中“葬书生”、“玉箫化”、“苗夫人”、“思归隐”、“买山谶”、“吴门秀”、“钱塘论”、“辞雍氏”、“李右座”、“衡阳遁”、“三乡略”、“狂巫讪”、“彰术士”、“云中命”、“谭生刺”、“弘农忿”、“贤君鉴”、“澧阳谯”、“白马吟”、“中山悔”、“赞皇勋”和“南黔南”；卷下“和戎讽”、“去山泰”、“因嫌进”、“讯岳灵”、“沈母议”、“龟长证”、“祝坟应”、“郭仆奇”、“名义士”、“江客仁”、“艳阳词”、“温裴黜”、“琅琊忤”、“巢燕辞”、“题红怨”、“羡门远”、“金仙指”、“蜀僧喻”、“杂嘲戏”、“窥衣帷”和“闺妇歌”。

从设目和内容来看，范书所记，为中唐至晚唐的杂事，而有关诗人唱和与轶闻占了十之七八，具有诗话性质，与孟棨《本事诗》类同，是研究唐诗的重要材料。② 它以唐人而谈唐诗，自然比后人接近；中、晚唐诗人的逸诗遗事，也因它而保存了一些，可补孟棨《本事诗》之阙。卷中“玉箫化”条，记韦皋与玉箫女的两世姻缘，是关于爱情的有名传奇，成为后来的小说、戏剧的重要题材。③

---

① 另有一卷和十二卷本。

② 严杰：《唐五代笔记考论》，79页，北京，中华书局，2009。

③ 马铁浩：《〈云溪友议〉考》，河南大学中国古典文献学硕士论文（2005）；杨国安：《〈云溪友议〉研究》，河南大学中国古代文学硕士论文（2011）。

对范书，四库馆臣评价说：

所录皆中唐以后杂事……然六十五条之中，诗话居十之七八，大抵为孟棨《本事诗》所未载。逸篇琐事，颇赖以传。又以唐人说唐诗，耳目所接，终较后人为近，故考唐诗者如计有功《纪事》诸书，往往据之以为证焉。①

《云溪友议》成书后，于南宋，收入曾慥《类说》，天启六年（1626），又有岳钟秀刻本。至晚明，又收入《稗海》，为万历会稽商氏半埜堂刊本。顺治三年（1646），收入《说郛续》，为两浙李氏宛委山堂刊本。至乾隆朝，编《四库全书》，收入“子部小说家类”，为内府藏本。嘉庆十一年（1806），收入《唐代丛书》，为仁和莲塘居士刊本。至民国，收入《嘉业堂丛书》，为吴兴刘氏刊本；又收入《四部丛刊续编》和《丛书集成初编》，由商务印书馆影印和排印，1985 年后者又由中华书局重印。民国二十三年（1934），收入《笔记小说大观》，由上海进步书局石印，1984 年又由广陵古籍刻印社重印。1957 年，由古典文学出版社排印，列入《中国文学参考资料小丛书》。今人阳羡生以四部丛刊本为底本点校，2012 年由上海古籍出版社排印，列入《历代笔记小说大观》，与张鷟《朝野佥载》合刊一册，是为现在最通行的版本。

冯贽与《云仙杂记》

冯贽（?），生卒年、字号、爵里及事迹行状俱不详，今存所撰《云仙杂记》。

《云仙杂记》十卷，又作《云仙散录》。四库馆臣说：“其书杂载古人逸事……诗家往往习用之，然实伪书也……即其自序称天复元年所

① 《四库全书总目》卷 140《〈云溪友议〉提要》，北京，中华书局，1965。

作，而序中乃云天祐元年退归故里。书成于四年之秋，又数岁始得终篇，年号先后，皆复颠倒，其为后人依托，未及详考明矣。”[①] 另外，还认定它是王铚伪作。今人余嘉锡，从书中年号先后颠倒、题唐人撰而又引宋人书，也确信它为后人伪作无疑。[②]

今本冯书，凡三百六十七条，引书不下百种，具有很高的文献研究价值。王铚系宋人，去唐不远，所以，伪书归伪书，可说唐之事，恐非尽是空穴来风，一些内容除可资谈助外，也可与有关史文比对参证。

像卷一“括香”条云：

> 穆宗每宫中花开，则以重顶帐蒙蔽栏槛，置惜春御史掌之，号曰“括香”。

又卷二“临光宴”条云：

> 正月十五夜，玄宗于常春殿张临光宴。白鹭转花，黄龙吐水，金凫，银燕，浮光洞，攒星阁，皆灯也。奏《月分光曲》，又撒闽江锦。荔枝千万颗，令宫人争拾，多者赏以红圈帔、绿景衫。

又卷五“葵花三百”条云：

> 李辅国葬父，碑石用豆屑一千团，磨莹如紫玉。碑字四面，镌葵花三百朵。

又卷六“钱龙宴”条云：

> 洛阳人有妓乐者，三月三日结钱为龙为帘，作“钱龙宴”。四围则撒真珠，厚盈数寸，以斑螺令妓女酌之，仍各具数，得双煮为吉，妓乃作“双珠宴”以劳主人。又各令作饧绶带，以一丸饧舒之，可长三尺者，赏金菱角；不能，罚酒。

卷八“两童缚帚”条云：

① 《四库全书总目》卷140《〈云仙杂记〉提要》，北京，中华书局，1965。

② 余嘉锡：《四库提要辨证》卷17《子部小说家类·云仙杂记》，北京，中华书局，1980。

王维居辋川，宅宇既广，山林亦远。而性好净洁，地不容浮尘。日有十数扫饰者，使两童专掌缚帚，而有时不给。

又同卷“糠市”条云：

洛阳振德坊皆贫民，例享糟糠之薄，贺知章目为“糠市”。

又卷九“一杯羹三万钱”条云：

李德裕奢侈，每食一杯羹，其费约钱三万，杂珠玉、宝贝雄黄、朱砂煎汁为之，过三煎即弃其滓。

又同卷“拔钉钱”条云：

赵在礼在宋州，所为不法，百姓苦之。一日制下，移镇永兴。百姓相贺曰：“眼中拔却钉矣，可不快哉！”在礼闻之，上表乞还镇，朝廷许之。在礼每口率钱一千，号“拔钉钱”，遂获百万。

对冯书，清人周中孚评价说：“其书造语颇工，多为词赋家所引用，则亦不得而废之，如容斋毁版之云也。”①

《云仙杂记》成书后，久无刊刻，一直以抄本流传。隆庆五年（1571），先有叶氏菉竹堂刊本。崇祯八年（1635），收入《稽古堂丛刻》，为绣水高氏刻本。顺治三年（1646），又收入《说郛续》，为两浙李氏宛委山堂刊本。至乾隆朝，编《四库全书》，收入“子部小说家类”，为两淮马裕家藏本。于嘉庆朝，又收入《艺海珠尘》，为南汇吴氏听彝堂刊本。至民国，收入《四部丛刊续编》和《丛书集成初编》，分别由商务印书馆影印和排印，1985 年后者又由中华书局重印。1998 年，由中华书局印行，列入《古小说丛刊》，是为现在最通行的版本。

---

① 周中孚：《郑堂读书记》卷 63《子部·小说家类·云仙杂记》，上海，上海书店，2009。

高彦休与《唐阙史》

高彦休（854—?），号“参寥子”，生卒年、爵里不详。乾符元年（874）进士，官至淮南节度使从事、盐铁巡官、朝仪郎、咸阳县尉及柱国，今存所撰《唐阙史》。

《唐阙史》二卷，原名《阙史》，卷首中和四年（884）高氏自序云：

> 自武德、贞观而后，吮笔为小说小录、稗史野史、杂录杂纪者多矣。贞元、大历已前，捃拾无遗事，大中、咸通而下，或有可以为夸尚者，资谈笑者，垂训诫者，惜乎不书于方册，辄从而记之，其雅登于太史氏者，不复载录。愚乾符甲午岁生唐世，二十有一始随乡荐于小宗伯，或预闻长者之论，退必草于捣网，岁月滋久，所录甚繁，辱亲朋所知，谓近强记。中和岁，齐偷构逆，翠华幸蜀，搏虎未期，鸣鸾在远，旅泊江表。问安之暇，出所记述，亡逸过半。其间，近屏帏者，涉疑诞者，又删去之，十存三四焉。共五十一篇，分为上下卷，约以代年代为次。讨寻经史之暇，时或一览，犹至味之有菹醢也。

书分上下，凡五十一条，即卷上“丁约剑解”、“荥阳公清俭”、“郗尚书鼠妖”、“裴晋公大度”、“吐突承璀地毛”、“丞相妻命朱衣吏引马”、“沧州钓飞诏”、“周丞相对扬”、“李文公夜醮”、“路舍人友卢给事”、“李丞相特达”、“杨江西及第”、“崔相国请立太子”、“裴丞相古器”、“杜舍人牧湖州”、“许道敏同年”、“韦御史锴怪”、“郑相国题马嵬诗”、“秦中子得行人书”、“齐将军义犬”、“真陵开山”、“郑侍郎判司勋检”、“赵江阴政事”、“单进士辨字”和“李仆射方正”；卷下“郑少尹及第”、“卢员外题青龙寺”、“崔起居题上马图”、“崔尚书雪冤狱”、“李可及戏三教”、“梦神医病者”、“渤海僧通鸟兽言”、“御楼前一日雨”、“王居士神丹”、“辛尚书神力”、“贱买古画马”、“韦进士见亡妓”、“卢尚书庄堕雷公”、“泗州风狂尼”、“迎佛骨事”、“丞相兰陵公晚遇”、“寿安山土棺”、“卢相国指挥镇州事”、“太清宫玉石像”、“卢左丞赴陕郊诗”、“杨尚书补吏”、“薛氏子为左道所误”、“军中生饩”、“虎食伊璠”、“蓝田贡冰”和“东都焚寺”。

高书偏记晚唐历史故事，也有一些神怪色彩的篇目。卷上“杜舍人牧湖州”条，为杜牧寻春故事的最早记录；卷下“李可及戏三教”条，则是重要的戏剧史料；卷上“赵江阴政事”、卷下“崔尚书雪冤狱”条，具有公案小说性质。书中不乏史料价值的条目，像卷上“周丞相对扬”条，表现了“甘露之变”后唐文宗受制于宦官的心境——

> 文宗皇帝自改元开成后，尝郁郁不乐，驾幸两军，球猎宴会，十减六七。宠锡之命，左解于右，盖上意有所嫌忌而不能去也。四年冬杪，风痹稍间，延英初对宰臣，时以药饵初平，台座略奏事后，诸司及待制官并不召对，盖虑宸居之疲倦也。及仗下后，又坐思政殿，拱默良久，左右侍卫者屏息不敢进。上徐谓曰：“今日直翰林者为谁？”学士院使奏曰：“中书舍人周墀。”上曰：“试命名来。”汝南公既至，上命之坐，以金屈卮赐酒三器。问曰：“朕何如主？”汝南公降阶再拜而称曰：“小臣不足以知大君之德。凡百臣庶，皆言陛下唐尧之圣，虞舜之明，殷汤之仁，夏禹之俭。”上曰：“卿爱君之志，不得不然，然朕不敢追踪尧、舜、禹、汤之明，所问卿者，何如周赧、汉献尔？”汝南公震惧惶骇，又再拜而言曰：“陛下自出震乘乾，光宅天下，诞敷文教，销偃武功，蛮貊怀柔，车书顺轨，臣窃谓羲、昊、轩、项才可抗衡；至于周之成、康，汉之文、景，曾不足比数，岂可以赧、献亡国之君而上攀睿德哉！伏愿陛下无执㧑谦之小节，以为社稷之大幸也，则天下幸甚，生灵受福，非独臣之愿也。”上又曰：“朕自以为不及也。周

赧、汉献受制于强诸侯，今朕受制于家臣，固以为不及也。”既而龙姿掩抑，泪落衣襟，汝南公陨越于前，不复进谏，因俯伏流涕，再拜而退。自尔不复视朝，以至厌代。

又卷下“卢相国指挥镇州事”条，也反映了宦官权势熏天之状：

丞相范阳公携，清苦律身，剸断无滞，代天理物，必先鹑衣瞉食，遐陬远裔，以是四方之誉，翕然归之……先是，常山帅王景崇者，年十有八，袭继父位，朝廷常姑息之。时每律琯三周，则各隆品爵，仍与幽魏并制。幽魏继有更变，景崇时独得军情，以是爵位相悬，镇至剧品。景崇时已检校太尉，兼中书令、常山郡王，食邑五千户，实食袭三百户，穷极勋赏，无以加焉，而幽魏官秩尚卑，以镇州故，未行册命。常山揣朝廷方用恩泽，怀抚方伯，青徐之野，尚聚萑蒲，饷挽方繁，兵力且困，乃上表，其略曰：“臣当道与卢龙、魏博往列，三载考绩，咸蒙宠荣。今者以臣官位稍崇，而两镇久稽成命。臣弟冀州刺史检校工部尚书景儒，自委郡符，亟闻美政，诚惭内举，堪委外藩。请回臣官荣，授景儒一镇，意图易定。”时内臣秉权者，固欲与之。一日，枢密使出至中书奉宣，与宰臣商量镇州事，乃曰：“相公为国择帅，尝难其人。令或能教战抚民，袭守政化，即良将也，何必拒常山之请耶？况某知景儒，恪居官次，若别选用，未必及之。适奉圣旨，便委中山，以收后效。”诸相无言，独崔公沆曰：“开府固昧远大之计矣。国朝自蒯胡作乱，于今三道止类国宾，尝贻宗社之羞，未雪神人之愤。今者徇其苟得，又授景儒，一失其机，噬脐无及。始则入充贡赋，终尔渐紊彝章，疆界接连，既以与之，复欲取之，未知其可也。景儒既卒，必以军意请立子孙。傥未议加兵，即立须降节，然后魏博岂无骨肉，必俯瞰洛城，显然卢龙，坐邀青社。开府此际，何术枝梧？”二内臣呿颐结舌者久之，且曰：

“适奉圣旨，遣与相公商量，所仗者庙谟，非敢参以末议。”崔公遂草诏意进曰：“卿世袭忠贞，材兼文武，即竭事君之节，必先体国之诚。卿弟冀州刺史景儒，英卫齐勋，龚黄让政，至于擢用，自贮素心，但以患在不均，理须经久，易定既为恩赏，幽魏何以酬劳？辍食再思，难允诚请，临轩注想，宜悉朕怀，望付翰林如此赐诏。”诏书再往，勤请愈坚，表云：“愿得手足之荣，共竭股肱之效。”圣上为之旰食，乃诏范阳公以兵部尚书入觐。到京旬日，拜特进门下侍郎，兼户部尚书、平章事。三镇有表，贺宰辅得其人。时公以步蹇，未任衔谢，上因命中书官就宅问计。对曰：“臣待罪台司，五环星岁，前后三镇，以甘言佞臣，美贶饵臣，臣皆拒而不纳。或所论奏，不违程式者，翌日允之，仍召奉使水将显皇恩，且诫曰：‘事出此口，言归彼耳，可否面定，不自外来，无为贿妄于其间也。前日驿书，已告尔帅矣，宜以覆族为。’以是知臣一心事主，必合信臣。臣请与书，谕以是非祸福之源，君臣父子之道。”立进书草。卢公才辨词藻，尤工于指谕事理。上览书色动，命中使送春服象只者赍往。及回，表云：“冀州刺史景儒，自聆擢用，黎庶偃辕，令望加官，勤留当道。且言臣滥分茅土，曾乏内劳，位冠三台，官崇一品，方思让爵，不敢贪荣。幽魏加官，请循往例。”上大悦。

对高书，四库馆臣评价说：

是书诸家著录皆三卷。今止上、下二卷，似从他书抄撮而成，非其原本……然自序言共五十一篇，分为上、下二卷，又似非有脱遗者，或后人并追改其序欤……所载如周墀之对文宗，崔阐之对宣宗，郑薰判宦官之荫子，卢携之议镇州，皆足与史传相参订。李可及戏论三教一条，谓伶人不当授官，持论尤正。他如皇甫湜作福先寺碑，刘蜕辨齐桓公器单长鸣非姓单诸事，亦足以资考证，不尽小说荒怪之谈也。①

清人周中孚认为："所记虽皆怪妄之事，而具有端末，多足以参证史传。其篇后多系以断语，持论亦颇不苟，盖志怪之书之近正者也。"②晚晴李慈铭也说："所记皆中唐后佚事，标题序次，简雅可观。其中，述裴晋公容皇甫湜，路舍人友卢宏，杜牧之游湖州，韦进士见亡妓，太清宫碎李林甫玉像诸则，尤曲折备极情事。惟换名造语，好饰新异，未免为方家所讥。"③

《唐阙史》成书后，久无刊刻，一直以抄本流传。今之明抄本三种，分存于国家图书馆和北京大学图书馆。于康熙朝，收入《间丘辨囿》，为顾氏秀野草堂刊本。至乾隆朝，编《四库全书》，收入"子部小说家类"，为浙江鲍士恭家藏本；又收入《知不足斋丛书》和《龙威秘书》，分别为长塘鲍氏刊本和石门马氏大酉山房刊本。同治七年(1868)，收入《艺苑捃华》，为元和顾氏刊本。至民国，收入《说库》和《丛书集成初编》，分别由上海文明书局、商务印书馆石印和排印，1985年后者又由中华书局重印。今人阳羡生以知不足斋本为底本点校，2012年由上海古籍出版社排印，列入《历代笔记小说大观》，与刘肃《大唐新语》、柳宗元《龙城录》、赵璘《因话录》、韦瓘《大唐传载》和皇甫枚《三水小牍》合刊一册，是为现在最通行的版本。

佚名与《玉泉子》

《玉泉子》一卷，原本五卷，又作《玉泉笔端》、《玉泉笔论》、

---

① 《四库全书总目》卷142《〈唐阙史〉提要》，北京，中华书局，1965。

② 周中孚：《郑堂读书记》卷66《子部·小说家类·唐阙史》，上海，上海书店，2009。

③ 李慈铭：《越缦堂读书记·周秦以后史书·唐阙史》，北京，中华书局，2006。

《玉泉子真录》、《玉泉子闻见录》和《玉泉见闻真录》。

今本已非完帙，凡八十二条，大略为明人自《太平广记》辑出。[1]而它又大多是采录他书而成，四库馆臣即云：“所记皆唐代杂事，亦多采他小说为之。如开卷裴度一条，全同《因话录》，韩昶金根车事，先载《尚书故实》，不尽其所自作也。”[2]书中所记，以中晚唐事居多，又以人物为主，包括裴度、李德裕、杜悰、白敏中、李石、李讷、温庭筠、王铎、崔铉、刘蕡、卢携、杜黄裳、崔湜、李抱真、令狐绹、郑畋和郑光这些人，对研究有关社会、政治和人物，具有一定的参考价值。像记裴度事云：

裴晋公度为门下侍郎，过吏部选人官，谓同过给事中曰：“吾徒侥幸，至于此辈优与一资半级，何足问也?”一皆注定，未曾限量。公不信术数，不好服食。每语人曰：“鸡、猪、鱼、蒜，逢著即吃；生、老、病、死，时至则行。”其器抱弘达，皆此类也。

裴晋公在中书，左右忽白以印失所在，闻之者莫不失色。度即命张筵举乐，人不晓其故，窃怪之。夜半饮酣，左右忽白以印存焉。度不答，极欢而罢。或问度以其故，度曰：“此出于胥徒盗印书券耳。缓之则存，急之则投诸水火，不复更得之矣。”时人服其弘量，临事不挠。

又记李德裕事云：

李德裕抑退浮薄，奖拔孤寒，于时朝贵朋党，德裕破之，由是结怨而绝于附会，门无宾客。惟进士卢肇，宜春人，有奇才，德裕尝左宦宜阳，肇投以文卷，由此见知。后随计京师，每谒见，待以优礼。旧例：礼部放榜，先呈宰相。会昌三年，

① 严杰：《唐五代笔记考论》，82页，北京，中华书局，2009。

② 《四库全书总目》卷140《〈幽闲鼓吹〉提要》，北京，中华书局，1965。

王起知举，问德裕所欲，答曰："安问所欲为？如卢肇、丁棱、姚鹄，岂可不与及第耶！"起于是依其次而放。

宦官专权，为中晚唐弊政，在书中也有深刻反映。像记大太监仇士良事云：

刘贲，杨嗣复门生也。对策以直言忤时，中官尤所嫉忌。中尉仇士良谓嗣复曰："奈何以国家科第放此风汉耶？"嗣复惧而答曰："嗣复昔与刘贲及第时，犹未风耳！"

另外，记邓敞谋求及第而再娶宰相牛僧孺女，应是元代南戏《琵琶记》蔡伯喈再婚牛相府之事的原型：

邓敞，封敖之门生，初随计，以孤寒不中第。牛蔚兄弟，僧孺之子，有气力，且富于财。谓敞曰："吾有女弟未出门，子能婚乎？当为君展力，宁靳一第乎？"时敞已婚李氏矣，其父尝为福建从事，官至评事。有女二人皆善书，敞之所行卷，多二女笔迹。敞顾已寒贱，必不能致腾踔，私利其言，许之。既登第，就牛氏亲。不日，敞挈牛氏而归。将及家，敞绐牛氏曰："吾久不到家，请先往俟卿，可乎？"牛氏许之。洎到家，不敢泄其事。明日，牛氏之奴驱其辎橐直入，即出居常牛氏所玩用供帐帷幕杂物，列于庭庑间。李氏惊曰："此何为者？"奴曰："夫人将到，令某陈之。"李氏曰："吾即妻也，又何夫人为！"即抚膺大哭。顷之，牛氏至，知其卖已也，请见李氏曰："吾父为宰相，兄弟皆在郎省，纵嫌不能富贵，岂无嫁处耶？其不幸，岂唯夫人乎？今愿一切与夫人同之，夫人纵憾于邓郎，宁忍不为二女计耶？"时李氏将诉于官，二女共牵挽其袖而止。

《玉泉子》成书后，于南宋，收入曾慥《类说》，天启六年（1626），又有岳钟秀刻本。至晚明，又收入《稗海》，为万历会稽商氏半埜堂刊本。顺治三年（1646），收入《说郛续》，为两浙李氏宛委山堂刊本。至乾隆朝，编《四库全书》，列入“子部小说家类”，为内府藏本。又乾隆五十三年（1792），收入《唐人说荟》，为青浦挹秀轩刊本；嘉庆十一年（1806），收入《唐代丛书》，为仁和莲塘居士刊本。至民国，收入《百子全书》和《笔记小说大观》，分别为上海扫叶山房、进步书局石印，1984 年后者又由广陵古籍刻印社影印。1958 年，由中华书局上海编辑所排印，列入《中国文学参考资料丛书》，1988 年又由上海古籍出版社印行，与刘崇远《金华子》合刊一册；1991 年，收入《丛书集成初编》，由中华书局印行，与佚名《灌畦暇语》合刊一册。今人夏婧以稗海本为底本点校，2014 年由中华书局印行，列入《唐宋史料笔记丛刊》，与赵元一《奉天录》、尉迟偓《中朝故事》和刘崇远《金华子杂编》合刊一册，是为现在最通行的版本。另外，1993 年，又收入《中国野史集成》，由巴蜀书社影印。

李匡乂与《资暇集》

李匡乂（?），又作李匡义、李匡文[①]，字济翁，官至宗正少卿，生卒年、爵里及事迹行状俱不详，今存所撰《资暇集》。

《资暇集》三卷，又作《资暇》和《资暇录》。宋人晁公武录李氏自序云：

> 序称世俗之谈，类多讹误，虽有见闻，嘿不敢证，故著此书。上篇正误，中篇谭原，下篇本物，以资休暇。[②]

李书系考证之作，分别纠正旧说谬误，论说事物原委，杂谈名物风

① 张固也：《〈资暇集〉作者李匡文的仕履与著述》，载《文献》，2000（4）；今人吴企明则谓之“李匡文”，参见《苏氏演义》（外三种），北京，中华书局，2012。

② 晁公武：《郡斋读书志》卷 13《小说类·资暇集》，上海，上海古籍出版社，1990。

俗。“资暇”，顾名思义，在于“以资休暇”，因以题书。

书分上中下，又卷下设目，凡九十五条，即卷上“车马有行色”、“不拜单于”、“行李”、“禄里”、“客散”、“虫霜旱潦”、“生子给”、“戏源驿”、“梅槐”、“药栏”、“月令”、“昼寝”、“问马”、“字辨”、“非五臣”、“杜度”、“初学记对”、“七步”、“渭阳”、“方寸乱”、“绿竹漪漪”、“万儿”、“请长缨”、“鄮侯”、“柏台乌”、“除授”和“海谢”；卷中“甘罗”、“押牙”、“扬州”、“星货”、“合酱”、“座前”、“起居”、“不仅”、“彭原公”、“朝祥”、“辰日”、“成服”、“出城仪”、“忌日”、“豹直”、“引从”、“拜礼”、“卜肆妪”、“急急如律令”、“永乐冢”、“蜀马”、“蹙融”、“钱戏”、“寓直”、“端午”、“俗字”、“俗谭”、“挽歌”和“上马”；卷下“非麻胡”、“不反剉”、“三台”、“借书”、“卷白波”、“龙钟”、“唓咒”、“阿茶”、“下俚”、“扬声”、“屋头”、“车辁”、“竹笪”、“驴为卫”、“奴为邦”、“措大”、“抱木”、“薛涛笺”、“稠桑砚”、“石鏊饼”、“李环饧”、“风炉子”、“相思子”、“甘草”、“投子”、“熊白啗”、“生肝镂聚”、“毕罗”、“阮咸”、“琴甲”、“茶托子”、“坼封刀子”、“书题签”、“门状”、“药忌”、“席帽”、“被袋”、“注子偏提”和“承床”。

从设目来看，李书偏杂，可不少条目考辨有据，很有参考价值。四库馆臣即云：

> 全书均考证之文，而穆宁啗熊白一条，忽杂嘲谑杂事，于体例尤为不伦。然如谓荀悦汉纪防将来之误，角里直书禄里，足验用字上加一拂别作甪字之非。谓《论语》宰予昼寝作画寝，乃梁武帝之说……谓五臣注《文选》窃据李善之本，谓韩愈讳辨误以杜度为名，谓有母之人不可称舅氏为渭阳，谓作《诗疏》之陆玑名从玉傍，非士衡，谓万几字讹作机由汉王嘉封事，谓除授二字有分，以至座前阁下之别，竹甲题签、门杖

之始，皆引证分明，足为典据。[1]

清人周中孚对它也有誉有毁："其书考证古语、旧事以及名物，皆援据典核，而间失之疏舛，大约与李氏《刊误》、苏氏《演义》诸书相近。"[2] 公道说，李书中的一手史料不多，不过，像卷下所谈食物、茶具、乐器、衣饰和文房之类，可供了解唐代社会生活。[3] 而书中考证之文，对阅读有关史文，也有疏通文义之功。

《资暇集》成书后，于南宋，收入曾慥《类说》，天启六年（1626），又有岳钟秀刻本。至中晚明，又收入《顾氏文房小说》和《格致丛书》，分别为嘉靖顾氏夷白斋刊本和万历钱塘湖氏刊本。顺治三年（1646），收入《说郛续》，为两浙李氏宛委山堂刊本。至乾隆朝，编《四库全书》，收入"子部杂家类"，为江苏巡抚采进本。嘉庆十四年（1809），收入《墨海金壶》，为虞山张氏照旷阁刊本；道光十一年（1831），又收入《学海类编》，为六安晁氏活字排印本。至民国，收入《丛书集成初编》，由商务印书馆排印，1985 年又由中华书局重印，与苏鹗《苏氏演义》和马缟《中华古今注》合刊一册。今人吴企明以学海类编本为底本点校，2012 年由中华书局印行，列入《唐宋史料笔记丛刊》，与苏鹗《苏氏演义》、马缟《中华古今注》和李涪《刊误》合刊一册，是为现在最通行的版本。

裴铏与《传奇》

裴铏（?），生卒年、字号、爵里及事迹行状俱不详。于懿宗朝，官至侍御史、御史大夫、成都节度副使，今存所撰《传奇》。

---

① 《四库全书总目》卷 118《〈资暇集〉提要》，北京，中华书局，1965。

② 周中孚：《郑堂读书记》卷 54《子部·杂家类·资暇集》，上海，上海书店，2009。

③ 严杰：《唐五代笔记考论》，73 页，北京，中华书局，2009。

《传奇》三卷，又作《裴铏传奇》。书以构思奇巧，叙事婉曲周详，文笔优美典雅，而使裴氏成为传奇文学之鼻祖。裴书盛行于宋代，又渐次散佚，从李昉《太平广记》、曾慥《类说》、佚名《绀珠集》和陈元靓《岁时广记》，可得佚文三十四则。

宋元以后，裴书影响很大，很多戏剧、话本、拟话本小说，不乏取材于《传奇》者。像源自“孙恪”篇，有元人郑廷玉的《孙恪遇猿》；又源自“郑德璘”篇，有明人沈璟的《红蕖记》；又源自“薛昭”篇，既有金院本《兰昌宫》，又有元代市人的《兰昌幽会》和庾天锡的《薛昭误入兰昌宫》；又源自“昆仑奴”和“聂隐娘”篇，既有元人杨景言的《磨勒盗红绡》、佚名的《磨勒盗红绡》，明人梅鼎祚的《昆仑奴剑侠成仙》，梁辰鱼的《红绡伎手语传情》，又有宋人话本《西山聂隐娘》以及清人尤侗的《黑白卫》；又源自“裴航”篇，既有宋人杂剧《裴航相遇乐》，元人庾天锡的《裴航遇云英》，明人龙膺的《蓝桥记》、杨之炯的《玉杵记》，清代黄兆森的《裴航遇仙》之类话本小说。

而“裴航”篇，是裴书中最富意想辞采的，“蓝桥玉杵”则已在后人诗文里被用为典故了。[①] 实际上，文学是一面镜子，也可作历史来读。即以“裴航”篇为例，从一个侧面，也折射出了唐代社会的面貌——

> 长庆中，有裴航秀才，因下第游于鄂渚，谒故旧友人崔相国。值相国赠钱二十万，远挈归于京，因佣巨舟，载于湘汉。同载有樊夫人，乃国色也。言词间接，帷帐昵洽。航虽亲切，无计道达而会面焉。因赂侍妾袅烟，而求达诗一章曰：“同为胡越犹怀想，况遇天仙隔锦屏。倘若玉京朝会去，愿随鸾鹤入青云。”诗往，久而无答。航数诘袅烟，烟曰：“娘子见诗若

① 姚毅：《裴铏及其〈传奇〉研究》，西南大学中国古代文学硕士论文（2009）；徐丽丽：《裴铏〈传奇〉小考》，载《青年文学家》，2012（8）。

不闻，如何？”航无计。因在道求名酝珍果而献之。夫人乃使袅烟召航相识。及褰帷，而玉莹光寒，花明丽景，云低鬟鬓，月淡修眉，举止烟霞外人，肯与尘俗为偶。航再拜揖，良久之。夫人曰：“妾有夫在汉南，将欲弃官而幽栖岩谷，召某一诀耳，深哀草扰，虑不及期，岂更有情留盼他人，的不然耶？但喜与郎君同舟共济，无以谐谑为意耳。”航曰：“不敢。”饮讫而归，操比冰霜，不可干冒。夫人后使袅烟持诗一章曰：“一饮琼浆百感生，玄霜捣尽见云英。蓝桥便是神仙窟，何必崎岖上玉清。”航览之，空愧佩而已，然亦不能洞达诗之旨趣。后更不复见，但使袅烟达寒暄而已。遂抵襄汉，与使婢挈妆奁，不告辞而去，人不能知其所造。航遍求访之，灭迹匿形，竟无踪兆，遂饰妆归辇下。

经蓝桥驿侧近，因渴甚，遂下道求浆而饮。见茅屋三四间，低而复隘，有老妪缉麻苎。航揖之求浆，妪咄曰：“云英擎一瓯浆来，郎君要饮。”航讶之，忆樊夫人诗有云英之句，深不自会。俄于苇箔之下，出双玉手捧瓷，航接饮之，真玉液也，但觉异香氤郁，透于户外。因还瓯，遽揭箔。睹一女子，露裛琼英，春融雪彩，脸欺腻玉，鬓若浓云。娇而掩面蔽身，虽红兰之隐幽谷，不足比其芳丽也。航惊怛，植足而不能去。因白妪曰：“某仆马甚饥，愿憩于此，当厚答谢，幸无见阻。”妪曰：“任郎君自便。”且遂饭仆秣马。良久谓妪曰：“向睹小娘子，艳丽惊人，姿容擢世，所以踌躕而不能适，愿纳厚礼而娶之，可乎？”妪曰：“渠已许嫁一人，但时未就耳。我今老病，只有此女孙，昨有神仙，遗灵丹一刀圭，但须玉杵臼捣之百日，方可就吞，当得后天而老。君约取此女者，得玉杵臼，吾当与之也。其余金帛，吾无用处耳。”航拜谢曰：“愿以百日为期。必携杵臼而至，更无他许人。”妪曰：“然。”航恨恨而去。

及至京国，殊不以举事为意，但于坊曲闹市喧衢，而高声访其玉杵臼，曾无影响。或遇朋友，若不相识，众言为狂人。数月余日，或遇一货玉老翁曰："近得虢州药铺卞老书，云有玉杵臼货之，郎君恳求如此，此君吾当为书导达。"航愧荷珍重，果获杵臼。卞老曰："非二百缗不可得。"航乃泻囊，兼货仆货马，方及其数，遂步骤独挈而抵蓝桥。昔日妪大笑曰："有如是信士乎？吾岂爱惜女子，而不酬其劳哉。"女亦微笑曰："虽然，更为吾捣药百日，方议姻好。"妪于襟带间解药，航即捣之，昼为而夜息，夜则妪收药臼于内室。航又闻捣药声，因窥之，有玉兔持杵臼，而雪光辉室，可鉴毫芒，于是航之意愈坚。如此日足，妪持而吞之曰："吾当入洞而告姻戚，为裴郎具帐帏。"遂挈女入山，谓航曰："但少留此。"

逡巡，车马仆隶，迎航而往。别见一大第连云。珠扉晃日，内有帐幄屏帏，珠翠珍玩，莫不臻至，愈如贵戚家焉。仙童侍女，引航入帐就礼讫，航拜妪，悲泣感荷。妪曰："裴郎自是清冷裴真人子孙，业当出世，不足深愧老妪也！"及引见诸宾，多神仙中人也。后有仙女，鬟髻霓衣，云是妻之姊耳。航拜讫，女曰："裴郎不相识耶？"航曰："昔非姻好，不醒拜侍。"女曰："不忆鄂渚同舟回而抵襄汉乎？"航深惊怛，恳悃陈谢。后问左右，曰："是小娘子之姊云翘夫人，刘纲仙君之妻也，已是高真，为玉皇之女吏。"妪遂遣航将妻入玉峰洞中，琼楼殊室而居之，饵以绛雪琼英之丹。体性清虚，毛发绀绿，神化自在，超为上仙。

至太和中，友人卢颢，遇之于蓝桥驿之西，因说得道之事。遂赠蓝田美玉十斤，紫府云丹一粒，叙语永日，使达书于亲爱。卢颢稽颡曰："兄既得道，如何乞一言而教授。"航曰：

“老子曰：‘虚其心，实其腹。’今之人，心愈实，何由得道之理。”卢子憯然，而语之曰：“心多妄想，腹漏精溢，即虚实可知矣。凡人自有不死之术，还丹之方，但子未便可教。异日言之。”卢子知不可请，但终宴而去。后世人莫有遇者。

《传奇》成书后，久无刊刻，又渐次散佚。今人汪辟疆，收录“昆仑奴”、“聂隐娘”、“裴航”、“崔炜”、“孙恪”、“韦自东”和“陶尹二君”七则，编入《唐人小说》，1955年由古典文学出版社排印。今人周楞伽收录三十一则，1980年由上海古籍出版社排印。今人田松青又补录二则，2012年由上海古籍出版社排印，列入《历代笔记小说大观》，与张读《宣室志》合刊一册，是为现在最通行的版本。

令狐澄/柳玭与《贞陵遗事》、《续贞陵遗事》

令狐澄（?），京兆华原（今陕西耀县）人，为令狐绹（802—879）之子，宪宗朝令狐楚[①]之孙，官至乾符中书舍人，今存所撰《贞陵遗事》。柳玭（?），京兆华原（今陕西铜川）人，为柳中郢之子，宪宗朝户部尚书柳公绰（763—830）之孙，今存所撰《柳氏序训》和《续贞陵遗事》。

《贞陵遗事》二卷，又作《大中遗事》、《正陵遗事》、《贞陵十七事》、《真陵十七史》和《真陵十七事》；《续贞陵遗事》一卷，为前书之续作。宋人陈振孙云：

《贞陵遗事》二卷、续一卷，唐中书舍人令狐澄撰。吏部

① 令狐楚（766—837），字壳士，号“白云孺子”，京兆华原（今陕西耀县）人。贞元进士，官至太原府从事、太常博士、礼部员外郎、知制诰、翰林学士、中书舍人、中书及门下侍郎、河东及山南西道节度使。他工于诗，撰有《漆奁集》。

侍郎柳玭续之。澄所记十七事，玭所续十四事。[1]

“贞陵”，为唐宣宗陵名；“大中”，则为他的年号，因以陵名、年号题书。顾名思义，二书即记宣宗朝事。又二书早佚，宋人收录佚文，以避宋仁宗赵祯讳，改“贞”为“真”。从总体上说，二书是唐代具有小说性质的杂史。[2]

不过，相比之下，柳书不免续貂之嫌，从史料价值上说，还是《贞陵遗事》要高一些。今不妨胪列有关佚文如次：

唐宣宗在藩时，常从驾回，而误坠马，人不之觉。比二更，方能兴。时天大雪，四顾悄无人声。上寒甚，会巡警者至，大惊。上曰：“我光王也，不悟至此，方困且渴，若为我求水。”警者即于旁近得水以进，遂委而去。上良久起，举瓯将饮，顾瓯中水，尽为芳醪矣。上喜，独自负，举一瓯，已而体微暖有力，步归藩邸。后遂即帝位。

唐大中初，京师尝淫雨涉月，将害粢盛。分命祷告，百无一应。宣宗一日在内殿，顾左右曰：“昔汤以六事自责，以身代牺牲。虽甚旱，卒不为灾。我今万姓主，远惭汤德。而灾若是，兆人谓我何？”乃执炉，降阶践泥，焚香仰视，若自责者。久之，御服沾湿，感动左右。旋踵而急雨止，翌日而凝阴开，比秋而大有年。

故事：京兆尹在私第，但奇日入府，偶日入递院。崔郢为京兆尹，囚徒逸狱，上始命京兆尹廨宅，京兆尹不得离府。宣宗以崔罕、郢并败官，面召翰林学士韦澳授之，便令赴任。上赐度支钱二万贯，令造府宅。澳公正方严，吏不敢欺。委长安

① 陈振孙：《直斋书录解题》卷5《杂史类·贞陵遗事》，上海，上海古籍出版社，1987。

② 罗宁：《〈贞陵遗事〉、〈续贞陵遗事〉辑考》，载《西南交通大学学报》，2010（2）。

县尉李信主其事，造成廨宇，极一时壮丽，尚有羡缗却进……

优人祝汉贞者，累朝供奉，滑稽善伺人意，出口为七字语。上有指顾，遽令摹咏，捷若夙构，尤为帝所喜。上行幸，召汉贞前，抵掌笑谈，颇言及外间事。上正色曰："我养汝辈，供戏乐耳，敢干预朝政耶?"遂疎之。后其子犯赃，上命杖杀，而徙汉贞于边。

宣宗微疾，召医工梁新对脉。数日，自陈求官，不与，但每月别给钱三百缗。

宣宗嗜书，尝构一殿，每退朝，必独坐内观书，或至夜中烛灺委积，禁中谓上为"老儒生"。

宣宗即位于太极殿，时宰臣李德裕行册礼，及退，上官侍曰："适行近我者非太尉耶？此人每顾我，使我毛发森竖。"后二日，遂出为荆南节度使。

罗浮生轩辕集，莫知何许人，有道术。宣宗召至京师，初若偶然，后皆可验。舍于禁中，往往以竹桐叶满手，再三挼之，成铜钱。或散发箕踞，久之用气上攻，其发条直如植。忽思归海上，上置酒内殿，召坐。上曰："先生道高，不乐喧杂，今不可留矣。朕虽天下主，在位十余年，兢栗不暇。今海内小康矣，所不知者寿耳。"集曰："陛下五十年天子。"上喜。及帝崩，寿五十。

旧制：三二岁，必于春时内殿赐宰辅及百官，备太常诸乐，设鱼龙曼衍之戏。连三日，抵暮方罢。宣宗妙于音律，每赐宴前必制新曲，俾宫婢习之。至日，出数百人，衣以珠翠缇绣，分行列队，连袂而歌。其声清怨，殆不类人间。其曲有曰《播皇猷》者，率高冠方履，褒衣博带，趋赴俯仰，皆合规矩；有曰《葱岭西》者，士女踏歌为队，其词大率言葱岭之士乐河湟故地，归国而复为唐民也；有《霓裳曲》者，率皆执幡节，被羽服，飘然有翔云飞鹤之势。如是者数十曲。教坊曲工遂写其曲奏于外，往往传于人间。

裴怿进诗有太康字。宣宗曰："太康失邦，何以比我。"宰执奏晋平吴改元太康。上曰："天子须博览，不然几错罪怿。"由是耽味经史，夜观书不休。宫中窃目上为老博士。

宣宗微时，以武宗忌之，遁迹为僧。一日游方，遇黄蘖禅师同行，因观瀑布。黄蘖曰："我咏此得一联，而下韵不接。"宣宗曰："当为续成之。"黄蘖云："千岩万壑不辞劳，远看方知出处高。"宣宗续云："溪涧岂能留得住，终归大海作波涛。"其后竟践大位，兆先见于此诗矣。然自宣宗以后，接懿僖之时，海内遂不靖，则作波涛之语，岂非谶耶？

另外，柳玭还有《柳氏序训》一卷，又作《柳氏叙训》，"叙其祖父公绰已下内外事迹，以训其子孙"①。于宋真宗朝，编修官上言："又有子孙追述先德，叙家世，如李繁《邺侯传》、《柳氏序训》、《魏公家传》之类，或隐己之恶，或攘人之善，并多溢美，故匪信书。"② 应该说，这个批评是很公允的。

李濬与《松窗杂录》

李濬（?），润州无锡（今属江苏）人，武宗朝李绅③之子。乾符四年（877），自秘书省校书郎入直史馆。他长于文史，撰有《松窗杂录》和《慧山寺家山记》。

---

① 晁公武：《郡斋读书志》卷8《传记类·柳氏序训》，上海，上海古籍出版社，1990。

② 洪迈：《容斋随笔》卷11"册府元龟"条，上海，上海古籍出版社，1978。

③ 李绅（?—846），字公垂，润州无锡（今属江苏）人。元和进士，官至右拾遗、翰林学士、中书舍人、江西及浙东观察使、兵部侍郎、门下侍郎、淮南节度使。

《松窗杂录》一卷，又作《松窗录》、《松窗小录》，凡十六条，成书于宣宗、懿宗朝。卷首李氏自序云：

> 濬忆童儿时，即历闻公卿间叙国朝故事，次兼多语其遗事特异者，取其必实之迹，暇日缀成一小轴，题曰《松窗杂录》。

可知，李书内容，源自"公卿间叙国朝故事"，当属真实可靠。"松窗"，似为李氏书斋名，又因以斋名题书。书记唐代遗闻杂事，以玄宗朝的盛衰情状最可观，足资有关唐代人事研究参考。像开卷记玄宗朝起居注成编情形，即鲜见于他书，是十分珍贵的史学史资料：

> 自先天元年至天宝十一载冬季，起居注撰成七百卷，内起居注撰成三百卷。内起居注自开元二年春，因上幸宁王宅，叙家人礼，至于乐奏前后，酒食沾赉，上无自专，皆令禀于宁王教。上曰："大哥好作主人，阿瞒但谨为上客。"上在禁中尝自称阿瞒。以是极欢而罢。明日宁王率岐、薛已下同奏曰："臣闻起居注必记天子言动，臣恐左右史不得天子闺行极庶人之礼，无以光示万代。臣请自今后臣与兄弟各轮日载笔于乘舆前，得以行在纪叙其事，四季则用朱印联名牒送史馆，然皆依外史例悉上闻，庶明臣等守职如螭头官。"上以八分书日本国纸为答辞甚谨，欣然悉允所奏。自是天宝十载冬季以成三百卷，率以五十幅黄麻为一编，用雕檀轴紫龙鳳绫褾。书成，宁王上请自部纳于史阁。上命赐以酒乐，共宴侍臣于史馆。上宝惜是史尤甚，因命别起大阁以贮之。及禄山陷长安，用严、高计，未至升殿官，先以火千炬猛焚是阁，不移时灰灭。故《玄宗实录》百不叙及三四，以是人间传记者尤鲜。

另外，像李隆基自临淄王为潞州别驾条、林邑国贡白鹦鹉条、王皇后始以色进条，为早先像《明皇杂录》、《次柳氏旧闻》这类书所不记。至于唐玄宗沉香亭月夜赏牡丹事，则最为后人所熟知：

> 开元中，禁中初重木芍药，即今牡丹也。得四本红、紫、浅红、通白者，上因移植于兴庆池东沉香亭前。会花方繁开，上乘月夜召太真妃以步辇从。诏特选梨园子弟中尤者，得乐十六色。李龟年以歌擅一时之名，手捧檀板，押众乐前欲歌之。上曰："赏名花，对妃子，焉用旧乐词为?"遂命龟年持金花笺宣赐翰林学士李白，进《清平调》词三章。白欣承诏旨，犹苦宿酲未解，因援笔赋之："云想衣裳花想容，春风拂晓露华浓。若非群玉山头见，会向瑶台月下逢。""一枝红艳露凝香，云雨巫山枉断肠。借问汉宫谁得似，可怜飞燕倚新妆。""名花倾国两相欢，长得君王带笑看。解释春风无限恨，沉香亭北倚阑干。"龟年遽以词进，上命梨园子弟约略调抚丝竹，遂促龟年以歌。太真妃持颇梨七宝杯，酌西凉州蒲萄酒，笑领意甚厚。上因调玉笛以倚曲，每曲遍将换，则迟其声以媚之。太真饮罢，饰绣巾重拜上意。龟年常话于五王，独忆以歌得自胜者无出于此，抑亦一时之极致耳。上自是顾李翰林尤异于他学士。会高力士终以脱乌皮六缝为深耻，异日太真妃重吟前词，力士戏曰："始谓妃子怨李白深入骨髓，何拳拳如是?"太真妃因惊曰："何翰林学士能辱人如斯?"力士曰："以飞燕指妃子，是贱之甚矣。"太真颇深然之。上尝欲命李白官，卒为宫中所捍而止。

虽说难以确信这段文字的可信度，而于有关李白和文学史的研究，毕竟还是有参证价值的。不过，李书中也有一些诬妄失实之处，像唐中宗召宰相苏瓌、李峤子进见条，司马光《资治通鉴考异》早已一一辨明。所以，四库馆臣对它也有誉有毁：

> 书中记唐明皇事，颇详整可观；载李泌对德宗语论明皇得失，亦了若指掌。《通鉴》所载泌事，多采取李蘩《邺侯家传》，纤悉必录，而独不及此语，是亦足以补史阙。惟谓中宗

召宰相苏环、李峤子进见，二子皆童年，因令奏所通书。颋应曰：“木从绳则正，后从谏则圣。”峤子亦进曰：“斮朝涉之胫，剖贤人之心。”上曰：“苏瑰有子，李峤无儿”云云。案颋于则天长安二年已为御史，瑰为相时，颋为中书舍人，父子同掌枢密，并非童年。故司马光深斥其说，颇不免于诬妄云。①

清人周中孚也说：“所记凡十六条，皆唐代杂事，明皇居其半。其叙述最详整有法……然其中又有中宗称‘苏瑰有子，李峤无儿’一条，《通鉴考异》斥其诬说，则所载亦不尽实录矣。”②

《松窗杂录》成书后，于南宋，收入曾慥《类说》，天启六年（1626），又有岳钟秀刻本。至中晚明，又收入《顾氏文房小说》、《历代小史》和《稽古堂丛刻》，分别为嘉靖顾氏夷白斋刊本、万历安溪李氏刊本和崇祯稽古堂丛刻。顺治三年（1646），收入《说郛续》，为两浙李氏宛委山堂刊本。至乾隆朝，编《四库全书》，收入“子部小说家类”，为浙江范懋柱家天一阁藏本。嘉庆十一年（1806），收入《唐代丛书》，为仁和莲塘居士刊本；宣统二年（1910），收入《古今说部丛书》，为上海国学扶轮社排印本。1958 年，由中华书局上海编辑所印行，与苏鹗《杜阳杂编》和严子休《桂苑丛谈》合刊一册。今人阳羡生以顾氏文房本为底本点校，2012 年由上海古籍出版社排印，列入《历代笔记小说大观》，与王仁裕《开元天宝遗事》、郑处诲《明皇杂录》、郑綮《开天传信记》、孟棨《本事诗》、苏鹗《杜阳杂编》、康軿《剧谈录》和严子休《桂苑丛谈》合刊一册，是为现在最通行的版本。另外，1993 年，又收入《中国野史集成》，由巴蜀书社影印。

又有题署“李濬”《摭异记》一卷，卷首题记云：“濬忆儿童时，

① 《四库全书总目》卷 140《〈松窗杂录〉提要》，北京，中华书局，1965。

② 周中孚：《郑堂读书记》卷 63《子部·小说家类·松窗杂录》，上海，上海书店，2009。

即历闻公卿间叙国朝故事，且兼多语其世事特异者，取其必实之迹，暇日辍成一小轴，贮之松窗。”对比李氏《杂录》，内容近同，应是一书二名。1993 年，又收入《中国野史集成》，由巴蜀书社影印。

孟棨与《本事诗》

孟棨（?），字初中，生卒年、爵里及事迹行状俱不详。乾符二年（875）进士，早先在梧州从政，官至司勋郎中，今存所撰《本事诗》。

《本事诗》一卷，卷首光启二年（886）孟氏自序云：

> 诗者，情动于中而形于言。故怨思悲愁，常多感慨。抒怀佳作，讽刺雅言，虽著于群书，盈厨溢阁，其间触事兴咏，尤所钟情，不有发挥，孰明厥义？因采为《本事诗》，凡七题，犹四始也。情感、事感、高逸、怨愤、征异、征咎、嘲戏，各以其类聚之。亦有独掇其要，不全篇者，咸为小序以引之，贻诸好事。其有出诸异传怪录，疑非是实者，则略之。拙俗鄙俚，亦所不取。闻见非博，事多阙漏，访于通识，期复续之。

“四始”一词，语出司马迁《史记·孔子世家》：“《关雎》之乱以为《风》始，《鹿鸣》为《小雅》始，《文王》为《大雅》始，《清庙》为《颂》始。”而按《毛诗》的解释，《风》、《小雅》、《大雅》、《颂》四者，则为王道兴衰之所由始。所以，孟氏之旨，是力图探求七类诗之所由始。

书分七类，即情感、事感、高逸、怨愤、征异、征咎和嘲戏，凡四十一则。除宋武帝吟谢庄《月赋》、徐德言与乐昌公主破镜重圆二则记六朝事外，余者为唐代诗人逸事。[①] 显然，它是研究唐诗不可多得资

① 黄旭建：《孟棨〈本事诗〉的诗歌本事批评探究》，载《传奇·传记文学选刊》，2010（1）。

料，而有关的唐人和唐事，也是十分难得唐代史料。

即以“情感”记乐昌公主事云：

陈太子舍人徐德言之妻，后主叔宝之妹，封乐昌公主，才色冠绝。时陈政方乱，德言知不相保，谓其妻曰：“以君之才容，国亡必入权豪之家，斯永绝矣。倘情缘未断，犹冀相见，宜有以信之。”乃破一镜，人执其半，约曰：“他日必以正月望日卖于都市，我当在，即以是日访之。”及陈亡，其妻果入越公杨素之家，宠嬖殊厚。德言流离辛苦，仅能至京，遂以正月望日访于都市。有苍头卖半镜者，大高其价，人皆笑之。德言直引至其居，设食，具言其故，出半镜以合之，仍题诗曰：“镜与人俱去，镜归人不归。无复嫦娥影，空留明月辉。”陈氏得诗，涕泣不食。素知之，怆然改容，即召德言，还其妻，仍厚遗之。闻者无不感叹。仍与德言陈氏偕饮，令陈氏为诗，曰：“今日何迁次，新官对旧官。笑啼俱不敢，方验作人难。”遂与德言归江南，竟以终老。

南朝陈事，本少记录，乐昌公主也鲜见于书，所以，无妨把它当作一种佐证史料。又“高逸”记杜牧事云：

杜为御史，分务洛阳时，李司徒罢镇闲居，声伎豪华，为当时第一。洛中名士，咸谒见之。李乃大开筵席，当时朝客高流，无不臻赴。以杜持宪，不敢邀置。杜遣座客达意，愿与斯会。李不得已，驰书。方对花独酌，亦已酣畅，闻命遽来。时会中已饮酒，女奴百余人，皆绝艺殊色。杜独坐南行，瞪目注视，引满三卮，问李云：“闻有紫云者，孰是?”李指示之。杜凝睇良久，曰：“名不虚得，宜以见惠。”李俯而笑，诸妓亦皆回首破颜。杜又自饮三爵，朗吟而起曰：“华堂今日绮筵开，谁唤分司御史来？忽发狂言惊满座，两行红粉一时回。”意气闲逸，傍若无人。杜登科后，狎游饮酒，为诗曰：“落拓江湖载酒行，楚腰纤细掌中情。三年一觉扬州梦，赢得青楼薄幸名。”后又题诗曰：“觥船一棹百分空，十载青春不负公。今日鬓丝禅榻畔，茶烟轻飏落花风。”

这段文字，既是开解杜牧《遣怀》之所由始的钥匙，又何尝不是晚唐文士狎妓之风的生动写照呢？

孟书以诗系事，实乃一种创体，所以，又有处常子、罗隐和聂奉先《续本事诗》接续而作。四库馆臣评价说：“是书前有光启二年自序云：‘大驾在褒中。’盖作于僖宗幸兴元时，皆采历代诗人缘情之作，叙其本事……唐代诗人轶事颇赖以存，亦谈艺者所不废也。”①

《本事诗》成书后，久无刊刻，一直以抄本流传。至中晚明，收入《顾氏文房小说》、《古今逸史》和《津逮秘书》，分别为嘉靖顾氏夷白斋刊本、万历漳州吴氏刊本和崇祯虞山毛氏汲古阁刊本。至乾隆朝，编《四库全书》，收入“集部诗文评类”，为两江总督采进本；乾隆三十五年（1770），何文焕收入《历代诗话续编》，1983年由中华书局排印。今人李学颖以历代诗话本为底本点校，2012年由上海古籍出版社排印，列入《历代笔记小说大观》，与王仁裕《开元天宝遗事》、郑处诲《明皇杂录》、李濬《松窗杂录》、郑綮《开天传信记》、孟棨《剧谈录》、苏鹗《杜阳杂编》和严子休《桂苑丛谈》合刊一册，是为现在最通行的版本。

另外，元人辛文房②作《唐才子传》十卷，为唐代诗人小传，应是受孟书启发而作。了解和研究唐诗，可以孟氏、辛氏二书与范摅《云溪友议》对读。

① 《四库全书总目》卷195《〈本事诗〉提要》，北京，中华书局，1965。

② 辛文房（?），字良史，爵里及事迹行状不详，撰有《披沙集》和《唐才子传》。

康軿与《剧谈录》

唐軿（?），字驾言，江南西道池州（今安徽贵池）人。乾符四年（877）进士，官至崇文馆校书郎。黄巢攻入长安后，他避乱于池阳山中，为宣州刺史田頵上宾[①]，今存所撰《剧谈录》。

《剧谈录》二卷，又作《剧谈闲话录》，凡四十八条。卷首乾宁二年（895）康氏自序云：

> 咸通中始随乡赋，以薄伎贡于春官，爰及窃名，殆将一纪。其闲退黜羁寓，旅乎秦甸洛师，所见异闻，常思纪述。或得史馆残事，聚于竹素之间，进趋不遑，未暇编缀。及寇犯天邑，挈归渔樵，属江表乱离，亡逸都尽。景福、乾宁之际，耦耕于池阳山中，闭关云林，罕值三益。而又环堵之内，关于坟典，思欲叙他日之游谈，迹先王之轨范，不可得矣。然则平昔之道，本为于文，既未能立匡世之功名，又安得舍穷愁之翰墨。因想时经丧乱，代隔中兴，人事变更，邈同千载，寂寥堙没，知者渐稀。是以耘耨之余，粗成前志。所记亦多遗漏，非详悉者，不复叙焉。分为二编，目之曰《剧谈录》。文义既拙，复无雕丽之词，亦观小说家流，聊以传诸好事者。[②]

“剧谈”一词，含义为“畅谈”，语出《汉书·扬雄传》：“口吃不能剧谈，默而好深湛之思。”又晋人左思《蜀都赋》又云：“剧谈戏论，扼腕抵掌。”康书源自“所见异闻”和“史馆残事”，又包括“他日之游谈”，因以“剧谈”题书。

---

① 李晖：《〈剧谈录〉及其作者史实考辨》，载《安徽广播电视大学学报》，2005（2）；韩晓婵：《〈剧谈录〉笺证》，南京大学中国古典文献学硕士论文（2011）。

② 陆心源：《唐文拾遗》卷33《剧谈录序》，北京，中华书局，1983。

书分上下，又卷下设目，即卷上“宣宗夜召翰林学士”、“刘平见安禄山魑魅”、“王鲔活崔相公歌妓”、“御史滩”、“浑令公李西平爇朱泚云梯”、“桑道茂”、“潘将军失珠”、“李邺侯救窦庭芝”、“续坤蹶马”、“龙待诏相笏”、“丁重”、“孟才人善歌”、“袁相雪换金县令”、“郭鄩见穷鬼”、“裴晋公天津桥遇老人”、“狄惟谦请雨”、“王侍中题诗”、“道流相夏侯谯公”、“华山龙移湫”、“田膨郎偷玉枕”、“洛中大水”和“李朱崖知白令公”；卷下“刘相国宅”、“李相国宅”、“慈恩寺牡丹”、“管万敌遇壮士”、“张季宏逢恶新妇”、“玉蕊院真人降”、“宰相布施”、“崔道枢食井鱼”、“洛中豪士”、“凤翔府举兵讨贼”、“老君庙画”、“杂编”、“政平坊安国观画”、“白傅乘舟”、“严史君遇终南山隐者”、“韦颛枭鸣”、“命相日雨雹”、“李生见神物遗酒”、“说方士”、“昊天观周尊师”、“广谪仙怨词”、“含元殿”、“曲江”、“真身”、“元相国谒李贺”和“元稹”。

书记天宝以来的琐事，以宣宗以来近事为多，还有一些鬼神灵应和武侠传奇的内容，又间附议论于后。像卷上“潘将军失珠”、“田膨郎偷玉枕”条，是很有影响的武侠传奇故事；又同卷“狄惟谦请雨”条，明清之际凌濛初作《拍案惊奇》，演绎为“乔势天师禳旱魃，秉诚县令召甘霖”。

虽说谈神鬼灵怪，于书中还占不小的比重，可写世务的部分，已比牛僧孺《玄怪录》、袁郊《甘泽谣》、裴铏《传奇》和皇甫枚《三水小牍》多了起来。像卷下“元相国谒李贺”云：

> 元和中，进士李贺善为歌篇。韩文公深所知重，于缙绅之间每加延誉，由此声华籍甚。时元相国稹年老，以明经擢第，亦攻篇什，常愿交结贺。一日，执贽造门。贺览刺不容，遽令仆者谓曰：“明经擢第，何事来看李贺？”相国无复致情，惭愤而退。其后左拾遗制策登科，日当要路。及为礼部郎中，因议贺祖祢讳晋，不合应进士举，亦以轻薄时辈所排，遂成轗

辋。文公惜其才，为著《讳辩》明之，然竟不成事。

元稹见李贺之事不实，学界不乏辨证，大多也说它无史料价值。不过，晚清李慈铭毁誉各半：“唐人小说藻采斐然，而语意多近儇浮，事每失实。此录虽多涉神怪琐事，然如纪郑畋之忠义，及‘含元殿’、‘曲江’诸条，犹有裨于史事。”① 而近人陈寅恪则别有慧眼，他说：

《剧谈录》所记，多所疏误，自不待论。但据此故事之造成，可推见当时社会重进士、轻明经之情状，故以通性之真实言之，仍不失为珍贵之社会史料也。②

文后另附大中、咸通之后应试士人中有文名者，也有助于了解晚唐与文坛状况③。又卷下“刘相国宅”、“李相国宅”、“洛中豪士”条，可知中晚唐达官贵人奢侈的生活。即以“刘相国宅”条为例：

通义坊刘相国宅，本文宗朝朔方节度使李进贤旧第。进贤起自戎旅，而倜傥瑰玮，累居藩翰，富于财宝。虽豪侈奉身，雅好宾客。有中朝宿德，常话在名场日，失意边游，进贤接纳甚至。其后京华相遇，时亦造其门。属牡丹盛开，因以赏花为名，及期而往。厅事备陈饮馔，宴席之间，已非寻常。举杯数巡，复引众宾归内，室宇华丽，楹柱皆设锦绣，列筵甚广，器用悉是黄金。阶前有花数丛，覆以锦幄。妓妾俱服纨绮，执丝簧，善歌舞者至多。客之左右，皆有女仆双鬟者二人，所须无不必至，承接之意，常日指使者不如。芳酒绮肴，穷极水陆，至于仆乘供给，靡不丰盈。自午迄于明晨，不睹杯盘狼籍。朝士云：迩后历观豪贵之属，筵席臻此者甚稀。厥后进贤徙居长兴，其宅互为他人所有。咸通中，刘相国罢北京亚尹，复为翰林学士，数岁后，自承旨入相，尚以十千税焉。及出镇荆南，

① 李慈铭：《越缦堂读书记·杂记·剧谈录》，北京，中华书局，2006。
② 陈寅恪：《唐代政治史述论稿》，82页，上海，上海古籍出版社，1997。
③ 严杰：《唐五代笔记考论》，88页，北京，中华书局，2009。

朝野无不惋惜，都城士庶以少及长，闻之俱为涕泣。其后兴化萧相登庸，举为自代，表云："正人吞声而扼腕，百姓掩泪于道途。"是时升道郑相国在内庭，夜草麻制，具述其事云："安数亩之居，仍非已有。却四方之赂，惟畏人知。"是时都下传写，为之纸贵。持权者覩其词大怒，郑公自翰林承旨左迁梧州，相国自端溪窜于日南，谪居四年，方获清雪，以秘书监召还。未久，复持钧轴。或将甲第为献，竟无所受。复于此宅寓居，庭宇不加修饰。清风俭德，充塞寰宇。

君子曰："仁义之感物也大哉！刘公知帝道钦明，欲贤人尽举，四海之内，翕然向风。虽谪居累年，再升鼎任，奸邪之口不能掩其善，魑魅之域不能陷其身。振誉一时，流芳千载，岂不伟欤！其有冒官爵，叨货贿，怙宠专权，身存名灭者，一何谬哉！"

对康书，四库馆臣评价说：

是书成于乾宁二年，皆记天宝以来琐事，亦间以议论附之……其论最当。然稗官所述，半出传闻。真伪互陈，其风自古。未可全以为据，亦未可全以为诬，在读者考证其得失耳，不以是废此一家也。[①]

清人周中孚也说："其书……咸载唐世故事，间附以议论。所记颇极详瞻，而多涉神怪不经，故皆采入《太平广记》。"[②]

《剧谈录》成书后，于南宋，收入曾慥《类说》，天启六年(1626)，又有岳钟秀刻本。于中晚明，收入《古今说海》、《津逮秘书》、《稽古堂丛刻》和《广百川学海》，分别为嘉靖云间陆氏俨山书院刊本、万历虞山毛氏汲古阁刊本、绣水高氏刊本和崇祯金陵心远堂刊

① 《四库全书总目》卷142《〈剧谈录〉提要》，北京，中华书局，1965。

② 周中孚：《郑堂读书记》卷66《子部·小说家类·剧谈录》，上海，上海书店，2009。

本。至乾隆朝，编《四库全书》，收入“子部小说家类”，为浙江巡抚采进本。嘉庆十年（1805），收入《学津讨原》，为虞山张氏照旷阁刊本；光绪二十六年（1900），收入《贵池先哲遗书》，为贵池刘氏唐石簃刊本。1958年，由古典文学出版社排印。今人徐凌云以津逮秘书本为底本点校，1991年由黄山书社印行，列入《唐宋笔记小说三种》，与张洎《贾氏谈录》和郭象《睽车志》合刊一册。今人萧逸以唐石簃刊本为底本点校，2012年由上海古籍出版社排印，列入《历代笔记小说大观》，与王仁裕《开元天宝遗事》、郑处诲《明皇杂录》、李濬《松窗杂录》、郑綮《开天传信记》、孟棨《本事诗》、苏鹗《杜阳杂编》和严子休《桂苑丛谈》合刊一册，是为现在最通行的版本。

苏鹗与《苏氏演义》、《杜阳杂编》

苏鹗（?），字德祥，京兆武功（今属陕西）人。光启二年（886）进士，仕履不详，撰有《苏氏演义》和《杜阳杂编》。

《苏氏演义》二卷，原为《演义》十卷，今本为清人从《永乐大典》辑出。从性质上说，它是一部考究经传、订正名物、解释语词和辨证讹谬的笔记。虽说直及史事的条目不多，而可取为参证的资料仍然不少。像卷上谈卜筮的二条，可与《易经》注疏参阅；又卷下谈使臣所持之“节”的沿革，结合文字训诂予以解说，论述可谓详明，可供研究古代名物制度参考：

> 节者，操也，瑞信也，谓持节必尽人臣之节操耳。又曰：制也，言使臣仗节制置于四方。节之始制，《三礼义宗》曰：“长一尺二寸”，春秋握节而死者，盖此节也。秦汉已还，易之旌幢之形，其制渐长数尺余。出使之臣节，盛于碧油囊，令启路者双持于马上，天子之命节制于阃外也。及高宗改刺史为节度使，汉苏武陷匈奴中十九年，长执汉节，据此岂能长大乎

……古之诸侯，裂地而封，皆佩所封之印，其当代位者，皆传所司之印，则古者持节类于持印。夫守国者用玉节，守都鄙者用角节，使山国者用虎节，使土国者用人节，使泽国者用龙节。门关用符节，货贿用玺节，道路用旌节，此皆节之等制也。《三礼义宗》云："天子以圭为节，天子大圭尺有二寸，以四镇之山为饰也。"尺二寸者，法十二辰也。上公镇桓圭九寸，侯镇信圭七寸，子镇谷圭五寸，男镇蒲圭五寸，凡诸侯之圭璧，各依其命数大小也。谓之镇者，皆受之于天子，以为瑞信、镇抚国家也。皆谓之命圭者，言皆受命而得，故朝觐宗遇则执焉。夫瑞节者有五种，一曰镇圭，二曰牙璋，三曰谷圭，四曰琬圭，五曰琰圭……凡天子诸侯之使节，尺有二寸，有金节、玉节。玉节为瑞节，行事之时所执，以征召四方者也。金节者，道路所持以为信也。人、龙、虎三节皆以金铸之，使卿大夫聘于诸侯，乃为行道所执之信，则非行事之时瑞节也。故郑玄云：镇圭、玉节、琬圭之徒，但云使者之瑞节，镇圭、琬圭之属是也。二者使节，龙、虎、人形是也。三者符节，旌节、管节是也。夫云道路用旌节，关门用符节，都鄙用管节，皆以竹为之。商由市者，即司市者与符节。古者买符之关，终军弃繻，皆节之类也。

又同卷记"千里井，不泻莝"谚语的由来，述及《玉台新咏》所录曹植代刘勋出妻王氏作诗的"千里不泻井，况及昔所奉"之句，也比李匡乂《资暇集》所考为详；又同卷云"近代学者著《张虬须传》，颇行于世。乃云隋末丧乱，李靖与张虬须同诣太原寻天子气，及谒见太宗，知是真主"，是有关传奇小说《虬髯客传》[1] 撰写情况的重要佐证资料。至于像阐释"狼狈"、"滑稽"、"娄罗"、"龙钟"和"乾没"之

① 传为晚唐杜光庭所作。

类词语，也算得上言之成理，为后之字书所广泛引用。

对苏书，四库馆臣评价说：

> 此书久佚，今始据《永乐大典》所引裒辑成编。杂编特小说家言，此书则于典制名物具有考证……训诂典核，皆资博识……原书十卷，今掇拾放佚，所得仅此。古书亡失，愈远愈稀，片羽吉光，弥足珍贵，是固不以多寡论矣。[①]

清人周中孚引宋人陈振孙语，也明确了自己的态度："陈氏取李涪《刊误》、李匡文《资暇集》、丘光庭《兼明书》及是书并列而断之曰：'此数书者，皆考究书传，订正名物，辨证讹谬，有益见闻'云。"[②]

《苏氏演义》成书后，于南宋，收入曾慥《类说》，天启六年(1626)，又有岳钟秀刻本。至乾隆朝，编《四库全书》，收入"子部杂家类"，为永乐大典本。于嘉庆朝，又收入《函海》和《艺海珠尘》，分别为绵州李氏万卷楼刊本和南汇吴氏听彝堂刊本。至民国，收入《说库》和《丛书集成初编》，分别由上海文明书局、商务印书馆石印和排印，1985年后者又由中华书局重印。今人吴企明以四库全书本为底本点校，2012年由中华书局印行，列入《唐宋史料笔记丛刊》，与马缟《中华古今注》、李匡文《资暇集》和李涪《刊误》合刊一册，是为现在最通行的版本。

《杜阳杂编》三卷，书分上中下，凡五十二条。乾符三年（876）苏氏自序云：

> 予髫年好学，长而忘倦。尝览王嘉《拾遗记》、郭子横《洞冥记》，及诸家怪异录，谓之虚诞。而复访问博文强记之士或潜夫辈，颇得国朝故实，始知天地之内，无所不有，或限诸夷貊，隔于年代。洎贡艺阙下，十不中所司抡选，屡接朝

---

① 《四库全书总目》卷118《〈苏氏演义〉提要》，北京，中华书局，1965。

② 周中孚：《郑堂读书记》卷54《子部·杂家类·苏氏演义》，上海，上海书店，2009。

> 事，同人语事，必三复其言，然后题于简册，藏诸箧笥。暇日阅所纪之事，逾数百纸，中仅繁鄙者，并弃而弗录，精实者编成上、中、下三卷。自代宗广德元年癸卯，讫懿宗咸通癸巳，合一百一十载。盖耳目相接，庶可传焉。知我者，谓稍以补东观缇油之遗阙也。今武功县有杜阳城、杜阳水，子武功人，故以为名，觊厕于谈薮之下者。①

从自序可知，苏氏家居武功杜阳川，因以“杜阳”题书；书中记事，起于广德元年（763），止于咸通十四年（873）；而他作书之目的，在于“稍以补东观缇油之遗阙”。苏氏自谓“杂编”，可谓名副其实。书中涉及不少边地和域外之物，类同《酉阳杂俎》中的“物异”和“器奇”之类，近于六朝志怪小说。不过，它继承了晋人王嘉《拾遗记》的传统，又不乏信实之文，有助于有关唐代人事的研究。② 像卷上记鱼朝恩请赐养子章服云：

> 鱼朝恩专权使气，公卿不敢仰视。宰臣或决政事不预谋者，则眦睚曰：“天下之事岂不由我乎?”于是上恶之。而朝恩幼子曰令徽，年十四五，始给事于内殿，上以朝恩故，遂特赐禄焉。未浃旬月，同列黄门位居令徽上者，因叙立于殿前，恐其后至，遂争路以进。无何，误触令徽臂，乃驰归告朝恩，以班次居下为同列所欺。朝恩怒，翌日于上前奏曰：“臣幼男令徽位处众僚之下，愿陛下特赐金章以超其等。”上未及语，而朝恩已令所司捧紫衣而至，令徽即谢于殿前。上虽知不可，强谓朝恩曰：“卿儿着章服大宜称也。”鱼氏在朝，动无畏惮，他皆仿此。其同列黄门寻遭斥遂于岭表。及朝恩被诛，天下无不快焉。

---

① 清官修：《全唐文》卷813《杜阳杂编序》，北京，中华书局，1983。

② 邬宗玲：《试论〈杜阳杂编〉的价值》，载《乐山师范学院学报》，2008（4）。

又卷中记王涯、舒元舆族人祸福云：

王涯初为大官，名德闻望颇为朝廷钦仰。末年恃宠固位，为士大夫讥之。其所居之地，妖怪屡见，知气者以不吉语告之，而涯广自引谕，曾无休退之意。及伏诛，时人谓王公祸至不省，惑矣！

上于内殿前看牡丹，翘足凭栏，忽吟舒元舆《牡丹赋》云："俯者如愁，仰者如语，合者如咽。"吟罢，方省元舆词，不觉叹息良久，泣下沾臆。时有官人沈阿翘，为上舞《河满子》，调声风态，率皆宛畅。曲罢，上赐金臂环，即问其从来。阿翘曰："妾本吴元济之妓女，济败，因以声得为官人。"俄遂进白玉方响，云本吴元济所与也，光明皎洁，可照十数步。言其犀槌即响犀也，凡物有声，乃响应其中焉。架则云檀香也，而文彩若云霞之状，芬馥着人，则弥月不散。制度精妙，固非中国所有。上因令阿翘奏《凉州曲》，音韵清越，听者无不凄然。上谓之天上乐，乃选内人与阿翘为弟子焉。

又卷下记西门季玄斥李可及云：

可及官历大将军，赏赐盈万，甚无状。左军容使西门季玄素鲠直，乃谓可及曰："尔恣巧媚以惑天子，灭族无日矣！"可及恃宠，亦无改作。可及善转喉舌，对至尊弄媚眼，作头脑，连声作词，唱新声曲，须臾即百数方休。时京城不调少年相效，谓之"拍弹"。一日，可及乞假为子娶妇。上曰："即令送酒米以助汝嘉礼。"可及至舍，见一中使监二银榼，各高二尺余，宣赐。可及始谓之酒，及封启，皆实中也。上赐可及金麒麟高数尺，可及取官车载归私第。西门季玄曰："今日受赐，更用官车，他日破家，亦须辇还内府，不道受赏，徒劳牛足。"后可及坐流岭南，其旧赐珍玩悉皆进纳。

又同卷记唐懿宗迎法门寺佛骨，也可与有关史文比对参证：

十四年春，诏大德僧数十辈于凤翔法门寺迎佛骨。百官上疏谏，有言宪宗故事者。上曰："但生得见，殁而无恨也。"遂以金银为宝刹，以珠玉为宝帐香舁，仍用孔雀氄毛饰其宝刹，小者高一丈，大者二丈。刻香檀为飞帘花槛、瓦木阶砌之类，其上徧以金银覆之。舁一刹则用夫数百，其宝帐香舁不可胜纪。工巧辉焕，与日争丽。又悉珊瑚、马脑、真珠、瑟瑟缀为幡幢，计用珍宝不啻百斛。其剪彩为幡为伞，约以万队。四月八日，佛骨入长安，自开远门安福楼，夹道佛声振地，士女瞻礼，僧徒道从。上御安福寺亲自顶礼，泣下沾臆。即召两街供奉僧赐金帛各有差。而京师耆老元和迎真体者，悉赐银椀锦彩。长安豪家竞饰车服，驾肩弥路，四方挈老扶幼来观者，莫不蔬素以待恩福。时有军卒断左臂于佛前，以手执之，一步一礼，血流满地，至于肘行膝步，啮指截发，不可算数。又有僧以艾覆顶上，谓之"炼顶"。火发痛作，即掉其首呼叫。坊市少年擒之不令动摇，而痛不可忍，乃号哭卧于道上，头顶焦烂，举止苍迫，凡见者无不大哂焉。上迎佛骨入内道场，即设金花帐、温清床，龙鳞之席，凤毛之褥，焚玉髓之香，荐琼膏之乳，皆九年诃陵国所贡献也。初迎佛骨，有诏令京城及畿甸于路傍垒土为香刹，或高一二丈，迫八九尺，悉以金翠饰之，京城之内约及万数。

对苏书，四库馆臣评价说：

此编所记，上起代宗广德元年，下尽懿宗咸通十四年，凡十朝之事，皆以三字为标目。其中述奇技宝物，类涉不经……然铺陈缛艳，词赋恒所取材，固小说家之以文采胜者。读者挹其葩藻，遂亦忘其夸饰，至今沿用，殆以是欤。[①]

① 《四库全书总目》卷142《〈杜阳杂编〉提要》，北京，中华书局，1965。

而清人周中孚的看法是："是书所记唐代异闻……长篇大章居多。其文词俱极环丽，与郭子横《洞冥记》、王子年《拾遗记》相等，而夸饰荒诞亦复相似，虽皆注其闻于某某，乃诿过于人之意，而后人反以其不没人善称之，真被古人瞒过也。"①

《杜阳杂编》成书后，于南宋，收入曾慥《类说》，天启六年（1626），又有岳钟秀刻本。至晚明，又收入《稗海》，为万历会稽商氏半埜堂刊本。至乾隆朝，编《四库全书》，收入"子部杂家类"，为两淮盐政采进本。又乾隆五十三年（1792），收入《唐人说荟》，为青浦挹秀轩刊本；嘉庆十一年（1806），收入《唐代丛书》，为仁和莲塘居士刊本。至民国，收入《说库》、《广四十家小说》、《五朝小说大观》和《丛书集成初编》，分别由上海文明书局、扫叶山房、商务印书馆石印和排印，1985年后者又由中华书局重印，与苏鹗《杜阳杂编》和严子休《桂苑丛谈》合刊一册。1958年，古典文学出版社排印；1960年，又由中华书局上海编辑所印行。今人阳羡生以稗海本为底本点校，2012年由上海古籍出版社排印，列入《历代笔记小说大观》，与王仁裕《开元天宝遗事》、郑处诲《明皇杂录》、李濬《松窗杂录》、郑綮《开天传信记》、孟棨《本事诗》、康軿《剧谈录》和严子休《桂苑丛谈》合刊一册，是为现在最通行的版本。

皇甫枚与《三水小牍》

皇甫枚（841—911），字遵美，安定三水（今宁夏同心）人，事迹行状不详。于懿宗朝，官至鲁山县令。黄巢暴动后，他旅食汾晋，闭门读书，撰有《玉匣记》和《三水小牍》。

① 周中孚：《郑堂读书记》卷66《子部·小说家类·杜阳杂编》，上海，上海书店，2009。

《三水小牍》三卷，今本书分上下，已非皇甫书之原卷。“牍”，本是写字的木片，引申为书；“小牍”，即小书，皇甫氏又以爵里之名题之。

书又卷下设目，凡三十五则，即卷上“赵知微雨夕登天柱峰玩月”、“韩文公从大圣讨仇”、“元稹烹鲤得镜”、“永福湖水变血”、“冠盖山获古铜斗”、“风卷曝纸如雪”、“蛇鼠斗”、“白角栉之异”、“埋蚕受祸”、“韦玭马祸”、“王玄冲登华山莲花峰”、“鲁山尧庙”、“卫庆耕田得大珠”、“董汉勋宴阵没同僚”、“赵将军凶宅”、“鲁县纥豆将军庙”和“王知古为狐招壻”；卷下“崆峒山神仙灵迹”、“高平县所见”、“陈璠临刑赋诗”、“郏城令陆存遇贼偷生，李庭妻崔氏骂贼被杀”、“夏侯祯黩女灵，皇甫枚为祷乃免”、“殷保晦妻封氏骂贼死”、“广明庚子大风雨之异”、“李仲吕祷尧祠以乌马驺人为献”、“黑水将军灵异”、“刘刺夫家怪异”、“郑大王聘严郜女为子妇”、“李约遇老父求负”、“侯元违神君之戒兵败见杀”、“张谋孙凿池犯太岁”、“周撞子”、“鱼玄机笞毙绿翘致戮”、“岘阳峰池雨征”和“暴风拔旆李钧不终”。另外，还附录逸文十四条。

从本质上说，皇甫书属传奇小说。最初的作品偏于谈神说怪，后来倾向于现实生活中的人和事。书中故事，曲折生动，情节安排、人物塑造以及语言艺术，比之前人有很大进步，标志了古典短篇小说的日臻成熟。而皇甫氏所记的内容，很多又是他亲眼看见、亲耳听见乃至亲身经历的事情，可供研究晚唐的政局和社会状况之参考。即以记唐代人物而言，也可看作是杂史传记，包括韩愈、元稹、崔彦曾、张直方、陈璠、高得、王微、鱼玄机和李钧这些人。

像卷下“高平县所见”条记云：

> 光启中，僖宗在梁州。秋九月，皇甫枚将赴调行在，与所亲裴宜成者偕行。十月，自相州西抵高平县，县西南四十里，登山越玉溪。其日行旅稍稀，烟云昼晦，日昃风劲，惑于多

岐。上一长坂，下视有茆屋数间，槿篱疎散，其中有喧语声，乃延望之。少顷，有村妇出自西厢之北，著黄故衣，蓬头败屦，连呼之不顾，但俛首而复入。乃循坡东南下，得及其居。至则荆扉横葛萦带其上，茨棘罗生于其庭，略无人踪，如涉一二年者矣。枚与裴生愕立久之，复登坂长望，见官道有人行，乃策蹇驴赴之。至则邮吏将往端氏县者也，乃与俱焉，是夜宿端氏。

文记作者赴梁州经过高平县，见山坡有茅屋数间，槿篱疏散，村妇蓬头败屦，呼之不应。等走到门前，则荆扉萦满葛藤，院内罗生茨棘，略无人踪。这是旅途实况的描写，反映了战乱所造成的人烟稀少、荒凉败坏的情状。

又同卷“陈璠临刑赋诗”条记云：

陈璠者，沛中之卒徒也，与故徐帅时浦少结军中兄弟之好；及浦为支详所任，璠亦累迁右职。黄巢之乱，支辟简劲卒五千人，命浦总之而西，璠为次将。浦自许昌趋洛下，璠以千人反平阴，浦乃矫称支命追兵回。于是引师与璠合，屠平阴，掠圃田而下及沛。支虑其变，郊劳，及解甲，盛设厚赂之。浦乃令所亲讽支曰：“军前不安，民望见迫，且请公解印以厌众心。”支力不能制，乃率其孥出居大彭馆，浦自称留后。璠谓浦曰：“支尚书惠及沛人，若不杀之，将贻后悔。”浦不可，璠固请，与浦往复十余。浦怒曰：“自看！自看!”璠乃诈为浦命，谓之曰：“请支行李归阙下。”支以为诚也，翌日遂发。璠伏甲于七里庭，至则无少长皆杀之，沛人莫不流涕。其后浦受朝命，乃表璠为宿州太守。璠性憯酷喜杀，复厚敛淫刑，百姓嗟怨。五年中赀贿山积，浦恶之，乃命都将张友代璠；璠怒，不受命。友至，处别第以俟璠出。璠夜率髦俊五百余人围友。迟明，友自领骁果百余人突之。

文记支详部下，有时浦、陈璠二人，而时浦借故威胁支详解除兵柄，陈璠又伏兵杀其全家。这说明藩镇跋扈，让皇帝也无可奈何；悍将骄兵，迫害主帅，足见晚唐政局的混乱。

又“暴风拔旆李钧不终”条记云：

李钧之莅临汝也，郡当王仙芝大兵之后，民间多警。李钧以兵力单薄，抗疏上闻，诏以昭义军三千五百人镇焉。乾符戊戌岁也，兵至，营于郡西郭。明年春，钧节制上党，杂报到，于是镇兵部将排队于州前通衢，率其属入衙，展君臣之礼。忽有暴风扬尘，起自军门而南，蟠折行伍，拔大旆十余以登。州人愕然而顾，没于天际。明日，州北二十里大牛谷，野人得旆以献，帛无完幅，支榦皆摺折矣。钧至上党，统众出雁门，兵既不戢，暴残居民，遂为猛虎军所杀矣。

文记李钧在上党统众，纵兵殃民，结果被猛虎兵杀。

对皇甫书，清人周中孚评价说：“自明以来，唯《说郛》中载有节录之本一卷，其全书实为罕见。今方得是刻重传于世，诚表章者之功，亦其书之自不可没也。”① 晚清李慈铭也说：“阅唐皇甫枚《三水小牍》，叙述浓至，传义烈事亦简劲有法，虽卷帙甚寡，自称名作也。”②

《三水小牍》成书后，久无刊刻，一直以抄本流传，又渐次散佚。入宋，李昉作《太平广记》，收录了一部分佚文；另收入曾慥《类说》，天启六年（1626），又有岳钟秀刻本。嘉靖三十三年（1554），姚咨抄录各书而成正本，即卷上十七则、卷下十八则本；近人缪荃孙，又补录十一则，收入《云自在龛丛书》，为光绪江阴刊本。今人汪辟疆，收录“王玄冲”、“王知古”、“步飞烟”、“绿翘”、“却要”和“王公直”六则，编入《唐人小说》，1955 年由古典文学出版社排印。今人恒鹤以守

① 周中孚：《郑堂读书记》补逸卷 28《子部·小说家类·三水小牍》，上海，上海书店，2009。

② 李慈铭：《越缦堂读书记·杂记·三水小牍》，北京，中华书局，2006。

山阁本为底本点校，2012年由上海古籍出版社排印，列入《历代笔记小说大观》，与刘肃《大唐新语》、柳宗元《龙城录》、赵璘《因话录》、佚名《大唐传载》和高彦休《唐阙史》合刊一册，是为现在最通行的版本。

韩偓与《金銮密记》

韩偓（842—914），字致尧，号“玉山樵人”，京兆万年（今西安）人。龙纪元年（889）进士，官至司勋郎中、翰林学士、翰林学士承旨。晚年，为朱全忠所恶而外贬，避地闽中，寓居南安而卒。他熟悉朝政，今存所撰《金銮密记》。

《金銮密记》一卷，原本三卷，今存十七则。书记天复中在翰苑参与机密及闻见之事，因为亲身经历，于朝廷举措及各方矛盾，记叙得十分详切。入宋，司马光修《资治通鉴》，写作晚唐史事而多有采入。今兹录残卷于次：

> 昭宗召偓入院，试文五篇《万邦咸宁赋》、《禹拜昌言诗》、《武臣授东川节度制》、《答佛詹国进贡书》、《批三功臣让图形表》。缴状云：“臣才不迈群，器非拔俗，待价既殊于椟玉，穷经有愧于籝金。遭逢清时，涵濡睿泽，峨冠振珮，已尘象阙之班；舐笔和铅，更辱金门之召。击钵谢捷，纂组非工，抚已循涯，以荣为惧。”
>
> 昭宗在凤翔，宴侍臣，捕鱼为馔。李茂贞曰：“本畜此鱼，以待车驾。”又以巨杯劝帝酒，帝不欲饮。茂贞举杯，扣帝颐颔，坐上皆愤其无礼。
>
> 汴人列十余栅，围岐城，掘蚰蜒濠攻城。城中大窘，烧人粪，煮人肉而食。李茂贞不肯与梁和，昭宗谕曰：“全忠兵未退，城内窘急，十六宅诸王日奏三两人下世，皆冻饿所致。在

内公主、美人等，一日食粥，一日食不托，今已竭矣，愿速与梁和。”

崔贻范于凤翔围城中，挟李茂贞起复作相。渥当草制，抗疏论其不可。夜半，以授翰林院使。使，中人也，语渥曰：“学士无以性命为戏。”渥不答，扃户而寝。明日，无麻制宣读。茂贞曰：“陛下命相，学士不肯草制，与反何异?”昭宗曰：“卿荐贻范，朕不敢拒；渥不草制，朕亦不拒。其如道理分明何!”

偓对昭宗云：当留兵之时，臣五六度与崔胤力争，胤曰：其实不留兵，是兵不肯去。臣曰：其初何用召来？又胤云且喜岐兵只留三千人。

二十日入直，隔夜，崔公传语，明日请相看。侵早到门，崔出御札相示。

十七日早，闻岐师昨夜二更却回，云军大衄。汴令有表迎驾，并述行止。汴军在岐东下寨。十八日、十九日，白麻卢光启可谏议大夫，参知机务。二十日，翰林学士姚洎兼知外制诰。二十四日，汴令有表，奉辞东去。二十五日，汴军离发延英门。

五月三日，岐马步军败，回戈伤中不少。八日，闻四面百姓尽般移入城内。二十一日，闻汴帅于郿县筑城及宝鸡下寨。二十三日，闻汴帅至石鼻，又至横渠。二十四日，闻汴帅至城南十里。

六日，诛全诲等。

是夜处置内官一十九人。

二十八日，处置第五可范已下四百五十人。

上曰：朕以濮王处长。

上执偓手涕泣曰：我劝你且和同，果如此，有何利益？苦杀之。

故例，翰林当直学士春晚人困，则日赐成象殿茶。

翰林有龙口渠，通内苑。大雨之后，必飘诸花蕊，经由而出，有百种香色，名不可尽，春月尤妙。

九仙殿银井有梨二株，枝叶交结，宫中呼为“雌雄”。

《金銮密记》成书后，于南宋，收入曾慥《类说》，天启六年（1626），又有岳钟秀刻本。顺治三年（1646），收入《说郛续》，为两浙李氏宛委山堂刊本。嘉庆十一年（1806），收入《唐代丛书》，为仁和莲塘居士刊本。1993 年，又收入《中国野史集成》，由巴蜀书社影印，是为现在最通行的版本。

严子休与《桂苑丛谈》

严子休（?），名不知，大略以字行，同州冯翊（今陕西大荔）人，生卒年及事迹行状不详，今存所撰《桂苑丛谈》。

《桂苑丛谈》一卷，旧题署“冯翊子子休”。“桂苑”一词，谓清幽之所，语出刘宋谢庄《月赋》：“乃清兰路，肃桂苑；腾吹寒山，弭盖秋阪。”“冯翊”，为严氏郡望；“子休”当是他的字，而“冯翊子”，则可能是他的号。①

严书卷下设目，凡十条，即“张绰有道术”、“太尉朱崖辩狱”、“崔张自称侠”、“班支使解大明寺语”、“赏心亭”、“方竹柱杖”、“杜可均却鼠”、“李将军为左道所误”、“沙弥辩诗意”和“客饮甘露亭”。另外，今本还附录“史遗”十八条。

书中所记，偏于懿宗、僖宗和昭宗三朝江淮事，涉及一些地方大员，也包括一些民间故事和怪异内容。从写法上来看，严氏倾向于小说

① 严杰：《唐五代笔记考论》，93 页，北京，中华书局，2009。

家。像“太尉朱崖辩狱”记云：

> 太尉朱崖出镇浙右，有甘露知主事者，诉交代得常住什物，被前主事隐用，却常住金若干两，引证前数辈，皆有递相交割文字分明，众词皆指以新得替者隐用之。且初上之时，交领既分明，及交割之日，不见其金，鞫成具狱，伏罪昭昭。然未穷破用之所由，或以僧人不拘细行而费之，以是无理可伸，甘之死地。一旦引虑之际，公疑其未尽，征以意揣之髡人乃具实以闻曰：“居寺者乐于知事，前后主之者，积年已来，空交分两文书，其实无金。众以某孤立，不杂辈流，欲乘此挤排之。”因流涕不胜其冤。公乃悯而恻之，曰：“此固非难也。”俯仰之间曰：“吾得之矣。”乃立从召兜子数乘，命关连僧入对事，咸遣蔽帘子，毕令门不相对，命取黄泥，各令模前后交付下次金样，以凭证据。僧既不知形段，竟模不成。公怒令劾前辈，皆一一伏罪，其所排者遂获清雪。

另外，卷尾“史遗”，很可能是另一书的内容，应是后人编刻之际所掺入；所记虽多见于正史，也可与有关史文比对参证之用。像记王积薪随唐玄宗西巡事云：

> 王积薪随明皇西幸，有司奔从，翰林奕棋者，独王在焉。蜀道隘狭，每止息，道路店舍多为尊官所占，王凄凄无所入。因沿溪深远，寓宿山中，孤姥之家，但有妇姑，止给薪米。才暝，妇姑皆阖户而休。王宿于檐下，夜忽闻堂内姑谓妇曰：“良宵无以为适，与子棋一局。”王异之，堂内无烛，又妇姑各在东西室。王即附耳门扉，俄闻妇曰：“起东五南九置子矣。”姑曰：“东五南十二置子矣。”妇又曰：“起西八南十置子矣。”姑又曰：“西九南十四置子矣。”每置一子，皆良久思维，夜及四更，王一一密记，共下止三十六。忽闻姑曰：“子已北矣，吾二胜九枰耳。”妇亦甘焉。迟明，王具礼请问于老

姥。姥曰："尔可率己之意，而按局置子焉。"王则出局，尽平生之妙，而布子未及数十，谓妇曰："是子可教以常势耳。"因指示攻守、杀夺、救应、防拒之法，其意甚略，王即更求其说，姥笑曰："止此已无敌于人间矣。"自是，王之艺绝无其伦，即布所记妇姑对敌之势，罄竭心力较其九枰之势，终不得也。因名"邓艾开蜀势"，至今有焉。

对严书，四库馆臣评价说：

其书前十条，皆载咸通以后鬼神怪异及琐细之事；后为史遗十八条，其十二条亦纪唐代杂事，余六条则兼及南北朝。然如高湝捕贼，高延宗纵恣，崔宏度酷虐诸事，齐、隋本史皆已载之，又似摘钞卷中未及刊削者。疑已经后人窜乱，非原书也。其甘露亭一条，称吴王收复浙右之岁者，当为昭宗天复二年，时始封杨行密为吴王，故子休以此称之。然则作是书者，其江南人欤?①

清人周中孚也略有讥评："是书前十条皆载唐代神怪之事，虽为详明，而太涉琐屑。后为史遗十八条，皆记南北朝及唐代杂事，亦小说之类，不足以当史之遗也。"②

《桂苑丛谈》成书后，于南宋，收入曾慥《类说》，天启六年（1626），又有岳钟秀刻本。至晚明，收入《宝颜堂秘笈》和《续百川学海》，分别为绣水沈氏刊本和崇祯金陵心远堂刊本。顺治三年（1646），收入《说郛续》，为两浙李氏宛委山堂刊本。至乾隆朝，编《四库全书》，收入"子部小说家类"，为内府藏本。嘉庆十一年（1806），收入《唐代丛书》，为仁和莲塘居士刊本。宣统二年（1910），又《古今说部丛书》，由上海国学扶轮社排印。至民国，收入《五朝小

① 《四库全书总目》卷142《〈桂苑丛谈〉提要》，北京，中华书局，1965。

② 周中孚：《郑堂读书记》卷66《子部·小说家类·桂苑丛谈》，上海，上海书店，2009。

说大观》和《丛书集成初编》，分别由上海扫叶山房和商务印书馆排印，1985年后者又由中华书局重印，与苏鹗《杜阳杂编》和李濬《松窗杂录》合刊一册；今人阳羡生以宝颜堂秘笈本为底本点校，2012年由上海古籍出版社排印，列入《历代笔记小说大观》，与王仁裕《开元天宝遗事》、郑处诲《明皇杂录》、李濬《松窗杂录》、郑綮《开天传信记》、孟棨《本事诗》、苏鹗《杜阳杂编》和康軿《剧谈录》合刊一册，是为现在最通行的版本。

杜光庭与《历代崇道记》

杜光庭（850—933），字宾圣，号“东瀛子”，处州缙云（今属浙江）人。少年习儒，于懿宗朝，应九经不第，入天台山修道。僖宗召至京，授麟德殿文章应制。中和元年（881），避乱至成都。唐亡后，事前蜀王建父子，官至谏议大夫、户部侍郎、上柱国蔡国公，赐号“广成先生”。晚年隐居青城山白云溪，为五代道教学术之集大成者，撰有《录异记》、《广成集》、《青城山记》、《武夷山记》、《历代崇道记》、《洞天福地记》、《金箓斋忏方仪》、《道门科范大全集》、《道德真经广圣义》和《太上洞渊神咒经》。

《历代崇道记》一卷，成书于中和四年（884）。卷尾杜氏题记云：

> 臣今检会从国初已来，所造宫观，约一千九百余所，度道士计一万五千余人。其亲王贵主及公卿士庶，或舍宅舍庄为观，并不在其数。则帝王之盛业，自古至于我朝，莫得而述也。

书记秦汉以来帝王崇奉道教的举措，而于唐代帝王崇道事最为翔实，是了解唐代道教流传兴盛状况的珍贵史料。像记唐玄宗崇道情形云：

> 明皇开元中，敕诸道并令置“开元观”，又制《混元赞》，

帝亲书，勒之于石。又敕五岳置“真君庙”，又敕上都置“太清宫”，东都置“太微宫”，以太原神尧旧宅为“紫微宫”，潞州潜龙故宅为“启圣宫”，并给衮冕绛纱帷帐交龙门戟，一如宫阙之制。帝又注《道德经》及制序引，诏天下士庶并令家藏一本。两街道众乃以幢幡伎乐自禁中迎引，归于太清宫，香花之盛，近古未有。又敕置道举，一如礼部之制，帝亲自策之，达者甚众……帝又制《霓裳羽衣曲》、《紫微八卦舞》，以荐献于太清宫，贵有异于九庙也。帝东封，获江淮间三脊茅，乃令于所获之地置灵茅观。及礼毕回，谒圣祖于亳州本宫，亲札《道德经》于石，作大幢，造八角楼，覆之于虚无殿之前。又幸怀州开元观及阌乡奉仙观，为王公万民所请，亦亲札二经，以大石对峙立之，一如太清之制……俄有紫云白兔现于枯桑之下，便乃穿掘，下到水际，得石函经匮，玉版朱书细篆。帝闻奏大悦，即令京师列十部乐，歌舞鼓吹，自通化门入。其文于宝舆中五色放光，洞照天地。帝于丹凤楼上，身披龙衮，手执金炉，六宫嫔婇，竞于楼上焚香散花，遥自作礼。帝又令乱撒金钱于楼下，纵令士庶分取，以为欢乐。斯须，山呼之声，震动京邑。帝令置宝符于灵昌殿，是夜楼阁林树之上，皆有神灯。乃于正月一日改开元三十年为天宝元年，改桃林县为“灵宝县”。其后三年，帝见灵符有“天宝千载”之字，天宝已应改元之号，遂改年为载，乃于其地长乐亭，置天宝观，御制并书灵符铭，立于所获之处。又于大内置“灵符殿”，赐同秀五品正员官……乃大赦天下。

又记修筑成都青羊宫事云：

（中和三年）八月二十九日夜，诏帝房宗室李特立与道士李无为，于成都府青羊肆元中观混元降生旧地，设醮祈真……（九月）二十一日又诏曰：“太上玄元大帝与弟子文始先生讲真经于楼观之台，约后会于青羊之肆，便乘云驾，俱入流沙。仙记传闻，地图标载，自周昭至于此日，历数约二千余年，景像寂寥，基踪牢落。今因巡幸，灵贶昭彰，殊光跳跃于庭前，灵篆申明于树下。砖含古色，字验休祯，中和之灾害欲平，厚地之祯符乃现，足表玄穹降祐，圣祖垂祥，将歼大盗之兵戈，永耀中兴之事业。须传简册，兼示寰区。已付史官，备令编录，仍模勒文字，告示诸道及军前。其观可改号为'青羊宫'，仍置殿堂屋宇。侧近属观田地，约有两顷，近来散属黎氓，多植葱蒜，清虚之地，难使熏蒸。已赐钱二百贯，便令收赎，仍给公验，永归靖庐。宗子特立已除官，道士李无为已赐紫，所宜升奖，用荷庆灵。敬瑄位冠公台，风行郡国，效节于延洪之代，修心于道德之乡，遂令境内消兵，地中呈宝，其为休美，倍可嘉称。"至十月七日，敕高品郭遵泰监建青羊宫土木之工，并用内库宣赐。自获灵瑞之后，至是月癸丑，近蜀郡寇，相次擒戮，旬月之内，遂至清平。驾幸青羊宫，颁赐有差。李特立赐绯，授龙州录事参军……是月乙卯奏，收复京城，有以见大道垂休，圣祖昭祐，洪图延永，唐祚无疆者也。又敕翰林学士承旨尚书兵部侍郎、知制诰乐朋龟撰碑立之，伏乞颁示天下，以表皇家承神仙之苗裔，感太上之灵贶，实万代之无穷也。

《历代崇道记》成书后，久无刊刻，一直以抄本流传。入宋，收入《万寿道藏》。入明，编《道藏》，收入"洞玄部传记类"，为正统、万历正续刊本，1988 年又由文物出版社影印，是为现在最通行的版本。

四　五代历史笔记

○概说

五代是乱世，政权更迭很快，统治者大多顾及不上文化建设，也忽略了对历史经验教训的总结。不过，五代史学也非一无是处。以官修史书而论，主要表现在修《唐书》、纂实录和编会要上。

后晋所修之《唐书》二百卷，分纪二十卷、志三十卷、列传一百五十卷，记述了唐代二百九十年的历史。入宋，为区别于欧阳修、宋祁的《新唐书》，改称《旧唐书》。自欧、宋之书问世后，它流传渐少，至明代多有残缺；后经闻人铨依据宋代绍兴残本相互补葺，于嘉靖十七年（1538）重刻，始得重新流传。因作者去唐不远，有条件接触到大量的唐代史料，熟悉唐朝掌故，仅用四年即修成这样一部大书。武宗以前的史事，主要以唐高祖至代宗朝国史及武宗以前实录为蓝本；宣宗以后的史事，则因文献缺乏和史料杂乱而显得书文粗制。不过，它保存大量原始史料之功仍不可没。

以纂实录而言，主要有后梁之《梁太祖实录》三十卷，后唐之《唐庄宗实录》三十卷、《唐明宗实录》三十卷，后汉之《汉高祖实录》二十卷，后周之《唐闵帝实录》三卷、《唐废帝实录》十七卷、《晋高祖实录》三十卷、《晋少帝实录》二十卷、《汉隐帝实录》十五卷、《周太祖实录》三十卷和《周世宗实录》四十卷，后蜀之《后蜀高祖实录》三十卷、《后蜀后主实录》四十卷，南唐之《南唐烈祖实录》二十卷，它们与有关的人物传记一道，像《唐功臣列传》和《梁功臣列传》之类，也是宋修《旧五代史》的主要史料来源。[①]

又后周世宗，让窦俨编纂《大周通礼》，窦氏奏请"依唐《会要》门类，上自五帝，迄于圣朝，悉命编次"[②]，它也成了后来王溥《唐会要》的蓝本之一。

比之官修史书，五代的私撰之作，也很有可观，又主要表现在作野史笔记上。因去唐不远，不少人还是晚唐社会的亲历者，所以，在这些野史笔记中，追记晚唐人事者占了很大的比重。

五代历史笔记不多，主要有裴廷裕的《东观奏记》，郑廷诲的《广陵妖乱志》，马缟的《中华古今注》，王定保的《唐摭言》，王仁裕的《玉堂闲话》、《王氏闻见录》和《开元天宝遗事》，皮光业的《皮氏见闻录》，史虚白的《钓矶立谈》，丘光庭的《兼明书》，刘崇远的《金华子》，金利用的《玉溪编事》，尉迟偓的《中朝故事》和景焕的《野人闲话》。

在它们当中，又主要以裴廷裕《东观奏记》、王定保《唐摭言》、王仁裕《玉堂闲话》和《开元天宝遗事》、丘光庭《兼明书》和尉迟偓《中朝故事》为代表。

---

① 谢保成：《隋唐五代史学》，434～438页，北京，商务印书馆，2007。

② 王应麟：《玉海》卷69《礼仪》，南京，江苏古籍出版社，1987。

裴廷裕与《东观奏记》

裴庭裕（?），字膺余，河东闻喜（今属山西）人。中和二年（882）进士，官至右补阙、史馆修撰、翰林学士、左散骑常侍。他文思敏捷，号为“下水船”，今存所撰《东观奏记》。

《东观奏记》三卷，今本卷首裴氏自序云：

> 庭裕自为儿时，已多记忆，谨采宣宗朝耳目闻睹，撰成三卷。非编年之史，未敢闻于县官，且奏记于监国史晋国公，藏之于阁，以备讨论。

序中所说晋国公，即监修国史的杜让能；“东观”，原为东汉宫廷中贮藏档案、典籍和从事校书、撰史之所，后来借代为史馆，裴氏在史馆任职，参与撰修《宣宗实录》，暇余成书，因以“东观”题名。

书分上中下，即上卷二十九条，中卷二十九条，下卷三十一条，凡八十九条；书记唐宣宗朝事，以图“藏之于阁，以备讨论”。从内容上说，大多是有关朝政、制度的片断，像宣宗理政情形、翰林学士职务、史官入直修史、科场侥幸请托之类，还有像李德裕、白敏中、令狐绹、崔铉、李钰、韦澳和杜悰这些人的事迹。因裴书是为修实录做准备的，所以，它内容翔实，史料价值很高，可与有关史传补遗、参证。晚清缪氏跋即说：裴书“其书专记宣宗一朝之政绩，书中事实颇具首尾，《通鉴》采及三十二条，《考异》一条，在唐朝杂史中最称翔实……唐人杂史寥落如晨星，全书如《创业起居注》、《安禄山事迹》，辑佚如《牛羊日历》、《广陵妖乱志》，同此刊行，为读《唐书》者之一助”。

像卷上记李钰生平始末，两唐书多有采入。清人王鸣盛即云：“《旧书》所无而《新书》增入者，多取《东观奏记》。”[①] 又卷下记宣

---

① 王鸣盛：《十七史商榷》卷91，上海，上海古籍出版社，2013。

宗之死与懿宗之立云：

上自不豫，宰辅侍臣无对见者。疮甚，令中使往东都太仆卿裴诩宣索药，中使往返五日。复命召医疮方士、院生对于寝殿，院言可疗。既出，不复召矣。大渐，顾命内枢密使王归长、马公儒、宣徽南院使王居方，以夔王当璧为託。三内臣皆上素所厚者，泣而受命。时右军中尉王茂玄心亦感上，左军中尉王宗实素不同。归长、公儒、居方患之，乃矫诏出宗实为淮南监军使，宣化门受命，将由右银台门出焉。左军副使丌元实谓宗实曰："圣人不豫逾月，中尉止隔门起居，今日除改，未可辨也，请一面圣人而出。"宗实始悟，却入。即诸门，已踵故事，添人守捉矣。丌元实翼导宗实直至寝殿，上已晏驾，东首环泣。宗实叱居方等下，责以矫宣，皆捧足乞命。遣宣徽北院使齐元简迎郓王于藩邸，即位，是为懿宗。归长、公儒、居方皆诛死，籍没其家。

至北宋，司马光作《资治通鉴》，记大中十二年七月事，几乎沿用了这段文字。又同卷记于琮与永福公主事，反映了宣宗的个人品行：

始选前进士于琮为婿，连拜秘书省校书郎、右拾遗，赐绯，左补阙，赐紫，尚永福公主，事忽中寝。丞相上审圣旨，上曰："朕此女子，近因与之会食，对朕辄折匕筯，性情如此，恐不可为士大夫妻。"许琮别尚广德公主，亦上次女也。

对裴书，四库馆臣评价说：

其书专记宣宗一朝之事，盖其在史局时所上监修稿本也……书中记事颇具首尾，司马光作《通鉴》，多采其说，而亦不尽信之。盖闻见所及，记近事者多确；恩怨未尽，记近事者亦多诬。自古而然，不但此书矣。[1]

---

[1] 《四库全书总目》卷51《〈东观奏记〉提要》，北京，中华书局，1965。

清人周中孚也说："当大顺中，长安寇乱相仍，自武宗以后，日历、起居注散轶不存，诏史臣修宣、懿、僖三朝实录，膺余分得宣宗一朝，乃采大中以来耳目闻见之事，撰成是编，凡八十九条，奏记于监修国史、丞相、晋国公杜让能，以备史馆讨论……案宣宗在位十八年，而所载只此，亦云略矣，然叙述颇有条理，而不免多失之诬，其可以传信者，司马氏《通鉴》已采入矣。"①

《东观奏记》成书后，久无刊刻，一直以抄本流传。于晚明，收入《稗海》和《续百川学海》，分别为万历会稽商氏半埜堂刊本和崇祯金陵心远堂刊本。顺治三年（1646），收入《说郛续》，为两浙李氏宛委山堂刊本。至乾隆朝，编《四库全书》，收入"史部杂史类"，为浙江范懋柱家天一阁藏本。同治十三年（1874），收入《小石山房丛书》，为虞山顾氏刊本。于晚清，收入《藕香零拾》，为光绪、宣统缪氏刊本。至民国，收入《笔记小说大观》和《丛书集成初编》，分别由上海进步书局、商务印书馆石印和排印；1984 年前者由广陵古籍刻印社影印，1985 年后者又由中华书局重印，与郑处诲《明皇杂录》、李德裕《次柳氏旧闻》、郑綮《开天传信记》、王仁裕《开元天宝遗事》和郑辂《宝应录》合刊一册。今人田廷柱以藕香零拾本为底本点校，1994 年由中华书局印行，列入《唐宋史料笔记丛刊》，与郑处诲《明皇杂录》合刊一册，是为现在最通行的版本。

郑廷诲与《广陵妖乱志》

郑廷诲（？—926）②，生年、字号、爵里及事迹行状俱不详。同光三年（925），随父伐蜀；次年正月，父子又一同被杀，今存所撰《广

---

① 周中孚：《郑堂读书记》卷 19《史部·杂史类·东观奏记》，上海，上海书店，2009。

② 水渭松：《〈广陵妖乱志〉作者考》，载《杭州大学学报》，1987（3）。

陵妖乱志》。

《广陵妖乱志》一卷，又作《妖乱志》，旧题署“罗隐”。郑书又卷下设目，而原书久佚，今本有乐史《太平广记》收录“高骈”、“吴尧卿”、“周迪妻”、“高骈”、“张守一”、“吕用之”、“诸葛殷”和“又”八条，又有司马光《资治通鉴考异》收录逸文十条。今本卷尾光绪三十年（1904）缪荃孙跋云：

> 《广陵妖乱志》，《新唐艺文志》作郭廷诲撰，《直斋书录解题》作郑延晦，《经籍考》引陈氏又作郑廷诲，《说郛》又以为罗隐，诸书各异。所记高骈、吕用之、毕师铎事，《通鉴》颇取之。《说郛》只存四篇，《罗昭谏集》同又辑《广记》中四条、《通鉴注》六条增入，略存梗概。

“广陵”，为扬州别称；“妖乱”，谓妖术乱政。郑氏作书，偏记晚唐高骈、吕用之和毕师铎事。高骈（822—887），字千里，幽州（今北京西南）人，官至秦州及郓州刺史、安南都护、成都尹、剑南西川节度观察使、江淮盐铁转运使、扬州大都督府长史、淮南节度副大使。广明元年（880），部将张璘全军覆没后，坐守扬州，畏怯避战，日以神仙为事，军政悉委吕用之，终为毕师铎、秦彦囚杀。

从设目来看，郑书可谓笔记体人物小传；书虽不厚，而所记高骈、吕用之、毕师铎在扬州惑于神仙之说，所行怪异失政、害民之事，鲜见于他书。入宋，司马光作《资治通鉴》和《资治通鉴考异》，广有采录，足以说明郑书的史料价值。即以“又”条为例：

> 高骈末年，惑于神仙之术。吕用之、张守一、诸葛殷等，皆言能役使鬼神，变化黄金，骈酷信之，遂委以政事。用之等援引朋党，恣为不法。其后亦虑多言者有所漏泄，因谓骈曰：“高真上圣，要降非难，所患者，学道之人真气稍亏，灵咒遂绝。”骈闻之，以为信然，乃谢绝人事，屏弃妾媵，宾客将吏无复见之。有不得已之故，则遣人先浴斋戒，诣紫极宫道士祓

除不祥，谓之“解秽”，然后见之。拜起才终，已复引出。自此内外拥隔，纪纲日紊。用之等因大行威福，傍若无人，岁月既深，根蒂遂固……江阳县前一地祇小庙，用之贫贱时，常与妻止其舍，凡所动静，祷而后行。得志后，谓为冥助，遂修崇之。回廊曲室，妆楼寝殿，百有余间，土木工师，尽江南之选。每军旅大事，则以少牢祀之，用之、守一皆云神遇。骈凡有密请，即遣二人致意焉。中和元年，用之以神仙好楼居，请于公廨邸北，跨河为迎仙楼。其斤斧之声，昼夜不绝，费数万缗，半岁方就……

是冬，又起延和阁于大厅之西，凡七间，高八丈，皆饰以珠玉，绮窗绣户，殆非人工。每旦焚名香，列异宝，以祈王母之降。及师铎乱，人有登之者，于藻井垂莲之上，见二十八字云：“延和高阁上干云，小语犹疑太乙闻。烧尽降真无一事，开门迎得毕将军。”此近诗妖也。用之公然云与上仙来往，每对骈，或叱咄风雨，顾揖空中，谓见群仙来往过于外，骈随而拜之。用之指画纷纭，略无愧色。左右稍有异论，则死不旋踵矣。见者莫测其由，但搏膺不敢出口。用之忽云：“后土夫人灵仇，遣使就某借兵马，并李筌所撰《太白阴经》。”骈遽下两县，率百姓苇席数千领，画作甲兵之状，遣用之于庙庭烧之，又以五彩笺写《太白阴经》十道，置于神座之侧，又于夫人帐中塑一绿衣年少，谓之“韦郎”。

庙成，有人于西庑栋上题一长句，诗曰：“四海干戈尚未宁，谩劳淮海写仪刑。九天玄女犹无信，后土夫人岂有灵？一带好云侵鬓绿，两行嵬岫拂眉清。韦郎年少耽闲事，案上休夸《太白经》。”好事者竞相传诵。是岁，诏于广陵立骈生祠，并刻石颂，差州人采碑石于宣城。及至杨子院，用之一夜遣人密以健牯五十牵至州南，凿垣架濠，移入城内。及明，栅缉如故。因令杨子县申府："昨夜碑石不知所在。"遂悬购之。至晚云："被神人移置街市。"骈大惊，乃于其傍立一大木柱，上以金书云："不因人力，自然而至。"即令两都出兵仗鼓乐，迎入碧筠亭。至三桥拥闹之处，故埋石以碍之，伪云人牛拽不动。骈乃朱篆数字，帖于碑上，须臾去石乃行。观者互相谓曰："碑动也。"识者恶之。明日，扬子有一村妪，诣知府判官陈牒，云："夜来里胥借耕牛牵碑，误损其足。"远近闻之，莫不绝倒。

比至失守，师铎之众竟至坏墉而进。常与丞相郑公不叶，用之知之，忽曰："适得上仙书，宰执之间有阴图令公者。使一侠士来，夜当至。"骈惊悸不已，问计于用之。曰："张先生少年时，尝学斯术于深井里聂夫人，近日不知更为之否。若有，但请此人当之，无不荠粉若。"骈立召守一语之，对曰："老夫久不为此戏，手足生疏，然为令公，有何不可！"及期衣妇人衣，匿于别室，守一寝于骈卧内。至夜分，掷一铜铁于阶砌之上，铿然有声，遂出皮囊中彘血，洒于庭户檐宇间，如格斗之状。明日，骈泣谢守一曰："蒙先公再生之恩，真枯骨重肉矣。"乃躬辇金玉及通天犀带，以酬其劳。江阳县尉薛，失其名，亦用之党也。忽一日，告骈曰："夜来因巡警，至后土庙前，见无限阴兵。其中一人云：'为我告高王，夫人使我将兵数百万，于此界游奕，幸王无虑他寇之侵轶也。'言毕而没。"群妖闻之大喜悦，竞以金帛遗之。未久，奏薛六合县令。用之又以木刻一大人足，长三尺五寸。

时久雨初霁，夜印于后土庙殿后柏林中及江阳县前，其迹如较力之状。明日，用之谓骈曰："夜来有神人斗于夫人庙中，用之夜遣阴兵逐之，已过江矣。不尔，广陵几为洪涛。"骈骇然，遂以黄金二十斤，以饷用之。后骈有所爱马死，园人惧得罪，求救于用之。用之乃又见骈曰："隋将陈杲仁，用之有事命至淮东，杲仁诉以无马，令公大乌，且望一借。"顷刻，厩吏报云："大乌黑汗发。"骈徐应之曰："吾已借大司徒矣。"俄而告毙。初，萧胜纳财于用之，求知盐城监。骈以当任者有绩，与夺之间，颇有难色。用之曰："用胜为盐城者，不为胜也。昨得上仙书云，有一宝剑在盐城井中，须用灵官取之。以胜上仙左右人，欲遣去耳。"骈俯仰许之。胜至监数月，遂匣一铜匕首献于骈。用之稽首曰："此北帝所佩者也，得之则百里之内，五兵不敢犯。"骈甚异之，遂饰以宝玉，常置座隅。

时广陵久雨……于是用之每夜密遣人纵火，荒祠坏宇，无复存者。骈当授道家秘法，用之、守一无增焉，因刻一青石，如手板状，隐起龙蛇，近成文字："玉皇授白云先生高骈。"潜使左右置安道院香几上。骈见之，不胜惊喜。用之曰："玉皇以令公焚修功著，特有是命，计其鸾鹤，不久当降。某等此际谪限已满，便应得陪幢节，同归真境也。他日瑶池席上，亦是人间一故事。"言毕，欢笑不已。遂相与登延和阁，命酒般，极欢而罢。后于道院庭中，刻木为鹤，大如小驷，鞯辔中设极捩，人或逼之，奋然飞动。骈尝羽服跨之，仰视空阔，有飘然之思矣。自是严斋醮，练金丹，费耗资财，动逾万计。日居月诸，竟无其验。

《广陵妖乱志》成书后，久无刊刻，又渐次散佚。入宋，《太平广记》和《资治通鉴考异》，收录了一些佚文。于晚明，收入《唐代丛书》，为崇祯钟氏刊本。顺治三年（1646），收入《说郛续》，为两浙李氏宛委山堂刊本。于晚清，收入《藕香零拾》，为宣统江阴缪氏刊本。1983年，收入《罗隐集》，中华书局排印雍文华辑校本；1993年，又收入《中国野史集成》，由巴蜀书社影印，是为现在最通行的版本。

马缟与《中华古今注》

马缟（？—936），字号及爵里不详。他少举明经，又登宏词科，于后梁为尚书郎、太常少卿，入后唐为绥州司马、中书舍人、国子祭酒，今存所撰《中华古今注》。

《中华古今注》三卷，书分上中下，卷上六十六条、卷中四十四条、卷下六十八条，凡一百七十八条。卷首马氏自序云：

> 昔崔豹《古今注》，博识虽广，殆有阙文，洎乎广初，莫之闻见。今添其注，以释其义，目之为《中华古今注》，勒成三卷，稍资后后，请益前言云尔。

崔豹（？），字正熊，西晋渔阳（今北京密云）人。他是经学博士，官至太子太傅丞；所作《古今注》三卷，书分上中下，又计分八类，即卷上“舆服”和“都邑”，卷中“音乐”、“鸟兽”和“鱼虫”，卷下“草木”、“杂注”和“问答释义”，是一部解说诠释各类事物之作，有助于了解古人对自然界、典章制度和社会习俗的认识。从马氏自序可知，他实际上是做了推广增益崔书的工作。

马书也分上中下，又卷下设目，即卷上“宫”、“阙”、“城”、“城隍”、“秦所筑长城”、“长安御沟”、“封疆”、“阛阓”、“肆店”、“罘罳屏”、“宗庙”、“汉成帝庙”、“尧诽谤木”、“方徼”“关塞”、“孙亮金螭屏风”、“孙权舸船”、“汉高祖斩白蛇剑”、“魏武帝军帢”、“吴大帝宝刀”、“孙文台青玉马鞍”、“魏武帝马勒酒椀”、“大驾指南车”、“金根车”、“辟恶车”、“记里鼓”、“街鼓”、“华盖”、“曲盖”、“雉尾扇”、“鄣扇”、“五明扇”、“警跸”、“唱”、“冕服”、“金斧”、“公主建鍠”、“信幡”、“豹尾”、“马前弓箭”、“狸头白首”、“龙虎节”、“军容袜额”、“櫜鞬三仗”、“戈戟”、“矛殳”、“刀剑”、“枷棒”、“棒”、“车辐”、“旌旃”、“麾旄”、“文武车耳”、“青印囊”、“簪白笔”、“文武冠”、“銮辂”、“五辂”、“貂蝉”、“部伍兵阵”、“部者”、“兵陈”、“阵”、“武臣缺胯袄子”、“文武品阶腰带”、“九环带”、“靴笏”、“履舄”、“厨人穰衣”、“伺风鸟”、“玉佩”、“天子乘舆赤绶”和“公侯大将军紫绶”；卷中“皇后太后印绶”、“幂罶”、“魏宫人长眉蝉鬓”、“头髻”、“冠子朵子扇子”、“钗子”、“梁冀盘桓钗”、“粉”、“燕脂”、“花子”、“衫子背子”、“裙衬裙”、“宫人披袄子”、“鞋子”、“靸鞋”、“女人披帛”、“麻鞋”、“袜”、“席帽”、“大帽子”、“搭耳帽”、“乌纱帽”、“幞头”、“巾子”、“汗衫”、“半臂”、“袜肚”、“裩”、“袴”、“布衫”、“袍衫”、“绯绫袍”、“被”、“燧铜镜”、“莫难珠”、“程雅问三皇五帝”、“牛亭问将离草名”、“程雅问拾栌鬼木”、“牛亭问书契所起”、“孙兴公称皇帝龙须草”、“牛亭问籍者何云”、“程雅问口传者何云”和“牛亭问草木”；卷下“雉朝飞”、“别鹤操”、“走马引”、“淮南王歌”、“武溪深”、“吴趋曲”、“箜篌引”、“悲歌”、“薤露蒿里歌”、“长歌短歌”、“陌上桑歌”、“杞梁妻歌”、“董逃歌”、“短箫铙歌”、“上雷”、“日重光月重轮”、“横吹”、“鞞鼓”、“问大琴大瑟”、“问女娲笙簧”、“钓竿歌”、“杨鸟”、“扶老”、“雁”、“凫”、“鹤”、“马”、“猿”、“鹧鸪”、“驴”、“秦始皇马”、“曹真駃马”、“鸳鸯”、“兔”、“獐”、“鹿”、“鹊”、“雀”、“燕”、“鸲鹆”、“乌”、“鸡”、“狗”、“猷犬”、“猪”、“羊”、“鵁鶄”、“萤火”、“蝼蛄”、“蟋蟀”、“蝙蝠”、“蟛蜞”、“长跂”、“蝇虎”、“莎鸡”、“蚯蚓”、“飞蛾”、“蝘蜓”、“蜻蛉”、“蛱蝶”、“绀蝶”、“鱼子”、“鲤鱼”、“鳢鱼”、“蜣螂”、“蜗牛”、“白鱼”、“虾蟆子”、“乌贼”、“鲸鱼”、“水居”、“龟名”、“鳖名”、“结草虫”、“鶢鶋”、“程雅问蚕”、“程雅问龟”、“牛亭问蝉”、“牛亭问蚁”和“玄晏先生问凤”。

书中有的内容，也和《古今注》相同。即以卷上“辟恶车”条为例，崔书云：“辟恶车，秦制也。桃弓苇矢，所以祓除不祥。”而马书则云：“辟恶车，秦制也。桃弓苇矢，所以禳除不祥也。《春秋》云：

‘桃弓荆矢，以除其灾。’所谓辟恶也。”不难看出，马氏比崔氏的注释更详。所以，阅崔书不妨参见马书。从性质上说，二书为释字词的工具书，可作阅读史文疏通之用。

对马书，四库馆臣评价说：

> 考《太平御览》所引书名，有豹书而无缟书，《文献通考·杂家类》又只有缟书而无豹书，知豹书久亡，缟书晚出，后人摭其中魏以前事，赝为豹作。又检校《永乐大典》所载《苏鹗演义》与二书相同者十之五六，则不特豹书出于依托，即缟书亦不免于剿袭。特以相传既久，姑存以备一家耳。①

清人周中孚也说：马书“与崔氏书所分八门，名异而文相同者十之八九。且考苏德祥《演义》，与此二书相同者又十之五六，疑二书皆属后人所依托，不似自家之原本也。特以其皆考证名物，故合而志之”②。公道说，推进前人认识，当为马氏的贡献。而近人余嘉锡又辨之，不赞成四库馆臣对崔、马书的怀疑，确信它们并非抄袭《苏氏演义》。③

《中华古今注》成书后，久无刊刻，一直以抄本流传。入宋，收入《百川学海》，弘治十四年（1501），又有无锡华氏覆宋本。至晚明，又收入《古今逸史》和《续百川学海》，分别为万历漳州吴氏刊本和崇祯金陵心远堂刊本。顺治三年（1646），收入《说郛续》，为两浙李氏宛委山堂刊本；康熙七年（1668），又收入《秘书二十一种》，为新安汪氏重编本。至乾隆朝，编《四库全书》，收入“子部杂家类”，附于崔豹《古今注》之后，为江苏巡抚采进本。至民国，收入《四部备要》、《景印元明善本丛书》和《丛书集成初编》，分别由中华书局、商务印

---

① 《四库全书总目》卷118《〈古今注〉提要》，北京，中华书局，1965。

② 周中孚：《郑堂读书记》卷54《子部·杂家类·古今注/中华古今注》，上海，上海书店，2009。

③ 余嘉锡：《四库提要辨证》卷15《子部杂家类·古今注/中华古今注》，北京，中华书局，1980。

书馆影印和排印，1985 年后者又由中华书局重印，与李匡义《资暇集》和苏鹗《苏氏演义》合刊一册。今人吴企明以百川学海本为底本点校，2012 年由中华书局印行，列入《唐宋史料笔记丛刊》，与苏鹗《苏氏演义》、李匡文《资暇集》和李涪《刊误》合刊一册，是为现在最通行的版本。

王定保与《唐摭言》

王定保（870—954），字翊圣，江南西道洪州（今江西南昌）人。光化三年（900）进士，官至容管巡官。唐亡后，先至湖南依马殷，后至广州事刘隐，晚年为南汉中书侍郎、同平章事。他善文辞，撰有《唐摭言》和《南宫七奇赋》。

《唐摭言》十五卷，原名《摭言》，成书于后梁。“摭”，拾取、采撷之义，像《法言·问明》云：“摭我华而不食我实。”又《汉书·扬雄传》云：“往往摭《离骚》文而反之。”王氏以“摭言”题书，自是一种自谦的表示。关于作书原委，卷三“散序”云：

> 定保生于咸通庚寅岁，时属南蛮骚动，诸道征兵，自是联翩，寇乱中土，虽归第太平里，而迹未尝达京师。故治平盛事，罕得博闻，然以乐闻科第之美，尝谘访于前达间，如丞相吴郡公扆，翰林侍郎濮阳公融，恩门右省李常侍渥，颜夕拜荛，从翁丞相溥，从叔南海记室涣，其次同年卢十三延让，杨五十一赞图，崔二十七籍若等十许人，时蒙言及京华故事，靡不录之于心，退则编之于简策。

王氏采有关实录、诏敕、奏疏、格文和一些笔记小说作书，可信程度很高。又卷下设目，凡一百零三条，即卷一“统序科第”、“贡举厘革并行乡饮酒”、“会昌五年举格节文”、“述进士上篇”、“述进士下篇”、“散序进士”、“两监”、“西监”、“东监”、“乡贡”、“广文”、

“两都贡举”、“试杂文”、“朝见”、“谒先师”和“进士归礼部”；卷二“京兆府解送”、“元和元年登科记京兆等第榜叙”、“废等第”、“置等第”、“府元落”、“等第末为状元”、“等第罢举”、“为等第后久方及第”、“海述解送”、“争解元叩贡院门求试后到附”、“得失以道”和“恚恨”；卷三“散序”、“谢恩”、“期集”、“点检文书”、“过堂”、“关试”、“宴名”、“今年及第明年登科”和“慈恩寺题名游赏赋咏杂纪”；卷四“节操”、“与恩地旧交”、“师友”和“气义”；卷五“切磋”和“以其人不称才试而后惊”；卷六“公荐”；卷七“起自寒苦”、“好放孤寒”、“升沈后进”和“知己”；卷八“通榜”、“主司挠闷”、“阴注阳受”、“梦”、“听响卜”、“自放状头”、“遭遇”、“友放”、“误放”、“忧中有喜”、“为乡人轻视而得者”、“以贤妻激劝而得者”、“已落重收”、“放老”、“及第与长行拜官相次”、“别头及第”、“及第后隐居”和“入道”；卷九“防慎不至”、“误掇恶名”、“好知己恶及第”、“好及第恶登科”、“敕赐及第”、“表荐及第”、“恶得及第”、“芳林十哲今记得者八人”和“四凶今所记者三”；卷十“载应不捷声价益振”、“海叙不遇”和“韦庄奏请追赠不及第人近代者”；卷十一“反初及第”、“反初不第”、“无官受黜”、“荐举不捷”、“已得复失”、“以德报怨”、“恶分疏”和“怨怒戆直附”；卷十二“自负”、“轻佻戏谑嘲咏附”、“设奇沽誉”和“酒失”；卷十三“敏捷”、“矛盾”、“惜名”和“无名子谤议”；卷十四“主司称意”和“主司失意”；卷十五“杂记”、“条流进士”、“闽中进士”、“贤仆夫”、“旧话”、“切忌”和“没用处”。

一般说来，卷一至卷三，主要记科举制度与有关掌故；卷四至卷十五，主要记科举士人的风习言行。卷一“述进士上篇”条，记唐太宗的一句名言：“天下英雄入吾彀中矣”，深刻道出了帝王以科举网罗天下英才的心声。不难看出，它是一部有关唐朝科举制度的专书。在它之前，专记科举者，尚有卢光启《初举子》一卷；于它之后，尚有何晦

《广摭言》十五卷。不过，从影响上说，卢书与何书俱不及它，这与它的取材大有关系。除了实录、国史、诏敕、奏疏和格文之外，王氏还抄录了有关的书信、诗歌，扩大了信息量，也保存了大量不见于唐人别集的佚文；再者，也有不少内容得之于作者的亲闻，从而也提高了史文的可信度。书中记录了上百位文学家的遗闻佚事，是研究他们的诗文风格、生平活动乃至唐代文学史的珍贵史料。宋人计有功作《唐诗纪事》，很多材料即是从王书中选取的。①

对王书，四库馆臣评价说：

> 是书成于周世宗显德元年以后，故题唐国号不复作内词……述有唐一代贡举之制特详，多史志所未及。其一切杂事，亦足以觇名场之风气，验士习之淳浇。法戒兼陈，可为永鉴，不似他家杂录但记异闻已也。②

清人周中孚也称赞道："盖其所记皆从博谘广询而来，故能于一代贡举之制特详，有《新唐书·选举志》所未备也。其所缕述杂事，亦足见当日之士风，有资劝戒。"③ 晚清李慈铭，虽认为王氏"识趣甚卑"、"所载多委琐"，可也充分肯定王书的价值："唐人登科记等尽佚，仅存此书，故为考科名者所不可少。"④

《唐摭言》成书后，于南宋，收入曾慥《类说》，天启六年(1626)，又有岳钟秀刻本。又有明抄本和节刊本，今存国家图书馆。至乾隆朝，编《四库全书》，收入"子部小说家类"，为副都御史黄登贤家藏本；又乾隆二十一年（1756），收入《雅雨堂藏书》，为德州卢

① 岑仲勉：《岑仲勉史学论文集·跋〈唐摭言〉》，上海，上海古籍出版社，1990；陶绍清：《〈唐摭言〉的研究》，复旦大学中国古代文学博士论文（2007）；陶绍清：《〈唐摭言〉研究》，北京，中国社会科学出版社，2014。

② 《四库全书总目》卷140《〈唐摭言〉提要》，北京，中华书局，1965。

③ 周中孚：《郑堂读书记》卷63《子部·小说家类·唐摭言》，上海，上海书店，2009。

④ 李慈铭：《越缦堂读书记·杂记·唐摭言》，北京，中华书局，2006。

氏刊本。嘉庆十年（1805），收入《学津讨原》，为虞山张氏照旷阁刊本；光绪九年（1883），又收入《啸园丛书》，为仁和葛氏刊本。至民国，收入《说库》、《四部备要》和《丛书集成初编》，分别由上海文明书局、中华书局、商务印书馆石印、影印和排印，1985年后者又由中华书局重印，与李绰《尚书故实》合刊一册。1957年，由古典文学出版社排印，列入《中国文学参考资料小丛书》；1959年，中华书局上海编辑所另刊新版，1978年又由上海古籍出版社重印。今人阳羡生以重印本为底本点校，2012年由上海古籍出版社排印，列入《历代笔记小说大观》，是为现在最通行的版本。另外，1993年，又收入《中国野史集成》，由巴蜀书社影印。

王仁裕与《玉堂闲话》、《王氏见闻录》和《开元天宝遗事》

王仁裕（880—956），字德辇，陇右秦州（今甘肃天水）人。晚唐为秦州判官，又入前蜀、后蜀、后唐、后晋、后汉和后周，官至秦川节度判官、户部及兵部尚书、太子少保。他为人俊秀，工诗文，晓音律，撰有《入洛记》、《南行记》、《乘辂集》、《西江集》、《玉堂闲话》、《王氏见闻录》和《开元天宝遗事》。

《玉堂闲话》十卷，今本存之半；又卷下设目，即卷一“伊用昌”、“权师”、“赵圣人”、“法本”、“渭滨钓者”、“赘肉”、“西明寺”、“李彦光”、“侯温”、“马全节婢”、“刘钥匙”、“刘自然”、“上公”、“晋高祖”、“孙偓”、“戴思远”、“张篯”、“齐州民”、“秦城芭蕉”、“睿陵僧”、“庞从”、“桑维翰”、“房知温”、“窦梦征”、“许生”、“阴君文字”、“贫妇”、“灌园婴女”、“王晖”、“裴度”、“发冢盗”、“郑雍”、“王殷”、“刘崇龟”和“杀妻者”；卷二“葛周”、“郑昌图”、“杨玄同”、“高辇”、“张濬”、“村妇”、“王宰”、“段成式”、“江陵书生”、“陈琡”、“王仁裕”、“王仁裕”、“厉归真”、“高骈”、“田令孜”、“于遘”、“颜燧”、“申光逊”、“田承肇”、“蛇毒”、“程逊”、“真阳观”、“陴湖渔者”、“大安寺”、“李延召”、“俳优人”、“不调子”、“司马都”、“李任为赋”、“陈癞子”、“征君”、“胡令”、“郡牧”、“张咸光”、“道流”、“市马”、“朝士使朔方”、“轻薄士流”和“崔秘”；卷三“赵思绾”、“安道进”、“邹仆妻”、“歌者妇”、“河池妇人”、“秦骑将”、“李秀兰”、“晋少主”、“袁继谦”、“邵元休”、“目老叟为小儿”、“狄仁杰祠”、“葛氏妇”、“庞式”、“仆射陂”、“刘峭”、“崔练师”、“邵元休”、“何四郎”、“杨瑊”、“袁继谦”、“邠州士人”、“王殷”、“谢彦璋”、“崇圣寺”、“杜悰”、“欧阳璨”、“东柯院”、“王守贞”、“张鏞”、“宗梦征”、“无足妇人”、“白项鸦”、“南中行者”、“吉州渔者”、“玄宗圣容”、“庐山渔者”、“崔四八”和“李福”；卷四“申文纬”、“法门寺”、“上霄峰”、“麦积山”、“斗山观”、“大竹路”、“漏泽”、“驱山铎”、“宜春郡民”、“辨白檀树”、“竹实”、“尹皓”、“槭虎”、“商山路”、“王行言”、“仲小小”、“石从义”、“袁继谦”、“安甲”、“徐州军人”、“狨”、“民妇”、“选仙场”、“狗仙山”、“朱汉宾”、“牛存节”、“徐坦”、“张氏”、“又”、“顾遂”、“瞿塘峡”、“南人捕雁”、“莺”、“崔棁”、“老蛛”、“水蛙”、“螽斯”、“蛹化”、“新罗”、“番禺”、“南州”、“冯宿”、“孟乙”、“振武角抵人”、“薛昌绪”、“康义诚”和“帝羓”；卷五“燕继室害诸雏”、“驴马驹”、“醉人冢中”、“御史台故事”、“中鳖毒”、“阁皂山”、“芋墙”、“占水旱”、“颜鲁公尸解”、“张守中诗”、“此处与幞头分界”、“劫鼠食仓”、“火精”、“蛇菌”、“假对”、“贺氏”、“广王全昱”、“葛党刀”和“隗嚣宫”。

王书偏记晚唐、五代事，又不乏怪异之事。不过，它还是广泛反映了当时的社会生活。像卷一“刘崇龟”和“杀妻者”条，记公案事，写得曲折生动；又卷二“村妇”条、卷三“歌者妇”条，反映了村妇、歌女的机智和勇敢，小说性质同样很强。即以“村妇”条为例：

昭宗为梁主劫迁之后，岐凤诸州，各蓄甲兵甚众，恣其劫掠以自给。成州有僻远村墅，巨有积货，主将遣二十余骑夜掠之。既仓卒至，罔敢支吾，其丈夫并囚缚之，罄搜其货，囊而贮之。然后烹豕犬，遣其妇女羞馔，恣其饮啖。其家尝收莨菪子，其妇女多取之熬捣，一如辣末，置于食味中，然后饮以浊醪。于时药作，竟于腰下拔剑掘地曰："马入地下去也。"或欲入火投渊，颠而后仆。于是，妇女解去良人执缚，徐取骑士剑，一一断其颈而瘗之。其马使人逐官路，箠而遣之，罔有知者。后地土改易，方泄其事。

又卷四"麦积山"条，是有关这座佛教圣山的重要历史资料：

麦积山者，北跨清渭，南渐两当，五百里岗峦，麦积处其半。崛起一块石，高百万寻，望之团团，如农家积麦之状，故有此名。其青云之半，峭壁之间，镌石成佛，万龛千室，虽自人力，疑其鬼功。隋文帝分葬神尼舍利函于东阁之下，石室之中，有庾信铭记刊于岩中。古记云，六国共修，自平地积薪，至于岩巅，从上镌凿其龛室佛像。功毕，旋旋折薪而下，然后梯空架险而上。其上有散花楼、七佛阁金蹄银角犊儿，由西卜悬梯而上。其间，千房万屋，缘空蹑虚，登之者不敢回顾。将及绝顶，有万菩萨堂，凿石而成，广若今之大殿。其雕梁画栋，绣栋云楣，并就石而成，万躯菩萨，列于一堂。自此室之上，更有一龛，谓之天堂。空中倚一独梯，攀缘而上，至此，则万中无一人敢登者。于此下顾，其群山皆如培楼。王仁裕时独能登之，仍题诗于天堂西壁上曰："蹑尽悬空万仞梯，等闲身共白云齐。檐前下视群山小，堂上平分落日低。绝顶路危人少到，古岩松健鹤频栖。天边为要留名姓，拂石殷勤手自题。"时前唐末辛未年，登此留题，于今三十九载矣。

《玉堂闲话》久佚，入宋，李昉作《太平广记》，收入佚文一百六十条；另收入曾慥《类说》，天启六年（1626），又有岳钟秀刻本。顺治三年（1646），一卷本收入《说郛续》，为两浙李氏宛委山堂刊本，误题署“五代范质”[①]。今人陈尚君辑一百八十二条，收入《五代史书汇编》（四），2004年由杭州出版社排印；今人蒲向明辑一百八十六条，编成《玉堂闲话评注》，2007年由中国社会出版社印行，是为现在最通行的版本。

《王氏见闻录》一卷，又作《见闻录》、《王氏见闻》、《王氏见闻录》、《王氏闻见录》、《王氏闻见集》和《王氏见闻集》。王书又卷下设目，凡三十一条，即“蜀士”、“陈岷”、“金州道人”、“萧怀武”、“潞王”、“伪蜀主舅”、“兴圣观”、“骆驼杖”、“竹貙”、“温造”、“成都丐者”、“文处子”、“王承休”、“冯涓”、“窦少卿”、“封舜卿”、“杨铮”、“长须生”、“韩伸”、“胡翙”、“吴宗文”、“蜀功臣”、“朱少卿”、“功德山”、“青城道士”、“陷河神”、“王宗信”、“王仁裕”、“王思同”、“姜太师”和“沈尚书妻”。

王书偏小说家言，从总体上说，史料价值不高。不过，王氏熟悉五代蜀事，很多是他的亲见亲闻，从不同侧面反映了五代蜀地的社会面貌，也不乏可取之处。[②] 像“伪蜀主舅”条云：

> 伪蜀主之舅，累世富盛，于兴义门造宅。宅内有二十余院。皆雕墙峻宇，高台深池，奇花异卉，丛桂小山，山川珍物，无所不有。秦州董城村院，有红牡丹一株，所植年代深远，使人取之，掘土方丈。乘以木柜。自秦州至成都。三千余里。历九折、七盘、望云、九井、大小漫天，隘狭悬险之路，方致焉。乃植于新第，因请少主临幸。少主叹其基构华丽，侔于宫室，遂戏命笔。于柱上大书一孟字。时俗谓孟为不堪故

① 周勋初：《〈玉堂闲话〉考》，载《西北师大学报》，1988（3）。

② 蒲向明：《王仁裕笔记小说集〈王氏闻见录〉诸问题探讨》，载《甘肃高师学报》，2010（3）。

也。明年蜀破，孟氏入成都。据其地。忽睹营间有绛纱笼。迫而视之。乃一孟字。孟曰："吉祥也，吾无易此居。"孟之有蜀，盖先兆也。

又"成都丐者"① 条云：

成都有丐者，诈称落泊衣冠，弊服褴褛，常巡成都市廛，见人即展手希一文，云失坠文书，求官不遂。人皆哀之，为其言语悲嘶，形容憔悴。居于早迁桥侧。后有势家于所居旁起园亭，欲广其池馆，遂强买之。及辟其圭窦，则见两间大屋，皆满贮散钱，计数千万，邻里莫有知者。成都人一概呼求事官人为"乞措大"。

《王氏闻见录》久佚，入宋，李昉作《太平广记》，收入佚文三十一条。2004 年，收入《五代史书汇编》（十），由杭州出版社排印，是为现在最通行的版本。

《开元天宝遗事》四卷，凡一百四十六条②。王书又卷下设目，即卷一"玉有太平字"、"步辇召学士"、"赐箸表直"、"截镫留鞭"、"惭颜厚如甲"、"七宝山座"、"痴贤"、"蜂蝶相随"、"扫雪迎宾"、"梦虎之妖"、"记事珠"、"游仙枕"、"随蝶所幸"、"记恶碑"、"自暖杯"、"辟寒犀"、"传书鸽"、"牵红丝娶妇"、"豪友"、"唤铁"、"鹦鹉告事"、"瑞炭"、"敲冰煮茗"、"物外之游"、"花妖"、"花上金铃"、"妖烛"、"七宝砚炉"、"梦玉莺投怀"、"馋鱼灯"、"助娇花"、"照病镜"、"助情花香"和"眼色媚人"；卷二"警恶刀"、"梦中有孕"、"金笼蟋蟀"、"烛奴"、"醒醉草"、"盆池鱼"、"看花马"、"香肌暖手"、"金衣公子"、"花茵"、"销恨花"、"醉舆"、"妓围"、"风流薮泽"、"依冰山"、"禽拥行车"、"镜影成相字"、"知更雀"、"枯松再

① 《太平广记》误以为出自《朝野佥载》。

② 传本有作二卷本，一百五十九条者。

生”、“颠饮”、“选婿窗”、“四方神事”、“立有祸福”、“移春槛”、“冰山避暑”、“戏掷金钱”、“射团”、“探官”、“撤去灯烛”、“刀枪自鸣”、“富窟”、“床畔香童”、“龙皮扇”、“梦笔头生花”、“醒酒花”、“蛛丝卜巧”和“夜明杖”；卷三“郡神迎路”、“县妖破胆”、“泥金帖子”、“喜信”、“被底鸳鸯”、“半仙之戏”、“相风旌”、“占雨石”、“向火乞儿”、“结棚避暑”、“冰箸”、“鸡声断爱”、“占风铎”、“山猿报时”、“游盖飘青云”、“红冰”、“投钱赌寝”、“精神顿生”、“口案”、“言刑”、“销魂桥”、“逐恶如驱蚊蚋”、“歇马杯”、“吹火照书”、“金牌断酒”、“文阵雄帅”、“射飞毛”、“泪妆”、“索斗鸡”、“肉阵”、“传书燕”、“灯婢”、“解语花”、“油幕”、“斗花”、“裙幄”和“风炭”；卷四“文帅”、“乞巧楼”、“吸花露”、“含玉兼津”、“红汗”、“金函”、“击鉴救月”、“歌直千金”、“肉腰刀”、“隔障歌”、“楼车载乐”、“猧子乱局”、“决云儿”、“长汤十六所”、“锦雁”、“夜明枕”、“金鸡障”、“百枝灯树”、“千炬烛围”、“有脚阳春”、“粲花之论”、“醉圣”、“灵鹊报喜”、“走丸之辩”、“探春”、“冰兽赠王公”、“嚼麝之谈”、“醉语”、“暖玉鞍”、“百宝栏”、“四香阁”、“任人如市瓜”、“雪刺满头”、“忍字”、“风流阵”、“望月台”、“竹义”和“美人呵笔”。

王书分记开元、天宝史事，偏于宫中琐闻，又留心风俗习尚，而对唐明皇、杨贵妃及王公贵族淫靡之风广有涉及，为后来戏曲、小说家所推崇。因王氏偏好民间传说，所记没有详核史事，自然也难免舛误、失实之处。四库馆臣即批评道：

> 盖委巷相传，语多失实，仁裕采摭于遗民之口，不能证以国史，是即其失。①

① 《四库全书总目》卷140《〈开元天宝遗事〉提要》，北京，中华书局，1965。

不过，清人周中孚另有看法："窃谓小说家言，得诸委巷，聊以资谈柄耳，不能一一责必实也。即如此书，固不必因《通鉴》曾采其说以重其书，亦不必因《容斋》屡摘其误以毁其版，况德辇不过长乐老人之亚，断非博极群书者，尤不必辨其不出于德辇也。"[①] 而唐代去今已远，它仍不失为研究玄宗朝历史重要的参考资料。

《开元天宝遗事》成书后，于南宋，收入曾慥《类说》，天启六年（1626），又有岳钟秀刻本。于晚明，既有建业张氏铜活字本，又收入《顾氏文房小说》、《历代小史》和《续百川学海》，分别为嘉靖顾氏夷白斋刊本、万历安溪李氏刊本和崇祯金陵心远堂刊本。宽永十六年（1639），海外另有日本刻本。顺治三年（1646），收入《说郛续》，为两浙李氏宛委山堂刊本。至乾隆朝，编《四库全书》，收入"子部小说家类"，为兵部侍郎纪昀家藏本。至民国，收入《五朝小说大观》、《景印元明善本丛书》和《丛书集成初编》，分别由上海扫叶山房、商务印书馆排印和影印，1985年后者又由中华书局重印，与郑处诲《明皇杂录》、李德裕《次柳氏旧闻》、郑綮《开天传信记》、裴廷裕《东观奏记》和郑辂《宝应录》合刊一册。同年，上海古籍出版社以顾氏文房本排印，收入《开元天宝遗事十种》。今人曾贻芬以张氏铜活字本为底本点校，2006年由中华书局印行，列入《唐宋史料笔记丛刊》，与姚汝能《安禄山事迹》合刊一册；今人丁如明以顾氏文房本为底本点校，2007年由上海古籍出版社印行，收入《唐五代笔记小说大观》，2012年，上海古籍出版社重排丁氏点校本，列入《历代笔记小说大观》，与郑处诲《明皇杂录》、李濬《松窗杂录》、郑綮《开天传信记》、孟棨《本事诗》、苏鹗《杜阳杂编》、康軿《剧谈录》和严子休《桂苑丛谈》合刊一册，是为现在最通行的版本。另外，1993年，又收入《中国野

① 周中孚：《郑堂读书记》卷63《子部·小说家类·开元天宝遗事》，上海，上海书店，2009。

史集成》，由巴蜀书社影印。

皮光业与《皮氏见闻录》

皮光业（888—954），襄阳竟陵（今湖北天门）人，字号及事迹行状不详。他是晚唐皮日休[①]曾孙，入吴越为余杭从事，天福二年（937），官至丞相，今存所撰《皮氏见闻录》。

《皮氏见闻录》十三卷，又作《见闻录》、《皮氏见闻》、《皮光业见闻录》。宋人郑樵《通志略》，说它记“唐乾元至五代时事”[②]。可它又早佚，今之所存，只是一些残文断章。今从司马光《资治通鉴考异》，胪列所引佚文三条，以作管中窥豹而已：

> 崔慎由以元和元年登第，至开成已入翰林。因寓直之夕，引入数重门，至一处，堂宇华焕，帘幕俱垂。见左右二广燃蜡而坐，谓慎由曰：“上不豫来已数日，间自登极后圣政多亏，今奉太后中旨，命学士草废立令。”慎由大惊。曰：“某有中外亲族数千口，列在缙绅，长行兄弟甥侄仅三百人，一旦闻此覆族之言，宁死不敢承命。况圣上高明之德，覆于八荒，岂可轻议?”而广默然，无以为对。良久，启后户，引慎由至一小殿，见文宗坐于殿上，二广迳登阶而疏文宗过恶，上唯俛首。又曰：“不为此拗木枕措大，不合更在此坐矣。”街谈以好拗为拗木枕。仍戒慎由曰：“事泄即是此措大也。”于是，二广自执炬，送慎由出邃殿门，复令中使送至本院。慎由寻以疾出翰林，遂金滕其事，付胤。故胤切于剿绝北司者，由此也。诛

① 皮日休（834—902），字袭美、逸少，自号“鹿门子”、“间气布衣”、“醉吟先生”，襄阳竟陵（今湖北天门）人。他是晚唐文学家，与陆龟蒙齐名，合称“皮陆”。

② 郑樵：《通志略》卷13，北京，中华书局，1990。

北司后，胤方彰其事。（卷二十一）

（张）郁，润州小将也。周宝差郁押兵士三百人，戍于海次。因正旦酗酒，杀使府，安慰军将度不免祸，遂作乱。润州差拓跋从领兵讨之，郁自常熟县取江阴而入常州，刺史刘革到任方一月，亲执牌印于戟门而降。（卷二十五）

正月乙酉，车驾次宝鸡。（卷二十五）

司马光于光启“二年正月，张郁陷常州”下，引皮书以纠《新纪》之失；又于三月“丙申，车驾至兴元”下，引诸书之说，以证皮书所记之误；又于大和九年十一月“杀生除拜皆决于两中尉”下，引皮书所记两中尉召崔慎由草废文宗诏书事，为中唐之重大事件，自然也是一条十分珍贵的史料。

史虚白与《钓矶立谈》

史虚白（894—961），字畏名，自号“钓矶闲客”，北海青州（今属山东）人。初隐嵩山，又因中原丧乱，与韩熙载南渡。南唐国主李璟，召见问政，不答，因醉溺于殿，乃赐田五顷，放还。他通文史，今存所撰《钓矶立谈》。

《钓矶立谈》一卷，旧题署“钓矶闲客”。卷首史氏自序云：

过江之后，先校书不禄，叟嗣守弊庐，颇窥先志，不复以进取为念……时移事往，将就芜没，叟身非朝行，口不食禄，固无预于史事，顾耳目之所及，非网罟之至议，则波涛之呓语也。随意所商，聊复疏之于纸，仅得百二十许条，总而题之曰《钓矶立谈》，使小子温成诵于口，粗以存其梗概云。吁！文惭子山之丽，兴哀则有之；才愧士衡之多，辨亡亦几矣。

不过，清人鲍廷博[①]考证，实乃虚白仲子所作。“矶”者，水边岩石也；“钓矶”，谓垂钓闲坐之石。北周明帝《贻韦居士诗》即云：“坐石窥仙洞，乘槎下钓矶。”唐人孟浩然《经七里滩》又云：“钓矶平可坐，苔磴滑难步。”史氏以之自号，又因以题书。今之史书，已为残卷，凡三十条。书记南唐杂事，又以“叟”、“叟曰”的形式，品评有关的人物和事件，以示“辨亡”之旨。像记边南院事云：

边南院之始为将也，爱惜士卒，分甘绝苦，其所过之地，秋毫不犯，出入城邑，整齐而有容，时人从而目之曰边菩萨。望其旌纛之所指，举欣欣然相告曰：“是庶几其撩理我也。”及其既耄，则威不克爱，纲纪紊乱，玩侮饕渎，禁约不胜。时人又从而目之曰边和尚，望其旌纛之所指，举疾视而相告曰：“是愦愦者，无宁其浼我也。”

叟曰：夫爱憎之实，既贸于区中，则毁誉之形，必迁于外次。譬之龟焉，灼其中者，文见于兆矣。古语云：“爱其人者，爱其屋上乌；憎其人者，憎其储胥。”夫乌之所集，其屋必润，储胥者，主人储意以待客之地，其敬我者，更将致憎，故君子之所以自立，不可不戒。

又记陈觉事云：

陈觉不俟诏旨，进讨福州，冯延鲁贪功，亟谋掎角。及戎律大挠，舆尸不归，元宗大怒，命锁二臣至国都，夺官流之支郡。秘书丞韩熙载上疏，请诛斩以谢国人，其略云：“擅兴者无罪，则疆场生事之臣，恬不知畏；丧师者获存，则行阵效死之士，何视而劝？”元宗不能用其语。

叟初闻江南老人言，熙载素恶于二冯，又与陈觉故不相

① 鲍廷博（1728—1814），字以文，号渌饮，安徽歙县人，随父徙杭州，后定居桐乡。他殷富好文，筑室收藏宋元之书，取《礼记·学记》“学然后知不足”之义，题之曰“知不足斋”；又刻《知不足斋丛书》，为乾隆长塘鲍氏刊本。

知，是以因其隙而危攻之，其言不无过也。及见后主归命，家国湮覆，求其倾圮之渐，乃兆于讨闽之役，然则虽断二子之首，盖不足以赎责。自樊若冰裒取阴事，输之于天朝，国人恨之，入于骨髓，至发其先垄，投骨于江流。由是以考之，韩之至言，当自为体国而发，彼轻以小人之心，而揣量君子，殊愧前闻之陋。

对史书，四库馆臣评价说：

其书杂录南唐事迹，附以论断。其中徐铉一条，称铉方奉诏与汤悦书江南事，虑铉与潘佑不协，或诬以他词。则亦杂史中之不失是非者也。①

晚清李慈铭也说："略记南唐兴废事，每条下附论断，沉郁凄婉，惓惓故国之思。颂述烈祖元宗两朝美政，不遗余力，于烈祖开国规模，尤一往三复，深惜后人之不能慎守，又备言周师伐淮时残暴之状。"②

《钓矶立谈》成书后，先有宋刻本，后鲜刊印。至乾隆朝，编《四库全书》，收入"史部载记类"，为江苏巡抚采进本；又收入《知不足斋丛书》，为长塘鲍氏刊本。至民国，收入《丛书集成初编》，由商务印书馆排印，1985年又由中华书局重印，与郑文宝《南唐近事》、《江南余载》合刊一册。2004年，收入《五代史书汇编》（九），由杭州出版社排印；2011年，收入《金陵全书乙编》，由南京出版社印行，与陈彭年《江南别录》、郑文宝《江表志》和马令《南唐书》合刊一册，是为现在最通行的版本。另外，1993年，又收入《中国野史集成》，由巴蜀书社影印。

① 《四库全书总目》卷66《〈钓矶立谈〉提要》，北京，中华书局，1965。
② 李慈铭：《越缦堂读书记·杂记·钓矶立谈》，北京，中华书局，2006。

丘光庭与《兼明书》

丘光庭（907—960），湖州乌程（今属浙江）人，字号、事迹行状不详。他工于诗，另撰有《兼明书》。

《兼明书》五卷，偏于学术，属考据辨证类笔记。卷一至卷三论经史诸书，广涉《周易》、《尚书》、《毛诗》、《春秋》、《礼记》、《论语》、《孝经》、《尔雅》中的文字训诂、传说、故实、风俗和名物，卷四驳五臣的《文选注》，卷五为杂说。

丘书又卷下设目，即卷一《诸书》“三皇”、“五帝”、“皇帝名义”、“放勋重华文命非名”、“五行神”、“五行配”、“社神”、“社位”、“社名”、“社配”、“社日”、“社始”、“社树”、“稷神”、“稷名”、“稷配”、“稷日”、“稷始”、“文字元起”、“隶书所始”、“土牛义”和“乡饮酒乐”；卷二《周易》“云从龙”、“苋陆”、“密云不雨”、“天地氤氲”和“枢机”，《尚书》“三江既入”、“包匦菁茅”、“血流漂杵”和“周康王名”，《毛诗》“序”、“沈朗新添”、“雎鸠”、“美目扬兮”、“美目清兮”、“曷又从止”、“硕鼠”、“生于道左”、“其带伊丝”、“鹳鸣于垤”、“莎鸡”、“鸱鸮”、“补新宫并序”、“小序”、“补茅鸱并序”和“小序”；卷三《春秋》“刘子玄误说周之诸侯用夏正”、“善者信矣”、“卫桓公名”、“荆败蔡师于莘”、“金鼓以声气也”、“葛藟庇本根”、“文马”、“姞吉人”、“敝邑之幸”和“两观”，《礼记》“宿离不贷”、“占兆审卦”、“苦菜”、“蝼蝈”、“王瓜”和“正鹄”，《论语》“而好犯上”、“指其掌”、“祭如在”、“而有宋朝之美”、“饭蔬食”、“唐棣”、“食不厌精”、“食饐而餲”、“肉虽多不使胜食气”、“迅雷风烈必变”、“颜路请子之车以为椁”和“其父攘羊而子证之”，《孝经》“仲尼”和“曾子侍”，《尔雅》“菟字”、“蜚蠦蜰”和“桑鳸窃脂”；卷四《文选》“五臣注文选”、“吴都赋”、“支粲藻棁”、“滥觞”、“岂鲜辉于阳春”、“畴德瑞圣”、“珪璋特达”、“昔闻东陵瓜”、“布衣可终身”、“施己惟约”、“霜降休百工”、“尚席函杖”、“凤吹”、“细草藉龙骑”、“借曰”、“项领”、“涕交缨”、“西陵”、“中孚爻”、“瓜田不纳履”、“错陶唐之象”和“辞远游”；卷五杂说“辛壬癸甲”、“地震”、“日远近”、“月桂”、“江东”、“江左”、“我承其弊”、“徒行”、“象傲”、“潇湘逢故人”、“白苹”、“蔓菁”、“杞梓”、“七夕”、“杨沟”、“化鸡”、“脾磨”、“丘氏”和“字书”。

丘氏讲究条理，各条之下，先列旧说，后陈己见，以“明曰”二字标出。尽管有些见解，不免标新立异、武断无征，而又不乏精辟之论。像卷一论《史记》误以“放勋”、“重华”、“文命”为尧、舜、禹之名；又卷二论《尚书》中“血流漂杵”的“杵”，当为“杆”字之误；又卷三论《春秋》杜预解释“文马”为“画马为文”之非；又卷四论《文选》阮籍《咏怀》中“昔闻东陵瓜，近在青门外”之文意，可谓言之成理。而卷一中所论各条，于“史”来说足资考证。像有关“社稷”之条目云：

社神　先儒以社祭五土之神。五土者，一曰山林，二曰川泽，三曰丘陵，四曰坟衍，五曰原隰。明曰：“社者，所在土地之名也。凡土之所在，人皆赖之，故祭之也。若唯祭斯五者，则都邑之土，人不赖之乎且邑外之土，分为五事，之外无余地也，何必历举其名乎以此推之，知社神，所在土地之名也。”或问曰：“五土之名，出自周礼非乎?”答曰：“按，《周礼·地官》唯云‘辨五土之名物’，不云五土为社也。”又问曰：“社既土神，而夏至祭皇地祇于方丘，又何神也?”答曰：“方丘之祭，祭大地之神；社之所祭，祭邦国、乡原之土神也。”

社位　《周礼·春官》小宗伯之职，掌建国之神位，右社稷，左宗庙。经云：“库门内雉门外之左右也。”明曰：“按《曲礼》云：‘主人入门而右，客入门而左。主人就东阶，客就西阶。门向堂为正，即左在西而右在东也。凡堂及门外皆人臣之位，故以向堂为正也’。此言右社稷而左宗庙者，则社稷在门东，宗庙在门西也。所以然者，社稷所主之祀，东方阳之发生；宗庙主死人之祭，西方为阴，阴主死云者，各从类也。闵二年《左传》言季友之生，卜之曰‘间于两社’者，周社与亳社也。亳社，殷社也，殷都亳，故谓之亳社，即《礼记》所谓‘丧国之社屋之不受天阳’者也，立之于庙门外，以为后王戒，亦从阴类也。然则雉门之外，东有周社，西有殷社，二社之间，朝廷执政之所。故曰‘间于两社为公室辅’也。”

社名　或问曰：“社既土神，不言祇而云社者何也?”答曰：“社以神地之道也，盖以土地人所践履而无崇敬之心，故合其字从氏，其音为社，皆所以神明之也。”

社配　明曰：“昭二十九年，《左传》曰：‘共工氏之子勾龙为后土，为社’，是勾龙生而后土之官，死，故以之配祭于社。今之祭配社，以后土配坐，即勾龙也。”

社日　或问曰：“《月令》云‘择元日命民社’，注云：‘元日近春分，前后戊日。’《郊特牲》云：‘日用甲日之始也’，与今注《月令》不同，何也?”答曰：“《召诰》云：‘越翌日戊午，乃社于新邑。’则是今注《月令》，取《召诰》为义也。不取《郊特牲》为义者，以社祭土，土畏木，甲属木，故不用甲也；用戊者，戊属土也。《召诰》周书，则周人不用甲也。《郊特牲》云甲者，当是异代之礼也。”

社始　或问“社之始”答曰：“始于上古穴居之时也。故《礼记》云‘家主中溜，而国主社’者，古人掘地而居，开中取明，雨水溜入，谓之‘中溜’，言土神所在皆得祭之，在家为中溜，在国为社也。由此而论，社之所始，其来久矣。”

社树　《论语》曰：“哀公问社于宰我，宰我对曰：‘夏后氏以松，殷人以柏，周人以栗。曰使民战栗’。”明曰：“社所以依神表域也，各随其地所宜而树之。宰我谓欲使人畏敬战慄，失其义也。”

稷神 先儒皆以稷祭百谷之神，值成以稷祭原隰之神。明曰：“郑义非也。且原隰亦土也，社既祭土，何故更分原隰而别祭之乎又稷之名义不与原隰相侔，纵令郑义有征，亦是不分真伪。诸儒所识，可谓不一。”

稷名 或问曰：“稷既百谷之神，不言谷而云稷者何也?”答曰：“稷属土，而为诸谷之长，故《月令》谓之首种。首种者，种最在前也。诸谷不可遍举，故举其长而为言之，以等之也。若直以谷言之，则为人所亵慢也。”

稷配 明曰：“有能播百谷者，谓之曰正。正，长也，为谓农之长。死后以配祭于稷，谓之后稷。后，君也，谓为谷之君也。《左传》曰：‘有烈山氏之子曰柱，为稷，自夏以上祀之；周弃亦为稷，自商已来祀。祭稷配以后稷者，周弃也。’”

稷日 或问曰：“祭稷不别日，与社同日者何也?”答曰：“以百谷生于土，戊属土，故可与社同日而祭也。”

稷始 或问稷之始答曰：“始有粒食之时也。故《祭法》曰：‘厉山氏之有天下也，其子曰农，能殖百谷。夏之衰也，周弃继之，故祀以为稷。’厉山，神农之号，则神农之时有稷矣。”

对丘书，四库馆臣评价说：

是书皆考证之文……引据辨驳，具有条理……所记社稷诸条，多得礼意，驳五臣《文选注》诸条，亦皆精核。谓春秋之例，有褒而书者，有贬而书者，有讥而书者，有非褒非贬非讥国之大事法合书者，尤为卓识。[①]

① 《四库全书总目》卷118《〈兼明书〉提要》，北京，中华书局，1965。

清人周中孚也说："所考皆引据赅博，考证精详，间有舛误，如放勋、重华、文命非名之类，亦所不免。然其书精核者多，与颜籀之《匡谬正俗》一编，皆有裨于经义者也。"①

《兼明书》成书后，久无刊刻，一直以抄本流传。万历三十四年（1606），收入《宝颜堂秘笈》，为绣水沈氏刊本。至乾隆朝，编《四库全书》，收入"子部杂考类"，为浙江范懋柱家天一阁藏本。嘉庆十六年（1811），又收入《真意堂丛书》，为璜川吴氏刊本。

刘崇远与《金华子》

刘崇远（?），匈奴后裔，自号"金华子"。本为河南人，黄巢之乱后徙居江南。于南唐，官至文林郎、大理司直，撰有《耳目记》和《金华子》。

《金华子》二卷，又作《刘氏新编》、《刘氏杂编》、《金华子新编》、《金华子杂编》和《金华子杂说》。卷首有刘氏自序，卷尾有清人周广业跋。自序云：

> 金华子者，河南刘生。少慕赤松子兄弟能释羁鞅于放牧间，读其书，想其人，恍若游于金华之境，因自号焉……或遇盛友良会，闻人语话及兴亡理乱，犹耳聪意悦，未尝不周旋观察，冀或凑会警戒，庶几助于理道者，必慷慨反覆，至于逾晷不息……因念为童时，侍立长者左右，或于冬宵漏永，秋阶月莹，尊年省睡，率皆话旧时经由，多至深夜不寐……自念髫龀之后，甚能记听，今虽稚齿变老，耆忘失忆，十可一二犹存乎心耳。并成人游宦之后，其间耳目谙详，公私变易，知闻传

① 周中孚：《郑堂读书记》卷54《子部·杂家类·兼明书》，上海，上海书店，2009。

载，可系铅椠者，渐恐年代浸远，知者已疎；更积新沈故，遗绝堪惜，宜编序者，即随而释之云尔。

刘氏以自号题书，又书分上下，凡六十六条，即卷上三十四条，卷下三十二条，今本另有补、附文五条。

书记晚唐朝野故实，又因刘氏信奉道教，也记下了不少仙话。而有关“史”的内容，多有他书所不及者。至于一些朝臣、藩镇事迹，则最具史料价值。像卷上记王式事，可谓很有趣：

王尚书式初为京兆少尹，案《新书》但言以殿中侍御史出为江陵少尹，不言京兆。好纵情酣饮，京城号为“王邓子”。性复放率，不拘小节。长安坊巷中有拦街铺，设中夜乐神，迟明未已。式因过之，驻马寓目，舞者喜贺主人，持杯跪于马前曰：“主人多福，感得达官来顾，味稍美，敢拜寿觞。”式笑取而饮，媿领而去。行百余步，乃回辔复谓之曰：“向者酒甚小恶，可更一杯。”复据鞍引满巨钟而去。其放率多如此。

又同卷记士人游历崔庯、郑颢事，从一个侧面反映了科举状况：

崔起居雍，甲族之子。雍，字顺中，礼部尚书戎之子。少高令闻，举进士，擢第之后，蔼然清名喧于时，与郑颢同为流品所重。颢，太傅絪之子，宣宗时尚万寿公主，恩宠无比，终礼部尚书、河南尹。举子公车得游历其门馆者，则登第必然矣。时人相语为“崔、郑世界”，虽古之龙门，莫之加也。

又卷下评黄巢反唐，反映了刘氏的历史见识：

金华子曰：民犹水也，水能载舟，亦能覆舟。民于君也，善则归服，恶则离贰。始盗贼聚于曹、濮，皆承平之蒸民也。官吏刻剥于赋敛，水旱不恤其病馁，父母妻子，求养无计。初则窥夺谷粟，以救死命。党与既成，则连衡同恶，跨山压海，东逾梁、宋，南穷高、广。列岳无城壁之险，重关无百二之固。蟒喙嘘天，翠华狼狈而西幸；豺牙烁日，齐民肝脑以涂地。鄠、镐淩夷，往而不返矣。世之清平也，搢绅之士，率多矜持儒雅，高心世禄，靡念文武之本，群尚轻薄之风。涖官行法，何尝及治？由是大纲不维，小漏忘补，失民有素，上下相蒙。百六之运既遭，翻飞之变是作。

对刘书，四库馆臣评价说：

崇远有自序一篇，颇具梗概……核其所记，皆唐末朝野之故事，与晁氏所云录唐大中后事者相合。其中，于将相之贤否，藩镇之强弱，以及文章吟咏，神奇鬼怪之事，靡所不载，多足与正史相参证……然要其大致，可信者多，与《大唐传载》诸书摭拾委巷之谈者，相去固悬绝矣。①

清人周中孚也称道说："其书记唐大中、咸通以后朝野杂事，于将相之贤奸忠佞，藩镇之强弱盛衰，而谈艺志怪亦错出其中，实足以补新、旧《唐书》之阙。考《宋潜溪集》有《诸子辨》，谓其驳乎不足议，殆未深考其书欤?"②

《金华子》成书后，久无刊刻，一直以抄本流传。顺治三年（1646），收入《说郛续》，为两浙李氏宛委山堂刊本。至乾隆朝，编《四库全书》，收入"子部小说家类"，为永乐大典本。又乾隆五十三年（1792），收入《唐人说荟》，为青浦挹秀轩刊本；嘉庆十一年（1806），收入《唐代丛书》，为仁和莲塘居士刊本，另于同朝还收入《读画斋丛书》和《函海》，分别为桐川顾氏刊本和绵州李氏万卷楼刊本。于同治朝，收入《榕园丛书》，为真州张氏刊本；宣统二年（1910），收入《古今说部丛书》，为上海国学扶轮社排印本。至民国，收入《百子全书》和《丛书集成初编》，分别由上海扫叶山房、商务印书馆排印，1985年后者又由中华书局重印，与尉迟偓《中朝故事》合刊一册。

① 《四库全书总目》卷140《〈兼明书〉提要》，北京，中华书局，1965。

② 周中孚：《郑堂读书记》卷63《子部·小说家类·金华子杂编》，上海，上海书店，2009。

1958年，由中华书局上海编辑所排印，列入《中国文学参考资料丛书》，1988年又由上海古籍出版社印行，与佚名《玉泉子》合刊一册；今人夏婧以四库全书本为底本点校，2014年由中华书局印行，列入《唐宋史料笔记丛刊》，与佚名《玉泉子》、尉迟偓《中朝故事》和赵元一《奉天录》合刊一册，是为现在最通行的版本。

何光远与《鉴戒录》

何光远（?），字辉夫，五代东海（今属江苏）人。他为官后蜀，做过普州军事判官，今存所撰《鉴戒录》。

《鉴戒录》十卷，凡六十六则；今本又以三字标目，即卷一“瑞应谶”、“诛利口”、“知机对”、“九转脸”、“金统事”和“走车驾”；卷二“御赐名”、“逸士谏”、“判木夹”、“鬼传书”、“耽释道”、“灌铁汁”和“前定录”；卷三“语忌诫”、“饵长虹”、“落韵贬”、“蜀上医”和“妖惑众”；卷四“蜀门讽”、“斥乱常”、“许墓灵”、“轻薄鉴”、“危乱黜”和“得夫地”；卷五“徐后事”、“帝赠别”、“容易格”、“高尚士”、“禅月吟”、“因诗辱”和“武金山”；卷六“戏判作”、“产麒麟”、“鬼坐衙”、“怪鸟应”、“旌论衡”、“神口骏”和“布夔朝”；卷七“仿十在”、“亡国音”、“雪废主”、“陪臣谏”、“四公会”、“赀旧诗”和“钓巨鳌”；卷八“衣锦归”、“非告勒”、“改桥名”、“作者同”、“贾忤旨”、“屈名儒”、“钱塘秀”和“走山魈”；卷九“梦太白”、“削古风”、“分命录”、“卓绝匹”、“改名达”和“鉴冤辱”；卷十“归生刺”、“高僧谕”、“鱼还肉”、“求冥婚”、“见世报”、“攻杂咏”和“蜀才妇”。

何书所记，主要是晚唐及五代的轶闻琐事，又以蜀事居多；它又偏于诙嘲神怪之谈，实在是无关乎鉴戒，可说是名实不符。不过，何氏所论，包括薛涛、牛希济之类蜀中诗人事迹，对研究五代及后蜀文学仍具有参考价值。即以卷十“蜀才妇”条记薛涛事云：

吴越饶营妓，燕赵多美姝，宋产歌姬，蜀出才妇。薛涛者，容姿既丽，才调尤佳，言谑之间立有酬对。大凡营妓比无校书之称。韦公南康镇成都日，欲奏之而罢，至今呼之。故进士胡曾有赠涛诗云：“万里桥边女校书，枇杷花下闭门居。扫眉才子知多少，管领春风总不如。”涛每承连帅宠念，或相唱和，出入车舆，诗达四方。□□□□应銜命使车，每届蜀求见涛者甚众。而涛性亦狂逸不□，所有见遗金帛往往上纳。韦公既知且怒，于是不许从官。涛乃呈《十离诗》情意感人，遂复宠召，当时见重如此。《犬离主》：“出入朱门四五年，熟知人性足人怜。近缘咬著亲情客，不得红丝毯上眠。”《鱼离池》：“戏跃池中四五秋，常摇朱尾玩银钩。近缘戏触红莲折，不得随波自在游。”《鹦鹉离笼》曰：“惯向侯门养此身，飞来飞去羽毛新。近缘出语无方便，不得笼中再唤人。”又《竹离丛》曰：“蓊郁栽成四五行，常持坚节覆秋霜。近缘春笋钻阶破，不得垂枝对画堂。”又《珠离掌》曰：“一颗明珠内外通，分明皎洁水精宫。近缘一点瑕相累，不得终朝在掌中。”又女郎张窈窕，少年居蜀，下笔成章，当时诗人雅相推重。有《上成都从事》诗曰：“昨日卖衣裳，今朝卖衣裳。衣裳浑卖尽，羞见嫁时箱。有卖愁仍缓，无时心转伤。故园胡虏隔，何处事蚕桑。”又悲光寺近有尼海印，才思清峻，不让名流。有《舟夜》一章颇佳，诗曰：“水色运天色，风声益浪声。旅人归思苦，鱼叟梦魂惊。举棹云先到，移舟月逐行。旋吟诗句罢，犹见远山横。”

另外，蜀地近南诏，卷二“判木夹”条、卷六“布燮朝”条，记晚唐与南诏文书往还、南诏布燮段义宗出使前蜀的情况，足见南诏深受汉文化的影响。至于像卷一“九转脸”条，记唐武宗服道士九转丹，以致“遍体生疮，髭发俱脱，十日而崩”，还强调说“此《唐实录》隐而不书”，可与有关史文比对参照。

不过，清人周中孚对何书则有尖刻批评：“今观其书，凡六十六条，自‘瑞应谶’讫‘蜀才妇’，皆以三字标目，乃其杂记唐及五代轶事，多诙嘲神怪之谈，实无关于鉴戒，与其名殊不相称……且其所记多附会荒诞，又多载可笑诗文，岂特不要诸仲尼而已，直小说之害道者耳。”①

《鉴戒录》成书后，久无刊刻，一直以抄本流传。于晚明，项氏天籁阁存有宋刻十卷本，2004 年由上海科学技术出版社影印。至乾隆朝，收入《知不足斋丛书》，为长塘鲍氏刊本；嘉庆十年（1805），收入《学津讨原》，为虞山张氏照旷阁刊本；道光十一年（1831），又收入《学海类编》，为六安晁氏活字排印本。至民国，收入《说库》和《丛书集成初编》，分别由上海文明书局、商务印书馆石印和排印，1985 年后者又由中华书局重印，与金利用《玉溪编事》合刊一册；2004 年，又收入《五代史书汇编》（十），由杭州出版社排印，是为现在最通行的版本。

金利用与《玉溪编事》

金利用（?），后蜀人，生卒年、字号、爵里及事迹行状俱不详，今存所撰《玉溪编事》。

《玉溪编事》一卷，原本三卷，旧题署“蜀佚名”。“玉溪”，在今云南中部，宋代属大理国。书记大理国事，因以“玉溪”题书。又卷下设目，今本已非完帙，以“仲庭预”、“刘檀”、“震旦”、“侯继图”和“黄崇嘏”条，最值得研究者关注，兹录于次：

① 周中孚：《郑堂读书记》卷 63《子部·小说家类·鉴戒录》，上海，上海书店，2009。

仲庭预　旧蜀嘉王召一经业孝廉仲庭预，令教授诸子。庭预虽通坟典，常厄饥寒。至门下，亦未甚礼。时方凝寒，正以旧火炉送学院。庭预方独坐太息，以箸拨灰。俄灰中得一双金火箸，遽求谒见王。王曰："贫穷之士见吾，必有所求。"命告庭预曰："见为制衣。"庭预白曰："非斯意。"嘉王素乐神仙，多采方术，恐其别有所长，勉强而见。庭预遽出金火箸，陈其本末。王曰："吾家失此物已十年，吾子得之，还以相示，真有古人之风。"赠钱十万，衣一袭，米麦三十石。竟以宾介相遇，礼待甚厚，荐授荣州录事参军。

刘檀　王蜀员外郎刘檀本名审义，忽梦一孝子，引令上檀香树，而谓曰："君速登。"刘乃登。遂向怀内出绯衣，令服之。觉，因改名檀。未及一年，蜀郡牧请一杜评事充倅职，奏授殿中侍御史内供奉，赐绯。敕下，杜丁忧不行。杜遂举刘于郡侯。郡侯乃奏檀，而所授官与杜先奏拟无别。是时刘方闲居力困，杜因遗刘新绯公服一领。果征梦焉。

震旦　南诏以十二月十六日，谓之"星回节"日，游于避风台，命清平官赋诗。骠信诗曰："避风善阐台，极目见藤越。悲哉古与今，依然烟与月。自我居震旦，翊卫类夔、契。伊昔经皇运，艰难仰忠烈。不觉岁云暮，感极星回节。元昶同一心，子孙堪贻厥。"清平官赵叔达曰："法驾避星回，波罗毗勇猜。河阔冰难合，地暖梅先开。下令俚柔洽，献賝弄栋来。愿将不才质，千载侍游台。"

侯继图　蜀尚书侯继图，本儒士。一日秋风四起，偶倚阑于大慈寺楼，有大桐叶飘然而坠。上有诗云：拭翠敛双蛾，为郁心中事。搦管下庭除，书就相思字。此字不书石，此字不书纸。书向秋叶上，愿随秋风起。天下有心人，尽解相思死。天下负心人，不识相思意。有心与负心，不知落何地。侯贮小帖，凡五六年，方卜任氏为婚。尝讽此诗，任氏曰："此是妾书，争得在君手？"曰："向在大慈寺阁上，倚阑得之，即知今日聘卿，非偶然也。"侯以今书较之，与叶上无异。五六年前，任氏已解相思，其风情必有过人者矣。韫玉不售，卒归拾叶之人。赤绳系足，不可强也。

黄崇嘏 王蜀有伪相周庠者，初在邛南幕中，留司府事。时临邛县送失火人黄崇嘏，才下狱，便贡诗一章曰："偶离幽隐住临邛，行止坚贞比涧松。何事政清如水镜，绊他野鹤向深笼。"周览诗，遂召见。称乡贡进士，年三十许，祗对详敏，即命释放。后数日，献歌。周极奇之，召于学院与诸生侄相伴。善棋琴，妙书画。翌日，荐摄府司户参军。颇有三语之称，胥吏畏伏，案牍丽明。周既重其英聪，又美其风采。在任将逾一载，遂欲以女妻之。崇嘏又袖封状谢，仍贡诗一篇曰："一辞拾翠碧江涯，贫守蓬茅但赋诗。自服蓝衫居掾掾，永抛鸾镜画蛾眉。立身卓尔青松操，挺志铿然白璧姿。幕府若容为坦腹，愿天速变作男儿。"周览诗，惊骇不已，遂召见诘问。乃黄使君之女，幼失覆荫，唯与老妳同居，元未从人。周益仰贞洁，郡内咸皆叹异。旋乞罢，归临邛之旧隐，竟莫知存亡焉。

《玉溪编事》成书后，久无刊刻，又渐次散佚。入宋，李昉作《太平广记》，收录了八条佚文。顺治三年（1646），收入《说郛续》，为两浙李氏宛委山堂刊本。于乾隆朝，收入《龙威秘书》和《知不足斋丛书》，为石门马氏大酉山房刊本和长塘鲍氏刊本。至民国，收入《说库》和《丛书集成初编》，分别由上海文明书局、商务印书馆石印和排印，1985年后者又由中华书局重印，与何光远《鉴戒录》合刊一册。另外，1998年，收入《云南史料丛刊》，由云南大学出版社排印，是为现在最通行的版本。

尉迟偓与《中朝故事》

尉迟偓（?），南唐人，生卒年、字号、爵里及事迹行状俱不详。他官至给事中，预修国史，撰有《中朝故事》。

《中朝故事》二卷，乃偓承命而作，记晚唐懿宗、僖宗、昭宗和哀帝四朝故事。“中朝”一词，始于西汉。自汉武帝以后，朝官有“中朝”、“外朝”之分，中朝又称“内朝”。另外，中朝又谓中原王朝。在南唐国主李昪看来，他是唐太宗之后，承唐统绪，因称唐为“中朝”，偓又因以题书。

书分上下，卷上偏记君臣事迹及朝廷制度，卷下则杂录神异怪幻之事。显然，卷上的史料价值很高。像记晚唐宦官跋扈事云：

> 武宗初登极，深忌焉。一日，会鞠于禁苑间，武宗召上，遥睹瞬目于中官。仇士良跃马向前曰：“适有旨，王可下马。”士良命中官与出，军中奏云：“落马，已不救矣。”寻请为僧，游行江表间。会昌末，中人请还京，遂即位。
>
> 昭宗皇帝，即僖皇弟也。咸通八年丁亥岁降生，文德元年三月即位，春秋二十二。体貌端明，人望伟如也。虽运钟艰险，智量过人。每与侍臣言论商较时政，曾无厌倦。乾宁三年，凤翔李茂贞与朝臣有隙，将欲簭难，犯干神京。上乃顺动欲幸太原，行止渭北，华州韩建迎归郡中，上郁郁不乐。时登城西，齐云眺望。明年秋，制《菩萨蛮》词二首曰：“登楼遥望秦宫殿，茫茫只见双飞燕。渭水一条流，千山与万丘。远烟笼碧树，陌上行人去，何处是英雄？迎孥归故宫”。又一曰：“飘摇且在三峰下，秋风往往堪沾洒。肠断忆仙宫，朦胧烟雾中。思梦时时睡，不语常如醉。早晚是归期，穹苍知不知?”

又记晚唐官场情形云：

京兆尹有生杀之柄，然而清要之官多轻薄之，目为所由之司。京国士子进士成名后，便列清途，屈指以期大用。故事：若登廊庙，须曾扬历于字。人遂假途于长安、万年之邑。或驾在东洛，亦为河南洛阳之宰。数月之后，必迁居阁下，京尹不可侔也。两县令初欲莅事，须谒谢京尹，皆异常待之。庭前铺置茵褥，府吏引一人投刺于尹前云：某邑令某姓名，赞两拜而已。大尹降西廊迎之，从容便就饭，会府中。遂为体例。

又记公主对晚唐政局之影响云：

搢绅子弟皆怯于尚公主，盖以帝戚强盛。公主自置群僚，以至庄宅库举尽多主吏，宅中各有院落，聚会不同。公主多亲戚聚宴，或出盘游，驸马不得与之相见。凡出入间，婢仆不敢顾盼。公主则恣行所为，往往数朝不一相见。唯于琮相国所尚广德公主，则贤和不同，乃懿皇亲妹。于琮遭韦、路所逐，同到昭州。于公累起，被中官赐药酒。公主诟骂，夺而掷之。常侍于公，手执公腰带而坐。凡所经历州郡官吏，不敢参迎，道途肩舁，门相对而行。累寻被诏却还辇毂，授太子少傅。次除右仆射，所谓公主之力也。

又记三月三宫女会亲属事，足见她们亲晤之难、思亲之苦：

每岁上巳日，许宫女于兴庆宫内大同殿前与骨肉相见。纵其问讯，家眷更相赠遗。一日之内，人有千万。有初到亲戚便相见者，有及暮而呼唤姓第不至者，涕泣而去。岁岁如此。

又记宫苑赏樱桃、牡丹事，反映了统治阶层的奢华生活：

宫苑之间八节游从，固多名目。每岁樱桃熟时，两军各择日排宴，祗候行幸，谓之“行从”。盛陈歌乐以至尽日，倡优百戏，水陆无不具陈，在处堆积樱桃，以充看玩也。

同州有长春宫，其间园林繁茂，花木无所不有，芳菲长如三春节矣。中书政事堂后有五房，堂候官共十五人。每岁都酿醵钱十五万贯，秋间于坊曲税四区大宅，鳞次相列，取便修装，遍栽花药，至牡丹开日，请四相到其中，并家人亲戚，日迎达官，至暮娱乐。教坊声妓，无不来者。恩赐酒食，亦无虚日。中官驱高车大马而至，以取金帛优赏，花落而罢。

又记王酒胡事，反映了富商的豪纵之状：

京辇自黄巢退后，修葺残毁之处。镇州王家有一儿，俗号“王酒胡”，居于上都，巨有钱物，纳钱三十万贯，助修朱雀门。上又诏重修安国寺毕，亲降车辇以设大斋，乃十二撞新钟，舍钱一万贯。令诸大臣各取意击之，上曰：“有人能舍钱一千贯文者，却打一槌。”斋罢，王酒胡半醉，入来，径上钟楼连打一百下，便于西市运钱十万贯入寺。

对偓书，四库馆臣评价说：

盖李氏有国时偓为史官，承命所作。李昪自以为出太宗之后，承唐统绪，故称长安为中朝也。其书皆记唐宣、懿、昭、哀四朝旧闻，上卷多君臣事迹及朝廷制度，下卷则杂录神异怪幻之事。中间不可尽据者……所记殊误……显出蹈袭。然其时去唐未远，故家文献所记，亦往往足征……与正史分别参观，去讹存是，固未尝不足以资参证也。①

《中朝故事》成书后，久无刊刻，一直以抄本流传。至晚明，收入《历代小史》，为万历安溪李氏刊本。顺治三年（1646），收入《说郛续》，为两浙李氏宛委山堂刊本。至乾隆朝，编《四库全书》，收入“子部小说家类”，为浙江鲍士恭家藏本。又乾隆五十三年（1792），收入《唐人说荟》，为青浦挹秀轩刊本；嘉庆十一年（1806），又收入《唐代丛书》，为仁和莲塘居士刊本。于光绪朝，收入《随盦徐氏丛书》，为南陵徐氏刊本。至民国，又收入《广四十家小说》、《景印元明

① 《四库全书总目》卷140《〈中朝故事〉提要》，北京，中华书局，1965。

善本丛书》和《丛书集成初编》，分别由上海文明书局和商务印书馆石印、影印和排印，1985年后者又由中华书局重印。1958年，由中华书局上海编辑所排印，列入《中国文学参考资料小丛书》，与张固《幽闲鼓吹》和韦瓘《大唐传载》合刊一册。今人夏婧以四库全书本为底本点校，2014年由中华书局印行，列入《唐宋史料笔记丛刊》，与佚名《玉泉子》、赵元一《奉天录》和刘崇远《金华子杂编》合刊一册，是为现在最通行的版本。另外，1993年，又收入《中国野史集成》，由巴蜀书社影印。

景焕与《野人闲话》

景焕[①]（?），名朴，号“玉垒山人”、“玉垒山闲吟牧竖”，四川成都人。于前蜀，为壁州白石县令，又由蜀入宋；晚年隐居匡山，人称“匡山处士”。他善画龙，另撰有《龙证笔诀》、《野人闲话》和《牧竖闲谈》。

《野人闲话》五卷，卷首乾德三年（965）景氏自序云：

> 闲话者，知音会语，话前蜀王孟氏一朝人间闻见之事也。其中，有功臣、瑞应、朝廷规制，可纪之事，则尽自史官氏一代之书。此则不述，故事件繁杂，言语猥俗，亦可警语于人者，录之，编为五卷，谓之《野人闲话》。

今本景书，已为残卷，凡三十四则，即“颁令箴”、“红栀子花”、“火龙腾跃”、“蜀书画八人”、“灵沙饵胡孙”、“食杏仁”、“旌节花”、“赵尊师”、“击竹子”、“李客”、“黄万祐”、“天自在”、“掩耳道士”、“抱龙道士”、“何昭翰”、“嘉州僧”、“章邵”、“贯休”、“楚安”、“应天三绝”、“八仙图”、“黄筌”、“文谷”、“覃鹭”、“孟德崇”、“蜀都

① 《宋史·艺文志》作“耿焕”。

妇人”、“李泳子”、“谯乂俊”、“张飞庙祝”、“文澹”、“和文”、“梦青衣”、“谯本”和“景焕”。

景书所记名姓俱悉，具有很强的纪实性。在笔法上，景氏把风光与志异融为一炉。而记人事，既有词客画人，又有奇道异僧，乃至于商贾乞丐，扩大了历史笔记的视野。[①] 像“文谷”、“贯休”、“楚安”和“应天三绝”条，记文人轶事，足见景氏之史才；又“抱龙道士”、“掩耳道士”和“黄万祐”条，记方术之士；又“击竹子”和“蜀都妇人”条，记乞丐生活，反映了对社会下层的关注；又“章邵”条，记富商巨贾的为富不仁，从多侧面勾画出五代蜀地之社会图景。

即以“章邵”条为例，文曰：“章邵者，恒为商贾，巨有财帛，而终不舍路歧，贪猥诛求。因逢鹿，避人而去，鹿子为邵之所获，邵便打杀，弃之林中。其鹿母遥见悲号，其声不已。其日，邵欲夜行，意有所谋也。邵只有子一人，年方弱冠，先父一程行。及困，于大树下憩歇，以伺其父。未间，且寝于树阴中。邵乃不晓是子，但见衣襆在旁，一人熟寐而已，遂就抽腰刀，刺其喉，取衣襆而前行。及天渐晓，见其衣襆，乃知杀者是己子也。嗟乎！章邵凶率如此，报应亦宜然。”不难看出，这是言因果报应的小说家言，可又毕竟是社会现实生活的折射。类似的篇目，于景书中可谓比比皆是。

《野人闲话》成书后，久无刊刻，一直以抄本流传。顺治三年(1646)，收入《说郛续》，为两浙李氏宛委山堂刊本。民国四年(1915)，收入《旧小说》，由商务印书馆排印。2004 年，收入《五代史书汇编》(十)，由杭州出版社排印，是为现在最通行的版本。

---

① 郑宪春：《中国笔记文史》，268 页，长沙，湖南大学出版社，2004。

五 北宋历史笔记（上）

○概说

北宋的历史（960—1126），经历了宋太祖、太宗、真宗、仁宗、英宗、神宗、哲宗、徽宗和钦宗九朝，前后持续了一百六十七年。一般说来，太祖至真宗朝为“早期”，仁宗至神宗朝为“中期”，哲宗至钦宗朝为“晚期”；又大略可以“熙宁变法”为界，把北宋史分为前后两段，即前期（960—1076）和后期（1077—1126）。

在晚唐和五代的乱局以后，北宋承平，社会经济、文化全面复苏，官私史学也得到长足发展。北宋前期官修史书的成就，主要表现在修正史、纂实录、编会要和作“龟鉴”上，充分反映了宋初君臣对总结历史经验的重视。

以修正史而言，是完成了《新唐书》和《旧五代史》。《新唐书》二百二十五卷，包括本纪十卷、志五十卷、表十五卷和列传一百五十卷；始撰于庆历四年（1044），成书于嘉祐五年（1066），与《旧唐书》

一道，是关于唐朝最重要的历史记录。《旧五代史》一百五十卷，包括梁书二十四卷、唐书五十卷、晋书二十四卷、汉书十一卷、周书二十二卷、世袭列传二卷、僭伪列传三卷、外国列传二卷和志十二卷；始撰于开宝六年（973），成书于次年，是关于后梁、后唐、后晋、后汉和后周五十三年的历史记录。

以撰实录而言，宋朝沿袭唐制，设实录院撰实录。成于北宋前期者，是《宋太祖实录》、《宋太宗实录》、《宋真宗实录》、《宋仁宗实录》和《宋英宗实录》。《宋太祖实录》五十卷，成书于太平兴国五年（980）；《宋太宗实录》八十卷，成书于咸平元年（998）；《宋真宗实录》一百五十卷，成书于天圣二年（1024）；《宋仁宗实录》二百卷，成书于熙宁二年（1069）；《宋英宗实录》三十卷，也成书于熙宁二年。今之仅存《宋太宗实录》，记事始于太平兴国元年（976）十二月，止于至道三年（997）三月，是关于宋太宗朝最重要的历史记录。

以编会要而言，宋朝于秘书省设会要所，总计修成十三朝会要。[①]而成于北宋前期的，有《庆历国朝会要》一百五十卷和《元丰增修五朝会要》三百卷两种，反映了统治者对当代典章制度的重视。

以作"龟鉴"而言，主要是《册府元龟》一千卷，成书于大中祥符六年（1013）；书分三十一部，即帝王、闰位、僭伪、列国、储宫、宗室、外戚、宰辅、将帅、台省、邦计、宦官、谏诤、词臣、国史、掌礼、学校、刑法、卿监、环卫、铨选、贡奉、奉使、内臣、牧守、邻长、宫臣、幕府、陪臣、总录、外臣部，凡一千一百零四门。它自上古至五代按顺序排列历朝史事，又以唐朝、五代史事部分最为珍贵，不少相关史料为该书所仅见；引文以正史为主，间取经、子之文。征引之繁

① 即《庆历国朝会要》、《元丰增修五朝会要》、《政和重修会要》、《乾道续四朝会要》、《乾道中兴会要》、《淳熙会要》、《嘉泰孝宗会要》、《庆元光宗会要》、《嘉泰宁宗会要》、《今上皇帝（宁宗）会要》、《淳祐宁宗会要》和《嘉定国朝会要》，又李心传奉诏依历朝会要编成《国朝会要总类》。

富，成为后代文人学士运用典故、引据考证的重要参考资料。

而当时的私撰之作，也是硕果累累，主要表现在修正史、撰通史、编会要、考史事和作笔记上。

以修正史而言，主要是欧阳修撰《五代史记》七十四卷，后人谓之《新五代史》，成书于皇祐五年（1053）；它改变了《旧五代史》分朝编次君臣纪传的做法，而是采用李延寿《南史》、《北史》的体例，通叙五代之史，包括本纪十二卷、家人传八卷、大臣传十一卷、类传七卷、杂传十九卷、司天考二卷、职方考一卷、世家十卷、年谱一卷和四夷附录三卷。欧阳氏重史论，反映了他深刻的历史见解；他采录了一些新见的资料，与《旧五代史》一道，是研究五代社会最重要的历史记录。

以撰通史而言，主要是司马光以十九年之功，作《资治通鉴》二百九十四卷，成书于元丰七年（1084）。原名《通志》，宋神宗以它"鉴于往事，有资于治道"而赐今名。它记事始于三家分晋（前403），止于显德六年（959），记战国至五代一千三百六十二年史事，是中国史学史上最杰出的编年体史书。又司马光作《目录》三十卷、《考异》三十卷，与之相辅而行。

以编会要而言，建隆二年（961），王溥重新厘定唐人苏冕、后周崔俨《会要》二书，又采集唐宣宗以下史事，编成《唐会要》一书，时称《新编唐会要》。原书分为十五类，入清，四库馆臣厘定为今本，包括帝系、礼、宫殿、舆服、乐、学校、刑、历象、封建、佛道、官制、食货和四夷十三大类，又分为五百一十四个细目，记述了唐代各类沿革损益之制，又兼记相关事例。王书一出，苏、崔二书渐次湮没不传，它实际上保存了苏、崔二书的原始材料。对于唐代典故而言，玄宗之前以《通典》的记述为早，玄宗之后则以该书为早，足可见它的价值所在。

又王氏编《五代会要》三十卷，成书于乾德元年（963）；书分二百七十九目，记五代典章制度，是研究五代历史的重要参考资料。

而这一时段的历史笔记，则主要有周羽翀的《三楚新录》，孙光宪的《北梦琐言》，陶谷的《清异录》，张洎的《贾氏谈录》，张齐贤的《洛阳缙绅旧闻记》，吴淑《江淮异人录》，杨亿的《杨文公谈苑》，郑文宝的《南唐近事》、《江表志》和《江南余载》，陈彭年的《江南别录》，潘汝士的《丁晋公谈录》，钱易的《南部新书》，王曾的《王文正笔录》，彭乘的《墨客挥犀》和《续墨客挥犀》，宋祁的《宋景文公笔记》，黄休复的《茆亭客话》，田况的《儒林公议》，江休复的《嘉祐杂志》，欧阳修的《归田录》，范镇的《东斋记事》，张师正的《倦游杂录》和王琪的《国老谈苑》。

在它们当中，又主要以孙光宪《北梦琐言》，张齐贤《洛阳缙绅旧闻记》，吴淑的《江淮异人录》，郑文宝《南唐近事》、《江表志》和《江南余载》，陈彭年《江南别录》，钱易《南部新书》，彭乘《墨客挥犀》和《续墨客挥犀》，宋祁《宋景文公笔记》，黄休复《茆亭客话》，欧阳修《归田录》和王琪《国老谈苑》为代表。

周羽翀与《三楚新录》

周羽翀（?），生卒年、字号、爵里及事迹行状俱不详。他大略是北宋初人，官至儒林郎、试秘书省校书郎、桂州修仁令，今存所撰《三楚新录》。

《三楚新录》三卷，书分上中下。“三楚”，即于五代据长沙之马殷、据武陵之周行逢、据江陵之高季兴的三个割据政权。周书卷上记马殷事，卷中记周行逢事，卷下记高季兴事。书中所述兴废始末，与欧阳修《新五代史》大有异同，抵牾不合者很多，像记马殷曾为邵州刺史，记马希范嗣立后桑维翰为宰相，因旧隙奏削去其半仗；又记王逵非为潘嗣战败而殁，而是败于南越，只身逃亡而死于途中之类。周氏主要依据故老传述成书，难免以讹传讹而失真。不过，书中所记旧文轶事，也足以补《新五代史》之阙。清人吴任臣作《十国春秋》，也多所采用周书，足以说明它的的史料价值所在。

像卷上记马希范事云：

> 庄宗反正，下诏征诸侯入觐。马殷以年老不行，命长子希范入朝。希范多辨，善于应对。及至，庄宗谓曰："朕闻卿部内有洞庭湖，其波无际，有之乎？"对曰："有之，陛下一旦南巡狩，则此湖不足以饮马耳。"庄宗大悦。既而曰："比闻马氏之国，必为高郁所图。今有子如此，高郁何能可得邪？"高郁，殷之谋臣也，庄宗将去其爪牙，故以是言离间，而希范不察。及归，果使人构其罪，郁竟至弃市。自是，识者知其不克霸焉。初希范之入觐，途经淮上，时桑维翰旅游楚泗间，知其来，遽谒之，且曰："仆闻楚之为国，挟天子而令诸侯，其势不可谓之卑也。加以利尽南海，而公室大富。足下之来，非倾府库之半，则不足以供刍粟之费。今仆贫者，敢以万金为请，惟足下济之。"希范轻薄公子，睹维翰形短而腰长，语鲁而且丑，不觉绝倒而笑之。既而赠与数百缣。维翰大怒，拂衣不顾而去。

又卷下记孙光宪事云：

> 及从诲嗣立，有孙光宪者，本成都人也，旅游江陵，方图进取，从诲辟之，用为掌书记。自是，凡笺奏收檄，皆出其手，载仁尸位而已。由是，载仁遂与光宪有隙，光宪犹能避之，故论者多光宪。光宪每患兵戈之际，书籍不备，遇发使诸道，未尝不厚赍金帛购求焉。于是三年间收书及数万卷，然自负文学，常快快如不得志，又尝慕史氏之作，自恨诸侯幕府不足展其才力，每谓交亲曰："安知获麟之笔，反为倚马之用？"因吟刘禹锡诗曰："一生不得文章力，百日空为饱暖家。"

对周书，四库馆臣评价说：

其称“三楚”者，以长沙马殷、武陵周行逢、江陵高季兴，皆据楚地称王，故论次其兴废本末，以一国为一卷。其中，与史牴牾不合者甚多……盖羽翀未睹国史，仅据故老所传述纂录成书，故不能尽归精审。然其所闻轶事，为史所不载者，亦多可采。稗官野记，古所不废，固不妨录存其书，备读五代史者参考焉。①

《三楚新录》成书后，久无刊刻，一直以抄本流传。嘉靖二十三年（1544），收入《古今说海》，为云间陆氏俨山书院刊本。至乾隆朝，编《四库全书》，收入“史部载记类”，为浙江吴玉墀家藏本。嘉庆十四年（1809），虞山张氏照旷阁刊本。1993年，又收入《中国野史集成》，由巴蜀书社影印。2003年，收入《全宋笔记》，由大象出版社排印；2004年，收入《五代史书汇编》（十），由杭州出版社排印，是为现在最通行的版本。

孙光宪与《北梦琐言》

孙光宪（895—968），字孟文，自号“葆光子”，陵州贵平（今四川仁寿）人。② 于前蜀为陵州判官，在后唐为荆南节度副使，入宋为黄州刺史。他以词闻名，撰有《荆台集》、《橘斋集》、《笔佣集》、《巩湖集玩》、《蚕书》、《续通历》和《北梦琐言》。

《北梦琐言》三十卷，今存二十卷，凡三百二十七条。卷首孙氏自序云：

唐自广明乱离，秘籍亡散。武宗已后，寂寞无闻，朝野遗

---

① 《四库全书总目》卷66《〈三楚新录〉提要》，北京，中华书局，1965。

② 拜根兴：《孙光宪生年考断》，载《中国史研究》，1998（1）。

芳，莫得传播。仆生自岷峨，官于荆郢。咸京故事，每愧面墙，游处之间，专于博访。顷逢故凤翔杨玭少尹，多话秦中平时旧说，常记于心。他日渚宫见元澄中允，款狎笑语，多符其说……厥后每聆一事，未敢孤信，三复参校，然始濡毫。非但垂之空言，亦欲因事劝戒。三纪收拾筐箧，爰因公退，咸取编连。先以唐朝达贤一言一行列于谈次，其有事类相近，自唐至后唐、梁、蜀、江南诸国所得闻知者皆附其末，凡纂得事成三十卷。《禹贡》云："云土梦作乂"，《传》有"畋于江南之梦"。鄙从事于荆江之北，题曰《北梦琐言》，琐细形言，大即可知也。虽非经纬之作，庶勉后进子孙，俾希仰前事，亦丝麻中菅蒯也。

孙书采用《杜阳杂编》体例，入清，卢见曾又为之拟补了标题。以卷一至卷六设目为例，即卷一"宣宗称进士"、"李太尉英俊"、"郑光免税"、"再兴释教"、"郑氏女尘墓"、"日本国王子棋"、"驳杜预"、"李太尉抑白少传"、"牛僧孺奇士"、"令狐滈预拔文解"、"刘三复记三生事"、"秃角犀"和"魏文贞公笏"；卷二"皮日休献书"、"宰相怙权"、"骆山人告王庭凑"、"授任致寇"、"高骈开海路"、"放孤寒三人及第"和"文宗重王起"；卷三"卢肇为进士状元"、"戏改毕诚相名"、"李固言相国为柳表所误"、"李光颜太师选佳婿"、"王文公叉手睡"、"河中饯刘相瞻"、"李氏瑞槐"、"王中令铎拒黄巢"、"路侍中巾裹"、"李动尚书发愤"、"郑愚尚书半臂"、"韦宙相足谷翁"、"李当尚书竹笼"、"吴行鲁温溲器"、"崔侍中省刑狱"、"刘蜕山人不祭先祖"、"不肖子三变"、"薛保逊轻薄"、"陈会螳螂赋"、"刘仆射荔枝图"和"赵大夫号无字碑"；卷四"赵令公红拂子"、"薛氏子具军仪"、"孙偓相通简"、"柳玭大夫赏牟麿"、"孙揆尚书锯解"、"崔胤相腋文"、"诸重德好尚"、"毕舅知分"、"杨蔚使君三典洋源"、"妖人伪称陈仆射"、"哭麻刘舍人事"、"蔡京尚书拔顾氏昆弟"、"陆扆相六月及第"、"吴融侍郎文笔”、“破天荒解”、“成令公为蛇绕身”、“张浚相破贼”、“薛澄州弄笏”、“西岳神毙张篪”、“柳婢讥盖巨源”、“赵师儒与柳大夫唱和”、“祖系图进士榜”、“温李齐名”、“崔氏女失身为周宝妻”、“崔禹昌不识牛”和“张曙戏杜荀鹤”；卷五“令狐公密状”、“李远讥曹唐”、“中书蕃人事”、“徐相讥成中令”、“韦尚书鉴卢相”、“薛逢赏王助”、“陈陶癖书”、“阳朔山水”、“淮浙解纷诏”、“吴融天幸”、“沈蒋人物”、“张浚乐朋龟与田军容中外事”、“薛少师拒中外事”、“杨晟义母”、“成令公和州载”、“韦太尉伐四川”、“章鲁封不幸”、“裴氏再行”、“闭门避蛮”、“高太尉机诈”、“张道古题墓”、“叙曹居子”、“罗衮不就西川辟”、“高测启事”和“符载侯翮归隐”；卷六“吴湘事”、“裴相生于于阗国事”、“韦氏女配刘谦事”、“田布尚书事”、“李太尉请修狄梁公庙事”、“同昌公主事”、“侯昌业表”、“李常侍遇道术”、“陆相公劝酒事”、“裴郑立襄王事”、“田军容檄韦太尉”、“朱李骤进”、“李群玉轻薄事”、“以歌词自娱”、“刘蜕奏令狐相”、“陆龟蒙追赠”、“颜给事墓铭”、“李磎行状”、“白太傅墓铭”、“内官改创职事”、“罗顾升降”、“李琪书树叶”、“杜荀鹤入翰林”、“乐工关小红”和“孙内子”。

孙书记晚唐及五代事，而又详于唐。具体说来，卷一至卷十六记晚唐事，卷十七至卷二十记五代事。它的内容十分广泛，涉及皇室、宰辅、藩镇、官制、科举、门阀、文士、僧道，乃至于神怪谶应。像卷六记韦昭度谄附僧人、勾结宦官而得相位，卷七记卢延让因写猫狗诗而登第，卷十记李昌符作婢奴诗而行之于公卿，卷十七记宦官韩全海以美妇求宫中阴事而杀宰相崔胤，卷十八记后唐庄宗刘后为争宠而隐瞒出身而笞逐生父，卷十八、十九记后唐明宗李嗣源之力图振作、刷新政治，是十分重要的文献史料。书中资料，虽说大多得之于交游，可孙氏写作态度严谨，每听一事，他总是反复推敲和验证。所以，尽管它记事偏于零乱，叙述也有些拖沓，可对研究唐朝、五代史及文学史有重要的参考价值。①

对孙书，四库馆臣评价说：

所载皆唐及五代士大夫逸事，每条多载某人所说，以示有征，盖用《杜阳杂编》之例。其记载颇猥杂，叙次亦颇冗沓，而遗文琐语，往往可资考证。②

清人周中孚也说："其所记载，率皆芜杂，而行文亦复冗，未免有意贪多，然尚不失之甚诬，颇有裨于考订，非比所著《续通历》多不实，为宋太祖所诏毁也。"③

《北梦琐言》成书后，入宋，李昉作《太平广记》，收录了一部分佚文；又收入曾慥《类说》，天启六年（1626），又有岳钟秀刻本。至晚明，收入《稗海》，为万历会稽商氏半埜堂刊本。至乾隆朝，编《四库全书》，收入"子部小说家类"，为内府藏本。乾隆二十一年（1756），收入《雅雨堂藏书》，为德州卢氏刊本。于晚清，收入《云自在龛丛书》，为光绪江阴缪氏刊本。至民国，收入《丛书集成初编》，由商务印书馆排印，1985 年又由中华书局重印。1960 年，中华书局上海编辑以云自在龛丛书本排印；1981 年，上海古籍出版社排印林艾园重校本，收入《宋元笔记丛刊》。今人贾二强以缪氏本为底本点校，2002 年由中华书局印行，列入《唐宋史料笔记丛刊》；2003 年，收入《全宋笔记》，由大象出版社排印；2012 年，上海古籍出版社重排林氏重校本，列入《历代笔记小说大观》，是为现在最通行的版本。另外，1993 年，又收入《中国野史集成》，由巴蜀书社影印。

---

① 钟佳蓁：《〈北梦琐言〉研究》，台湾逢甲大学中国文学系硕士论文（2009）。

② 《四库全书总目》卷 140《〈北梦琐言〉提要》，北京，中华书局，1965。

③ 周中孚：《郑堂读书记》卷 64《子部·小说家类·北梦琐言》，上海，上海书店，2009。

今人房锐作《孙光宪与〈北梦琐言〉研究》（中华书局，2006年版），细致考证了《北梦琐言》的重要文献来源，详细介绍了《北梦琐言》对后来史学、文学及近现代学者的影响，还辑出了十五条前人未发现的佚文，又校正了今本《北梦琐言》、《旧五代史》及《册府元龟》的若干讹误，对唐、五代历史文化的研究具有重要的参考价值。

陶谷与《清异录》

陶谷（903—970），字秀实，邠州新平（今陕西彬县）人。他仕于五代和北宋，官至校书郎，单州军事判官，著作佐郎，集贤校理，监察御史，吏部员外郎，仓部郎中，兵部及吏部侍郎，礼部、刑部及户部尚书。他博通经史，擅长隶书，撰有《清异录》。

《清异录》六卷，今存二卷。书分上下，又卷下分门，门下设目，凡三十七门六百四十八条，即卷上天文（十七事）、地理（十四事）、君道（十二事）、官志（十六事）、人事（十五事）、女行（五事）、君子（十事）、幺么（四事）、释族（二十二事）、仙宗（六事）、草木（十五事）、竹木（十九事）、百花（二十六事）、百果（三十八事）、蔬菜（二十五事）、药品（二十事）、禽名（三十二事）、兽名（二十事）、百虫（六事）和鱼门（三十三事）；卷下肢体（八事）、作用（八事）、居室（二十四事）、衣服（二十五事）、装饰（七事）、陈设（十四事）、器具（五十四事）、文用（二十六事）、武器（十一事）、酒浆（十六事）、茗荈（三十五事）、馔羞（三十九事）、薰燎（二十四事）、丧葬（九事）、鬼（一事）、神（二事）和妖门（一事）。

书采隋唐、五代及宋初典故，又考证源流演变过程。从设目不难看出，陶书内容广泛，而君道、官志和人事三门，有助于研究有关人事。三门之具体设目，即君道门“萧闲大夫”、“候窗监”、“仁炉义鞴道薪德火”、“摘瓜手”、“扫国真人”、“避贤招难存三奉五皇帝”、“彩局儿”、“大昏元年”、“孟蜀吊伐”、“紫明供奉”、“容易郎君”和“大体双”；官志门“风力相国”、“润家钱”、“分身将”、“肉雷”、“百和参军”、“撷金炼玉束雪量珠”、“玉茸金卤”、“赤心榜”、“小宰羊”、“抱冰公事”、“牛皮绷铁鼓”、“软绣天街”、“人间第一黄”、“脯掾”、“裹头冰”和“名字副车”；人事门“闹侯”、“九龙烛”、“呷大夫”、“九福”、“蜂窠巷陌”、“手民”、“鼎社”、“到头庵主彻底门生”、“女及第”、“钱井经商”、“不动尊”、“瓯宰”、“金搭膝”、“郑世尊”和“三债三悦”。即以君道门为例：

萧闲大夫　刘鋹僭立，奢丽自恣，在宫中自称“萧闲大夫”。

候窗监　南汉刘晟，殿侧置宫人望明窻以候晓，宫人谓之“候窗监”。

仁炉义鞴道薪德火　周杜良作《唐太宗画像赞》云：“仁炉义鞴，道薪德火。”

摘瓜手　人君号能用才者，莫如唐太宗，然瀛洲十八人，许敬宗乃得与，如摘瓜手耳，取之既多，其中不容无滥。

扫国真人　隋裴寂待选京都，一日郊饮，遇老人画地上沙土曰“扫国真人”，又曰“玉环天子”，又曰“兵丹上圣”。告寂云：“三百年中，最雄者，此三人耳。”寂醉卧，及醒，已失老人矣。后人紬绎其名，扫国者，太宗之划平僭暴也；玉环，太真妃子字，玄宗以妃而召乱，玉环天子，是玄宗明矣。宪宗始以兵定方镇之强，终以丹躁灭身，兵丹之目，其宪宗之谓乎？

避贤招难存三奉五皇帝　昭宗丁不可为之时，遭无所立之地，人戏上尊号曰“避贤招难存三奉五皇帝”。盖帝尝曰：“朕东西所至，祸难随之，愿避贤者路。”三谓三主，帝后及杨柳、昭仪，五谓全忠、行瑜、克用、茂贞、韩建。

彩局儿　开元中，后宫繁众，侍御寝者难于取舍，为彩局儿以定之。集宫嫔用骰子掷，最胜一人乃得专夜。官珰私号骰子为剉角媒人。

大昏元年　王曦绍僭号梁闽越，淫刑不道。黄峻曰："合非永降，恐是大昏元年。"

孟蜀吊伐　孟蜀濒危，大军吊伐，伪昶遣皇太子玄诰、平章事王昭远统兵捍御，玄诰乳臭子，昭远仆厕材。太祖叹曰："孟昶都无股肱爪牙，其亡不晚矣。"

紫明供奉　武帝宣内供奉，赐坐，食甘露球蜜，捣山药油浴。既退，侵夜，宫嫔离次，上独映琉璃灯笼观书，久之归寝殿。王才人问："官家今日以何消遣?"上曰："绿罗供奉已去，皂罗供奉官人特髻。不来，与紫明供奉灯。相守，熟读《尚书？无逸》篇数遍。朕非不能取热闹快活，正要与弦管尊罍暂时隔破。"

容易郎君　晋少主志于富贵，纔进姓名，即问几钱，拜官赐职，出于谈笑。幸臣私号"容易郎君"。

大体双　刘鋹昏纵角出，得波斯女，年破瓜，黑腯而慧艳，善淫，曲尽其妙。鋹嬖之，赐号"媚猪"。延方士求健阳法，久乃得，多多益办。好观人交，选恶少年配以雏宫人，皆妖俊美健者，就后褫衣，使露而偶，鋹扶媚猪延行览玩，号曰"大体双"。又择新采异，与媚猪对，鸟兽见之熟，亦作合。

另外，卷下文用门"定名笔"条云：

唐世举子将入场，嗜利者争卖健毫圆锋笔，某价十倍，号"定名笔"。笔工每卖一枚，则录姓名，侯某荣捷，则诣门求阿堵，俗呼"谢笔"。

记虽琐屑，可涉及唐代科举掌故，为他书所未道，也不乏参证之用。对陶书，明人胡应麟评价说："此书命名造语皆颇入工，恐非谷不能。但《云仙》间有纪事志怪处，此则全主滑稽耳，拟诸李商隐之《杂纂》亦何减也。”① 四库馆臣则认为：

> 是书皆采摭唐及五代新颖之语，分三十七门，各为标题，而注事实缘起于其下……今案谷虽入宋，实五代旧人，当时文格不过如是……宋代名流即已用为故实，相沿既久，遂亦不可废焉。②

《清异录》成书后，久无刊刻，一直以抄本流传。隆庆六年（1572），先有叶氏菉竹堂刊本。于晚明，收入《宝颜堂秘笈》和《唐宋丛书》，分别为万历绣水沈氏刊本和崇祯钟氏刊本。顺治三年（1646），收入《说郛续》，为两浙李氏宛委山堂刊本。至乾隆朝，编《四库全书》，收入“子部小说家类”，为浙江巡抚采进本。道光二十六年（1846），收入《惜阴轩丛书》，为宏道书院刊本。1991 年，收入《丛书集成初编》，由中华书局排印，与王洙《王氏谈录》合刊一册。2003 年，收入《全宋笔记》，由大象出版社排印。今人孔一以四库全书本为底本点校，2012 年由上海古籍出版社排印，列入《历代笔记小说大观》，与吴淑《江淮异人录》合刊一册，是为现在最通行的版本。

张洎与《贾氏谈录》

张洎（934—997），字思黯、偕仁，滁州全椒（今属安徽）人。中兴元年（958）进士，于南唐为句容尉、翰林学士、工部员外郎、中书舍人；入宋，官至礼部及户部郎中、右谏议大夫、史馆修撰、给事中、刑部侍郎、参知政事。他工诗文，撰有《文集》和《贾氏谈录》，后人又集有《张洎集》。

---

① 胡应麟：《少室山房笔丛》卷 32《四部正伪下》，上海，上海书店，2001。

② 《四库全书总目》卷 142《〈清异录〉提要》，北京，中华书局，1965。

《贾氏谈录》一卷，又作《贾公谈录》、《贾黄中谈录》，卷首张氏自序云：

> 庚午岁，予衔命宋都，舍于怀信驿。左补阙贾黄中，丞相魏公之裔也。好古博雅，善于谈论，每款接，常益所闻。公馆多暇，偶成编缀，凡二十六条，号曰《贾氏谈录》，贻诸好事者云尔。

“庚午”，即开宝三年（970），张氏奉李煜之命出使北宋，从左补阙贾黄中处闻听唐事，他录而成书。贾氏系魏公之后裔，官至知制诰、翰林学士和参知政事，熟悉台阁故事。张氏所录，出自贾氏之口，因以“贾氏”题书。

张书记唐代杂事，篇幅虽小，可价值不低。所记兴庆宫九龙池、骊山华清宫、含元殿形制、淡墨题榜之始，以及院体书、百衲琴、澄泥研之类，可与有关史文比对参证；又记京兆户民尚斗鸡走犬之戏，士族子弟大多居终南山鄠县和杜陵，可见晚唐、五代长安的社会风气：

> 京兆户民尚斗鸡走犬之戏，习以为业，罕有勤稼者，盖豪荡之俗犹存余态尔。
>
> 贾君云：“僖昭之时，长安士族多避寇南山中，虽洊经离乱而兵难不及。故今，衣冠子孙居鄠杜间，室庐相比。”予问贾君：“中土人每日火面而食，然不致壅热之患，何也?”贾君曰：“夹河风性寒，故民多伤风。河洛东地咸，水性冷，故民虽哺粟食麦而无热疾。”又曰：“滑台风水性，寒冷尤甚。士民共啖附子，如啖芋栗。”

又记牛李党争一事，最受研究者关注：

> 牛奇章初与李卫公相善。尝因饮会僧孺，戏曰：“绮纨子何预斯坐?”卫公衔之。后，卫公再居相位，僧孺卒遭谴逐。世传《周秦行纪》非僧孺所作，是德裕门人韦瓘所撰。开成中，曾为宪司所覆，文宗览之笑曰：“此必假名。僧孺是贞元

中进士，岂敢呼德宗为沈婆儿也？”事遂寝。

对张书，四库馆臣评价说：

> 是书乃洎为李煜使宋时录所闻于贾黄中者，故曰《贾氏谈录》……史称黄中多知台阁故事，谈论亹亹，听者忘倦，故此录所述皆唐代轶闻……是书虽篇帙无多，然如牛李之党，其初肇衅于口语，为史所未及……他如兴庆宫、华清宫、含元殿之制，淡墨题榜之始，以及院体书、百衲琴、澄泥研之类，皆足以资考核，较他小说固犹为切实近正也。[①]

《贾氏谈录》早佚，南宋曾慥《类说》收十七事，明人陶宗仪《说郛》收九事。顺治三年（1646），收入《说郛续》，为两浙李氏宛委山堂刊本。至乾隆朝，编《四库全书》，收入“子部小说家类”，为永乐大典本。道光二十四年（1844），又收入《守山阁丛书》，为金山钱氏重编本。民国四年（1915），收入《广四十家小说》，为上海文明书局石印本。1991 年，收入《丛书集成初编》，由中华书局排印，与江休复《醴泉笔录》、欧阳修《归田录》和庞元英《谈薮》合刊一册。今人徐凌云以守山阁丛书本为底本点校，1991 年由黄山书社排印，收入《唐宋笔记小说三种》，与康骈《剧谈录》和郭彖《睽车志》合刊一册；2012 年，上海古籍出版社重排孔一点校本，列入《历代笔记小说大观》，与司马光《涑水记闻》合刊一册，是为现在最通行的版本。另外，1993 年，收入《中国野史集成》，由巴蜀书社影印；2003 年，又收入《全宋笔记》，由大象出版社排印。

张齐贤与《洛阳缙绅旧闻记》

张齐贤（943—1014），字师亮，曹州冤句（今山东曹县）人。太

① 《四库全书总目》卷 140《〈贾氏谈录〉提要》，北京，中华书局，1965。

平兴国二年（977）进士，官至衡州通判、江南西路转运使、枢密院副史、参知政事、兵部及吏部尚书、分司西京洛阳太常卿、同中书门下平章事、右谏议大夫和左谏议大夫。他是北宋名相，又撰有《洛阳缙绅旧闻记》。

《洛阳缙绅旧闻记》五卷，作于景德二年（1005）张氏知青州任上。卷首张氏自序云：

> 余未应举前十数年中，多与洛城缙绅旧老善，为余说及唐梁已还五代间事，往往褒贬陈迹，理甚明白，使人终日听之忘倦……斯皆缙绅所谈，因命之曰《洛阳缙绅旧闻录》，庶可传信览之无惑焉。

书记五代梁、唐洛阳士大夫的逸闻轶事，因以“洛阳缙绅旧闻”名书。又卷下设目，今存二十一篇，即卷一“梁太祖优待文士”、“少师佯狂，杨公凝式”、“襄阳事”、“陶副车求荐见忌”和“泰和苏揆父鬼灵”；卷二“齐王张令公外传”、“李少师贤妻”、“虔州记异”和“衡阳县令周妻报应”；卷三“向中令徙义”、“张相夫人始否终泰”、“田太尉候神仙夜降”和“白万州遇剑客”；卷四“安中令大度”、“宋太师彦筠奉佛”、“水中照见王者服冕”和“洛阳染工见冤鬼”；卷五“白中令知人”、“张大监正直”、“焦生见亡妻”和“石中获小龟，开渠得蛟卵，掘地得鲤鱼”。

张书记事详赡，可与有关别传、外传参证，具有很高的史料价值。像卷一“梁太祖优待文士”条记云：

> 梁祖之初兼四镇也，英威刚狠，视之若乳虎。左右小忤其旨，立杀之。梁之职吏，每日先与家人辞诀，而入归，必相贺，宾客对之，不寒而栗。进士杜荀鹤，以所业投之，且乞一见。掌客以事闻于梁祖，梁祖默无所报。荀鹤住大梁数月。先是，凡有求谒梁祖，如已通姓名而未得见者，虽逾年困踬于逆旅中，寒饿殊甚，主者留之，不令私去。不尔，即公人辈及祸

矣。荀鹤逐日诣客次。一旦，梁祖在便听谓左右曰：“杜荀鹤何在？”左右以见在客次为对。未见间，有驰骑至者。梁祖见之，至巳午间方退，梁祖遽起归宅。荀鹤谓掌客者曰：“某饥甚，欲告归。”公人辈为设食，且曰：“乞命。若大王出要见秀才，言已归馆舍，即某等求死不暇。”至未申间，梁祖果出，复坐于便听，令取骰子来。既至，梁祖掷，意似有所卜。掷且久，终不惬旨。怒甚，屡顾左右。左右怖惧，缩颈重足，若蹈汤火。须臾，梁祖取骰子在手，大呼曰：“杜荀鹤。”掷之，六只俱赤，乃连声命屈秀才。荀鹤为主客者引入，令趋，骤至阶陛下。梁祖言曰：“秀才不合趋阶。”荀鹤声喏，恐惧流汗，再拜叙谢讫。命坐，荀鹤惨悴战栗，神不主体。梁祖徐曰：“知秀才久矣。”荀鹤欲降陛拜谢，梁祖曰：“不可。”于是再拜，复坐。梁祖顾视陛下，谓左右曰：“似有雨点下。”令视之，实雨也。然仰首视之，天无片云。雨点甚大，沾陛檐有声。梁祖自起，熟视之，复坐，谓杜曰：“秀才曾见无云雨否？”荀鹤答言：“未曾见。”梁祖笑曰：“此所谓无云而雨，谓之天泣，不知是何祥也。”又大笑，命左右：“将纸笔来，请杜秀才题一篇《无云雨诗》。”杜始对梁祖坐，身如在燃炭之上，忧悸殊甚。复令赋《无云雨诗》。”杜不敢辞，既令坐上赋诗。杜立成一绝献之，梁祖览之大喜，立召宾席共饮，极欢而散。且曰：“来日特为杜秀才开一筵。”复拜谢而退。杜绝句云：“同是乾坤事不同，雨丝飞洒日轮中。若教阴朗都相似，争表梁王造化功。”由是大获见知。杜既归，惊惧成疾，水泻数十度，气貌羸绝，几不能起。客司守之，供侍汤药，若事慈父母。明晨，再有主客者督之，且曰：“大王欲见秀才，请速上马。”杜不获已，巾栉上马。比至，凡促召者五七辈，杜困顿无力，忧其趋进迟缓。梁祖自起，大声曰：“杜秀才争表梁王造化功。”杜顿忘其病，趋步如飞，连拜叙谢数四。自是，梁祖特帐设宾馆。赐之衣服钱物，待之甚厚。

福建人徐夤下第，献《过梁郊赋》，梁祖览而器重之，且曰：“古人酬文士，有‘一字千金’之语。军府费用多，且一字奉绢一匹。”徐赋略曰：“客有失意还乡，经于大梁，遇郊旷之耆老，问今古之侯王。父老曰：‘且说当今，休论往昔；昔时之事迹谁见今日之功名目睹。’”辞多不载。遂留于宾馆，厚礼待之。徐病且甚，梁祖使人谓曰：“任是秦皇、汉武。”盖诮徐赋有“直论萧史王乔，长生孰见；任是秦皇汉武，不死何归憾其有此深切”之句尔！

梁祖既有移龟鼎之志，求宾席直言骨鲠之士。一日，忽出大梁门外数十里，憩于高柳树下，树可数围，柯干甚大，可庇五六十人，游客亦与坐。梁祖独语曰：“好大柳树。”徐遍视宾客，注目久之，坐客各各避席对曰：“好柳树。”梁祖又曰：“此好柳树，好作车头。”末坐五六人起对：“好作车头。”梁祖顾敬翔等起对曰：“虽好柳树，作车头须是夹榆树。”梁祖勃然，厉声言曰：“这一队措大，爱顺口弄人。柳树岂可作车头，车头须是夹榆木，便顺我也，道柳树好作车头。我见人说秦时指鹿为马，有甚难事！”顾左右曰：“更待甚？”须臾，健儿五六十人悉擒言柳树好作车头者，数以谀佞之罪，当面扑杀之。梁祖虽起于群盗，安忍雄猜，甚于古昔；至于刚猛英断，以权数御物，遂成兴王之业，岂偶然哉！

不过，又有一些篇目，充斥神怪之谈，不足为信。像卷一“泰和苏揆父鬼灵”、卷二“衡阳县令周妻报应”、卷三“田太尉候神仙夜降”、卷四“洛阳染工见冤鬼”和卷五“焦生见亡妻”之类。

对张书，四库馆臣评价说：

书中多据传说之词，约载事实以为劝戒。自称凡与正史差

> 异者，并存而录之，亦别传、外传之比。然如衡阳周令妻报应、洛阳染工见冤鬼、焦生见亡妻诸条，俱不免涉于语怪……至如纪张全义治洛之功，极为详备，则旧史多采用之。其他佚事，亦颇有足资博览者，固可与《五代史阙文》诸书同备读史之考证也。[①]

清人周中孚也说："今观其书，凡二十一篇，每篇各有标题，叙述极为详赡，诚可以当别传、外传之比，而有资于读史之考证矣。"[②]

《洛阳缙绅旧闻记》成书后，先以抄本流传。入明，先有洪武张氏刊本。至乾隆朝，编《四库全书》，收入"子部小说家类"，为浙江巡抚采进本；又收入《知不足斋丛书》，为长塘鲍氏刊本。至民国，又收入《笔记小说大观》和《丛书集成初编》，分别由上海进步书局、商务印书馆石印和排印；1984 年前者又由广陵古籍刻印社影印，1985 年后者又由中华书局重印。2003 年，收入《全宋笔记》，由大象出版社排印；今人丁喜霞为之校注，2013 年由中国社会科学出版社印行，是为现在最通行的版本。

吴淑与《江淮异人录》

吴淑（947—1002），字正仪，润州丹阳（今属江苏）人，徐铉[③]之婿。于南唐，为内史；入宋，官至大理评事、水部员外郎、起居舍人、职方员外郎。他工书，善笔札，参编过《太平御览》、《太平广记》、

---

① 《四库全书总目》卷 140《〈洛阳缙绅旧闻记〉提要》，北京，中华书局，1965。

② 周中孚：《郑堂读书记》卷 64《子部・小说家类・洛阳缙绅旧闻记》，上海，上海书店，2009。

③ 徐铉（917—992），字鼎臣，扬州广陵人。于南唐，为中书舍人、翰林学士、吏部尚书；入宋，官至太子率更令、给事中、散骑常侍。他长于文字学，又善诗文，撰有《骑省集》和《稽神录》。

《文苑英华》和《太宗实录》，另撰有《事类赋》、《说文五义》、《秘阁闲谈》和《江淮异人录》。

《江淮异人录》二卷，今存残卷，为清人从《永乐大典》中辑出，凡二十五篇，即卷上“唐宁王”、“花姑”、“沈汾”、“聂师道”、“李梦符”、“李胜”、“潘扆”、“陈允升”、“陈曙”、“司马郊”、“刘同圭”、“史公镐”和“董绍颜”；卷下“耿先生”、“张训妻”、“张标”、“于大”、“江处士”、“钱处士”、“润州处士”、“建康异人”、“洪州书生”、“杭州野翁”、“糁潭渔者”和“宣州军士”。另外，于正统《道藏》中，另收入“虔州少年”和“瞿童”二篇。

吴氏作书，显然受到徐铉的影响。四库馆臣即云：“徐铉尝积二十年之力，成《稽神录》一书。淑为铉壻，殆耳濡目染，挹其流波，故亦喜语怪欤。铉书说鬼，率诞漫不经。淑书所记，则周礼所谓怪民，《史记》所谓方士，前史往往见之，尚为事之所有。”[①] 而书中所记，为术士、侠客和道流，包括唐代二人，南唐二十三人；他们仗义行侠，本领神奇。不过，它虽涉诡怪，可又与《稽神录》之侈谈神鬼略有不同；于传奇中的异人传说发展而成专书的，即始于吴氏记江淮异人的这部小说。吴书的性质，虽说属于传奇小说的范畴，可也从不同的侧面反映出唐代和南唐社会的面貌，以及这一时段江淮民众的信仰观念。[②]

像卷上“聂师道”条记云：

> 聂师道，歙人。少好道。唐末于涛为歙州刺史，其兄方外为道士，居于郡南山中，师道往事之。涛时往诣方外，至于郡政，咸以谘之，乃名其山为问政山。吴朝以师道尝居是山，因号为问政先生焉。初，方外在山中，郡人少信奉者。及师道至，瞻信日众……后给事中裴枢为歙州，当唐祚之季，诏令不

① 《四库全书总目》卷142《〈江淮异人录〉提要》，北京，中华书局，1965。

② 张素红：《〈稽神录〉、〈江淮异人录〉与五代十国江南民众信仰观念》，陕西师范大学历史文献学硕士论文（2007）。

通。宣州田頵、池州陶雅举兵，围之累月，歙人频破之。后食尽援绝，议以城降，而城中杀外军已多，无敢将命出者。师道乃自请行，枢曰："君乃道士，岂可游兵革中耶?"请易服以往。师道曰："吾已受道法科教，不容易服。"乃缒之出城。二将初亦甚怪，及与之语，乃大喜曰："真道人也。"誓约已定，复遣还城中。及期，枢适有未尽，复欲延期，更令师道出谕之。人谓其二三，咸为危之，师道亦无难色。及复见二将，皆曰："无不可，唯给事命时。"城中人获全，师道之力也……

又卷下"钱处士"条记云：

钱处士，天祐末游于江淮，尝止于金陵杨某家。初，吴朝以金陵为州，筑城西抛江，东至潮沟。钱指城西里余荒秽之地，劝杨买之，杨从其言。及建为都邑，而杨氏所买地正在繁会之处，乃构层楼为酒肆焉。尝宿于杨家，中夜忽起，谓人曰："地下兵马喧阗，云接令公，聒我不得眠。"人皆莫之测也。明日，义祖自京口至金陵，时人无有预知者。尝见一人谓之曰："尔天罚将及，可急告谢自责。"人曰："我未省有过。"钱曰："尔深思之。"人良久乃曰："昨日饮食不如意，因怒其下，弃食于沟中。"钱曰："正是此尔，可急取所弃食之。"乃取之，将以水汰去其秽，俄而雷电大震。钱曰："急取秽食之。"如言而雷电果息。尝有人图钱之状，钱见之曰："吾反不若此常对圣人也。"人不之悟。后有僧取其图，置于志公塔中，人以为应。后烈祖复取之入宫，陈于内寝焉，又每为谶语，说方来事。言李氏之祚曰："仿佛之间一倍杨。"初，吴氏有江之地凡四十六年，而李氏三十九年，或谓杨氏自称尊至禅代二十年，故仿佛倍之耳。

对吴书，清人周中孚评价说："所载凡唐代二人，南唐二十三人……虽皆语怪之流，而其事尚为史传所恒有，则亦非尽无稽也。”①

《江淮异人录》成书后，久无刊刻，一直以抄本流传，又渐次散佚。入明，编《道藏》，收入“洞玄部传记类”，为正统、万历正续刊本。至乾隆朝，编《四库全书》，收入“子部小说家类”，为永乐大典本；又收入《知不足斋丛书》和《龙威秘书》，分别为长塘鲍氏刊本和石门马氏大酉山房刊本。嘉庆十四年（1809），收入《函海》，为绵州李氏万卷楼刊本。1991 年，收入《丛书集成初编》，由中华书局排印，与赵与时《林灵素传》、刘敬舒《异苑》和黄休复《茅亭客话》合刊一册。今人孔一以四库全书本为底本点校，2012 年由上海古籍出版社排印，列入《历代笔记小说大观》，与陶谷《清异录》合刊一册，是为现在最通行的版本。

杨亿与《杨文公谈苑》

杨亿（974—1020），字大年，建州浦城（今属福建）人。雍熙元年（984），宋太宗召试，授秘书省正字。淳化中赐进士，官至左正言、翰林学士、史馆修撰、工部及户部侍郎。他是“西昆体”的代表作家，撰有《武夷新集》、《西昆酬唱集》和《杨文公谈苑》。

《杨文公谈苑》一卷，又作《谈薮》、《杨公谈苑》和《南阳谈薮》，是杨氏门人黄鉴②记他与人闲谈的一部笔记。又经宋庠删订，类分二十门，即“圣范”、“德量”、“风节”、“才品”、“武干”、“奇逸”、“旧闻”、“记异”、“杂评”、“事志”、“正误”、“名式”、“书

---

① 周中孚：《郑堂读书记》卷 66《子部·小说家类·江淮异人录》，上海，上海书店，2009。

② 黄鉴（？—1031），字唐卿，为杨氏同乡。祥符八年（1015）进士，官至国子监直讲。所记杨氏言谈，大致与语录体相仿，可又无一定的体例，汇为一书，初名《南阳谈薮》，后改《杨公谈苑》，再以杨氏谥号题书。

艺”、“方技”、“叙释”、“僭乱”、“豪侈”、“恶戒”、“戏谑”和“夷纪”。卷首庆历七年（1047）宋序云：

> 故翰林杨文公大年，在真宗朝掌内外制，有重名，为天下学者所服。文辞之外，其博物殚见又绝人甚远。故常时与其游者，辄获异闻奇说。门生故人，往往削牍藏弆，以为谈助。江夏黄鉴唐卿者，文公之里人，有俊才，为公奖重，幼在外舍，逮于成立，故唐卿所纂，比诸公为多……然按本录，但杂抄旁记，交错无次序，好事者相与名曰《谈薮》。余因为掇去重复，分为二十目，勒成一十二卷。昔隋有阳松玠纪南北朝事，已著此号行于世，今袭之，将为后生所惑，辄改题曰《杨公谈苑》。

今本杨书，凡二百三十三条，即“王彦超”、“太宗作弈棋三势”、“徐铉改棋图之法”、“禁教坊以夫子为戏”、“陶谷草祭文”、“钱若水草祝辞”、“敕字”、“砌台”、“铜牌记”、“麻胡”、“学士草文”、“白氏六帖”、“日本僧奝然朝衡”、“寂照”、“金鸡肆赦”、“左右侍禁”、“三班奉职”、“三班借职”、“通判”、“禁节帅贩易”、“本朝武人多能诗”、“蛙变为鹑”、“芋萝卜”、“菩萨石”、“倚卓”、“王感化善诗”、“宋捷”、“重戴”、“永昌陵”、“冯道使虏”、“卧榻侧他人鼾睡”、“吴绫汗衫写诏”、“獭祭鱼”、“题翠微诗”、“辜负口眼”、“太平兴国”、“灵棋经”、“脐裂”、“周世宗作诗”、“地狱受苦”、“不欺神明”、“三多”、“比试制诰”、“两制作诗赋”、“五禽以客名”、“笔法五事”、“筑太一宫”、“洛阳宫阙似兜率天宫”、“毁铜佛铸钱”、“谒金门词”、“葑田”、“杨玢诗”、“王彦威粗官诗”、“卢延让诗浅近自成一体”、“思贾谊诗”、“杜牧诗”、“刘经野韭诗”、“畬田”、“江东士人深于学问”、“灭蜀之兆”、“乐人王感化善诗”、“余恕赞义山徐铉诗文”、“太祖御将恩威并济”、“太祖服用俭素”、“太祖不许公主服翠襦”、“太祖杵碎孟昶宝器”、“太祖祷雨雰”、“江南后主遗银五万两”、“太祖遣周广使吴越”、“刘鋹不敢饮御赐酒”、“太祖善御豪杰”、“太祖善训戎旅”、“太祖御下严峻”、“太宗署名祈雨”、“太宗不欲宦者预政”、“太宗不事畋游”、“三馆”、“太宗读太平御览”、“太宗赞日本颇有古道”、“太宗重内外制之任”、“太宗论内患外”、“太宗欲蠲租税不果”、“太宗不许大臣具草”、“太宗奖励循吏”、“太宗以唐庄宗为鉴戒”、“太宗以剑舞惧敌”、“太宗作上清宫”、“太宗以强弓示威”、“修河桥”、“太宗善书”、“修太宗实录”、“编次太宗法书”、“苏易简最被恩遇”、“郭进”、“窦偁面叱贾琰”、“董遵诲”、“李沆”、“范质识大体”、“不信异端”、“窦仪不攻人之短”、“潘承裕”、“冯起”、“李至”、“更改礼记月令篇次序”、“诸监炉铸钱”、“榜刻仪制令四条”、“江翱”、“赐衣服”、“赐带”、“赐鞍辔”、“宪衔”、“敕书楼”、“学士预曲宴承旨预肆赦”、“驾亲临问臣僚”、“白麻”、“江南书籍”、“乾德铸印”、“王化基”、“干越亭诗”、“雍熙以来文士诗”、“钱惟演刘筠警句”、“近世释子诗”、“唱和联句”、“大言赋”、“潘佑”、“赵邻幾”、“徐锴”、“钱昭序”、“汤悦”、“陈搏”、“江直木”、“种放”、“吕洞宾”、“华阴隐人”、“佛经”、“喻浩造塔”、“建寺”、“西域僧觉称”、“云豁入定”、“郭忠恕”、“赵抱一”、“黑杀将军”、“王处讷”、“陈洪进”、“升元寺石记”、“秦淮石志”、“千叶牡丹”、“蜀中桃符”、“陈昭遇”、“钱镠治目疾”、“治面疡”、“秘阁藏书”、“置御书院”、“太宗棋品第一”、“草书”、“僧善书”、“张维”、“缙云酝匠”、“陈乔”、“相州部民张某”、“曹彬讨金陵”、“武行德”、“呼延赞”、“杨业”、“崔翰”、“刘吉”、“王隐”、“张继能”、“张洎见龙”、“百药枕”、“湿纸化为菌”、“蜀人以去声呼平声字”、“刘吉论食鱼”、“建州蜡茶”、“仕宦岭南”、“小窑李”、“沉香木”、“麝裂脐猇牦牛断尾”、“猩猩”、“病瘿”、“土厚水深无病”、“白鹿洞藏书”、“建州多佛刹”、“五丈河”、“朱贞白善嘲咏”、“李涛题不动尊前诗”、“造五凤楼手”、“苏协”、“刘鋹欲为降王之长”、“党进”、“卢文纪追兄草诏”、“徐铉信鬼神”、“嚼舌而死”、“张格献曲”、

“铜雀台古瓦”、“执政戏授钱仪钱信官”、“宣徽角抵士”、“卢文纪为相”、“坡拜”、“湫神”、“担夫顶有圆光”、“李符知春州”、“穆修”、“交州驯象”、“交州占城驯犀”、“高丽王论中国族望”、“高丽求赐板本九经”、“契丹邪律某诗”、“耶律琮求通好书”、“高昌”、“潞州李筠”、“侯舍人”、“室种”、“论义山诗”、“鸭能人言”、“太宗谒安陵”、“审刑房”、“用其长护其短”、“后主赐近臣黄金”、“钱若水全进退之道”、“太宗厚遇李昉”、“南唐帑藏丰盈”、“淮南道院”、“检书苍头”、“凤阁王家”、“王延范误惑于术人”、“罗江犬”、“以蜥蜴求雨”、“给诰侍母”、“王延范顶戴金像”、“王彦超致仕”、“聪明绝人”和“愿代女死”。

从今存条目来看，杨氏所谈内容，从自然到社会，从政事到人物，从经济到文化，可谓十分广泛；不少条目所记，要么鲜见于他书，要么可详他书之略，具有重要的文献价值。[①] 像“禁节帅贩易”条记云：

> 五代以来，节帅牧专多遣亲吏往诸道往来贩易，所过不收算，率以致富，养马至千匹，仆厮至一千余人。国初，大功臣十数人犹袭旧风，太祖患之，未革其弊。太平兴国初，遂下诏禁之，侯伯但给其俸及盐酒商税课利分数钱，后又罢之，定岁给公用自三万贯及千贯，自此藩镇量入为用，无复向之豪侈。
>
> 太平兴国初，右拾遗李幹上言：诸道藩镇所管支郡，多遣亲吏掌其市征，留滞商贾不便。诏邠、宁、泾、原、渭、鄜、坊、延、丹、陕、虢、襄、均、房、复、邓、唐、澶、濮、宋、亳、郓、济、曹、单、青、淄、兖、沂、贝、冀、滑、卫、镇、深、赵、定、祁等支郡，并直属京师，不隶节镇。

又“三馆”条记史馆、昭文馆和集贤院之设云：

① 许净瞳：《〈杨文公谈苑〉考》，载《古籍整理研究学刊》，2011（4）；许净瞳：《〈杨文公谈苑〉的文献价值》，载《盐城师范学院学报》，2013（1）。

> 史馆，贞观三年置，以宰相监修，复有修国史、史馆修撰、直馆之员。集贤院，自开元五年置丽正修书院于集仙殿，十三年改为集贤殿，以丽正书院为集贤书院，有学士、侍讲学士之名，后置大学士，以宰相领之，并有修撰、校理、直院之职。贞元中，增置校书、正字。梁氏都汴，贞明中，以今古长庆门东北小屋十数间为三馆，湫隘卑庳，周庐徼道在旁，卫士驺卒喧杂，每受诏有所撰述，徙它所以就之。太宗即位，因临幸周览，曰："若此之陋，何以待天下贤俊耶?"即日诏有司，度左升龙门东北车府地为三馆，栋宇宏大，自举役，车驾再临视，劳赐工卒。又令作园囿，植卉木，引金水河以注焉。西序启便门通乾元殿，以俟行幸。三年春，新馆成，赐名崇文院。悉迁西馆书分布西廊，为昭文书库，南廊为集贤书库。西廊为经史子集，南廊为史馆书库。初平蜀得书一万三千卷，平江左又得二万卷，参以旧书，为八万卷，凡六库，皆周雕木架，青绫帕幂之。昭文馆、集贤殿大学士，监修国史，常以宰相兼领。此外有史馆修撰、直史馆、集贤院直学士、校理之名。淳化中，复置直昭文馆、直集贤院，亦有修国史、崇文院检讨、编修、祗候，皆无定员，不常置。

《杨文公谈苑》成书后，于南宋，收入曾慥《类说》，天启六年（1626），又有岳钟秀刻本；又收入江少虞[①]《皇宋事实类苑》，今有上海古籍出版社1981年排印本。1993年，上海古籍出版社排印李裕民辑校本，收入《宋元笔记丛刊》；2012年，上海古籍出版社重排李氏辑校本，列入《历代笔记小说大观》，与陈师道《后山谈丛》合刊一册，是为现在最通行的版本。

---

① 江少虞（?），字虞仲，衢州常山（今属浙江）人。政和进士，官至天台学官，建州、饶州和吉州太守，撰有《宋朝事实类苑》（原名《事实类苑》，又作《宋朝事实类苑》）。

郑文宝与《南唐近事》、《江表志》和《江南余载》

郑文宝（953—1013），字仲贤、伯玉，汀洲宁化（今属福建）人。于南唐，为校书郎。太平兴国八年（983）进士，官至陕西转运使、兵部员外郎。他工琴，善书，通文史，撰有《谈苑》、《南唐近事》、《江表志》和《江南余载》。

《南唐近事》一卷，凡六十则。卷首太平兴国二年（977）郑氏自序云：

> 南唐烈祖、元宗、后主三世，共四十年，起天福丁酉之春，终开宝乙亥之冬。君臣用舍朝廷典章，兵火之余史籍荡尽，惜乎前事十不存一。余匪鸿儒，颇常嗜学，耳目所及，志于缣缃，聊资抵掌之谈，敢望获麟之誉，好事君子无或陋焉。

书记天福二年（937）至开宝八年（975）南唐李氏三主史事，还有一些民间风俗、琐闻和轶事。从风格上说，它半为事迹实录，半为小说异闻。四库馆臣评价说：

> 其体颇近小说，疑南唐亡后，文宝有志于国史，搜采旧闻，排纂叙次，以朝廷大政入《江表志》，至大中祥符三年乃成。其余丛谈琐事，别为缉缀，先成此编。一为史体，一为小说体也……文宝世仕江南，得诸闻见，虽浮词不免，而实录终存，故马令、陆游《南唐书》采用此书几十之五六，则宋人固不废其说矣。①

清人周中孚也说："其书……皆从记李氏三王四十年间杂事，实小说、传记之类，不及《江表志》之得史体。然二书实相须而备，故马、

① 《四库全书总目》卷140《〈南唐近事〉提要》，北京，中华书局，1965。

陆两家撰《南唐书》，皆采用其说独多焉。”①

《南唐近事》成书后，于南宋，收入曾慥《类说》，天启六年（1626），又有岳钟秀刻本。至晚明，又收入《宝颜堂秘笈》、《唐宋丛书》和《续百川学海》，分别为绣水沈氏刊本、崇祯钟氏刊本和金陵心远堂刊本。至乾隆朝，编《四库全书》，收入“子部小说家类”，为江苏巡抚采进本。至民国，收入《丛书集成初编》，由商务印书馆排印，1985 年又由中华书局重印，与《江南余载》和史虚白《钓矶立谈》合刊一册。2003 年，收入《全宋笔记》，由大象出版社排印；2004 年，收入《五代史书汇编》（九），由杭州出版社排印。今人徐时仪以宝颜堂秘笈本为底本点校，2012 年由上海古籍出版社排印，列入《历代笔记小说大观》，与欧阳修《归田录》、张舜民《画墁录》、方勺《泊宅编》、孔平仲《孔氏谈苑》和江休复《江邻幾杂志》合刊一册，是为现在最通行的版本。另外，1993 年，又收入《中国野史集成》，由巴蜀书社影印。

《江表志》三卷，卷首大中祥符三年（1010）郑氏自叙云：

> 《江表志》者，有国之时，朝章国典，粲然可观，执政大臣以史笔为不急之务。洎开宝中，起居郎高远当职，始编辑升元以来故事，将成一家之言。书未成，远疾亟，数箧文章皆令焚之，无孑遗矣。太宗皇帝欲知前事，命汤悦、徐铉撰成《江南录》十卷，事多遗落，无年可编，笔削之际，不无高下，当时好事者往往少之。文宝耳目所及，编成三卷，方国志则不足，比通历则有余，聊补足以俟来者。

可见，郑氏有感于《江南录》“事多遗落”，所以，他搜集旧闻，条理南唐朝政大事而成书。“江表”，原本的含义是“江外”，实即江

① 周中孚：《郑堂读书记》卷 64《子部·小说家类·南唐近事》，上海，上海书店，2009。

南、江东，也是南唐旧有之地，因以题书。

南唐立国三十九年（937—975），历李昪、李璟和李煜三朝，为五代十国中之南方大国。郑书卷一记李昪朝，卷二记李璟朝，卷三记李煜朝；除朝政大事外，还列有关皇子、宰相、使相、枢密使、伪主、将帅和文臣的情况。四库馆臣评价说：

> 上卷纪烈祖事，中卷纪元宗事，下卷纪后主事，不编年月……于诸王大臣并标其名，亦无事实，记载甚简故其纪后主亡国，亦只以果于自信，越人始谋为言。与徐铉墓碑相类，其意尚有足取。其记李煜时贡献赋敛一条，王巩《随手杂录》全取之。且注其下曰："《江表志》，郑文宝撰。"则亦颇重其书。又如《江南江北旧家乡》一诗，文宝以为吴让皇杨溥所作，而马令《南唐书》则直以为后主作。然文宝亲事后主，所闻当得其真，是亦可以订马书之误也。[①]

清人周中孚也说："仲贤以徐铉等所撰《江南录》事多遗落，无年可编，笔削之余，不无高下，因以耳目所及，纂成是书……但仲贤嫌前录为略，而尤以无年月记事，今此书亦止杂记如事实之类耳。自序谓'方国志则不足，比《通历》则有余'，窃恐其未必然。"[②]

《江表志》成书后，久无刊刻，一直以抄本流传。至乾隆朝，编《四库全书》，收入"史部载记类"，为福建巡抚采进本。道光十一年（1831），又收入《学海类编》，为六安晁氏活字排印本。1991年，收入《丛书集成初编》，由中华书局排印，与陈彭年《江南别录》合刊一册。2004年，收入《五代史书汇编》（九），由杭州出版社排印；2011年，收入《金陵全书乙编》，由南京出版社印行，与史虚白《钓矶立谈》、陈彭年《江南别录》和马令《南唐书》合刊一册，是为现在最通行的

① 《四库全书总目》卷66《〈江表志〉提要》，北京，中华书局，1965。

② 周中孚：《郑堂读书记》卷26《史部·载纪类·江表志》，上海，上海书店，2009。

版本。另外，1993年，收入《中国野史集成》，由巴蜀书社影印；2003年，又收入《全宋笔记》，由大象出版社排印。

《江南余载》二卷，今本系清人从《永乐大典》中辑出。书分上下，即卷上四十五条，卷下四十三条，凡七十八条。南唐地处“江南”，因以题书。从性质上说，它和《南唐近事》一样，偏于丛谈琐记。四库馆臣说：

> 考郑文宝有《南唐近事》二卷，作于太平兴国二年丁丑。又《江表志》三卷，作于大中祥符三年庚戌。不在此序所列六家之内，则所称得于楚州者，当即文宝之书。检此书所录杂事，亦与文宝《江表志》所载互相出入，然则所谓删落是正者，实据《江表志》为稿本矣。今世所行《江表志》，名为三卷，实止二十四页。盖残阙掇拾，已非完书……而《永乐大典》内所引尚伙，多有《江表志》所不载者。则《江表志》虽存而实佚，此书虽佚尚有大半之存也……今采辑其文，仍为二卷，以补《江表志》之阙焉。①

可见，《江表志》与《江南余载》，可以互为表里。像卷上记伶人嘲讽徐知训条云：

> 徐知训在宣州，聚敛苛暴，百姓苦之。入觐侍宴，伶人戏作绿衣大面，若鬼神者；傍一人问谁何，对曰：“我宣州土地神也，吾主入觐，和地皮掘来，故得至此。”

这是对南唐贪吏的辛辣讽刺，也是后人谈“刮地皮”掌故的由来。

对郑书，清人周中孚评价说：“是书条举南唐杂事，琐屑猥杂，全类小说家言，求其有裨史事者，殊属无几，大旨与郑仲贤《江表志》互相出入。”②

① 《四库全书总目》卷66《〈江南余载〉提要》，北京，中华书局，1965。

② 周中孚：《郑堂读书记》卷26《史部·载纪类·江南余载》，上海，上海书店，2009。

《江南余载》成书后，久无刊刻，一直以抄本流传，又渐次散佚。至乾隆朝，编《四库全书》，收入“史部载记类”，为永乐大典本；又收入《知不足斋丛书》，为长塘鲍氏刊本。至民国，收入《丛书集成初编》，由商务印书馆排印，1985 年又由中华书局重印，与《南唐近事》和史虚白《钓矶立谈》合刊一册。2003 年，收入《全宋笔记》，由大象出版社排印；2004 年，收入《五代史书汇编》（九），由杭州出版社排印；2011 年，收入《金陵全书乙编》，由南京出版社印行，与陈克《金陵防守利便》、陈霆《唐余纪传》和简斋居士《放生池古迹考》合刊一册，是为现在最通行的版本。另外，1993 年，又收入《中国野史集成》，由巴蜀书社影印。

郑氏三书，是研究南唐史重要的历史文献。后来，马令、陆游撰《南唐书》，即吸收了《南唐近事》和《江南余载》中的很多材料。

陈彭年与《江南别录》

陈彭年（961—1017），字永年，抚州南城（今属江西）人。雍熙二年（985）进士，官至江陵司里参军、大理寺详断官、兵部郎中、翰林学士、龙图阁直学士、刑部侍郎、参知政事。他习文史，预修过《册府元龟》和《大宋重修广韵》，另撰有《重修玉篇》、《贡举叙略》和《江南别录》。

《江南别录》四卷，从性质上说，为南唐别史，实与郑文宝《江表志》、《南唐近事》和《江南余载》类同；分徐温、李昪、李璟和李煜四部而成，即一人一朝一卷；脉络清晰，偶有插叙事之原委以窥事件之全貌；陈氏作书，没有把吴与南唐割裂开来，而是视之为一脉相传的政权体系，既符合实际，又很好表现了政治争斗的复杂过程。[①] 即以卷一记徐温事为例：

义祖徐氏讳温，烈祖之养父也。刚毅寡言，罕与人交，众中凛然可畏，目为徐嗔。吴武王时，淮南劲兵数万，号“黑云长剑”。义祖为其裨将，累以功迁右职，与张颢同为衙内列校。吴武王疾亟，召左右谋后事……颢与义祖曰：“王亲犯矢石而创基业，安可使外人为王！傥杨氏无儿，有女亦可，况未至此。”吴武王曰：“尔能如是，吾死且瞑目矣。”……初，颢与义祖约弑渥，而以其地臣于梁，至是颢欲背约自立，严可求沮之，乃止……后数岁，义祖出镇建康，以亲子知训代知淮南军政。知训骄暴不奉法，与宣王泛舟浊河。酒酣，宣王先起，随以弹丸击之。李德诚有女乐数十人，遣使求之……初学兵于朱瑾，瑾悉心教之，后与瑾有隙，夜遣壮士杀瑾，瑾手刃数人，埋于舍后。瑾出镇泗州，往辞知训，知训约至瑾家为别。及至，瑾令妻出见，知训方拜，瑾以笏击踣，斩其首，入谒宣王曰：“为国去贼，为民去害，在今日矣。”……烈祖自京口入，代知训掌政，自是中外宁谧，纪纲振举矣。时杨氏犹以东南道都统吴王承制行事，义祖权柄虽重，而名数犹卑，遂请建国改号，自为都统，封齐王。未几，隆演卒，弟溥立，是为让皇。三年，庄宗克梁，遣使来告。义祖曰：“沙陀自称中兴，来者必诏命。”逆告之曰：“若敌国之书乃可，余则不奉命。”时果赍诏来，使者盘桓果具驿书上闻。庄宗初平大敌，意务怀柔，遂用敌国之礼书曰：“唐皇帝谨命书与吴国主。”吴遣司农卿卢苹北聘。李德诚自信州来朝，赐宴，至夕而罢。是夜，宣王

---

① 姚萍：《陈彭年及其〈江南别录〉》，南昌大学中国古典文献学硕士论文（2009）。

殂宫中，以德诚进毒，幽于殿内。德诚亲吏走告，义祖以朝使不至，虑有他变，引亲吏百余人夜渡江，斩关而入。明日，释德诚，立让皇溥，宣王之弟也。义祖虽总大兵，而身在外，朝政皆遥禀，烈祖居中任事。徐玠数劝义祖除烈祖，以次子知询代之。义祖亦知烈祖终为己害，而烈祖勤于侍养，又自幼畜之，故不忍……义祖晚有气疾，岁中数发，发则困踬，将殂之夕，气暴作，医者进药无效而绝……烈祖受吴禅，追上义祖尊号，徐氏诸子封拜与李氏同。而知诲之后特盛，子景辽、景游，皆出入宫禁，预枢密，专掌浮屠修造之任。当时言蠹政者，以二人为首。

入宋，司马光作《资治通鉴》，欧阳修作《新五代史》，不同程度参考了陈书，足见它重要的史料价值。四库馆臣评价说：

此书所纪为南唐义祖、烈祖、元宗、后主四代事实。时汤悦、徐铉等奉诏撰《江南录》，彭年是编，盖私相纂述，以补所未备，故以《别录》为名……此书但言唐之宗室，亦深得传疑之义。以《资治通鉴》相参校，其为司马光所采用者甚夥，固异乎传闻影响之说也。①

清人周中孚也说："其书叙述南唐义祖、烈祖、元宗、后主四代事迹，颇涉语怪，有类稗官，然其他可取者多，故司马氏修《通鉴》，亦多所采用。"②

《江南别录》成书后，久无刊刻，一直以抄本流传。于中晚明，收入《古今说海》和《历代小史》，分别为嘉靖云间陆氏俨山书院刊本和万历安溪李氏刊本。至乾隆朝，编《四库全书》，收入"史部载记类"，为安徽巡抚采进本。嘉庆十四年（1809），收入《墨海金壶》，为虞山

① 《四库全书总目》卷66《〈江南别录〉提要》，北京，中华书局，1965。

② 周中孚：《郑堂读书记》卷26《史部·载纪类·江南别录》，上海，上海书店，2009。

张氏照旷阁刊本；道光十一年（1831），收入《学海类编》，为六安晁氏活字排印本。1991 年，收入《丛书集成初编》，由中华书局排印，与郑文宝《江表志》合刊一册。2011 年，收入《金陵全书乙编》，由南京出版社印行，与史虚白《钓矶立谈》、郑文宝《江表志》和马令《南唐书》合刊一册，是为现在最通行的版本。另外，1993 年，收入《中国野史集成》，由巴蜀书社影印；2003 年，又收入《全宋笔记》，由大象出版社排印。

潘汝士与《丁晋公谈录》

潘汝士（?），潘慎修[①]之子，福建泉州人。少以父荫，为太庙齐郎、大理评事。天禧五年（1021），为太常博士，入直史馆，官至工部员外郎，入直集贤院，今存所撰《丁晋公谈录》。

《丁晋公谈录》一卷，又作《晋公谈录》。“丁晋公”，即丁谓（966—1037），字谓之、公言，苏州长洲人。淳化三年（992）进士，官至郓州知州、齐濮安抚使、三司使、枢密直学士、参知政事、枢密使、同中书门下平章事、昭文馆大学士，拜晋国公。他通诗画、博弈和音律，撰有《丁谓集》、《虎丘录》、《刀笔集》、《青衿集》和《知命集》。

丁书，顾名思义，是一本谈话录，具体来说，即潘氏笔录丁谓言谈的一部笔记。今本三十一篇，即“真宗符命四事”、“臣子奏事慎不可触机”、“真宗守法”、“真宗宽恤”、“人生名品皆尽有阶级”、“麻袍角带临丧”、“黑黪衣”、“徐铉敦尚儒素”、“公相大臣荣谢岂偶然”、“太祖豁达”、“‘慎宽’乃传写之误”、“东封泰山事”、“晋公不言人非”、

① 潘慎修（937—1005），字成德，福建泉州人。少以父荫，补秘书省正字，官至水部郎中、起居舍人、太子右赞善大夫、右谏议大夫、翰林侍读学士。

“六重恩惠”、“士大夫不可争名竞进”、“寇准僭擅改授”、“窦家轶事”、“吕端器识”、“王禹偁阅览精详”、“赵普器度”、“太祖明圣慈惠”、“制御小人切不可失其机”、“卢多逊遭赵普之毒手”、“宋琪与赵文度斗乐”、“真宗问九经卷数”、“一百二十绝诗”、“刘承规有心力”、“赵普问命”、“朝廷典故”和“钱塘轶事”。不过它已恐非原书完帙，偏记宋太祖、真宗、赵普和吕端事迹，还有很多关于朝章典制的内容，可为读史之参照以及研究之参考。

像“吕端器识”条记吕端事云：

吕丞相端，本自奏荫而至崇显，盖器识远大，有公辅之才。自为司户参军，便置外厨，多延食客，能知典故，凝然不动。年五十六七，犹为太常丞，充开封府判官。时秦州杨平木场坊木筏沿程免税而至京，吕之亲旧竞托选买，吕皆从而买之，于是入官者多拣退材植。值三司使给事中侯陟急于富贵，于太宗前欲倾其众人，无何，吕独当之，认为已买。太宗赫怒，俾台司枷项送商于安置，灭耳后犹签书府中旧事，怡然曰：“但将来！但将来！”著枷判事，自古有之。洎后发往商州，身体魁梧，太宗传宣，令不得骑马，只令步去。寻相座传语，且请认灾，公曰：“不是某灾，是长耳灾。”谈谐大笑如式，略不介挠。时有善算者，吕公木在土下，官又是方，主晚年大达，须位极人臣，此何用虑耳？寻自商州量移汝州。上谷寇准屡奏：“吕某器识非常，人渐老矣，陛下早用之。”太宗曰：“朕知此人是人家子弟，能吃大酒肉，余何所能？”后近臣皆上言，称吕某宜朝廷大用，寻自太常丞知蔡州，召入拜户部员外郎，为枢密直学士。时王二丈禹偁行诰词，略曰：“多直道以事君，每援经而奏事。”后苑赏花宴，太宗宣臣僚赋诗，吕奏曰：“臣无出身，不敢应诏。”洎为户部尚书门下相，上谷犹为谏议大夫参政。忽一日，未后三棒鼓，吕上马至门道里，立马侯上谷多时，探上谷者曰："参政方洗面里。"吕乃徐谓从人曰："喂得马饱否?"其微旨如此。后表让李参政沆，大拜。吕乞养疾，授太子太保，在京薨背，享年七十三。

又"朝廷典故"条记朝臣之制云：

今朝廷儒臣，多不知典故，亦须记之。只如左右揆为百僚师长，守此官居中书可矣。若在班列，不可久居，亦由御史大夫一百二十日须大拜耳。是故朝廷将有爰立之命，即除之。只如御史中丞、谏议大夫正授即便当给事中，三年，转工部侍郎。工侍授便当刑部侍郎，转兵部侍郎。只如尚书左右丞同中书门下平章事，即不可更兼中省侍郎，缘丞郎一般也。若守六尚书省郎，兼中书或门下侍郎可矣。若自吏部兵部侍郎同平章事改转，便正转充中书侍郎同中书门下平章事，侍郎便当左右丞，若有改转，便自中书侍郎授礼部尚书，或兼门下侍郎同平章事。只如中书舍人是阁老，更不下知制诰，不同他官耳。或以他官充翰林学士，却须下知制诰，何者?制诰是中书所掌，翰林不当主之。近代宰臣节帅除拜，出自宸衷，不欲预闻于外，故以隔日宰臣百官出后，密召翰林学士，怀具员册入禁闼，上前议定。是夕草制，谓之"内制"。中夜进入，五更降出，以麻纸大书之，一行只可三字，谓之"白麻"。何者，缘黄纸始自唐高宗朝已来，只是中书出敕得使之，所以内制用麻纸。翊日，乃以绣幞盖于箱中，置于案上，谓之麻案台，于御座左右侯进呈，事退即降麻而宣之。讫，送中书出敕写官告，敕纸广幅与常纸不同，年月日先，后署执政、参政、宰相衔，署字后方接次列以使相，御不押字，亦不控断行。其官告却只下直日知制诰官名，宣奉行，更不下元撰麻词翰林学士名衔，缘翰林学士无例于中书行词故也。然后选中书上事日，于阁门受告敕后始赴上，若使相即中书，正宰相送上至中书都堂，正宰相坐东位，使相看几员列坐西位讫，然后逐位就牙床小案子上判案，三道仍侧坐，拽一脚，俟几员各判案讫，正宰相退，然后看使相是几员，并正面并坐受贺，其参政于中书都堂无位，其宰臣官告用五色金花罗纸写，犀轴头一如太君官告样，此事庶寮多不知，因而记之。

对潘书，四库馆臣评价说：

皆述丁谓所谈当代故事……称谓筹画军稭，决真宗东封之行，以为美谈。则欲誉其才适彰其附合时局，小人之情状，终有不能自掩者矣。①

清人周中孚也说："今观其书，凡三十一条，虽皆谓所谈当代之事，而不皆称晋公言……然所见谓事皆溢美，而诋寇莱公又过甚，晁氏疑延之所为，理或然也。"②

《丁晋公谈录》成书后，收入《百川学海》，弘治十四年（1501），又有无锡华氏覆宋本；另收入曾慥《类说》，天启六年（1626），又有岳钟秀刻本。至乾隆朝，编《四库全书》，列入"子部小说家类存目"，江苏巡抚采进本。2003 年，收入《全宋笔记》，由大象出版社排印。今人杨倩描、徐立群以百川学海本为底本点校，2012 由中华书局印行，列入《唐宋史料笔记丛刊》，与王琪《国老谈苑》、刘延世《孙公谈圃》和孔平仲《孔氏谈苑》合刊一册，是为现在最通行的版本。另外，1993 年，又收入《中国野史集成》，由巴蜀书社影印。

钱易与《南部新书》

钱易（968—1026），字希白，北宋临安（今浙江杭州）人。他是

① 《四库全书总目》卷 143《〈丁晋公谈录〉提要》，北京，中华书局，1965。
② 周中孚：《郑堂读书记》卷 64《子部·小说家类·丁晋公谈录》，上海，上海书店，2009。

吴越王钱俶之侄，咸平二年（999）进士，官至蕲州及信州通判、开封知县、知制诰、翰林学士。他工书善画，撰有《金闺》、《洞微志》、《滑稽集》、《南部新书》、《西垣制集》、《青云新录》和《青云总录》。

《南部新书》十卷，卷首嘉祐元年（1056）钱明逸序云：

> 先君尚书在章圣朝祥符中，以度支员外郎、直集贤院宰开封。民事多闲，潜心国史，博闻强记，研深覃精。至于前言往行，孜孜念虑，尝如不及。得一善事，疏于方册，旷日持久，乃成编轴，命曰《南部新书》。凡三万五千言，事实千，成编五，列卷十。其间所纪，则无远近，耳目所不接熟者；事无纤巨，善恶足为鉴诫者。忠鲠孝义，可以劝臣子；因果报应，可以警愚俗；典章仪式，可以识国体；风谊廉让，可以励节概。其余机辩敏悟，怪奇迥特，亦所以志难知而广多闻……小子不肖，叨继科目，尝践世宦，假守官钥。浚涸事休，阅绎家集，因以《新书》次为门类，缮写净本，致于乡曲，以图刊镂。

“南部”，南方之谓，钱氏生当江南越地，因以“南部”题书。另外，钱氏书成，又经过他的儿子钱明逸的整理。书卷以甲、乙、丙、丁、戊、己、庚、辛、壬、癸“十干”分集，凡八百五十七条。书中所记，主要是唐代轶事，谈掌故，述诗文，录时人言行，范围很广，也偶及五代史事。有关唐代以来的职官、政制之设置变革内容，足补新旧《唐书》之阙。而从采撰来看，钱书内容，大部分来源于唐代小说，对唐代小说的辑佚和校勘，具有十分重要的价值。① 关于华清池，唐人郑处诲《明皇杂录》、郑嵎《津阳门诗》有对具体形制的描述；而钱书卷六所记，也是有关它的重要资料：

---

① 李志杰：《〈南部新书〉考述》，陕西师范大学历史文献学硕士论文（2006）；罗宁：《论〈南部新书〉对于整理唐代小说文献的价值》，载《西南交通大学学报》，2009（2）；陈志坚、梁太济：《〈南部新书〉研读札记六题》，载《中国典籍与文化》，2012（2）。

> 骊山华清宫，毁废已久，今所存者，唯缭垣耳。天宝所植松柏，遍满岩谷，望之郁然，虽屡经兵寇，而不被斫伐。朝元阁在山岭之上，基最为崭绝，柱础尚有存者。山腹即长生殿，殿东西盘石道，自山麓而上，道侧有饮酒亭子。明皇吹笛楼、宫人走马楼故基犹存。缭垣之内，汤泉凡八九所。有御汤，周环数丈，悉砌以白石，莹彻如玉，石面皆隐起鱼龙花鸟之状，千名万品，不可殚记。四面石座，皆级而上。中有双白石瓮，腹异口，瓮中涌出，喷注白莲之上。御汤西北角，则妃子汤，面稍狭。汤侧红白石盆四，所刻作菡萏之状，陷于白石面。余汤逦迤相属而下，凿石作暗渠走水。西北数十步，复立一石表，水自石表涌出，灌注一石盆中，此亦后置也。

对钱书，四库馆臣评价说：

> 旧本卷首题籛后人，盖以《姓谱》载钱氏出籛铿也……真宗朝官至翰林学士，是书乃其大中祥符间知开封县时所作。皆记唐时故事，间及五代，多录轶闻琐语，而朝章国典，因革损益，亦杂载其中。故虽小说家言，而不似他书之侈谈迂怪，于考证尚属有裨。①

清人周中孚也说：“是编乃其于祥符中以度支员外郎直集贤院宰开封府时所作，每卷以十干分纪……所记皆唐及五代轶闻琐语，以及国宪家猷，前言往行，无不杂然备载，足有裨于考证。”② 晚清李慈铭又云：“其书言唐事者十之九，多资掌故，足裨两书之阙。”③

《南部新书》成书后，于南宋，收入曾慥《类说》，天启六年(1626)，又有岳钟秀刻本。至乾隆朝，编《四库全书》，收入“子部小

① 《四库全书总目》卷140《〈南部新书〉提要》，北京，中华书局，1965。

② 周中孚：《郑堂读书记》卷64《子部·小说家类·南部新书》，上海，上海书店，2009。

③ 李慈铭：《越缦堂读书记·杂记·南部新书》，北京，中华书局，2006。

说家类”，为浙江鲍士恭家藏本。嘉庆十年（1805），收入《学津讨原》，为虞山张氏照旷阁刊本。于道光朝，又收入《粤雅堂丛书》，为南海伍氏刊本。至民国，先后收入《说库》和《丛书集成初编》，分别为上海文明书局、商务印书馆石印和排印。1985 年又由中华书局重印，与魏泰《碧云騢》合刊一册。1958 年，又有中华书局上海编辑所点校本。今人黄寿成以学津讨原本为底本点校，2002 年由中华书局印行，列入《唐宋史料笔记丛刊》；今人尚成同以学津讨原本为底本点校，2012 年由上海古籍出版社排印，列入《历代笔记小说大观》，与黄休复《茅亭客话》合刊一册，是为现在最通行的版本。另外，1993 年，收入《中国野史集成》，由巴蜀书社影印；2003 年，又收入《全宋笔记》，由大象出版社排印。

王曾与《王文正笔录》

王曾（978—1038），字孝先，号文正，青州益都（今属山东）人。咸平五年（1002）进士，官至将作监丞、著作郎、翰林学士、吏部侍郎、参知政事、枢密使、集贤殿大学士，拜沂国公。他有诗名，另撰有《王文正笔录》。

《王文正笔录》一卷，又作《沂公鉴录》和《王文正公笔录》，凡三十六条。书为“笔录”，随手记之而已，又以王氏自号题书。书记宋开国以来杂事，偏于太祖、太宗、真宗三朝典故旧闻，也有几条涉及仁宗朝。王氏熟习掌故，所言确凿可据，向为史家所重。入南宋，李焘作《续资治通鉴长编》，即不同程度参阅过王书，足见对它的史料价值的重视。

像记有关朝典云：

> 旧制，宰相早朝上殿，命坐，有军国大事则议之，常从容赐茶而退。自余号令，除拜、刑赏、废置，事无巨细，并熟状

拟定进入，上于禁中亲览批，纸尾用御宝可其奏，谓之印画，降出奉行而已。由唐室历五代，不改其制。抑古所谓坐而论道者欤？国初，范鲁公质、王宫师溥、魏相仁溥在相位，上虽倾心眷倚，而质等自以前朝相，且惮太祖英睿，具劄子面取进止，朝退各疏其事，所得圣旨，臣等同署字以志之。如此则尽禀承之，方免口误之失，帝从之。自是奏御浸多，或至旰昃，啜茶之礼寻废，固弗暇于坐论矣。于今遂为定式，自鲁公始也。

文武升朝，官遇郊庙展礼诸大朝会并朝服，常朝起居并公服，今百执事由常趋而止，每岁诞节端午初冬各赐时服有差。内公服旧制，虽冬赐亦止单制，至太祖皇帝在位，讶其方冬而赐单衣，诘诸有司，对以遵用已久，盖前之阙典。上于是特命改制，今公卿大夫之有夹公服，自此始也。

旧制，国忌，迭命宰相参知政事一员，率文武常参官赴佛寺行香，内职不预焉。景德中，同枢密院事王公（钦若）、陈公（尧叟），率内职同赴，乃听。自今大忌，枢密使、内职学士、内诸司使、军职下洎列校同为一班，先诣西上阁门，进名奉慰，宰相、参知政事、文武百官为一班，次诣阁门进名奉慰讫，退，齐赴佛寺行香，小忌则否。

又记赵光义召对事云：

太宗尝晚坐崇政殿，召学士窦俨对。上时燕服，俨至屏间见之，不进。中使促，不应。上讶其久不出，笑曰："竖儒以我燕服尔。"遽命袍带，俨遂趋出。祥符中，予初为学士。一日，真宗承明再坐召对，亦方燕服，对回至院，忽中使传宣抚谕曰："适忘袍带，卿无怪否？"予惶恐降阶将谢，中使复称有旨，曰："上以是为愧，勿俾称谢及具奏来，他日亦不可面叙。"二圣优礼近侍，不亦至乎？

对王书，四库馆臣评价说：

> 此乃所记朝廷旧闻，凡三十余条，皆太祖、太宗、真宗时事，其下及仁宗初者，仅一二条而已。曾练习掌故，所言多确凿可据，故李焘作《通鉴长编》，往往全采其文……此类皆为能得其实。惟景德改元在其年正月，而曾于王继忠一条乃谓兵罢改元，亦未免有误。又继忠兵败降辽，不能死国，反为所任用，殊亏臣节，虽有启导和好之力，殊不足自赎。曾乃以尽忠两国许之，褒贬尤为失当矣。①

清人周中孚也说："所记皆太祖、太宗、真宗时廊庙旧闻，又有一二条及仁宗初年事。孝先于朝章国典本所谙习，故叙述皆得其实，李巽岩所以全采其文入所撰《通鉴长编》也。"②

《王文正笔录》成书后，收入《百川学海》，弘治十四年（1501），又有无锡华氏覆宋本。于晚明，收入《历代小史》，为万历安溪李氏刊本。顺治三年（1646），收入《说郛续》，为两浙李氏宛委山堂刊本。至乾隆朝，编《四库全书》，收入"子部小说家类"，为江苏巡抚采进本。嘉庆十年（1805），收入《学津讨原》，为虞山张氏照旷阁刊本。于晚清，又收入《粤雅堂丛书》、《十万卷楼丛书》和《古今说部丛书》，分别为光绪南海伍氏刊本、湖州陆氏刻本和上海国学扶轮社排印本。1991 年，收入《丛书集成初编》，由中华书局排印，与王铚《默记》、钱愐《钱氏私志》、赵鼎《辩诬笔录》、胡铨《经筵玉音问答》和费衮《梁溪漫志》合刊一册。1993 年，收入《中国野史集成》，由巴蜀书社影印。2003 年，又收入《全宋笔记》，由大象出版社排印，是为现在最通行的版本。

---

① 《四库全书总目》卷 140《〈王文正笔录〉提要》，北京，中华书局，1965。

② 周中孚：《郑堂读书记》卷 64《子部 · 小说家类 · 王文正公笔录》，上海，上海书店，2009。

彭乘与《墨客挥犀》、《续墨客挥犀》

彭乘（985—1049），字利建，益州华阳（今四川成都）人。大中祥符五年（1012）进士，官至汉阳军判官、集贤校理、普州及安州知州、提点京西刑狱、知制诰、工部郎中、翰林学士、群牧使。他通文史，撰有《墨客挥犀》和《续墨客挥犀》。

《墨客挥犀》十卷，《续墨客挥犀》十卷。“墨客”一词，为文人别称，这里是彭氏之自谓；“挥犀”一词，同于“挥麈”，因晋人挥动麈尾以为谈助而得名，又引申为清谈。欧阳修作《送前巫山宰吴殿丞》，即有“高文落笔妙天下，清论挥犀服座中”之句。彭氏以“墨客”自谓，又以“挥犀”题书，也反映出了他的洒脱心态。不过，有人认为它是后人伪作。近人余嘉锡即云：

> 此书是两宋间人采辑诸书而成，故宋时传本，不题专人姓名，知非彭乘所撰，则无自疑为赝作矣。所采诸书，以魏泰《东轩笔录》、沈括《梦溪笔谈》、惠洪《冷斋夜话》、陈正敏《遁斋闲览》为多。[①]

今本《墨客挥犀》，又卷下设目，即卷一“仁宗纳谏”、“御史直谏”、“出帅环庆”、“竹不根而生”、“连氏有贤智”、“局量宽厚”、“诗人多用方言”、“行装非行李”、“仕宦有三难”、“梦人告宰相至”、“退之肥而寡髯”、“脔婿”、“增奉职俸钱”、“增选人月俸钱”、“潘阆狂放不羁”、“善别画”、“司马温公诗话”、“花瑞”和“弹劾膳中有髮”；卷二“齿黄”、“应潮泉”、“蟹泉”、“爱孟子不晓其义”、“穆张工为古文”、“产男者取其胞衣”、“走为上计”、“杀人祭神”、“喜鸦声恶鹊

① 余嘉锡：《四库提要辨证》卷17《子部·小说家类·墨客挥犀》，北京，中华书局，1980。

声”、“鸂鶒”、“李氏十六能诗”、“乞更河北盐法”、“无赖子”、“白雀”、“子母鹊”、“骨托禽”、“洛中同甲会”、“鹳雀楼三咏”、“韩曾侍中墓碑”、“渊材见文正公狄梁公画像”和“虎鹰”；卷三“虎耳如锯”、“好推挽后学”、“隐居不仕宦”、“范文正公道旧日修学时事”、“好贬驳榜额”、“潮阳象”、“猿母中箭”、“貉性喜睡”、“皂隶野狠”、“强于政事”、“固穷苦学”、“唐末诗近于鄙俚”、“蛟声如牛鸣”、“蜈蚣伏蛇”、“蜗牛制蜈蚣”、“开笼纵鹤”、“战棚”、“先殴者出钱”、“谚语”、“名利重轻人”、“物有异类交者”、“龟与蛇交”、“绿毛龟”、“录人阴事”、“验伤不见迹”和“京师久旱”；卷四“车驾幸澶渊”、“高丽遣使求诗”、“重义气”、“手不释卷”、“太守五马”、“各位称呼”、“柳如京取钱氏女”、“后院牧猳豘”、“棋隐语”、“诗使事实”、“卢氏题泥溪驿”、“妇人题庚岭佛祠”、“词意美而失事实”、“善谈风月”、“篇什豪迈”、“三不如人”、“善别茶”、“化为流星”、“颂虱之功”、“馆阁新书有误以雌黄涂之”、“不可以势屈”和“藏书辟蠹用芸”；卷五“蜾蠃”、“蝗化为虾”、“水蛭”、“竹箭”、“丁晋公多智变”、“皂荚合欢”、“虫入耳为害”、“恶飒虫不治伤人”、“水蛊虫入腹食人肠胃”、“记事多诞”、“同列见害”、“守平凉作喜迁莺词”、“夜虎”、“蜣螂”、“巨蟒”、“小人为奸”、“浙茶进贡”、“汉宫殿为鱼尾星”、“偃盖松”、“柏木”、“菌大如车盖”、“误行黄道上”、“好为雅言”、“鸩鸟禁蛇”、“凌宵花露滴眼失明”和“木有雌雄”；卷六“张公吃酒李公醉”、“诗迷”、“费孝先作卦影”、“驿吏谏谕不听”、“善事权贵”、“盗绢被执”、“梦到灵芝宫”、“奇疾”、“绝色欲”、“妻妾互镊髭鬓”、“畜犬以御非常”、“蒸豚诗”、“能咒肉使复活”、“渊材开井禁蛇”、“重寒食”、“岭南无雪”、“食蛙”、“凤州有三出”、“元泽分辨麞鹿”、“林逋善诗”、“相思河”和“诗深刻不如含蓄”；卷七“试进士设香案”、“十一岁应神童举”、“博闻强记”、“西洛五相宅”、“船子和尚偈”、“西平王家礼法”、“无比店有巴楼”、“拜官职谓之除”、“宽大重厚”、“武恭性诞安”、“性清介简重”、“性褊急”、“欧公诗寄颍阴常秩”、“异僧名无梦”、“唤起催归二禽名”、“梦至水殿中”、“春秋权倚阁”、“滑州豢龙井”、“喜荐下吏”、“铜浑仪”和“东坡和渊明诗”；卷八“因乳媪求为门客”、“舒王东坡作古今不经人道语”、“石鼓”、“性至孝”、“蔡君谟辨茶”、“钱痴”、“杜胡麻”、“性严毅”、“张文节待桑氏子弟如骨肉”、“丁公藤为酒”、“自知当为公”、“叡明母病”、“得古人餐玉法”、“文章以气为主”、“居瑶华宫作极相思令”、“咏藏撅”、“历典大郡”、“苏合香酒”和“傅融三子并有才力”；卷九“张华博物”、“恬静寡欲”、“张宗永善为诗”、“举人到阙皆入对”、“西人震惮”、“熊馆”、“南方好避讳”、“念天下安危事”、“砚以石润为贤”、“号为神明”、“苑中狮子”、“学问淳德”和“江南胜士”；卷十“诸子与工徒齿”、“爱民廉洁”、“讳赃污二字”、“襟怀夷旷”、“潘大临工诗”、“东府有天子气”、“药用紫团参”、“王相有边功”、“性度宽宏”、“簿尉有过受笞”、“一局黑全输”、“欧公自为优人致语口号”、“鼓琴不顾”、“马啄木”、“俗语有所自”、“王荆公称赏”、“葛稚川隶”、“耳聋致政”、“杜门与兄弟读书”、“好谐谑”、“诗多新意”、“舒王亲书两句于所持扇”和“读传灯录”。另外，尚有补遗六条，即“击瓮图”、“酒肉林中过一生”、“汝犯我当出汝诗示人”、“玉辂大驾”、“寿圣寺画壁”和“晋宋墨迹”。

彭书偏记宋代朝野轶事，还涉及一些诗话、文评，征引恰当、翔实，具有很高的史料价值。像卷五“浙茶进贡”条记李溥纳贿事云：

> 李溥为江淮发运使，每岁奏计，则以大船载东南美货，结纳当途，莫知纪极。章献太后垂帘时，溥因奏事，盛称浙茶之美。云自来进御，惟建州饼茶，而浙茶未尝修贡。本司以羡余钱买到数千斤，乞进入内。自国门挽船而入，称进奉茶纲，有司不敢问。所贡余者，悉入私室。溥晚年以贿败，窜谪海州，然自此遂为发运司岁例。每发运使入奏，舳舻蔽江，自泗州七

日至京。余出使淮南时，见有重载入汴者，购得其籍，言两浙笺纸三船，他物称是。

又卷七“宽大厚重”条记韩琦大度事云：

韩魏公知北都，有中外亲献玉盏一只，云耕者入坏冢而得，表里无纤瑕可指，真绝宝也。公以百金答之，尤为宝玩。乃开醇召漕使显官，特设一桌，覆以绣衣，致玉盏其上，且将用之将酒遍劝坐客。俄为吏将误触台倒，玉盏俱碎，坐客皆愕然。吏将伏地待罪。公神色不动，笑谓坐客曰：“物破亦自有时。”谓吏将曰：“汝误也，非故也，何罪之有。”公之量，宽大重厚如此。

又卷九“举人到阙皆入对”条记贡举“群见”之仪云：

旧制，天下贡举人到阙，悉皆入对，数不下三千人，谓之“群见”。远方士皆未知朝廷仪范，班列纷错，有司不能绳劾。见之日先设禁围于著位之前，举人皆拜于禁围之外。盖欲限其前列也。至有更相抱持，以望黼座者，有司患之。近岁遂止令解头入见，然尚不减数百人。嘉祐中，予忝在解头，别为一班，最在前列。目见班中惟从前一两行，稍应拜起之节，自余亦终不成班缀而罢。每为阁门之累，常言殿庭中班列不可整齐。唯见三色，谓举人番人骆驼。

对彭书，四库馆臣评价说：

疑原本残阙，后人又有所窜入。然于宋代遗闻轶事，以及诗话文评，征引详洽，存之亦颇资参考焉。①

《墨客挥犀》成书后，于南宋，收入曾慥《类说》，天启六年(1626)，又有岳钟秀刻本。至晚明，又收入《稗海》，万历会稽商氏半埜堂刊本。至乾隆朝，编《四库全书》，收入“子部小说家类”，为兵

① 《四库全书总目》卷141《〈墨客挥犀〉提要》，北京，中华书局，1965。

部侍郎纪昀家藏本。光绪九年（1883），又收入《弢园丛书》，为香港铅印本。民国二十三年（1934），收入《笔记小说大观》，由上海进步书局石印，1984年又由广陵古籍刻印社重印。1991年，收入《丛书集成初编》，由中华书局排印，与王陶《谈渊》、杨彦龄《杨公笔录》和郑景望《蒙斋笔谈》合刊一册。今人孔凡礼以稗海本为底本点校，2002年由中华书局印行，列入《唐宋史料笔记丛刊》，与《续墨客挥犀》和赵令畤《侯鲭录》合刊一册；2003年，收入《全宋笔记》，由大象出版社排印，是为现在最通行的版本。

今本《续墨客挥犀》，又卷下设目，即卷一"母子妻三人并卒"、"石曼卿善豪饮"、"赵龙图善为诗句"、"愿为夫人子以报"、"燕巢户内向"、"望阙而逝"、"土馒头"、"视五色损目"、"投檄去"、"扈兴屠狗为事"、"妖异未必尽为祸"、"王弼言有所自"、"好草圣不工"、"呼为卧仙"、"王维画《黄梅出山图》"、"厩猴"、"吉贝布"、"分夜钟"、"迂阔好怪"、"张氏园亭"、"画有八景"、"香山寺猴"、"通印子鱼"和"拟古诗"；卷二"忌桃李雀蛤"、"江左高文"、"渡观江风作"、"胥吏魁桀狡狯"、"鲤鱼三十六鳞"、"天庆观古钟"、"射之没镞"、"至言之祖"、"作不经人道语"、"皂鹤洞"、"《乐毅论》皆摹本"、"崔球昼梦至家"和"服金石药者多被毒"；卷三"血如皂荚子"、"蹙融"、"胡蔓"、"靓指溪作诗"、"业成方食肉"、"八十二岁及第"、"张密学善待僧文鉴"、"过一新贵人食"、"小民不为利动"和"六虎"；卷四"陈烈遵古礼"、"古冢"、"守宫"、"与可诗精绝"、"有气岸"、"婢仆患疾"、"中书有生老病死苦之说"、"唐肺石"、"诗记一时事实"、"笛声发于林"、"睹貌辄相憎恶"、"失礼则求诸野"、"钱有顺天得一文"、"韩范二公客"、"堰蜓两首"、"诈为愚懵无知之状"、"献秋霖赋"、"仕宦守义"、"安边良策"、"梦以手扶天"、"黄河出一人手"、"缗自地起立"、"鳗井"和"欧公赠禹玉诗"；卷五"应声虫"、"腹中有声如击鼓"、"学士得服金带"、"见人乘骊驹自壁中出"、"秦州西溪多蚊蚋”、“佛牙舍利”、“陈亚以滑稽著称”、“却鼠刀”、“持不杀戒”、“有物自水中掣其足”、“预知死日”、“饮酒面色发赤”、“老狙坐逝”、“海人”、“陶谷使江南”、“钱文有应元宝运四字”、“谢泌名知人”、“未石”、“古鉴”、“德庄心异野夫”、“金龟金牌”、“语言卒易”、“映烛见其肠胃筋脉”、“毛僧”、“兄弟数人同在禁林”和“献香杂剧”；卷六“奸人杀其夫”、“上元夜张燕”、“出侍姬十数人”、“好讥谑”、“作启事遗友生”、“陈抟被诏至阙下”、“四句谜”、“状甚丑”、“异兽”、“鉴照人见前途吉凶”、“鳄鱼图”、“屡掇上庠”、“丰城老人生子”、“幼芳姝媚可惜”、“奉人当如此”、“海蛮师”、“泥佛自动”、“自赞其写真”、“崖州地望最重”、“题斋宫”、“家贫苦学”、“得罪南归”、“丹青为业”、“武成县旋风”和“好为恶诗”；卷七“接百花”、“诡怪不羁”、“士人多用他人议论”、“进士程文多可笑者”、“菊性宜冷”、“沧景多蚊虻”、“王告好学有文”、“呼麻胡以怖小儿”、“慢行和尚”、“木馒头”、“教军士为讶鼓”、“诵偈谛咒使渔人不得鱼”、“白雁至则霜降”、“介甫性不杀”、“茶古不著所出”、“荔枝”、“牡丹”、“关中无螃蟹”、“治第闳壮”、“冯太傅尝书一绝”、“忌兀日”、“头食”、“黄疾”、“南蕃道人”、“史称诸葛亮用度外人”、“校书如扫尘”、“见杜祁公乞言以自励”和“杨郎中断辟囚”；卷八“为游谒士所扰”、“献百韵诗”、“端洁自许”、“虎啸风生”、“东汉无复名”、“古人纯质”、“被黜者受三班借职”、“杀徐氏族”、“素好讪谑”、“馆阁一人直宿”、“吴人好雅”、“寇莱公邓人庙祀之”、“不喜为外官”、“异体而相制者”、“酒量过人”、“以珠撒殿”、“岁首画钟馗”、“蜂螫以芋梗传之”、“诗纪契丹事实”、“蔡君谟书吴笺”、“鱼鱿”、“古方书”、“放生池”、“丘彬题阳朔县”、“莴菜”、“忌食羊血”、“武臣上殿不得过为文饰”和“使士卒劳力制其骄惰”；卷九“贵其真”、“嘉其尽节”、“好佛”、“馆中论诗”、“能官”、“星坠”、“结庐讲授”和“奇物”；卷十“琴曲宫十小调”、“虞美人草行”、“狄天使能战”和“能辨盗”。比之《墨客挥麈》，它更偏于小说家言，史料价值自然也要低一些。

《续墨客挥犀》成书后，久无刊刻，一直以抄本流传。正德四年(1510)，有志雅斋抄本。于晚明，收入《稗海》，万历会稽商氏半埜堂刊本。于嘉庆朝，收入《宛委别藏》，为仪征阮氏原稿本。民国五年(1916)，收入《涵芬楼秘笈》，为商务印书馆影印本；民国十七年(1928)，收入《殷礼在斯堂丛书》，为东方学会排印本。1991 年，收入《丛书集成初编》，由中华书局排印，与林洪《山家清事》，韦瓘《大唐传载》，佚名《清尊录》、《碧湖杂记》和《宣政杂录》合刊一册。1994 年，又收入《丛书集成续编》，由上海古籍出版社影印。今人孔凡礼以殷礼在斯堂丛书本为底本点校，2002 年由中华书局印行，列入《唐宋史料笔记丛刊》，与《墨客挥犀》和赵令畤《侯鲭录》合刊一册；2003 年，收入《全宋笔记》，由大象出版社排印，是为现在最通行的版本。

宋祁与《宋景文公笔记》

宋祁（998—1062)，字子京，安州安陆（今属湖北）人，后徙雍丘（今河南杞县)。天圣元年（1023)，与兄宋庠同举进士，人称“二宋”，官至复州推官、同知礼仪院、工部员外郎、知制诰、龙图阁学士、史馆修撰、亳州及定州知州、工部尚书、翰林学士承旨。他与欧阳修同撰《新唐书》，另撰有文集百卷、《大乐图》和《宋景文公笔记》。

《宋景文公笔记》三卷，又作《笔记》、《景文笔录》和《宋景文笔记》。书有“笔记”之名，即始于宋氏的这部作品。书分上中下，又卷下设目，即卷上“释俗”，卷中“考古”，卷下“杂说”、“庭戒诸儿”、“治戒”、“左志”和“右铭”。所谓“释俗”，即是解释事俗；所谓“考古”，即是考辨古书、品评古人、古事；所谓“杂说”，即是杂感，主要是从政感悟；所谓“庭戒”，即是家训；而“治戒”、“左志”

和“右铭”，是他留给家人的遗嘱。所以，从史料价值上看，最当关注的是卷上和卷中的有关内容。

像卷上记“金鱼袋”和“碑铭”云：

近世授观察使者，不带金鱼袋。初，名臣钱若水拜观察使，佩鱼自若，人皆疑而问之。若水倦于酬辩，录唐故事一番在袖中，人问者辄示之。

碑者，施于墓则下棺，施于庙则系牲，古人因刻文其上。今佛寺揭大石镂文，士大夫皆题曰碑铭，何耶？吾所未晓。

又同卷记自己的为学经历，有助于了解宋氏的学术思想：

余少为学，本无师友，家苦贫，无书，习作诗赋，未始有志立名于当世也，愿计粟米养亲绍家阀耳。年二十四而以文投故宰相夏公，公奇之，以为必取甲科，吾亦不知果是欤。天圣甲子，从乡贡试礼部，故龙图学士刘公叹所试辞赋，大称之，朝以为诸生冠。吾始重自淬砺力于学，模写有名士文章，诸儒颇称以为是。年过五十被诏作《唐书》，精思十余年，尽见前世诸著，乃悟文章之难也。虽悟于心，又求之古人，始得其崖略。因取视五十已前所为文，赧然汗下，知未尝得作者藩篱，而所效皆糟粕刍狗矣。夫文章必自名一家，然后可以传不朽。若体规画圆、准方作矩，终为人之臣仆。古人讥屋下作屋，信然。陆机曰：“谢朝花于已披，启夕秀于未振。”韩愈曰：“惟陈言之务去。”此乃为文之要。五经皆不同体，孔子没后百家奋兴，类不相沿，是前人皆得此旨。呜呼！吾亦悟之晚矣。虽然，若天假吾年，犹冀老而成云。

又卷中评诸葛亮、谢安、王猛、关羽和张飞云：

孙权用吴，诸葛亮用蜀，终不能得中国一寻一常地。卒之，并吴蜀者，晋也。能以身为国兴亡者，蜀诸葛、晋谢安、秦王猛是也。

蜀关羽善待卒伍而骄士大夫，张飞爱重君子而不恤小人，二者特所偏耳，身皆死于人手，是不可忽也。

又同卷言及对佛教、道家的看法：

余谓佛西方之达人也，其言汪茫漫诞，贯生死鬼神，无有滨涯，合万物之妄以为一真，真立而妄随，又去真掊妄，以无修无证为极。若曰无修乃修也，无证乃证也，虽修而未尝修，虽证而未尝证，故举天下众生皆入无余涅鞠灭度之者，如是无量，实无众生得灭度者。又曰如来说即非众生，是名众生于以脱滞缚泯有无自放于太空无垠之所。虽然，法待言而立，不得无言；迷待法而悟，不得无法，故惟释迦、文殊剟言之瘢，刮法之痕矣。自文殊而下已，自执所见，所见差驳纤垢淫夷，故维摩诘以一嘿对之，乃皆悟入佛，与中国老聃、庄周、列御寇之言相出入，大抵至于道者，无今古华戎若符桀然。

对宋书，清人周中孚评价说："其书多正名物、音训，亦间及论文、论史，不仅如晁氏所云，惟下卷刻意造语，直欲于《焦氏易林》、谭氏《化书》外自成一子，诚奥语也。附以'庭戒'、'治戒'、'左志'、'右铭'，当为景文预拟以训其子孙尔。"①

《宋景文公笔记》成书后，顺治三年（1646），收入《说郛续》，为两浙李氏宛委山堂刊本。至民国，收入《丛书集成初编》，由商务印书馆排印，1985 年又由中华书局重印，与丘光庭《兼明书》和龚鼎臣《东原录》合刊一册。2003 年，又收入《全宋笔记》，由大象出版社排印，是为现在最通行的版本。

---

① 周中孚：《郑堂读书记》卷 56《子部 · 杂家类 · 笔记》，上海，上海书店，2009。

黄休复与《茆亭客话》

黄休复（?），字归本、作端本，北宋蜀人，生卒年、爵里及事迹行状俱不详。他长于画学，撰有《茆亭客话》和《益州名画录》。

《茆亭客话》十卷，又作《茅亭客话》。“茆亭”，为黄氏居处，因以题书。书记蜀中轶事，始于五代，迄于宋真宗朝，间杂一些中晚唐史事。今本又卷下设目，凡八十八则，即卷一“蜀先兆”、“太平木”、“甘露圣”、“天尊木”、“虎盗屏迹”、“蜀无大水”、“车辙迹”、“程君友”和“雍道者”；卷二“王客”、“崔尊师”、“范处士”、“李处士”、“苏推官”、“张海上”、“费尊师”、“冯山人”和“李四郎”；卷三“淘沙子”、“张道者”、“大觉禅师”、“张平云”、“王居士”、“勾居士”、“味江山人”和“兰亭客序”；卷四“家居泰”、“周写貌”、“丁元和”、“王太庙”、“刘长官”、“陈损之”、“史见魂”、“女先生”、“李聋僧”和“勾生”；卷五“黎海阳”、“白虾蟇”、“鲜于耆宿”、“食虾蟇”、“虹蜺淳化”、“避雷至道”、“雨雹”、“雉龙”、“李老”、“慈母池”和“龙女堂”；卷六“悼蜀诗”、“艾延祚”、“夷人妇”、“张光赞”、“金相轮”、“金宝化为烟”、“奢侈不久”和“刘盱至道”；卷七“哀亡友辞咸平”、“郝逢传”、“陈季和”、“鬻屦妪”、“盲女”和“铁骨鱼”；卷八“瑞牡丹”、“寓孔雀书”、“滕处士”、“好画虎”、“葭萌二客”、“虎化为僧”和“李吹口”；卷九“天仓洞”、“鬻龙骨”、“试金石”、“僧繇阁”、“石像”、“采枸杞”、“赵公山”、“鹿水溪”、“鱼化为石”、“赵十九”、“景山人”、“弹鸳鸯”、“蚕馒头”和“太子大师”；卷十“孙处士”、“黄处士”、“程先生”、“任先生”、“谭居士”和“童处士”。

宋人陈振孙云：“暇日，宾客话言及虚无变化、淫俗卜筮，虽异端而合道旨，属惩劝者皆录之。”① 从陈氏所言，足见它与道家修炼、导引之术有关，还有不少借神怪之事寓劝诫之义的内容。不过，书中的史料价值，还是值得肯定的。像卷三“兰亭客序”条，可谓书史上之重要资料：

昔晋穆帝永和九年暮春三月三日，太原孙统承公、富春孙绰兴公、唐汉王彬之道生、陈郡谢安石、高平郗昙春熙、太原王蕴叔仁、释支道林，并逸少子凝之、徽之、操之等四十有一人，修禊之会，羲之为序，兴逸而书之。笔迹遒媚，劲健绝代。凡二十八行，三百二十四字。唐太宗购得其本，令赵模、韩道政、冯承素、诸葛贞等摹勒以赐皇太子诸王近臣。太宗酷好书法，有大王书真迹三千六百张，率以一丈二尺为一轴，得一百五十卷。太宗自书“贞观”二字为印，印缝及卷之首尾，又选贵臣子弟有性识者，以为弘文馆学生，内出书法，命之学习焉。其有人间善书者，并召入馆。由是十数年间，海内靡然。工书翰者众，其王书法帖所宝惜者，独兰亭序为最。常置于御座之侧，朝夕观览。贞观二十三年，圣躬不豫临崩，谓高宗曰：“吾欲从汝求一物，汝诚孝也，岂能违吾心耶。汝意如何?”高宗听命。太宗曰：“吾欲得兰亭，可将去乎?”高宗哽噎流涕曰：“唯。”命奉讳之日用玉匣贮之，随仙驾送入灵宫。今赵模等所摹者本，往往有好事者收藏得。伪蜀时，吴王遣内客省使高弼通好，持国书于蜀，因献伪皇太子王羲之石本兰亭一轴。当时识者，议此本是羲之撰序后刻石于兰亭者，伪皇太子攻王书体法精妙，弼故有是献。伪翰林待诏米道邻侍书于太子，掌书法百余卷，皆是二王法帖、古来名贤墨迹及石本者。

① 陈振孙：《直斋书录解题》卷11《小说家类·茅亭客话》，上海，上海古籍出版社，1987。

迨圣朝伐蜀，其书帖尽归米道邻私家。至乾德中有鬻彩笺王七郎，名文昌，与道邻世旧，道邻因文昌石本兰亭，即吴使高弼献太子者。文昌好博雅，古来名书多收藏之，羲之真书乐毅论、黄庭经、草书十七帖，晋魏两汉至李唐名臣墨迹，及石本皆萃于家。当时与往还好书者，毛熙震、王著、勾中正、张仁戬、黄居实、张德钊、张文懿、史戴、滕昌佑、石恪、李德华、陈熙载、僧怀戬义西尝访之，阅其所藏，终日忘倦。太平兴国初，光禄卿高公保寅，即渚宫高氏之后，入川为九州岛巡检，休复尝谒见之。因得张藻山水一轴、羲之墨迹兰亭一轴，注崇山二字围者乎二字，皆是赵模诸葛贞搨者。檀香轴古锦标皆烟晦虫蠹，时得与诸贤往复玩之。甲午岁，家藏书画焚掠殆尽。今蜀中两经寇乱，诸家名书古画，罕得见闻，故备言之尔。

又卷六“奢侈不久”、“刘盱至道”条，记李顺、刘盱暴动事云：

甲午岁，顺寇攻益部，有不逞辈随贼执兵杖劫掠民家财货，又附贼害民，诛求无厌。天兵平贼，下宽大之诏，应胁从徒党皆宥而不问，放令归农。此辈苟避诛戮，又多金帛，乃荡心炽意，自以为终身不复羁绁也。乘肥衣轻，歌酒娱乐，玩好珍异，丧葬婚聘，逾越僭侈，视亲若雠。如是不一数年，灾厉疾疫，公私事讼相继而作，财物消尽，车马屋宇皆为他人所有，其贫如初。嗟乎，不义之物，似有神明所掌得之者，不罹其祸而身获存者，鲜矣！夫善人富谓之天赏，淫人富谓之天殃。此辈天以殃之，其是之谓乎？

丁酉岁秋八月，诸州巡检作坊使韩景佑至怀安军，为其下广武卒刘盱等谋杀之，韩逾垣而免。是夜军贼掠怀安军，及明取金堂古城汉州。凡六日，行五百余里，劫掠五军州十镇县。所至处皆不及支梧，驱掠军民，势莫可遏。州县震慑，户口奔逃。时知府张密学谓招安使上官正曰：贼今日邛州，来日必奔嘉眉州。贼若有盘泊处，如鱼得渊，卒难除讨，君必悔之。今日请即往移兵渡江，逆而击之，夺其胆气，当尽擒之。此上策也。时不可失。上官遂点集兵甲前去，过新津江，遇贼食于方井，驰告张密学。张曰：刘既入井，更欲何逃。日中以捷来告，尽杀其党凯旋。且张公料敌先见，皆此类也。上官能将其兵，是行也易于摧枯。川界由是肃然。

对黄书，四库馆臣评价说：

是编乃杂录其所见闻，始王、孟二氏，终于宋真宗时，皆蜀中轶事……书中李处士一条，极论杜预以《左传》合经之误，足征其深于《春秋》。其他论烧炼服饵导引之术，胪列道家灵迹者，居全书之大半，足征其娴于丹法。余虽多及神怪，而往往借以劝戒，在小说之中最为近理……又记雷琴所以为异者，岳虽高而低，虽低而不拍，面按之，若指下无弦，吟振之，则有余韵，皆足以广异闻。其驳《北梦琐言》所记高骈镇蜀时术士王剑换福感寺塔金相轮事，谓淳化五年相轮坠地，实铜铁所铸，证孙光宪为诬，亦足订小说之讹也。①

清人周中孚也说："今观其书，凡八十九条，所记皆蜀中轶事，自前、后蜀以迄宋真宗时，涉神怪者居多，何道旨之可合，然以言乎属惩劝，则有之矣。其他杂说尚可以资博识，犹小说之近理者也。"②

《茆亭客话》成书后，于南宋，收入曾慥《类说》，天启六年(1626)，又有岳钟秀刻本。至晚明，又收入《津逮秘书》，为崇祯虞山毛氏汲古阁刊本。顺治三年（1646），收入《说郛续》，为两浙李氏宛委山堂刊本。至乾隆朝，编《四库全书》，收入"子部小说家类"，为

① 《四库全书总目》卷142《〈茆亭客话〉提要》，北京，中华书局，1965。

② 周中孚：《郑堂读书记》卷66《子部·小说家类·茅亭客话》，上海，上海书店，2009。

两江总督采进本。嘉庆十年（1805），又收入《学津讨原》，为虞山张氏照旷阁刊本；咸丰三年（1853），收入《琳琅秘室丛书》，为仁和胡氏木活字本；于晚清，收入《对雨楼丛书》，为光绪江阴缪氏刊本。至民国，收入《说库》和《择是居丛书》，为上海文明书局石印本和吴兴张氏影印本。1991 年，收入《丛书集成初编》，由中华书局排印，与赵与时《林灵素传》、刘敬舒《异苑》和吴淑《江淮异人录》合刊一册。2003 年，收入《全宋笔记》，由大象出版社排印。今人李梦生以琳琅秘室丛书本为底本点校，2012 年，由上海古籍出版社排印，列入《历代笔记小说大观》，与钱易《南部新书》合刊一册，是为现在最通行的版本。

田况与《儒林公议》

田况（1003—1061），字元均，冀州信都（今河北冀县）人。天圣八年（1030）进士，又举贤良方正，通判江宁府。西夏事起，夏竦[①]经略陕西，辟为判官，寻为陕西抚副使，又知成德军、秦州、渭州、成都府，官至三司使、观文殿学士、枢密使。他熟谙政务，长于奏事，撰有《奏议》和《儒林公议》。

《儒林公议》二卷，书分上下，因杂录而成，少有诠次，先后略有错乱。"儒林"，即儒家学者群体，泛言士林、儒生和读书人。田氏关注仕进之人的命运，又品评他们的长短，因以"儒林"、"公议"题书。

书记宋太祖至仁宗朝政事及士大夫行履得失，包括徐铉、杨亿、钱惟演、石介、寇准和范仲淹在内的人物事迹；田氏持论平允，且无门户

① 夏竦（985—1051），字子乔，江州德安（今属江西）人。以父死国事，授丹阳主簿，官至知制诰、翰林学士、枢密副使、枢密使。他长于权术，又通文墨，撰有《文庄集》和《古文四声韵》。

之私；又记西昆体[①]的内容，为世所瞩目；而有关入阁会议之条目，鲜见于他书，足备读史、研史之参考。像卷上记王曾事云：

王曾仆射有台宰之量，每进擢时材，不欲人归恩在己。初参大政，尝荐苏惟甫者可当烦使。惟甫至京师，屡造其门，不敢辄语以私。一日，久奉朝请，资用已乏困。旬浣吉旦诣公，语余，遂及身计，公答以它辞。惟甫退，所馆已有持敕者在门，乃新命江淮都大发运使，实朝行之极选，乃王公日所署敕也。惟甫惭叹久之，其他事多类此。范仲淹被遇极深，尝赞之曰："久当朝柄，未尝树私恩，此人之所难也。"公曰："恩若自树，怨使谁当？"识者以为明理之言。

又同卷记杨亿与"西昆体"事云：

杨亿在两禁，变文章之体，刘筠、钱惟演辈皆从而效之，时号"杨刘"。三公以新诗更相属和，极一时之丽。亿复编叙之，题曰《西昆酬唱集》。当时佻薄者，谓之"西昆体"。其它赋颂章奏，虽颇伤于雕摘，然五代以来，芜鄙之气，由兹尽矣。陈从易者，颇好古，深摈亿之文章，亿亦陋之。天禧中，从易试别头进士策问时文之弊，曰："或下里如会秤，或丛脞如急就。"亿党见者深嫉之。近山东石介尝作怪说以诋亿，其说尤甚于从易。谓亿刓锼圣人之经，破碎圣人之言，欲盲聋天下耳目。谓吾学圣人之道，有攻之者，不可不反攻之。譬诸盗入主人家，奴尚为主人拔戈持矛以逐盗，死且不避，岂至是耶？

又卷下记朝会之制云：

国家承五代大乱之余，每朔望起居，及常朝，并无仗卫，

① 西昆体，是宋初诗坛上重要的诗歌流派，以《西昆酬唱集》而得名的。杨亿、刘筠和钱惟演，是西昆体诗歌的代表，延续了晚唐、五代诗风，倾向于李商隐诗的雕润密丽、音调铿锵，呈现出整饰、典丽的艺术特征。

或数年始一立冬至仗，当世人士，或不识朝廷容卫，至今尚然。太宗朝，尝诏史馆修撰杨徽之等，校定入阁旧图，时江南张洎献状，述朝会之制，得失明著，其文云：今之乾元殿，即唐之含元殿也。在周为外朝，在唐为大朝。冬至元日，立全仗，朝百国，在此殿也。今之文德殿，即唐之宣政殿，在周为中朝，在汉为前殿，在唐为正衙。凡朔望起居，册拜后妃、皇太子、王公大臣，对四夷君长，试制策，科举人，在此殿也。昔东晋太极殿，有东西阁，唐置紫宸上卜，法此制也。且人君恭己南面，向明而理，紫微黄屋，至尊至重。故巡幸则有大驾法从之盛，御殿则有勾陈羽卫之严。故虽只日常朝，亦犹立仗。前代谓之入卜仪者，盖只日御紫宸上阁之时，先于宣政殿前，立麾金吾仗，候勘契毕唤仗，即自东西卜门入，故谓之“入卜”。今朝廷且以文德正衙权宜为上阁，甚非宪度。况国家继百王之后，天下隆平，凡曰宪章，咸从损益，惟视朝之礼，尚自因循。窃见常朝殿，正与文德殿南北相对，殿前地位，连横街亦甚广博，伏请改创此殿作上阁，为只日立仗视朝之所。其崇德殿、崇政殿，即唐之延英殿也，是为只日常时听断之处所，庶乎临御之式允协前经。今舆论以入阁仪注，为朝廷非常之礼，甚无谓也。臣窃按旧史：中书、门下、御史台，谓之“三署”，为皆从供奉之官。今常朝之日，侍从官先次入殿庭，东西立定，俟正班入，一时起居。其侍从官则东西对拜，甚失北面朝谒之礼。今请准旧仪，侍从官先次入，起居毕，即左右分行，侍立于丹墀之下，故谓之蛾眉班。然后宰相率正班入起居，庶免侍从官有东西对拜之文，得遵正礼。至庆历三年，并予知制诰时，始诏台省侍从官。随宰相正班北面起居，其他则无所更焉。

对田书，四库馆臣评价说：

是编记建隆以迄庆历朝廷政事及士大夫行履得失甚详，五代十国时事亦间附以一二条。盖杂录而成，故前后多未诠次。其记入阁会议诸条，明悉掌故，皆足备读史之参稽，其持论亦皆平允。①

《儒林公议》成书后，久无刊刻，一直以抄本流传。入明，先有嘉靖二十九年（1550）刊本；于万历朝，收入《稗海》，为历会稽商氏半埜堂刊本。至乾隆朝，编《四库全书》，收入“子部小说家类”，为内府藏本。② 至民国，收入《笔记小说大观》和《丛书集成初编》，分别由上海进步书局、商务印书馆石印和排印，1984 年前者由广陵古籍刻印社影印，1985 年后者又由中华书局重印；1993 年，又收入《中国野史集成》，由巴蜀书社影印。2003 年，收入《全宋笔记》，由大象出版社排印，是为现在最通行的版本。

江休复与《嘉祐杂志》

江休复（1005—1060），字邻幾，开封陈留（今属河南）人。仁宗朝进士，官至蓝山县尉、殿中丞、集贤校理、尚书刑部、提点陕西路刑狱、尚书刑部郎中。他少博学，善诗文，撰有《文集》、《唐宜鉴》十五卷、《春秋世论》和《嘉祐杂志》。

《嘉祐杂志》二卷，又作《杂志》、《江氏笔录》、《醴泉笔录》、《江邻幾杂志》。于民国，《笔记小说大观提要》云：

邻幾为休复之字，诸家引用其说，靡不称江邻幾者，实则即《嘉祐杂志》也。邻幾有文集二卷，散佚无复存者，此志独如硕果，其珍密为何，明胡应麟《笔丛》称是志宋人极

① 《四库全书总目》卷 140《〈儒林公议〉提要》，北京，中华书局，1965。
② 张其凡：《关于〈儒林公议〉的版本》，载《文献》，2000（4）。

推之。

可见，江书成于嘉祐朝，因称《嘉祐杂志》；又以江氏字题书，因称《江邻幾杂志》。“醴泉”，在关中西北，大略书录于江氏在陕西任上，因以题书。江书的主要内容，一是轶事遗闻，二是诗话类，三是风俗人情。[1]以“史”而论，主要反映在有关轶事遗闻和风俗人情的条目上。像卷上记司马光修史事云：

> 司马君实充史讨，白执政：“时政、起居注皆并不载元昊叛命、北戎请地事，欲就枢密府检寻事迹以备载录。”庞洎自至史院，商量孙朴兼修国史之任，国恶不可书，会庞去相，遂寝。

又同卷记判礼部事云：

> 判尚书礼部则尚书之职，判礼部贡院则侍郎之职也，其名表则员外之任也。王禹玉带馆职判礼部作三字，犹不解百官谢表。御史中丞署状而舍人作表，是兼尚书员外之职也。

又卷下记温仲舒[2]事云：

> 温仲舒判开封府，一进士早出探榜。其妻续，有人报其父母船至水门，亟僦驴往省之，至东门为醉人殴击。僦驴者又惧证左留滞，潜遁去。府中以醉人亦有指爪痕，俱杖而遣之。归家号泣。夫自外归，亦落第而泣，两不相知其由。徐知妻被杖，诣所司诉冤，不听。于州桥夫妻投河溺死。真宗闻之怒，知府已下悉罢去。吴春卿云：“小刑责，亦不可不慎也。”

又卷下记池盐税课情形云：

> 解池盐岁课愈多而不精，耆老云：“每风雨起，盐结，须

① 邓子勉：《〈江邻幾杂志〉考略》，载《文献》，2006（1）。

② 温仲舒（944—1010），字秉阳，河南洛阳人。太平兴国二年（977）进士，官至大理评事、吉州通判、秘书丞、汾州知州、枢密直学士、枢密副使、参知政事、开封知府、御史中丞。与寇准齐名，人谓之“温寇”。

以杷翻转，令风吹，则坚实。今任其自熟，其畦下者卒虚软。”吴左丞春卿云：“初任临安日，捕到盐，令铺户验之，外界官盐则刑轻，私盐则刑重。患为铺户所欺，于庭下各取数纸裹之，外用帖子题记，置案上，分铺户作两番去帖隔验之，然后绝欺弊。”始靳其验法细诘之，乃肯道云：“煮盐用莲子为侯，十莲者官盐也，五莲以下，卤水漓为私盐也。私盐色红白，烧焰灰染其色，以效官盐。于是嗅以辨之。”自是不用铺户，自能辨矣。

对江书，四库馆臣评价说：

其书皆记杂事，故《宋志》列之小说家……然休复所与交游，率皆胜流，耳濡目染，具有端绪，究非委巷俗谈可比也。①

清人周中孚也说：“其书杂记当代轶事，兼及杂说。邻幾为欧阳永叔之执友，故记所见闻，不同委巷之谈，间有失之舛误者，亦属寥寥无几。”②

《嘉祐杂志》成书后，于南宋始有刻本。于晚明，收入《稗海》和《宝颜堂秘笈》，分别为万历会稽商氏半埜堂刊本和绣水沈氏刊本。至乾隆朝，编《四库全书》，收入“子部小说家类”，为内府藏本。于道光朝，收入《学海类编》和《纷欣阁丛书》，分别为六安晁氏活字排印本和浦江周氏刊本。民国二十三年（1934），收入《笔记小说大观》，为上海进步书局石印本，1984 年又由广陵古籍刻印社影印。1991 年，收入《丛书集成初编》，由中华书局排印，与张洎《贾氏谭录》、欧阳修《归田录》和庞元英《谈薮》合刊一册。2003 年，收入《全宋笔记》，由大象出版社排印。今人孔一以稗海本为底本点校，2012 年，由

① 《四库全书总目》卷 140《〈嘉祐杂志〉提要》，北京，中华书局，1965。

② 周中孚：《郑堂读书记》卷 64《子部 · 小说家类 · 江邻幾杂志》，上海，上海书店，2009。

上海古籍出版社排印，列入《历代笔记小说大观》，与欧阳修《归田录》、郑文宝《南唐近事》、张舜民《画墁录》、方勺《泊宅编》和孔平仲《孔氏谈苑》合刊一册，是为现在最通行的版本。

欧阳修与《归田录》

欧阳修（1007—1072），字永叔，号醉翁，别署“六一居士”，吉州庐陵（今属江西）人。天圣八年（1030）进士，官至馆阁校勘，夷陵令，知制诰，滁州、扬州和颍州知州，翰林学士，参知政事。他是唐宋八大家之一，于文史成就斐然，撰有《集古录》、《居士集》、《居士外集》、《六一诗话》、《归田录》、《新唐书》和《新五代史》，后人又集有《欧阳修全集》、《欧阳文忠公集》。

《归田录》二卷，书分上下，凡一百一十五条，为欧氏辞官隐居颍州所作。卷首治平四年（1067）欧氏自序云：

> 《归田录》者，朝廷之遗事，史官之所不记，与夫士大夫笑谈之余而可录者，录之以备闲居之览也。

可知，他平日随手记叙、休官后排比成书，因以“归田”题书。书记朝廷故事和士大夫轶闻，而间杂谐谈、戏谑之言。据说，书初成，宋神宗索阅，欧氏有所删除，而把一些谐谈、琐语补入，以广篇幅。像卷一记五代冯道答和疑问靴价而引哄堂大笑，又记陈尧咨射箭与卖油叟酌油则俱缘手熟之类。

又欧书与司马光《涑水记闻》略近。像卷一记李汉超掠民女为妾，即与《记闻》卷一记张美事情节类同。又记曹彬征江南归，不自伐其功，诣阁门进榜子称“奉敕江南勾当公事回”，又可见于《涑水记闻》卷三。可见，两书同记近事，又不免异同，当由传说本有出入。不过，欧书所记，有不少作者之亲身经历见闻，自然也是最为可取的，录“朝廷之遗事，史官之所不记”而足补史阙。像卷上记仁宗朝屡次改年号之由：

仁宗即位，改元天圣，时章献明肃太后临朝称制，议者谓撰号者取天字，于文为“二人”，以为“二人圣”者，悦太后尔。至九年，改元“明道”，又以为明字于文“日有并”也，与“二人”旨同。无何，以犯契丹讳，明年遽改曰“景佑”，是时连岁天下大旱，改元诏意冀以迎和气也。五年，因郊又改元曰“宝元”。自景祐初，群臣慕唐玄宗以开元加尊号，遂请加景祐于尊号之上，至宝元亦然。是岁，赵元昊以河西叛，改姓元氏，朝廷恶之，遽改元曰“康定”，而不复加于尊号。而好事者又曰“康定乃谥尔”。明年又改曰“庆历”。至九年，大旱，河北尤甚，民死者十八、九，于是又改元曰“皇祐”，犹景祐也。六年，日蚀四月朔，以谓正阳之月，自古所忌，又改元曰“至和”。三年，仁宗不豫，久之康复，又改元曰“嘉祐”。自天圣至此，凡年号九，皆有谓也。

又卷下记大宴赐食之制云：

国朝之制：大宴，枢密使、副不坐，侍立殿上，既而退就御厨赐食，与阁门、引进、四方馆使列坐庑下，亲王一人伴食。每春秋赐衣门谢，则与内诸司使、副班于垂拱殿外廷中，而中书则别班谢于门上。故朝中为之语曰：“厨中赐食，阶下谢衣。”盖枢密使唐制以内臣为之，故常与内诸司使、副为伍，自后唐庄宗用郭崇韬，与宰相分秉朝政，文事出中书，武事出枢密，自此之后，其权渐盛。至今朝遂号为两府，事权进用，禄赐礼遇，与宰相均，惟日趋内朝、侍宴、赐衣等事，尚循唐旧。其任隆辅弼之崇，而杂用内诸司故事，使朝廷制度轻重失序，盖沿革异时，因循不能厘正也。

欧书虽不厚重，可它的史料价值为人们所公认。四库馆臣即云：

多记朝廷轶事及士大夫谈谐之言。自序谓以唐李肇《国史补》为法，而小异于肇者不书人之过恶……或平时劄记，归田后乃排纂成之……然大致可资考据，亦《国史补》之亚也。[①]

清人周中孚也说："今观其书，凡一百十五条，多朝廷之遗事，史官之所不记，与士大夫笑谈之余，而可录者录之，所录皆有根据，诚可以匹《国史补》矣。"[②]

《归田录》成书后，于南宋，收入曾慥《类说》，天启六年（1626），又有岳钟秀刻本。又庆元二年（1196），收入《欧阳文忠公集》，为江西吉州周氏刻本；民国八年（1919），后者刊入《涵芬楼小说丛书》，为商务印书馆排印本。于晚明，收入《稗海》，为万历会稽商氏半埜堂刊本。至乾隆朝，编《四库全书》，收入"子部小说家类"，为兵部侍郎纪昀家藏本。嘉庆十年（1805），收入《学津讨原》，为虞山张氏照旷阁刊本。至民国，涵芬楼编《宋元人说部书》，由商务印书馆排印；又收入《四部丛刊》、《四部备要》和《笔记小说大观》，分别为商务印书馆、中华书局和上海进步书局排印、影印和石印，1984 年后者又由广陵古籍刻印社影印。今人李伟国以涵芬楼本为底本点校，1981 年由中华书局印行，列入《唐宋史料笔记丛刊》，与王辟之《渑水燕谈录》合刊一册；2003 年，收入《全宋笔记》，由大象出版社排印；今人韩谷以涵芬楼本为底本点校，2012 年由上海古籍出版社排印，列入《历代笔记小说大观》，与郑文宝《南唐近事》、张舜民《画墁录》、方勺《泊宅编》、孔平仲《孔氏谈苑》和江休复《江邻幾杂志》合刊一册，是为现在最通行的版本。另外，1993 年，收入《中国野史集成》，由巴蜀书社影印；2003 年，又由三秦出版社印行，列入《历代名家小品文集》。

另外，欧阳修还有《庐陵杂说》一卷，"史"的分量很少，可也间

---

① 《四库全书总目》卷 140《〈归田录〉提要》，北京，中华书局，1965。

② 周中孚：《郑堂读书记》卷 64《子部·小说家类·归田录》，上海，上海书店，2009。

有可采。1991年，收入《丛书集成初编》，由中华书局排印，与张洎《贾氏谭录》、江休复《江邻幾杂志》和庞元英《谈薮》合刊一册，是为现在最通行的版本。

范镇与《东斋记事》

范镇（1008—1089），字景仁，成都华阳人。宝元元年（1038）进士，官至新安主簿、起居舍人、知谏院、知制诰、翰林学士、陈州知州、户部侍郎、端明殿学士，封蜀郡公。他博学多识，参与编修过《新唐书》、《仁宗实录》，另撰有《东斋记事》和《范蜀公集》。

《东斋记事》五卷，又补遗一卷，卷首范氏自序云：

> 予既谢事，日于所居之东斋燕坐多暇，追忆馆阁中及在侍从时交游语言，与夫里俗传说，因纂集之，目为《东斋记事》。其蜀之人士与其风物最为详者，亦耳目之熟也，至若鬼神梦卜率收录而不遗之者，盖取其有戒于人耳。

“东斋”，系范氏书斋名，因以题书。原书早佚，入清，四库馆臣从《永乐大典》中录出五卷，又辑他书编成补遗一卷。书记北宋典章制度、士人逸事和蜀地风土人情，为有关北宋史珍贵的原始资料。像卷一记端明殿变迁事云：

> 后唐明宗置端明殿学士。太平兴国中，改“端明”为“文明”，以程羽为文明殿学士，位在枢密副使之下。明道元年，改“承明”为“端明”。二年，除宋宣献公为学士，与文明之职并存，而降其班序。是岁，又改殿曰“延和”。庆历七年，以真宗谥号，改“文明”为“紫宸”，而丁文简公度为紫宸殿学士。既而，言者以为紫宸非臣下所称，乃以延恩为观文殿，而以丁为观文殿学士，相继以贾文元公昌朝为大学士，仍诏自今非尝为宰相者勿除。

又卷二记有关军制云：

殿前司捧日、天武军司，龙卫步军司，神卫马军司，谓之“上四军”。合左右厢，厢各三军，每军五指挥，各有都指挥使一员，都虞候副之。又有第四军，以处所退年高者，无都指挥使，止有都虞候。殿前司又有神勇、宣武、骁骑各上下军二十指挥，又有宁朔、骁胜各十指挥，虎翼左右各三军，军各十指挥，并有都指挥使、都虞候。马军司有云骑、武骑各十指挥。步军司有虎翼左右各三军，军十指挥，每军各有都指挥使一员，都虞候副之。遇转员，各以次迁补。凡迁至军指挥使、遥领团练，员溢，即上落军职为正、副使之本任。其老疾若有过，为御前忠佐马步军都军头、副都军头，隶军头司；甚者，黜为外州军马步军都指挥。

又卷四记剑阁志公柏传说云：

剑门山崖壁，相传有志公和尚隐像，戴笠以拄杖担经，望之宛然如真。又传有白檀立崖石上，若雪色然。予庆历末得告归，过剑门关。关使罗君天锡遗予香数两，且言：“有一卒曾为井匠，由崖缝中以两肘拐石而上，伐一巨枝，乃枯柏也。”其香酷烈，非常柏之类。二物者几千百年，行人往来无不瞻仰，至天锡时始知为柏，则志公亦可知矣。

对范书，四库馆臣评价说：

今观其书，多宋代祖宗美政，无所谓诽讪君父，得罪名教之语。特以所记诸事，皆与熙宁新法隐然相反，殆有寓意于其间。故镇入党籍，而是书亦与苏、黄文字同时禁绝……镇与司马光相善，惟论乐不合，此书所记尚龂龂相争……他如记蔡襄为蛇精之类，颇涉语怪；记室韦人三眼，突厥人牛蹄之类，亦极不经；皆不免稗官之习，故《通考》列之小说家。然核其大纲，终非《碧云騢》、《东轩笔录》诸书所能并论也。[①]

清人周中孚也说："今观其书，所述多祖宗善政，时方行新法，故有《鱼藻》之意……惟于鬼神梦卜之事，率收录而不遗，虽取其有戒于人，究不免稗官之习矣。"[②]

《东斋记事》成书后，于南宋，收入曾慥《类说》，天启六年（1626），又有岳钟秀刻本。至乾隆朝，编《四库全书》，收入"子部小说家类"，为永乐大典本。嘉庆十四年（1809），收入《墨海金壶》，为虞山张氏照旷阁刊本。道光二十四年（1844），收入《守山阁丛书》，为金山钱氏重编本。至民国，收入《丛书集成初编》，由商务印书馆排印，1985年又由中华书局重印，与王琪《国老谈苑》和司马光《涑水记闻》合刊一册。1980年，今人汝沛以守山阁丛书本为底本点校，由中华书局印行，列入《唐宋史料笔记丛刊》，与宋敏求《春明退朝录》合刊一册；2003年，收入《全宋笔记》，由大象出版社排印，是为现在最通行的版本。另外，1993年，又收入《中国野史集成》，由巴蜀书社影印。

另外，明人许观有同名书一卷，凡二十四则，又卷下设目，即"联句所始"、"人事物"、"蒜发"、"关某印"、"无置锥地"、"呼臣呼卿"、"称万岁"、"崔豹"、"断屠"、"有功汉书"、"檄书露布所始"、"竹之异品"、"佛书"、"刀耕火种"、"钟鸣漏尽"、"二赤松"、"谥号"、"五大夫"、"礼部韵"、"尧九男"、"二洪崖先生"、"阿堵"、"后汉人亦有二名字"和"酒名齐物论"。从设目来看，它偏于子部杂说，史料价值不高，实不当与范氏之书混同。

---

① 《四库全书总目》卷140《〈东斋记事〉提要》，北京，中华书局，1965。

② 周中孚：《郑堂读书记》卷64《子部·小说家类·东斋记事》，上海，上海书店，2009。

张师正与《倦游杂录》

张师正（1016—1086），字不疑，邢州襄国（今河北邢台）人。景祐二年（1035）进士，官至太常博士、鼎州帅。他博学多才，撰有《怪集》、《括异志》和《倦游杂录》。

《倦游杂录》八卷，又作《倦游录》，为轶事笔记小说；今本已非完帙，凡一百八十七则。宋人晁公武云：

> 序言“倦游”云者，仕不得志，聊书平生见闻，将以信于世也。自以非史官，虽书善恶而不敢褒贬。①

今之张书残卷，大略可分为逸闻趣事、风俗物产、诗词文赋和异闻杂说四个部分。凡逸闻趣事七十五条，即“子孝妻义”、“程师孟善谀”、“韩贽好啖瓜齑”、“员外郎”、“终慎思具启切当”、“盘量出剩”、“始终言新法”、“竹不根而茂”、“一网打尽”、“杜园贾谊”、“孔道辅以直言得馆职”、“柳开强取钱氏”、“神宗题韩琦曾公亮墓碑”、“张咏焚黑店”、“寇准诚过其才，丁谓才过其实”、“孙沔不许外使居其上”、“石守道不收馈赠之食”、“韩丕以槲叶著书”、“范蜀公”、“张杲卿谓仁宗孤寒”、“张亢不先上闻”、“韩稚圭禁焚尸”、“得志之所勿再往”、“郑氏死后出家”、“韩稚圭梦手捧天”、“费孝先作轨革卦影”、“唐郎中梦寇准为相”、“欧阳修乞早致仕”、“移赵师旦事于曹觐”、“寇丁相轧”、“谢泌荐士”、“常秩讳学春秋”、“郑向哭王耿”、“盛天下苍生”、“改裴晋公赞”、“天狗下勾当公事”、“茶床迷”、“陈亚善对”、“巩汉卿俊敏有才”、“权顿幞头”、“舍人面色如衫色”、“雁”、“道人诈骗张杲卿”、“杨孜诡谋杀情妇”、“王平弹御膳有发”、“大臣诬奏石介诈

---

① 晁公武：《郡斋读书志》卷 13《小说类·倦游杂录》，上海，上海古籍出版社，1990。

死”、“刘元瑜弹劾苏舜钦”、“李定腾谤苏舜钦”、“甄履进继圣图”、“宋子京为某官求文”、“林瑀诬经籍”、“潘逍遥”、“三司黠胥”、“矫伪”、“伺察”、“卖庙”、“许怀德计退夏师”、“喭语”、“善事权贵”、“陈烈遵古礼”、“张退夫熟读乐记”、“苗振倒绷孩儿”、“节度除不降麻”、“奴盗银器”、“嘲口吃”、“以姓名相谑”、“元積登庸”、“葛清遍体刺花”、“判状赦死”、“徐博世善走”、“献图赞”、“候柱窠脉”、“苏易简急于进用”、“常秩自经”和“陈抟熟寐建隆观”；风俗物产二十五条，即“觅石”、“岭南嗜好”、“沉香木”、“慎火木”、“辰砂”、“胬羹”、“南北方嗜好不同”、“石鱼”、“沸沙”、“石燕”、“南海啖槟郎”、“蚁鲊”、“杭人好饰门窗什器”、“木馒头”、“采珠”、“蓬莪茂”、“鱼”、“凤凰”、“鸩鸟”、“长沙三绝”、“丧礼”、“山药”、“真珠鸡”、“断望池”和“薏苡米”；诗词文赋四十二条，即“平调二曲”、“荆公送王介诗”、“不喜歌舞诗”、“录公得替诗”、“范文正公蚊诗”、“钟离权诗”、“张宗永诗”、“冯端书塞上诗”、“王平甫点绛唇词”、“高丽求王平甫诗”、“蔡子正作喜迁莺词”、“张退傅诗”、“王禹玉祭杜诗”、“华清宫题咏”、“题相思河诗”、“卢氏凤栖梧桐词”、“赞阳朔石峰”、“嘲免解者诗”、“讥吴善长诗”、“欧阳景诗”、“曹琰落牙诗”、“文潞公戏题诗”、“语讹”、“史沆诗”、“丁晋公诗”、“秋霖赋”、“欧公诗寄颍阴常秩”、“咏藏摲”、“清风明月两闲人”、“范讽诗”、“今日谁非郑校人”、“荆公与张掞诗”、“妇人题佛塔庙诗”、“杨砺诗”、“着也马留”、“李师中赠唐子方诗”、“唐介”、“三英诗”、“下官踪迹转沉埋”、“雪诗寓讽”、“登溷诗”和“作赋被嘲”；异闻杂说四十五条，即“熊馆”、“啖男胎衣”、“胡饼”、“唐陵无碑”、“皂屏养目”、“造舟赐号”、“温泉碑”、“善谑碑”、“宋罗江”、“三拗”、“真宗幸吕文穆宅”、“眼前何日赤”、“赐饮宰相第”、“前任班趁办”、“街鼓”、“富大监王郎中之廉节”、“华清宫”、“皂荚合欢”、“白石碑”、“虎畏橐驼”、“汜水关有唐高祖太宗像”、“象祠”、“卧仙”、“皂鹤洞”、“罨画流苏锡销”、

“无比店与有巴楼”、“教坊杂剧”、“军府杂剧”、“蜥蜴求雨”、“中书有生老病死苦”、“进士程文多可笑者”、“踏犁”、“劝谕”、“三虎四圣”、“诈修庙”、“宋夏使臣衣冠”、“南蕃呼中国为唐”、“汉宫殿为鱼尾星象冠于屋”、“蝇不集尸”、“般若台”、“黥人”、“肠疠疾”、“石鼓”、“好景难逢”和“郁林风土人才”。

总的说来，张书偏记北宋朝野杂事，间及唐和五代，广涉典章制度、诗词文章、名物源流和风俗物产，反映了北宋政治生活与社会文化现象，保存了丰富的历史和文学资料，具有很高的文献价值。像记寇准、丁谓、欧阳修、王安石、蔡襄、孔道辅、张杲卿、韩稚圭、石守道、胡旦这些宋人的条目，可作为研究和考证这些人物、整理有关作品的辑佚和校勘资料；又张氏史补的意识很强，因为“仕不得志”，书中每每流露出一种对人事的揶揄，虽于序中表明“书善恶而不敢褒贬”，可褒贬之义每每从字里行间流出[①]，像“程师孟善谀”、“善事权贵”和“甄履”条，批判了那些阿谀奉承之人的嘴脸；又“子孝妻义”、“张咏焚黑店”、“石守道不收馈赠之食”条，足见作者对“孝义智勇”的提倡；而“天下勾当公事”和“一网打尽”条，则揭露了官场的腐败与黑暗，也为有关的研究提供了宝贵的资料。[②]

《倦游杂录》成书后，于南宋，收入曾慥《类说》，天启六年(1626)，又有岳钟秀刻本。至晚明，又收入《历代小史》，为万历安溪李氏刊本。顺治三年（1646），收入《说郛续》，为两浙李氏宛委山堂刊本。1993 年，上海古籍出版社排印宋庠点校本，与杨亿《杨文公谈苑》合刊一册；2012 年，上海古籍出版社重排李裕民辑校本，列入《历代笔记小说大观》，与《括异志》合刊一册，是为现在最通行的版本。

---

① 萧相恺：《张师正及其小说》，载《古典文学知识》，2003（1）。

② 侯晓睿：《张师正及〈倦游杂录〉校注》，东北师范大学中国古典文献学硕士论文（2011）。

王琪与《国老谈苑》

王琪（?），字君玉，成都华阳人，生卒年及事迹行状不详，撰有《杂纂续》和《国老谈苑》。

欧阳修作《酬王君玉中秋席上待月值雨》，诗云：“池上虽然无皓魄，樽前殊未减清欢。绿醅自有寒中力，红粉尤直烛下看。罗绮尘随歌扇动，管弦声杂雨荷乾。客舟闲卧王夫子，诗阵教谁主将坛?”又陈师道作《送王君玉赴试》，诗云：“汝颖诸王后，风流独此人。谈锋坚百战，笔力举千钧。得士吾无愧，多闻子未贫。平生三学士，相见定相亲。”“汝颖”，即汝州和颍州，在今河南汝南、安徽阜阳一线；而欧阳和陈氏，主要生活于仁宗至神宗朝，可大略推知王氏乡籍豫南，大略也与欧阳、陈氏为同时代人。

《国老谈苑》二卷，又作《国老闲谈》，旧题署“夷门隐叟王琪”。“夷门”，早先为魏国大梁东门，即北宋汴梁（今开封）城东，这里应有王氏隐居之所。书分上下，偏记宋太祖、太宗和真宗三朝杂事，对一些士大夫的毁誉，虽有偏激过情之处，可也大略切实可据，足与有关史传相参证。像卷上记赵匡胤与范质事云：

> 太祖以范质寝疾，数幸其家。其后，虑烦在朝大臣，止令内夫人问讯。质家迎奉器皿不具，内夫人奏知，太祖即令翰林司送果子床、酒器凡十副以赐之。复幸其第，因谓质曰：“卿为宰相，何自苦如此?”质奏曰：“臣向在中书，门无私谒，所与饮酌，皆贫贱时亲戚，安用器皿?因循不置，非力不及也。猥蒙厚赐，有涉近名，望陛下察之。”寻薨。开宝中，因相位乏人，太祖累言：“如范质，真宰相也。”嗟悼久之。

卷下记王旦[1]事云：

王旦在中书二十年，常日罢，归，径趋书阁，阖扉以自息，虽家人之亲密者，不复接焉。尝以蝗旱忧愧辞位，俄而疾发，不食，真宗命内饔调肉糜，宸翰缄器以赐，日常三四。旦疾亟，聚家人谓曰："吾无状，久坐台司，今且死矣，当祝发缁衣以塞吾平昔之志。"未几而绝，家人辈皆欲从其言，惟婿苏耆力排而止之。张知白为参知政事，尝言参政之名，实贰彼相，礼当隆之，每乘马直入政事堂下。

对王书，四库馆臣评价说：

是编所纪，乃宋太祖、太宗、真宗三朝杂事，于当时士大夫颇有所毁誉，尤推重田锡而贬斥陶谷，其余如冯拯诸人，俱不免于微词。虽间或抑扬过情，而大致犹据实可信。如范质不受赂遗，窦仪议令皇帝开封尹署敕，赵普请从征上党，曹彬平蜀回囊中惟图书诸条，《宋史》皆采入本传中。他亦多叙述详赡，足与史文相参考。[2]

清人周中孚也说："其书八十八条，专记宋太祖、太宗、真宗、仁宗四朝遗事，而不及英宗朝，当即作于是时。其于当代士大夫褒贬无所假借，是以不敢著其名氏，即'君玉'二字亦恐非其表字也。惟其当英宗时，去四朝不远，见闻尚无异辞，故足以供《宋史》所取材。"[3]

《国老谈苑》成书后，收入《百川学海》，弘治十四年（1501），又有无锡华氏覆宋本；另收入曾慥《类说》，天启六年（1626），又有岳钟秀刻本。至晚明，又收入《续百川学海》，为崇祯金陵心远堂刊本。

---

① 王旦（957—1017），字子明，大名莘县（今属山东）人。太平兴国进士，官至著作佐郎、翰林学士、参知政事。他通文史，预编过《文苑英华》，又监修过《两朝国史》。

② 《四库全书总目》卷141《〈国老谈苑〉提要》，北京，中华书局，1965。

③ 周中孚：《郑堂读书记》卷64《子部·小说家类·国老谈苑》，上海，上海书店，2009。

顺治三年（1646），收入《说郛续》，为两浙李氏宛委山堂刊本。至乾隆朝，编《四库全书》，收入“子部小说家类”，为浙江鲍士恭家藏本。嘉庆十年（1805），收入《学津讨原》，为虞山张氏照旷阁刊本。至民国，收入《丛书集成初编》，由商务印书馆排印，1985 年又由中华书局重印，与范镇《东斋记事》和司马光《涑水记闻》合刊一册。2003 年，收入《全宋笔记》，由大象出版社排印；今人杨倩描、徐立群以学津讨原本为底本点校，2012 年由中华书局印行，列入《唐宋史料笔记丛刊》，与潘汝士《丁晋公谈录》、刘延世《孙公谈圃》和孔平仲《孔氏谈苑》合刊一册，是为现在最通行的版本。另外，1993 年，又收入《中国野史集成》，由巴蜀书社影印。

六　北宋历史笔记（下）

〇概说

宋哲宗、徽宗和钦宗三朝，北宋朝政变化很大。先是，赵煦初政，太后垂帘，起用旧党，贬逐新党，尽废新法，史称“元祐更化”；而他亲政后，又贬逐旧党，起用新党，恢复新法，史称“绍圣绍述”。不过，这样的反复，并没有让日益下滑的北宋有多少起色。而赵佶在位虽近三十年，可他沉溺于书画和酒色，对政治的兴趣不大，皇帝当厌烦了，最后还把金銮宝座让给了儿子。在内忧外患的双重打击下，北宋也就很快崩溃亡国了。

北宋后期的统治者，穷于应对内外矛盾，消耗了很大的精力，很难清醒认识和利用史学的社会功用，所以，也几乎没有多少官修史书的成就，主要不过是留下几部实录和会要而已，即《宋神宗实录》、《宋哲宗实录》和《政和重修会要》。《宋神宗实录》二百卷，成书于元祐六年（1091）；《宋哲宗实录》一百五十卷，成书于元祐八年（1093）；

《政和重修会要》一百一十一卷，是宋徽宗朝典章制度的总汇。

而当时的私撰成就，应是在官修史书之上，主要表现在考史书、撰史论和作笔记上。

以考史书而言，主要是吴缜的《新唐书纠缪》二十卷和《五代史记纂误》五卷。前者成书于绍圣元年（1094），书分二十门，即“以无为有”、“似实而虚”、“书事失实”、“自相违舛”、“年月时世差互”、“官爵姓名谬误”、“世系乡里无法”、“尊敬君亲不严”、“纪志表传不相符合”、“一事两见而异同不完”、“载述脱误”、“事状重复”、“宜削而反存”、“义例不明”、“先后失序”、“编次未当”、“与夺不常”、“事有反阙”、“事有可疑”和“字书非是”，从不同侧面辨析了《新唐书》的讹误；后者成书之年不详，详考《五代史记》中可商榷之处不下二百事，今之所存为原书之半。面对欧阳修这样的大家，吴氏可说是显示出了很大的学术勇气。

以撰史论而言，主要是范祖禹的《唐鉴》十二卷[①]，成书于元祐元年（1086）；范氏深明唐代治乱得失，因采其事可为法戒者，撮取大纲，系以论断，自唐高祖至昭宣帝，凡为论三百零六篇，深刻总结了唐代历史的经验教训，是一部杰出的历史评论之作。应该说，明清之际王夫之作《读通鉴论》和《宋论》，明显受到了范书的影响，是关于历史评论的总结性成果。[②]

而这一时段的历史笔记，则主要有刘敞的《南北朝杂记》，宋敏求的《春明退朝录》，司马光的《涑水记闻》和《资治通鉴考异》，滕甫的《征南录》，强至的《韩忠献公遗事》，吴处厚的《青箱杂记》，王辟之的《渑水燕谈录》，沈括的《梦溪笔谈》，张舜民的《画墁录》和《郴行录》，王钦臣的《王氏谈录》，吕希哲的《吕氏杂记》，王得臣的

① 南宋吕祖谦为之作注，析为二十四卷。

② 瞿林东：《中国史学史纲》，690页，北京，北京出版社，1999。

《麈史》，苏轼的《东坡志林》和《仇池笔记》，苏辙的《龙川略志》和《龙川别志》，李上交的《近事会元》，孔平仲的《续世说》、《孔氏谈苑》和《孔氏杂说》，刘延世的《孙公谈圃》，刘斧的《青琐高议》，文莹的《湘山野录》、《玉壶清话》，庞元英的《谈薮》和《文昌杂录》，王巩的《甲申杂记》、《闻见近录》和《随手杂录》，陈师道的《后山谈丛》，张耒的《明道杂志》，朱彧的《萍洲可谈》，莫君陈的《月河所闻集》，李廌的《师友谈记》，晁说之的《晁氏客语》，王暐的《道山清话》，袁褧的《枫窗小牍》，施德操的《北窗炙輠录》和金盈之的《醉翁谈录》。

在它们当中，又主要以宋敏求《春明退朝录》、司马光《涑水记闻》和《资治通鉴考异》、吴处厚《青箱杂记》、王辟之《渑水燕谈录》、沈括《梦溪笔谈》、王得臣《麈史》、苏轼《东坡志林》和《仇池笔记》、苏辙的《龙川略志》和《龙川别志》、孔平仲《续世说》、刘延世《孙公谈圃》、刘斧《青琐高议》、文莹《湘山野录》和《玉壶清话》、庞元英《文昌杂录》、陈师道《后山谈丛》、朱彧《萍洲可谈》、李廌《师友谈记》、晁说之《晁氏客语》、王暐《道山清话》和袁褧《枫窗小牍》为代表。

刘敞与《南北朝杂记》

刘敞（1019—1068），字原父，人称“公是先生”，临江新喻（今江西新余）人。庆历六年（1046），与弟刘攽同登进士，官至大理评事、蔡州通判、集贤院学士。他为人耿直，学识渊博，与梅尧臣、欧阳修有深交，撰有《春秋权衡》、《七经小传》、《南北朝杂记》和《公是先生弟子记》。

《南北朝杂记》一卷，又卷下设目，凡八十条，即“庾诜”、“张畅”、“萧猷明”、“解叔谦”、“宗元卿”、“匡昕”、“曾康祖”、“斛斯丰乐"、"齐明帝"、"甄彬"、"高允"、"长孙道生"、"李崇"、"范百年"、"张融"、"庾杲之"、"王俭"、"周禹"、"王融"、"李膺"、"商铿"、"萧琛"、"崔光"、"陈元康"、"李谐"、"卢恺"、"卢思道"、"王元景"、"阳玠"、"薛道衡"、"陆琇"、"萧遥欣"、"谢庄"、"杨大眼"、"谢朏"、"沈约"、"王勃"、"高昂"、"刘献之"、"卢景裕"、"沈约"、"孔稚圭"、"李元诚"、"陶宏景"、"王僧虔"、"萧特"、"徐文伯"、"羊元保"、"孙伯翳"、"湘东王绎"、"张融"、"何承天"、"刘绘"、"徐孝嗣"、"沈文季"、"沈昭略"、"胡谐之"、"梁武"、"徐摛"、"徐陵"、"李谐"、"周舍"、"穆子客"、"僧重公"、"陆乂"、"刑子才"、"北齐王晞"、"李驹駼"、"卢思道"、"徐之才"、"陆操"、"薛道衡"、"高爽"、"刘祥"、"宋幼帝"、"高洋"、"罗织人"、"徐孝嗣"、"萧惠达"和"北齐后主"。

从设目不难看出，刘书实为笔记体人物小传。公道说，这些小传行文单薄，自然是比不得正史的。不过，它们还是有一定的史料和校勘价值的。即以"徐文伯"条为例：

> 宋徐文伯尝与宋少帝出乐游苑门，逢妇人有娠。帝亦善诊候，诊之曰："是女也。"问文伯，文伯曰："一男一女，男在左边，青黑色，形小于女。"帝性急，令剖之。文伯恻然曰："臣请针之必落。"便针足太阴，补手阳明，胎应针而落，果效如言。文伯有学行，不屈公卿，不以医自业，为张融所善。历位泰山太守。文伯祖熙，好黄老，隐于秦望山。有道士过，乞饮。留一胡芦子，曰："君子孙宜以此道术救世，当得二千石。"熙开视之，乃扁鹊《医经》一卷。因精学之，遂名振海内。仕至濮阳太守。子秋夫为射阳令，尝有鬼呻吟，声甚凄苦。秋夫问曰："汝是鬼也，何所须？"鬼曰："我姓斛斯，家在东阳，患腰痛而死。虽为鬼，疼痛犹不可忍。闻君善术，愿见救济。"秋夫曰："汝是鬼，无形，云何措治？"鬼曰："君

但缚刍作人，按孔定针之。”秋夫如其言，为针四处，又针肩膁三处，设祭而埋之。明日，见一人来谢曰：“蒙君疗疾，复为设祭，除饥解疾，感惠实多。”忽然不见。当代服其通灵。又宋明帝宫人患腰疼牵心，发即气绝。众医以为肉症。徐文伯视之，曰：“此发瘕也。”以油灌之，则吐物如发。稍稍引之，长三尺，头已成蛇，能动。悬柱上，水滴尽，一发而已。病即愈。

又“卢思道”条云：

北齐卢思道聘陈，陈主令朝贵设酒食与思道宴会，联句作诗。有一人先唱，方便讥刺北人，云：“榆生欲饱汉，草长正肥驴。”为北人食榆，兼吴地无驴，故有此句。思道援笔即续之，曰：“共甑分炊水，同铛各煮鱼。”为南人无情义，同饮异馔也，故思道有此句。吴人甚愧之。又卫尉卿京兆杜台卿，共中兵参军清河崔儦握塑，曰：“十子成都，止赌一雉。”卢思道曰：“翳成都不过一雉。”儦又谓思道曰：“昨夜大雷，吾睡不觉。”思道曰：“如此震雷，不能动蛰。”太子詹事范阳卢叔虎，有子十人，大者字畜生，最有才思。思道谓人曰：“从叔有十子，皆不及畜生。”叔虎，主客郎中泽之孙也。散骑常侍陇西辛德源谓思道曰：“昨作羌妪诗，惟得五字，云卓陂垂肩并，苦无其对。”思道寻声曰：“何不道黄物插脑门。”思道常谓通直郎渤海封孝骞曰：“卿既姓封，是封豕之后。”骞应声曰：“公既姓卢，是卢令之裔。”

《南北朝杂记》成书后，久无刊刻，一直以抄本流传。道光十一年（1831），收入《学海类编》，为六安晁氏活字排印本。1991 年，收入《丛书集成初编》，由中华书局排印，与唐顺之《两晋解疑》、南宫靖一《隋史断》和郝懿行《晋宋书故》合刊一册；1993 年，又收入《中国野史集成》，由巴蜀书社影印，是为现在最通行的版本。

宋敏求与《春明退朝录》

宋敏求（1019—1079），字次道，赵州平棘（今河北赵县）人。宝元二年（1039），召试学士院，赐进士及第，官至馆阁校勘、史馆修撰、龙图阁直学士、西京通判、度支判官、亳州知州、知制诰。他熟悉朝廷典故，预修过《新唐书》，编有《唐大诏令集》，另撰有唐武宗以下六代实录、《东京记》、《长安志》、《河南志》和《春明退朝录》。

《春明退朝录》三卷，成书于熙宁三年（1070）。卷首宋氏自述云：

> 熙宁三年，予以谏议大夫奉朝请，每退食，观唐人洎本朝名辈撰著以补史遗者，因纂所闻见继之。先庐在春明里，题为《春明退朝录》云。

从自述可知，宋氏居春明里，每每退朝，即记见闻，因以题书。书记唐宋典制，包括官诰礼仪、仕官进拟、差除制度，也记有一些杂说杂事。像卷上记宋代诸王、公主和大臣的谥号与礼部员外郎负责销毁州府送回的废印之类，可开阔见闻；又卷中记唐朝、五代及北宋在京官员的朝参之制，官告用纸与装潢，也可谓详尽；卷下记公文的草稿，凡中书省的称“草”，枢密院的称“底”，而三司的则称“检”，足供研究古代名物之参考。另外，卷下记宋太宗命儒臣编《太平总类》[①]、《文苑英华》和《太平广记》之外，还有《神医普救总类》一千卷，为他书所未道及。

即以卷中记唐宋朝参之制为例：

> 唐在京文武官职事，九品以上，朔望日朝。其文官五品以上及监察御史、员外郎、太常博士，每日参。武官五品以上，仍每月五日、十一日、二十一日、二十五日参。三品以上，九

① 即《太平御览》。

日、十九日、二十九日又参。其长上、折冲、果毅，若文武散官五品以上直诸司及长上者，各准职事参。其洪文馆及国子监博士、学生每季参，若雨雪沾服失容及泥潦，并停。凡京百司有常参官，谓五品以上职事官，八品以上供奉官。正元二年，敕文官充翰林学士、皇太子诸王侍读，武官充禁军职事，并不常朝参。其在三馆等诸职掌者，并朝参讫，各归所务。是年，御史中丞窦参奏："常参文武官，准令每日参，自艰难以来，遂许分日，待戎事稍平，即依常式。其武官，准令五品以上每月六参，三品以上更加三参。顷并停废，今请准令却复旧仪。"十三年，御史台奏："诸司常参，文官隔假三日以上，并以横行参假。其武班，每月先配九参、六参。今后每经三节假满，纵不是本配入日，并依文官例，横行参假。"后唐同光二年，四方馆奏："今后除随驾将校及外方进奉专使，文武两班三品以上官，可于内殿对见，其余并诣正衙。"从之。天成元年，御札赐文武百僚每日正衙常朝外，五日一赴内殿起居。每月塑望日赐廊下食。唐室承平时，常参官每日朝退赐食，谓之"廊餐"。自乾符乱离罢之。惟月旦入阁日赐食。明宗即位，谏官请文武百僚五日一起居，见帝于便殿。李琪以为非故事，以五日为繁，请每月朔望日入阁，赐廊下食，罢五日起居之仪。至是宣旨朔望入阁外，五日一起居，以为常。天成元年，敕今后若遇不坐正殿日，未御内殿前，便令阁门使宣不坐放朝，班退。是年，御史台奏："凡新除官及差使者，合于正衙谢辞。每遇内殿起居日，百官不于正衙叙班，其差使及新除官辞谢，不令参谢。每内殿起居日，百僚先叙班于文明殿庭，候辞谢官退，则班入内殿。"从之。晋天福二年，中书门下奏："在内廷诸司使等，每除正官，请令赴正衙谢后，不赴常朝。其京官未升朝官，祇赴朔望朝参。"从之。

国朝，诸在京文武升朝官，每日朝，其有制免常朝者，五日一参起居。按唐制，文武职事官并赴常参，武班五日一参，又有三日一参。所谓常参官，未有无职事者，由后唐同光中，乃分常朝、内殿，凡随驾将校、外方进奉使、文武三品以上官，即于内殿对见，其余并诣正衙。至天成初，诏文武百官每日常朝外，五日一赴内殿起居。其趋朝官，遇宣不坐，放朝，各退归司。本朝视朝之制：文德殿曰外朝，凡不厘务朝臣，日赴，是谓“常朝”；垂拱殿曰内殿，宰臣枢密使以下要近职事者，并武班，日赴，是谓“常起居”；每五日，文武朝臣厘务、令厘务并赴内朝，谓之“百官大起居”。是则奉朝之制自为三等。盖天子坐朝，莫先于正衙殿。于礼，群臣无一日不朝者，故正衙虽不坐，常参官犹立班，俟放朝乃退。唐日御宣政，设殿中细仗、兵部旗幡等于廷，朝官退，皆赐食。自开元后，朔望宗庙上牙槃食，明皇意欲避正殿，遂御紫宸殿，唤仗入阁门，遂有“入阁”之名。在唐时，殊不为盛礼。唐末常御殿，更无仗，遇朔望，特设之。趋朝者，仍给廊下食。所以郑谷辈多形于诗咏叹美。而五代行之不绝。祖宗数御文德殿，行入阁礼。熙宁二年，予被诏修《阁门仪制》，以为文德入阁非是，当唤仗御紫宸殿，请下两制与太常议之。学士承旨王公珪等，以为入阁是唐日坐朝之仪，不足行，诏削去其礼。予与阁门诸君，因请如唐御宣政礼，量设仗卫御之。诏乃可。今朔望御文德殿，始于此也。阁门有旧入阁图，颇约其礼而简便之。凡文武官百人，执仗四百人，其五龙五凤五岳五星旗、御马，皆立殿门之外。旧制，凡连假三日而著于令者，宰相至升朝官尽赴文德殿参假，谓之“横行”。次日百官仍赴内殿起居。近年连假后多便起居，而废“横行”之礼。

对宋书，四库馆臣评价说：

是书《文献通考》凡两出其名，一入于故事，一入于杂家。今观所记，虽多述宋代典制，而杂说、杂事亦错出其间，则究为杂家类也。①

清人周中孚也说：“今观其书，多记宋朝典故，并及杂说琐事，而以谈典故为主，故陈氏以之入史部典故类，而马氏因之。然其叙述故事，修有官制、典礼之属，况加以杂说琐事参错于其间，虽属博赡，而莫名一类，故遵《提要》隶之杂家焉。”②

《春明退朝录》成书后，收入《百川学海》，弘治十四年（1501），又有无锡华氏覆宋本；另收入曾慥《类说》，天启六年（1626），又有岳钟秀刻本。至乾隆朝，编《四库全书》，收入“子部杂家类”，为浙江巡抚采进本。嘉庆十年（1805），又收入《学津讨原》，为虞山张氏照旷阁刊本。至民国，收入《丛书集成初编》，由商务印书馆排印，1985年又由中华书局重印。今人诚刚以百川学海本为底本点校，1980年由中华书局印行，列入《唐宋史料笔记丛刊》，与范镇《东斋记事》合刊一册；今人尚成以学津讨原本为底本点校，2012年由上海古籍出版社排印，列入《历代笔记小说大观》，与洪皓《松漠纪闻》、王暐《道山清话》、施德操《北窗炙輠录》和蒋子正《山房随笔》合刊一册，是为现在最通行的版本。另外，1993年，收入《中国野史集成》，由巴蜀书社影印；2003年，又收入《全宋笔记》，由大象出版社排印。

司马光与《涑水记闻》、《资治通鉴考异》

司马光（1019—1086），字君实，号迂叟，人称“涑水先生”，陕州夏县（今属山西）人。宝元元年（1038）进士，官至将作监主簿、

① 《四库全书总目》卷120《〈春明退朝录〉提要》，北京，中华书局，1965。

② 周中孚：《郑堂读书记》卷56《子部・杂家类・春明退朝录》，上海，上海书店，2009。

武成军签书判官、馆阁校勘、天章阁待制、知谏院、翰林学士、御史中丞、尚书左仆射、门下侍郎。他长于史学，撰有《稽古录》、《传家集》[①]、《资治通鉴》、《涑水记闻》、《温公日记》、《温公琐语》、《资治通鉴考异》和《资治通鉴释例》。

《涑水记闻》十六卷，又作《涑水纪闻》。“涑水”，即司马光乡里名；又所设条目，一一注明何人所说，因以“涑水”、“记闻”题书。书录宋太祖至神宗朝故事，又大多关乎国家大政，具有十分重要的史料价值。像卷一记宋太祖用赵普之谋，削夺石守信、王审琦一干人兵权事云：

太祖既得天下，诛李筠、李重进，召赵普问曰：“天下自唐季以来，数十年间，帝王凡易十姓，兵革不息，苍生涂地，其故何也？吾欲息天下之兵，为国家建长久之计，其道何如？”普曰：“陛下之言及此，天地人神之福也。唐季以来，战斗不息，国家不安者，其故非他，节镇太重，君弱臣强而已矣。今所以治之，无他奇巧也，惟稍夺其权，制其钱谷，收其精兵，则天下自安矣。”语未毕，上曰：“卿勿复言，吾已喻矣。”

顷之，上因晚朝，与故人石守信、王审琦等饮酒，酒酣，上屏左右谓曰：“我非尔曹之力不得至此，念尔之德无有穷已。然为天子亦大艰难，殊不若为节度使之乐，吾今终夕未尝敢安枕而卧也。”守信等皆曰：“何故？”上曰：“是不难知之，居此位者，谁不欲为之？”守信等皆惶恐起，顿首曰：“陛下何为出此言？今天命已定，谁敢复有异心？”上曰：“不然。汝曹虽无心，其如汝麾下之人欲富贵者何！一旦以黄袍加汝之身，汝虽欲不为，不可得也。”皆顿首涕泣曰：“臣等愚不及此，唯陛下哀怜，指示以可生之涂。”上曰：“人生如白驹之

① 又作《温国文正公文集》。

过隙，所谓好富贵者，不过欲多积金银，厚自娱乐，使子孙无贫乏耳。汝曹何不释去兵权，择便好田宅市之，为子孙立永久之业；多置歌儿舞女，日饮酒相欢，以终其天年。君臣之间，两无猜嫌，上下相安，不亦善乎！”皆再拜谢曰：“陛下念臣及此，所谓生死而肉骨也。”明日，皆称疾，请解军权。上许之，皆以散官就第，所以慰抚赐赉之甚厚，与结婚姻，更置易制者，使主亲军。

其后，又置转运使、通判，使主诸道钱谷，收选天下精兵以备宿卫，而诸功臣亦以善终，子孙富贵，迄今不绝。向非赵韩王谋虑深长，太祖聪明果断，天下何以治乎？至今班白之老不睹干戈，圣贤之见何其远哉！普为人阴刻，当其用事时，以睚眦中伤人甚多，然其子孙至今享福禄，国初大臣鲜能及者，得非安天下之谋，其功大乎！

这段文字，即是“杯酒释兵权”的典出之处。

又卷二记赵德昭从太宗征幽州，因受赵光义斥责而畏罪自杀事云：

魏王德昭，太祖之长子，从太宗征幽州，军中夜惊，不知上所在，众议有谋立王者，会知上处乃止。上微闻，衔之，不言。时上以北征不利，久不行河东之赏，议者皆以为不可，王乘间入言之，上大怒，曰：“待汝自为之，未晚也！”王皇恐还宫，谓左右曰：“带刀乎?”左右辞以禁中不敢带。王因入茶果阁门，拒之，取割果刀自刭。上闻之，惊悔，往抱其尸，大哭曰：“痴儿，何至此邪！”

这也是宋初宫廷的轶闻，从一个侧面反映出统治集团的内部矛盾。至于书中与“正史”传闻异辞的内容，也足资有关宋史研究者比对参考。据说，司马光原计划杂采实录、国史和异闻，另撰《资治通鉴后纪》，而这部《记闻》就是他平日积累的资料。

对《记闻》，四库馆臣评价说：

是编杂录宋代旧事，起于太祖，讫于神宗，每条皆注其述说之人，故曰《记闻》……其中，所记国家大政为多，而亦间涉琐事……闻见异词，即两存其说，亦仍《通鉴考异》之义也。王明清《玉照新志》曰：元祐初修《神宗实录》……盖旧文多取司马文正公《涑水记闻》……是光此书实当日是非之所系，故绍述之党务欲排之……凡朝廷政事，臣僚迁除，及前后奏对，上所宣谕之语，以及闻见杂事皆记之，起熙宁元年正月，至三年十月出知永兴而止。①

清人周中孚也说："是书乃其记宾客所谈祖宗朝及当时杂事而作，起太祖，讫神宗，一一注明某人云云于各条之下，故曰《记闻》……盖温公欲辑录宋事撰《资治通鉴后纪》，故多记国家大政，以储作史料也。虽后来未及属草，而即留为修《神宗实录》之取材焉。绍圣初，蔡京等重修《神宗实录》，乃悉为刊削，即此书亦几遭毁版，益知此编皆无曲笔徇人之处，足以传信于后世矣。"②

《涑水记闻》成书后，久无刊刻，一直以抄本流传。至乾隆朝，收入《武英殿聚珍版丛书》，为武英殿木活字本；又编《四库全书》，收入"子部小说家类"，为兵部侍郎纪昀家藏本。嘉庆十年（1805），收入《学津讨原》，为虞山张氏照旷阁刊本。道光十一年（1831），收入《学海类编》，为六安晁氏活字排印本。至民国，收入《宋元人说部书》和《丛书集成初编》，由商务印书馆排印，1985 年又由中华书局重印，与范镇《东斋记事》和王琪《国老谈苑》合刊一册。今人邓广铭、张希清以明清抄本为底本点校，1989 年由中华书局印行，列入《唐宋史料笔记丛刊》，另附《涑水记闻辑佚》、《温公日记》和《温公琐语》；2012 年，上海古籍出版社重排王根林点校本，列入《历代笔记小说大

① 《四库全书总目》卷 140《〈涑水记闻〉提要》，北京，中华书局，1965。

② 周中孚：《郑堂读书记》卷 64《子部·小说家类·涑水记闻》，上海，上海书店，2009。

观》，与张洎《贾氏谈录》合刊一册，是为现在最通行的版本。另外，1993年，收入《中国野史集成》，由巴蜀书社影印；2003年，又收入《全宋笔记》，由大象出版社排印。

关于《温公日记》和《温公琐语》，应该说，前者的分量与价值远高于后者。不过，今本《日记》，已为残本，凡一百零三条。宋人陈振孙云："凡朝廷政事、臣僚差除及前后奏对、上所宣谕之语，以及闻见杂事皆记之。起于熙宁元年正月，至三年十月出知永兴军而止。"[①] 不难看出，它有助于了解熙宁初年的政治。

《资治通鉴考异》三十卷，又作《考异》、《通鉴考异》，凡二千九百七十七条。它是司马光《资治通鉴》的"副产品"，实际上是一部匹配前者的考史笔记。他利用书证、物证、理证方式订正真伪，又以"今从之"、"今从某某"、"今不取"、"故去之"作出结论。

以考时间为例，《通鉴》卷十九云：元狩二年，"三月，戊寅，平津献侯公孙弘薨。壬辰，以御史大夫、安乐侯李蔡为丞相，廷尉张汤为御史大夫"。而《考异》曰：

> 《汉书·百官公卿表》："元狩三年三月壬辰，廷尉张汤为御史大夫，六年，有罪自杀。"《史记·将相名臣表》："元狩二年，御史大夫汤。"按李蔡既迁，汤即应补其缺，岂可留之期年，复与李蔡为丞相月日正同乎！又按《长历》，三年三月无壬辰；又以得罪之年推之，在今年明矣。今从《史记·表》。

在这里，司马光说明了《汉书》之误和《史记》的正确。

又以考地理为例，《通鉴》卷一百九十四云：贞观九年，"侯君集等进逾星宿川，至柏海，还与李靖军合"。而《考异》曰：

---

① 陈振孙：《直斋书录解题》卷7《传记类·温公日记》，上海，上海古籍出版社，1987。

> 《吐谷浑传》，“柏海”，作“柏梁”。今从《实录》。《实录》及《吐谷浑》皆云：“君集与李靖会于大非川”。按《十道图》：大非川在青海南，乌海、星宿海、柏海关在其西；且末又在其西极远。据靖已至且末，又过乌海、星宿川至柏海，岂得复会于大非川，于事可疑，故不敢著其地。《吐谷浑传》又云：“两军会于大非川，至破逻真谷，大宁王顺乃降。”按《实录》历破逻真谷，又行月余日，乃至星宿川。然则破逻真谷在星宿川东甚远矣，岂得返至其处邪！今从《实录》。

在这里，司马光辨正大非川、柏海、星宿海之地望，说明《资治通鉴》中关于这段历史表述在材料取舍上依从的实际考虑。

又以考人物为例，《通鉴》卷一百九十二云：贞观元年，“上好骑射，孙伏伽谏，以为：‘天子居则九门，行则警跸，非欲苟自尊严，乃为社稷生民之计也。陛下好自走马射的以娱悦近臣，此乃少年为诸王时所为，非今日天子事业也。既非所以安养圣躬，又非所以仪刑后世，臣穷为陛下不取。’上悦。未几，以伏伽为谏议大夫”。而《考异》曰：

> 韩琬《御史台记》：“伏伽，武德中自万年主簿上疏极谏，太宗怒，命引出斩之。伏伽曰：‘臣宁与关龙逢游于地下，不愿事陛下。’太宗曰：‘朕试卿耳。卿能若是，朕何忧社稷！’命授之三品。宰臣曰：‘伏伽匡陛下之过，自主簿授之三品，彰陛下之过深矣，请授之五品。’遂拜为谏议大夫。”按《高祖实录》，“武德元年，伏伽自万年县法曹上书，高祖诏授治书侍御史”。《御史台记》误也。今据《魏征故事》。

历来，唐太宗纳谏的故事很多，韩琬《御史台记》所记有夸张、传奇之嫌，所以，司马光陈述备览，以表明《资治通鉴》的依据和审择之慎重。

又以考史事为例，《通鉴》卷二百一十七云：天宝十三年七月，“杨国忠忌陈希烈，希烈累表辞位；上欲以武部侍郎吉温代之，国忠以温附安禄山，奏言不可；以文部侍郎韦见素和雅易制，荐之。八月，丙戌，以希烈为太子太师，罢政事；以见素为武部尚书、同平章事”。而《考异》曰：

《旧·见素传》曰：“时杨国忠用事，左相陈希烈畏其权宠，凡事唯诺，无敢发明。玄宗知之，不悦。天宝十三年，秋，霖雨六十余日，天子以宰相或未称职，见此咎徵，命杨国忠精求端士。时兵部侍郎吉温方承宠遇，上意欲用之。国忠以温禄山宾佐，惧其威权，奏寝其事。国忠访于中书舍人宝华、宋昱等，华、音言见素方雅，柔而易制；上亦以经事相王府，有旧恩，可之。”《希烈传》曰：“国忠用事，素忌疾之，乃引韦见素同列，罢希烈知政事。”按明皇若恶希烈阿徇国忠，当更自择刚直之士，岂得尚卜相于国忠！今从《希烈传》。

可见，在异说同存的情况下，司马光推断史料中的讹误成分，衡于情理又择善而从。

对《考异》，四库馆臣评价说：

此书于元丰七年随《通鉴》同奏上……其间传闻异词，稗官既喜造虚言，正史亦不皆实录，光既择可信者从之，复参考同异，别为此书，辨证谬误，以祛将来之惑。昔陈寿作《三国志》，裴松之注之，详引诸书错互之文，折衷以归一是。其例最善，而修史之家，未有自撰一书，明所以去取之故者，有之，实自光始。①

清人周中孚也说：“按编集《通鉴》采用之书，正史而外，杂史至三百二十种，其残稿在洛阳者，尚盈两屋，绝非掇拾残胜者可比。虽助其事者有人，而考订异同，归于一是，俱可以己意斟酌之，因摘正文为

① 《四库全书总目》卷47《〈资治通鉴考异〉提要》，北京，中华书局，1965。

纲，而夹注考取之意于其下。此实创例，后李仁父、李征之诸家，皆仿而行之，足以供读史之一助。”①

《资治通鉴考异》成书后，先有苏城汪氏宋刊本。入元，胡三省析入各文之下。入明，又有嘉靖二十三年（1544）许氏刊本。至乾隆朝，编《四库全书》，收入“史部编年类”，为安徽巡抚采进本。光绪十四年（1888），又有长沙杨氏刊本。至民国，收入《四部丛刊初编》，由商务印书馆影印。1976年，中华书局印行《资治通鉴》点校本，附录《目录》和《考异》，是为现在最通行的版本。

滕甫与《征南录》

滕甫（1020—1090），又名元发，字达道，浙江东阳人。庆历进士，官至大理评事、湖州通判、开封府推官盐铁户部判官、知制诰、知谏院、翰林学士、开封和太原知府、龙图阁学士。他很有官声，号称“名帅”，今存所撰《征南录》。

《征南录》一卷，又作《孙威敏征南录》。孙威敏，即孙沔（996—1066），字子规，会稽山阴（今绍兴）人，谥号“威敏”。天禧三年（1019）进士，官至秘书丞、监察御史里行、处州知府、陕西转运使、湖南及江西路安抚使、枢密副使。皇祐四年（1052），侬智高起兵反宋，震动两广，他随狄青南征。于书中，滕氏有褒孙贬狄的倾向，把孙刻画为平侬之战的主角。一方面，说他为南征做了充分的准备；另一方面，又说他有很强的治军能力；再一方面，还说他善于谋划和把握时机。早先，孙沔在杭州做知府，对滕氏有知遇之恩。这大略是滕氏于书中塑造孙氏高大形象的原由所在。同时，也反映了一种拔高文臣、诋毁

① 周中孚：《郑堂读书记》卷16《史部·编年类·资治通鉴考异》，上海，上海书店，2009。

武将的士大夫心理。[①] 不过，滕书虽有夸饰、失实之处，可它记录了征侬之役的全过程，比《宋史》中的有关传记要详尽一些，是这一历史事件重要的文献资料。

对滕书，四库馆臣评价说：

> 其书乃记皇祐四年孙沔平侬智高事……甫以为南征之事，本出沔议，其措置先备，又能以身下狄青，卒攘寇难。因述为此书，以颂沔之绩。盖沔知杭州时尝奇甫才，授以治剧守边方略。具有知己之分，故力为之表暴如此。考《宋史》载征侬智高事，亦于《狄青传》为详，而《沔传》颇略。然此书备见于《宋史·艺文志》、陈振孙《书录解题》，当时皆不以为诬殆，殆必有说。是亦考史者所宜兼存矣。[②]

清人周中孚也说："是录记皇祐四年孙威敏平侬智高事，自四月迄十二月，端末颇详。大约威敏与狄武襄同事，而余勒铭长沙，专归功于武襄，达道尝受知于威敏，故作此以纪其实，亦公论也。"[③]

《征南录》成书后，久无刊刻，一直以抄本流传。至乾隆朝，编《四库全书》，收入"史部传记类"，为浙江郑大节家藏本。1991 年，收入《丛书集成初编》，由中华书局排印，与王巩《甲申杂记》、《闻见近录》、《随手杂录》，王从谨《清虚杂录补阙》，佚名《咸淳遗事》、佚名《三朝野史》，方勺《青溪寇轨》和王弥大《青溪弄兵》合刊一册；2003 年，又收入《全宋笔记》，由大象出版社排印，是为现在最通行的版本。

---

① 张劲松：《〈孙威敏征南录〉贬低狄青功绩探因——史实考辨与士大夫叙述心态解析》，载《江西社会科学》，2012（12）。

② 《四库全书总目》卷 58《〈征南录〉提要》，北京，中华书局，1965。

③ 周中孚：《郑堂读书记》卷 24《史部·传记类·孙威敏征南录》，上海，上海书店，2009。

强至与《韩忠献公遗事》

强至（1022—1076），字几圣，临安钱塘（今杭州）人。仁宗庆历六年（1046）进士，官至泗州司理参军，浦江、东阳及元城令、户部勾院、群牧判官、祠部郎中、三司户部判官。他长于文史，撰有《祠部集》和《韩忠献公遗事》。

《韩忠献公遗事》一卷，是有关韩琦的重要史料。治平四年（1067），韩氏判永兴军，辟为主管机宜文字，随从幕府六年之久。随后，他一直关注韩氏言行，留下了殊为难得的追记文字。即以开篇为例，可谓翔实、具体和生动：

> 公自定武入为枢密使，时仁宗嗣位未立，公请置内学教宗子，建储之意默存其中。事未及行，公秉政，仁宗倦勤甚，势渐逼，更不暇置内学。每进对罢，即论太子天下本，不可不预立，以系天下心，语日益深切，前后不可胜数。仁宗终无一言，不喜，亦不怒。公患之。他日，仁宗忽顾公谓："朕亦有意多时。"时有二宗子尝育宫中，公乘其意动，急叩之，谓："二宗子陛下必亦自能见其孰聪明？知否可属大计？"仁宗以英宗为言，公即将顺以彼一人便若幽厉语更不及英宗，乞降圣旨札子权判宗正司。后两府通签御札，张升太尉见之，惧，深罪公何不素议。及次日，殿上大言此事系社稷，陛下不可错。上徐曰："此事与相公经商量来。"升下殿至中书又诘公，公曰："此甚入思虑来不错。"升退，公笑曰："若与之素议，岂不坏了事？"后英宗畏避，不就职几半年，竟以事迫便作皇子。仁宗弥留，英宗即位之次日，疾作不能视朝，慈寿摄政。疾每甚，即独召公责曰："相公自看取！"公谓不须如此，但服下涎药自无事。公尝药以进，英宗怒以药覆公，公徐进药而退。

慈寿一日又独召公入，英宗疾甚，直视二王，谓公曰："何不立长君？此辈做不得，相公错也。"公退立，俱无言。慈寿一日又谓公："人皆谓错。"公曰："不错。"慈寿怒曰："文字满前后，虽大臣亦有言者。"公力开陈以为不然。卒能翼清，躬复大位，皆公力也。

英宗寝疾时，公一日进对罢，谓慈寿曰："上疾，须太后护视，若上不豫，太后亦未得安。"慈寿怒曰："相公是何等语！"当时同列皆谓太峻，退至中书，往往责公。公曰："诸君不思耳！两宫素相疑，彼又内事皆在手，天性既薄，若狃于权位，摇于阉官女谒之言，或有不测何以禁之？"众服其远识。后觇宫中，果调护日益加。上后疾愈，慈寿不肯还政，公每进对罢，即历陈前代母后之戒，惧位不可，久居必有祸，必尝观知之。后曰："妇人岂知观史！"慈寿色勃声励，前后以十数。他日复谓："若复辟后，礼数必有加不敢损，如不然，臣独当责。"慈寿曰："此言何足据？"慈寿一日忽谓公："本欲且管三二年，教养疾，相公乃如此！"公乘机力陈："上前日出祈雨，应，万姓亦皆知上无恙，天人如此，不可不还政。"次日遂批出还政。英宗既临朝，公请加慈寿礼数，英宗曰："相公休奖纵母后。"公曰："慈寿也，始深不肯放，下臣诱以利害，动以祸福，仅能复辟。彼遗太山之重，陛下乃惜一鸡子之轻。"英宗尚迟疑，富公在其旁？言曰："何啻太山！"议遂决。即遂建庆寿宫，岁时称圣躬万福，出入加仪卫焉。

人有以使永昭陵后，公不退为问者，曰："是时英宗始立，疾作不任事，慈寿怀二三时在永昭。"一日，遣一近珰小封亲札，谕英宗狂惑等事。问相公如何？公报曰："若言语无节，慈寿既云未定叠，未定叠人言何足怪！"他日复遣使见逼甚，公曰："只乞与曾公亮已下商量。"曾公辈果不敢当，皆云候韩琦回。公是时既使回，且正内变矣。一日奏对罢，直论以为太后既无亲出子，上幸养在宫中久，先帝有诏与子，其于子母不为不顺，若更怀犹豫听谗佞，祸乱必由此起。立人之子，人皆知不若立己之子，然太后既无子，不得不自认业。慈寿由此语塞，不复出口。琦是时岂暇自顾进退之分！未几，英宗上仙，今上即位。一日遂恳辞位，上流涕，谓相公欲何之。琦一日又尽持四方士人见责不退书开陈，以谓清议不容如此，岂敢安位？上又流涕不语。请益坚，他日忽宣谕已有恩命云，亦不久在外虚冢席以待。故除两镇，有“衮衣待还”之语。公复进见，谓制语太过，使臣不得安外，乞改之。上不许，遂之相复移雍。上使谕之，只候西帅回召。既而召见，琦是时已知不可为，坚请还相，次改北门，事由此分矣。

《韩忠献公遗事》成书后，收入《百川学海》，弘治十四年（1501），又有无锡华氏覆宋本。至晚明，又收入《历代小史》，为万历安溪李氏刊本。于晚清，收入《武林往哲遗著》，为光绪钱塘丁氏嘉惠堂刊本。至民国，收入《丛书集成初编》，由商务印书馆排印，1985 年又由中华书局重印，与李朴《丰清敏公遗事》和李肖龙《崔清献公言行录》合刊一册；2003 年，又收入《全宋笔记》，由大象出版社排印，是为现在最通行的版本。

吴处厚与《青箱杂记》

吴处厚（？—1093），字伯固，建州邵武（今属福建）人。皇祐五年（1053）进士，官至将作丞、知汉阳军、大理丞、安州及卫州知州、歙州别驾，撰有《青箱杂记》。

《青箱杂记》十一卷，为吴氏晚年之作。卷首元祐二年（1087）自序云：

前世小说有《北梦琐言》、《酉阳杂俎》、《玉堂闲话》、《戎幕闲谈》，其类甚多，近代复有《闲花》、《闲录》、《归田录》，皆采摭一时之事，要以广记资讲话而已。余自筮仕未尝废书，又喜访问，故闻见不觉滋多，况复遇事裁量，动成品藻，亦辄纪录，以为警劝，而所纪皆丛脞不次，题曰《青箱杂记》，凡一十卷。

“青箱”一词，主要是说收藏字画之箱笼，语出《宋书·王准之传》：“曾祖彪之……博闻多识，练悉朝仪，自是家世相传，并谙江左旧事，缄之青箱。”又清人方文《润州早发》诗云：“白露水千里，青箱书一函。”从吴氏自序可知，吴书既得之于见闻，也包括一些读书心得，因以“青箱”题书。书记当代杂事和诗文评话，公道说，记史事有不少失实之处，而诗话部分最有参考价值。不过，吴氏所记，还是有助于一些人事的比对研究。[1] 像卷一记雷德骧[2]事云：

雷德骧，长安人，太祖时，久居谏诤之任，有直名。与赵普有隙，时普以勋旧作相，宠遇方渥，骧间请对，言普专权，容堂吏纳赂。由是忤旨，贬商州司户。岁余，其子有邻挝登闻鼓诉冤，鞫得其实，堂吏李可度除名，余党皆杖脊黥配远州，出普知河阳，召德骧复旧官，擢有邻守校书郎。后普复入相，德骧恳乞致仕。太宗勉之曰：“朕终保卿必不为普所挤。”有邻性亦刚鲠，有父风，太宗尝面谕有邻：“朕欲用汝父为相何如?”有邻对曰：“臣父有才略而无度量，非宰相器。”乃止。有邻弟有终亦有才，平蜀寇，最有功，为宣徽使，薨。德骧、

① 李晓颖：《〈青箱杂记〉研究》，四川师范大学中国古代文学硕士论文(2011)。

② 雷德骧（917—991），字善行，同州合阳（今陕西渭南）人。广顺三年(953)进士，入宋，官至殿中侍御史、屯田员外郎、大理寺丞、商州司户参军、秘书丞、职方员外郎，礼部及户部郎中、度支判官、两浙及淮南转运使、右谏议大夫。

有终父子二人常并命为江南淮南两路转运使，当世荣之。王禹偁赠诗二首，其一曰："江南江北接王畿，漕运帆樯去似飞。父子有才同富国，君王无事免宵衣。屏除奸吏魂应丧，养活疲民肉渐肥。还有文场受恩客，望尘情抱倍依依。"其二曰："当时词气压朱云，老作皇家谏诤臣。章疏罢封无事日，朝廷犹指直言人。题诗野馆光泉石，讲易秋堂动鬼神。棘寺下僚叨末路，斋心唯祝秉鸿钧。"盖禹偁常出德骧门下，而德骧深于《易》，酷嗜吟咏故也。

又卷三记宋真宗好读书事云：

真宗听政之暇，唯务观书，每观毕一书，即有篇咏，使近臣赓和，故有御制看《尚书》三章、看《春秋》三章、看《周礼》三章、看《毛诗》三章、看《礼记》三章、看《孝经》三章。复有御制读《史记》三章、读《前汉书》三首、读《后汉书》三首、读《三国志》三首、读《晋书》三首、读《宋书》二首、读《陈书》二首、读《魏书》三首、读《北齐书》二首、读《后周书》三首、读《隋书》三首、读《唐书》三首、读《五代梁史》三首、读《五代后唐史》三首、读《五代晋史》二首、读《五代汉史》二首、读《五代周史》二首，可谓近代好文之主也。

又卷七记前蜀王衍[①]事云：

王衍在蜀，好私行，恐人识之，令民戴大帽，又令民戴危脑帽，狭小，俛首即坠。又衍朝永陵，自为尖巾，士民皆效之，皆服妖也。又每宴怡神亭，妓妾皆衣道衣，莲花冠，酒酣，免冠，髽髻为乐，因夹脸连额，渥以朱粉，号曰"醉

① 王衍（901—926），字化源，前蜀王建幼子，918—925在位。咸康元年（925），后唐灭前蜀；次年，于押送长安途中，举族被诛于关中秦川驿，后唐追谥为顺正公。

妆”，此与梁冀、孙寿事颇相类。后衍又与母同祷青城山，宫人毕从，皆衣云霞画衣，衍自制甘州词，令宫人歌之，闻者凄怆。又衍造上清宫成，塑玄元皇帝及唐诸帝像，衍躬自荐享，城中士女游观阗咽，谓之“寻唐魂”，后国亡归唐，至秦川驿遇害。衍在蜀时，童谣曰：“我有一帖药，其名为阿魏，卖与十八子。”其后衍兄宗弼果卖国归唐，而宗弼乃王建养子，本姓魏氏，此其应也。衍舅徐延琼造第，新成，衍幸之，见其华丽，乃于厅壁大书一孟字，盖蜀人谓孟为弱，以戏之也。其后孟知祥入蜀，馆于其第，见之，叹曰：“此岂我之居乎！”遂据蜀而王，传位至子昶，国除。

对吴书，四库馆臣评价说：

其书皆记当代杂事，亦多诗话。晁公武读书志谓所记多失实，又讥其记成都置交子务，误以寇瑊为张咏，案处厚以干进不遂，挟怨罗织蔡确车盖亭诗，骤得迁擢，为论者所薄，故公武恶其人，并恶其书。今观所记，如以冯道为大人之类，颇乖风教，不但记录之讹，然处厚本工吟咏……皆绰有唐人格意，故其论诗往往可取，亦不必尽以人废也。①

《青箱杂记》成书后，于南宋，收入曾慥《类说》，天启六年（1626），又有岳钟秀刻本。今之明抄本，存于国家图书馆。于晚明，收入《稗海》和《唐宋丛书》，为万历会稽商氏半埜堂刊本和崇祯钟氏刊本。顺治三年（1646），收入《说郛续》，为两浙李氏宛委山堂刊本。至乾隆朝，编《四库全书》，收入“子部小说家类”，为内府藏本。宣统二年（1910），收入《古今说部丛书》，为上海国学扶轮社排印本。民国九年（1920），涵芬楼编《宋元人说部书》，由商务印书馆排印。民国二十三年（1934），又收入《笔记小说大观》，为上海进步书局石

① 《四库全书总目》卷140《〈青箱杂记〉提要》，北京，中华书局，1965。

印本，1984 年又由广陵古籍刻印社影印。今人李裕民以四库全书本为底本点校，1985 年由中华书局印行，列入《唐宋史料笔记丛刊》；2012 年，上海古籍出版社重排尚成点校本，列入《历代笔记小说大观》，与何薳《春渚纪闻》合刊一册，是为现在最通行的版本。另外，2003 年，又收入《全宋笔记》，由大象出版社排印。

王辟之与《渑水燕谈录》

王辟之（1031—?），字圣涂，青州临淄（今属山东）人。治平四年（1067）进士，官至河东知县、忠州知州。致仕还乡后，隐居于渑水河畔，撰有《渑水燕谈录》。

《渑水燕谈录》十卷，卷首绍圣二年（1095）王氏自序云：

> 渑水谈者，齐国王辟之将归渑水之上、治先人旧庐与田夫樵叟闲燕而谈说也。余登科从仕，行三十年矣，日欲退居故国，而为贫未果。今且老矣，仕不出乎州县，身不脱乎饥寒，不得与闻朝廷之论、史官所书。闲接贤士大夫谈议，有可取者，辄记之，久而得三百六十余事，私编之为十卷，蓄之中橐，以为南亩北窻、倚杖鼓腹之资，且用消阻志、遣余年耳。渑，齐水之名，其事随所录得之，故无先后之序。

渑水，古河名，源出今山东淄博东北。王氏晚年退居河滨，宴会宾客，与友人纵谈，又择有可取者一一记之，久之成集，即以居乡水名题书。

书记宋哲宗绍圣以前的杂事，分为十七门，即卷一“帝德”和“谠论”，卷二“名臣”，卷三“知人”和“奇节”，卷四“忠孝”、“才识”和“高逸”，卷五“官制”，卷六“贡举”、“文儒”和“先兆”，卷七“歌咏”和“书画”，卷八“事志”，卷九“杂录”和卷十“谈谑”，今之所存，凡三百五十二条。

从设目不难看出，王书内容广泛，对研究北宋政治、经济、军事和文化，提供了大量真实可靠的史料。它又偏于记人，既歌颂那些爱民尊贤、勇于纳谏的明君，廉洁务实、克己奉公的清官，又赞美那些文学家高洁傲岸的品质和灵敏机智的创作才华，还对弄虚作假、不切实际、残害百姓的丑恶现象给予辛辣的讽刺和批判。而有关富弼、韩琦、司马光、范仲淹、欧阳修、田锡、曹彬、王德用的事迹，最受学者关注。像卷一“帝德”记宋真宗厌恶跑官要官事云：

真宗尝谕宰臣一外补郎官，称其才行甚美，俟罢郡还朝，与除监司。及还，帝又语及之。执政拟奏，将以次日上之，晚归里第，其人来谒。明日，只以名荐奏，上默然不许。察所以，乃知已为伺察密报矣。终真宗朝，其人不复进用。真宗恶人奔竞如此。

卷五“官制”记“三省”和“三司”之制云：

唐以中官为枢密使，与中尉谓之“内贵”，梁为崇政院使；后唐旧有带相印者，分东、西二院，晋废；国初复置，与中书为二府，亦名二院，但行东院印耳。其后除授不常，以检校官充使不带正官，自赵普始；带节钺，自曹彬始；签书院事，自石熙载始；文资正官充使，亦自熙载始；知院自张士逊始；以文臣知院兼使相自王钦若始；签书兼藩镇自曹玮始。今官制复古，而枢密之职如旧，与三省长官通谓之执政矣。

唐末始分度支、盐铁、户部专领财赋；唐明宗始号“三司”，总以一使；本朝或曰判三司，或曰权判，或曰点检三司。开宝中，以参知政事二人点检三司，既而更用宰相为提举。兴国中，分二使同判三司，逾年，复析为三使。淳化中，又合为三司，而又以天下为十道，二京为左、右计，置二计使，分判十道。别命三司捴计使判左、右计事，三司如故。咸平末，三司各置副使，其官轻，则曰发遣，迄元丰初不废，今悉归尚书省。

又卷六“文儒”记赵光义“开卷有益”事云：

太宗锐意文史，太平兴国中，诏李昉、扈蒙、徐铉、张洎等，门类群书为一千卷，赐名《太平御览》；又诏昉等撰集野史为《太平广记》五百卷，类选前代文章为一千卷，曰《文苑英华》。太宗日阅御览三卷，因事有阙，暇日追补之，尝曰：“开卷有益，朕不以为劳也。”

又卷八“事志”中有关于“瓦当”的最早记录：

秦武公作羽阳宫，在凤翔宝鸡县界，岁久，不可究知其处。元祐六年正月，直县门之东百步，居民权氏浚池，得古铜瓦，五皆破，独一瓦完。面径四寸四分，瓦面隐起四字，曰“羽阳千岁”，篆字随势为之，不取方正，始知即羽阳旧址也。其地北负高原，南临渭水，前对群峰，形势雄壮，真胜地也。武公之初年，距今千有七百八十八年矣。武功游景叔方总秦凤刑狱，摹刊于石，置之岐阳宪台之瑞丰亭，以贻好事者。

绍兴十五年（1145），江少虞摘诸史杂记，编成《皇宋事实类苑》七十八卷，收录了王书中的不少内容。对王书，四库馆臣评价说：

所记诸条，多与史传相出入。其间，如谁传佳句到幽都一诗，乃苏辙使辽时寄其兄轼之作，而误以为张舜民；又如柳永以黉缘中官，献醉蓬莱词，为仁宗所斥，而以为仁宗大悦之类，亦间有舛讹。然野史传闻，不能尽确，非独此书为然，取其大致之近实可也。[①]

《渑水燕谈录》成书后，久无刊刻，一直以抄本流传。于晚明，收入《稗海》，为万历会稽商氏半埜堂刊本。至乾隆朝，编《四库全书》，收入“子部小说家类”，为内府藏本；又收入《知不足斋丛书》，为长

① 《四库全书总目》卷140《〈渑水燕谈录〉提要》，北京，中华书局，1965。

塘鲍氏刊本。至民国，收入《笔记小说大观》和《丛书集成初编》，分别由上海进步书局、商务印书馆石印和排印；1984 年前者由广陵古籍刻印社影印，1985 年后者又由中华书局重印。又民国九年（1920），涵芬楼编《宋元人说部书》，由商务印书馆排印。今人李伟国以涵芬楼本为底本点校，1981 年由中华书局印行，与欧阳修《归田录》合刊，列入《唐宋史料笔记丛刊》；2012 年，上海古籍出版社重排韩谷点校本，列入《历代笔记小说大观》，与陈鹄《西塘集耆旧续闻》合刊一册，是为现在最通行的版本。另外，1993 年，收入《中国野史集成》，由巴蜀书社影印；2003 年，又收入《全宋笔记》，由大象出版社排印。

沈括与《梦溪笔谈》

沈括（1031—1095），字存中，临安钱塘（今杭州）人。嘉祐八年（1063）进士，官至沭阳县主簿、扬州司里参军、馆阁校勘、提举司天监、翰林学士、集贤校理、知制诰、河北西路察访使、三司使、宣州及延州知州。他晚年居镇江，撰有《长兴集》、《清夜录》、《梦溪笔谈》和《苏沈良方》。

《梦溪笔谈》二十六卷，为沈括晚年之作，又补笔谈三卷，续笔谈一卷；今本卷首有沈氏自序和大德九年（1305）陈仁子序。自序云：

> 予退处林下，深居绝过从。思平日与客言者，时纪一事于笔，则若有所晤言，萧然移日，所与谈者，唯笔砚而已，谓之《笔谈》。圣谟国政，及事近宫省，皆不敢私纪。至于系当日士大夫毁誉者，虽善亦不欲书，非止不言人恶而已。所录唯山间木荫，率意谈噱，不系人之利害者；下至闾巷之言，靡所不有。亦有得于传闻者，其间不能无缺谬。以之为言，则甚卑，以予为无意于言可也。

又（嘉定）《镇江志》卷十一引沈氏《自志》云：

> 翁年三十许时，尝梦至一处，登小山，花木如覆锦，山之下有水，澄澈极目，而乔木翳其上，梦中乐之，将谋居焉。自尔岁一再或三四梦至其处，习之如平生之游。后十余年，翁谪宣城，有道人无外，谓京口山川之胜，邑之人有圃求售者，及翁以三十万得之，然未知圃之何在？又后六年，翁坐边议谪废，乃庐于浔阳之熨斗洞，为庐山之游以终身焉。元祐元年，道京口，登道人所置之圃，恍然乃梦中所游之地。翁叹曰："吾缘在是矣。"于是，弃浔阳之居，筑室京口之陲，巨木蓊然，水出峡中，停萦杳缭，环地之一遍者，目之"梦溪"。

从自序、自志可知，沈氏晚年筑梦溪园，撰文自娱，因以题书。书分门记事，凡十七门，即卷一至卷二"故事"、卷三至卷四"辩证"、卷五至卷六"乐律"、卷七至卷八"象数"、卷九至卷十"人事"、卷十一至卷十二"官政"、卷十三"权智"、卷十四至卷十六"艺文"、卷十七"书画"、卷十八"技艺"、卷十九"器用"、卷二十"神奇"、卷二十一"异事"、卷二十二"谬误"、卷二十三"讥谑"、卷二十四至二十五"杂志"、卷二十六"药议"。又补笔谈，凡十一门，即卷一"故事"、"辨证"和"乐律"，卷二"象数"、"官政"、"权智"、"艺文"和"器用"，卷三"异事"、"杂志"和"药议"；又续笔谈十一则，不分门类。

从总体上说，沈书分类系事，凡六百零九则，收录沈氏一生的见闻和见解，遍及天文、地理、典制、律历、音乐，还广涉医药、数学、物理、化学、地学、生物、冶金、机械、营造、造纸和印刷之类科学技术，是中国科学史的煌煌杰作。不过，以"史"而论，"故事"、"人事"、"官政"和"权智"门，则最值得研究者关注。

像卷一"故事"记翰林事云：

> 唐翰林院在禁中，乃人主燕居之所，玉堂、承明、金銮殿皆在其间。应供奉之人，自学士已下，工伎群官司隶籍其间

者，皆称“翰林”，如今之翰林医官、翰林待诏之类是也。唯翰林茶酒司止称“翰林司”，盖相承阙文。唐制，自宰相而下，初命皆无宣召之礼，惟学士宣召。盖学士院在禁中，非内臣宣召，无因得入，故院门别设复门，亦以其通禁庭也。又学士院北扉者，为其在浴堂之南，便于应召。今学士初拜，自东华门入，至左承天门下马；待诏、院吏自左承天门双引至阁门。此亦用唐故事也。唐宣召学士，自东门入者，彼时学士院在西掖，故自翰林院东门赴召，非若今之东华门也。至如挽铃故事，亦缘其在禁中，虽学士院吏，亦止于玉堂门外，则其严密可知。如今学士院在外，与诸司无异，亦设铃索，悉皆文具故事而已。

又卷九“人事”记寇准与澶渊之盟事云：

景德中，河北用兵，车驾欲幸澶渊，中外之论不一，独寇忠愍赞成上意。乘舆方渡河，虏骑充斥，至于城下，人情恟恟。上使人微觇准所为，而准方酣寝于中书，鼻息如雷。人以其一时镇物，比之谢安。

又卷十一记“官政”记郝连城情形云：

延州故丰林县城，赫连勃勃所筑，至今谓之“赫连城”。紧密如石，劚之皆火出。其城不甚厚，但马面极长且密。予亲使人步之，马面皆长四丈，相去六七丈，以其马面密，则城不须太厚，人力亦难兼也。余曾亲见攻城，若马面长则可反射城下攻者，兼密则矢石相及，敌人至城下，则四面矢石临之。须使敌人不能到城下，乃为良法。今边城虽厚，而马面极短且疏，若敌人可到城下，则城虽厚，终为危道。其间更多其角，谓之“团敌”，此尤无益。全借倚楼角以发矢石，以覆护城脚。但使敌人备处多，则自不可存立。赫连之城，深可为法也。

又卷十三“权智”记狄青事云：

宝元中，党项犯塞，时新募万胜军，未习战陈，遇寇多北。狄青为将，一日尽取万胜旗付虎翼军，使之出战。虏望其旗，易之，全军径趋，为虎翼所破，殆无遗类。又青在泾、原，尝以寡当众，度必以奇胜。预戒军中，尽舍弓弩，皆执短兵器。令军中：闻钲一声则止；再声则严阵而阳却；钲声止则大呼而突之。士卒皆如其教。才遇敌，未接战，遽声钲，士卒皆止；再声，皆却。虏人大笑，相谓曰：“孰谓狄天使勇?”时虏人谓青为“天使”钲声止，忽前突之，虏兵大乱，相蹂践死者，不可胜计也。

另外，卷十二“官政”中有关于北宋茶法的详细记录，有助于加深对宋代茶马互市的了解；卷十九“器用”中“青堂羌善锻甲”条，记述了唃厮啰采用冷锻工艺制作“瘊子甲”的情况；卷二十五“杂志”中“青堂羌”条，可视为有关唃厮啰政权的专篇；于《补笔谈》卷下中，有关于熙河之役的记述，对宋代西北史研究也有一些参考价值。

于沈书中，虽不免夹杂神怪之谈，像“神奇”、“异事”门所记的一些故事，不过，瑕不掩瑜，从总体上说，它的学术价值远远超过了一般的笔记。四库馆臣评价说：

括在北宋，学问最为博洽，于当代掌故及天文、算法、钟律尤所究心……汤修年跋称其目见耳闻，皆有补于世，非他杂志之比。勘验斯编，知非溢美矣。[①]

清人周中孚也说：“今观其书……存中高材博学，多技能，其于遗文旧典文章技术，以及小说家言，无不赅载，而乐律、象数二类尤其专门绝学，故所述最为精邃，其他亦多有根据，无一浮谈，虽朱子亦尝援

① 《四库全书总目》卷120《〈梦溪笔谈〉提要》，北京，中华书局，1965。

其说为定论焉……补笔谈……续笔谈……皆可以成一家之言者。”[①]

《梦溪笔谈》成书后，先有乾道二年（1166）汤氏重定扬州州学刊本；入元，又有茶陵东山书院刊本。于晚明，收入《稗海》和《津逮秘书》，分别为万历会稽商氏半埜堂刊本和崇祯虞山毛氏汲古阁刊本。至乾隆朝，编《四库全书》，收入“子部杂家类”，为两江总督采进本。嘉庆十年（1805），收入《学津讨原》，为虞山张氏照旷阁刊本。光绪三十二年（1906），又有番禺陶氏爱庐刊本。至民国，收入《四部丛刊续编》和《丛书集成初编》，分别由商务印书馆影印和排印，1985 年后者又由中华书局重印。1958 年，古典文学出版排印校正本；1975 年，文物出版社又印行《元刊梦溪笔谈》。2003 年，收入《历代笔记丛刊》，由上海书店排印；同年，收入《全宋笔记》，由大象出版社排印；2009 年，又收入《中华经典藏书》，由中华书局印行，是为现在最通行的版本。

张舜民与《画墁录》、《郴行录》

张舜民（1034—1100），字芸叟，号矴斋，别署“浮休居士”，邠州（今陕西彬县）人。治平二年（1065）进士，官至襄乐令、监察御史、右谏议大夫、龙图阁待制、定州及同州知州、楚州团练副使、集贤殿修撰、礼部侍郎、宝文阁直学士。他善论事，工诗词，撰有《画墁集》、《画墁录》、《郴行录》和《使辽录》。

《画墁录》一卷，凡一百三十五条，今本为四库馆臣从《永乐大典》中辑出。“画墁”一词，语出《孟子·滕文公下》：“有人于此，毁瓦画墁，其志将以求食也，则子食之乎？”朱熹集注解释道：“墁，墙

① 周中孚：《郑堂读书记》卷 56《子部·杂家类·梦溪笔谈》，上海，上海书店，2009。

壁之饰也。毁瓦画墁，言无功而有害也。”张氏以之题书，是谓“劳而无用”，显系自谦之词。不过，张书偏记北宋杂事，不乏可取之处。像记永洛之役云：

永洛之役，一日丧马七千匹。城下沙烬中，大小团茶可拾也。乃是将以买人头者，有人能道。夜二更，城既陷，李舜举以笔，摘略数千百字，以蠋蜡固之，付有司，上之实遗奏也。神宗得之，不胜悲涕累日。是时，胡人虽入月城而未逼，左右以马御之，舜举以鞭挥击，不肯上马。少顷僵蹰，人犹见之。李复上马，将出门，失辔。或云面上中箭，在瓮城内。然夜黑沸涛中，面上中箭，恐非敌人也。独徐禧不知所归，人无道者，或云有还人见之夏国者，三五颇符合，疑亦有之。

又记解盐始钞法云：

范祥领制，置解盐始钞法，初年课一百二十万，末年一百六十五万，以谓钞盐法，止此可矣。或征而多取之，则法不弊。是以一百六十五万，不专为以钞请盐，兼为飞钱耳。今以百年之多，移致池州，以为重载，易之为钞，则数幅纸耳。于是禁绝盐法，边置折博务，张官置吏，买到钱充折斛斗。粜客得钱，不能置远，必来买抄，是用边籴不匮，钞法通行。逮至熙宁，边事稍勤，用钞日增；元丰初年，赈饥亦用。自尔军须国计，无所不资。商贾入京，价折于金部，岁出见钱三千万贯，买钞以摧，见钱不继，钞法朘削，冶盐水冷，解池遂失所利。原天时人事，符会如此，良可叹息。

对张书，四库馆臣评价说：

舜民所著诗文名《画墁集》，是书乃所作笔记，亦以“画墁”为名。中多载宋时杂事，于《新唐书》、《五代史》均屡致不满之词。盖各有所见，不足为异，其说不妨并存……其他载录，亦颇涉琐屑。以一时典故，颇有借以考见者，故存以备宋人小说之一种云尔。[1]

清人周中孚也说："其书……皆记所见闻，颇存臧否。即如《新唐书》、《五代史记》，自吴廷珍《纠缪》、《纂误》外，无不遵为典训，而芸叟屡致不满，殆于党籍之中又自行一意欤？至其记徐禧之事殊涉诬妄，此殆芸叟恶其人而丑之，不顾是非之公，从来小说家之通病，不独是书为然也。"[2]

《画墁录》成书后，收入《百川学海》，弘治十四年（1501），又有无锡华氏覆宋本。入明，析入《永乐大典》。于晚明，收入《稗海》和《唐宋丛书》，为万历会稽商氏半埜堂刊本和崇祯钟氏刊本。顺治三年（1646），收入《说郛续》，为两浙李氏宛委山堂刊本。至乾隆朝，编《四库全书》，又收入"子部小说家类"，为永乐大典本。1991年，收入《丛书集成初编》，由中华书局排印，与吕希哲《吕氏杂记》合刊一册。2003年，收入《全宋笔记》，由大象出版社排印；今人丁如明以稗海本为底本点校，2012年由上海古籍出版社排印，列入《历代笔记小说大观》，与欧阳修《归田录》、郑文宝《南唐近事》、方勺《泊宅编》、孔平仲《孔氏谈苑》和江休复《江邻幾杂志》合刊一册，是为现在最通行的版本。

《画墁集》八卷，又补遗一卷，为四库馆臣从《永乐大典》中辑出。具体说来，它主要是张氏的诗文集，卷一至卷四为"诗"、"词"，卷五为"赋"、"题跋"和"论"，卷六为"记"、"表"、"劄子"和"墓志"，卷七至卷八则为《郴行录》。

《郴行录》二卷，凡六十六条，为按日纪游之日记[3]，记事始于元丰六年（1083）丁丑，止于戊子日。先是，张氏从环庆帅高遵裕攻西

① 《四库全书总目》卷140《〈画墁录〉提要》，北京，中华书局，1965。

② 周中孚：《郑堂读书记》卷64《子部·小说家类·画墁录》，上海，上海书店，2009。

③ 梅新林、崔小敬：《张舜民〈郴行录〉考论》，载《文献》，2001（1）。

夏未果，作《西征回途中》，有“灵州城下千条柳，总被官兵斫作薪”、“白骨似沙沙似雪，将军休上望乡台”之句，为转运使李察所劾，又追赴鄜延诏狱，改监郴州酒税。由京城至郴州，张氏记录行历，即为是书。周煇追述说：“芸叟迁流远谪，历时三，涉水六过，州十有五，自汴抵郴，所至留连。南京孙莘老、扬州孔周翰、泗州蒋颖叔、江宁王介甫、黄州苏子瞻、衡州刘贡父，皆相遇焉。说诗揽胜，无复行役之劳。”① 而“说诗揽胜”，是张书的主题，一些内容也不乏史料价值。像丙戌日记云：

> 丙戌，观万石船，船形制圆短，如三间大屋户出其背中，甚华饰。登降以梯级，非甚大风不行，钱载二千万贯，米载一万二千石。次岳州日，方辰巳间行一百二十余里，见知州大夫黄休。晚登岳阳楼，即岳州之西门也。下湖水，北望荆江，自西北流东南，至岳州城下与湖水合，而东流始为大江。凡绝湖而南西者，趋鼎澧西北，趋荆峡，一湖之间，分此四路也。每岁十月以后，四月以前，水落洲生四江可辨。余时，弥漫云涯相浃，日月出没皆在其中。望水中如覆斗者，即君山也。岳州西南山势，如覆舟东连众山，而孤绝山之南，即石桥港，舟行缓急避风之地。

对张书，四库馆臣评价说：

> 其《郴行录》，乃谪监酒税时纪行之书，体例颇与欧阳修《于役志》相似。于山川古迹，往往足资考证。②

《画墁集》成书后，久无刊刻，又渐次散佚。入明，析入《永乐大典》。至乾隆朝，编《四库全书》，收入“集部别集类”，为永乐大典本。至民国，收入《笔记小说大观》和《丛书集成初编》，分别由上海

① 周煇：《清波杂志》卷4，北京，中华书局，1994。
② 《四库全书总目》卷154《〈画墁集〉提要》，北京，中华书局，1965。

进步书局、商务印书馆石印和排印，1984 年前者又由广陵古籍刻印社影印，1985 年后者又由中华书局重印，是为现在最通行的版本。

王钦臣与《王氏谈录》

王钦臣（1034—1101），字仲至，应天宋城（今河南商丘）人，翰林学士王洙[①]子。以父荫入官，官至陕西转运副使、工部员外郎、太仆寺少卿、秘书少监、集贤殿修撰、和州及饶州知州、提举太平观。他富藏书，善为文，撰有《广讽味集》和《王氏谈录》。

《王氏谈录》一卷，凡九十九则。四库馆臣说：

> 《说郛》载之，题曰王洙撰。《书录解题》则以为，翰林学士南京王洙之子录其父所言。今观此书，凡九十九则，而称先公及公者，七十余则，则非洙所著明甚。盖编此书者，见卷尾有《编录观览书目》一则，末题云王洙敬录，遂以为全书皆出洙手，不知此一则乃嘉祐以前人所为，洙特录而跋之，其子附载书末耳。世无自著书而自标敬录者也……洙子惟钦臣一人，则此书即钦臣所录也。[②]

按四库馆臣的说法，这部书不是王洙录父所言，而是王钦臣录他之言。

王书又卷下设目，即“训子”、“尔雅”、“隶书”、“笔法（一）”、“为文”、“读书记”、“鸡鸣歌”、“葬”、“子房封留”、“作文（一）”、“知字音切”、“论阴阳拘忌”、“笔法（二）”、“读甘露记”、“唐时金

① 王洙（997—1057），字原叔，应天宋城（今河南商丘）人。天圣二年（1024）进士，官至庐州舒城尉、国子监直讲、史馆检讨、天章阁侍讲、翰林学士、侍读及学士。他博览强记，参编过《集韵》、《祖宗故事》、《乡兵制度》和《三朝经武圣略》。

② 《四库全书总目》卷 120《〈王氏谈录〉提要》，北京，中华书局，1965。

带”、“京氏律历”、“修书进稿”、“古事不见所出”、“秘阁易法”、“方药精通”、“绘事后素”、“七言诗”、“性贵平淡”、“兰蕙”、“录书须黏叶”、“少女风”、“灵符石”、“李廷珪墨”、“小篆奇古”、“篆铭嘉量”、“碑额”、“古器”、“辨药”、“自治之要”、“校书”、“相知之厚”、“古今乐律通谱”、“芸”、“李卫公文”、“作文立意”、“为箴自警”、“期待之深”、“上官忌兀日”、“水渍书册”、“雌黄墨”、“诗话（一）”、“契丹风物”、“书仪”、“元父城”、“方言”、“修书”、“诗话（二）”、“医”、“论逸少书”、“医茶”、“古碑”、“史官”、“药性”、“唐三宗像”、“王建宫词”、“杨姓异同”、“唐世诗僧”、“解经”、“起居注”、“黄白术”、“又”、“丁谓家资”、“二苏草隶”、“周官”、“晏相观书”、“赠日本僧诗”、“梦”、“汗衫”、“历官”、“诗话（三）”、“评书”、“自强”、“通经”、“修慎”、“访问”、“识明则经明”、“不置侍婢”、“作文主之以诚”、“政事”、“思虑”、“好学”、“又”、“廉慎”、“相人”、“作官”、“持身”、“河图”、“作诗”、“推诚待物”、“贤者能受毁”、“作文（二）”、“经史”和“编录观览书目”。

从设目来看，王书偏杂，又主要谈及读书、作文、做人和为官之类。不过，有些条目还是有史料价值的。像“相知之厚”条云：

> 蔡文忠守南都。公时为书院说书。且将荐公，而谓公曰：“欲荐，而未有人可令草奏，以叙君之美，莫若烦君自为之。”公谢曰：“某之才不足当公荐。今石太祝延年，众爱重，宜置某而荐石。”蔡公曰：“石固欲荐之，亦当自令草奏。”公徐曰：“得之矣。”遂命公草石奏，而石为公草奏。
>
> 初，罢野城尉，里中是时，晏丞相为留守，方修后圃，而使诸曹掾赋。“驯鹤小池户，曹掾玉初邀同赋。”既成，并上临淄公。公喜，遇之甚厚。及临淄公还朝，力荐为应天府学讲书。语在公家传中。
>
> 是后，蔡文忠继守留钥，复待以上客。蔡公既去，而宋公

来，其所以遇之尤加。每公事退，开郡合邀公。殆日以为常，相对但持书册论议而已。宋公嗜食干果，罗列左右，间或相劝食，或以文章示公。句意有所欲易，及一字不安者，必曰："君试思之。"公曰："以某句某字如何。"曰："更试思之。"或至再三，遂用。后宋公还朝，公亦入上庠。又陪佐史局，无一日异于初。宋公薨。公为之议谥，撰著行状，象、篆勒墓铭。诸宋以服带缗钱，遗于公甚厚。公不发其封，悉还之。李邯郸公戏简公曰："可惜笔端得来，尽被车儿推去。"后老思宋公平昔之知，尝叹曰："相知之厚，不愧古人。今亡矣夫。"

去年，公谒告还里中，钱于飞侍读为留守，其妻，宋公女也。闻钱宴公于郡斋，曰："是往者日与吾父论书于此斋中。吾家为肴羞尊酒以待者也。"因泣下。明日，钱以其妻语语公，公亦为凄然。

又"史官"条云：

宋丞相庠与翰林祁公，皆布衣之旧，同年登科。皆贵达，益笃契好。初，宣献公荐公入史局，时邯郸李公淑领着李方贵，显与宋公同列，而不相下，颇有间隙。宋既与公旧，劝公毋受命，公辞以辱宣献公知，不敢避让。宋怒，遽折简。谓公曰"自古为史者，不免天灾或人祸，子何为当而不避。今且贺子而吊子也。"

又"赠日本僧诗"条云：

公言：祥符中，日本僧寂照来朝，后求礼天台山。先中令守会稽，寂照经由来谒。寂照善书，迹习二王，而不习华言，但以笔礼通意。时长兄为天台宰，中令以书导之，兼赠诗云："沧波泛瓶锡，几月到天朝。乡信日边断，归程海面遥。秋泉吟里落，霜叶定中飘。为爱华风住，扶桑梦自消。"既至天台，来致书谢，累幅勤至。其字体婉美可爱。杨文公在禁中识之，亦尝序其事。

对王书，清人周中孚评价说："其书自《训子》以迄《观览书目》，凡九十九条，皆述原叔平日所论，故多称公及先公。所论旧文琐事以及家训，颇中肯綮……从来言心言性之儒接踵而起，要亦由当世儒者有此种议论以开其先，故不以为怪也。"①

《王氏谈录》成书后，久无刊刻，一直以抄本流传。于晚明，收入《宝颜堂秘笈》和《唐宋丛书》，分别为万历绣水沈氏刊本和崇祯钟氏刊本。至乾隆朝，编《四库全书》，又收入"子部杂家类"，为浙江范懋柱家天一阁藏本。1991 年，收入《丛书集成初编》，由中华书局排印，与陶谷《清异录》合刊一册；2003 年，又收入《全宋笔记》，由大象出版社排印，是为现在最通行的版本。

吕希哲与《吕氏杂记》

吕希哲（1036—1114），字原明，人称"荥阳先生"，淮南寿州（今安徽凤台）人。他以父荫入官，官至兵部员外郎、崇政殿说书、右司谏、秘阁校理、怀州及和州知州、光禄少卿。晚年居淮泗，日读《易》一爻，授徒讲学。主张为学"不主一门，不私一说"，撰有《发明义理》、《吕氏杂记》和《荥阳公说》。

《吕氏杂记》二卷，又作《吕氏杂志》、《侍讲杂记》和《侍讲日记》。又书分上下，除了读书辩经的内容外，又偏记宋仁宗至徽宗五朝事，间及家世旧闻，不乏可取的史料价值。像卷上记胡安定和"五先生"事云：

> 胡安定先生，自庆历中教学苏湖之间，二十余年束脩弟子

---

① 周中孚：《郑堂读书记》卷 56《子部·杂家类·王氏谈录》，上海，上海书店，2009。

前后以数千计。皇祐末，召先生为国子直讲，专管理太学数年，进天章阁侍讲兼学正。其初，人未甚信服，乃使其徒之已仕及早有世誉者盛之侨、顾子敦临、吴元长孜辈分治职事久。

福建有陈烈季甫、周希孟公辟、郑闳中穆、陈襄述古穷经苦节，以古人相期，故当时有“四先生”之号。章望之表民作《四贤》传行于世。又其友人刘彝执中方佐胡安定先生兴学校于苏湖之间，及其归也，乡人谓之“五先生”，闻于天下。陈郑刘三君，吾皆从之问道焉。季甫、公辟未尝出乡里，故不得而识之。吾弱冠之年与纪常在太学时，王道粹学士、王才叔学士并辔来谒先生，且问贵游子弟之贤者。先生答：“吕晦叔二子皆有父风。”二公即先生所，染刺欲相见，先生召吾二人者同坐于首善堂久之。安定先生之治学校，虽规矩备设而不尽用焉，而以德教为主。

又同卷记降麻之制云：

国家之制：宰相拜罢皆降麻；枢密使除拜则降麻，罢唯降制而已。韩魏公自节度使为三司使，降麻，时方议大任而未也，故以为特恩。孙文懿为御史中丞，弹纠其失。后冯当世罢枢密使，降麻，以枢密不复置使，亦以为特恩也。又丁晋公罢相之时，止降制以责之，忽从中出，直院不及。知三事皆循故事。

又卷下记邹浩[①]谏立刘后事云：

元符二年九月八日，降制册贤妃刘氏为后，择二十七日发册。正言邹浩自试院中出，乃以二十五日上殿论册后事不当。是日批，出邹浩勒停新州羁管，仍令开封府即日差人押出门。

① 邹浩（1060—1111），字志完，号“道乡居士”，常州晋陵人。元丰进士，官至扬州、颍昌及襄州教授，太常博士，右正言，左司谏，中书舍人，吏部及兵部侍郎，江宁、越州及杭州知府。晚年归里，撰有《道乡集》。

二十六日习仪殿庐中，批付三省，以吕嘉问举官不当，削一职，展三年磨勘。已而，御史左肤论开封迟留浩不即日出城，又于城外蟠留累日。下嘉问状，又送御史台，令原差人具析有何人祖送浩者。上至面谕辅国云："士大夫有易服自别门出往劳送之者，而所差人不能尽职，往还之人日盛。"安惇又乞根治，遂送御史台制勘，悉得姓名。都讲王回乃吏部尚书叶祖洽所荐，与浩最为密熟，首就逮系至台中。诘之，乃能诵浩所上章千余言。安惇等上章以为回尝预谋，先削籍编置。余出谒者皆冲替，有赠遗者皆追官敕停，唯举人罚金。蒋之奇、吕嘉问、叶祖洽尝通简，皆落职小郡。未几又摄浩弟沼就台诘之，得朱绂、傅楫辈尝赆以金者，亦皆追停。都水使者曾孝广又以张商英曾对己言："邹浩立如此大名节，岂肯要人物?"遂申尚书省陈告。崇政殿说书周种，尝对馆阁方天若称浩曰"难"。天若以告蔡京，京以上闻，种、天若皆贬。右丞黄履引刘禹锡、唐介等，欲徙之内地，罢政守亳州。国子祭酒周尝对客称终是好人，贬郴州监酒。又朝奉郎监进奏院曾诚素与浩友善，诚乃嘉问婿，浩本诚所引，亦送部与外任差遣。已而，又遣广西漕臣钟正甫就勘问浩于新州，除已施行之人外，更有馈遗者否，未报而哲庙遗制已下矣。

对吕书，四库馆臣评价说：

今观此书，喜言禅理，每混儒、墨而一之，诚不免如朱子所言……其他所记家世旧闻，朝廷掌故，多可与史传相参考。①

《吕氏杂记》成书后，至乾隆朝，编《四库全书》，收入"子部杂家类"，为永乐大典本。于道光朝，收入《指海》，为金山钱氏重编本。

① 《四库全书总目》卷120《〈吕氏杂记〉提要》，北京，中华书局，1965。

2003年，收入《全宋笔记》，由大象出版社排印；2006年，又收入《历代日记丛钞》，由学苑出版社印行，与韩淲《涧泉日记》、赵抃《御试备官日记》、周必大《归庐陵日记》、范成大《骖鸾录》、姚燧《西林日记》、刘跂《暇日记》、源豪《四度授法日记》、叶盛《水东日记》、郭畀《云山日记》和《客杭日记》合刊一册，是为现在最通行的版本。

王得臣与《麈史》

王得臣（1036—1116），字彦辅，自号“凤台子”，安州安陆（今属湖北）人。嘉祐四年（1059）进士，官至巴陵令，秘书丞，提举开封府界常平等事，开封府判官，唐州、邻州、鄂州及黄州知州，福建转运副使。他好书史，至老不倦，撰有《麈史》、《江夏辨疑》、《凤台子和杜诗》和《江夏古今纪咏集》。

《麈史》三卷，书分上中下，系王氏晚年之作。“麈”，本为兽名，俗称“四不像”。魏晋人重清谈，名士手持麈尾，因以客座清谈为“麈谈”。王氏与客清谈，获益良多，于是记下有关史事，因以“麈史”题书。卷首政和五年（1115）王氏自序云：

> 自师友之余论，宾僚之燕谈，与耳目之所及，苟有所得，辄皆记之……重加刊定，得二百八十四事。其间，自朝廷至州里，有可训、可法、可鉴、可诫者无不载……遂以类相从，别为四十四门，总成三卷，名曰《麈史》，盖取出夫实录，以其无溢美、无隐恶而已。

王书卷下设目，分四十四门，即卷上“睿谟”、“国政”、“朝制”、“官制”、“国用”、“任人”、“礼仪”、“音乐”、“台议”、“忠谠”、“惠政”和“利疚”；卷中“贤德”、“志气”、“度量”、“知人”、“不遇”、“治家”、“场屋”、“神授”、“体分”、“学术”、“经义”、“诗话”、“论文”、“碑碣”、“书画”、“辨误”和“明义”；卷下“姓氏”、“古器”、

“风俗”、“奇异”、“盛事”、“戒杀”、“鉴戒”、“真伪”、“谗谤”、“占验”、“语谶”、“博弈”、“谐谑”、“杂志”和“乖谬”，凡二百八十四事。

从设目不难看出，王书内容丰富，凡朝廷掌故，耆旧遗闻，耳目所及，咸登编录，还参稽经典，辨别异同，深资考证。而他又发扬以史为鉴的优良传统，表现出了“出夫实录”的严肃态度，保存了不少第一手文史资料。他十分关注宋代典章制度，又热爱乡邦，大量记录安陆的人物、地理、风俗情况，为编修地方志提供了不少可作为参考的资料。① 像卷上记“朝制”记汴州杖规制云：

予在开封南司，会侍御史初入台，两赤令皆赴公参，开封县仍呈汴州杖。其杖长三尺二寸五分，上圭其半、阔一寸二分、厚七分，下杀而圆，长一尺、径七分，于圆处火印“汴州杖印”四字，大约与今之所谓小杖者不相远。凡决人未尝用，常贮于库。御史中丞、侍御史初入台，即呈之。按梁开平元年以汴州为开封府，此杖殆唐所制也。

又同卷“官制”记选人磨勘之制云：

祖宗以来，选人磨勘者，进士出身为著作佐郎，余人为大理寺丞，谓之“京官”。若佐郎再迁秘书丞，寺丞再迁太子中舍，谓之“升朝官”，始奉朝请。既行官制，即无所谓京官者，惟自承务郎以上。然承务至宣德，若任七寺监、主簿、太学博士、两赤丞之类，亦得奉朝请，盖亦以职事官论也。

又卷中“贤德”记邓州造寇准、范仲淹祠堂事云：

寇忠愍、范文正二公俱守邓，施设之迹虽或不同，而同为善政。故去思在民，至今不忘。若忠愍，则家家画像事之，止

① 黄陈秋：《王得臣〈麈史〉研究》，华东师范大学中国古典文学硕士论文(2009)。

曰相公而不言姓。其祠宇在州宅后，民间祈祷无虚日。大则封牲献乐，小则焚纸币酹酒而已。百花洲中，初未有土地，文正在任，令建庙貌。匠者请神之像于公，公曰："即我抄本作我，即是也。"乃以公为祠。二公之祠不惟邦人神明之，士大夫经过者亦多造焉。官为设醮，二公与汉之召、杜在其列。呜呼，生泽其民，殁列于神，可谓盛德矣！

又卷下"谗谤"记宋庠[①]事云：

元宪宋公，始名郊，字伯庠，文价振天下。既入翰林，有愬于上者，以姓名于朝廷非便。神文乃间谕元宪，令易之，遂名庠字。一日，因具奏劄，先书臣庠。时李献臣为翰长，见奏，指宋公名曰："此何人耶？"钞本作也。吏具以对。已而白宋，宋乃书一绝云："纸尾何劳问姓名，禁林依旧玷华缨。欲知《七略》称臣向，便是当年刘更生。"元宪既参大政，朝廷无事，庙堂之上日阅文史，今观纪年、通谱、《杨文公谈苑》等序及《绎山碑》跋尾，亦知其略矣。元宪雍雍然有德之君子，后既登庸，天下承平日久，尤务清净，无所作为，有为者病之，后为人言排诋，出知河南，改许及河阳，归京判都省。久之卒于私第。公尝自谓："时贤多以不才诮我。"因为《言行录》有自咏二字。诗曰："我本无心士，终非济世才。虚舟人莫怒，疑虎石曾开。蚊负愁山重，葵倾喜日来。欲将嘲强解，真意转悠哉。"

对王书，四库馆臣给予了很高的评价：

所纪凡二百八十四事，分四十四门，凡朝廷掌故，耆旧遗

---

① 宋庠（996—1066），字公序，原名郊，入仕改名庠，安州安陆（今属湖北）人。于天圣朝，乡试、会试、殿试第一，连中三元，官至三司户部判官、知制诰、翰林学士、兵部侍郎同平章事、枢密使。他与弟宋祁并有文名，人称"二宋"，撰有《宋元宪集》和《国语补音》。

闻，耳目所及，咸登编录。其间，参稽经典，辨别异同，亦深资考证，非他家说部惟载琐事者比……虽不免于小有舛误，而于当时制度及考究古迹，特为精核。①

清人周中孚也说："彦辅……尝于师友之余论，宾僚之燕谈，与耳目之所及，苟有所得，辄皆记之……其间，自朝廷至州里，有可训可法可鉴可诫者，无所不载，并经典文艺，亦多所参稽。而记及当代之事，亦无溢美，无隐恶，惟书王安石名以示贬。谓之曰《麈史》，盖信乎其为实录焉尔。"②

《麈史》成书后，久无刊刻，一直以抄本流传。至乾隆朝，编《四库全书》，收入"子部杂家类"，为两江总督采进本；又收入《知不足斋丛书》，为长塘鲍氏刊本。至民国，收入《宋人小说》和《丛书集成初编》，分别为神州国光社和商务印书馆排印本，1985 年后者又由中华书局重印。1986 年，上海古籍出版社排印俞宗宪点校本，收入《宋元笔记丛刊》；2012 年，上海古籍出版社重排俞氏点校本，列入《历代笔记小说大观》，与赵令畤《侯鲭录》合刊一册，是为现在最通行的版本。另外，2003 年，又收入《全宋笔记》，由大象出版社排印。

苏轼与《东坡志林》、《仇池笔记》

苏轼（1037—1101），字子瞻、和仲，号"东坡居士"，眉州眉山（今属四川）人。嘉祐二年（1057），与父苏洵、弟苏辙同登进士，官至凤翔府签书判官、开封府推官、起居舍人、中书舍人、翰林学士、知制诰、杭州及扬州知府、端明殿及翰林侍读学士，又屡贬至颍州、英州、惠州和昌化军。他是"唐宋八大家"之一，又开创了湖州画派，

① 《四库全书总目》卷 120《〈麈史〉提要》，北京，中华书局，1965。

② 周中孚：《郑堂读书记》卷 56《子部·杂家类·麈史》，上海，上海书店，2009。

撰有《东坡七集》、《东坡易传》、《东坡书传》、《东坡乐府》、《东坡志林》、《仇池笔记》和《渔樵闲话录》，后人又集有《苏轼文集》、《苏文忠公全集》、《苏轼全集》和《苏东坡全集》。

《东坡志林》五卷，原名《东坡手泽》，又作《东坡先生志林》。“手泽”一词，含义是“先辈存迹”，语出《礼记·玉藻》：“父没而不能读父之书，手泽存焉尔。”可见，书非成于苏氏生前。又“志”者，记也，“志林”即谓笔记之林。四库馆臣解释道：

> 今观所载诸条，多自署年月者，又有署读某书书此者，又有泛称昨日今日不知何时者，盖轼随手所记，本非著作，亦无书名，其后人裒而录之，命曰《手泽》，而刊轼集者不欲以父书目之，故题曰《志林》耳。①

苏书又卷下设二十九门，即卷一“记游”、“怀古”、“修养”、“疾病”、“梦寐”、“学问”、“命分”和“送别”；卷二“祭祀”、“兵略”、“时事”、“官职”、“致仕”、“隐逸”、“佛教”、“释道”和“异事”（上）；卷三“异事”（下）、“技术”、“四民”、“女妾”、“贼盗”和“夷狄”；卷四“古迹”、“玉石”、“井河”、“卜居”、“亭堂”和“人物”以及卷五“论古”；又门下设目，凡二百零一条。

苏氏遍读百书，每有心得，随笔记录；凡所经历，亲耳见闻，也笔录成篇。苏书为笔记体杂说史论，内容广泛，几乎无所不谈；而行文长短不拘，信笔写来，挥洒自如，体现了他行云流水、涉笔成趣的一贯风格；而感事述怀一类，别有意境性情，实为晚明小品之滥觞。

以“史”而论，最值得关注的，是卷二“时事”门中的“唐村老人言”和“记告讦事”条，“官职”门中的“记讲筵”、“禁同省往来”、“记盛度诰词”和“张平叔制词”条；卷四“古迹”门中的“铁墓厄台”、“黄州隋永安郡”、“汉讲堂”、“记樊山”和“赤壁洞穴”

① 《四库全书总目》卷120《〈东坡志林〉提要》，北京，中华书局，1965。

条，“人物”门中的“尧舜之事”、“论汉高祖羹颉侯事”、“武帝踞而见卫青”、“元帝诏与论语孝经小异”、“跋李主词”、“真宗仁宗之信任”、“孔子诛少正卯”、“戏书颜回事”、“辨荀卿言青出于蓝”、“颜蠋巧于安贫”、“张仪欺楚商于地”、“赵尧设计代周昌”、“黄霸以鹖为神爵”、“王嘉轻减法律事见梁统传”、“李邦直言周瑜”、“勃逊之”、“刘聪吴中高士二事”、“郄超出与恒温密谋书以解父”、“论桓范陈宫”、“绿温峤问郭文语”、“刘伯伦”、“房琯陈涛斜事”、“张华鷦鹩赋”、“王济王恺”、“王夷甫”、“卫瓘欲废晋惠帝”、“裴頠对武帝”、“刘凝之沈麟士”和“柳宗元敢为诞妄”条；卷五“论古”门中的“武王非圣人”、“周东迁失计”、“秦拙取楚”、“秦废封建”、“论子胥种蠡”、“论鲁三桓”、“司马迁二大罪”、“论范增”、“游士失职之祸”、“赵高李斯”、“摄主”、“隐公不幸”和“七德八戒”条。这些条目，有史有论，记事者自然可取，论史者虽未必公允，可也不乏启示价值。

即以卷五“司马迁二大罪”条为例：

商鞅用于秦，变法定令，行之十年，秦民大悦，道不拾遗，山无盗贼，家给人足，民勇于公战，怯于私斗。秦人富强，天子致胙于孝公，诸侯毕贺。苏子曰：此皆战国之游士邪说诡论，而司马迁闇于大道，取以为史。吾尝以为迁有大罪二，其先黄、老，后《六经》，退处士，进奸雄，盖其小小者耳。所谓大罪二，则论商鞅、桑弘羊之功也。自汉以来，学者耻言商鞅、桑弘羊，而世主独甘心焉，皆阳讳其名而阴用其实，甚者则名实皆宗之，庶几其成功，此则司马迁之罪也。秦固天下之强国，而孝公亦有志之君也，修其政刑十年，不为声色畋游之所败，虽微商鞅，有不富强乎？秦之所以富强者，孝公务本力穑之效，非鞅流血刻骨之功也。而秦之所以见疾于民，如豺虎毒药，一夫作难而子孙无遗种，则鞅实使之。至于桑弘羊，斗筲之才，穿窬之智，无足言者，而迁称之，曰：

“不加赋而上用足。”善乎，司马光之言也！曰：“天下安有此理？天地所生财货百物，止有此数，不在民则在官，譬如雨泽，夏涝则秋旱。不加赋而上用足，不过设法侵夺民利，其害甚于加赋也。”二子之名在天下者，如蛆蝇粪秽也，言之则污口舌，书之则污简牍。二子之术用于世者，灭国残民覆族亡躯者相踵也，而世主独甘心焉，何哉？乐其言之便已也。夫尧、舜、禹，世主之父师也；谏臣拂士，世主之药石也；恭敬慈俭、勤劳忧畏，世主之绳约也。今使世主日临父师而亲药石、履绳约，非其所乐也。故为商鞅、桑弘羊之术者，必先鄙尧笑舜而陋禹也，曰：“所谓贤主，专以天下适已而已”，此世主之所以人人甘心而不悟也。世有食钟乳乌喙而纵酒色，所以求长年者，盖始于何晏。晏少而富贵，故服寒食散以济其欲，无足怪者。彼其所为，足以杀身灭族者日相继也，得死于寒食散，岂不幸哉！而吾独何为效之？世之服寒食散，疽背呕血者相踵也，用商鞅、桑弘羊之术，破国亡宗者皆是也。然而终不悟者，乐其言之美便，而忘其祸之惨烈也。

对苏书，清人周中孚评价说：“其书……皆记其自元丰至元符二十余年中身历之事，大抵多小品简札，具有名理。而末一类论古十三篇，断制分明，行文亦汪洋恣肆，善学《庄子》，昔人所谓海外文字，学者当分别观之也。”①

《东坡志林》成书后，有一卷、五卷、十二卷本。一卷本，宋人左圭收入《百川学海》，弘治十四年（1501），又有无锡华氏覆宋本；成化四年（1468），收入《东坡七集》，为吉安程宗刻本。五卷本，于明清，先有万历赵开美刊本，又有嘉庆张海鹏重刊本；嘉庆十年

① 周中孚：《郑堂读书记》卷56《子部·杂家类·东坡志林》，上海，上海书店，2009。

（1805），收入《学津讨原》，为虞山张氏照旷阁刊本。十二卷本，于晚明，收入《稗海》，为万历会稽商氏半埜堂刊本。至乾隆朝，编《四库全书》，收入“子部杂家类”，为内府藏本。至民国，收入《丛书集成初编》，由商务印书馆排印，1985 年又由中华书局重印。一卷本录史论而无杂说，十二卷本录杂说而无史论，而五卷本则兼收杂说和史论。民国八年（1919），涵芬楼编《宋元人说部书》，由商务印书馆排印。今人王松龄以涵芬楼本为底本点校，1981 年由中华书局印行，列入《唐宋史料笔记丛刊》；是为现在最通行的版本。另外，1983 年，又有华东师范大学出版社排印本，与《东坡志林》合刊一册；2003 年，又收入《全宋笔记》，由大象出版社排印。

今本《仇池笔记》，分一卷本和二卷本，条目大同小异，部分内容又见于《东坡志林》，性质也大体与之类同，可视为后者之姊妹篇。

元祐七年（1092），苏氏于扬州得表弟程德孺所赠奇石，一为绿色，一为白色。他爱不释手，欣然作《双石》诗云：“梦时良是觉时非，汲水埋盆故自痴。但见玉峰横太白，便从鸟道绝峨眉。秋风与作烟云意，晓日令涵草木姿。一点空明是何处，老夫真欲往仇池。”诗前又自序云：“至扬州获双石，其一绿色，冈峦迤逦，有穴达于背。其一玉白可鉴，渍以盆水，置几案间。忽忆在颍州日，梦人请住一官府，榜曰‘仇池’。觉而诵杜子美‘万古仇池穴，潜通小有天’。乃戏作小诗，为僚友一笑。”从奇石联想到西北仇池山①，这对仕途坎坷、颠沛流离的他来说，可说是一种莫大的慰藉。所以，一俟笔记撰成，因以“仇池”题书。

今通行之二卷本，书分上下，凡一百三十八条，又卷下设目，即卷

① 仇池山，在甘肃西和县南，旧称“瞿堆”，为陇上名山。于南北朝，氐人杨氏据此建仇池国，拥兵自重，割据几近三百年；又广纳四方豪杰，“关中人士奔流者多依之”（《晋书·张轨传》），成为关中流亡人士的避难所，以至于名扬海内，被人们视之为“洞天福地”。

上“论文选”、“三殇”、“日月蚀”、“中宫太一”、“八阵图诗”、“不忮之诚信于异类”、“阳关三叠”、“磨蝎为身宫”、“治齿治目”、“老子解”、“三豪诗”、“万花会”、“弄胡孙”、“治大风方”、“酒名”、“论诗”、“禁同省往来”、“刘原父语”、“溪洞画李师中像”、“韩玉汝李金吾”、“舒公封荆公”、“以意改书”、“书秋雨诗”、“杜子美诗”、“子美诗外有事在”、“归去来词”、“孟郊诗”、“白乐天诗”、“成相”、“拟作”、“姜多食损智”、“石墨”、“桃笙”、“池鱼”、“耳白于面”、“如梦词”、“论物理”、“木蠹”、“小儿吸蟾蜍气”、“奴为祟”、“附语”、“晋人书”、“隐者杨朴”、“古镜”、“剖桃核得雄黄”、“砑光帽”、“戴松斗牛”、“鹅有二能”、“戒杀”、“论医”、“黎子”、“服井花水”、“费孝先卦影”、“看茶啜墨”、“正献公焚圣语”、“贾婆婆”、“世有显人”、“论柳宗元”、“论金土同价”、“青苗钱”、“巫蛊”、“字谜”、“论墨”、“佛菩萨语”、“李赤诗”、“论茶”、“鲁直诗文”、“论漆”、“二红饭”和“大禹周公”；卷下“论设醴”、“服松脂”、“孔北海”、“梁贾”、“鸡唱”、“晋卿墨”、“徐仲车二反”、“论汉武帝”、“硬黄临二王书”、“鲁直诗”、“宝应民”、“佛受戒平宽”、“君谟书”、“张子野诗”、“林擒诗”、“凤咮砚”、“李十八草书”、“杨凝式书”、“杜甫诗”、“与昙秀倡和”、“与可拾诗”、“论董秦”、“乐天烧丹”、“盘游饭谷董羹”、“参寥诗”、“煮猪头颂”、“莳草诗”、“采艾”、“治内障眼”、“潘谷墨”、“雪堂义尊”、“颜鲁公临逸少字”、“欧公书”、“荆公书”、“真人之心”、“搬运法”、“勤修善果”、“众狗不悦”、“三老人问年”、“梦韩魏公”、“真一酒”、“法报化三身”、“蒸豚诗”、“儋耳地狱”、“五谷耗地气”、“论菊”、“本秀二僧”、“梅询非君子”、“吴育不相”、“时无英雄竖子成名”、“永洛之役”、“二李优劣”、“太尉足香”、“西征途中诗”、“招高丽”、“易书论语说”、“太极真人”、“论金盐”、“放生池碑”、“三骏马”、“诵金刚经”、“神清洞”、“论杜甫杜鹃诗”、“轑釜”、“论淳于髡”、“竹雌雄”、“戒杀”和“广利王召”。

书记也十分广泛，包括经史子集、制度风俗、时事轶闻、山川风物和佛道修养，而又以身边琐事和诗文评述为主，足资治史者参考。四库馆臣评价说：

旧本题宋苏轼撰，今勘验其文，疑好事者集其杂帖为之，未必出轼之手著……然相传引用已久，亦间可以备考证也。①

《仇池笔记》成书后，于南宋，收入曾慥《类说》，天启六年（1626），又有岳钟秀刻本。于晚明，则有万历赵开美刊本；又收入《唐宋丛书》，为崇祯钟氏刊本。至乾隆朝，编《四库全书》，收入“子部杂家类”，为两淮马裕家藏本。光绪九年（1883），收入《弢园丛书》，为香港铅印本。至民国，收入《宋人小说》和《丛书集成初编》，分别由神州国光社出版和排印，1985 年后者又由中华书局重印，与《渔樵闲话录》和李廌《师友谈记》合刊一册。华东师范大学古籍研究所以赵氏本为底本点校，1983 年由华东师范大学出版社排印，与《东坡志林》合刊一册；2003 年，收入《全宋笔记》，由大象出版社排印，是为现在最通行的版本。另外，1992 年，又收入《四库笔记小说丛书》，由上海古籍出版社影印。

又《渔樵闲话》二卷，别作《渔樵闲话录》，旧题也为苏氏之作。不过，四库馆臣称：“公武又云，设为问答及史传杂事，不知何人所为，亦不言出自轼手。书中多引唐小说，议论皆极浅鄙。疑宋时流俗相传有是书，而明人重刻者复假轼以行耳。”② 即是说，它成书于宋，又可能是明人假托苏氏之名而刊行的。

苏辙与《龙川略志》、《龙川别志》

苏辙（1039—1112），字子由、同叔，号“颍滨遗老”，眉州眉山

---

① 《四库全书总目》卷 120《〈仇池笔记〉提要》，北京，中华书局，1965。
② 《四库全书总目》卷 144《〈渔樵闲话〉提要》，北京，中华书局，1965。

（今属四川）人。嘉祐二年（1057），与父苏洵、兄苏轼同登进士，官至制置三司条例司属官、河南推官、秘书省校书郎、右司谏、御史中丞、尚书右丞、门下侍郎，又屡贬至汝州、雷州、循州、永州、岳州和许州。他与父兄一道，合称“三苏”，也是唐宋八大家之一，撰有《栾城集》、《诗集传》、《春秋集解》、《龙川略志》和《龙川别志》。

《龙川略志》十卷，又作《苏黄门龙川略志》。卷首元符二年（1099）苏氏小引云：

> 既之龙川，虽僧庐道室，法皆不许入。裒橐中之余五十千，以易民居，大小十间，补苴弊漏，粗芘风雨。北垣有隙地可以毓蔬，有井可以灌，乃与子远荷锄其间……然此郡人物衰少，无可晤语者……乃杜门闭目，追思平昔，恍然如记所梦，虽十得一二，而或详或略，盖亦无足记也。远执笔在傍，使书之于纸，凡四十事，十卷，命之《龙川略志》。

从自序可知，书作于循州龙川（今属广东），因以题书。书为追忆之作，可视为一部笔记体文集。

苏书又卷下设目，即卷一“梦中见老子言杨绾好杀高郢严震皆不杀”、“烧金方术不可授人”、“养生金丹诀”和“慎勿以刑加道人”；卷二“医术论三焦”、“王江善养生”和“赵生挟术而又知道”；卷三“与王介甫论青苗盐法铸钱利害”、“论榷河朔盐利害”和“议遣八使搜访遗利”；卷四“许遵议法虽妄而能活人以得福”、“张次山因一婢知周高而刺配海岛”、“契丹来议和亲”、“议卖官曲与榷酒事”和“江东诸县括民马”；卷五“议定吏额”、“放买扑场务欠户者”、“不听秘法能以铁为铜者”、“王子渊为转运以贱价收私贩乳香”、“辨人告户绝事”和“言水陆运米难易”；卷六“享祀堂礼毕更不受贺”、“戚里仆隶不得改官”、“皇后外家皆当推恩”、“李湜复议罢莳竹”和“西夏请和议定地界”；卷七“议修河决”；卷八“陕西粮草般运告竭可拨内藏继之”、“议罢陕西铸钱欲以内藏丝紬等折充漕司”、“两浙米贵欲以密院出军阙额米先借”和“天子亲祀天地当用合祭之礼”；卷九“董敦逸黄庆基言事不实并出知军州”、“议除张茂则换内侍旧人”、“议奏荐门客”和“议赈济相滑等州流民”；卷十“李昊言养生之术在忘物我之情”、“郑仙姑同父学道年八十不嫁”、“费长房以符制服百鬼其后鬼窃其符”和“徐三翁善言人灾福”。

从设目来看，苏书内容广泛，涉及当时社会、政治、人物和风物的掌故和轶闻，不乏论朝政是非之已见，具有很高的史料价值。像卷三“与王介甫论青苗盐法铸钱利害”条云：

> 熙宁三年，予自蜀至京师，上书言事，神宗皇帝即日召见延和殿，授制置三司条例司检详文字。时参政王介甫、副枢陈旸叔同管条例事，二公皆未尝知予者。久之，介甫召予与吕惠卿、张端会食私第，出一卷书，曰：“此青苗法也，君三人阅之，有疑以告，得详议之，无为他人所称也。”予知此书惠卿所为，其言多害事者，即疏其尤甚，以示惠卿。惠卿面颈皆赤，归即改之。予间谒介甫，介甫问予可否，予曰：“以钱贷民，使出息二分，本以援救民之困，非为利也。然出纳之际，吏缘为奸，虽重法不可禁；钱入民手，虽良民不免非理之费；及其纳钱，虽富家不免违限。如此，则鞭棰必用，自此恐州县事不胜繁矣。唐刘晏掌国用，未尝有所假贷，有尤其靳者，晏曰：‘民侥幸得钱，非国之福；吏以法责督，非民之利便。吾虽未尝假贷，而四方丰凶贵贱，知之不逾时，有贱必籴，有贵必粜，故自掌利柄以来，四方无甚贵甚贱之病，又何必贷也?’晏之所言，则汉常平之法矣。今此法见在，而患不修举；公诚有意于民，举而行之，刘晏之功可立俟也。”介甫曰：“君言甚长，当徐议而行之。此后有异论，幸相告，勿相外也。”自此，逾月不言青苗法。会河北转运判官王广廉召议事，予阅条例司所撰诸法，皆知其难行，而广廉常上言乞出度牒数十道

鬻，而依关中漕司行青苗事，春散秋敛以侔利，与惠卿所造略相似，即请之以出施河北，而青苗法遂行于四方。予在条例司，王介甫问南盐利害，对曰：“旧说有三而已：其一，立盐纲赏格，使官盐少拌和，则私盐难行；其二，减官价，使私贩少利；其三，增沿江巡检，使私贩知所畏。若三说并用，则盐利宜稍增。然利之所在，欲绝私贩，恐理难也。”介甫曰：“不然，但法不峻耳。”对曰：“今私盐法至死，非不峻也，而终不可止，将何法以加之。”介甫曰：“不然。一村百家俱贩私盐，而败者止一二，其余必曰：‘此不善贩，安有败？’此所以贩不止也。若五家败，则其余少惧矣；十家败，则其余必戢矣；若二十家至三十家败，则不敢贩矣。人知必败，何故不止？此古人所谓‘铄金百镒，盗跖不掇’也。”对曰：“如此诚不贩矣，但恐二三十家坐盐而败，则起为他变矣！”一日复问铸钱，对曰：“唐‘开通’钱最善，今难及矣！天禧、天圣以前钱犹好，非今日之比，故盗铸难行。然是时，官铸大率无利，盖钱法本以均通有无，而不为利也。旧一日铸八九百耳，近岁务多以求利，今一日千三四百矣。钱日滥恶，故盗铸日多，今但稍复旧，法渐正矣。”介甫曰：“何必铸钱？古人以铜为器皿，精而能久，善于瓷漆。今河东铜器，其价极高，若官勿铸钱而铸器，其利比钱甚厚。”对曰：“自古所以禁铸铜为器皿者，为害钱法也。今若不禁铜器，则人争坏钱为器矣。”介甫曰：“铸钱不如铸器之利，又安以钱为？”对曰：“人私铸铜器，则官铜器亦将不售。”介甫曰：“是不难，勒工名可也。”不对而退。其后，铜器行而钱法坏。

对苏书，四库馆臣评价说：

《略志》惟首尾两卷，纪杂事十四条，于二十五条皆论朝政，盖是非彼我之见，至谪居时犹不忘也。然惟记众议之异同，而不似王安石、曾布诸日录动辄归怨于君父。此辙之所以为辙欤！《别志》所述，多耆旧之余闻。朱子生平以程子之故，追修洛、蜀之旧怨，极不满于二苏，而所作《名臣言行录》，引辙此志几及其半。则其说信而有征，亦可以见矣。①

清人周中孚也说："是书中间皆追论朝廷政事，然当谪居著书，恐如其兄东坡作诗之不免，故以神仙、道术之说系于首二卷、末一卷以杂之。至其《别志》尚未获。"②

《龙川略志》成书后，收入《百川学海》，弘治十四年（1501），又有无锡华氏覆宋本。至乾隆朝，编《四库全书》，收入"子部小说家类"，为内府藏本。至民国，涵芬楼编《宋元人说部书》，由商务印书馆排印；又收入《丛书集成初编》，由商务印书馆排印，1985年又由中华书局重印，与《龙川别志》合刊一册。今人俞宗宪以涵芬楼本为底本点校，1982年由中华书局印行，列入《唐宋史料笔记丛刊》，与《龙川别志》合刊一册；2003年，又收入《全宋笔记》，由大象出版社排印，是为现在最通行的版本。另外，1992年，收入《四库笔记小说丛书》，由上海古籍出版社影印；1993年，收入《中国野史集成》，由巴蜀书社影印；2003年，又有三秦出版社校注本，同与《龙川别志》合刊一册。

《龙川别志》四卷，今本合为二卷，又作《苏黄门龙川别志》。卷首元符二年苏氏自序云：

予居龙川为《略志》，志平生之一二，至于所闻于人，则未暇也……今谪居六年，终日燕坐，欲追考昔日所闻，而炎荒无士大夫，莫可问者，年老衰耄，得一忘十，追惟贡父之言，

① 《四库全书总目》卷140《〈龙川略志/龙川别志〉提要》，北京，中华书局，1965。

② 周中孚：《郑堂读书记》补逸卷28《子部·小说家类·龙川略志》，上海，上海书店，2009。

慨然悲之，故复记所闻，为《龙川别志》，凡四十七事，四卷。

既为“别志”，自是与“略志”不同：“略志”偏于论，而它则偏于记，同样具有很高的史料价值。像卷上记宋真宗晚年事云：

真宗晚年得风疾，自疑不起，尝枕宦者周怀政股，与之谋，欲命太子监国。怀政，东宫官也。出与寇准谋之。遂议立太子，废刘氏，黜丁谓等，使杨亿草具诏书。亿私语其妻弟张演曰：“数日之后，事当一新。”稍泄，丁谓夜乘妇人车与曹利用谋之，诛怀政，黜准，召亿至中书。亿惧，便液俱下，面无人色。谓素重亿，无意害之，徐曰：“谓当改官，烦公为作一好麻耳。”亿乃少安。准初为此谋，欲遗使四方，宣示风指，诛异己者，使杨亿为诏书，遣其壻王曙出使。曙知其不可，力止之，意其必有祸败，藏其诏书草，使其妻缝置夹衣中。及刘后既没，朝廷方欲理准旧勋，曙出其书，文字磨灭，殆不可复识，由此赠亿礼部尚书，谥曰文。李淑为之辞，其略曰：“自昔天僖之末，政渐宫闱，能协元臣，议尊储极。”盖准为人忠亮自信，固无异心，然使之得志，必有恣横失众之事，未必不为国之祸也。

又卷下记侬智高亡逸事云：

侬智高自邕州败奔南诏，西南夷闻之，声言智高将借兵南诏以入蜀。时知成都程戡适罢去，转运使高良夫权知成都，得报大恐，移檄属郡，劝民迁入城郭，且令逐县添弓手。蜀人久不见兵革，惧甚，汹汹待乱。文潞公为长安帅，知两蜀无武备，即车载关中器甲入蜀，蜀人益惧。朝廷遣张安道出帅成都，于道中见所运关中器甲，即令所至纳下，仍罢所添弓手。蜀人闻之皆安，归田亩。公徐问智言入蜀之报，本雅州蕃牙郎号任判官者所为。遂呼至成都，诘其敢虚声动摇两蜀情状，将斩之以狥。任震恐伏罪，乞以举家数十口系雅州狱，身自入蕃，穷问智高诣实，通月不至，请举家为戮；公久之乃许。任如期至，得小云南书，言智高至南诏，复谋为乱，为南诏所杀；公乃释任而奏其事。初，邕州之捷，朝廷未知智高在亡，故未尽赏战功，至是，乃命加赏将吏。

另外，在戏曲和话本小说中，广为流传的狸猫换太子、仁宗认嫡母之类，有关本事也源于《别志》。对苏书，四库馆臣评价说：

《别志》所述，多耆旧之余闻。朱子生平以程子之故，追修洛、蜀之旧怨，极不满于二苏，而所作《名臣言行录》，引辙此志几及其半。则其说信而有征，亦可以见矣。①

《龙川别志》成书后，久无刊刻，一直以抄本流传。于晚明，收入《稗海》，为万历会稽商氏半埜堂刊本。至乾隆朝，编《四库全书》，收入“子部小说家类”，为内府藏本。至民国，涵芬楼编《宋元人说部书》，由商务印书馆排印；又收入《丛书集成初编》，由商务印书馆排印，1985 年又由中华书局重印，与《龙川略志》合刊一册。今人俞宗宪以涵芬楼本为底本点校，1982 年由中华书局印行，列入《唐宋史料笔记丛刊》，与《龙川略志》合刊一册；2003 年，收入《全宋笔记》，由大象出版社排印，是为现在最通行的版本。另外，1992 年，收入《四库笔记小说丛书》，由上海古籍出版社影印；2003 年，又有三秦出版社校注本，同与《龙川略志》合刊一册。

李上交与《近事会元》

李上交（?），赵州赞皇（今属河北）人，字号、生卒年、事迹行

① 《四库全书总目》卷 140《〈龙川略志/龙川别志〉提要》，北京，中华书局，1965。

状俱不详，今存所撰《近事会元》。

《近事会元》五卷，卷首嘉祐元年（1056）李氏自序云：

上交以退寓钟陵，静寻近史及诸小说杂记之类，起唐武德而下，尽周显德之前。撷细务之所因，庶闲谈之引据，如曰小不足讲，懵则包羞，聊此篇联，无诮丛脞，凡五百事，厘为五卷，曰《近事会元》尔。

从自序可知，李氏退寓钟陵（今江西进贤），搜寻近史、小说、杂记之类，以掇录近事之元始，因以“近事”、“会元”题书。书中所记，主要是唐朝至后周典制、舆服、地理及杂事细务，而唐及五代史占了十之七八。

李书又卷下设目，以卷三为例，凡六十八条，即“雁子军”、“夹寨”、“破夹寨”、“春磨寨”、“殿前诸班”、“兵丁指挥为一军”、“大将受命”、“姑息戎臣”、“监军有印”、“武官不得转文官”、“南郊赏给”、“出兵名数、赞军定制”、“百官罢廊食，入阁赐食”、“八馆”、“圣节献物及天下赐宴”、“圣节赐宴素食”、“罢元会”、“休假追游为乐”、“烧尾”、“南曹检核”、“小铨、小选”、“雕印《周》、《仪》二礼，《公》、《谷》二传”、“修《唐书》成”、“罪发解官员”、“九经印板”、“三铨为一铨”、“置南曹”、“三传三史科”、“墨义”、“通典”、“帖经”、“两都罢贡举”、“两都举选”、“制举诗赋”、“不充乡贡”、“四部书”、“礼部掌举人”、“开元礼”、“明经加帖，进士试杂文”、“国子监”、“颁《五经正义》于天下”、“重撰《晋书》”、“公孔子庙”、“选部高等、蓝罗”、“赐诸道公用粮草”、“税有省耗”、“估折支”、“转运判官”、“添蚕盐钱增麴价”、“发运判官”、“三司使”、“借京城富商钱”、“盐铁兼转运使”、“乡里邻保坊村”、“诸道节帅进奉”、“刺史进奉”、“判官进奉”、“扬掷米运”、“捉官本钱收利”、“税竹木茶漆及常平事”、“税茶法”、“移茶种植”、“茶法坏”、“复旧茶法”、“税间架算除陌”、“琼林大盈库”和“开元通宝钱”。

具体说来，卷一至卷三，记宫殿、舆服、官制、兵制及六部职司；卷四，记乐曲、州郡沿革；卷五，记遗闻琐事，而妇人檐子、兜笼、线靴、线鞾、亲迎、举乐、障车、公主事舅姑、公主赐谥、山川岳渎封号、国忌行香、上元点灯、散从亲事官、处士谥先生、律格、赦书、投匭、刑统、律令、死罪覆奏、断狱禁乐、逐旬问罪人、表状、书奏、制敕及始流沙门岛、始配衙前安置之类，也涉及有关的典制。所以，从总体上说，全书以记典章制度为主，体例大略介乎崔豹《古今注》和高承《事物纪原》之间。另外，书中还有像“霓裳羽衣曲考证”之类的条目，考证翔实，也足资文史研究者参考。①

像卷二“改官名数，司马、长史、中台、西台”条云：

唐高祖武德三年三月，改纳言为侍中，内史令为中书令，给事郎为给事中，内史省为中书省。太宗贞观二十三年六月，改民部尚书为户部尚书。七月，改治书御史为御史中丞，改诸州治中为司马，别驾为长史，治礼郎为奉礼郎。高宗显庆元年，改户部为度支。龙朔二年，改尚书省为中台，中书省为西台，仆射为主政，左右丞为肃机，左右郎中为承务，吏部为司列，主爵为司封，考功为司绩，礼部为司礼，祠部为司禋，膳部为司膳，主客为司蕃，户部为司元，度支为司度，仓部为司仓，金部为司珍，兵部为司戎，职方为司城，驾部为司舆，库部为司库，刑部为司刑，都官为司仆，比部为司计，工部为司平，屯田为司田，虞部为司虞，水部为司川，尚书为太常伯，侍郎为少常伯，郎中为大夫，侍中为左相，黄门侍郎为东台侍郎，给事为中台舍人，散骑常侍为左右侍监，谏议大夫为正谏大夫，中书令为右相，侍郎为西台侍郎，舍人为西台舍人，秘书省为兰台，监为太史，以少监为侍郎，丞为大夫，著作郎为

---

① 陈慧：《〈近事会元〉研究》，陕西师范大学历史文献学硕士论文（2011）。

司文郎，太史令为秘书阁郎中，御史台为宪台，御史大夫为大司宪，御史中丞为司宪大夫，殿中省为中御府，监为太监，丞为大夫，内侍监为内侍省，太常为奉常，光禄为司宰，卫尉为司卫，宗正为司宗，太仆为司驭，大理为详刑，鸿胪为司文，司农为司稼，太府为外府，少府监为内府监，将作监为缮工监，国子监为司成馆，博士为宣业，都水监为司津监，洗马为司经大夫，家令寺为官府寺。至咸亨元年十二月，诏新改官名，并仰依旧。

对李书，四库馆臣评价说：

是书成于嘉祐元年，前有上交自序。陈振孙《书录解题》曰，《近事会元》五卷……自唐武德至周显德，杂事细务皆纪之……振孙殆未详核其书，但见其标题列说，如《云仙杂记》、《清异录》之式，遂漫以为小说欤。[①]

《近事会元》成书后，久无刊刻，一直以抄本流传。至清代，先后收入《四库全书》，收入“子部杂家类”，为兵部侍郎纪昀家藏本。光绪五年（1879），收入《畿辅丛书》，为定州王氏谦德堂刊本。道光二十四年（1844），收入《守山阁丛书》，为金山钱氏重编本。1991年，收入《丛书集成初编》，由中华书局排印；2003年，收入《全宋笔记》，由大象出版社排印，是为现在最通行的版本。

孔平仲与《续世说》、《孔氏谈苑》和《孔氏杂说》

孔平仲（?），字毅父、义甫，临江新淦（今江西新干）人。治平二年（1065）进士，官至秘书丞、集贤校理、衡州及韶州知州，提举永兴路刑狱。他长于史学，又工文词，撰有《朝散集》、《续世说》、

① 《四库全书总目》卷118《〈近事会元〉提要》，北京，中华书局，1965。

《孔氏谈苑》和《孔氏杂说》。

《续世说》十二卷，又卷下设目，记卷一“德行”和“言行”，卷二“政事”和“文学”，卷三“方正”、“雅量”和“箴规”，卷四“品藻”、“识鉴”、“夙慧”和“捷悟”，卷五“赏誉”、“任诞”和“容止”，卷六“术解”、“巧艺”和“排调”，卷七“自新”、“企羡”、“简傲”和“尤悔”，卷八“栖逸”和“贤媛”，卷九“惑溺”、“黜免”、“伤逝”和“汰侈”，卷十“直谏”，卷十一“忿狷”、“仇隙”、“纰漏”和“俭啬”，卷十二“假谲”、“邪谄”、“谗险”和“奸佞”。

从设目来看，书仿刘义庆《世说新语》体例，偏记南北朝至唐五代朝野轶事。南宋陈振孙还明言，孔氏“编宋至五代故事，以续刘义庆之书也”[①]。不过，比之刘书，它重视“发史氏之英华”而更具史料价值。[②] 于孔书之先，已有南梁刘孝标《续世说》十卷、唐人李垕《续世说》十卷，孔氏也显然受到了刘书和李书的影响。

像卷二“政事”记刘审交事云：

> 五代汉，刘审交为汝州防御使，郡人歌之。卒于官，郡人聚哭柩所，列状乞留葬本州界，建祠立碑。诏赠太尉。冯道闻之曰：“予尝为刘汝州僚佐，知其为人廉平慈善，无害之良吏也。民之租税不能减也，徭役不能息也；寒者不能衣也，馁者不能食也。百姓自汲汲然，使君何有于我哉然身死之日，黎民怀感者，诚以不行鞭朴，不行刻剥，不因公以徇私，不容物以利己，薄罚宥过，谨身节用，安俸禄，守礼分而已。”

又卷三“方正”记邢峙、苏琼事云：

> 北齐邢峙，以经授皇太子，方正纯厚有儒者风。厨宰进食，有邪蒿。峙令去之曰：“此菜有不正之名，非殿下宜食。”

① 陈振孙：《直斋书录解题》卷11《小说家类·续世说》，上海，上海古籍出版社，1987。

② 程国政：《孔平仲与〈续世说〉》，《湖北大学学报》，1991（5）。

文宣闻而嘉之，赐以被褥缣纩。北齐，苏琼为清河太守，性清慎不发私书。有沙门道研求谒，意在理债。琼每见则谈问玄理，道研无由启口。弟子问其故，研曰："每见府君，径将我入青云间，何由得论地上事？"遂焚债券。

对孔书，清人周中孚评价说："今按其书分目，亦悉仍刘氏之旧，惟遣词不规规于求似，可谓善学古人。其所采辑，自刘宋以迄五季诸史，疏剔繁辞，撰叙名理，惜未有如孝标为之注者。王渔洋《居易录》称已失传，盖罕见久矣。"①

《续世说》成书后，于南宋，收入曾慥《类说》，天启六年(1626)，又有岳钟秀刻本。至民国，收入《丛书集成初编》，由商务印书馆排印，1985 年又由中华书局重印。1996 年，由东方出版社排印；2003 年，收入《全宋笔记》，由大象出版社排印，是为现在最通行的版本。

《孔氏谈苑》四卷，又作《谈苑》，偏记为北宋朝野杂事，以典章和人物轶事为主，间涉社会风俗。从宋代以来，一直有人怀疑它的真伪。四库馆臣也偏于否定态度："是书多录当时琐事，而颇病丛杂。赵与时《宾退录》尝驳其记吕夷节、张士逊事。谓以宰相押麻不合当时体制，疑为不知典故者所为，必非孔氏真本。今考其所载，往往与他书相出入……其书或在平仲前，或与平仲同时，似亦摭拾成编之一证。至于王雱才辨傲狠，新法之行雱实有力，而称之为不慧，殊非事实。至张士逊死入地狱等事，尤诞幻无稽，不可为训。"②

不过，虽说书中的内容，存在与史事不符之处，漏洞百出，可对考史也有一定的参考价值。像卷二记京城偷窃之弊云：

修内前涉子木，计用方团三千三百条，再差职方员外郎陈

① 周中孚：《郑堂读书记》补逸卷 28《子部·小说家类·续世说》，上海，上海书店，2009。

② 《四库全书总目》卷 140《〈孔氏谈苑〉提要》，北京，中华书局，1965。

昭索计之，只用三百条，京城侵窃之弊如此。昭素勾当三司修造案，半年减十五万，议者云：可罢陕西买木一年。雷太简判设案御厨，每日支面一万斤，后点检，每日剩支六千斤。先日宰羊二百八十，后只宰四十头。江邻幾云："南郊赏给，旧七百万，今一千二百万；官人俸，皇祐中四千贯，今一万二千贯。合同司岁会支左藏库钱八九万贯，近岁至三十五六万贯。禄令皇太子料钱千贯，无公主料钱例。"宋次道云："李长主在宫中请十千，晚年增至七百千，福康出降后，月给千贯。"

又卷三记招安廖恩事云：

熙宁中，福建贼廖恩攻剽数郡，杀害捕盗官，东南为之骚然。凡恩所经涉，监司守将，皆坐贬绌，其余相连得罪者，不可胜计。既乃招降予官，朝廷以其悍勇，颇任使之。一旦恩至三班院，供家状云："自出身历任以来，并无公私过犯。"有一班行李师益亦同供状，乃云："前任信州巡检，为廖恩事勒停。"都下相传以为笑焉。

对孔书，清人周中孚评价说："今考其所记当时杂事，多与宋人杂记小说相出入，疑后人取《稗说》、《杂说》为主，而杂摭诸书以傅益之，其不见于他书者，或即其所作《稗说》、《杂说》之文也。兹以其宋人旧帙，尚可以备参考，不得因其依托之书而置之尔。"①

《孔氏谈苑》成书后，久无刊刻，一直以抄本流传。万历三十四年（1606），收入《宝颜堂秘笈》，为绣水沈氏刊本。至乾隆朝，编《四库全书》，收入"子部小说家类"，为浙江鲍士恭家藏本。于嘉庆朝，又收入《艺海珠尘》，为南汇吴氏听彝堂刊本。至民国，收入《丛书集成初编》，由商务印书馆排印，1985年又由中华书局重印。2003年，收入

① 周中孚：《郑堂读书记》卷64《子部·小说家类·孔氏谈苑》，上海，上海书店，2009。

《全宋笔记》，由大象出版社排印。今人王根林以四库全书本为底本点校，2012年由上海古籍出版社排印，列入《历代笔记小说大观》，与欧阳修《归田录》、郑文宝《南唐近事》、张舜民《画墁录》、方勺《泊宅编》和江休复《江邻幾杂志》合刊一册；今人杨倩描、徐立群以艺海珠尘本为底本点校，2012年由中华书局印行，列入《唐宋史料笔记丛刊》，与潘汝士《丁晋公谈录》、王琪《国老谈苑》和刘延世《孙公谈圃》合刊一册，是为现在最通行的版本。

《孔氏杂说》四卷，又作《杂说》、《珩璜论》和《珩璜新论》。“珩璜”一词，含义是杂佩，语出《诗·郑风·女曰鸡鸣》：“杂佩以赠之。”在这里，即杂论之义。

孔书以考证旧闻为主，间托古事以发表议论，大多可取，非言无根柢者可比。像卷一考汉唐帝王听政事云：

> 《前汉·循吏传》云：“宣帝自霍光薨后，始躬万机，厉精为治。五日一听事，自丞相而下，各奉职而退。”夫五日一听政，前史以为美谈。今朝廷每日御殿，日几昃乃罢，可谓勤劳过于昔人矣。唐文宗锐意于治，每延英对宰臣，率漏下十一刻。唐制天子以只日视朝，乃命辍朝、放朝皆用双日。

又同卷评汉宣帝、元帝诏书偏好：

> 宣帝诏书好言祥瑞，元帝诏书好言灾异。宣、元，父子也，时代相接，不应灾祥如此陡变，亦各系其好尚如何耳。吾尝疑宣帝时，凤凰等不应如此之多。但有一瑞，即形之诏令，大者肆赦，小者犹赐爵牛酒。殆有承望意旨，希求恩泽而为之者，故人君好尚不可不慎。

又卷二议汉武帝“大搜”事云：

> 武帝大搜，一为搜逾侈，一为搜奸人。征和元年之搜，闭城门凡十五日，待诏北军征官多饿死。武帝之举措暴虐如此。当时在廷无一人谏者，信乎国之空虚也。

又卷四记五代蜀中刻书情形云：

> 昔时，文字未有印板，多是写本。《齐·宗室传》：衡阳王钧尝自手细写五经置于巾箱中。“巾箱五经”自此始也。至后唐明宗长兴三年，宰相冯道、李遇请令判国子监田敏校正九经，刻板印卖，朝廷从之。是虽在乱世，九经传播甚广。至周广顺中，蜀毋昭裔又请刻印板九经，于是蜀中文字复盛。

对孔书，四库馆臣评价说：

> 是书皆考证旧闻，亦间托古事以发议，其说多精核可取……以其人不足道，而又与朱子为难，则弃置不录，以昭衮钺，凡以不失是非之真而已。①

清人周中孚也说：“今观其书，逐条考证，颇多精确，议论亦为条畅，盖毅父兄弟本皆工文之士，故随笔所至，亦具有雅人深致也。”②

《孔氏杂说》成书后，淳熙七年（1180），先有渝川丁氏刊本。万历三十四年（1606），收入《宝颜堂秘笈》，为绣水沈氏刊本。顺治三年（1646），又收入《说郛续》，为两浙李氏宛委山堂刊本。至乾隆朝，编《四库全书》，收入“子部杂家类”，为江苏巡抚采进本。道光十一年（1831），又收入《学海类编》，为六安晁氏活字排印本。至民国，收入《丛书集成初编》，由商务印书馆排印，1985 年又由中华书局重印，与朱翌《猗觉寮杂记》合刊一册；1984 年，由台湾新文丰出版公司印行，与封演《封氏闻见记》和朱翌《猗觉寮杂记》合刊一册。1990 年，收入《宋人小说》，由上海书店排印，与马永卿《嬾真子录》合刊一册；2003 年，收入《全宋笔记》，由大象出版社排印，是为现在最通行的版本。

---

① 《四库全书总目》卷 120《〈珩璜新论〉提要》，北京，中华书局，1965。

② 周中孚：《郑堂读书记》卷 56《子部·杂家类·珩璜新论》，上海，上海书店，2009。

刘延世与《孙公谈圃》

刘延世（?），字玉孟，号述之，临江新喻（今江西新余）人，他是开宋人评议汉儒先声的刘敞从子，少游太学不得志，于是筑“抱瓮堂”讲业，潜心问学。他长于诗画，最善写竹，撰述今存《孙公谈圃》。

“孙公”即孙升（1038—1099），字君孚，北宋高邮（今属江苏）人，官至中书舍人、天章阁待制。绍圣初年，他被贬至刘氏父所知长汀，二人因以交往。后来，刘氏集孙升谈论内容而成是书。

《孙公谈圃》三卷，又作《谈圃》；书分上中下，凡一百一十一条。卷首靖国元年（1101）刘氏自序云：

> 绍圣之改元也，凡仕于元祐而贵显者，例皆窜贬湖南，岭表相望而错趾，惟闽郡独孙公一人迁于临汀……余时侍亲守官长汀县，窃从公游，闻公言皆可以为后世法，亦足以见公平生所存之大节。于是退而笔之，集为三卷，命曰《孙公谈圃》。

刘书偏记宋哲宗元祐朝的史事，为孙升的亲身经历，包括王安石从翰林发迹到主政变法的一些细节，苏轼试馆职策题，论汉文帝、宣帝与宋仁宗、神宗之得失。在刘氏看来，孙升虽为元祐党人①，可他的议论毫无偏袒，而是出于公议，足见气节高尚。

像卷上记周孟阳事云：

> 周孟阳春卿，英庙宫僚也，圣眷素厚，书简以老丈称之。当储副时，固辞不就，而魏公亟欲定大计，使人诮春卿，春卿因造卧内谕意。时裕陵秉烛侍立，上曰：“所以不就者，避祸

① 对王安石变法，北宋朝中分为两派：以吕惠卿为代表的支持者，谓之“元丰党人”；以司马光为代表的反对者，谓之“元祐党人”。

也。"春卿曰："今日之事，太尉岂不知？若果不就，必当别立他人，太尉能避祸乎？"上大悟，即拜春卿床下，遂正储位。裕陵在东宫，朝廷复以春卿为翼善。春卿为人纯直，谓不当为父子宫僚，上表力辞，有"亲奉尧言，躬承禹拜"之句。魏公怒曰："不易丙吉。"初，朝廷阙副枢，人以春卿必膺是命，已而寝不报。迨裕陵即位，孙永述其事，始进天章阁待制。入谢，上抚慰甚厚。未几，以疾终，家贫不克葬，露殡佛寺。元祐，御史贾易请依王雱例中使护葬，宣仁曰："待其子来。"子定民至，尽哀英庙所赐御札上之，赐银千两，官其一孙。

又卷中记苏颂事云：

苏少保颂，为人深沉有度量，不悦于荆公，罢知制诰。归班二年，赴常朝，未尝一日在告，与人终日无一言及之。元祐中，与同列争贾易事，遂以朋党罢相，而苏平生未尝识易也。知杨州日，吕温卿出使，杖孔目官以下四十余人，公怡然一听所为。尝奉亲知婺州，中途大风，舟坏，亲濡水，公皇遽入水负抱，迓吏及卒数百人尽跳波间，须臾风定，亲获安全。世言公所以作相者，孝德所召也。又善言台阁故事，下至闾巷风俗、士大夫吉凶礼，无不能记，尝曰："先朝人书状简尺，后多用押字，非自尊也，从简省以代名耳。今人不复识，见押字便怒。"

又卷下记吕夷简事云：

元祐初，吕申公欲以张问为给事中，张老甚，外议恂恂。公上言："朝廷欲用老成者，谓其有成人之德，岂特苍头白发而已乎？"人有谗于申公。申公以皓首，又弟公绩除庆帅，辞疾不行，请宫观，即以秘书少监领真祠。公言："近尝有某官亦如此请者，因得罪，不宜以宰相弟遂挠法。"申公不悦，出公知济州。

对刘书，清人周中孚评价说："今观其书……所述当时事迹，多得其实，而于王介甫、苏东坡、程正公俱有不满之辞，盖于蜀、洛二党皆无所偏附而孤行其意者，则此编当为公议矣。"①

《孙公谈圃》成书后，先有闽南临汀刊本，又收入《百川学海》，弘治十四年（1501），又有无锡华氏覆宋本。于晚明，收入《稗海》和《续百川学海》，为万历会稽商氏半埜堂刊本和崇祯金陵心远堂刊本。顺治三年（1646），又收入《说郛续》，为两浙李氏宛委山堂刊本。至乾隆朝，编《四库全书》，收入"子部小说家类"，为内府藏本。嘉庆十年（1805），收入《学津讨原》，为虞山张氏照旷阁刊本。宣统二年（1910），收入《古今说部丛书》，为上海国学扶轮社排印本。民国四年（1915），收入《说库》，为上海文明书局石印本。1991 年，收入《丛书集成初编》，由中华书局排印，与蔡絛《铁围山丛谈》和石茂良《避戎夜话》合刊一册。2003 年，收入《全宋笔记》，由大象出版社排印；今人杨倩描、徐立群以学津讨原本为底本点校，2012 年由中华书局印行，列入《唐宋史料笔记丛刊》，与潘汝士《丁晋公谈录》、王琪《国老谈苑》和孔平仲《孔氏谈苑》合刊一册，是为现在最通行的版本。另外，1993 年，又收入《中国野史集成》，由巴蜀书社影印。

刘斧与《青琐高议》

刘斧（?），生卒年、字号、爵里及事迹行状俱不详。人称"刘斧秀才"，足迹遍及太原、汴京和临安，大略为宋仁宗至哲宗朝人，撰有《青琐诗话》、《青琐高议》、《青琐摭遗》和《翰府名谈》。

《青琐高议》二十卷，书分前后集，又别集七卷，凡一百四十六

① 周中孚：《郑堂读书记》卷 64《子部 · 小说家类 · 孙公谈圃》，上海，上海书店，2009。

条，又补遗二十六条。卷首孙沔[①]序云：

> 刘斧秀才，自京来杭谒予，吐论明白，有足称道。复出异事数百篇，予爱其文，求予为序。子之文，自可以动于高目，何必待予而后为光价？予嘉其志，勉为道百余字，叙其所以。夫虽小道，亦有可观，非圣人不能无异云耳。

刘书又卷下设目，是一部包含杂事、志怪和传奇的笔记小说集。“青琐”一词，语出《汉书·元后传》：“曲阳侯根骄奢僭上，赤墀青琐。”颜师古注曰：“青琐者，刻为连环文，而青涂之也。”可知，青琐大略是一种皇家建筑的雕刻文饰。而所谓“高议”，无外乎高谈阔论，刘氏因以题书，倒不是有什么犯上之意，只不过略有些自诩罢了。清人王士禛称它是“《剪灯新话》之前茅”[②]，足见它对明代传奇小说的影响。[③]

虽说刘书主体偏于小说，可也有一定的史料价值。书中有一批以历史人物为题材的作品，像前集卷七中的“赵飞燕别传”，而所谓“别传”，是针对汉伶玄的《赵飞燕外传》而言的。刘氏还于篇首说明：“余里有李生，世业儒。一日，家事零替，余往见之，墙角破筐中有古文数册，其间有《赵后别传》，虽编次脱落，尚可观览。余就李生乞其文以归，补正编次以成传，传诸好事者。”在他的笔下，飞燕、合德姊妹，为后为妃，同事一帝，既互为奥援，又相互争宠的心理状态，写出了真实的人性。另外，还有前集卷六中的“骊山记”和“温泉记”、后集卷五中的“隋炀帝海山记上”和“隋炀帝海山记下”。不过，这些以历史人物和事件为题材的小说，所关注是一般读者所感兴趣的风流韵事，在认识价值和审美价值上，是与传统的史传完全不同的。

---

① 祝尚书：《〈青琐高议序〉作者考》，载《宋代文化研究》，1994（4）。

② 《青琐高议》后集跋。

③ 薛克翘：《读〈青琐高议〉杂谈》，载《南亚研究》，1998（2）；戴立哲：《〈青琐高议〉与其影响研究》，西南大学中国古典文献学硕士论文（2010）。

另外，书中还有一些以社会现实为题材的小说，像前集卷三中的“高言”，写高言之所以走窜异国，是由于一怒之下，杀了怠慢他的负义友人，已经触及社会动乱的一些因由。又前集卷四中的“王寂传”，笔下的王寂，重信义，愤世嫉俗，痛杀恶吏，演成一场惊心动魄的社会冲突。一些无赖恶少，纷纷起而应之，走上与官府为敌的道路。后来，大多数人接受了朝廷的招安，而王寂为黄冠道士点化入道。所以，它不啻是《水浒传》的雏形，同时也思考了严重社会问题，具有深刻的历史真实性和社会批判意义。又同卷中的“王实传”前集卷四中的“任愿”，在一定程度上也说明，刘书是“为市井细民写心”的作品，具有重要的认识价值和审美意义。

又刘书中还有一批本朝明人轶事小说，像前集卷一中的“李相”、后集卷二中的“王荆公”、“范文正”和“直笔”，也算得上生动形象，可与有关史文比对参证。

对刘书，四库馆臣评价说：

> 所纪皆宋时怪异事迹，及诸杂传记，多乖雅驯，每条下各为七字标目……间有称议曰者，寥寥数言，亦多陈腐……然称为青琐小说，或又其别名也……斧作小说，侈谈神怪可矣。士大夫以为实事而记于家传、别录，好事者又校正其异同，相率说梦，不亦傎乎?①

《青琐高议》成书后，于南宋，收入曾慥《类说》，天启六年(1626)，又有岳钟秀刻本。入明，先有前后别三集重编本，今存国家图书馆；又有弘治和正德朝本，以及万历二十三年（1595）张梦锡刻本。至乾隆朝，编《四库全书》，列入“子部小说家类存目”，为两淮盐政采进本。嘉庆十九年（1814），又有黄丕烈里士居写本；至晚清，

① 《四库全书总目》卷144《〈青琐高议〉提要》，北京，中华书局，1965。

董康又以写本刻入《诵芬室丛刊》。[①] 2011 年，由三秦出版社排印。1958 年，古典文学出版社以诵芬室本为底本排印。1983 年，上海古籍出版社排印增补本，收入《宋元笔记丛刊》。今人施林良以增补本为底本点校，2012 年由上海古籍出版社排印，列入《历代笔记小说大观》，是为现在最通行的版本。另外，2003 年，收入《全宋笔记》，由大象出版社排印。2004 年，又收入《历代名家小品文集》，由三秦出版社排印。

另外，稍后的李献民，作《云斋广录》八卷，又后集一卷，偏记艳异杂事。从性质上说，它略同于《青琐高议》；不过，刘书虽俗，可又重揭露和劝诫，而李书则堕入了诲淫深潭。

文莹与《湘山野录》、《玉壶清话》

文莹（？），字道温，临安钱塘（今杭州）人。他虽出家，又不弃俗念，好交游，与苏舜钦为诗友，还赴滁州拜谒欧阳修，又游丁谓门下，撰有《渚宫集》、《湘山野录》和《玉壶清话》。

《湘山野录》三卷，书分上中下，又续录一卷，作于荆州金銮寺，而寺在湘山，因以题书。书又卷下设目，即卷上“赐李继迁姓名”、“杜祁公求免预明堂大享”、“闻前代与亡之事以自省戒”、“王旦释褐知临江县”、“孙冕江南端方之士”、“夏竦作诗举笔无虚致”、“种放奏十议书”、“张咏镇陈台”、“张乖崖科场试赋”、“张乖崖成都还日”、“种放三不便之奏”、“光梵大师通敏有先识”、“日本国忽梯航称贡”、“种放为权贵所陷”、“杨亿入关试神童”、“两府接见宾客之制”、“真宗宣示亲撰文”、“真宗御禁台以候五星”、“寇莱公诗有唐人风格”、“陈亚有滑稽雄声”、“工晋公贬崖”、“枢相非辜谪汉东”、“石中立在中书”、

① 李小龙：《〈青琐高议〉版本源流考》，载《文献》，2008（1）。

“钱思公谪居汉东”、“吴越民间尽算丁壮钱”、“周公庙有润德泉”、“眉守初亲事大排乐”、“杨叔贤大刻诫虎文”、“范文正公镇余杭”、“罗公远旧庐”、“峨眉山白水寺”、“御史抨吕状元”、“李建勋罢相游东山”、“金陵赏心亭”、“张乖崖镇李顺乱蜀”、“鼎州甘泉寺”、“长沙六快活诗”、“熙宁大臣学术该贯”、“鼎州沧水驿楼李白诗”、“欧阳公谪滁州”、“宋庠试赋号擅场”、“吴国五世同居者”、“晏元献撰章懿太后神道碑”、“曹利用因侄坐罪”、“朝廷置职田”、“西掖紫薇故事”、“申国长公主削发为尼”、“王钦若自怀州赴举”、“石延年死后命范补之同行”和“元厚之侍从三明主”；卷中“仁宗命侍臣撰真宗讲席记”、“王至道安集流亡”、“徐铉著书”、“石守道主盟上庠”、“关中诗豪姚嗣宗”、“潭州试僧童”、“安鸿渐有滑稽清才”、“魏瓘二知广州”、“郑毅夫知荆南”、“杨安国迩英阁讲周易”、“天文院测验辉气”、“祥符天书至郑州”、“寇忠愍罢相恋阙”、“叶县大井石”、“吕申公荐引陈尧佐”、“凌叔华登襄阳东津寺阁”、“郑毅夫入翰林为学上”、“潘佑事江南”、“桐庐一民兼并刻剥”、“丞相闲话阀阅之盛”、“李退夫撒园荽”、“冯当世求荐于武昌”、“杨文公由禁林为汝守”、“崔公谊荫补任丘簿”、“文莹游泗州昭信县”、“太宗善望气”、“胡旦欲诣阙乞见”、“尹师鲁与刘沪辈议水逻城事”、“范文正公镇青社”、“舒州祖山得杜牧之诗”、“王冀公乡荐赴阙”、“唐介诫诸子自勉”、“刘述东吴端清之士”、“宋九释诗惟惠崇绝出”、“寇莱公延诗僧惠崇”、“范文正公谪睦州”、“太祖将展外城”、“潭州守自售所搜蚌胎”、“梁太祖封钱镠为吴越王”、“余杭能万卷者”、“江南李煜性宽恕”、“退傅张士逊游金明”、“江南钟辐”、“钱思公镇洛”、“太宗喜奕棋”、“学僧笺注法音集”、“杜祁公致仕于南都”和“择臣僚伴虏使射弓”；卷下“石曼卿谓馆俸清薄”、“寇准无地起楼台”、“王冀公与真宗寒夜敌饮”、“李侍读魁梧善饮”、“丁晋公释褐授饶倅”、“荫补子弟有当斋挽之职”、“张尚书镇蜀”、“僧录赞宁洞古博物”、“馆中诗笔最得唐人风格者”、“苏子美赠秘演诗”、“苏子美坐自盗律”、“钱文僖求相骨法”、“蔡君谟出守福唐”、“钱明逸知润州”、“抚人饶竦”、“李文和公识学优赡”、“契嵩师没于灵隐山”、“夏英公镇襄阳”、“宋齐丘相江南”、“张景尚义气”、“成都无名高僧有功”、“程东美守宾州”、“潘阆预谋立秦邸”、“蜀盗糠者皆斩”、“韩熙载事江南三主”、“李沆有长者誉”、“交贼寇邕”、“徐知谔喜畜奇玩”、“真宗求占城稻种”、“中贵人尽带将仕郎”、“陈彭年送申国长公主为尼诗”、“天台教主礼法师”、“向敏中为东岳奉册使”和“欧公撰石曼卿墓表”；续录“本朝眷待耆德”、“太宗作九弦琴七弦阮”、“内降批出事执奏定可否”、“张秉知冀州”、“晏殊求举神童”、“太宗得文臣徐铉”、“匈奴寇澶”、“侯仁宝为交趾所擒”、“蜀人严储”、“仁宗初纂临”、“郑文宝经度西事”、“郑仲贤善诗”、“杜衍乞罢武臣带军职”、“晋殿直程再荣”、“太宗即位”、“柳开轻言自衒”、“国初文章惟陶谷为优”、“明肃太后欲谒太庙”、“范仲淹为右司谏”、“姚嗣宗奏补职官”、“冯延巳镇临川”、“冯谧谈玄宗赐鉴湖”、“西贼寇边”、“范文正公以言事凡三黜”、“太祖与赵韩王游长安市”、“柳开知宁边军”、“御制韩忠献公神道碑”、“唐昭宗赐钱镠铁券”、“丁晋公谈江南李主刘驸马事”、“魏野貌寝性敏”、“马亮责李沆为无口匏”、“花蕊夫人宫词”和“广济军亢旱求雨”。

书中所记，主要是北宋杂事，对研究有关人事很有参考价值。不过，又因个人恩怨，也存在一些为佞臣的回护之笔。四库馆臣评价说：

> 书成于熙宁中，多记北宋杂事……《续录》中太宗即位一条，李焘引入长编，启千古之论端，程敏政《宋纪受终考》，诋之尤力。然观其始末，并无指斥逆节之事，特后人误会其词，致生疑窦，是非作者本意，未可以为是书病也……王士祯《古夫于亭杂录》，论其载王钦若遇唐裴度事，小说习径，亦不足深求。惟朱弁《曲洧旧闻》曰：宇文大资言，文莹尝游丁晋公门，晋公遇之厚，野录中凡记晋公事，多佐佑

之。人无董狐之公，未有不为爱憎所夺者。然后世岂可尽欺，是则诚其一瑕耳。①

清人周中孚也说："是书作于熙宁中，多纪录北宋事迹，凡名公巨卿，高僧韵士，风雅酹酢，著笔更详……然则此本实无指斥逆节之词，后人因巽岩删润字句之伪，而并诋及此书，未免皂白不分矣。"② 至晚清，李慈铭则嗤之以鼻："所记皆宋初及仁宗以前事，虽多关国政，非尽小说，而多传闻失实，不足取信。其《续录》中记太祖烛影斧声事，本涉语怪，以彰道士之神异，全出无稽，不足辨也。"③

《湘山野录》成书后，于南宋，收入曾慥《类说》，天启六年（1626），又有岳钟秀刻本。于晚明，收入《津逮秘书》，为崇祯虞山毛氏汲古阁刊本。至乾隆朝，编《四库全书》收入"子部小说家类"，为左都御史张若溎家藏本。嘉庆十年（1805），又收入《学津讨原》，为虞山张氏照旷阁刊本。于晚清，收入《择是居丛书》，为民国吴兴张氏刊本。民国四年（1915），收入《说库》，为上海文明书局石印本。今人郑世刚、杨立扬以津逮秘书本为底本点校，1984 年由中华书局印行，列入《唐宋史料笔记丛刊》，与《玉壶清话》合刊一册；2012 年，上海古籍出版社重排黄益元点校本，列入《历代笔记小说大观》，与《玉壶清话》合刊一册，是为现在最通行的版本。另外，1993 年，收入《中国野史集成》，由巴蜀书社影印；2003 年，又收入《全宋笔记》，由大象出版社排印。

《玉壶清话》十卷，又作《玉壶野史》，书成于《湘山野录》之后。卷首文莹自序中云：

玉壶，隐居之潭也。文莹收古文章著书最多，自国初至熙

① 《四库全书总目》卷 140《〈湘山野录〉提要》，北京，中华书局，1965。

② 周中孚：《郑堂读书记》卷 64《子部 · 小说家类 · 湘山野录》，上海，上海书店，2009。

③ 李慈铭：《越缦堂读书记 · 杂记 · 湘山野录》，北京，中华书局，2006。

宁间，得文集二百余家……因取其未闻而有劝者，聚为一家之书，及纂江南逸事，并为李先生升特立传，厘为十卷。

又清人鲍廷博跋解释道：

宋僧文莹，字道温，钱塘人。工诗，喜藏书，尤留心当世之务。老归荆州金銮，记录一时闻见，成《湘山野录》一书，称史材焉。是书亦莹所撰，体例略同，特称"玉壶"为隐居之潭，未详所在耳。

从自序可知，"玉壶"，系文莹隐居之处，因以潭名题书。他集宋太祖至神宗朝有关神道、墓志、行状、实录和奏议，又录部分宋人诗文而汇编成书。从史料价值上说，虽有一些传闻失实，不过，它明显高于《湘山野录》，大抵也可资研究者参考。

像卷一记李南阳云：

太宗将亲攻范阳，李南阳至参大政，以二策抗疏为奏："愿陛下选将帅中威武有谋、敦庞多福、克荷功名者，授宸算，付锐兵，俾往征之。大驾不出京毂，恭守宗祧，慰抚黔庶，示敌人以闲暇，策之上也；大名，河朔之咽喉，或暂驻清跸，扬天威以壮军声，策之中也；若其边霜朔雨，朝尘夕埃，翻龙凤于旗常，拥貔貅于銮辂，劳侵黼扆，士失耕农，非愚臣所知也。"疏既入，继以目疾求退，士论嘉之。

又卷四记张雍[①]事云：

蜀州青城民王小波为乱，小波死，又推其妻弟李顺为贼首，帅余党蚁聚万余人，两川大扰。张谏议雍知梓州，雍生于河朔极边，素谙守御之法，练士卒三千人，辇绵州金帛实其帑，又募勇卒千余人守城，设炮竿飞矢石。创械具才备，贼果

① 张雍（1039—1112），德州安德（今山东陵县）人。开宝进士，官至开封府推官、御史台推直官、淮南及两浙转运使、梓州知州、度支使、盐铁使、兵部侍郎、尚书右丞。

至，大设冲梯火车，昼夜力攻。在围八十日，张守设方略，立于矢石，告众曰："勉力无自堕，万一城破，先枭吾首献贼，以赎汝命。吾已飞檄帅帐求援兵，不久必至。"翌日，果王继恩分兵来援，贼方溃，诏嘉美。咸平中，拜礼部侍郎、盐铁使，不得台省之体，龊龊无圆机，三司簿领置案前，曰："急，急中急。"上闻之，笑曰："雍之俗状，殆至于此。"命王嗣宗代之。

又卷六记宋初征蜀事云：

太祖采听明远，每边阃之事，纤悉必知。有间者自蜀还，上问曰："剑外有何事？"间者曰："但闻成都满城诵朱长山《苦热》诗，曰：'烦暑郁蒸无处避，凉风清冷几时来？'"上曰："此蜀民思吾之来伐也。"时虽已下荆楚，孟昶有唇亡齿寒之惧，而讨之无名。昶欲朝贡，王昭远固止之。乾德三年，昶遣谍者孙遇赍蜡丸帛书，间道往太原结刘钧为援，为朝廷所获。太祖喜曰："兴师有名矣。"执间者，命王全斌率禁旅三万，分路讨之。俾孙遇指画山川曲折、阁道远近，令工图之，面授神算，令王全斌往焉，曰："所克城寨，止籍器甲刍斛尔，若财帛尽分给战士。"王师至蜀，昶遣王昭远帅师来拒。未几，相继就擒，昶始降，执昶赴阙。大将王仁赡自南剑独先归阙，乞见，恐己恶暴露，历数全斌等数将贪黩货财，弛纵兵律，为所诉，反欲自毙。太祖笑谓仁赡曰："纳李廷圭妓，擅开丰德库取金宝，此又谓谁耶？"仁赡惶怖，叩伏待罪。上又曰："此行清介畏慎，但有曹彬一人尔。"台臣请深治征蜀诸将横越之恶，太祖尽释之。

对文书，四库馆臣评价说：

此书则作于元丰中，在《野录》之后。前有自序云，收国初至熙宁间文集数千卷，其间，神道、墓志、行状、实录、奏议之类，辑其事成一家，盖与《野录》相辅而行……盖不无传闻失实者，然大致则多可考证云。①

清人周中孚也说："今观其书，体例与《湘山野录》略同，所纪间有传闻失实处，然其他多与史传相印证，实可与《野录》一书相辅而行。道温以方外之士，留心当代故事如此，亦从来所未有也。"② 晚清李慈铭又云："道温此书，最足以据证五代、宋初之事。"③

《玉壶清话》成书后，于南宋，收入曾慥《类说》，天启六年（1626），又有岳钟秀刻本。顺治三年（1646），收入《说郛续》，为两浙李氏宛委山堂刊本。至乾隆朝，编《四库全书》，收入"子部小说家类"，为两淮盐政采进本；又收入《知不足斋丛书》，为长塘鲍氏刊本。嘉庆十四年（1809），收入《墨海金壶》，为虞山张氏照旷阁刊本。道光二十四年（1844），收入《守山阁丛书》，为金山钱氏重编本。民国十五年（1926），收入《五朝小说大观》，为上海扫叶山房排印本。今人郑世刚、杨力扬以鲍氏本为底本点校，1984 年由中华书局印行，列入《唐宋史料笔记丛刊》，与《湘山野录》合刊一册；2012 年，上海古籍出版社重排黄益元点校本，列入《历代笔记小说大观》，与《湘山野录》合刊一册，是为现在最通行的版本。另外，1993 年，收入《中国野史集成》，由巴蜀书社影印；2003 年，又收入《全宋笔记》，由大象出版社排印。

庞元英与《谈薮》、《文昌杂录》

庞元英（?），字懋贤，单州成武（今属山东）人，欧阳修次婿。

---

① 《四库全书总目》卷 140《〈玉壶野史〉提要》，北京，中华书局，1965。

② 周中孚：《郑堂读书记》卷 64《子部·小说家类·玉壶清话》，上海，上海书店，2009。

③ 李慈铭：《越缦堂读书记·杂记·玉壶清话》，北京，中华书局，2006。

至和二年（1055）进士，官至牧判官、都官郎中、主客郎中、光禄寺丞、中散大夫、鸿胪少卿、晋州知州。他熟悉朝章，撰有《谈薮》和《文昌杂录》。

今本《谈薮》一卷，凡二十五条[①]，已非完帙。“谈薮”一词，语出刘义庆《世说新语·赏誉》：“裴仆射，时人谓为言谈之林薮。”又宋人胡继宗《书言故事·谈论》：“称人谈论不竭为谈薮。”而隋人阳玠，又有同名书。

题署庞书，记南宋宁宗、理宗朝事，而庞氏系北宋神宗朝人。所以，近人余嘉锡认为，大略为明人假托之作。[②] 不过，书虽假托，篇幅也不大，又偏小说家言，可也不乏可取之处。[③]

像记洪文惠、文敏惧内事云：

洪文惠、文敏兄弟皆畏内，虽少年贵达，家有声妓之奉，往往不能快意。王宣子知饶州，景伯家居丧偶，宣子吊焉。主人受吊已，延客至内斋，唤酒小酌。甫举杯，群妾坌出，素妆靓态，黛色粉光，不异平日。谑浪笑语，酒行至无算。景伯半酣，握王手曰：“不图今日有此乐。”宾主相顾一笑。后二十年，宣子谢事归越，景卢来为守，时已鳏居。暇日宣子造郡斋，景卢留款，亦出家姬侑席，笑谓王曰：“家兄有言，不图今日有此乐。”王为绝倒。

又记蔡元定事云：

蔡元定，字季通，博学强记，通术数，游朱晦翁门，极喜之。詹元善尤重之，荐其传康节之学，命使定历密院，创令赴行在。蔡虽不应命，人犹以聘君称之。晦翁以道学不容于时，

---

① 《说郛》本收入45条，今人何旭收录佚文106条。

② 余嘉锡：《四库提要辨证》卷17《子部小说家类·云仙杂记》，北京，中华书局，1980。

③ 何旭：《〈谈薮〉研究》，东京，不二出版社，2010。

> 胡闳章疏并及蔡，谓之“妖人”，坐谪道州以死。蔡喜地理学，每与乡人入葬，改定其间吉凶，不能皆验。及贬，有赠诗者曰：“掘尽人家好邱陇，冤魂欲诉更无由。先生若有尧夫术，何不先言去道州?”

对《谈薮》，四库馆臣评价说：

> 此书乃多述南宋宁、理两朝事，相距百载，其伪殆不足攻。书中凡载杂事二十五条，皆他说部所有。殆书贾抄合旧文，诡立新目，售伪于藏书之家者。[①]

清人周中孚也说：“《宋志》及诸家书目俱不载，盖明代人所伪撰也。况懋贤为元丰间人，何得记及宁宗、理宗时事，此其依托之显然者也。大都从说部中录出，二十五条别为标目，当出于书贾所为。”[②] 不过，它所记史事，大略还应是出自庞氏之手。

《谈薮》成书后，于南宋，收入曾慥《类说》，天启六年（1626），又有岳钟秀刻本。嘉靖二十三年（1544），收入《古今说海》，为云间陆氏俨山书院刊本。顺治三年（1646），收入《说郛续》，为两浙李氏宛委山堂刊本。至乾隆朝，编《四库全书》，列入“子部小说家类存目”，为编修汪如藻家藏本。道光十一年（1831），收入《学海类编》，为六安晁氏活字排印本。宣统二年（1910），收入《古今说部丛书》，为上海国学扶轮社排印本。民国十五年（1926），收入《五朝小说大观》，为上海扫叶山房排印本。2003 年，收入《全宋笔记》，由大象出版社排印，是为现在最通行的版本。

《文昌杂录》六卷，又补遗一卷。卷首乾隆二十一年（1756）卢见曾序云：

> 吾乡渔洋先生，最喜说部书……及观宋单父庞氏《文昌杂

---

① 《四库全书总目》卷143《〈谈薮〉提要》，北京，中华书局，1965。

② 周中孚：《郑堂读书记》卷64《子部·小说家类·谈薮》，上海，上海书店，2009。

录》，始知先生仿懋贤之书而为之，盖池北书库有此书也。前辈撰一书，必有所本，其不苟作如此。懋贤为丞相庄敏公籍之子，元丰壬戌官主客郎中，在省四年，时官制初行，记一时闻见及朝章典故，颇可观览，故先生称为说部之佳者……《通典》以尚书省乃文昌天府，庞为郎官，记省中事，故以名其书云。

于元丰朝，庞氏在尚书省做主客郎中，就见闻所及而记录成帙。“文昌天府”，为尚书省之别称，因以“文昌”题书。庞书偏记元丰新制，为研究宋代典章制度的重要资料。

像卷三记宋神宗于大庆殿会朝云：

上御大庆殿会朝，始用新仪。开大庆门，张旗帜。兵部设黄麾仗五千人，夹门填街。太仆列五辂，殿中省舆辇伞扇。又复故事，陈天下贡物。百官冠服，分为七等，皆有司新制。不佩剑，不脱屦舄。中书侍郎押方镇表案，中书令读。给事中押祥瑞表案，门下侍郎读。户部尚书奏诸州贡物，诣付所司。礼部尚书奏诸蕃贡物，请付所司。太史奏云物祥瑞，光禄卿请允群臣上寿。既毕，延王公升殿，百官就坐。酒三行罢，所司承旨放仗。旧仪：宰臣、两省、学士、待制至殿中侍御史，先就丹墀位，乘舆升御座，方引诸司三品四品入大庆偏门，正安之乐作。按李德裕《两朝献替录》云：每遇正至，与两省官侍立香案两边，终朝会，无拜贺之礼。尝奏请自今且立香案南，候扇开赞拜，再拜出班致辞贺，又再拜讫分香案东西侍立。乃知唐仪，丹墀只是两省供奉官侍立之地。宰相一员摄太尉，与一品二品三品四品列于殿门，乐作就位。盖宫架之乐，本为上公。今元会新仪，百官就位，皇帝升坐，礼官乃引宰相、亲王、使相押文武三品等官分东西门入，正安之乐作。虽刊正谬误，而两省供奉官犹班贺于丹墀，未复侍立之制。详定所上

《朝会仪注》二卷、令式四十卷，其详密如此。然恐尚有未至者焉。

又同卷记日参、望参和朔参之制云：

及官制既行，又有日参、望参、朔参之制。门下省起居郎以上，中书省起居舍人以上，尚书省侍郎已上，御史中丞已上，为日参官。其知枢密院以上，自如旧仪。以三省及御史台官、寺监长贰以上为六参，寺监丞、大理评事已上为两参官，寄禄官通直郎以上为月参官。又今后除朔望参外，每月定以五日、二十日、二十一日、二十五日为参日，遇假即罢。如契丹使见辞日，并特起居。其前后三日内合起居，权罢。

然则正衙常朝，昔者省、台、寺、监应在京厘务官，每日并集。其后以妨废职事，乃罢之，独侍次官赴耳。初无疏数之别。方唐盛时，正衙立仗，百官廊飡，日以为常。五日起居，虽始于明宗，盖亦唤仗入合之遗意，天子之朝，莫先于正衙。于礼，群臣无一日不朝者，而唐朔参、望参、每日参、六参、九参之类，并谓衙殿，天子日御宣政殿中，金吾细仗，兵部旗旙等设于廷，朝官退皆赐食。开元中，以朔望宗庙上牙盘，欲避正殿，遂御紫宸，唤仗入合门自此始也。如此，则常衙常参果可废邪？

另外，书中涉及官吏升迁、调动的记录，还记有一些轶闻、琐事，也足为考史的旁证。后来，马端临编《文献通考》，从中受益匪浅。而按卢序的说法，清人王士禛作《居易录》，也受到了庞书的影响。

不过，庞书编排不好，主要是缺乏条理，不免芜杂，还收录了一些荒诞神怪的条目。像卷一中的女妖孔大娘、紫姑深，卷二中的赵相公庙降神，卷三中的林洙鬼语之类，与史料混在一起，这自然也是很不好的。四库馆臣评价说：

元丰壬戌，元英官主客郎中，在省四年。时官制初行，所记一时闻见，朝章典故为多……至朝廷典礼，百官除拜，其时日之先后异同，多有可以证《宋史》之舛漏者……王士祯称此书为说部之佳者，《宋史》入故事类，盖以所记朝典为多。然中间颇涉杂事杂论，今改隶杂家类焉。①

清人周中孚也说："盖其于元丰间官主客郎中时作，以尚书省为文昌天府，见《通典》，故以名之也。懋贤醇懿有家法，多识旧章，所录朝廷礼仪，百官除拜，其时日，其事信，其论确，足以补《宋史》之阙；间及琐闻轶事，亦足以资谈助。"②

《文昌杂录》成书后，久无刊刻，一直以抄本流传。于晚明，收入《续百川学海》，为崇祯金陵心远堂刊本。顺治三年（1646），收入《说郛续》，为两浙李氏宛委山堂刊本。至乾隆朝，编《四库全书》，收入"子部杂家类"，为编修朱筠家藏本；乾隆二十一年（1756），又收入《雅雨堂丛书》，为德州卢氏刊本。嘉庆十年（1805），收入《学津讨原》，为虞山张氏照旷阁刊本。至民国，收入《说库》和《丛书集成初编》，分别由上海文明书局、商务印书馆石印和排印，1985 年，后者又由中华书局重印。1958 年，收入《中国文学参考资料丛书》，由中华书局上海编辑所印行；2003 年，又收入《全宋笔记》，由大象出版社排印，是为现在最通行的版本。

王巩与《甲申杂记》、《闻见近录》及《随手杂录》

王巩（?），字定国，号清虚，人称"清虚先生"，大名莘县（今属河北）人。他是王旦之孙，张方平之婿，官至大理评事、秘书省正字、太常博士、宗正寺丞。他练达时事，好议论朝政，臧否人物；又长于诗

① 《四库全书总目》卷 120《〈文昌杂录〉提要》，北京，中华书局，1965。

② 周中孚：《郑堂读书记》卷 56《子部·杂家类·文昌杂录》，上海，上海书店，2009。

文，为苏轼兄弟所重，撰有《甲申杂记》、《闻见近录》和《随手杂录》，又集有《清虚杂著》。

《清虚杂著》三卷，又补阙一卷，包括《甲申杂记》、《闻见近录》和《随手杂录》。对王氏杂著，清人周中孚评价说："是编皆纪北宋遗闻……三书作非一时，而体例略同，所记多朝廷大事，颇近杂史，故足以补史传所未及。"①

《甲申杂记》一卷，又作《甲申杂录》，凡四十二条。"甲申"，即崇宁三年（1104），当是王书成书之年。书记事起于仁宗朝，止于徽宗朝，不乏有价值的史料。像记引见司兴废云：

> 祖宗旧制，后殿引公事，则军头引见司，皇城司、殿前司三司只应殿前统制，诸班皇城统制亲事官，引见统制马直、步直两指挥，人料钱五百文。熙宁中，并马直入云骑，步直入虎翼，引见司兵遂废矣。

又记张文定事云：

> 张文定前参知政事，后为宣徽北院使。神宗尝俾张承旨诚一密问宋龙图敏求："不知前两府有赐方团笏头带例否？"宋公报曰："非前宰相，无赐例。"及文定改南院使、知南京，辞日，始被赐，为异恩也。后王宣徽知西京，引例以为言，遂亦被赐。王宣徽，实王相禹玉坐主，阴有力焉。
>
> 见任执政官生日，赐以酒饩。张文定以宣徽使在院，神宗特命赐之，非例也。

《闻见近录》一卷，又作《闻见录》，凡一百零四条；记事起于周世宗，终于宋神宗，又偏于宋太祖、太宗、真宗和仁宗四朝事，也不乏

① 周中孚：《郑堂读书记》卷64《子部·小说家类·甲申杂记/闻见近录/随手杂录》，上海，上海书店，2009。

有价值的史料。像记封还词头[1]之制云：

国家以来，知制诰封还词头，盖鲜。康定间，张文定知谏院，时刘从德妻遂国夫人，初以后族出入禁中。一日，削其国封，夺其门籍。久之，出入如初。张文定请对，论其不可，富文忠曰："真谏臣也。"未几，中旨还其国封。富文忠当制，遂封还词头，朝论谓无近比，然佥是富文忠矣。张可久自转运使改横行，欧阳文忠援富文忠例，封还词头，后遂为例。

又记江西漕盐之弊云：

江西旧漕盐至州，有余，悉输于官。漕舟沿江货所附私盐，既尽，遂盗官物。盐尽，凿舟沈之，声言风水。每岁抛失十三四，而盗取监临，私货抵法，枕藉于市。蔡子正为江西宪，建言：盐至江西，有出剩者，乞据其数给江西价之半，朝廷从之。今数十年，官物既鲜盗窃而舟获完归，刑法为减，百世之利也。中间，浮浅之人或再减其直，其弊如初。张颉为江西宪也，神宗戒其谨守蔡挺之法，于今赖焉。

《随手杂录》一卷，凡三十三条，偏记北宋史事，另有周世宗朝事、南唐事、吴越事各一条，同样不乏有价值的史料。像记苏轼事云：

子瞻为学士。一日，锁院，召至内东门小殿。时子瞻半醉，命以新水漱口解酒，已而入对，授以除目：吕公著司空平章军国事，吕大防、范纯仁左右仆射。承旨毕，宣仁忽谓："官家在此。"子瞻曰："适已起居矣。"宣仁曰："有一事要问内翰，前年任何官职？"子瞻曰："汝州团练副使。""今为何官？"曰："备员翰林，充学士。"曰："何以至此？"子瞻曰："遭遇陛下。"曰："不关老身事。"子瞻曰："必是出自官家。"

---

① "封驳"之制，肇于汉，兴于唐，盛于宋。"封还词头"，即由中书舍人行使的封驳方式，对修正人事决策具有重要作用。

曰："亦不关官家事。"子瞻曰："岂大臣荐谕耶?"曰："亦不关大臣事。"子瞻惊曰："臣虽无状，必不别有干请。"曰："久待要学士知，此是神宗皇帝之意。当其饮食而停箸、看文字，则内人必曰：此苏轼文字也。神宗忽时而称之曰：奇才，奇才！但未及用学士而上仙耳。"子瞻哭失声，宣仁与上左右皆泣。已而赐坐吃茶，曰："内翰、内翰直须尽心事官家，以报先帝知遇。"子瞻拜而出，撤金莲烛送归院，子瞻亲语余如此。

又记陕西钞法、制钱事云：

范祥钞法，陕西贮钱五百万贯，不许辄支用。大约每钞极贱至五贯，即官给钱五贯五十文买之；极贵，则减五十文货之。低昂之权，常在官矣，钞法无时而不行。近年，辄借用本钱，贵贱一切不问，此所以钞法不行。

陕西每铜钱一贯，用铁钱一贯三十文可换。后因常平司指挥诸州勿出铜钱，诸司遂效之，民间相传铁钱将不用矣，家家收蓄铜钱，轻用铁钱，由是钱贱而物加贵。

从总体上说，王氏三书，随笔而记，不分时代先后，而又重朝廷大事，有关官员升迁、贬谪和典制沿革的内容，不少为史传所未录，对研究宋史有一定的参考价值。① 四库馆臣评价说：

三书皆间涉神怪，稍近稗官，故列之小说类中。然而所记朝廷大事为多，一切贤奸进退，典故沿革，多为史传所未详，实非尽小说家言也。②

《甲申杂记》、《闻见近录》和《随手杂录》成书后，收入《百川学海》，弘治十四年（1501），又有无锡华氏覆宋本。于晚明，收入

① 丁瑜：《宋人笔记中的宋刻珍本——〈甲申杂记〉和〈闻见近录〉》，载《文献》，1984（4）。

② 《四库全书总目》卷140《〈甲申杂记/闻见近录/随手杂录〉提要》，北京，中华书局，1965。

《唐宋丛书》，为崇祯钟氏刊本。顺治三年（1646），收入《说郛续》，为两浙李氏宛委山堂刊本。至乾隆朝，编《四库全书》，收入“子部小说家类”，为两淮马裕家藏本。道光十一年（1831），又收入《学海类编》，为六安晁氏活字排印本。至民国，收入《笔记小说大观》，由上海进步书局石印，1984 年又由广陵古籍刻印社影印。1991 年，收入《丛书集成初编》，由中华书局排印，与王从谨《清虚杂录补阙》、佚名《咸淳遗事》、佚名《三朝野史》、滕甫《征南录》、方勺《青溪寇轨》和王弥大《青溪弄兵录》合刊一册；2003 年，又收入《全宋笔记》，由大象出版社排印，是为现在最通行的版本。另外，1993 年，收入《中国野史集成》，由巴蜀书社影印。

陈师道与《后山谈丛》

陈师道（1053—1101），字履常、无己，号后山，人称“后山居士”，徐州彭城人。少学文于曾巩，于元祐朝，苏轼荐为徐州教授，官至太学博士、秘书省正字。他诗宗杜甫，为江西派代表性作家，与黄庭坚、秦观、张耒、晁补之和李廌一道，合称“苏门六君子”，撰有《后山集》、《后山谈丛》和《后山诗话》，后人又集有《后山文集》①。

《后山谈丛》六卷，凡二百七十一条，陈氏以自号题书。有人说是他年少所作，还有人认为是伪托之作。不过，近人余嘉锡考辨说：陈氏《后山集》卷首，有门人魏衍附记，称《谈丛》、《诗话》别自为卷，从而认定《谈丛》确为陈氏之作。②

书中所记，主要是宋代政事、边防、朝野琐事和文人轶闻，文笔高古，对研究五代、北宋有关史事和文学史，具有很高的参考价值。像卷

① 又作《后山先生集》。

② 余嘉锡：《四库提要辨证》卷 17《子部小说家类 · 后山谈丛》，北京，中华书局，1980。

一记寇准事云：

契丹侵澶，莱公相真宗北伐，临河未渡。是夕，内人相泣。明日，参知政事王钦若请幸金陵，枢密副使陈文忠公尧叟请幸蜀。真宗以问公，公曰："此与昨暮泣者何异！"议数日不决，出遇高烈武王，而谓之曰："子为上将，视国之危不一言，何也？"王谢之，乃复入，请召问从官，至皆默然。杨文公独与公同，其说数千言，真宗以一言折之曰："儒不知兵！"又请召问诸将，王曰："蜀远，钦若之议是也。上与后宫御楼船浮汴而下，数日可至。"殿上皆以为然，公大惊色脱。王又曰："臣言亦死，不言亦死，与其事至而死，不若言而死。今陛下去都城一步，则城中别有主矣！吏卒皆北人，家在都下，将归事其主，谁肯送陛下者？金陵可到邪？"公又喜过望，曰："琼知此，何不为上驾邪！"王乃大呼："逍遥子！"公掖真宗以升，遂渡河而成功。钦若愧其议，谗于真宗曰："寇准孤注子尔！博者谓穷而尽所有以幸胜为孤注，言以人主而一决也。"

又卷二记云墨务、砚务和纸务：

南唐于饶置墨务，歙置砚务，扬置纸务，各有官，岁贡有数。求墨工于海东，纸工于蜀，中主好蜀纸，既得蜀工，使行境内，而六合之水与蜀同。李本奚氏，以幸赐国姓，世为墨官云。唐之问，质肃公之子，有墨曰"饶州供进墨务官李仲宣造"，世莫知其何。子颇有家法，以遗黄鲁直，鲁直以谓不迨孙氏所有，而予谓过之。陈留孙待制家有墨半铤，号称"廷珪"，但色重尔，非古制也。

又卷三记吕余庆知益州事云：

蜀平，以参知政事吕余庆知益州，余用选人，以轻其权，而置武德司，刺守贪廉，至必为验。蜀山有九枝木，传以为异，卒火之。岁余，御札问焉，其赏至银千两，而敕州县捕武德卒即杀之，不以闻，吏贪则降杖集吏民杖之。蜀之富人，皆召至京师，量其材为三等，其上官之，次省员，下押纲。人安其居，不愿东，以疾归，后复遣，如是数四，不使家居也。

又卷五记李相昉事云：

李相昉在周朝知开封府，人望已归太祖，而昉独不附。王师入京，昉又独不朝，贬道州司马。昉步行日十数里，监者中人问其故，曰："须后命尔。"上闻之，诏乘马，乃买驴而去。三岁，徙延州别驾。在延州为生业以老，三岁当徙，昉不愿内徙。后二年，宰相荐其可大用，召判兵部。昉五辞，行至长安，移疾六十日，中使促之行，至洛阳，又移疾三十口而后行。既至，上劳之，昉曰："臣前日知事周而已，今以事周之心事陛下。"上大喜，曰："宰相不谬荐人。"

对陈书，清人周中孚评价说："是书所记皆宋代杂事……洪氏《容斋随笔》称《后山谈丛》'高简有笔力，然所载国朝事，失于不考究，多爽其实……盖前辈不藏国史，好事者肆意饰说为美德，疑若可信，故误人纪述。后山之书，必传于后世，惧贻千载之惑，予是以辨之'。按容斋去后山不远，而不以此书为赝托，知陆放翁《老学庵笔记》疑其伪，又疑其少作，皆不然也。"①

《后山谈丛》成书后，久无刊刻，一直以抄本流传。于弘治朝，收入《后山文集》，为马暾刊本。于晚明，又收入《宝颜堂秘笈》，为万历绣水沈氏刊本。至乾隆朝，编《四库全书》，收入"子部小说家类"，为内府藏本。道光十一年（1831），收入《学海类编》，为六安晁氏活字排印本。至民国，收入《丛书集成初编》，由商务印书馆排印，1985年又由中华书局重印，与曾慥《高斋漫录》合刊一册；又《文集》收

① 周中孚：《郑堂读书记》卷64《子部·小说家类·后山谈丛》，上海，上海书店，2009。

入《适园丛书》，为乌程张氏刊本。1989 年，上海古籍出版社排印李伟国点校本，收入《宋元笔记丛刊》，与朱彧《萍洲可谈》合刊一册；2007 年，中华书局重排李氏点校本，列入《唐宋史料笔记丛刊》，与朱彧《萍洲可谈》合刊一册；李氏又以适园本为底本点校，2012 年由上海古籍出版社重排，列入《历代笔记小说大观》，与杨亿《杨文公谈苑》合刊一册，是为现在最通行的版本。另外，2003 年，又收入《全宋笔记》，由大象出版社排印。

张耒与《明道杂志》

张耒（1054—1114），字文潜，号柯山，人称“张右史”、“宛丘先生”，楚州淮阴（今属江苏）人。他善属文，与黄庭坚、秦观和晁补之一道，合称“苏门四学士”。熙宁六年（1073）进士，官至临淮主簿、寿安尉、咸平丞、秘书省正字、秘书丞、著作郎、起居舍人、黄州通判、兖州知州、太常少卿。他诗效白居易，撰有《柯山集》、《宛丘集》、《拾遗》、《续拾遗》和《明道杂志》，后人又集有《张右史文集》。

《明道杂志》一卷[1]，又作《张太史明道杂志》，凡八十四则。张书偏记当时见闻及朝野文人轶事，又多谈论诗文，要么评论唐人及时人诗歌短长，要么研讨诗歌技巧；又赵氏多次至黄州，所以，书中还不乏记黄州之风物民俗者。以“史”而论，有关人事，很值得研究者关注。像记淡鱼税云：

> 汉阳、武昌，滨江多鱼。土人取江鱼，皆剖之，不加盐，暴江岸上，数累千百，虽盛暑为蝇蚋所败，不顾也。候其干，乃以物压作鱐，谓之“淡鱼”。载往江西卖之，一斤近百钱。

[1] 《学海类编》本作二卷，书分正续。

饶、信间尤重之，若饮食祭享无淡鱼，则非盛礼。虽臭腐可恶，而更以为佳。一船淡鱼，其直数百千，税额亦极重。黄州税物，每有三淡鱼船，则一日课利不忧。

又记司马光事云：

司马温公，当世大儒，博学无所不通。虽已贵显，而刻苦记览，甚于韦布。尝为某言，学者读书，少能自第一卷读至卷末，往往或从中，或从末，随意读起，又多不能终篇。光性最专，犹尝患如此。从来惟见何涉学士案上，惟致一书读之，自首至尾，正错校字，以至读终，未终卷誓不他读，此学者所难也。

又记杨大年修书事云：

杨大年奉诏修《册府元龟》，每数卷成，辄奏之。比再降出，真宗常有签贴，有少差误必见，至有数十签。大年虽服上之精鉴，而心颇自愧；窃惴上万几少暇，不应能如此。稍访问之，乃每进本到，辄降付陈彭年。彭年博洽，不可欺毫发，故谬误处皆签贴以进。大年乃盛荐彭年文字，请与同修。自是进本降出，不复签矣。

《明道杂志》成书后，庆元六年（1200），先有黄州刻本；入明，又有嘉靖覆宋本。于中晚明，收入《顾氏文房小说》、《唐宋丛书》和《续百川学海》，分别为嘉靖顾氏夷白斋刊本、崇祯钟氏刊本和金陵心远堂刊本。道光十一年（1831），收入《学海类编》本，为六安晁氏活字排印本。至民国，收入《丛书集成初编》，由商务印书馆排印，1985年又由中华书局重印，与范公偁《过庭录》合刊一册。1994年，收入《历代笔记小说集成》，由河北教育出版社印行；2003年，又收入《全宋笔记》，由大象出版社排印，是为现在最通行的版本。

朱彧与《萍洲可谈》

朱彧（?），字无惑，自号“萍州老圃”，湖州乌程（今浙江吴兴）人，朱服①之子，今存所撰《萍洲可谈》。

今本《萍洲可谈》三卷，系四库馆臣从《永乐大典》中辑出，已非完帙，又朱氏以自号题书。书记父亲宦海生涯的所见所闻，又涉及朝章国典、土俗民风和一些遗闻琐事；又因家父受苏轼牵累，所以，书中对苏轼、苏辙兄弟也多有微词。不过，书中所记朝野掌故、风俗和轶事，一直受到学人的关注。②

像卷一记“三省”之制和宰相称谓云：

> 三省俱在禁中，元丰间移尚书省于大内西，切近西角楼，人呼为“新省”。崇宁间，又移于大内西南，其地遂号“旧省”，以建左右班直。或云，旧省不利宰相，自创省至废，蔡确、王珪、吕公著、司马光、吕大防、刘挚、苏颂、章惇、曾布更九相，唯子容居位日浅，亦谪罢，余不以存没，或贬广南，或贬散官。
>
> 祖宗故事，宰相呼“相公”，节度使带开府仪同三司，元丰官制前带同中书门下平章事，亦呼“相公”，谓之“使相”。三公正真相之任，呼“公相”，尚书改令，厅为公相厅。蔡京首以太师为公相，其子攸自淮康军节度使除开府仪同三司，遂父呼“公相”，子呼“相公”。时传京父子入侍曲宴，上云：

---

① 朱服（1048—?），字行中，湖州乌程（今浙江吴兴）人。熙宁六年（1073）进士，官至国子司业、起居舍人、中书舍人、礼部侍郎、集贤殿修撰，还做过润州、泉州、婺州、广州及泉州知州。

② 李伟国：《朱彧及其笔记〈萍洲可谈〉研究》，华东师范大学中国古典文献学硕士论文（2006）。

“相公公相子。”京对云：“人主主人翁。”际遇之盛如此。

又卷二记广州市舶司及外国人情形云：

广州市舶司旧制，帅臣漕使领提举市舶事，祖宗时谓之市舶使。福建路泉州，两浙路明州，杭州，皆傍海，亦有市舶司禅。崇宁初，三路各置提举市舶官，三方唯广最盛，官吏或侵渔，则商人就易处，故三方亦迭盛衰。朝廷尝并泉州舶船令就广，商人或不便之。

广州自小海至溽州七百里，溽州有望舶巡检司，谓之一望，稍北又有第二、第三望，过溽州则沧溟矣。商船去时，至溽州少需以诀，然后解去，谓之“放洋”。还至溽州，则相庆贺，寨兵有酒肉之馈，并防护赴广州。既至，泊船市舶亭下，五洲巡检司差兵监视，谓之“编栏”。凡舶至，帅漕与市舶监官莅阅其货而征之，谓之“抽解”，以十分为率，珍珠龙脑凡细色抽一分，玳瑁苏木凡粗色抽三分，抽外官市各有差，然后商人得为己物。象牙重及三十斤并乳香，抽外尽官市，盖粗货也。商人有象牙稍大者，必截为三斤以下，规免官市。凡官市价微，又备他货与之，多折阅，故商人病之。舶至未经抽解，敢私取物货者，虽一毫皆没其余货，科罪有差，故商人莫敢犯……

北人过海外，是岁不还者，谓之“住蕃”；诸国人至广州，是岁不归者，谓之“住唐”。广人举债总一倍，约舶过回偿，住蕃虽十年不归，息亦不增。富者乘时畜缯帛陶货，加其直与求债者，计息何啻倍蓰。广州官司受理，有利债负，亦市舶使专敕，欲其流通也。

广州蕃坊，海外诸国人聚居，置蕃长一人，管勾蕃坊公事，专切招邀蕃商人贡，用蕃官为之，巾袍履笏如华人。蕃人有罪，诣广州鞫实，送蕃坊行遣。缚之木梯上，以藤杖挞之，自踵至顶，每藤杖三下折大杖一下。盖蕃人不衣裈袴，喜地坐，以杖臂为苦，反不畏杖脊。徒以上罪广州决断。蕃人衣装与华异，饮食与华同。或云其先波巡尝事瞿昙氏，受戒勿食猪肉，至今蕃人但不食猪肉而已。又曰汝必欲食，当自杀自食，意谓使其割己肉自啖，至今蕃人非刃六畜则不食，若鱼鳖则不问生死皆食。其人手指皆带宝石，嵌以金锡，视其贫富，谓之指环子，交址人尤重之，一环直百金，最上者号猫儿眼睛，乃玉石也，光焰动灼，正如活者，究之无他异，不知佩袭之意如何。有摩娑石者，辟药虫毒，以为指环，遇毒则吮之立愈，此固可以卫生。

在这里，“住唐”的说法，大略也是东南亚称中国人为“唐人”的由来；而北宋在广州活动的外国人，则主要是信奉伊斯兰教的阿拉伯人。

对朱书，四库馆臣评价说：

彧之父服，元丰中以直龙图阁历知莱、润诸州，绍圣中尝奉命使辽，后又为广州帅，故彧是书多述其父之所见闻，而于广州蕃坊市舶，言之尤详……所记土俗民风，朝章国典，皆颇足以资考证。即轶闻琐事，亦往往有裨劝戒。较他小说之侈神怪，肆诙嘲，徒供谈噱之用者，犹有取焉。①

清人周中孚也说：“是书所记国典朝章，民风土俗，以及琐事轶闻，足以资考证，垂劝戒。盖其父服尝使于辽，后帅广州，故多述其父之所见闻，非皆无惑一己之见也。然父初与东坡兄弟游，后又党于舒亶、吕惠卿，故间有数条颇拟二苏而扬舒、吕诸人，究不足以为定评矣。”②

① 《四库全书总目》卷141《〈萍洲可谈〉提要》，北京，中华书局，1965。

② 周中孚：《郑堂读书记》卷64《子部·小说家类·萍洲可谈》，上海，上海书店，2009。

晚清李慈铭又云：“所言宋制，多史所未及。”①

《萍洲可谈》成书后，收入《百川学海》，弘治十四年（1501），又有无锡华氏覆宋本。万历三十四年（1606），收入《宝颜堂秘笈》，为绣水沈氏刊本。顺治三年（1646），收入《说郛续》，为两浙李氏宛委山堂刊本。至乾隆朝，编《四库全书》，收入“子部小说家类”，为永乐大典本。嘉庆十四年（1809），收入《墨海金壶》，为虞山张氏照旷阁刊本。道光二十四年（1844），收入《守山阁丛书》，为金山钱氏重编本。宣统二年（1910），收入《古今说部丛书》，为上海国学扶轮社排印本。至民国，收入《说库》和《丛书集成初编》，分别由上海文明书局、商务印书馆石印和排印，1985 年，后者又由中华书局重印，与叶梦得《石林燕语》合刊一册。1989 年，上海古籍出版社排印李伟国点校本，收入《宋元笔记丛刊》，与陈师道《后山谈丛》合刊一册；2007 年，中华书局重排李氏点校本，列入《唐宋史料笔记丛刊》，与陈师道《后山谈丛》合刊一册；2012 年，上海古籍出版社另排李氏点校本，列入《历代笔记小说大观》，与陆游《老学庵笔记》合刊一册，是为现在最通行的版本。另外，2003 年，又收入《全宋笔记》，由大象出版社排印。

莫君陈与《月河所闻集》

莫君陈（?），字和中，湖州归安（今属浙江）人。少从胡瑗②学，登嘉祐进士，熙宁中，新置大法科，君陈中首选，官至刑部郎中、婺州

① 李慈铭：《越缦堂读书记·杂记·萍洲可谈》，北京，中华书局，2006。

② 胡瑗（993—1059），字翼之，泰州海陵（今属江苏）人，人称“安定先生”。皇祐中，典作乐事，授国子监直讲。他与孙复、石介合称“宋初三先生”，开启宋代理学思想之先河，撰有《中庸义》、《春秋要义》、《周易口义》和《洪范口义》。

知州，今存所撰《月河所闻集》。

《月河所闻集》一卷，又作《月河所闻录》。今本已非完帙，凡一百零一条，系四库馆臣从《说郛》中抄出。“月河”，即今嘉兴月河，因“水弯曲抱城如月”而得名，为莫氏乡里，因以题书。

书中所记，主要是当时杂事，又今本篇幅不大，缮写讹误、脱漏之处不少。不过，像记大起居、马尚书女、车驾行幸随行、司马光临终、韩康公丧、驾出作乐、灵州被围、真宗倦勤、西番食姜和使番乘马事，也间有可取之处。

> 每大起居，宰执待班于垂拱隔门外东廊庐中，三帅庭下声喏，卷帘及半，起身答之。祖宗之制也。
>
> 吕夷简娶马尚书女，居父丧起复，又有国丧。夫人妊身，吕公患之，令饮药去之，躬煮药，三次触翻。见梦云：“所孕贵人也，不可去。”遂止，即今左丞晦叔也。
>
> 车驾行幸，亲王、宰臣以至侍从、扈从，并秘书省上马，出左掖门，候驾出宣德，乃行。自官制后，尚书、侍郎恐废省事，有旨罢随驾。元祐元年正月二十四日，太皇以时雪久愆，身诣集禧太一祈求，只令侍郎以上随从焉。
>
> 司马温公疾作二十八日，执政往问，嘱之曰：“某有数劄子，切为留意，若不蒙施行，光死不瞑目。”至死，神爽不乱，气羸不食累日。因如厕，努气少顷而逝。九月一日，上以祀天受斋戒，不及出临丧。初七日，幸其第。
>
> 太皇、皇帝临韩康公丧，孝子迎门，望驾举哀，遵入门。孝妇在中门内哭，列于堂西陛。下辇就幄，御药引入至柩前，其柩以幄蔽之，设灵几于西，去门车马，面西举哀。皇帝三声，太皇无数。御药酹酒而还，留赐白金二千星。太皇服圜冠黄袍，如臣寮家上堂饰，皇帝银褐袍，皂带。
>
> 国恤服除，驾出作乐，教坊献曲。仁宗曰“四海波清

引”，英宗曰“万寿无疆引”，神宗曰“应圣乐”。

灵州城是时已围，而缺其西北，故虏得守备，须臾水至，汉军几没。议者谓刘昌祚几得灵州，忽受高遵裕节制，不得入其城。当时诏旨敢议班师者斩，水至，人不敢东首。遵裕以身当议诏之罪，及归，水已至腰矣，全数十万之命，议者韪之。若云：“水至必匹马不还，然致死待，我力罢食尽，人有去意，则无斗志也。”

真宗晚年倦勤，钦若间见，曰：“小事可委中书，事干大政即取决圣断。”可其请。而晋公不知，遇晋公在假，即专行其小者。晋公不平，白之上，曰：“知之。”屡白屡不听，故晋公不敢执，而钦若得其欺。明肃垂箔，令有司具进用资序之图，因诘钦若所用乖法度，泣曰：“欺未亡人也。”钦若无以谢，惭作病薨。

西蕃人喜食干姜，盘中加馔，太半用此。多食冷物，咀硇砂如冰凌。

使番只当乘马，病则坐毡车，或担子。元祐初，杨侍郎汲副使乘轿子于涂中，各罚铜二十斤。宰臣出镇，或转十官或五官、三官者。

对莫书，四库馆臣评价说：

书中载郭璞钱塘谶，则似在南渡之初，而书中多载元祐事，又有今左丞晦叔之语。考吕公著为尚书左丞在哲宗即位之年，则又及见北宋。周密《癸辛杂识》记当时藏书家有月河莫氏，或即其人欤？所载皆当时杂事，篇页寥寥，且缮写讹脱，几不可读。盖书贾从《说郛》抄出，非其完本矣。[①]

《月河所闻集》成书后，久无刊刻，又渐次散佚。顺治三年

① 《四库全书总目》卷143《〈月河所闻集〉提要》，北京，中华书局，1965。

(1646)，收入《说郛续》，为两浙李氏宛委山堂刊本。至乾隆朝，编《四库全书》，列入“子部小说家类存目”，为浙江范懋柱家天一阁藏本。于晚清，收入《吴兴丛书》，为吴兴刘氏嘉业堂刊本。2003年，又收入《全宋笔记》，由大象出版社排印，是为现在最通行的版本。

李廌与《师友谈记》

李廌（1059—1109），字方叔，号“德隅斋”、“齐南先生”、“太华逸民”和“陇西匹夫”，永兴军华州（今陕西华县）人。少贫孤，发奋自学，苏轼称他有“万人敌”之才，为“苏门六君子”之一，撰有《济南集》、《师友谈记》和《德隅斋画品》。

《师友谈记》一卷，又作《济南先生师友谈记》，凡六十二条。书成于元祐中，记李廌与苏轼、范祖禹、黄庭坚、秦观、张耒等人交游，他们亦师亦友，录所谈而成是书，因以“师友”题书。书中材料，大多确实可据。像记苏轼中制举后改授直史馆事云：

> 东坡云：顷试制举，中程后，英宗皇帝即欲便授知制诰。相国韩公曰：“苏轼之才，远大之器也。他日自当为天下用，要在朝廷培养之，使天下之士，莫不畏慕降伏，皆欲朝廷进用之，然后取而用之，则人人无复异词矣。今骤用之，则天下之士，未必以为然，适足以累之也。”英宗曰：“知制诰既未可，且与修起居注，可乎?”魏公曰：“记注与制诰为邻，未可遽授，不若且于馆阁中择近上贴职与之，他日擢用，亦未为晚。”乃授直史馆。欧阳文忠时为参政，虑执政官中有不憙魏公者喋于东坡，坡曰：“公所以于某之意，乃古之所谓君子爱人以德者欤!”

又记皇后、大长公主随宋哲宗祀南郊事云：

> 东坡不惟文章可以盖代，而政事忠亮，风节凛凛，过人远

甚。元祐七年，上祀南郊，公以兵部尚书为卤簿使。上因太庙宿斋行礼毕，将至青城，仪卫甚肃。五使乘车至景灵宫东棂门外，忽有赭伞覆犊车并青盖犊车百许两冲突而来。东坡呼御营巡检使立于车前，曰："西来谁何，敢尔乱行?"曰："皇后并某国太夫人国婆婆，乃上之乳母。国大长公主也。"东坡曰："可以状来。"比至青城，谕仪仗使、御史中丞李端伯之纯曰："中丞职当肃政，不可不闻。"李以中宫不敢言。坡曰："某自奏之。"即于青城上疏皇帝曰："臣备员五使，窃见二圣寅畏祇慎，昭事天地，敬奉宗祧，而内中犊车，冲突卤簿，公然乱行，恐累二圣所以明祀之意，谨弹劾以闻。"上欣然开纳。旧例，明日法驾回，中宫当迎于朱雀门下。是时因疏，明日中宫亦不复出。

元修《宋史》，史官很看重李书，二事即采入苏轼本传。又记范祖禹谈巡狩望之礼，谓封禅之事，乃秦汉以来附会，而非"巡狩省方"之义：

二月朔，太史公当讲，廌前一夕获闻。按讲《王制》巡狩望之礼，曰："古之人多因燔望秩之说，乃附会为封禅之事。或以求神仙，或以祈福，或以告太平成功，皆秦汉之侈心，非古者巡狩省方之义。为人臣凡有劝人主封禅者，皆佞臣也。"廌以此言为守成之龟鉴。

又卷尾记苏轼帅定武事云：

东坡帅定武，诸馆职饯于惠济。坡举白浮欧阳叔弼、陈伯修二校理、常希古少尹曰："三君但饮此酒，酒醻当言所罚。"三君饮竟。东坡曰："三君为主司而失李方叔，兹可罚也。"三君者无以为言，惭谢而已。张文潜舍人在坐，辄举白浮东坡先生，曰："先生亦当饮此。"东坡曰："何也?"文潜曰："先生昔知举而遗之，与三君之罚均也。"举坐大笑。

对李书，四库馆臣评价说：

是书记苏轼、范祖禹及黄庭坚、秦观、晁说之、张耒所谈，故曰“师友”。其人皆元祐胜流，而廌之学问文章，亦足与相亚，能解诸人之所谈。所载多名言格论，非小说琐录之比。其述秦观论赋之语，反覆数条，曲尽工巧，而终以为场屋之赋不足重，可谓不阿所好。书中称哲宗为今上，盖作于元祐中。末记苏轼为兵部尚书及帅定州事……寥寥数简之书，而至今孤行于天地间，岂偶然哉！①

清人周中孚也说：“书凡五十七则，多述诸人名言格论，不类乎小说家言。时当元祐中党碑已立之后，而方叔以场屋不得志之人，独不屑曲学以阿世，而惟正人为依归，可不谓难乎？”②

在今人刘叶秋看来，北宋名流的言论、风采以及本书作者的见解，皆可于书中阅及，唯有数条语涉神怪，是其小疵。③

《师友谈记》成书后，收入《百川学海》，弘治十四年（1501），又有无锡华氏覆宋本。顺治三年（1646），收入《说郛续》，为两浙李氏宛委山堂刊本。至乾隆朝，编《四库全书》，收入“子部杂家类”，为两淮盐政采进本。嘉庆十年（1805），收入《学津讨原》，为虞山张氏照旷阁刊本。至民国，收入《丛书集成初编》，由商务印书馆排印，1985年又由中华书局重印，与苏轼《仇池笔记》和《渔樵闲话录》合刊一册。今人孔凡礼以学津讨原本为底本点校，2002年由中华书局印行，列入《唐宋史料笔记丛刊》，与朱弁《曲洧旧闻》和陈鹄《西塘集耆旧续闻》合刊一册，是为现在最通行的版本。另外，2003年，又收入《全宋笔记》，由大象出版社排印。

① 《四库全书总目》卷120《〈师友谈记〉提要》，北京，中华书局，1965。

② 周中孚：《郑堂读书记》卷56《子部·杂家类·师友谈记》，上海，上海书店，2009。

③ 刘叶秋：《历代笔记概述》，107页，北京，北京出版社，2003。

晁说之与《晁氏客语》

晁说之（1059—1129），字以道、伯以，号景迂，别署“景迂生”，济州巨野（今属山东）。元丰五年（1082）进士，官至无极知县、著作郎、秘书少监、中书舍人、太子詹事、徽猷阁待制。他工诗善画，撰有《景迂生集》[①] 和《晁氏客语》。

《晁氏客语》一卷，为札记、杂论性质笔记。“客语”一词，表示书中引用了他人之语，因以题书。晁书系统阐述了立身处世、立志成才和处理家庭关系以及人际关系的一系列准则，广泛涉及为官、治国、治学、修身、养性各方面内容和对社会、自然和人生的思考，文字简练，生动直白，具有一定的史料和欣赏价值。

像记范祖禹的条目，最值得关注，也是研究范氏的重要资料：

> 范纯夫燕居，正色危坐，未尝不冠，出入步履，皆有常处。几案无长物，砚墨刀笔，终岁不易，其平生所观书，如手未触。衣稍华者不服，十余年不易衣，亦无垢污，履虽穿，如新。皆出于自然，未尝有意如此也。
>
> 元祐年中，议南北郊久不决，一日有旨罢议，依祖宗故事合祭。范纯夫在翰苑草诏，其诏云：“列圣已行，谨当遵奉。先朝未举，惧弗克堪。”胡右丞宗愈谓纯夫曰：“大哉王言，久无此作也。”
>
> 《资治通鉴》成，范纯夫为温公草《进书表》，简谢纯夫云：“真得愚心所欲言而不能发者。”温公书帖无一字不诚实也。范纯夫为蜀公草《进乐表》云：“法已亡于千载之后，声欲求于千载之前。兹为至难，理若有待。”又为申公草《遗

① 又作《嵩山文集》。

表》云："才力绵薄，岂期位列于三公；疾疢撄缠，敢望年逾于七十。"人谓二公胸中事矣。

申公薨，范纯夫托山谷草遗表，表成不用。又尝托山谷草《司马公休谢起碑楼表》，窜改止余数字，以示山谷，略无怍色，但逊谢而已。

纯夫寡言语，不问即不言。其后纯夫子冲自岭表扶护归，过荆州，见山谷，道纯夫数事，皆所不知。纯夫在史院报丞相上马，后为诸人讲《左传》，一授乃出。鲁直盖受左氏学于纯夫也。

纯夫苦河鱼，在告彭器资。黄鲁直来问疾，欲退，纯夫揖鲁直立户外，与器资户内立语移时，复揖鲁直，略无怍色。

纯夫元祐末，与东坡数上疏论事。尝约各草上一疏，东坡访纯夫，求所作疏先观，读尽遂书名于末，云："某不敢复为疏矣。"纯夫再三求观，竟不肯出，云："无以易公者。"东坡(别作一条)《和纯夫月砚》诗：上书挂名岂待我，独立自可当雷霆，盖纪实也。

苏东坡好戏谑语，言或稍过，范纯夫必戒之。东坡每与人戏必祝曰："勿令范十三知。"纯夫排行第十三也。

纯夫撰《宣仁太后发引曲》，命少游制其一，至史院出示同官。文潜曰："内翰所作烈文，《昊天有成命》之诗也；少游直似柳三变。"少游色变，纯夫谓诸子曰："文潜奉官长戏同列，不可以为法也。"

东坡谓范纯夫曰："公之文可以经世，皆不刊之说，如某但涉猎为文耳。"

元祐中，客有见伊川先生者，几案间无他书，惟印行《唐鉴》一部，先生谓客曰："近方见此书，自三代以后，无此议论。"崇宁初，纯夫子冲见栾城先生于颍昌，栾城曰："老来不欲泛观书，近日且看《唐鉴》。”

元祐中，举子吴中应大科以进卷，遍投从官。一日与李方叔诸人同观，文理乖谬，抚掌绝倒。纯夫偶出见之，问所以然，皆以实对。纯夫览其文数篇，不笑亦不言，掩卷他语，侍坐者亦不敢问。他日吴中请见，纯夫谕之曰：“观足下之文，应进士举且不可，况大科乎？此必有人相误，请归读书学文，且习进士。”吴辞谢而去。

元祐中，承议郎游冠卿知咸平县回，纯夫同年，一日来谒，曰：“畿邑任满，例除监司，欲乞一言于凤池。”是时纯夫叔在中书也。纯夫答曰：“公望实审当为监司，朝廷必须除授。家叔虽在政府，某未尝与人告差遣。”冠卿惭沮而退。其子冲实闻此语，因问于公曰：“说与不说皆可也，何必面斥之?”公曰：“如此是欺此人，吾故以诚告之。”

范纯夫久在经筵，进职青琐，引疾乞归蜀，章十上，得请，以待制知梓州。翌日，丞相奏事帘前，太母宣谕曰：“范侍讲求去甚力，故勉徇其请。昨日孩儿再三留他（谓哲宗），可谕与，且为孩儿留，未可求出，前降指挥不行。”于是公不复有请。

《资治通鉴》刊成，赐执政、从官及曾预编校者。张芸叟以诗谢纯夫云：“我投湘水五千里，公滞周南二十春。”纯夫和云：“六世承平有史臣，紬书东洛布成均。网罗遗逸三千载，笔削兴亡十九春。天作冠篇垓典大，上思稽古宪章新。乌台御史词谁校，头白今为汗简人。”

郑闳中祭酒，闽中先生也，年老得请宫祠，太学生上书乞留，纯夫奏疏引退之留孔戣故事，不报。公有诗送闳中云：顾我言非韩吏部，多公节似孔尚书。公称闳中长者，常论边事，闳中先生只是饶人。

雅州蒙山常阴雨，谓之“漏天”，产茶极佳，味如建品，纯夫有诗云：漏天常泄雨，蒙顶半藏云。为此也……

富郑公在延，潞公请范纯夫作致语云：“衮衣绣裳，迎周公之归老；安车驷马，奉汉相之罢朝。”富公大喜。

范纯夫每次日当进讲，是夜讲于家，郡从弟子毕集听焉，讲终点汤而退。

元祐初，范公以著作佐郎兼侍讲，每造迩英过押班御药阁子，都知以下列行致恭即退。顾子敦尝与都知梁惟简一言，公大以为失体。陈衍初管当御药院，来谢，宅门数步外下马，留榜子与阍者，云：“烦呈覆，欲知曾到门下。”其后公为谏议大夫，僦居城西白家巷，东邻陈衍园也，衍每至园中，不敢高声，谓同列曰：“范谏议一言到上前，吾辈不知死所矣。”其畏惮如此。

元祐末，纯夫数上疏论时事，其言尤激切，无所顾避。文潜、少游恳劝以谓不可，公意竟不回。其子冲亦因间言之，公曰：“吾出剑门关，称范秀才，今复为一布衣，何为不可?”其后远谪，多缘此数章也。

绍圣初，籍定元祐党止数十人，世号精选，其后乃泛滥，人以得预为荣，而议者不以为当也。刘莘老、梁况之终于贬所，因尚洙之言，朝廷以二公既没，不及再贬，故诸子尽废。范纯夫以是移化，事实不类，其子冲亦停官，竟不知当时如何行遣也。

纯夫谏疏多自毁去，平生为文，深不欲人知。京师刊行《唐鉴》，公欲为文，移开封毁板，后其子冲陈不可，乃已。纯夫荐士，后多贵显，人无知之者。纯夫子冲问：“欧公知圣俞为深，相与至厚。然不闻荐引，卒使沈于下僚，何也?”公曰：“前辈不以朝廷官爵私于朋友故旧。”（别作一条）公言：

"旧日子弟赴官有乞书于蜀公者，蜀公不许。曰：'仕宦不可广求人知，受恩多则难立朝矣。'"

纯夫著作郎兼侍讲，谒告省蜀公于许。上以手诏抚问蜀公，并赐茶药，又遣中使赐纯夫银百两为路费，自太母垂帘，未尝有此赐也。

元祐初，讲《论语》彻章，锡宴东宫，上赐御书，讲读官各上书并表记。纯夫表云："愿陛下笃志学问，亦如好书；益进道德，皆若游艺。则圣神可至，事业可成。如天之积高，地之积厚，广大深远，不可得而量也。"公遇事必规，皆类此。

纯夫自宾移化，朝旨严峻，郡官不敢相闻。既至城外，父老居民皆出送，或持金币来献。纯夫谢遣之，一无所受，皆感泣而去。化州城外寺僧，一夕见大星殒门外，中夜闻传呼开门，果然是夜公薨，后三日，殡于寺中。宾州人李宝善地理，谓纯夫子冲曰："寺当风水之冲。"指寺北山一亢曰："此可殡，不难安稳，岁余必得归。"遂卜之改殡。是年飓风作，屋瓦皆飞，大木尽拔，独北山殡所不动，次年归葬如李言。后有自岭外来者云：土人至今庙祀公于北山。

纯夫云：元丰八年三月五日，神庙登遐，追百官班。徐王、荆王皆在殿门外，已闻禁中哭声，二王徘徊忧惨，殿门尚闭，不得进，少顷，开门，同百官入。范公时为奉议郎秘书省正字。神宗服药已久，徐王、荆王数入问疾，太母谕之曰："自此不须来。"其后更不敢至禁中。太母严礼法，其意止为官人难回避也。

对晁书，四库馆臣评价说：

是书乃其劄记、杂论，兼及朝野见闻，盖亦语录之流。条下间有夹注……盖用苏鹗《杜阳杂编》之例，每条必记其所语之人，所谓"客语"也。其中，议论多有关于立身行己之大端，所载熙、丰间名流遗事，大都得自目击，与史传亦可互相参证。[①]

清人周中孚也说：“是书或记录旧说，或自立论，颇近语录之体。所述皆立身行己之道，而于朝野见闻以及元祐诸人轶事亦所不遗，多足补史传之阙。其持论参以禅悦，不纯乎儒理，盖其家学所传授，交游所讲习，大都儒释混淆，景迂亦未能卓然有所树立也。”[②]

《晁氏客语》成书后，收入《百川学海》，弘治十四年（1501），又有无锡华氏覆宋本。顺治三年（1646），收入《说郛续》，为两浙李氏宛委山堂刊本。至乾隆朝，编《四库全书》，收入“子部杂家类”，为浙江鲍士恭家藏本。道光十一年（1831），收入《学海类编》，为六安晁氏活字排印本。至民国，收入《丛书集成初编》，由商务印书馆排印，1985年又由中华书局重印，与皮日休《鹿门子》、林逋《省心录》、苏籀《栾城先生遗言》、许棐《樵谈》和何坦《西畴老人常言》合刊一册。2003年，收入《全宋笔记》，由大象出版社排印；2005年，又收入《古人云丛书》，由岳麓书社印行，是为现在最通行的版本。

王暐与《道山清话》

王暐（?），生卒年、字号、爵里及事迹行状俱不详，今存所撰《道山清话》。

《道山清话》一卷，又作《道山新闻》，凡一百三十四条。“道山”一词，即儒林、文苑，语出《后汉书·窦章传》：“是时学者称东观为老氏臧室，道家蓬莱山。”“清话”一词，即高雅不俗的言谈，语出东晋陶潜《与殷晋安别》：“信宿酬清话，益复知为亲。”王氏偏记李常、

① 《四库全书总目》卷120《〈晁氏客语〉提要》，北京，中华书局，1965。

② 周中孚：《郑堂读书记》卷56《子部·杂家类·晁氏客语》，上海，上海书店，2009。

苏轼、黄庭坚、张耒和秦观的言论，因以“道山”、“清话”题书。

像记李常、王安石奏言云：

李常为言官，言王安石理财不由仁义，且言安石遂非喜胜，日与其徒吕惠卿等阴筹窃计，思以口舌以文厥过，以公论同乎流俗，以忧国为震惊朕师，以百姓愁叹为出自兼并之言，以卿士佥议为生乎怨嫉之口，而又妄取经据，傅会其说。且言：“理财用而不由仁与义，不上匮则下穷矣，臣自知朝夕蒙戮，不惮开垂闭之口，吐将腐之舌，为陛下反覆道之。”凡数千言。上览之，惊叹再三，抚谕曰：“不意班行中乃有卿也，从前无臣僚说得如此分明。待便为施行。”明日，安石登对，神宗正色视安石：“昨览李常奏，岂不误他百姓?”安石垂笏低手，作怠慢之状，笑而不对。神宗愈怒，遂再问之。安石略陈数语，人不闻安石所言何事，但见上连点头曰：“极是，极是。”常之奏竟不见降出。常后对人言：“不知安石有甚狐媚厌倒之术。”

又记秦观行次郴道事云：

秦观南迁，行次郴道，遇雨。有老仆滕贵者，久在少游家，随以南行，管押行李在后，泥泞不能进。少游留道傍人家以俟，久之，方盘跚策杖而至，视少游叹曰：“学士，学士，他门取了富贵，做了好官，不枉了恁地。自家做甚来陪奉他门，波波地打闲官，方落得甚声名!”怒而不饭。少游再三勉之，曰：“没奈何。”其人怒犹未已，曰：“可知是没奈何!”少游后见邓博文，言之大笑，且谓邓曰：“到京见诸公，不可不举似以发大笑也。”

又记唐子方、王安石议事云：

唐子方为人刚直，既参大政，与介甫议事每不协。尝与介甫议杀人伤者许首服，以律案问免死，争于裕陵之前。介甫强辩，上主其议。子方不胜愤懑，对上前谓介甫曰："安石行乖学僻，其实不晓事，今与之造化之柄，其误天下苍生必矣！"上以其先朝遗直，骤加登用，亦不之罪。既而子方疽背而死。方其病革，车驾幸其第以临问之，子方已昏不知人，忽闻上至，开目而言曰："愿陛下早觉悟。可惜祖宗社稷，教安石坏却。"上首肯之。问其家事，无一言。及薨，又幸其第，见其画像不类，命取禁中旧藏本以赐其家。上有昭陵御题"直哉若人，为国砥柱"八字，印以御宝，下有昭陵御押字，予尝亲得见焉。其家传有云：子方一日见介甫诵《华严经》，因劝介甫不若早休官去。介甫问之，子方曰："公之为官，止是作业。更做执政数年和佛也费力。"介甫不答。一日，子方在朝，介甫乃以子方之言白于上，将以危之。上大笑而止。

对王书，四库馆臣评价说：

所记终于崇宁五年，则成书当在徽宗时。书中颇诋王安石之奸，于伊川程子及刘挚亦不甚满。惟记苏、黄、晁、张交际议论特详。其为蜀党中人，固灼然可见矣。①

清人周中孚也说："其书凡一百三十四条，皆记北宋杂事，迄崇宁五年而止，当即成于是时也。其于王介甫深致诋諆，而又不满程正公、刘莘老，知其为蜀党中人，故独详于苏、黄、晁、张诸人，则所记亦不能持其平矣。所以不明著姓名，非无因也。"②

《道山清话》成书后，收入《百川学海》，弘治十四年（1501），又有无锡华氏覆宋本。至乾隆朝，编《四库全书》，收入"子部小说家类"，为内府藏本。嘉庆十年（1805），收入《学津讨原》，为虞山张氏照旷阁刊本。宣统二年（1910），收入《古今说部丛书》，为上海国学

① 《四库全书总目》卷141《〈道山清话〉提要》，北京，中华书局，1965。

② 周中孚：《郑堂读书记》卷64《子部·小说家类·道山清话》，上海，上海书店，2009。

扶轮社排印本。至民国，收入《说库》和《丛书集成初编》，分别由上海文明书局、商务印书馆石印和排印，1985 年后者又由中华书局重印，与叶梦得《避暑录话》和尤玘[①]《万柳溪边旧话》合刊一册。2003 年，收入《全宋笔记》，由大象出版社排印；今人孔一以学津讨原本为底本点校，2012 年由上海古籍出版社排印，列入《历代笔记小说大观》，与宋敏求《春明退朝录》、洪皓《松漠纪闻》、施德操《北窗炙輠录》和蒋子正《山房随笔》合刊一册，是为现在最通行的版本。另外，1993 年，又收入《中国野史集成》，由巴蜀书社影印。

袁褧与《枫窗小牍》

袁褧（?），生卒年、字号、爵里及事迹行状俱不详，今存所撰《枫窗小牍》。

《枫窗小牍》二卷，书分上下，由褧子颐续成，书成于两宋之际。卷首颐序云：

> 余迫猝渡江，侨寓临安山中，父书手定都为乌有。第日对窗西乌桕省念旧闻，得数十事录之，以备遗忘。时晚秋萧瑟，喜有丹叶残霞，来射几案。会录成，辄呼酒落之，名曰《枫窗小牍》。

书中所记，主要是北宋汴京（今开封）见闻，也涉及一些南宋临安（今杭州）杂事。像卷上记张思训制作浑天仪，可补中国科技史之阙："太平兴国中，蜀人张思训制上浑仪。其制与旧仪不同，最为巧捷，起为楼阁数层，高丈余，以木偶为七直人，以直七政，自能撞钟击鼓。又为十二神，各直一时，至其时即自执辰牌循环而出。余大王父赞善

---

① 尤玘（?），字君玉，号"知非子"，常州无锡人，为尤袤（1127—1194）之后，大略生活于宋元之际。

公，尝入文明殿漏室中见之。”

又同卷记徽宗朝及南渡后的户籍情况，更为两宋社会经济史中珍贵资料：“国初，杭粤蜀汉未入版图，总户九十六万七千五百五十三。至开宝末，增至二百五十万八千六十五户。太宗拓定南北，户犹三百五十七万四千二百五十七。此后递增至徽庙，有一千八百七十八万之多。噫！可谓盛矣。及乘舆南渡，江淮以北悉入虏庭。今上主户亦至一千一百七十万五千六百有奇。生息之繁，视宣和已前仅减七百万耳。”

又卷下记宋真宗祀汾而还、钱武肃王铁券、石晋授文穆王玉册、两宋大赦、宋哲宗视太学、乾德至景祐佛教情形，对研究有关史事也有一定的参证价值。

对袁书，四库馆臣评价说：

> 所记多汴京故事，如艮狱、京城、河渠、官阙、户口之类，多可与史传相参，其是非亦皆平允。惟洪刍以根括金银之日，势劫内人，征歌佐酒，其罪不可胜诛，长流海岛，宋法已为宽纵。此乃力辩其无喜，则纰谬之甚，不足征据矣。①

不过，清人周中孚则认为：“其人上及见徽宗崇宁，下及见宁宗嘉泰，故旧本题为百岁老人”，从卷首小引，“知其为生长北方之人，故多纪汴京故事，凡六十五则，颇为详明，足资考证。惟辨洪刍为无辜获罪一则，乃大纰缪耳”②。

《枫窗小牍》成书后，久无刊刻，一直以抄本流传。于晚明，收入《稗海》、《宝颜堂秘笈》和《唐宋丛书》，分别为万历会稽商氏半埜堂刊本、绣水沈氏刊本和崇祯钟氏刊本。顺治三年（1646），收入《说郛续》，为两浙李氏宛委山堂刊本。至乾隆朝，编《四库全书》，收入“子部小说家类”，为内府藏本；又收入《知不足斋丛书》，为长塘鲍氏

① 《四库全书总目》卷141《〈枫窗小牍〉提要》，北京，中华书局，1965。

② 周中孚：《郑堂读书记》卷64《子部·小说家类·枫窗小牍》，上海，上海书店，2009。

刊本。宣统二年（1910），收入《古今说部丛书》，为上海国学扶轮社排印本。至民国，又收入《说库》和《丛书集成初编》，分别由上海文明书局、商务印书馆石印和排印，1985年后者又由中华书局重印，与黄震《黄氏日抄古今纪要逸编》合刊一册。1983年，由台湾商务印书馆印行。今人尚成以宝颜堂秘笈本为底本点校，2012年由上海古籍出版社排印，列入《历代笔记小说大观》，与周煇《清波杂志》合刊一册，是为现在最通行的版本。另外，1993年，收入《中国野史集成》，由巴蜀书社影印；2003年，又收入《全宋笔记》，由大象出版社排印。

施德操与《北窗炙輠录》

施德操（?），字彦执，浙东盐官（今浙江海宁）人。他大略生活于两宋之交，与同里杨璇力行好学，又与张九成友善，为学主孟子而抑杨墨，人称"持正先生"，撰有《孟子发题》和《北窗炙輠录》。

《北窗炙輠录》二卷，书分上下。"炙輠"一词，语出《史记·荀卿列传》："谈天衍，雕龙奭，炙毂过髡。"輠，原本是车上盛油之器具；炙輠，即经烤炙之輠，不乏余膏、油润，以喻淳于髡善于议论。施氏书记与宾客的谈论，因以"炙輠"题书。而谈论内容，不乏宋之人物、时政，是值得关注史料。像卷上记程颢与王安石事云：

> 新法之变，议者纷然。伯淳见介甫，介甫闻伯淳至，盛怒以待之。伯淳既见，和气蔼然见眉宇间，即笑谓介甫曰："今日诸公所争，皆非私，实天下事。求相公少霁威色，且容大家商量。管子云：'下令如流水之源，令顺民心也。'管子犹知尔，况乃相公高明乎！何苦作逆人事。"介甫为伯淳所薰，不觉心醉，即谓伯淳曰："业已如此，奈何?"伯淳曰："尚可改也。"介甫遂有改法之意，许明日见上白之。及明日见上，有张天骥者，实横渠弟也，自处士征为谏官，遂于上前面折荆公

之短，荆公不胜其忿，遂不肯改。故伊川尝谓诸公曰：“新法之弊，吾辈当中分其罪。便当时尽如伯淳，何至此哉！以诸公不能相下，遂激怒而成尔。”

又同卷记吕惠卿与王安石事云：

吕吉甫既叛介甫，介甫再用，遂令人廉其事，乃得吉甫托秀水通判张君济置田一事。君济置田时，吉甫有舅郑，不知其名，谓之郑三舅，往来君济间。介甫乃发其事，即拘君济、郑皆下狱，郑遂死狱中。已而，奉敕张君济决配某州。临刑日，士大夫莫不哀伤之。决讫，有内臣出白纸一大幅，辄印其脊血而去。人大惊，问之，答曰：“欲呈相公也。”呜呼！介甫酷烈，乃至如此乎！

又卷下记宋仁宗与宫人博戏云：

仁宗尝与宫人博，才出钱千，既输却，即提其半走，宫人皆笑曰：“官家太穷相，又惜不肯尽输。”仁宗曰：“汝知此钱为谁钱也？此非我钱，乃百姓钱也。我今日已妄用百姓千钱。”又一夜，在宫中闻丝竹歌笑之声，问曰：“此何处作乐？”宫人曰：“此民间酒楼作乐处。”宫人因曰：“官家且听，外间如此快活，都不似我宫中如此冷冷落落也。”仁宗曰：“汝知否？因我如此冷落，故得渠如此快活。我若为渠，渠便冷落矣。”呜呼，此真千古盛德之君也！

对施书，四库馆臣评价说：

所记多当时前辈盛德可为士大夫观法者，实不以滑稽嘲弄为主，未审何以命此名也……惟林灵素妖妄蛊惑，实方士中桀黠之雄，而德操称其有活人之心，未免好为异论……其横浦之学偶相渐染，故立是异说欤？瑕瑜不掩，分别观之可也。①

① 《四库全书总目》卷141《〈北窗炙輠录〉提要》，北京，中华书局，1965。

《北窗炙輠录》成书后，久无刊刻，一直以抄本流传。至乾隆朝，编《四库全书》，收入“子部小说家类”，为浙江鲍士恭家藏本；又收入《奇晋斋丛书》，为平陆路氏刊本。嘉庆四年（1799），收入《读画斋丛书》，为桐川顾氏刊本。今人王根林以四库全书本为底本点校，2012 年由上海古籍出版社排印，列入《历代笔记小说大观》，与宋敏求《春明退朝录》、洪皓《松漠纪闻》、王暐《道山清话》和蒋子正《山房随笔》合刊一册，是为现在最通行的版本。

金盈之与《醉翁谈录》

金盈之（?），北宋汴州（今开封）人，生卒年、字号及事迹行状俱不详。南渡后，官至从政郎，衡州录事参军，今存所撰《醉翁谈录》。

《醉翁谈录》八卷，① 今本略有残缺，又卷下设目，即卷一“名公佳制”之下的“史丞相上梁文”、“水碓古诗”、“竹奴文”、“约朋友结课檄书”、“容膝斋致语”、“御书扇铭”、“清醇酒颂”、“竹石铭”、“司马公联句”、“弃竹杖诗”；卷二“荣贵要览”之下的“戊辰亲恩游御园录”、“含元殿”、“曲江之宴”、“同昌公主”和“莲池”；卷三“京城风俗记”之下的“正月”、“二月”和“三月”；卷四“京城风俗记”之下的“四月”、“六月”、“七月”、“八月”、“九月”、“十月”、“十一月”和“十二月”；卷五“琐闼异闻”之下的“日林国怪石”、“赐辅国玉辟邪”、“碧芙蓉为异”、“奉天之谶”、“诗谶”、“神仙术”、“金玉屑化为胡蝶”、“雕木为技剧术”、“酒山紫海之异”、“黄金蛇”、“罗浮先生”、“懿宗佳谶”、“九玉钗”、“闻步辇香”和“九花虬”；卷六

① 蔡际青：《以金盈之〈醉翁谈录〉为个案的笔记小说研究》，黑龙江大学中国古代文学硕士论文（2012）。

“禅林丛录”之下的“贺叶僧下山娶尼疏”、“弃吏为僧疏”、“化度牒疏”、“僧化结路建桥疏”、“了禅师与觉和尚下火”、“永长老与吏人下火”、“醉僧溺死与下火”、“崇荐龚老与傅磨下火”、“僧与妓弟下火”、“崇和尚与妓下火”、“僧赞子母遭焚偈”、“居士夏月举火”、“与女人举棺”、“撒土”、“祭逃禅虚一居士文”、“赞陈都院居士画像”、“雕佛余钱度僧语”和“冯相坐禅”；卷七“平康巷陌记”之下的“平康总序”、“序妓子母所自”、“妓期遇保唐寺”、“诗赠团儿二女”、“诗赠赵降真”、“岛仙少有诗名”、“举举善辩”、“因娘轻率”和“常儿诗笔”；卷八“平康巷陌记”之下的“德奴家烛有异香”、“令宾能诗笔”、“苏苏和诗讥进士”、“妓因得诗增重”、“潘琼儿家繁盛”和“惜惜钟情花月”。

从设目不难看出，金书偏小说家之言，不过，有关唐宋逸事、宋代诗文及京城风俗的内容，也是十分可贵的史料。①

《醉翁谈录》成书后，久无刊刻，一直以抄本流传。顺治三年(1646)，收入《说郛续》，为两浙李氏宛委山堂刊本。光绪十年(1884)，收入《碧琳琅馆丛书》，为巴陵方氏广东刊本。至民国，收入《适园丛书》和《芋园丛书》，为乌程张氏刊本和南海黄石汇印本。1995年，收入《续修四库全书》，由上海古籍出版社影印。1998年，由辽宁教育出版社排印，收入《新世纪万有文库》，与罗烨《新编醉翁谈录》合刊一册，是为现在最通行的版本。

另外，大略与金氏同时的罗烨，作《醉翁谈录》二十卷，后人谓之《新编醉翁谈录》，是偏记宋代戏曲、话本小说资料的笔记，以《舌耕叙引》中“小说引子”、“小说开口”二文最有价值。② 1956年，由

---

① 凌郁之：《罗烨〈新编醉翁谈录〉考论》，载《中国文学研究辑刊》，2007(3)。

② 凌郁之：《罗烨〈新编醉翁谈录〉考论》，载《中国文学研究辑刊》，2007(3)。

古典文学出版社排印，收入《中国文学参考资料小丛书》；1998 年，由辽宁教育出版社排印，收入《新世纪万有文库》，与金盈之《醉翁谈录》合刊一册，是为现在最通行的版本。

七　南宋历史笔记（上）

○概说

南宋的历史（1127—1279），经历了宋高宗、孝宗、光宗、宁宗、理宗、度宗、恭帝、端宗和帝昺九朝，前后持续了一百五十三年。一般说来，高宗至孝宗朝为“早期”，光宗至度宗朝为“中期”，恭帝至帝昺朝为“晚期”；又大略可以“嘉定和议”为界，把南宋史分为前后两段，即前期（1127—1208）和后期（1209—1279）。

建炎元年（1127），赵构南迁之后，惊魂未定。金人大举南侵，也使重组的南宋政权，穷于应付。不过，绍兴和议达成以后，南宋算是大大松了一口气，政治经营渐渐有了起色，社会经济与文化开始全面复苏，官修和私撰史书也取得一定的成果。

南宋前期官修史书的成就，主要表现在纂实录和编会要上。

以撰实录而言，主要有《宋徽宗实录》、《宋钦宗实录》、《宋高宗实录》、《宋孝宗实录》和《宋光宗实录》。《宋徽宗实录》二百卷，成书于淳熙四年（1177）；《宋钦宗实录》四十卷，成书于乾道四年（1168）；《宋高宗实录》五百卷，成书于嘉泰二年（1202）；《宋孝宗实录》五百卷和《宋光宗实录》一百卷，则成书于嘉泰三年。

以编会要而言，主要有《乾道续四朝会要》三百卷、《乾道中兴会要》二百卷、《淳熙会要》三百六十八卷、《嘉泰孝宗会要》二百卷、《庆元光宗会要》一百卷、《今上皇帝（宁宗）会要》三百二十五卷、《淳祐宁宗会要》五十卷和《嘉定国朝会要》五百八十八卷，是关于宋孝宗至宁宗朝典章制度的总汇。

至于南宋前期的私撰之作，可谓成就不俗，主要表现在记当代、立纲目、创本末、编通史和作笔记上。

以记当代而言，主要是李焘的《续资治通鉴长编》九百八十卷，成书于淳熙九年（1182）；它接续司马光的《资治通鉴》，记事始于建隆元年（960），止于治平四年（1067），是一部北宋开国以来一百零八年的编年史，也是中国史学史上前所未有的、卷帙浩大的编年体王朝史，又是研究北宋前期社会最重要的历史文献之一。

以立纲目而言，主要是朱熹的《资治通鉴纲目》五十九卷，充分体现了他“表岁以首年，而因年以著统；大书以提要，而分注以备言”[①] 的撰述旨趣；记事起止一同《资治通鉴》，即始于周威烈王二十三年（前403），止于显德六年（959）；书以“纲”为提要，“目”为叙事，便于阅读，是编年记事的一种新形式，在历史编纂学上有一定的价值。

以创本末而言，主要是袁枢的《通鉴纪事本末》四十二卷，可谓《资治通鉴》的改编本；它以事件为中心，按照原来年次分类编辑，抄录有关原文及史论，每事又标以醒目的题目；书分编为二百三十九个正目、六十九个附题，记事起于“三家分晋”，止于“世宗征淮南”。相

① 朱熹：《资治通鉴纲目》（序），北京，北京图书馆出版社，2005。

对于《资治通鉴》，袁书保持了主要作为一部政治史的特点，只不过是把头绪繁多的历史过程大力简化，而改编为故事化而可读性强的历代治乱兴亡史。这也表明，袁氏开创了以纪事为主的本末体，弥补了编年与纪传体的不足，从而丰富了史学撰述的形式。

以编通史而言，主要是郑樵的《通志》二百卷，是一部以人物为中心的纪传体通史，包括纪十八卷、年谱四卷、略五十二卷、世家三卷、载记八卷、传一百二十五卷，记述了从传说中的三皇至隋唐之际四五千年的历史。郑氏倡导会通思想，主张修通史，强调史事与典章制度的联系，既重视古今的“相因之义”，又关注历代的损益变化。占全书四分之三的纪传部分系抄录正史而成，本身并无多少史料价值；而在“总序”和“二十略”中，则既体现了郑氏的撰史旨趣，又多有自己在学术上的独到见解。所以，后来多以“总序”和“二十略”单印成书，习称《通志略》；而“略”本身又属于政书的范畴，于是学界多归于典制体史书之列。

而这一时段的历史笔记，则主要有邵伯温的《邵氏闻见录》，邵博的《邵氏闻见后录》，曾慥的《高斋漫录》，佚名的《南窗记谈》，杨彦龄的《杨公笔录》，赵令畤的《侯鲭录》，马永卿的《嬾真子》和《元城语录》，方勺的《泊宅编》和《青溪寇轨》，惠洪的《冷斋夜话》，何薳的《春渚纪闻》，叶梦得的《石林燕语》、《避暑录话》和《岩下放言》，程俱的《麟台故事》，庄绰的《鸡肋编》，李纲的《靖康传信录》和《建炎时政记》，朱弁的《曲洧旧闻》，赵鼎的《建炎笔录》和《辩诬笔录》，洪皓与《松漠纪闻》，龚明之的《中吴纪闻》，朱翌的《猗觉寮杂记》，曹勋的《北狩见闻录》，黄朝英的《缃素杂记》，王谠的《唐语林》，魏泰的《碧云騢》和《东轩笔录》，孟元老的《东京梦华录》，姚宽的《西溪丛语》，史浩的《两钞摘腴》，陈长方的《步里客谈》，李季可的《松窗百说》，曾敏行的《独醒杂志》，韩元吉的《桐阴旧话》，高晦叟的《珍席放谈》，蔡絛的《北狩行录》和《铁围山丛谈》，佚名的《建炎复辟记》、《建炎维扬遗录》和《靖炎两朝见闻录》，丁特起的《靖康纪闻》，石茂良的《避戎夜话》，张邦基的《墨庄漫录》，程大昌与《考古编》、《续考古编》、《演繁露》和《续演繁露》，洪迈的《容斋随笔》及二笔、三笔、四笔和五笔，陆游的《家世旧闻》、《避暑漫抄》和《老学庵笔记》，范成大的《揽辔录》、《骖鸾录》和《吴船录》，周必大的《玉堂杂记》、《二老堂杂志》和《归庐陵日记》，范公偁的《过庭录》，俞成的《萤雪丛说》，董弅的《闲燕常谈》，周煇的《北辕录》、《清波杂志》和《清波别志》，王铚的《默记》，王明清的《挥麈录》、《投辖录》和《玉照新志》，李如箎的《东园丛说》，张知甫的《可书》，王楙的《燕翼诒谋录》，吴炯的《五总志》，李垕的《续世说》，吴曾的《能改斋漫录》，沈作喆的《寓简》，张世南的《游宦纪闻》，袁文的《瓮牖闲评》，楼钥的《北行日录》，赵彦卫的《云麓漫抄》，王楙的《野客丛书》，韩淲的《涧泉日记》，史绳祖的《学斋占毕》，高文虎的《蓼花洲闲录》，龚颐正的《芥隐笔记》，郭彖的《睽车志》，吴箕的《常谈》，孙奕的《示儿编》和张淏与《云谷杂记》。

在它们当中，又主要以邵伯温《邵氏闻见录》、邵博《邵氏闻见后录》、赵令畤《侯鲭录》、方勺《泊宅编》、惠洪《冷斋夜话》、何薳《春渚纪闻》、叶梦得《石林燕语》、程俱《麟台故事》、朱弁《曲洧旧闻》、洪皓与《松漠纪闻》、龚明之《中吴纪闻》、王谠《唐语林》、魏泰《东轩笔录》、孟元老的《东京梦华录》、陈长方《步里客谈》、蔡絛《铁围山丛谈》、程大昌与《考古编》和《续考古编》、洪迈《容斋随笔》、陆游《老学庵笔记》、周必大《玉堂杂记》、周煇《清波杂志》和《清波别志》、王铚《默记》、王明清《挥麈录》和《玉照新志》、李垕《续世说》、吴曾《能改斋漫录》、袁文《瓮牖闲评》、赵彦卫《云麓漫抄》和王楙《野客丛书》为代表。

邵伯温与《邵氏闻见录》

邵伯温（1057—1134），字子文，涿州范阳（今河北涿县）人，随父邵雍迁居洛阳。元祐二年（1087），以经行荐，授大名府助教，官至长子县尉、永兴军铸钱监、果州知州、提点成都路刑狱、利州路转运副使。他长于儒学，撰有《闻见录》、《易学辨惑》、《皇极经世序》和《观物内外篇解》。

《邵氏闻见录》二十卷，原名《闻见录》，又作《闻见前录》和《河南邵氏闻见前录》。卷首绍兴二年（1132）邵氏自序云：

> 《易》曰："君子多识前言往行，以畜其德。"《孟子》曰："则闻而知之，则见而知之。"伯温以先君子之故，亲接前辈，与夫侍家庭，居乡党，游宦学，得前言往行为多。以畜其德则不敢当，而老景侵寻，偶负后死者之责，类之为书，曰《闻见录》，尚庶几焉。

从自序可知，邵氏"亲接前辈"，知前言往行，因类次为书。卷一至卷十六，记北宋一代故事，卷十七记杂事，卷十八至卷二十，记父亲邵雍言行，不免诞妄，最不可取。所以，以"史"而论，当关注卷一至卷十六，而卷十七次之。即以卷三记王安石变法为例：

> 神宗既退司马温公，一时正人皆引去，独用王荆公，尽变更祖宗法度，用兵言利，天下始纷然矣。帝一日侍太后，同祁王至太皇太后宫，时宗祀前数日，太皇太后曰："天气晴和，行礼日亦如此，大庆也。"帝曰："然。"太皇太后曰："吾昔闻民间疾苦，必以告仁宗，常因赦行之，今亦当尔。"帝曰："今无它事。"太皇太后曰："吾闻民间甚苦青苗、助役钱，宜因赦罢之。"帝不怿，曰："以利民，非苦之也。"太皇太后曰："王安石诚有才学，然怨之者甚众。帝欲爱惜保全，不若

暂出之于外，岁余复召用可也。”帝曰：“群臣中惟安石能横身为国家当事耳。”祁王曰：“太皇太后之言，至言也。陛下不可不思。”帝因发怒，曰：“是我败坏天下耶？汝自为之。”祁王泣曰：“何至是也。”皆不乐而罢。温公尝私记富韩公之语如此，而世无知者。崇宁中，蔡京等修哲宗史，为《王安石传》，至以王安石为圣人，然亦书慈圣光献后、宣仁圣烈后因间见上，流涕为言安石变乱天下，已而安石罢相。岂安石之罪虽其党竟不能文耶？抑天欲彰吾本朝母后之贤，自不得而删也？帝退安石，十年不用。元丰末，帝属疾，念可以托圣子者，独曰：“将以司马光、吕公著为师傅。”王安石不预也。呜呼，圣矣哉！

又以卷五议绍圣政事为例：

绍圣初，哲宗亲政，用李清臣为中书侍郎。范相纯仁与清臣论事不合，范公求去。帝不许，范公坚辞，帝不得已，除观文殿大学士、知颍昌府。召章惇为相，未至，清臣独当中书，益觊幸相位，复行免役、青苗法，除诸路常平使者。惇至，不能容，以事中之，清臣出知北京。建中靖国初，上皇即位，用韩忠彦为相，清臣为门下侍郎。忠彦与清臣有连，故忠彦惟清臣言是听。清臣复用事，范右丞纯礼，忠彦所荐，清臣罢之；刘安世、吕希纯皆忠彦所重，清臣不使入朝，外除安世帅定武、希纯帅高阳；张舜民，忠彦荐为谏议大夫，清臣出之，帅真定。其所出与外除及不使入朝者，皆贤士，清臣素所惮不可得而用名者，忠彦懦甚，不能为之主。曾布为右相范致虚谏疏云：“河北三帅连衡，恐非社稷之福。”刘安世、吕希纯张舜民同日报罢，清臣亦为布所陷，出知北京。伯温尝论绍圣、建中靖国之初，朝廷邪正治乱未定之际，皆为一李清臣以私意幸相位坏之。邪说既胜，众小人并进，清臣自亦不能立于朝矣。

使清臣在绍圣初同范丞相，在建中靖国初同范右丞、刘安世、吕希纯、张舜民以公议正论共济国事，则朝廷无后日之祸，而清臣亦得相位矣。此忠臣义士惜一时治乱之机，为之流涕者也。

不难看出，事关大政，邵氏不惜笔墨，详记重论，很难见于他书。另外，邵氏还杂录典章制度、文学思潮、文化习俗、诗词文章以及考订辩误。为后人研究宋代的历史、文学及社会文化提供了宝贵的材料，具有很高的史料价值。① 四库馆臣评价说：

前十六卷记太祖以来故事，而于王安石新法始末，及一时同异之论，载之尤详。其论洛、蜀、朔三党相攻，惜其各立门户，授小人以间，又引程子之言，以为变法由于激成，皆平心之论。其记灯笼锦事出文彦，于事理较近。其记韩、富之隙由撤帘不由定策，亦足以订强至家传之讹……十七卷多记杂事，其洛阳、永乐诸条，皆寓麦秀黍离之感。十八卷至二十卷皆记邵子之言行……转涉妖诬……盖亦择焉不精者，取其大旨可耳。②

清人周中孚也说："卷一至卷十六皆记北宋一代故事，尤详于熙宁之变法，元祐之分党。盖子元生当其时，见闻较切，所以详哉其言也。卷十七记杂事，凡十二节，则颇具端末，其于洛中形势三致意者，似有感于当时不都洛而都汴，以致失其险阻尔。卷十八至末纪康节言行，颇涉妖妄，总文内喜谈前知，不免变本而加厉也。周平园称是书颇多荒唐，究属言之过当，然以之品定此三卷，则得之矣。"③ 晚清李慈铭也

---

① 崔翀：《读〈邵氏闻见录〉札记》，载《辽宁行政学院学报》，2006（10）；傅卓君：《〈邵氏闻见录〉研究》，山西大学中国古代文学硕士论文（2011）。

② 《四库全书总目》卷141《〈闻见前录〉提要》，北京，中华书局，1965。

③ 周中孚：《郑堂读书记》卷64《子部·小说家类·闻见前录》，上海，上海书店，2009。

是毁誉各半："子文所记颇近翔实，而于荆公父子有过甚之词，然亦谓荆公本贤者，可与司马温公并称，为雱及吕惠卿等所误。其书盖随时笔记，故语多复沓。"①

《邵氏闻见录》成书后，久无刊刻，一直以抄本流传。于晚明，收入《津逮秘书》，为崇祯虞山毛氏汲古阁刊本。至乾隆朝，编《四库全书》，收入"子部小说家类"，为内府藏本。嘉庆十年（1805），收入《学津讨原》，为虞山张氏照旷阁刊本。至民国，涵芬楼编《宋元人说部书》，由商务印书馆排印；又收入《宋人小说》和《丛书集成初编》，分别由商务印书馆和神州国光社排印，1990 年前者又由上海古籍出版社影印，1985 年后者又由中华书局重印。今人李剑雄、刘德权以涵芬楼本为底本点校，1983 年由中华书局印行，列入《唐宋史料笔记丛刊》；2012 年，上海古籍出版社重排王根林点校本，列入《历代笔记小说大观》，与邵博《邵氏闻见后录》合刊一册，是为现在最通行的版本。另外，1993 年，收入《中国野史集成》，由巴蜀书社影印；2003 年，又收入《全宋笔记》，由大象出版社排印。

邵博与《邵氏闻见后录》

邵博（？—1158），字公济，邵伯温次子。绍兴八年（1138）进士，官至右朝奉大夫、秘书监校书郎、实录院检讨、左朝政大夫、眉州及雅州知州。他长于文史，撰有《西山集》、《邵博文集》和《邵氏闻见后录》。

《邵氏闻见后录》三十卷，原名《闻见后录》，又作《河南邵氏闻见后录》。卷首绍兴二十七年（1157）邵氏自序云：

---

① 李慈铭：《越缦堂读书记·杂记·闻见录/闻见后录》，北京，中华书局，2006。

先人蚤接昔之君子，著其闻见，于篇甚严。博不肖，外继有得，在前例为合，间后出他记，不避也。或以司马迁之书曰“太史公”，犹其父谈云尔，曷绪之篇下，亦不失为迁也……但曰《闻见后录》云。

从自序可知，邵氏以续父《前录》而作，因称《后录》。书记北宋国史旧闻，又及经史、史论和诗话，还参以神怪和俳谐，内容显得驳杂。从思想观点上看，他也与父亲很不一致：父亲推重二程，而他则排程而宗苏轼。不过，《后录》体制宏大，记事繁富，有关司马光、李泰白、陈瓘、雷简夫之文，鲜见于他书，史料价值很高，应当引起学界的高度重视。

即以卷十五记雷简夫①事为例：

眉山老苏先生里居，未为世所知时，雷简夫太简为雅州，独知之，以书荐之韩忠献、张文定、欧阳文忠三公，皆有味其言也。三公自太简始知先生。后东坡、颖滨但言忠献、文定、文忠，而不言太简何也？予官雅州，得太简荐先生书，尝以问先生曾孙子符、仲虎，亦不能言也。简夫，长安人，以遗才命官，其文亦奇，国史有传。上韩忠献书：“简夫启：昨年在长安，累获奏记，及入蜀来，路远颇如疎怠，恭惟恩照，恕其如此，不审均逸名都，寝食何似。简夫向年，自与尹师鲁别，不幸其至死不复相见，故居常恨，以谓天下后生无复可与议论当世事者，不意得郡荒陋，极在西南，而东距眉州尚数百里。一日，眉人苏洵携文数篇，不远相访。读其洪范论，知有王佐才；史论得迁史笔；权书十篇，讥时之弊；审势、审敌、审备三篇，皇皇有忧天下心。呜呼！师鲁不再生，孰与洵抗邪？简

① 雷简夫（1001—1067），字太简，同州郃阳（今陕西合阳）人。庆历二年（1042），杜衍荐为校书郎，官至秦州观察判官，知坊、阆、雅州，澧州安抚使，盐铁判官，职方员外郎。

夫自念道不著，位甚卑，言不为时所信重，无以发洵之迹。遽告之曰：如子之文，异日当求知于韩公，然后决不埋没矣。重念简夫，阻远门藩，职有所守，不获搢版约袂、疾指快读洵文于几格间，以豁公之亲听也，但邑邑而已。洵年踰四十，寡言笑，淳谨好礼，不妄交游；亦尝举茂才，不中第，今已无意。近张益州安道，荐为成都学官，未报。会今春将二子入都，谋就秋试，幸其东去，简夫因约其暇日，令自袖所业，求见节下，愿加奖进，则斯人斯文，不为不遇也。”上张文定书：“简夫启：简夫近见眉州苏洵著述文字，其间如洪范论，真王佐才也。史论，真良史才也。岂惟西南之秀，乃天下之奇才尔。令人欲麋珠虀芝，躬执匕箸，饫其腹中，恐他馈伤。且不称其爱护如此，但怪其不以所业投于明公，问其然，后云：‘洵已出张公门下矣。又辱张公荐，欲使代黄柬为郡学官。洵思遂出张公之门，亦不辞矣。’简夫喜其说。窃计明公引洵之意，不秖一学官，洵望明公之意，亦不秖一学官，第各有所待也。又闻明公之荐，累月不下，朝廷重以例捡，执政者靳之，不特达。虽明公重言之，亦恐一上未报，岂可使若人年将五十，迟迟于涂路间邪？昔萧昕荐张镐云：用之则为帝王师，不用则幽谷一叟耳。愿明公荐洵之状，至于再，至于三，俟得其请而后已，庶为洵进用之权也。”上欧阳内翰书：“简夫启：简夫顷年待诏公交车府，因故人苏子美始拜符采，不间不遗，许接议论。未两三岁，而执事被圣上不次之知，遂得以笔舌进退天下士大夫。士大夫不知刑之可惧，赏之可乐，生之可即，死之可避，而知执事之笔舌可畏。简夫不于此时，毕其平生之力，以谨自附于下风，而方从事戎马间，或告疾于旧隐，故足迹不至于门藩，书问不通于左右者，且十余年矣。岂偶然哉？盖有故耳。执事之官，日隆于一日，昔之所以议进退天下士大夫者，今又重之以权位，故其一言之出，则九鼎不足为重。简夫见弃于时，使与俗吏齿，碌碌外官，多谤少誉，方世之视其言，不若鸿毛之轻，故姓名不见记于执事矣。夫人重之不为，简夫肯为轻哉！方俟退于陇亩之中，绝于公卿之间，而后敢以尺书问阍吏，道故旧之情。今未能毕其志，而事已有以夺之矣。伏见眉州人苏洵，年踰四十，寡言笑，淳谨好礼，不妄交游，尝著六经、洪范等论十篇，为后世计。张益州一见其文，叹曰：'司马迁死矣，非子吾谁与？'简夫亦谓之曰：'生，王佐才也。'呜呼！起洵于贫贱之中，简夫不能也，然责之亦不在简夫也。若知洵不以告于人，则简夫为有罪矣。用是不敢固其初心，敢以洵闻左右。恭惟执事职在翰林，以文章忠义为天下师，洵之穷达，宜在执事。向者洵与执事不相闻，则天下不以是责执事，今也读简夫之书，既达于前，而洵又将东见执事于京师，今而后，天下将以洵累执事矣。"

对邵书，四库馆臣评价说：

是编盖续其父书，故曰《后录》。其中论复孟后诸条，亦有与前录重出者。然伯温所记多朝廷大政，可裨史传。是书兼及经义、史论、诗话，又参以神怪俳谐，较前录颇为琐杂。[①]

清人周中孚也说："以其父子元有《闻见录》，故此以'后'名，然所记与《前录》体例相同，而宗旨迥异，而持论驳杂，尤有乖于家法，惟所辨订经史文艺颇有灼见。其必欲宗苏氏而排程氏，与其父异趣者，盖以程学之徒未及推尊康节，故有意以报复之，其识见最为浅陋。至其历记洛阳名公卿园林，殊于地理有裨，故虽与其父书不类，亦复时有可观，此其所以与《前录》并传于后欤？"[②]

---

① 《四库全书总目》卷141《〈闻见后录〉提要》，北京，中华书局，1965。

② 周中孚：《郑堂读书记》卷64《子部·小说家类·闻见后录》，上海，上海书店，2009。

《邵氏闻见后录》成书后，久无刊刻，一直以抄本流传。于晚明，收入《津逮秘书》，为崇祯虞山毛氏汲古阁刊本。至乾隆朝，编《四库全书》，收入“子部小说家类”，为江西巡抚采进本。嘉庆十年（1805），收入《学津讨原》，为虞山张氏照旷阁刊本。道光二年（1822），沈钦韩校读黄丕烈校本，今存国家图书馆。至民国，涵芬楼编《宋元人说部书》，由商务印书馆排印；又收入《宋人小说》和《丛书集成初编》，分别由商务印书馆和神州国光社排印，1990 年前者又由上海古籍出版社影印，1985 年后者又由中华书局重印。今人刘德权、李建雄以涵芬楼为底本点校，1983 年由中华书局印行，列入《唐宋史料笔记丛刊》；2012 年，上海古籍出版社重排王根林点校本，列入《历代笔记小说大观》，与邵伯温《邵氏闻见录》合刊一册，是为现在最通行的版本。另外，1993 年，收入《中国野史集成》，由巴蜀书社影印，2003 年，又收入《全宋笔记》，由大象出版社排印。

曾慥与《高斋漫录》

曾慥（？—1155），字端伯，号“至游子”，泉州晋江人。他是曾公亮[①]裔孙，官至仓部及户部员外郎、尚书郎、大府正卿、秘阁修撰，提举洪州玉隆观。晚年学养生，潜心至道，撰有《道枢》、《至游子》、《集神仙传》、《高斋漫录》、《类说》、《乐府雅词》、《宋百家诗选》和《通鉴补遗》。

今本《高斋漫录》一卷，系四库馆臣从《永乐大典》中辑出。“高斋”，一般含义是“高雅之书斋”；而按作书惯例，也很可能是曾氏书斋，因以斋名题书。它卷帙虽少，可内容丰富，主要是朝廷典章制度、

① 曾公亮（998—1078），字明仲，号乐正，泉州晋江人。天圣二年（1020）进士，官至会稽知县、知制诰、翰林学士、端明殿学士、参知政事、枢密使、同中书门下平章事，封兖国公、鲁国公，与丁度承旨编修《武经总要》。

士大夫言行事迹，还有文评、诗话、诙谐、嘲笑之属。虽征引丛杂，不无琐屑，而可资参考者实多，一些史事，可补史传所未详。

像记给舍[1]当服赪带之制云：

给舍旧为一等，并服赪带排方佩鱼。元丰中有自侍即为夕拜者，故仍旧系金带。崇宁初乃援以为例，自是给事中并金带矣。又殿中少监，故事亦赪带佩鱼者，禁省供奉之职故也。政和以后置大司乐，位殿少之上，乃援例赪带，已失本意。后见明堂以颁政位，太常卿之上又援司乐例亦赪带，皆非也。

又记苏轼、章惇游南山寺事云：

苏子瞻任凤翔府节度判官，章子厚为商州令，同试永兴军进士刘原父为帅，皆以国士遇之。二人相得欢甚，同游南山诸寺。寺有山魈为祟，客不敢宿，子厚宿，山魈不敢出。抵仙游潭，下临绝壁万仞，岸甚狭，横木架桥。子厚推子瞻过潭书壁，子瞻不敢过，子厚平步以过，用索系树蹑之上下，神色不动。以漆墨濡笔，大书石壁上曰："章惇、苏轼来游。"子瞻拊其背曰："子厚必能杀人。"子厚曰："何也?"子瞻曰："能自拼命者，能杀人也。"子厚大笑。

又记官员亵妓、赌博之风云：

宣和间人材杂进，学士待制班常有数十人。乙巳之春开金明池，有旨令从官于清明日恣意游宴。是夜不扃郭门，贵人竞携妓女，朱轮宝马骈阗西城之外。诸公仍群聚赌博，达旦方归。议者以谓："上恩优渥如此，而身为从官，乃为赌钱汉，何也?"或答曰："非是从官为赌钱汉，乃是赌钱汉为从官故也。"

"乙巳"，即宣和七年（1125），是宋徽宗当政的最后一年，他沉溺

① 给舍：宋代给事中和中书舍人之合称。

书画和风情，对朝政和下属造成了消极影响。这条材料，也反映了北宋末年官场风气之一斑。对曾书，四库馆臣评价说：

> 《类说》自序，以为小道可观，而归之于资治体，助名教，供谈笑，广见闻。其撰述是书，亦即本是意。上自朝廷典章，下及士大夫事迹，以至文评、诗话，诙谐、嘲笑之属，随所见闻，咸登记录。中如给舍之当服赪带，不历转运使之不得为知制诰，皆可补史志所未备。①

清人周中孚也说："所述皆当代典章，士大夫言行，以及诗文评论，谐戏杂语，颇可以资法戒，供谈笑，总不外乎所著《类说》之意云尔。"②

《高斋漫录》早佚，于晚明，收入《古今说海》和《历代小史》，为嘉靖云间陆氏俨山书院刊本和万历安溪李氏刊本。至清朝，编《四库全书》，收入"子部小说家类"，为永乐大典本。于道光朝，收入《学海类编》和《守山阁丛书》，分别为六安晁氏活字排印本和金山钱氏重编本。嘉庆十四年（1809），收入《墨海金壶》，为虞山张氏照旷阁刊本。至民国，收入《说库》和《丛书集成初编》，分别由上海文明书局、商务印书馆石印和排印，1985 年后者又由中华书局重印，与陈师道《后山谈丛》合刊一册；1993 年，收入《中国野史集成》，由巴蜀书社影印。2003 年，又收入《全宋笔记》，由大象出版社排印，是为现在最通行的版本。

另外，绍兴六年（1136），曾氏略仿唐人马总《意林》之例，编成《类说》六十卷，为汉唐以来笔记小说总集；书分前后，二十五卷以前为前集，二十六卷以后为后集，收入笔记小说二百五十七种。入明，有天启六年（1626）岳钟秀刻本。至乾隆朝，编《四库全书》，收入"子

---

① 《四库全书总目》卷 141《〈高斋漫录〉提要》，北京，中华书局，1965。

② 周中孚：《郑堂读书记》卷 64《子部・小说家类・高斋漫录》，上海，上海书店，2009。

部杂家类”，为两江总督采进本。1955年，由文学古籍刊行社排印，是为现在最通行的版本。

佚名与《南窗记谈》

《南窗记谈》一卷，今本已非完帙，凡二十三条。四库馆臣认为，袁文作《瓮牖闲评》，曾引用过它，可断为作于宋孝宗以前；另外，还高度评价道：“所记多名臣言行，及订正典故，颇足以资考证。”[①] 不过，近人余嘉锡说它抄袭《曲洧旧闻》[②]，今人也有论定为伪作者。[③]

不过，书记唐宋人事，大多还有可取。像记唐宋士子习书云：

> 唐以身言书判设科，故士皆习书，有晋宋余风，今有得唐人遗迹，虽不知名亦往往可观。宋朝此科废，书遂无用于世，非自好之者不习，故工者亦少，亦势使之然也。欧阳文集载《与石公操推官书》言：尝见其二石刻书字之怪，讥其欲为异以自高。公操即守道，今《徂徕集》中犹见其答书，大略皆谰辞自解，至谓书乃六艺之一，虽善如钟王虞柳不过一艺而已，吾之所学尧舜周孔之道，不必善书也。欧公复之曰：《周礼·六艺》有六书之学，其点画曲直皆有其说，今以其直者为斜，方者为圆，而曰我第行尧舜周孔之道，此甚不可也。譬如设馔于案，加帽于首，正襟而坐然后食者，此世人之常尔。若其纳足于帽，反衣而衣，坐于案上，以饭实酒卮而食，曰我行尧舜周孔之道，可乎？不可乎？此言诚中其病。守道字画世不

① 《四库全书总目》卷141《〈南窗记谈〉提要》，北京，中华书局，1965。

② 余嘉锡：《四库提要辨证》卷17《子部小说家类·南窗记谈》，北京，中华书局，1980。

③ 李裕民：《〈曲洧旧闻〉、〈南窗纪谈〉真伪辨》，载《国际社会科学杂志》，2011（4）。

复见，既尝被之金石，必非率尔而为者，即答书之辞观之，其强项不服下，又设为高论以文过，拒人之态犹可想见也。

又记蔡挺[①]事云：

仁宗朝，京东有剧贼执濮州通判并渊纵掠，时蔡子正尚为小官，建言宜如汉高元不以劫质开奸路，急捕系之，朝廷从其言，贼党遂坏散，自是以才能显。其后，江西广东福建路盗贼稍起，至千百为群，公然被铠甲拥旗鼓肆为剽掠，吏莫能禁，子正复建言，请严敕所属其除民患，时执政者记其前言，因就付以其事，遂除江西提点刑狱。子正至部，首下令民有器甲者，与期限，俾首纳，原其罪，于是竞自归纳，前后得六万余，择其精者给巡捕吏兵，贼气已夺。先是，群盗常恃众恃兵仗以贩鱼为名挟盐以卖，子正复令贩鱼者赍盐不及二十斤，众不至五人，不持兵，皆为良民，吏毋得问，自是人情大安，盗亦消弭，子正迄为名帅。

《南窗记谈》成书后，久无刊刻，又渐次散佚。顺治三年（1646），收入《说郛续》，为两浙李氏宛委山堂刊本。至乾隆朝，编《四库全书》，收入“子部小说家类”，为编修程晋芳家藏本。道光十一年（1831），收入《学海类编》，为六安晁氏活字排印本。至民国，收入《珠丛别录》和《丛书集成初编》，分别由上海博古斋、商务印书馆影印和排印，1985年后者又由中华书局重印，与史浩《两抄摘腴》和鲜于枢《困学斋杂录》合刊一册，是为现在最通行的版本。

杨彦龄与《杨公笔录》

杨彦龄（?），一作杨延龄，生卒年、字号、爵里及事迹行状俱不

---

① 蔡挺（1014—1079），字子正，应天宋城（今河南商丘）人。景祐进士，官至泾州及鄜州通判、博州及庆州知州、开封府推官、龙图阁直学士、枢密副使。

详。元丰中，做过山阴尉、隰州司户、滏阳和武进知县，终以朝奉郎致仕，撰有《杨公笔录》和《左氏春秋年表》。

《杨公笔录》一卷，为杨氏读书和见闻笔记，偏记经史百家、朝野逸闻和风俗掌故。从总体上看，它重考证字词音义，所记杂事，史料价值不高，可也有可采之处。像记铸山茶制作和贮存方法云：

> 会稽日铸山茶，品冠江浙，山去县几百里，有上灶、下灶，盖越王铸剑之地。世传越王铸剑，他处皆不成，至此一日而铸成，故谓之“日铸”，或云“日注”，非也。山有寺，其泉甘美，尤宜茶。山顶谓之油车岭，茶尤奇，所收绝少，其真者芽长寸余，自有麝气越人，或以沸汤沃麝，乘热涤瓶，焙乾以贮茶芽，密封之，伪称“日铸”。开瓶麝气袭人，殊混真，人往往不能辨。或云：日注，以日所射注处云。

又记绍兴鉴湖水利情形云：

> 鉴湖规法天下水利皆不及，盖湖水高民田一丈，民田高海一丈，旱则决湖水以溉田，涝则开斗门泄水入海，故越人不知有水旱之忧。近年于湖中取葑田，置石碑，方城步亩，许人户请佃，岁纳课米。今葑草胶结，侵占湖水，望之才一带耳，人未有知其弊者。

又记广州海岸见无主商船事：

> 元祐初，张颉仲举知广州，有大舶船为风吹泊近岸，人有告其有宝犀者，其主遂赍至府庭求进云：“此船有此犀四，为海风吹至，是必为中国所有。”张令断之，其中透，盘龙立凤，上下相承，纹理如画。乃遣赍至京，进奏，院官以法不许闻，辄却之。其人不得已，击登闻鼓，遂得献。上下命犀工解两带出示宰辅，前后宝带皆所不及。

又记杨氏移宰武进事云：

> 余自江宁上元，移宰常州武进，张康伯见托，求烈武帝庙

银香炉铭云："字札绝奇"。及到庙中，已无所谓银香炉者，遍访碑碣，皆非炉铭，因追问郡人，故老皆云莫知所在。后因太守替移，法曹周载于宅厨中求得，乃为捣帛砧，已中断矣。其字乃乾符六年五月天台散人濮阳鹏书，笔势奇劲，如盘钩屈铁，云其炉吴郡陆球书，沙门韫让撰。

上述这几条材料，可作有关经济史、文化史研究参证之用。四库馆臣看中它的，主要是考辨和文学价值，还说它有"可以证小说多附会"[①] 的作用。

清人周中孚则认为："是书杂论字义训诂，兼述旧文轶事，于王介甫、陆农师亦颇称引其说，而取证于《说文》。"[②]

《杨公笔录》成书后，久无刊刻，一直以抄本流传。崇祯九年（1636），收入《芝园秘录初刻》，为茅氏浣花居刊本。至乾隆朝，编《四库全书》，收入"子部杂家类"，为浙江范懋柱家天一阁藏本。道光十一年（1831），收入《学海类编》，为六安晁氏活字排印本。1991 年，收入《丛书集成初编》，由中华书局排印，与王陶《谈渊》、彭乘《墨客挥犀》和郑景望《蒙斋笔谈》合刊一册；2003 年，又收入《全宋笔记》，由大象出版社排印，是为现在最通行的版本。

赵令畤与《侯鲭录》

赵令畤（1061—1134），字景贶、德麟，号"聊复翁"、"藏六居士"，宋太祖次子德昭之后。元祐六年（1091），签判颍州公事，官至宁远军承宣使、同知行在大宗正事，承袭安定郡王。他工于曲词，撰有《聊复集》和《侯鲭录》。

---

① 《四库全书总目》卷 120《〈杨公笔录〉提要》，北京，中华书局，1965。

② 周中孚：《郑堂读书记》卷 56《子部·杂家类·杨公笔录》，上海，上海书店，2009。

《侯鲭录》八卷，是一部论诗、记琐闻杂事的笔记。“侯鲭”，原本为美食，语出晋人葛洪《西京杂记》：“五侯不相能，宾客不得往来，娄护丰辩，传食五侯间，各得其欢心，竟致奇膳，护乃合以为鲭，世称五侯鲭。”这里所说的“五侯”，即汉成帝母舅王谭、王根、王立、王商和王逢，他们一同封侯，号为“五侯”。赵氏品诗文，如尝美味佳肴，因以汉娄护合制“五侯鲭”的典故题书，以表示它属于杂俎一类的书文。卷首明人顿锐序云：

聊复翁赵德麟，名令畤，为前宋宗室，安定郡王，以才美见喜于苏文忠公，尝取诸先儒佳诗、绪论、逸事，与夫书传中及人们所尝谈隐语、奇字，世共闻见而知未出处者，冥搜远证，著之为书，曰《侯鲭录》。意亦以书之味比鲭也……德麟之鲭，厥味之能然与否？知味者固能辨之。

今本又卷下设目，凡三百七十四则。而记述、评论本朝诗、词、文及有关轶事者，几乎近全书之半，而又以记评苏轼为主，多达三十九则；另外，有关黄庭坚者十一则，有关欧阳修者七则，有关张耒者五则，有关王安石、晁补之者各四则，有关梅尧臣、释道潜和秦观者各三则，有关宋庠、宋序、刘攽、滕元发、王安国和张舜民者各二则，有关梅询、张咏、王禹偁、刘筠、杨亿、晏殊、晏几道、沈遘、沈括、司马光、刘敞、苏洵、王珪、黄庶、张先、晁次膺、晁说之、王钦臣、王令、王诜、韩琦、释仲殊、徐积、陈师道、李清臣、陈渊、蔡肇和黄孝先者各一则；另外，还有评述唐朝、五代诗文及有关轶事者，包括有关李商隐者四则，有关李白者三则，有关杜牧者二则。不难看出，赵书是有关唐、五代和宋朝文学史得重要史料。

书中的有些条目，采自唐宋人的笔记，像封演《封氏闻见记》、李肇《唐国史补》、李涪《刊误》、江休复《江邻幾杂志》，所记故实之文和考辨之语，沿袭者多，聊无新意。不过，谈诗文的部分，又及与苏轼、黄庭坚、王安石等人交游，所记这些名人的轶事、议论，因得之于见闻而显得珍贵、可信。另外，一些杂记条目，也有一定的史料价值。①

像卷一“天下生齿之数”条，记天下人口情形云：

天下生齿之数，前汉户千二百二十三万，举其成数。后汉千六十七万，魏九十四万，晋二百四十五万，宋九十万，后魏三百三十七万，北齐三百三万，后周三百五十九万，隋八百九十万，唐九百六万。国朝艺祖二百五十六万，太宗三百五十七万，真宗八百六十七万，仁宗一千九百九万，英宗一千二百四十八万，神宗一千七百二十一万。

又卷二“唐武宗除佛寺唐宣宗稍稍复”条，记唐代佛寺情形云：

唐武宗即位，独奋怒曰：“穷吾天下者，佛也!”始去其山台野邑四万所，冠其徒几至十万人。至会昌五年，始命西京留佛寺四，僧唯十人；东京二寺；节度观察同华、汝三十四治所，得留一寺，僧准西京数。其余刺史州不得有寺。出四御史里行以督之。御史乘驲未出，开天下寺至于屋基，耕而刓之。凡除寺四千六百，僧尼笄冠二十六万五百，其奴婢至十五万。良人枝附为使令者，倍笄冠之数。良田数千顷，奴婢日率以百亩编入农籍。其余贱取民直，归于有司，寺材州县得以恣新其公宇传舍。后二年，宣宗即位，诏曰：“佛尚不杀而仁，且来中国久，亦可助以为治。天下率兴三寺，用齿衰男女为其徒，各止三十人，两京倍其数四五焉。”著为定令，以徇其习，且使后世不得复加也。本朝景德中，天下二万五千寺。嘉祐间三万九千寺。

又卷三“唐东西京宫城及本朝东京宫”条，记唐宋东京宫城云：

① 李晓辉：《赵令畤及其〈侯鲭录〉研究》，华中师范大学中国古代文学硕士论文（2011）。

> 唐东京宫城，东西四里一百八十八步，南北二里八十五步，周回十三里二百四十一步，高四丈八尺。西京宫城，东西四里，南北二里二百七十步，周回十三里八十步，高三丈五尺。本朝东京宫城，周回五里。旧城周回二十里一百五十五步，即汴州城。唐建中二年，节度使李勉重筑。国初号曰“阙城”，亦曰“里城”。新城乃周世宗显德二年四月诏别筑。新城周回四十八里二百三十三步，号曰“外城”，又曰“罗城”，亦曰“新城”。元丰中裕陵命内侍宋用臣重筑之。

又卷二记黄庭坚之父黄庶的怪石绝句“山鬼水怪著薜荔，天禄辟邪眠碧苔”，言词奇肆；记苏轼长子苏迈少年作“叶随流水知何处，牛带寒鸦过别村”之句，苏轼笑为“村长官诗”。又卷四记苏轼在韩子华家即席赋诗，因舞姬鲁生为蜂所螫，故有“窗摇细浪鱼吹日，舞罢花枝蜂绕衣”之句。又卷七记王安石语条云：“荆公云：故之歌者，皆先有词，后有声，故曰：诗言志，歌永言。声依永，律和声。如今先撰腔子，后填词，却是永依声也。”这里论诗与乐的关系，以为按谱填词，不合于“诗言志”的先咏后声，说明王氏对填词另有见解。这类零章断句的辑录，也有助于研究宋诗和考证宋人轶事。

对赵书，四库馆臣评价说：

> 是书采录故事诗话，颇为精赡。然如第五卷辨传奇莺莺事凡数十条，每条缀之以词，未免失之冶荡。欧阳修以艳曲数阕被诬，释文莹著《湘山野录》尚辨其枉，而令畤此书，乃著其居汝阴时挟妓事，载其诗于卷中，未免近诬……然令畤所与游处皆元祐胜流，诸所记录多尚有典型，是固不以人废言矣。①

清人周中孚也说：“今观其书，所载诚属详明，为考古者所不

① 《四库全书总目》卷141《〈侯鲭录〉提要》，北京，中华书局，1965。

废……德麟所与交游酬唱，皆一代胜流，故随笔记录，典型终在，是固不可执此一卷而并废其全帙矣。”① 不过，晚清李慈铭则有讥评：“是书《四库目录》颇称之……然多系习见，或沿误说，惟论诗颇有可取，时举东坡语，亦复隽永。内一卷，皆辨莺莺事，而配缀《鼓子词》十三章，仅可入市书小说也。”②

《侯鲭录》成书后，收入曾慥《类说》，天启六年（1626），又有岳钟秀刻本。嘉靖二十三年（1544），先有芸窗书院刊本。于晚明，收入《稗海》，为万历会稽商氏半埜堂刊本。至乾隆朝，编《四库全书》，收入“子部小说家类”，为内府藏本；又收入《知不足斋丛书》，为长塘鲍氏刊本。至民国，收入《笔记小说大观》和《丛书集成初编》，分别由上海进步书局、商务印书馆石印和排印；1984年前者由广陵古籍刻印社影印，1985年后者又由中华书局重印。今人孔一以鲍氏本为底本点校，2002年由中华书局印行，列入《唐宋史料笔记丛刊》，与彭乘《墨客挥犀》和《续墨客挥犀》合刊一册；今人傅成以知不足斋本为底本点校，2012年，由上海古籍出版社排印，列入《历代笔记小说大观》，与王得臣《麈史》合刊一册，是为现在最通行的版本。另外，2003年，又收入《全宋笔记》，由大象出版社排印。

马永卿与《嬾真子》、《元城语录》

马永卿（？—1136），字大年，祖上合肥人，迁扬州，流寓铅山。大观三年（1109）进士，官至永城主簿，又游宦于江都、淅川、夏县及关中，撰有《嬾真子》和《元城语录》。

《嬾真子》五卷，又作《懒真子》和《嬾真子录》，凡一百七十三

① 周中孚：《郑堂读书记》卷64《子部·小说家类·侯鲭录》，上海，上海书店，2009。

② 李慈铭：《越缦堂读书记·杂记·侯鲭录》，北京，中华书局，2006。

则，成书于绍兴六年（1136）。马书稍杂，主要是两宋之际见闻及读书所得。具体说来，卷一至卷二偏记轶文遗事，也有小说故事；卷三至卷五多考证艺文，诠释诗赋，每每发前人所未发。书中多录刘世安语，开卷又冠以司马光事，表明学术渊源所自出。于“史”而论，所记遗事，间有可采之处。像卷一记司马光事云：

温公之任崇福，春夏多在洛，秋冬在夏县。每日与本县从学者十许人讲书，用一大竹筒，筒中贮竹签，上书学生姓名。讲后一日，即抽签，令讲；讲不通，则公微数责之。公每五日作一暖讲，一杯、一饭、一面、一肉、一菜而已。温公先垄在鸣条山，坟所有余庆寺。公一日省坟，止寺中，有父老五六辈上谒云：“欲献薄礼。”乃用瓦盆盛粟米饭，瓦罐盛菜羹，真饭土簋、啜土铏也。公享之如太牢。既毕，复前启曰：“某等闻端明在县，日为诸生讲书，村人不及往听，今幸略说。”公即取纸笔，书《庶人章》讲之。既已，复前白曰：“自《天子章》以下，各有《毛诗》两句，此独无有，何也?”公默然，少许，谢曰：“某平生虑不及此，当思其所以奉答。”村父笑而去，每见人曰：“我讲书曾难倒司马端明。”公闻之，不介意。

又卷二记欧阳修事云：

六一先生作事，皆寓深意。公生于景德之四年，至庆历五年坐言者论张氏事，责知滁州，时方年三十九矣。未及强仕之年，已有“醉翁”之号，其意深矣。后韩魏公同在政府，六一长魏公一岁，魏公诸事颇从之。至议推尊濮安懿王，同朝俱攻六一，故六一遗令托魏公作墓志。墓志中盛言初议推尊时，乃政府熟议，共入文字，欲令魏公承当此事，以破后世之惑耳。或云：张氏事虽下六一千百辈人，犹且不为。至若推尊，则遽亡前朝盛德，而大违典礼，故诸公攻之，不少贷也。然六一深以此事为然，故于《五代史·义儿传》极致意焉。噫！人心不同，犹其面也。此言得之。

又卷三评说取士之途云：

本朝取士之路多矣，得人之盛，无如进士，盖有一榜有宰相数人者，古无有也。太平五年，苏易简下李沆、向敏中、寇准、王旦；咸平五年，王曾下王随、章得象；淳化三年，孙向下丁谓、王钦若、张士逊；庆历三年，杨置下王珪、韩绛、王安石、吕公著、韩缜、苏颂；元丰八年，焦蹈下白时中、郑居中、刘正夫。其余名臣，不可胜数。此进士得人之明效大验也。或曰：不然，以本朝崇尚进士，故天下英才皆入此科。若云非此科不得人，则失之矣。唐开元以前，未尝尚进士科，故天下名士杂出他涂。开元以后，始尊崇之，故当时名士中此科者，十常七八。以此卜之，可以见矣。

对马书，四库馆臣评价说：

是编乃其杂记之书，然亦多述刘安世语。又开卷冠以司马光事，书中亦多称光，盖其渊源所自出也……其书末称绍兴六年，盖成于南渡以后。中间颇及杂事，而考证之文为多……惟颇参杂以二氏，至谓韩愈亦深明佛理，是亦安世之学，喜谈禅悦之余派，存而不论可矣。①

《嬾真子》成书后，收入《儒学警语》，为嘉泰元年（1201）俞氏刊本。入明，又有吴郡沈氏野竹斋抄本。于晚明，收入《稗海》，为万历会稽商氏半埜堂刊本。顺治三年（1646），收入《说郛续》，为两浙李氏宛委山堂刊本。至乾隆朝，编《四库全书》，收入“子部杂家类”，为内府藏本。光绪元年（1875），收入《百子全书》，为湖北崇文书局刊本。至民国。收入《宋人小说》、《五朝小说大观》、《笔记小说大观》

① 《四库全书总目》卷121《〈嬾真子〉提要》，北京，中华书局，1965。

和《丛书集成初编》，分别由神州国光社、上海扫叶山房、进步书局和商务印书馆石印和排印，1990 年前者又由上海古籍出版社影印，1984 年《笔记小说大观》又由广陵古籍刻印社影印，1985 年后者又由中华书局重印，与赵叔向《肯綮录》合刊一册。2003 年，收入《全宋笔记》，由大象出版社排印。今人田松青以宋人小说本为底本点校，2012 年由上海古籍出版社排印，列入《历代笔记小说大观》，与魏泰《东轩笔录》合刊一册，是为现在最通行的版本。

《元城语录》三卷，书记刘安世言行。卷首绍兴二十六年（1156）张九成序云：

> 余观马永卿所著元城先生语录，呜呼前辈不复见矣。使余读之，至于三叹息也。余考先生所学所论皆自不妄语中来，其论时事论、经史皆考订是非，别白长短，不诡随，不雷同，不欺于心，而终之以慎重，此皆不妄语之功也。司马温公心法先生其得之矣。

刘安世（1048—1125），字器之，号元城，河北大名人。熙宁进士，从学于司马光，官至右正言、左谏议大夫、枢密都承旨、衡州及郓州知州、真定知府，人称“元城先生”，撰有《尽言集》。大观中，于北归途中，他寓居永城，马氏投于门下。受教年余，马氏追忆先生教诲而成书。书分上中下，又分条记事，凡六十二条，即乡里、献书、治书、学问、新法、释氏、东坡、金陵、行己、淮南、进言、饮酒、西来、雅谑、变法、唐史、恭俭、任相、薰龙、读书、谏兵、霍光、神武、三代、人材、春秋、西汉、佛书、贤主、公孙弘、遗令、名相、居洛、取国、卜世、求教、诈伪、论诗、人品、酷吏、用兵、围棋、官制、夏至、左氏、殿试、请老、作史、六经、事君、玉堂、高帝、褒贬、论易、子弟、北归、历法、甘露、魏征、宰相、老人和谈易。

书记刘氏言行，自然是研究他的生平与思想的重要资料；又虽名语录，可又多涉考证，又及佛道学说，有关治经史、育后人、研风俗和述文化的内容，不乏可参证之处。马书影响不小，明人崔铣，拾遗补缺，又作《行录》一卷，附于书后；清人王崇庆，又为之作注，分别为《语录解》和《行录解》，对马书和崔书有疏通之功。对马书，四库馆臣评价说：

> 徽宗初，刘安世与苏轼同北归，大观中寄居永城。永卿方为主簿，受学于安世，因撰集其语为此书。安世之学出于司马光，故多有光之遗说。惟光有《疑孟》，而安世则笃信之，亦足见君子之交不为苟同矣……《行录》……旧本附语录之末，今亦并存之，庶读者知安世之行，益足证安世之言焉。[①]

清人周中孚也说："昔刘器之卜居宋都时，适大年官亳州永城主簿，因从器之学，记其所闻之语，凡六十则。辩论经史疑义以及时事，无不详尽而极言之，非若后来语录专以言心言性为事，一行两行，语皆粗俗也。"[②]

《元城语录》成书后，虽见刊刻，又渐次散佚。至乾隆朝，编《四库全书》，收入"子部杂家类"，为浙江鲍士恭家藏本。于光绪朝，收入《小万卷楼丛书》和《畿辅丛书》，分别为金山钱氏重编本和定州王氏谦德堂刊本。至民国，收入《托跋廛丛刻》和《丛书集成初编》，分别为武进陶氏刊本和商务印书馆排印本，1986 年前者又由中国书店影印，1985 年后者又由中华书局重印，是为现在最通行的版本。

方勺与《泊宅编》、《青溪寇轨》

方勺（1066—?），字仁声，号"泊宅翁"和"泊宅村翁"，婺州金华（今属浙江）人。元祐中，苏轼知杭州，因省试而做了小官，负责

① 《四库全书总目》卷 121《〈元城语录〉提要》，北京，中华书局，1965。

② 周中孚：《郑堂读书记》卷 56《子部·杂家类·元城语录》，上海，上海书店，2009。

江西常平。旋即，他对官场失去兴趣，在“安乐坊”行医。他工于诗文，撰有《泊宅编》和《青溪寇轨》。

“泊宅”在浙江乌程，传为唐人张志和泊舟泛宅之所，谓之泊宅村。方氏一度寓居于此，因以为自号，又以号题书。

《泊宅编》十卷，凡三百九十一条。卷首洪兴祖①序云：

> 泊宅翁学博而志刚，少时谓功名可力取，不肯与世俯仰。晚得一官，益齟齬不合，慨然叹曰：“大丈夫不为人则为己。先圣有言：朝闻道，夕死可矣。”乃取浮图、老子性命之说，参合其要，以治心养气，反约而致柔，年老而志不衰。酒后耳热，抵掌剧谈，道古今理乱、人物成败，使人听之竦然忘倦……一日，过予于桐汭，出所著《泊宅编》示予……予因书以序之。

书记两宋之际朝野旧闻轶事，还涉及地理、艺文、医药和杂记，又以方腊举义始末和熙宁、元丰朝财政史事最有史料价值。像卷一记苏轼下御史狱事云：

> 东坡既就逮下御史狱，一日，曹太皇诏上曰：“官家何事数日不怿?”对曰：“更张数事未就绪，有苏轼者，辄加谤讪，至形于文字。”太皇曰：“得非轼、辙乎?”上惊曰：“娘娘何自闻之?”曰：“吾尝记仁宗皇帝策试制举人罢归，喜而言曰：‘今日得二文士，然吾老矣，度不能用，将留以遗后人。’二文士盖轼、辙也。”上因是感动，有贷轼意。

又卷三记元丰朝盐法情形云：

> 元丰初，卢秉提点两浙刑狱，会朝廷议盐法，秉请自钱塘县杨村场上接睦、歙等州，与越州钱场等水势稍淡，以六分为

① 洪兴祖（1090—1155），字庆善，号练塘，润州丹阳（今属江苏）人。政和八年（1118）进士，官至湖州士曹、宣教郎、秘书省正字、太常博士。他长于文学，撰有《论语说》、《楚辞考异》和《楚辞补注》。

额；杨村下接仁和县汤村为七分；盐官场为八分；并海而东为越州余姚县石堰场、明州慈溪县鸣鹤场，皆九分；至岱山、昌国，又东南为温州双穟、南天富、北天富场十分，著为定数。盖自岱山及二天富，皆取海水炼盐，所谓“熬波”者也。自鸣鹤西南及汤村，则刮碱以淋卤；以分计之，十得六七而已。盐官、汤村用铁盘，故盐色青白，而盐官盐色或少黑，由晒灰故也。杨村及钱清场织竹为盘，涂以石灰，故色少黄，竹势不及铁，则黄色为嫩，青白为上，色黑即多卤，或有泥石，不宜久停。石堰以东，虽用竹盘，而盐色尤白，以近海水咸故尔。后来法虽少变，公私所便，大抵不易卢法。且水性以润下为咸，其势不少折，则终不可成盐。安邑池盐，以浊河曲折，故因终南山南风以成。若明、越、温、杭、秀、泰、沧等州，为海水隈奥曲折，故可成盐。其数亦不等，唯隈奥多处则盐多，故二浙产盐尤盛他路。自温州界东南止闽、广，盐胜五钱，比浙贱数倍。盖以东南最逼海，润下之势既如此，故可以为咸，不必曲折也。

又卷四记政和六年（1116）杭州海啸云：

政和丙申岁，杭州汤村海溢，坏居民田庐凡数十里，朝廷降铁符十道以镇之。壬寅岁，盐官县亦溢，县南至海四十里，而水之所啮去邑聚才数里，邑人甚恐。十一月，铁符又至，其数如汤村，每一片重百斤，正面铸神符及御书咒，贮以杀青木匣，遣曹官同道正下县建道场设醮，投之海中。“海溢”又谓之“海啸”，吏文只云“海毁”。

对方书，四库馆臣评价说：

所载皆元祐迄政和间朝野旧事，于王安石、张商英辈皆有不满之词，盖亦公论。至宗泽乃其乡里，而徽宗时功名未盛，故兮颇讥其好杀，则是非未必尽允……然其间遗闻轶事，摭拾甚多，亦考古者所不废。[①]

清人周中孚也说："所载皆当代遗闻轶事，以及地理杂记诗文亦详，颇为精赡。其于王介甫、张天觉诸人俱加以贬辞，无所回护，足见其是非之公。间有失实处，亦百中之一二耳。"[②]

《泊宅编》成书后，有三卷本和十卷本之分，久无刊刻，一直以抄本流传。于晚明，收入《稗海》，为万历会稽商氏半埜堂刊本。至乾隆朝，编《四库全书》，收入"子部小说家类"，为内府藏本。嘉靖四年(1799)，收入《读画斋丛书》，为桐川顾氏刊本。于同治朝，又收入《金华丛书》，为永康胡氏退补斋刊本。[③] 今人许沛藻、杨立扬以顾氏本点校，附录《青溪寇轨》，1983 年由中华书局印行，列入《唐宋史料笔记丛刊》；今人田松青以金华丛书本为底本点校，2012 年由上海古籍出版社排印，列入《历代笔记小说大观》，与欧阳修《归田录》、郑文宝《南唐近事》、张舜民《画墁录》、孔仲平《孔氏谈苑》和江休复《江邻幾杂志》合刊一册，是为现在最通行的版本。另外，2003 年，又收入《全宋笔记》，由大象出版社排印。

《青溪寇轨》不分卷，原本在《泊宅编》卷五中，由清人自书中析出，另附录二则，记宣和二年（1120）青溪[④]方腊起事始末，具有很高的史料价值。道光十一年（1831），收入《学海类编》，六安晁氏活字排印本。1991 年，收入《丛书集成初编》，由中华书局排印，与王巩《甲申杂记》、《闻见近录》、《随手杂录》，王从谨《清虚杂录补阙》，佚名《咸淳遗事》，佚名《三朝野史》，滕甫《征南录》和王弥大《青溪弄兵录》合刊一册。今人许沛藻、杨立扬以顾氏本点校，作为《泊

① 《四库全书总目》卷 141《〈泊宅编〉提要》，北京，中华书局，1965。

② 周中孚：《郑堂读书记》卷 64《子部·小说家类·泊宅编》，上海，上海书店，2009。

③ 许沛藻、杨立扬：《〈泊宅编〉成书考》，载《上海师范大学学报》，1983(1)。

④ 今浙江淳安西北。

宅编》之附录，1983 年由中华书局印行，列入《唐宋史料笔记丛刊》；今人田松青以金华丛书本为底本点校，2012 年由上海古籍出版社排印，列入《历代笔记小说大观》与欧阳修《归田录》、郑文宝《南唐近事》、张舜民《画墁录》、孔仲平《孔氏谈苑》和江休复《江邻幾杂志》合刊一册，是为现在最通行的版本。另外，1993 年，收入《中国野史集成》，由巴蜀书社影印；2003 年，又收入《全宋笔记》，由大象出版社排印。

另外，嘉泰元年（1201），王弥大从方勺《泊宅编》和《宋续会要·出师门》中辑成《青溪弄兵录》一卷，又作《青溪寇兵录》，与方氏《青溪寇轨》类同。

惠洪与《冷斋夜话》

惠洪（1070—1128），字觉范，号“寂音尊者”，筠州新昌（今江西宜丰）人。他自幼家贫，父母双亡后，入寺为沙弥。元祐三年（1088），于京师天王寺剃度为僧。他是北宋诗僧，撰有《天厨禁脔》、《冷斋夜话》和《石门文字禅》。

《冷斋夜话》十卷，又卷下设目，即即卷一“江神嗜黄鲁直书韦诗”、“秦少游作坡笔语题壁”、“罗汉第五尊失队”、“东坡梦铭红靴”、“诗本出处”、“宋神宗诏禁中不得牧豭豘因悟太祖远略”、“东坡南迁朝云随侍作诗以佳之”、“东坡书壁”、“古人贵识其真”、“东坡得陶渊明之遗意”、“凤翔壁上题诗”、“卢橘”、“东坡论文与可诗”、“的对”、“东坡留题姜唐佐扇杨道士息轩姜秀郎几间”、“换骨夺胎法”、“诗用方言”、“老妪解诗”、“采石渡鬼”和“李后主亡国偈”；卷二“韩欧范苏嗜诗”、“陈无已挽诗”、“洪驹父评诗之误”、“留食戏语大笑喷饭”、“欧阳黄牛庙东坡钱塘诗”、“古乐府前辈多用其句”、“雷轰荐福碑”、“立春王禹玉口占一绝”、“稚子”、“老杜刘禹锡白居易诗言妃子死”、

"馆中夜谈韩退之诗"、"昭州崇宁寺观音竹永州澹山狐"、"僧赋蒸豚诗"、"王平甫梦至灵芝宫"和"安世高请福郱亭庙秦少游宿此梦天女求赞";卷三"诸葛亮刘伶陶潜李令伯文如肺腑中流出"、"池塘生春草"、"诗说烟波缥缈处"、"山谷集句贵拙速不贵巧迟"、"东坡美谪仙句语作赞"、"韦苏州寄全椒道人诗"、"棋隐语"、"李元膺丧妻长短句"、"秦国大长公主挽诗"、"荆公钟山东坡余杭诗"、"少游鲁直被谪作诗"、"活人手段"和"诗未易识";卷四"诗话妄易句法之病"、"五言四句得于天趣"、"梦中作诗"、"西昆体"、"诗比美女美丈夫"、"道潜作诗追法渊明乃十四字师号"、"元章瀑布诗"、"诗句含蓄"、"满城风雨近重阳"、"天棘"、"琥珀"、"诗误字"、"王荆公东坡诗之妙"、"诗忌"、"诗言其用不言其名"、"贾岛诗"、"诗用方言"和"舒王女能诗";卷五"赌输梅诗罚松声诗"、"东坡藏记"、"荆公梅诗"、"诗置动静意"、"舒王山谷赋诗"、"王荆公诗用事"、"苏王警句"、"句中眼"、"舒王编四家诗"、"范文正公蚊诗"、"柳诗有奇趣"、"东坡属对"、"林和靖送遵式诗"、"丁晋和东坡诗"、"上元诗"和"东坡滑稽";卷六"曾子固讽舒王嗜佛"、"称甘露灭"、"大觉禅师乞还山"、"靓禅师溺流诗"、"靓禅师化人题壁"、"诵智觉禅师诗"、"永庵嗣法南禅"、"东坡和惠诠诗"、"象外句"、"僧清顺十竹林下诗"、"东坡称赏道潜诗"、"僧景淳诗多深意"、"钟山赋诗"和"僧可遵好题诗";卷七"苏轼衬朝道衣"、"东坡庐山偈"、"般若了无剩语"、"船子和尚偈"、"东坡和陶诗"、"东坡戏作偈语"、"东坡留戒公疏"、"负华严经入岭大雪偈"、"梦迎五祖戒禅师"、"张文定公前生为僧"、"悦禅师作偈戏诜公"、"触背关"、"毛僧说偈"、"谢无逸佳句"和"洪觉范朱世英二偈";卷八"刘跛子说二范诗"、"陈莹中赠跛子长短句"、"野夫长短句"、"刘渊材南归布橐"、"云庵活盲女"、"钱如蜜"、"道士畜三物"、"梦游蓬莱"、"周贯吟诗作偈"、"石学士"、"白土埭"、"范尧夫揖客对卧"、"李伯时画马"、"房琯前身为永禅师"和"退静两忘”；卷九“草书亦自不识”、“当出汝诗示人”、“昌州海棠独香”、“刘渊材迂阔好怪”、“课术有验无验”、“郭注妻未及门而死”、“痴人说梦梦中说梦”、“不欺神明”、“闻远方不死之术”、“自以宗教为己任”、“牛逐虎”、“刘野夫免德庄火灾”和“三十六计走为上计”；卷十“作诗准食肉例”、“蠹文不通辩译”、“净琏辈何可少”、“石崖僧”、“三生为比丘”、“禅师知羊肉”、“日延一僧对饭”、“邪言罪恶之由”、“三君子瑕疵可笑”、“欧阳修何如人”、“证道歌宣公塔”、“宁安不视秀僧书”、“馔器皆黄白物”、“圣人多生儒佛中”、“有缝浮屠”、“麦舟助丧”、“读《传灯录》”、“诗当作不经人语”、“岭外梅花”、“诗忌深刻”和“蔡元度生殁高邮”。

从体例上说，它介乎诗话与笔记之间。既偏于论诗，占全书十之七八，又间杂异闻琐事。论诗多引苏轼、黄庭坚的观点；至于记事，又杂有假托伪造之迹。不过，也可以广见闻，对了解北宋历史、风俗，不乏助益之用。像卷二“留食戏语大笑喷饭”条记云：

> 予与李德修、游公义过一新贵人，贵人留食。予三人者皆以左手举箸，贵人曰：“公等皆左转也。”予遂应声曰：“我辈自应须左转，知君岂是背匙人。”一座大笑，喷饭满案。

又卷三“活人手段”条记云：

> 司马温公童稚时，与群儿戏于庭。庭有大瓮，一儿登之，偶堕瓮水中。群儿皆弃去，公则以石击瓮，水因穴而迸，儿得不死。盖其活人手段已见于龆龀中，至今京洛间多为小儿击瓮图。

又卷六“曾子固讽舒王嗜佛”条记云：

> 舒王嗜佛书，曾子固欲讽之，未有以发之也。居一日，会于南昌，少顷，潘延之亦至，延之喜谈禅，王问其所得，子固熟视之。已而又论人物，曰：“某人可抨。”子固曰：“介甫老而逃佛，亦可一抨。”舒王曰：“子固失言也，善学者读其书，

唯理之求。有合吾心者，则樵牧之言犹不废。言而无理，周、孔所不敢从。”子固笑曰：“前言弟戏之耳。”

又卷十“麦舟助丧”条记云：

范文正公在睢阳，遣尧夫于姑苏取麦五百斛。尧夫时尚少，既还，舟次丹阳，见石曼卿，问：“寄此久近？”曼卿曰：“两月矣。三丧在浅土，欲丧之西北皈，无可与谋者。”尧夫以所载舟付之，单骑自长芦捷径而去。到家拜起，侍立良久。文正曰：“东吴见故旧乎？”曰：“曼卿为三丧未举，留滞丹阳，时无郭元振，莫可告知。”文正曰：“何不以麦舟与之？”尧夫曰：“已付之矣。”

对惠书，四库馆臣评价说：

是书杂记见闻，而论诗者居十之八，论诗之中称引元祐诸人者又十之八，而黄庭坚语尤多，盖惠洪犹及识庭坚，故引以为重……是殆窜乱其说，使故与本集不合，以自明其暱于庭坚，独知其详耳。晁公武诋此书多诞妄伪托者，即此类欤？然惠洪本工诗，其诗论实多中理解，所言可取则取之，其托于闻之某某，置而不论可矣。①

清人周中孚也说：“今观其书，已为后人所增删，知非晁、陈所见之本。所载凡一百六十八条，每条标题间有冗长，又有与本文不相应者，亦非其旧也。其书杂述见闻，而大半皆属诗话，于同时诸人，惟以苏、黄为归，故称引最多，盖假借以增其声价耳。”②

《冷斋夜话》成书后，于南宋，收入曾慥《类说》，天启六年(1626)，又有岳钟秀刻本。至晚明，又收入《稗海》和《津逮秘书》，分别为万历会稽商氏半埜堂刊本和崇祯虞山毛氏汲古阁刊本。至乾隆

① 《四库全书总目》卷120《〈冷斋夜话〉提要》，北京，中华书局，1965。

② 周中孚：《郑堂读书记》卷56《子部·杂家类·冷斋夜话》，上海，上海书店，2009。

朝，编《四库全书》，收入“子部杂家类”，为江苏巡抚采进本。嘉庆十年（1805），收入《学津讨原》，为虞山张氏照旷阁刊本。于晚清，收入《萤雪轩丛书》，为青木嵩山堂刊本。至民国，收入《殷礼在斯堂丛书》、《笔记小说大观》和《丛书集成初编》，分别由为东方学会、上海进步书局、商务印书馆石印和排印；1984 年《大观》由广陵古籍刻印社影印，1985 年《初编》又由中华书局重印，与文莹《玉壶诗话》合刊一册。1988 年，由中华书局排印陈新点校本，与吴沆《环溪诗话》和朱弁《风月堂诗话》合刊一册；2007 年，今人李保民以津逮秘书本为底本点校，收入《宋元笔记小说大观》，由上海古籍出版社印行；2009 年，由江苏古籍出版社排印，收入《历代诗话丛书》，与欧阳修《六一诗话》合刊一册。2012 年上海古籍出版社重排李保民点校本，列入《历代笔记小说大观》，与费衮《梁溪漫志》合刊一册，是为现在最通行的版本。另外，2002 年，收入《稀见本宋人诗话四种》，由江苏古籍出版社印行；2003 年，又收入《全宋笔记》，由大象出版社排印。

何薳与《春渚纪闻》

何薳（1077—1145），字子楚、子远，号“韩青老农”，人称“东都遗老”，建宁浦城（今属福建）人。他博学多闻，恶章惇、蔡京专权，隐居浙江富阳韩青谷，潜心书文，今存所撰《春渚纪闻》。

《春渚纪闻》十卷，包括杂记五卷、东坡事实一卷、诗词事略一卷、琴事附墨说一卷、记砚一卷和记丹药一卷。“春渚”，即春水、春日水边。南朝谢灵运《从游京口北固应诏》：“鸣笳发春渚，税銮登山椒。”又唐人柳宗元《同刘二十八院长述旧言怀感时书事》：“秋原被兰叶，春渚涨桃花。”宋人徐玑《题陈待制湖庄》：“野花春渚外，山色海云边。”何氏所居韩青谷，青山绿水，因以“春渚”题书。

何书又卷下设目，即卷一“木果异事”、“祐陵符兆”、“定陵兆应”、“梦宰相过岭四人”、“两刘娘子报应”、“乱道侍郎”、“乌程三魁”、“丑年世科第”、“张无尽前身”、“坡谷前身”、“李偕省试梦应”、“马魁二梦证应”、“贡父马谑”、“种柑二事”、“元参政香饭”、“杨文公鹤诞”、“了斋排蔡氏”、“姚麟奏对”、“李右辖抑神致雨二异”和“生魂神”；卷二“天绘亭记”、“赤天魔王”、“二富室疏财”、“《后土词》渎慢”、“吴观成二梦首尾”、“风和尚答陈了斋”、“毕斩赵谂”、“霍端友明年状元”、“沈晦梦骑鹏抟风”、“预传汪洋大魁”、“黄涅槃谶语”、“梦中前定”、“银盘贮首梦”、“《金刚经》二验”、“金甲撞钟梦”、“龙神需舍利经文”、“龙蜕放光”、“瓦缶冰花”、“正透翔龙犀”、“刘仲甫国手棋”、“祝不疑奕胜刘仲甫”、“张鬼灵相墓术”、“谢石拆字”、“雍邱驱蝗诗”和“中霤神”；卷三“乖崖剑术”、“杨醇叟道术”、“王乐仙得道”、“啖蛇出虱身轻”、“翊圣敬刘海蟾”、“嘘气烧肠”、“仙丹功效”、“居四郎丹”、“孙道人尸解”、“綦革遇三皇閟宫”、“仙桃变人首”、“圣和尚前知”、“张道人异事”、“雀鳅蛇蟹之异”、“牛王宫铓饭”、“殡柩者役于伽蓝”、“鱼菜斋僧”、“挽经牛”、“蝤蛑黑鲤见梦”和“悬豕首作人语”；卷四“宗威愍政事”、“胶黐取虎”、“铜章异事”、“死马医”、“盐龙”、“宿生盲报”、“马武复得妻”、“僧净元救海毁”、“受杖准地狱”、“古道者披胸燃臂”、“花木神井泉监”、“磨刀劝妇”、“紫姑大书字”、“梦鱠”、“谑鱼”、“龚正言持钵巡堂”、“绘像答语”、“花月之神”、“施妳婆”和“孙家吕媪”；卷五“章有篆字”、“唐子西论史”、“玉川昌黎《月蚀》诗”、“明皇无心治天下”、“古书托名”、“画字行棋”、“瓻酒借书”、“定武《兰亭叙》刻”、“邹张邓谢后身”、“李朱画得坡仙赏识”、“精艺同一理”、“陈涂共为冥吏”、“天尊赐银”、“撞钟画像作追荐”、“张山人谑”、“酒谑”、“木中有字”、“陇州鹦歌”和“野驼饮水形”；卷六“文章快意”、“后山往杏园”、“坡仙之终”、“邹阳十三世”、“紫府押衙”、“裕陵眷贤士”、“墨木竹石”、“裕陵惜人才”、“著述详考故实”、“书明光词”、“论古文俚语二说”、“题领巾裙带二绝”、“营妓比海棠绝句”、“太白胸次”、“赋诗联咏四姬”、“乐语画隶三绝”、“秦苏相遇自述挽志”、“《牛酒帖》”、“馈药染翰”、“写画白团扇”、“寺认法属黑子如星”、“观书用意”、“笔下变化”、“马蹶答问”、“苏刘互谑”、“回江之利”、“翰墨之富”、“龙团称屈赋”和“赝换真书”；卷七“牧之诗误”、“冬瓜堰诗误”、“作文不惮屡改”、“司马才仲遇苏小”、“刘景文梦代晋文公”、“赵德麟跋太白帖”、“暨氏女《野花》诗”、“王子直误疵坡诗”、“泖茆字异”、“穿云裂石声”、“《月食》诗指董秦乃二人”、“徐氏父子俊伟”、“关氏伯仲诗深妙”、“鸡人唱晓梦联诗”、“梦读异诗”、“熙陵奖拔郭贽”、“颜几圣索酒友诗”、“米元章遭遇”、“何张遗句南金录”、“李媛步伍亭诗”、“渔父诗答范希文”、“王林梅诗相类”、“苏黄秦书各有僻”、“骂胥诗对”、“陆规七岁题诗”、“辨月中影”、“兔有雄雌”、“诗句七十二取义”、“花色与香异”和“后山评诗人”；卷八“辨《广陵散》”、“六琴说”、“古琴品饰”、“古声遗制”、“叔夜有道之士”、“明皇好恶”、“蔡嵇《琴赋》”、“击琴”、“有道之器”、“闻弦赏音”、“琴趣”、“焦尾”、“雷琴四田八日”、“烟香自有龙麝气”、“陈赡传异人胶法”、“潘谷墨仙揣囊知墨”、“漆烟对胶”、“洙泗之珍”、“二李胶法”、“都下墨工”、“买烟印号”、“软剂出光墨”、“紫霄峰墨”、“南海松煤”、“苏浩然断金碎玉”、“寄寂堂墨如犀璧”、“精烟义墨”、“唐高宗镇库墨”、“十三家墨”、“墨工制名多蹈袭”、“杂取桦烟”、“油松烟相半则经久”、“墨磨人”、“桐华烟如点漆”、“廷倣四和墨”和“唐水部李慥制墨”；卷九“端溪龙香砚”、“歙山斗星砚”、“龙尾溪月砚”、“玉蟾蜍砚”、“端溪紫蟾蜍砚”、“丁晋公石子砚”、“金龙砚”、“吕老煅研”、“澄泥研”、“铜雀台瓦”、“南皮二台遗瓦研”、“端石莲叶研”、“风字晋研”、“乌铜提研”、“古斗样铁护研”、“吴兴许采五研”、“赵水曹书画八砚”、“赵安定提研制”、“龙尾溪研不层尘垢”、“郑魁铭研诗”、“李端叔铭僧研”、“跃鱼见木石中”、“铜蟾自滴”和“雷斧研铭”；卷十“序丹灶”、“风翔僧煅朱熔金”、“居四郎伏朱锻丹砂”、“瓢内出汞成宝”、“丹阳化铜”、“煅消愈疾制汞”、“点铜成庚”、“草制汞铁皆成庚”、“糁制”、“市药即干汞”、“药瓦成金”和“变铁器为金”。

具体说来，卷一至卷五“杂记”，偏引仙鬼报应事，又及谈谐琐事；卷六“东坡事实”，记苏轼逸闻轶事；卷七“诗词事略”，收录唐宋诗人吟诵诗句；卷八“琴事附墨说”，偏记古代音乐及制墨工艺；卷九“记砚”，记各种名砚及形制特色、砚铭之类；卷十“记丹药”一卷，记宋代炼丹术盛行及达官贵人之生活。何书保存了大量正史中鲜见的资料，不失为研究北宋政治、经济、文化和社会风俗的重要参考书。[①] 单从“史”的角度来说，最值得关注的，是卷一至卷五“杂记”中所录琐事、卷六“东坡事实”所记轶事和卷十“记丹药”中所反映之达官贵人的生活情形。

不过，对何书，四库馆臣有誉有毁：

> 薳父曰去非，尝以苏轼荐得官，故记轼事特详。其杂记多引仙鬼报应兼及琐事，如称刘仲甫弈棋无敌，又记祝不疑胜之，两条自相矛盾，殊为不检。[②]

清人周中孚也说：“其特述东坡者，薳父去非为东坡所荐士也。东坡表荐去非，且言其笔势雄健，得秦汉风力，则薳之撰著亦庶乎不愧父风矣。惜其杂记中喜谈仙鬼报应之事，有失儒家轨范耳。”[③] 晚清李慈铭又云：“薳为博士去非之子，故是书极推东坡，载其逸事甚多；其余大率谈谐琐事，及神怪果报，乃说部之下者，然亦足资谈助。”[④]

---

① 蒲秋征：《何薳及其〈春渚纪闻〉》，载《西北师范大学学报》，1988（4）。

② 《四库全书总目》卷121《〈春渚纪闻〉提要》，北京，中华书局，1965。

③ 周中孚：《郑堂读书记》卷56《子部·杂家类·春渚纪闻》，上海，上海书店，2009。

④ 李慈铭：《越缦堂读书记·杂记·春渚纪闻》，北京，中华书局，2006。

《春渚纪闻》成书后，久无刊刻，一直以抄本流传。于晚明，收入《宝颜堂秘笈》和《津逮秘书》，分别为万历绣水沈氏刊本和崇祯虞山毛氏汲古阁刊本。顺治三年（1646），收入《说郛续》，为两浙李氏宛委山堂刊本。至乾隆朝，编《四库全书》，收入“子部杂家类”，为江西巡抚采进本。嘉庆十年（1805），收入《学津讨原》，为虞山张氏照旷阁刊本。至民国，涵芬楼编《宋元人说部书》，由商务印书馆排印；又收入《宋人小说》和《丛书集成初编》，分别由神州国光社和商务印书馆排印，1990 年前者又由上海古籍出版社影印，1985 年后者又由中华书局重印。今人张明华以涵芬楼本为底本点校，1983 年由中华书局印行，列入《唐宋史料笔记丛刊》；2012 年，上海古籍出版社重排钟振振点校本，列入《历代笔记小说大观》，与吴处厚《青箱杂记》合刊一册，是为现在最通行的版本。另外，2003 年，又收入《全宋笔记》，由大象出版社排印。

叶梦得与《石林燕语》、《避暑录话》和《岩下放言》

叶梦得（1077—1148），字少蕴，号“石林居士”，苏州吴县人。绍圣四年（1097）进士，官至丹徒尉、翰林学士、尚书左丞、户部尚书、江东及福建安抚使。他长于词，行文清丽，撰有《建康集》、《石林词》、《石林诗话》、《石林燕语》、《避暑录话》和《岩下放言》。

《石林燕语》十卷，卷首叶氏自序云：

> 宣和五年，余既卜别馆于卞山之石林谷，稍远城市，不复更交世事，故人亲戚时时相过周旋。嵁岩之下，无与为娱，纵谈所及，多故实旧闻，或古今嘉言善行，皆少日所传于长老名流，及出入中朝身所践更者；下至田夫野老之言，与夫滑稽谐谑之辞，时以抵掌一笑。穷谷无事，偶遇笔札，随辄书之。建炎二年，避乱缙云而归……洊罹变故，志意销VV，平日所见

闻，日以废忘，因令栋更裒集为十卷，以《石林燕语》名之。

从自序可知，叶书始撰于宣和五年（1123），成书于南渡后的建炎中。[①] 石林谷，为叶氏晚年居所，因以题书。于两宋变乱之际，戈甲倥偬，叶氏图书散佚，也难免记忆失真、考据未详。所以，汪应辰[②]作《石林燕语辨》十卷，宇文绍奕[③]作《考异》一卷，一一辨证。今之三书大多合而为一，可谓嘉惠学林。叶书以谈官制、叙科举为主。像卷二记宋代集贤院学士、讲读官的品秩与除授云：

> 集贤院学士，故事，初不分高下，但以为名而品秩自从其官。故吴正肃公以前执政，资政殿大学士刘原甫以从官翰林侍读学士，皆以疾换授，盖不为要职也。然在学士之列，视待制则为优，故元厚之以天章阁待制知南京。仁宗即位，亦特换授，是岁迁龙图阁直学士，知广州。苏子容罢知制诰，知亳州；再遇赦，遂复此职。尝请别其品秩，不报，故其谢表云："惟丽正图书之府，盛开元礼乐之司。在外馆之地则为闲，正学士之名则已重。先朝著令，或自二府公台而践更；近例迁官，皆由两省丞郎而兼领。"又云："惟其恩数之优，当有官仪之别，亦尝自言于公府，岂敢取必于佥谐？"

又卷三记唐宋中书、门下和尚书三省职掌的变迁，有益于有关史事的考证；卷二、卷四内谈元丰新官制的各条，可与庞元英《文昌杂录》的有关内容参校。另外，卷三记唐代中书省制诏用纸，以黄麻纸为上，

---

① 方建新：《关于〈石林燕语〉的成书时间》，载《杭州大学学报》，1987（4）。

② 汪应辰（1118—1176），字圣锡，信州玉山（今属江西）人。绍兴五年（1135）进士，官至镇东军签判、秘书省正字、建州通判、吏部尚书、端明殿学士、平江知府。他长于义理，好贤乐善，人称"玉山先生"，撰有《文定集》和《石林燕语辨》。

③ 宇文绍奕（?），字卷臣、衮臣，成都双流人。早先为吏部郎，官至剑州通判，临邛、广汉知州，撰有《原隶》、《临邛志》和《石林燕语考异》。

黄藤纸次之，用来分辨事之轻重；卷八记科举故事各条，是很好的掌故资料。至于卷三记宋太宗刊淳化阁帖，卷十记王安石衣不浣濯、米元章见奇石下拜，也是后来人们偏爱谈资的出处。

对叶书，四库馆臣评价说：

> 梦得为绍圣旧人，徽宗时尝司纶诰。于朝章国典，夙所究心，故是书纂述旧闻，皆有关当时掌故。于官制科目，言之尤详，颇足以补史传之阙，与宋敏求《春明退朝录》，徐度《却扫编》可相表里。①

清人周中孚也说："今按其书，有载及建炎三年、绍兴六年事者，则书成后又有所增益也。其所纂述，多有关于朝章国典，而于官制科目尤详，皆见闻实录，词约义正，初无荒唐不经之语，其亦有补于史者也。与夫小说家吹影镂尘，幻驰藻翰，无小补者，固相远矣。"②

《石林燕语》成书后，收入《儒学警语》，为嘉泰元年（1201）俞氏刊本。正德元年（1506），又有杨武刻本。于晚明，收入《稗海》，为万历会稽商氏半埜堂刊本。顺治三年（1646），收入《说郛续》，为两浙李氏宛委山堂刊本。至乾隆朝，编《四库全书》，收入"子部杂家类"，为永乐大典本。咸丰三年（1853），收入《琳琅秘室丛书》，为仁和胡氏木活字本。至民国，收入《五朝小说大观》和《丛书集成初编》，分别由上海扫叶山房和商务印书馆排印，1985 年后者又由中华书局重印，与吴枋《宜斋野乘》和吴炯《五总志》合刊一册。今人侯忠义以胡氏本为底本点校，1984 年由中华书局印行，列入《唐宋史料笔记丛刊》；今人田松青以四库全书本为底本点校，2012 年由上海古籍出版社排印，列入《历代笔记小说大观》，与《避暑录话》合刊一册，是为现在最通行的版本。另外，2003 年，又收入《全宋笔记》，由大象出

① 《四库全书总目》卷 121《〈石林燕语〉提要》，北京，中华书局，1965。

② 周中孚：《郑堂读书记》卷 56《子部·杂家类·石林燕语》，上海，上海书店，2009。

版社排印。

《避暑录话》二卷，又作《石林避暑录》、《石林避暑录话》和《乙卯避暑录话》。“乙卯”，即绍兴五年（1135），大略是叶书之的成书之年。书中所记，主要是名胜古迹、名人行止出处，抒发野居逸趣，偶尔杂以经史议论。于“史”而论，最当关注有关名人言行之记录。像卷一记欧阳修、王安石和苏轼平日癖好云：

欧阳文忠公在扬州作平山堂，壮丽为淮南第一，堂据蜀冈，下临江南数百里，真、润、金陵三州隐隐若可见。公每暑时辄凌晨携客往游，遣人走邵伯取荷花千余朵，以画盆分插百许盆，与客相间，遇酒行即遣妓取一花传客，以次摘其叶，尽处则饮酒，往往侵夜载月而归。余绍圣初始登第，尝以六七月之间馆于此堂者几月，是岁大暑，环堂左右老木参天，后有竹千余竿，大如椽，不复见日色，苏子瞻诗所谓“稚节可专车”是也。寺有一僧年八十余，及见公，犹能道公时事甚详，迩来几四十年，念之犹在目。今余小池植莲，虽不多，来岁花开，当与山中一二客修此故事。

王荆公不耐静坐，非卧即行。晚卜居钟山谢公墩，自山距州城适相半，谓之“半山”。畜一驴，每食罢，必日一至钟山，纵步山间，倦则即定林而睡，往往至日昃乃归，率以为常，有不及终往，亦必跨驴中道而还，未尝已也。余见蔡天启、薛肇明备能言之。子瞻在黄州及岭表，每旦起，不招客相与语，则必出而访客，所与游者亦不尽择，各随其人高下，谈谐放荡，不复为畛畦，有不能谈者则强之说鬼，或辞无有则曰：姑妄言之。于是闻者无不绝倒，皆尽欢而后去。设一日无客，则歉然若有疾。

又人们追忆北宋灭亡，多怪王安石变法，还有蔡京擅权，而叶氏做过蔡之门客，对蔡氏不予贬斥。不过，从总体上说，叶书所记，可以广见闻、长知识，应引起有关文史研究者的重视。四库馆臣即云：

> 终述于公论，隐约其文，尚不似陈善《扪虱新话》颠倒是非，党邪丑正，一概肆其狂诋。其所叙录，亦多足资考证，而裨见闻。①

清人周中孚也说：“今观是书，叙述辩论，具有根据，与所作《石林燕语》，同有裨于考核。然石林本章、蔡之党，每于熙宁、绍圣之弊政阴为解释，究非公论，而于因果报应之说，又信之太过，并附会古今儒者多惑溺于佛，以申其尊崇佛氏非出于己所独见，尤于名教有乖，此即不及其《燕语》多矣。”② 至晚清，李慈铭为之作了长篇申辩，又说：“石林此录本为消夏而作，故中多言消遣之法及训子孙之语，格言名论，往往而有……其录中绝无一语及庄简，盖所论皆公家事，本无可怨，亦见其宅心和厚，得于山水者深。”③

《避暑录话》成书后，不详早先刊刻情形。于晚明，收入《稗海》和《津逮秘书》，为万历会稽商氏半埜堂刊本和崇祯虞山毛氏汲古阁刊本。至乾隆朝，编《四库全书》，收入“子部杂家类”，为两江总督采进本。嘉庆十年（1805），收入《学津讨原》，为虞山张氏照旷阁刊本。至民国，收入《郎园先生全书》和《丛书集成初编》，分别由长沙中国古书刊印社、商务印书馆汇印和排印，1985 年后者又由中华书局重印，与王暐《道山清话》和尤玘《万柳溪边旧话》合刊一册；又民国二十九年（1940），收入《宋人小说》，为神州国光社排印本，1990 年又由上海古籍出版社影印。今人徐时仪以宋人小说本为底本点校，2012 年由上海古籍出版社排印，列入《历代笔记小说大观》，与《石林燕语》合刊一册，是为现在最通行的版本。另外，1993 年，收入《中国野史

① 《四库全书总目》卷 121《〈避暑录话〉提要》，北京，中华书局，1965。

② 周中孚：《郑堂读书记》卷 56《子部·杂家类·避暑录话》，上海，上海书店，2009。

③ 李慈铭：《越缦堂读书记·杂记·避暑录话》，北京，中华书局，2006。

集成》，由巴蜀书社影印；2003 年，又收入《全宋笔记》，由大象出版社排印。

《岩下放言》三卷，书分上中下，偏记经史百家之说、轶闻遗事和风俗习惯，间杂道言佛理，性质略同于《避暑录话》。于“史”而论，有关名人言行之记录，同样值得关注。像卷一记苏轼、王安石轶事云：

苏子瞻好謔，一日与客集，有论林和靖诗，偶俪精切，如用古人，不独取以相对，虽有姓名之字亦欲相对，如“伶伦近日无侯白，奴仆当年有卫青”之类。子瞻曰：“吾近得一对，但未有用处。”或问之，曰：“韩玉汝，正可对李金吾。”闻者皆大笑。唐人记：有问东方虬，何以名虬者？曰：“且要数百年后，对西门豹。”正类耳。今日有客来，云显官张九成，轻薄子或以对“柳三变”，亦的对也。

苏子瞻初未知有禅学。为凤翔府佥判，有兵官王凯者教之，始大知爱。时欧阳文忠尚无恙，子瞻为杭州倅特过汝阴，以此劝公，笑而不答。凯，王诜之父也，捨欧公而从一兵官，可为豪杰矣。自是从辨才等，诜又于杭州所入益深，子由贬筠州监酒税，时江西谈老，南临济禅盛，亦多有伟人。子由日从文关西寿圣聪游，自谓有得。余固不获亲闻二人之言，而阅其书多矣。质之近世为禅宗者，往往但许其高明善辨，辩而不许其质至道，此当自知非他人所能察。然子瞻论理超胜，出入大乘诸经，无所留碍，诚为闳妙。子由晚作老子解，乃其心法自许甚高，与他解经不类。天下至理，不为凝滞所隔，则为聪明所乱，二人后必有能辨之者。

王荆公再罢相，居钟山，无复他学；作《字说》外，即取《藏经》读之。虽则溷间，亦不废。自言《字说》深处，亦多出于佛书。作《金刚经解》，裕陵尝宣取，今行于世。其余，如《楞严》、《华严》、《维摩》、《圆觉》，皆间有说，意以为尽其所言矣。至谓禅学为无有其徒自作法门，以动世之未有知音者尔。晚请秀圆通往蒋山，首出所作诸经解示秀，秀不之许，公不乐，秀亦弃去。后捨宅为寺，以文关西主之。未几，文亦封其所奏紫衣师号制书，不告而归，盖亦有不契。然者荆公且势位方高，二人不少假，亦可为勍敌，近岁盖未之见。或云非荆公所得，盖二人之主张其教门，以为使世知。荆以为然，则其徒无复可言，此亦不然。富郑文未尝识圆照，闻法显之言而心语。既告以照，照即印大善知识果。但以主张教门为心，则安能使其传数百年而终不可泯乎？

又卷二记郎简、杜岐公轶事云：

郎简侍郎，钱塘人，庆历间罢吏，与杜岐公极相厚善。简长岐公十许岁，岐公以兄事之。既老谢事，居里中作别馆径山下，善服食，得养生之术。即径山涧旁种菖蒲数亩，岁采以自饵，山中人目之菖蒲田。时岐公以老就第居，宋简数以书招岐公同处不果，往然书间与诗往来，无虚月。范文正知钱塘，亦重其为人。捷，皇祐大飨明堂，亟请召岐公为三老，以任参政，布及简，为五更不报。简犹后岐公三、四年卒，几九十，虽无甚显迹，然能善其身终始。岐公未尝轻与人往，独重简为重友，亦必有以取之矣。士大夫处世，何用事业赫在人耳目，若必求此，将有扰扰用意营之者，若是，安得自适于休静无事之地，或不免累于仕而不能去。余家先世与简有素，今日客有自径山来，言菖蒲田，问之儿子，多不知其详，乃为语之。

入明，商濬编《稗海》，收入《蒙斋笔谈》二卷，题署“湘山郑景望”，实为《岩下放言》之重编本。对叶书，四库馆臣评价说：

梦得老而归田，耽心二氏，书中所述，多提唱释、老之旨……然梦得学问博洽，又多知故事，其所记录，亦颇有可采。宋人旧帙，姑存以备一家焉。[1]

对郑书，四库馆臣又云，郑氏删叶书十分之三四，颠倒次序，[2] 拼凑成书，几无文献价值可言。

《岩下放言》成书后，不详早先刊刻情形。嘉靖二十三年（1544），收入《古今说海》，为嘉靖云间陆氏俨山书院刊本。顺治三年（1646），收入《说郛续》，为两浙李氏宛委山堂刊本。至乾隆朝，编《四库全书》，收入“子部杂家类”，为两淮盐政采进本。道光十一年（1831），又收入《学海类编》，为六安晁氏活字排印本。民国二十三年（1934），收入《笔记小说大观》，由上海进步书局石印，1984 年又由广陵古籍刻印社影印；2003 年，收入《全宋笔记》，由大象出版社排印，是为现在最通行的版本。

程俱与《麟台故事》

程俱（1078—1144），字致道，衢州开化（今属浙江）人。以外祖邓润甫恩荫入仕，宣和三年（1121）赐上舍出身，官至吴江主簿、太常少卿、秀州知府、中书舍人侍讲、提举江州太平观、徽猷阁待制。他工于诗，撰有《北山小集》和《麟台故事》。

《麟台故事》五卷，卷首绍兴元年（1131）程氏“进《麟台故事》申省原状”云：

> 窃见车驾移跸以来，百司文书例从省记，按以从事蠹敝或生日者，朝廷复置秘书省，稽参旧章，稍储俊造，而臣滥膺盛选待罪省贰。窃以谓，典籍之府，宪章所由，当有记述，以存一司之守。辄来摭见闻及方册所载法令，所该比次为书，凡十

---

① 《四库全书总目》卷 121《〈避暑录话〉提要》，北京，中华书局，1965。
② 《四库全书总目》卷 127《〈蒙斋笔谈〉提要》，北京，中华书局，1965。

有二篇，列为五卷，名曰《麟台故事》，缮写成二册，诣通进司投进，如有可采，许以副本藏之秘省，以备讨论。

“麟台”，为秘书省的别称。天授中，由武则天赐名。程氏记秘书省馆阁故事，因以“麟台”题书。宋承唐制，以史馆、昭文馆和集贤院为“三馆”，总称“崇文院”，负责修史、藏书和校书。端拱三年(988)，于崇文院中堂筑秘阁，藏三馆真本及书画。元丰改制后，三馆及秘阁，归属秘书省。

程氏原书十二门，即“沿革”、“省舍”、“官联”、“选任”、“书籍”、“储藏”、“校雠”、“修纂”、“国史”、“恩荣”、“职掌”和“禄廪”。从内容上看，“官联”、“选任”、“恩荣”和“禄廪”四门，偏记馆阁官员的设置、升迁和待遇情况；“书籍”、“校雠”、“修纂”、“国史”、“储藏”和“职掌”六门，依次阐明秘书省三馆秘阁的工作职能、活动内容和方式；而“省舍”和“沿革”二门，则介绍和追溯馆阁的建筑、处所以及馆阁的演变发展。可以说，程书涉及了北宋秘书省三馆秘阁的各个方面，又对它们作了系统的归纳和总结。①

今之所存五卷本，系四库馆臣从《永乐大典》中辑出，即卷一“沿革”、“省舍”和“储藏”；卷二“修纂”和“职掌”；卷三“选任”；卷四“官联”；卷五“恩荣”和“禄廪”。从史料学的角度考察，程书的价值上是十分突出的。一方面，于“省舍”和“沿革”二门，保存了一批包括建筑、处所、职官在内的有关北宋馆阁十分系统的资料；另一方面，于“储藏”和“修纂”二门，记录了馆阁藏书和整理情况，揭示了馆阁藏书的来源，保存了宋代官府藏书的第一手资料。另

① 姚伯岳：《〈麟台故事〉整理前言》，载《图书馆学研究》，1987（4）。

外，它也提供了古代雕版刻书史研究的珍贵资料。[①]

对程书，四库馆臣给予了充分肯定：

> 其书多记宋初之事，典章文物，灿然可观。盖绍兴元年初复秘书省，首以俱为少监。故俱为是书，得诸官府旧章，最为详备……足以考证异同，补缀疏略，于掌故深为有裨。[②]

清人周中孚也说："今馆臣从《永乐大典》中录出……仍分五卷，以较原书篇数，已亡其三矣。然于北宋词林典故，已条举无遗，并可以补史传之阙，续以陈叔进《馆阁录》、无名氏《馆阁续录》、周弘道《玉堂杂记》三书，而宋一代之文献灿然备矣。"[③]

《麟台故事》成书后，久无刊刻，一直以抄本流传。顺治三年（1646），收入《说郛续》，为两浙李氏宛委山堂刊本。至乾隆朝，编《四库全书》，收入"史部职官类"，为永乐大典本。于同治朝，收入《榕园丛书》，为真州张氏刊本。至晚清，收入《十万卷楼丛书》，为光绪湖州陆氏刊本；又有光绪会稽孙氏刻本和广雅书局覆刊本。[④] 至民国，收入《四部丛刊续编》，由商务印书馆影印。今人姚伯岳以陆氏本点校，1990年由四川大学出版社印行，收入《中国历代藏书论著读本》。2003年，收入《全宋笔记》，由大象出版社排印。2004年，中华书局排印张富祥校正本，列入《唐宋史料笔记丛刊》，是为现在最通行的版本。

步程书之后，又有陈骙《南宋馆阁录》十卷和佚名《南宋馆阁续

---

① 宋立民：《试评〈麟台故事〉》，载《古籍整理研究学刊》，1986（2）；卢维春：《〈麟台故事〉探微》，载《古籍整理研究学刊》，1993（2）；张福祥：《程俱〈麟台故事〉考略》，载《山东师范大学学报》，1993（5）；王海英：《〈麟台故事〉研究》，吉林大学历史文献学硕士论文（2004）；王照年：《程俱及其〈麟台故事〉考论》，西北师范大学中国古典文献学博士论文（2008）。

② 《四库全书总目》卷79《〈麟台故事〉提要》，北京，中华书局，1965。

③ 周中孚：《郑堂读书记》卷28《史部·职官类·麟台故事》，上海，上海书店，2009。

④ 宋立民：《〈麟台故事〉版本考》，载《古籍整理研究学刊》，1986（1）。

录》十卷，显然是受了程书的影响。不过，它们属于职官类专史，不应列入历史笔记的范畴。

庄绰与《鸡肋编》

庄绰（1079—?），字季裕，清源惠安（今属福建）人。他生活于两宋之际，为官襄阳、顺昌和澧州；状貌清癯，人目之为“细腰宫院子”。他见闻广博，撰有《鸡肋编》、《杜集援证》、《灸膏肓法》和《筮法新义》。

《鸡肋编》三卷，书分上中下。卷首绍兴三年庄氏自序云：

> 昔曹孟德既平汉中，欲因讨蜀而不得进，守之又难为功，操出教唯曰“鸡肋”而已，外莫能晓。杨修独曰：“夫鸡肋，食之则无所得，弃之则殊可惜。公归计决矣。”阿瞒之绩，无见于策，而其空言，竟著于后。是岂非鸡肋之腊邪？然方其撅芦菔、凫茈而饿于墙壁之间，幸而得之，虽不及于兔肩，视牛骨为愈矣。予之此书，殆类于是，故以“鸡肋”名之。

“鸡肋”一词，语出《三国志·武帝纪》裴松之注引《九州春秋》曰：“夫鸡肋，弃之如可惜，食之无所得，以比汉中，知王欲还也。”庄氏以之题书，表示价值不大，实为谦词而已。

庄书所记先世旧闻、当代事实，不少可补史传之不足；又记各地风俗、民情和琐事，包括很多自然科学和经济史研究资料，也足资有关研究者参考。于“史”而论，有关经济史的内容，以及宋辽两国史事和有关人物轶闻，最值得关注。[①] 像卷上记河朔、山东养蚕业情形云：

> 河朔、山东养蚕之利，逾于稼穑，而村人寒月盗伐桑枝以

① 黄世瑞：《〈鸡肋编〉的科技史价值》，载《中国科技史料》，1996（2）；李珏坤：《〈鸡肋编〉研究》，四川师范大学中国古代文学硕士论文（2012）。

为柴薪，为害甚大。每有败获，估赃不多，薄刑不足以戒，欲禁系以苦之，则惮于囚众。单州城武令聂忞，兖州人，起于白屋，知民间利病，有获此偷，即依法决遣。而据所征赃钱，随多寡，必分十限付于其家。远都保伍，畏于逃逸，系累之急，甚于官司。如限三日，即已拘縻一月矣。又量其情之重轻，每限出头，加以棰楚。虽欲一日并纳赃罚，里正谕意，亦不听输。于是一邑桑柘，春阴蔽野，人大受赐。人有相仇害者，于树干中去其皮尺许，令周匝，谓之"系裹肚"，虽大木亦枯死。有一夕伤数百株者，此多大姓侵刻细民，故以此报之也。

又卷中记南渡以后朝廷窘境云：

建炎之后，以国用窘匮，凡故例群臣锡予，多从废省，惟从官初除，鞍马对衣之赐犹存，而省其半。绍兴二年，黎确由谏议大夫除吏部侍郎，见其赐目，后用御宝，而云"马半匹，公服半领，金带半条，汗衫半领，裤一只"，甚可笑也。然皆计直给钱，但当减半计数可矣。时有司之陋，大抵多类此……

朝廷在江左，典籍散亡殆尽。省曹、台阁，皆令老吏记忆旧事，按以为法，谓之"省记条"。皆临时狗私自便。而敌骑自浙中渡江北归，官军败于建康江中，督将尚奏功，云其四太子几乎捉获，亦谓之推赏。时谓以省记条推几乎赏……

绍兴中，以财用窘匮，武臣以军功入仕者甚众，俸给米麦，虽宗室亦减半支给。其后半复中损，至于再三，遂至正任观察使才请两石六斗，唯统兵官依旧全支。若刘、韩二开府，张俊太尉、王燮承宣等，乃为统兵官。如殿前马步三帅，皆不得预。时步军都指挥使兰整云："昔为殿前班长行，请米四石八斗；今作步军太尉，乃反不如。"而又不得为统兵官，是尤可笑也。

又卷下记南宋初江南离乱情形云：

建炎初，车驾自维扬渡江，金人分兵逼寿春，众劫太守马识远使投拜，马拒之，率兵城守，卒能保全。及敌退，其尝欲降者反不自安，乃谋杀太守以掩前失曰："守若存，我辈终不得全。"幕官王大节曰："彼有家属，如何?"于是尽杀，推大节权领州事，以太守首先投降及兵退尚不肯用建炎年号具奏朝廷，遂擢大节通判权州事。绍兴二年，大节与徐兢明叔俱在孟庾幕中。一日，大节与徐论禅曰："罪福之事，报应有无?"徐云："未了还须偿宿债。"大节曰："如何可脱?"徐曰："法心觉了无一物。赵州和尚道'放得下时都没事'。若放不下，冤债到来，何由辨免?"王面发赤。次日具饭邀徐，密告寿春之事，曰："还可脱免否?"明叔曰："如赵州言，放得下始得。"王曰："如何放得下?"明叔曰："惟觉能了。"翌旦，徐与同官王昌俱访大节，忽言"病来"，又曰"了不得！了不得！且救我。"遂倒仆。二公取艾炙其脐中，方三四壮，矍然而起曰："知罪过！知罪过！"又曰："且放我宽。"语言纷纭，莫能悉记。二公惊出，但闻哀祈之声，久之竟死。孟与徐皆能道其事。

对庄书，四库馆臣评价说：

季裕之父，在元祐中与黄庭坚、苏轼、米芾诸人游，季裕犹及识芾及晁补之，故学问颇有渊源，亦多识轶闻旧事。书中如不知《龙城录》为同时王铚所作，反据以驳《金华图经》之类，间失考证。然可取者多，其记辽宋誓书一条，大旨以和议为主，亦各抒所见。季裕方浮沉郡县，具当时朝士附合秦桧者固自有殊。统观其书，可与后来周密《齐东野语》相埒，非《辍耕录》诸书所及也。①

① 《四库全书总目》卷141《〈鸡肋编〉提要》，北京，中华书局，1965。

《鸡肋编》成书后，收入《悦生堂随抄》，为咸淳贾氏刻本。于元明，又有影宋抄本和穴研斋抄本。至乾隆朝，编《四库全书》，收入“子部小说家类”，为江西巡抚采进本。咸丰三年（1853），收入《琳琅秘室丛书》，为仁和胡氏木活字本。至民国，先有涵芬楼傅校本，由商务印书馆影印；又《宋人小说》和《丛书集成初编》，分别由神州国光社和商务印书馆排印，1990 年前者又由上海古籍出版社影印，1985 年后者又由中华书局重印，与高文虎《蓼花洲闲录》合刊一册。今人萧鲁阳以傅校本为底本点校，1983 年由中华书局印行，列入《唐宋史料笔记丛刊》；今人李保民以胡氏本为底本点校，2012 年由上海古籍出版社排印，列入《历代笔记小说大观》，与张端义《贵耳集》合刊一册，是为现在最通行的版本。另外，2003 年，又收入《全宋笔记》，由大象出版社排印。

李纲与《靖康传信录》、《建炎时政记》

李纲（1083—1140），字伯纪，号梁溪，人称“梁溪先生”，建州邵武（今属福建）人。政和二年（1112）进士，官至太常少卿、兵部侍郎、尚书右丞、尚书右仆射、中书侍郎。他是抗金名臣，又通文史，撰有《梁溪集》、《梁溪词》、《靖康传信录》、《建炎时政记》和《建炎进退志》。

《靖康传信录》三卷，卷首建炎二年（1128）李氏自序云：

> 以今日而视去岁，人心、国势之不相侔，何止相什百哉！臣子之义，惟当奋不顾身，死以殉国家之急。及其成功，则天也。然自是之后，朝廷非大有惩创，士风非大有变革，内外大小同心协力，以扶持宗社、保全家室为事，扫去偷惰苟且之习，娼嫉谮诉之风，虽使寇退，亦岂易支吾哉？故余于此录记其实而无隐，庶几后之览者有感于斯文。

“靖康”，为宋钦宗年号，即靖康元年（1126），发生了金兵破开封、灭北宋的“靖康之变”，宋人谓之“靖康耻”。所谓“传信”，即把确信事实传告于人。李氏是这场灾难的亲历者，因以“靖康”、“传信”题书。

卷尾李氏又云：

国家艰难，宗社危急，扶持天下之势转危为安几成，而为庸懦谗慝者坏之，为可惜也。殆天未悔祸，生灵未有休息之期，命运之行自有数也。不然，何以若此？余自建昌假道长沙以趋川陕，适荆南为寇贼所据，道梗，少留。时都城复为虏骑攻围，朝廷不通耗者累月，端忧多暇，探箧中取自上龙飞余遭遇以来，被受御笔内批，及表、劄、章、奏等，命笔吏编次之，因叙其施设、去就本末，大概若此，庶几传信于后世。

李氏依时记事，书分上中下，卷上起于宣和七年（1125）冬，止于靖康元年正月二十日；卷中起于靖康元年正月二十七日，止于二月二十三日；卷下起于靖康元年二月二十七日，止于四月中。李氏依据“御笔内批，及表、劄、章、奏”，由笔吏编次成书于长沙漕厅翠蔼堂，记录了“靖康之变”的全过程，是有关这一事件最重要的历史文献之一。

对李书，清人周中孚评价说：“是编自记其为尚书右丞充亲征行营使，及以知枢密院事为河北东路宣抚使时事。自宣和七年冬至靖康二年春，金人两次南侵，伯纪竭力以援王室，反致罢斥，端忧多暇，乃探箧中，取自钦宗登极以来被受御笔内批及表札章奏等而编次之，因叙其施设去就本末大概。谓之《传信》，诚无忝此二字矣。”[①]

《靖康传信录》成书后，收入李氏《梁溪集》，为邵武郡斋官刻本。至乾隆朝，编《四库全书》，《梁溪集》收入“集部别集类”，为编修汪

① 周中孚：《郑堂读书记》卷19《史部·杂史类·靖康传信录》，上海，上海书店，2009。

如藻家藏本。光绪十年（1884），又收入《邵武徐氏丛书》，为邵武徐氏刊本。至民国，收入《四部备要》和《丛书集成初编》，分别由中华书局、商务印书馆刊印和排印，1985年后者又由中华书局重印，与曹勋《北狩见闻录》、佚名《北狩行录》和丁特起《靖康纪闻》合刊一册；2003年，收入《全宋笔记》，由大象出版社排印，是为现在最通行的版本。另外，1993年，又收入《中国野史集成》，由巴蜀书社影印。

《建炎时政记》三卷，卷首绍兴五年（1135）李氏自序云：

> 臣纲伏被尚书省札子，三省同奉圣旨，令臣省记编录建炎元年五月一日以后《时政记》，缮写成册，进御以待制诏颁降史馆……今者，又奉诏旨，俾臣追记往事，编录成书，将以付之太史氏……谨以省记到昨任宰相日所得圣语、所行政事、赏罚黜陟之大略，著于篇。至于日辰有不能省记，则阙之，庶几信以传信，疑以传疑之意。

李氏奉诏而编，依时记事，书分上中下，卷上起于起建炎元年六月一日，止于十二日；卷中起于建炎元年六月十三日，止于六月三十日；卷下起于建炎元年七月一日，止于八月十八日。书记宋高宗初政情形，主要是赵构的“圣语”、“所行政事”和“赏罚黜陟”，是了解南宋初年政治最重要的历史文献之一。

《建炎时政记》成书后，收入李氏《梁溪集》，为邵武郡斋官刻本。至乾隆朝，编《四库全书》，列入“史部杂事类存目”，为浙江范懋柱家天一阁藏本；又《梁溪集》收入“集部别集类”，为编修汪如藻家藏本。光绪十年（1884），又收入《邵武徐氏丛书》，为邵武徐氏刊本。2003年，收入《全宋笔记》，由大象出版社排印；2014年，收入《杭州史料别集丛书》，由当代中国出版社排印，与《建炎进退志》、赵鼎《建炎笔录》和佚名《建炎复辟记》合刊一册，是为现在最通行的版本。另外，1993年，又收入《中国野史集成》，由巴蜀书社影印。

朱弁与《曲洧旧闻》

朱弁（1085—1144），字少章，号“观如居士”，徽州婺源（今属江西）人。他是朱熹的族叔祖，早年以诗文见重于晁说之。以诸生补修武郎，官至右武大夫、吉州团练使、通问副使、奉议郎。建炎元年（1127），奉诏使金，因不愿屈宦伪齐[①]，为金人扣留十七年。他长于文史，撰有《曲洧旧闻》和《风月堂诗话》。

《曲洧旧闻》十卷，是一部以文史见长笔记。古之溱、洧二水，自密县、登封，于新郑汇流，称“双洎河”。入洧川县境，弯曲东南流，谓之“曲洧”。在这里，晁氏为朱弁娶了一个本家侄女，而他一直留恋在洧水之畔的这段时光，因以“曲洧”题书。

书记两宋之际的朝野遗事、社会风情和士大夫逸闻，表达了作者高度的爱国热情以及对北宋灭亡、南宋贫弱的理性反思；作品内容丰富，情节生动，文字雅洁，活泼风趣，具有较高的文学价值和史料价值。[②]书中偏记北宋君臣言行，而于王安石之变法、蔡京之绍述、朋党之角逐，言之深详，旨在申明北宋一代兴衰治乱之缘由，充分展示出于史有补的作用。

像卷一记盐铁场务[③]立制云：

场务多是藩镇差牙校，不立程课法式，公肆诛剥，全无谁何，百姓不胜其敝。故建隆以来，置官监临，制度一新，利归公上，官不扰而民无害，至今便之。

---

① 金人卵翼下之刘豫“大齐”国。

② 邱昌员、魏晓姝：《朱弁〈曲洧旧闻〉述论》，载《赣南师范学院学报》，2011（2）。

③ 场务：五代及两宋，盐铁专卖之管理机构。司生产、专卖者谓之“场”，司税收者谓之“务”。

又卷二记元丰党争事云：

元丰初，官制将行，裕陵以图子示宰执，于御史中丞、执政位牌上贴司马温公名，又于中书舍人、翰林学士位牌上贴东坡姓名，其余新政不合，亦各有攸处。仍宣谕曰："此诸人虽前此立朝议论不同，然各行其所学，皆是忠于朝廷也，安可尽废。"王禹玉曰："领德音。"蔡持正既下殿，谓同列曰："此事乌可，须作死马医始得。"其后，上每问及，但云臣等方商量进拟。未几，宫车晏驾，而裕陵之美意卒不能行。新州之贬，无人正名其罪。绍圣间，党论一兴，至崇观而大炽，其贻祸不独缙绅而已。士大夫有知之者，莫不叹恨也。

又卷六记蔡京行政用事云：

蔡京进退倚中贵人为重。恨无以结其心，每对同列言三省枢密院贵史文资中为中大夫者，宴则坐朵殿，出则偃大藩，而至尊左右材力勤劳者甚众，乃以祖宗以来正法绳之，吾曹心得安乎。于是幸门一开，建节者二十余辈，至领枢府、封王、为三少，时时陶铸宰相者不无人焉。

吴伯举守姑苏，蔡京自杭被召，一见大喜之。京入相，首荐其才，三迁为中书舍人。时新除四郎官，皆知县资序。伯举援旧例，言不应格。京怒，落其职，知扬州。未几，京客有称伯举之才者，且言此人相公素所喜，不当久弃外。京曰："既作官，又要作好人，两者岂可得兼也。"

蔡京丰吏禄以示恩，虽闲局亦例增俸入。张天觉作相，悉行裁减，邹浩志完以宫祠里居，月所得亦去其半，尝谓晁检讨曰："天觉此事，吾侪无异词，但当贫窭之际，不能不怅然，乃知天下人喻义者少也。"

对朱书，四库馆臣评价说：

今考其书，惟神怪诙谑数条，不脱小说之体，其余则多记当时祖宗盛德，及诸名臣言行，而于王安石之变法，蔡京之绍述，分朋角立之故，言之尤详。盖意在申明北宋一代兴衰治乱之由，深于史事有补，实非小说家流也。①

清人周中孚也说："是书盖其使金被留时所作，以其皆追述北宋君臣事迹，故曰《旧闻》。张若云跋称其书述列圣之前猷，溯名卿之往行，即一二遗闻轶事，亦供采录，而曾无一言及北国事。呜呼，每饭不忘之意，于斯见矣，岂徒援据精博，足夸淹雅乎哉？"②

《曲洧旧闻》成书后，于南宋已有刊刻。于晚明，收入《宝颜堂秘笈》，为绣水沈氏刊本。顺治三年（1646），收入《说郛续》，为两浙李氏宛委山堂刊本。至乾隆朝，编《四库全书》，收入"子部杂家类"，为浙江汪汝瑮家藏本；又收入《知不足斋丛书》，为长塘鲍氏刊本。嘉庆十年（1805），收入《学津讨原》，为虞山张氏照旷阁刊本。宣统二年（1910），收入《古今说部丛书》，为上海国学扶轮社排印本。至民国，收入《笔记小说大观》和《丛书集成初编》，分别由上海进步书局、商务印书馆石印和排印；1984 年前者由广陵古籍刻印社影印，1985 年后者又由中华书局重印。今人孔凡礼以知不足斋本为底本点校，2002 年由中华书局印行，列入《唐宋史料笔记丛刊》，与李廌《师友谈记》和陈鹄《西塘集耆旧续闻》合刊一册；今人王根林也以知不足斋本为底本点校，2012 年由上海古籍出版社排印，列入《历代笔记小说大观》，是为现在最通行的版本。另外，1993 年，收入《中国野史集成》，由巴蜀书社影印；2003 年，又收入《全宋笔记》，由大象出版社排印。

---

① 《四库全书总目》卷 121《〈元城语录〉提要》，北京，中华书局，1965。

② 周中孚：《郑堂读书记》卷 56《子部·杂家类·曲洧旧闻》，上海，上海书店，2009。

赵鼎与《建炎笔录》、《辩诬笔录》

赵鼎（1085—1147），字元镇，号“得全居士”，解州闻喜（今属山西）人。崇宁五年（1106）进士，官至洛阳令、户部员外郎、御史中丞、签书枢密院事、参知政事，又屡贬至建州、洪州、泉州、兴化军和吉阳军。他是“南渡名相，与李纲齐名”①，又长于文史，撰有《得全词》、《建炎笔录》、《辩诬笔录》和《忠正德文集》。

《建炎笔录》三卷，今本系四库馆臣从《永乐大典》中辑出。书记宋高宗南渡后重建宋政权的经过，起于建炎三年（1129）正月车驾在维扬（今扬州）起，止于绍兴七年（1137）十二月朝辞上殿。赵氏依时记事，具体说来，卷一记“建炎三年巳酉岁”、“建炎四年庚戌岁”和“绍兴二年壬子岁”事，卷二记“绍兴六年丙辰岁”事，卷三记“绍兴七年丁巳岁”事。书中所录，乃作者亲身经历，有关赵构、李纲、秦桧、韩世忠、岳飞和张俊言行事迹，具有很高的参考研究价值。

像卷一记绍兴二年十一月事云：

> 过行阙，初对上，玉色怡然，顾劳甚至。余进曰：“建康，残破之余，又宣督、两司屯驻大军皆招收群寇，上下忧疑，在今最为艰难之地。臣之此行，或因庙堂进拟，则臣断不敢往，敢以死请。万一出于宸断，臣亦不复辞也。”上曰：“江东阙帅，朕晓夕思之，无以过卿者，实出朕意也。卿到官，有奏陈事，朕当自主之。”余顿首谢。

又卷二记绍兴六年九月事云：

> 上巡幸所过，必延见守令，省风俗、问民疾苦也。初四日，发崇德，晚泊皂林，风稍止。两浙漕臣张澄札子以御舟比

① 《宋史·赵鼎传》，北京，中华书局，1977。

旧稍高，所过桥梁多碍，时暂拆去，利害甚小。淮平江府水门，亦当少拆，驻跸城闉所系，恐不应轻毁。其札子进入，得旨水门外进辇入城，更不拆门。初五日，发皂林店，晚泊秀州。奏事河亭，因及岳飞两捷俘获之物。上曰："兵家不无缘饰，此不足道。卿等因通书飞幕属，叩问子细，核实，非为有吝赏典，但欲知事宜形势、措画之方耳。"浚奏曰："飞之措置甚大，今既至伊、洛间，如河阳、太行一带山寨必有通耗者，自梁青之来，常有往来之人，其意甚坚确。"青、怀、卫间人。尝聚众依太行，数出扰磁、相间，金人颇患之。

又记绍兴七年十月事云：

余乃曰："陛下承二百年太平之后，州县玩习，相师成风；吏强官弱，民无赴诉。若非严加刑法，无由整肃。又念祖宗以来，纯以仁恕待天下，所以享国长久。欲绝复兴，虽朝廷法令时有更张，至于祖宗仁恕之心则列圣相承，未尝少变，此乃陛下之家法也，必不肯如彼所为，加酷于天下。为今日计，欲富国唯有屯田，欲息民唯有择郡守，县令众多，不能择，监司则力有所不能及，唯守臣得人，则民自受赐。"上深以为然。

对赵氏文集，四库馆臣评价说：

绍兴五年，鼎监修神、哲二宗实录成，高宗亲书"忠正德文"四字赐之，因以名集。史称其为文浑然天成，凡军国机事，多其视草。有奏疏、诗文二百余篇……鼎南渡名臣，屹然重望。气节学术，彪炳史书。本不以词藻争短长，而出其绪余，无忝作者。盖有物之言，有不待雕章绘句而工者。观于是集，可以见一斑矣。①

《建炎笔录》成书后，收入《忠正德文集》。至乾隆朝，编《四库

① 《四库全书总目》卷156《〈忠正德文集〉提要》，北京，中华书局，1965。

全书》，《文集》收入“集部别集类”，为永乐大典本。嘉庆十四年(1809)，收入《函海》，为绵州李氏万卷楼刊本。至民国，收入《丛书集成初编》，由商务印书馆排印，1985年又由中华书局重印，与辛弃疾《南渡录大略》①、佚名《靖康朝野佥言》、佚名《建炎维扬遗录》和佚名《建炎复辟记》合刊一册。2003年，收入《全宋笔记》，由大象出版社排印；2014年，又收入《杭州史料别集丛书》，由当代中国出版社排印，与《建炎进退志》、李纲《建炎时政记》和佚名《建炎复辟记》合刊一册，是为现在最通行的版本。另外，1993年，又收入《中国野史集成》，由巴蜀书社影印。

《辩诬笔录》三卷，记南渡后理政之事。赵氏为相，力辟和议，为秦桧所倾，一贬再贬。所谓“辩诬”，即对无理指责之辩解，因以题书。从内容上说，一是“张邦昌僭窃干王时雍权京畿提刑，有新奉玉音之语”，二是“权京畿提刑日，纠集保甲，以拒勤王之师”，三是“某谪潮阳，岳飞自岳鄂以金五万贯赆行，某受之不辞，交结叛将，识者为之寒心”，四是“士㒟、辛永宗赴阙，各有贿遗请求”，五是“盗用都督府钱十七万贯”，六是“资善堂汲引亲党”。

对赵氏二书，清人周中孚评价说：“当乘舆播迁之余，诸所疏议，动合事机，其奏释张浚等事，委屈开导，有古大臣风烈……案元镇尝与修《哲宗实录》，其间，辨宣仁之冤诬，正裕陵之配享，忠心直笔，识者韪之，则其所自辨者，谅亦可信于天下后世已。”②

《辩诬笔录》成书后，收入《忠正德文集》。嘉庆十四年（1809），

① 又作《南渡录》、《南烬纪闻》，另《窃愤录》一卷，在四库馆臣看来，俱为假托辛氏之名的伪作：“此二书所载，语并相似。旧本或题无名氏，或并题为辛弃疾撰。盖本出一手所伪托，故所载全非事实……此必南北宋间乱臣贼子不得志于君父者，造此以泄其愤怨，断断乎非实录也。”（《四库全书总目》卷52《〈南渡录/窃愤录〉提要》，北京，中华书局，1965）

② 周中孚：《郑堂读书记》卷19《史部·杂史类·建炎笔录/辨诬笔录》，上海，上海书店，2009。

收入《函海》，为绵州李氏万卷楼刊本。1991 年，收入《丛书集成初编》，与王铚《默记》、王曾《王文正笔录》、钱世昭《钱氏私志》、胡铨《经筵玉音问答》和费衮《梁溪漫志》合刊一册。1993 年，收入《中国野史集成》，由巴蜀书社影印。1995 年，收入《续修四库全书》，由上海古籍出版社影印。2003 年，又收入《全宋笔记》，由大象出版社排印，是为现在最通行的版本。

洪皓与《松漠纪闻》

洪皓（1088—1155），字光弼，饶州鄱阳（今江西波阳）人。政和进士，官至秀州司录、徽猷阁待制、礼部尚书、徽猷阁直学士、提举万寿观。他通文史，撰有《鄱阳集》、《鄱阳词》和《松漠纪闻》。

《松漠纪闻》二卷，书分正续，正卷三十一事，续卷二十七事，又补遗十一事，凡六十九事。“松漠”，唐朝羁縻都督府名，治今内蒙古老哈河、西拉木伦河流域契丹部族地；建炎三年（1129），洪氏使金被拘，即以之泛称北土松林广漠，又因以题书。书记耳目所及女真、契丹、渤海、回鹘、盲骨子之类国族杂事，对研究这些北方少数民族及政权，具有很高的史料价值。①

像正卷记辽金关系云：

> 大辽盛时，银牌天使至女真，每夕必欲荐枕者。其国旧轮中下户作止宿处，以未出适女待之。后求海东青使者络绎，恃大国使命，惟择美好妇人，不问其有夫及阀阅高者，女真浸忿，遂叛。初，女真有戎器而无甲，辽之近亲有以众叛，间入其境上，为女真一酋说而擒之，得甲首五百。女真赏其酋为阿

① 王全兴：《洪皓与〈松漠纪闻〉》，载《北方文物》，1982（1）；王可宾：《女真地理风情——〈松漠纪闻〉札记》，载《北方文物》，1988（1）；王晓梅：《〈松漠纪闻〉探微》，内蒙古师范大学中国古典文献学硕士论文（2007）。

卢甲移赍。既起师，才有千骑，用其五百甲攻破宁江州。辽众五万御之，不胜，复倍遣之，亦折北，遂益至二十万。女真以众寡不敌，谋降。大酋粘罕、悟室、娄宿等曰："我杀辽人已多，降必见剿，不若以死拒之。"时胜兵至三千，既连败辽师，器甲益备，与战，复克。天祚乃发蕃、汉五十万亲征。大将余都姑谋废之，立其庶长子赵王，谋泄，以前军十万降。辽军大震。天祚怒国人叛己，命汉儿遇契丹则杀之。初，辽制：契丹人杀汉儿者皆不加刑。至是摅其宿愤，见者必死，国中骇乱，皆莫为用。女真乘胜入黄龙府五十余州，浸逼中京。天祚惧，遣使立阿骨打为国王。阿骨打留之，遣人邀请十事，欲册帝，为兄弟国及尚主。使数往反，天祚不得已，欲帝之，而他请益坚。天祚怒曰："小夷乃欲偶吾女邪?"囚其使不报。已而中京被围，逃至上京。过燕，遂投西夏。夏人虽舅甥国，畏女真之强，不果纳。初，大观中，本朝遣林摅使辽，辽人命习仪，摅恶其屑屑，以"蕃狗"诋伴使。天祚曰："大宋兄弟之邦，臣吾臣也，今辱吾左右，与辱我同。"欲致之死，在廷恐兆衅，皆泣谏，止杖半百而释之。时天祚穷，将来归，以是故恐不加礼，乃走小勃律，复不纳，乃夜回，欲之云中。未明，遇谍者言娄宿军且至，天祚大惊。时从骑尚千余，有精金铸佛，长丈有六尺者，他宝货称是，皆委之而遁。值天微雪，车马皆有辙迹，为敌所及。先遣近贵谕降，未复。娄宿下马，跽于天祚前曰："奴婢不佞，乃以介胄犯皇帝天威，死有余罪。"因捧觞而进，遂俘以还。封海滨王，处之东海上。其初走河西也，国人立其季父于燕，俄死，以其妻代。后与郭药师来降，所谓萧太后者。

又续卷记金国科举情形：

金人科举，先于诸州分县赴试。诗赋者兼论策作一日，经义者兼论策作三日，号为“乡试”，悉以本县令为试官。预试之士，唯杂犯者黜。榜首曰“乡元”，亦曰“解元”。次年春，分三路类试，自河以北至女真皆就燕，关西及河东就云中，河以南就汴，谓之“府试”。试诗赋、论时务策。经义，则试五道、三策、一论、一律义。凡二人取一，榜首曰“府元”。至秋，尽集诸路举人于燕，名曰“会试”。凡六人取一。榜首曰“来头”，亦曰“状元”。分三甲，曰上甲、中甲、下甲。来头补承德郎，视中朝之承议。上甲皆赐绯，七年即至奉直大夫，谓之“正郎”。第二、第三人八年或九年。中甲十二年，下甲十三年，不以所居官高卑，皆迁大夫。中、下甲服绿，例赐银带。府试差官取旨，尚书省降札。知举一人，同知二人，又有弥封、誊录、监门之类。试闱用四柱，揭彩其上，目曰“至公楼”。主文登之，以观试。或有私者，停官不叙，仍决沙袋。亲戚不回避。尤重书法，凡作字，有点画偏旁微误者，皆曰“杂犯”。先是考校毕，知举即唱名。近岁，上、中、下甲杂取十名，纳之国中，下翰林院重考，实欲私取权贵也。考校时，不合格者日榜其名，试院欲开，余人方知中选。又有明经、明法、童子科，然不擢用，止于簿尉。明经至于为直省官，事宰执持笔研，童子科止有赵宪甫位至三品。

又补遗记金之“优饶”、“得筹”之制云：

虏法：文武官不以高下，凡丁家难未满百日，皆差监关税、州商税院、盐铁场，一年为任，谓之“优饶”。其税课倍增者，谓之“得筹”。每一筹转一官，有岁中八、九迁者。近有止法，不得过三官。富者择课额少处受之，或以家财贴纳，只图迁转。其不欲迁者，于课利多处，除岁额外，公然分之。

对洪书，四库馆臣评价说：

此书乃其所纪金国杂事，始于留金时，随笔纂录。及归，惧为金人搜猎，悉付诸火。既被谴谪，乃复追述一二，名曰《松漠纪闻》。寻有私史之禁，亦秘不传……盖以其身在金庭，故所纪虽真赝相参，究非凿空妄说者比也。①

清人周中孚也说："光弼衔使十五年，深陁穷漠，耳目所接，随笔纂录……所纪金国杂事，仅据传闻之词，颇多与史不合，而间可节取以资考证。"②

《松漠纪闻》成书后，绍兴二十六年（1156），洪氏长子适刻正续本；乾道九年（1173），洪氏次子遵刻正续及补遗本。于中晚明，收入《顾氏文房小说》和《古今逸史》，分别为嘉靖顾氏夷白斋刊本和万历漳州吴氏刊本。至乾隆朝，编《四库全书》，收入"史部杂史类"，为两淮盐政采进本。嘉庆十年（1805），又收入《学津讨原》，为虞山张氏照旷阁刊本。至民国，收入《豫章丛书》，为民国南昌编刻局刻本。1957年，由台北广文书局印行。1986年，收入《长白丛书初集》，由吉林文史出版社排印，与林寿图《启东录》、吴大澂《皇华纪程》、佚名《边疆叛迹》和高士奇《扈从东巡日录》合刊一册。今人阳羡生以学津讨原本为底本点校，2012年由上海古籍出版社排印，与宋敏求《春明退朝录》、王暐《道山清话》、施德操《北窗炙輠录》和蒋子正《山房随笔》合刊一册，是为现在最通行的版本。另外，1993年，收入《中国野史集成》，由巴蜀书社影印；2003年，又收入《全宋笔记》，由大象出版社排印。

龚明之与《中吴纪闻》

龚明之（1091—1182），字希仲，号"五休居士"，平江昆山（今

---

① 《四库全书总目》卷51《〈松漠纪闻〉提要》，北京，中华书局，1965。

② 周中孚：《郑堂读书记》卷19《史部·杂史类·松漠纪闻》，上海，上海书店，2009。

属江苏）人。绍兴二十年（1150），以花甲之年举乡贡，为高州文学；十年后，以古稀之年召廷试为进士，授宣教郎。晚年居皇姑别墅，筑期颐堂，今存所撰《中吴纪闻》。

《中吴纪闻》六卷，卷首淳熙九年（1182）龚氏自序云：

> 吾家自先殿院占籍中吴，距今几二百祀，相传已及云、仍矣。明之幼尝逮事王父，每闻讲论乡之先进所以诲化当世者，未尝不注意高仰云……今年九十有二，西山之日已薄，恐其说之无传也，口授小子昱，俾抄其大端，藏之箧衍。不惟可以稽考往迹，资助谈柄；其间，有裨王化、关士风者颇多，皆新旧《图经》及吴地志所不载者……予意为是不满，必得老于文者隐括之，庶几不为抚掌之资，而使后之人诵其所闻，以代庄舄之吟尔。

从自序可知，书系龚氏晚年之作；所记内容，不少得之于父辈口传，也不乏为读书心得者。“中吴”，为苏州别称，而又偏记昆山事，因以题书。

龚书又卷下设目，即卷一“范文正公”、“许洞”、“丁陈范谢”、“辟强园”、“斗百草”、“陈君子”、“梅圣俞与僧良玉诗”、“半夜钟”、“白乐天”、“六经阁记”、“唐郎官题名”、“丁晋公”、“解额”、“红莲稻”、“陆宣公”、“太一宫”、“孙百篇”、“苏子美”、“红梅阁”、“先高祖”、“赵霖水利”、“黄氏三梦”、“昆山编”、“皋桥诗”、“谢宾客”、“张子野吴江诗”、“春申君”、“蒋密学”、“丁晋公拜老郁先生”、“李璋”、“木兰堂诗”、“林大卿买宅”、“富秘监”、“智积菩萨”、“三江口”、“杨惠之塑天王像”、“王贽运使减租”和“斗鸭”；卷二“姚氏三瑞堂”、“丁氏贤惠录”、“张文定公知昆山”、“传灯录”、“曾大父”、“娄侯”、“滕章敏公”、“沧浪亭”、“范文正公复姓”、“郑宣徽”、“五柳堂”、“中隐堂三老”、“林氏儒学之盛”、“国一禅师”、“叶少卿”、“二游诗”、“安定先生”、“苏子美饮酒”、“张伯玉郎中”、“上方诗”、

“陈龙图使高丽”、“朱乐圃先生”、“海涌山”、“卢通议”、“阊门楼诗”、“章守子用皂盖”、“随缘居士”、“石点头”、“轨革卦影”、“梦石天王像”、“改正洪范”、“范文正四子”、“林酒仙”、“章岷”、“鲍鱼”和“徐都官九老会”；卷三“叶道卿”、“观风楼”、“三高亭”、“程光禄”、“丁晋公饭僧疏”、“蔡君谟题壁”、“郏正夫”、“陈君子父殿丞”、“郁林石”、“谢希深”、“范文正公还乡”、“清远道士诗”、“幽独君诗”、“本禅师”、“吴王拜郊台”、“范贯之”、“南翔寺”、“张敏叔”、“昆山夫子庙”、“孙子和”、“张翰”、“皮日休”、“桥名”、“贺方回”、“白公桧”、“癸甲先生”、“方子通”、“破山诗”、“甫里”、“有脚书厨”、“泰娘”、“南园诗”、“朱子奢”、“钱氏纳土”、“白马磵”和“禅月大师”；卷四“太公避地处”、“范忠宣公”、“滕章敏公结客”、“思贤堂”、“顾学正”、“郑希尹”、“执爨诗”、“王元之画像”、“双莲堂”、“孙若虚滑稽”、“慧感夫人”、“元少保”、“仲殊”、“如村”、“郑毅夫吴江桥诗”、“张几道挽诗”、“范文正不取烧炼方”、“夜航船”、“俗语”、“方子通诗误入荆公集”、“卢发运”、“大云翁”、“花客诗”、“中吴”、“祖姑教子登科”、“范秘丞”、“徐朝议”、“颜夫子”、“信义县”、“李无悔”、“蟹”、“大本钱王后身”、“郏正夫失鹤诗”、“黄姑织女”、“孙积中”、“王主簿”和“著作王先生”；卷五“唯室先生”、“姑苏百题诗”、“范秘书”、“张子韶与周焕卿简”、“虾子和尚”、“郭家朱砂圆”、“陈了翁鲈乡亭诗”、“起隐子”、“闾丘大夫”、“宝严院”、“洞庭山”、“方子通红梅诗”、“范无外”、“绰堆”、“陆彦猷”、“翠微集”、“生老病死”、“郏子高”、“郑应求相”、“狱山”、“王学正”、“范文正为阎罗王”、“吴县寇主簿诗”、“盘沟大圣”、“魏令则侍郎”、“图经刊误”、“草腰带听声”、“压云轩诗”、“翟忠惠”、“白云泉”、“谞三命”、“范文正词”、“衍瞿庵”、“蠡口”、“蛇化为剑”、“贾表之”、“易承天为能仁寺”、“章户部”、“王教授祭学生文”和“沈元叙沧浪亭诗”；卷六“西楼诗”、“郭仲达”、“浚佛子”、“昆山学记”、

“王唐公”、“顾景繁”、“慈受禅师”、“蒋侍郎不肯立坊名”、“孙郎中”、“潘悦之”、“南北章”、“余良弼占卦影”、“王彦光”、“状元谶”、“四幡之助”、“乐庵”、“吴江词”、“丁令威宅”、“正讹”、“徐望圣”、“羊充实”、“苏民三百年不识兵”、“之彝老”、“纪异”、“朱氏盛衰”、“徐稚山”、“无庵”、“结带巾”、“周妓下火文”、“谐谑”、“思韩记”、“徐氏安人诗”、“吴中水利书”和“翟超”。

从设目情况来看，即可知龚氏浓厚的乡邦情感；从内容上说，又不乏“新旧《图经》及吴地志所不载者”，即可见龚书珍贵的史料价值。而很多的人事，实际上也是研究有关宋史的难得资料。四库馆臣评价说：

> 是书采吴中故老嘉言懿行，及其风土人文为新旧图经、范成大《吴郡志》所不载者，仿范景仁《东斋纪事》、苏轼《志林》之体，编次成帙。书成于淳熙九年，明之年已九十有二，亦可谓耄而好学者矣。[①]

清人周中孚也说：“熙仲世居吴中，习闻故老嘉言懿行以及人文风土，至晚年乃述为是书……此本乃明毛氏汲古阁所刊，后人得其版，改去版心下‘汲古阁’字耳。”[②]

《中吴纪闻》成书后，久无刊刻，一直以抄本流传。至乾隆朝，编《四库全书》，收入“史部地理类”，为浙江鲍士恭家藏本；又收入《知不足斋丛书》，为长塘鲍氏刊本。嘉庆十四年（1809），收入《墨海金壶》，为虞山张氏照旷阁刊本。至民国，收入《丛书集成初编》，由商务印书馆排印，1985 年又由中华书局重印。1986 年，上海古籍出版社排印孙菊园点校本，收入《宋元笔记丛刊》；2012 年，上海古籍出版社重排孙氏点校本，列入《历代笔记小说大观》，与朱弁《曲洧旧闻》合

① 《四库全书总目》卷 70《〈中吴纪闻〉提要》，北京，中华书局，1965。

② 周中孚：《郑堂读书记》补逸卷 18《史部·地理类·中吴纪闻》，上海，上海书店，2009。

刊一册，是为现在最通行的版本。另外，2003 年，又收入《全宋笔记》，由大象出版社排印。

朱翌与《猗觉寮杂记》

朱翌（1097—1167），字新仲，号“潜山居士”、“省事老人”，舒州怀宁（今安徽潜山）人。政和八年（1118）进士，官至秘书省正字、校书郎、实录院检讨官、祠部员外郎、秘书少监、起居舍人、中书舍人、秘阁修撰，宣州及平江知府。他长于文史，撰有《潜山集》、《潜山诗余》和《猗觉寮杂记》。

《猗觉寮杂记》二卷[①]，书分上下，凡四百三十五条。卷首庆元三年（1197）洪迈序云：

> 先生嗜学，如渴之须饮，饥之须食……尝作一书，如诗话之类，辨证古今数百事，目之《猗觉寮记》。他日，求数字冠篇首，使信于人，托以传永。

又乾隆四十一年（1776）清人鲍廷博跋云：

> 《杂记》二卷，盖在曲江时所著，方流离迁徙，索手无书，而能细绎经史，探索百氏，旁引曲证而折衷之，亦足以征其腹笥之富已。

朱书卷上，以论诗为主，而论诗倾向，可从对诗人用事、用典和用意之考据中见出；卷下则杂论文章，还涉及一些史事。而朱氏记事考史，又不依朝代次序，略显杂乱，像“宪宗迎佛骨”、“国学立孔子庙”、“汉武帝杀钩弋夫人”、“待制谓之次对”、“薛仁贵击突厥”、“汉高遣樊哙攻卢绾”、“勾践赂太宰嚭求和于吴”、“崇宁铸当一钱”、“汉晋人葬多瘗钱”、“唐绍坐失军容当斩”、“曹操召祢衡为鼓史”、“潮州

① 一作六卷，实为卷上三卷，卷下三卷。

旧有韩文公祠”、“光武令尹敏校图谶”、“汉高诛彭越”、“神策军使王驾鹤典卫兵”、“庞统力劝昭烈袭取刘璋”、“王琚佐明皇”、“读真宗实录”、“李适之为相”、“富郑公使北”、“生祠始于定国之父”、“岭外风俗”和“士大夫学佛不杀生”条，足可与有关史传比对参证。

对朱书，四库馆臣评价说：

> 此编上卷皆诗话，止于考证典据，而不评文字之工拙；下卷杂论文章，兼及史事……其引据精凿者，不可殚数。在宋人说部中，不失为《容斋随笔》之亚，宜迈序之相推重也。①

《猗觉寮杂记》成书后，久无刊刻，一直以抄本流传。至乾隆朝，编《四库全书》，收入“子部杂家类”，为两淮马裕家藏本；又收入《知不足斋丛书》，为长塘鲍氏刊本。宣统元年（1909），收入《香艳丛书》，为上海国学扶轮社排印本。至民国，收入《笔记小说大观》和《丛书集成初编》，分别由上海进步书局、商务印书馆石印和排印；1984 年前者由广陵古籍刻印社影印，1985 年后者又由中华书局重印与孔平仲《孔氏杂说》合刊一册；1984 年，由台湾新文丰出版公司印行，与封演《封氏闻见记》和孔平仲《孔氏杂说》合刊一册，是为现在最通行的版本。

曹勋与《北狩见闻录》

曹勋（1098—1174），字公显、世绩，号松隐，颍昌阳翟（今河南禹县）人。宣和五年（1123），以荫补承信郎，又赐进士甲科。靖康元年（1126），与宋徽宗一道被金兵押解北上，受半臂御书，自燕山遁归。宋金和议成后，三度出使金国，官至枢密副都承旨、昭信军节度使和太尉，撰有《松隐文集》和《北狩见闻录》。

---

① 《四库全书总目》卷 118《〈猗觉寮杂记〉提要》，北京，中华书局，1965。

《北狩见闻录》一卷，记曹氏随宋徽宗北迁见闻。文虽不繁，而细节可观，是关于这一事件重要的历史文献。像记赴真定府的行程云：

> 徽庙北狩日，乘平日宫人所乘牛车。牛五头，两虏牵驾，不通华语。次显肃皇后，次厨及本殿一行内人车，伏计八百六十余量。自过河，经浚州，城外虏骑约拦百姓，不得看。惟卖食物数人近前。臣以银二两，博换饮食。卖人知是徽庙，即尽以炊饼、藕菜之类上进，反银而去。自过此州，即行生路。步人斫窠木，骑军曳枝梢，水浅则填以为柴路，深则叠以为甬道。跋涉荒迥，旬月不见屋宇。夜泊荆棒或桑木间，艰难不可言。虽大雨亦行，泥深没胫。车牛皆屡死，坏亦不容补，死就脔其肉而去。人行稍却，则落后军马，从而剿除。至暮下程，即以车前辕内向，绕三面，匝如射帖。又斫枝梢，缭以为鹿角，持兵备外，严于出入。旋凿井及打柴草，分给造饭。然近水处，不肯住坐。一行苦乏水迟饭，大半委顿。自后习知，遇有水处，即遂车房院内人，各下车取水，负薪而从。自后稍得趁明造饭，饭罢即支散路粮。徽庙与显肃皇后共破一羊，粟一斗。诸王、帝姬及閤分，或四位破一羊，或六位破一羊；米则计口，人给二升。惟皇太后、懿节皇后，别有馆伴二人，早暮必来瞻见圣容。如未见，须候见乃退。余房院无馆伴。至真定府，方得入城，歇住两日，尽换牛。盖自京至真定，牛多无草吃，极疲悴，死者十四五，至是故换。过真定府、中山，行稍缓，日亦行五六十里。

对曹书，四库馆臣评价说：

> 所记北行之事，皆与诸书相出入。惟述密赍衣领御书及双飞蛱蝶金环事，则勋身自奉使，较他书得自传闻者节次最详……纪事大都近实，足以证《北狩日记》诸书之妄。且与高

宗继统之事尤为有关。虽寥寥数页，实可资史家之考证也。[1]

清人周中孚也说："是编所纪，自初出南薰门至过真定而止，想将至燕山，即奉命乘间而返也。所记北行之事，皆与诸书相出入，盖功显亲扞牧圉，故见闻详确，自较传闻者稍异耳。"[2]

《北狩见闻录》成书后，久无刊刻，一直以抄本流传。至乾隆朝，编《四库全书》，收入"史部杂史类"，为两江总督采进本。道光十一年（1831），收入《学海类编》，为六安晁氏活字排印本。至民国，收入《丛书集成初编》，由商务印书馆排印，1985 年又由中华书局重印，与李纲《靖康传信录》、佚名《北狩行录》和丁特起《靖康纪闻》合刊一册。1993 年，收入《中国野史集成》，由巴蜀书社影印。2003 年，又收入《全宋笔记》，由大象出版社排印，是为现在最通行的版本。

黄朝英与《缃素杂记》

黄朝英（?），字士俊，建州（今属福建）人，生卒年及事迹行状不详。绍圣举子，王安石门人，今存所撰《缃素杂记》。

《缃素杂记》十卷，又作《靖康缃素杂记》。"缃素"，原本是浅黄色细绢，古人用作书衣，因称书卷为"缃素"。《北史·高道穆传》即云："秘书图籍及典书缃素，多致零落。"

黄书属于学术笔记，又卷下设目，卷一"黄阁"、"蚩尾"、"木稼"、"夕郎"、"孤负"、"耶歈"、"涂诏"、"貌侵"、"吹台"和"豹直"；卷二"阴康"、"伎养"、"郑重"、"回纥"、"庡庨"、"藉田"、"重黎"、"汤饼"、"属车"和"乾没"；卷三"湖阴"、"云梦"、"耳孙"、"莼羹"、"轩渠"、"娄尾"、"白波"、"五松"、"倚卓"和"思

---

① 《四库全书总目》卷 51《〈北狩见闻录〉提要》，北京，中华书局，1965。

② 周中孚：《郑堂读书记》19《史部·杂史类·北狩见闻录》，上海，上海书店，2009。

恭”；卷四“黯伯”、“三鳣”、“阿堵”、“撑犁”、“招提”、“人日”、“曲水”、“著朔”、“祖道”和“膢腊”；卷五“祖腊”、“正阳”、“古昔”、“乌鬼”、“三伏”、“端午”、“为诗”、“绿竹”、“迁莺”和“踆鸱”；卷六“猗嗟”、“兔爰”、“说猫”、“武敏”“芍药”、“太史”、“石鼓”和“虑囚”；卷七“固桑”、“六玺”、“三台”、“厕牏”、“乐部”、“寒鳖”、“惧税”和“一麾”；卷八“搂罗”、“阿奴”、“摸索”、“酝藉”、“台乌”、“鹎鹞”、“鞦千”和“扬州”；卷九“马岁”、“格五”、“饧粥”、“储胥”、“名谶”、“江为”、“房乔”和“高阳”；卷十“和松”、“颜介”、“贵学”、“刊诏”、“梦笔”、“甘罗”、“金根”和“杕杜”。又补辑三十条，即“五夜”、“十围”、“称敕”、“罘罳”、“目脩”、“果下马”、“宅家”、“摻挝”、“陶谷”、“吴质”、“王允之”、“推敲”、“铜人”、“若木”、“紫薇花”、“锦瑟”、“俗语入诗”、“进退格”、“古诗不拘韵”、“东坡误用事”、“求乞”、“无蟹”、“麦秋”、“闽人始登第”、“二声合一字”、“楮机石”、“谷阳”、“芦菔”、“金叵罗”和“麻胡”。

从设目来看，既有释词语、辨用字、注字音、校文字、探语源和析句读的内容，又有注释人物、地理、典章、名物和史事的内容，是研究宋代考据学发展递变的第一手资料。而有关人物、地理、典章、名物和史事者，具有一定的史料价值。像卷一“黄阁”条考中央衙署云：

> 天子曰“黄闼”，三公曰“黄阁”，给事舍人曰“黄扉”，太守曰“黄堂”。凡天子禁门曰“黄闼”，以中人主之，故号曰“黄门令”，秦、汉有给事黄门之职是也。天子之与三公礼秩相亚，故黄其阁以示谦。《汉旧仪》云：“丞相听事门曰黄阁。”又《王莹传》云“既为公，须开黄阁”，张敬儿谓其妻嫂曰“我拜后府开黄阁”是也。黄门郎，给事于黄闼之内，入侍禁中。后汉献帝初，置侍中、给事黄门侍郎员各六人，唐郭承嘏尝为给事中矣，文宗谓宰臣曰“承嘏久在黄扉”是也。

黄堂者，太守听事之堂也，亦谓之雌堂。杜诗为南阳太守，请郭丹为功曹，敕以丹事编署黄堂，以为后法是也。或以大拜为身到黄扉，余所未谕……则三公为“黄阁”，给事舍人为“黄扉”，太守为“黄堂”明矣。

又卷六“太史”条考太史公之归属：

《史记·太史公自序》云：“谈为太史公。”又云：“太史公既掌天官，不治民，有子曰迁，迁生龙门。”又云：“太史公留滞周南，不得与从事，故发愤且卒。”又云：“太史公执迁手而泣，曰：‘余先，周室之太史也。予死，汝必为太史，无忘吾所欲论著矣。’”凡此以上所称太史公者，皆谓司马谈也。又按本传云：“太史公曰：‘先人有言，自周公卒五百岁而有孔子。’”又云：太史公与上大夫壶遂对答。又云：“太史公曰：‘唯唯，否否。’”又云：“七年而太史公遭李陵之祸。”凡此以上所称太史公者，谓司马迁也。又《文选·报任少卿书》云：“太史公牛马走司马迁再拜言。”《五臣注》曰：“太史，迁之父；走，仆也，言已为太史公牛马之仆，盖自卑之辞也。”又案《孝武本纪》云：“有司与太史公、祠官宽舒等议。”韦昭注曰：“说者以谈为太史公，失之矣。《史记》称迁为太史公者，是外孙杨恽所称。”余尝考之《史记·自序》，前所指司马谈为太史公者，盖迁之辞也。后所指司马迁为太史公者，盖后人所定也。案《汉仪》注：“太史公，武帝置，位在丞相上，后宣帝以其官为令，行太史公文书而已。”而臣瓒又曰：“《百官表》无太史公，司马谈但以太史丞为太史令。”余案班固《郊祀志》曰：“有司与太史令谈。”班彪《略论》曰：“孝武之世，太史令司马迁。”则谈、迁父子相继为太史公明矣。《自序》亦曰：“太史公仍父子相续纂其职。”又云：“司马氏世主史官。”故虽为令，而皆可以公称之也。迁尊其父，故呼谈为太史公，后人又尊迁，故呼迁为太史公。盖所称公者，如周公、召公、太公、廷尉吴公、谒者仆射邓公，四皓有园公、夏黄公之类是也。非必是其外孙所称。韦昭乃以司马谈为非太史公，又以迁为太史公者是杨恽所称，误也。

对黄书，四库馆臣评价说：

今本卷数，与公武所记同，而只有九十事……明人妄有删削，已非完书矣。袁文、王楙于此书颇有驳正，然考证之学，大抵后密于前，不足为病……大抵多引据详明，皆有资考证，固非漫无根柢，徒为臆断之谈。[①]

清人周中孚也说："朝英受业于王介甫，故学颇近僻，是书皆辨正名物，乃取王氏解诗芍药、握椒之义，实属鄙亵不典，而朝英以为诗人之深意，宜不免晁、陈诸家所嗤笑。然其他尚有根据，非苟作者。虽则喜用王氏《新经》、《字说》，而仍能淹贯古义，盖陈用之、陆农师之流亚也。"[②]

《缃素杂记》成书后，久无刊刻，一直以抄本流传。于晚明，收入《宝颜堂秘笈》和《唐宋丛书》，为万历绣水沈氏刊本和崇祯钟氏刊本。顺治三年（1646），又收入《说郛续》，为两浙李氏宛委山堂刊本。至乾隆朝，编《四库全书》，收入"子部杂家类"，为通行本。嘉庆十四年（1809），收入《墨海金壶》，为虞山张氏照旷阁刊本。于道光朝，又收入《学海类编》和《守山阁丛书》，为六安晁氏活字排印本和金山钱氏重编本。至民国，收入《丛书集成初编》，1985 年又由中华书局重印。1986 年，上海古籍出版社排印吴企明点校本，列入《宋元笔记丛书》；2014 年，中华书局重排吴氏点校本，列入《唐宋史料笔记丛刊》，

① 《四库全书总目》卷 118《〈靖康缃素杂记〉提要》，北京，中华书局，1965。

② 周中孚：《郑堂读书记》卷 54《子部·杂家类·靖康缃素杂记》，上海，上海书店，2009。

是为现在最通行的版本。2003年，又收入《全宋笔记》，由大象出版社排印。

王谠与《唐语林》

王谠（?），字正甫，陕西路长安（今西安）人。他为哲宗朝宰相吕大防[①]之婿，官至京东排岸司、国子监丞、少府监丞、邠州通判，今存所撰《唐语林》。

《唐语林》八卷，仿刘义庆《世说新语》体例，按内容分门系事，把刘书原有的三十六门扩大为五十二门。而王书之得名，则又显系自东晋裴启《语林》而来。今本系四库馆臣从《永乐大典》中辑出，尚存十八门，即卷一“德行”、“言语”和“政事上”；卷二“政事下”、“文学”和“方正”；卷三“雅量”、“识鉴”、“赏誉”、“品藻”、“规箴”和“夙慧”；卷四“豪爽”、“容止”、“自新”、“企羡”、“伤逝”、“栖逸”和“贤媛”。又卷五“补遗”，记唐高祖至代宗人事；卷六“补遗”，记唐德宗至文宗朝人事；卷七“补遗”，记唐武宗至昭宗朝人事；卷八“补遗”，偏记典章、官制，另外，又附“辑佚”二十条。

王书是笔记体文史资料集，它采录唐人五十家笔记小说，广涉政治史实、宫廷琐事、士大夫言行、文学家轶事、风俗民情、名物制度和典故考辨，对研究唐代政治、文学及社会风俗，具有很高的参考价值。即以卷八“补遗”记科举制为例：

> 隋置明经、进士科，唐承隋，置秀才、明法、明字、明算，并前六科。主司则以考功郎中，后以考功员外郎。士人所趋，明经、进士二科而已。及大足元年，置拔萃，始于崔翘。

---

① 吕大防（1027—1097），字微仲，京兆府蓝田（今属陕西）人。皇祐元年（1049）进士，官至冯翊主簿、监察御史、知永兴军、尚书左仆射、门下侍郎，撰有《文录》和《文录掇遗》。

开元十九年，置宏词，始于郑昕。开元二十四年，置平判入等，始于颜真卿。是年，考功员外郎李昂，摘进士李权章句之疵，榜于通衢；权摘昂诗句之失，由是世难其事，乃命礼部侍郎主之。后有左补阙薛邕，中书舍人达奚珣、李韦、李麟、姚子彦、张蒙、高郢、权德舆、卫次公、张宏靖、于允躬、韦贯之、李逢吉、李程、庾承宣、贾餗、沈珣、杜审权、李璠、裴恒、王铎、李蔚、赵骘、郑愚，太常少卿李建，尚书萧昕，仆射王起，常侍萧仿，黄门侍郎许孟容、郑显，刑部侍郎崔枢，户部侍郎韦昭度杂主之，而宏靖不以进士显。

唐朝初，明经取通两经，先帖文，乃案章疏试墨策十道；秀才试方略策三道；进士时务策五道。考功员外郎职当考试。其后举人惮于方略之科，为秀才者殆绝，而多趋明经、进士。高宗时，进士特难其选。龙朔中，敕左史董思恭与考功员外郎权原崇同试贡举。思恭吴士轻脱，泄进士问目，三司推赃污狼籍，命西朝堂斩决。告变，免死除名，流梧州。开耀元年，员外郎刘思立以进士惟试时务策，恐复伤肤浅，请加试杂文两道，并帖小经。明皇时，士子殷盛，每岁进士到省者，常不减千余人，在馆诸生更相造诣，互结朋党，以相倾夺，号之为“棚”，推声望者为“棚头”。权门贵盛，无不走也，以此荧惑主司视听。其不第者率多喧讼。考功不能御。开元二十四年冬，遂移贡举属于礼部，侍郎姚奕颇振纲纪焉。后明经停墨策，试口义，并时务策三道。进士改贴大经，加《论语》。自是举司帖经，多有聱牙、孤绝、例拔、筑注之目。文士多于经不精，至有白首举场者，故进士以帖经为大厄。天宝初，达奚珣、李岩相次知贡举。进士声名高而帖落者，时或试诗放过，谓之“赎帖”。十一年，杨国忠初知选事，进士孙季卿会谒国忠，言礼部帖经之弊：“举人有实材者，帖经既落，不得试文；

若先试杂文，然后帖经，则无遗才矣。”国忠然之。无何，有敕进士先试帖，然仍前后开一行，是岁收人有倍常岁。又旧例：试杂文者，一时一赋，或兼试颂论，而题目多为隐僻。策问五道，旧例：三道为时务策，一道为方略，一道为征事；近者方略之中，或有异同，大抵非精究博赡之才，难以应乎兹选矣。故当代以进士登科为“登龙门”，解褐多拜清紧，十数年间拟迹庙堂。轻薄为之语曰：“及第进士，俯视中、黄郎；落第进士，揖蒲、华长马。”又云：“进士初擢第，头上七尺焰光。”好事者纪其姓名，自神龙以来迄于兹，名曰《进士登科记》，亦所以示前良，发起后进也。宝应二年，杨绾为礼部侍郎，奏：举人不先德行，率多浮薄，请依乡举里选。于是诏天下举秀才孝廉，而考试章条，渐加繁密，至于升进德行，未之能也。其后应此科者益少，遂罢之，复为明经、进士。

唐制：常举人之外，又有制科，搜扬拔擢，名目甚众。则天广收才彦，起家或拜中书舍人、员外郎，次拾遗、补阙。明皇尤加精选，下无滞才。然制举出身，名望虽美，犹居进士之下。仕宦自进士而历清贯，有八俊者：一曰进士出身，制策不入；二曰校书、正字不入；三曰畿尉不入；四曰监察御史、殿中丞不入；五曰拾遗、补阙不入；六曰员外郎、郎中不入；七曰中书舍人、给事中不入；八曰中书侍郎、中书令不入。言此八者，尤加俊捷，直登宰相，不要历绾余官也。朋僚迁拜，或以此更相讥弄。举人应及第者，关检无籍者，不得与第。陈章甫制策登科，吏部放榜，章甫上书：“昨见榜云：‘户部报无籍者。’昔傅说无姓，商后置于盐梅之地；屠羊隐名，楚王延以三旌之位，未闻征籍也。范雎改姓易名为张禄先生，秦用之霸；张良为韩报仇，变姓名而游下邳，汉高用之为相。则知籍者，所以计赋耳，本防群小，不约贤路。若人有大才，不可以籍弃之；苟无良德，虽籍何为？”所司不能夺，特谘执政收之。常举外，复有通五经、明一史，以献文章并著述之辈，或府中书考试，亦同制举。

春官氏每岁选升进士三十人，以备将相之任。是日，自状元已下，同诣座主宅，座主立于庭。一一而进曰：“某外氏某家。”或曰“甥”，或曰“弟”。又曰：“某大外氏某家。”又曰：“外大外氏某家。”或曰“重表弟”，或曰“表甥孙”。又有同宗座主宜为侄，而反为叔。言叙既毕，拜礼得申。予辄议曰：“春官氏选士得其人，止供职业耳，而俊造之士，以经术待聘，获采拔于有司，则朝廷与春官氏皆何恩于举子？今使谢之，则与选士之旨，岂不异乎？至有海东之子，岭峤之人，皆与华族叙中表，从使拜首而已。论诸事体，又何有哉？”

对王书，四库馆臣评价说：

是书虽仿《世说》，而所纪典章故实，嘉言懿行，多与正史相发明。视刘义庆之专尚清谈者不同。且所采诸书，存者亦少，其裒集之功，尤不可没。[①]

清人周中孚认为：“自明以来，其书已佚……所记故实言行，多与新、旧《唐书》相发明，非标举清谈，如刘氏书之用意也。”[②] 晚清李慈铭也说：“所载多嘉言韵事，为考唐事者所不可少之书。”[③]

《唐语林》成书后，于南宋，收入曾慥《类说》，天启六年（1626），又有岳钟秀刻本。至乾隆朝，收入《武英殿聚珍版丛书》，为武英殿木活字本；又编《四库全书》，收入“子部小说家类”，为永乐大典本。嘉庆十四年（1809），收入《墨海金壶》，为虞山张氏照旷阁

① 《四库全书总目》卷141《〈唐语林〉提要》，北京，中华书局，1965。

② 周中孚：《郑堂读书记》卷64《子部·小说家类·唐语林》，上海，上海书店，2009。

③ 李慈铭：《越缦堂读书记·杂记·唐语林》，北京，中华书局，2006。

刊本。于道光朝，又收入《守山阁丛书》和《惜阴轩丛书》，分别为金山钱氏重编本和宏道书院刊本。至民国，又收入《说库》和《丛书集成初编》，分别由上海文明书局、商务印书馆石印和排印，1985 年后者又由中华书局重印。1957 年，由古典文学出版社排印，列入《中国文学参考资料小丛书》，1978 年又由上海古籍出版社重印。今人周勋初为之校正，1987 年由中华书局印行，列入《唐宋史料笔记丛刊》；2003 年，收入《全宋笔记》，由大象出版社排印；2007 年，中华书局排印崔文印点校本，列入《中华经典随笔》，是为现在最通行的版本。另外，1993 年，又收入《中国野史集成》，由巴蜀书社影印。

魏泰与《碧云騢》、《东轩笔录》

魏泰（1102—?），字道辅，号“溪上丈人”，襄州襄阳（今湖北襄樊）人。他是曾布[①]妻弟，生性诙谐，偏好朝野趣闻，撰有《志怪集》、《括异志》、《倦游录》、《碧云騢》、《订误集》、《书可记》、《东轩笔录》、《襄阳趣吟》、《襄阳形胜赋》、《临汉隐居集》和《临汉隐居诗话》。

《碧云騢》一卷，今本十五条，旧题署“梅尧臣”，实为魏氏托梅氏之名而作。张邦基《墨庄漫录》卷二即云：（魏泰）“有一书，讥评巨公伟人阙失，目曰《碧云騢》，取庄献明肃太后垂帘时，西域贡名马，颈有旋毛，文如碧云，以是不得入御闲之意，嫁其名曰都官员外郎梅尧臣撰。”不过，四库馆臣又说过这样的话：“《碧云騢》一书，诬谤文彦博、范仲淹诸人，晁公武以为真出梅尧臣，王铚以为出自魏泰，邵

① 曾布（1036—1107），字子宣，建昌军南丰（今属江西）人，曾巩异母弟。嘉祐进士，官至翰林学士、三司使、右仆射。早先，作为王安石的助手，与吕惠卿一同创青苗、助役、保甲和农田水利之法；于哲宗、徽宗朝，又有赞助“绍述”之功。

博又证其真出尧臣，可谓聚讼。李焘卒参互而辨定之，至今遂无异说。”①

魏书不厚，杂记北宋人事，一些条目不乏拾遗补缺之用。像记范仲淹事云：

> 范仲淹妆群小，鼓扇声势，又笼有名者为羽翼，故虚誉日驰，而至参知政事。上自即位，视群臣多矣，知仲淹无所有，厌之。而密试以策，观其所蕴，策进，果无所有。上笑曰：“老生常谈耳。”因喻令求出，遂为河东陕西宣抚使，因不复用，后为邓、青、杭三州，专务燕游，其政大可笑。自谓已作执政，又知上厌之，不复妆群小，笼名士，故底里尽露也。仲淹微时甚贫，常结中吏人范仲尹为族弟。仲淹及第时，姓朱名说，自朱改范姓，遂与仲尹连名。及为谏官，攻吕许公而得罪，仲尹亦遭逐。仲尹自中书录事出，合为供奉，许公怒仲尹刺探事，令仲淹知，故秖与三班借职，自此家破。曩大有赀蓄，已为仲淹取给尽矣。仲尹贫，范仲淹略不抚其家。

又记文彦博事云：

> 文彦博相，因张贵妃也。贵妃父尧封，尝为文彦博父洎门客，贵妃认尧封为伯父，又欲士大夫为助，于是诱进彦博。彦博知成都，贵妃以近上元，令织异色锦。彦博遂令工人织金线灯笼，载莲花，中为锦纹，又为秋迁，以备寒食。贵妃始衣之，上惊曰：“何处有此锦？”妃正色曰：“昨令成都文彦博织来，以尝与妾父有旧，然妾安能使之？盖彦博奉陛下耳。”上色怡，自尔属意彦博。彦博自成都归，不久参知政事。贝州王则叛，朝廷以明镐往取之，贼将破，上以近京，甚忧之。一日，宫中语曰：“执政大臣无一人为国家了事者，日日上殿，

① 《四库全书总目》卷45《史部总叙》，北京，中华书局，1965。

> 无有取贼意，何益?”贵妃密令人语彦博。明日上殿，乞身往破贼。上大喜，以彦博往统军，至则镐已破贼擒矣。捷书至，遂就路拜彦博同平章事。后因监察御史唐介拜疏，召彦博殿上面条奇锦事数件，质于上，皆实事，彦博守本官，出知许州。明年上元中，官有诗曰：“无人更进灯笼锦，红粉宫中忆佞臣。”上闻此句亦笑。

对魏书，清人周中孚评价说：“盖《书窜》诗及此书同为泰一人所伪，而泰之《东轩笔录》具在，故尤不能掩此书之出于己撰也。乃此本末有元陆跋，反谓其辞多近雅，足补当时遗事，何其无识失考之甚耶？今是书所载虚伪如是，而犹有传本，故特志之，俾来者不惑云。”①

《碧云騢》成书后，于南宋，收入曾慥《类说》，天启六年(1626)，又有岳钟秀刻本。至晚明，又收入《宋人百家小说》，为桃源溪陈氏刊本。至民国，收入《丛书集成初编》，1985年又由中华书局重印，与钱易《南部新书》，合刊一册。2003年，收入《全宋笔记》，由大象出版社排印，是为现在最通行的版本。

《东轩笔录》十五卷，卷首元祐九年（1094）王氏自序云：

> 余居汉阴之邓城县，县非驿传之所出，而居地僻绝。其旦暮之所接者，非山林之观，则田峻之语，舍此无复见闻矣。思少时力学尚友，游于公卿间，其绪言余论有补于聪明者，虽老矣，尚班班可记，因丛摭成书。呜呼！事固有善恶，然未尝敢致意于其间，姑录于实以示子孙而已。异时有补史氏于阙者，或识以见闻之殊者，吾皆无憾，惟览者之详否焉。

书记宋太祖至神宗六朝事，又偏于钱惟演、欧阳修、王禹偁、苏舜钦、范仲淹、王安石这些人的轶闻逸事，对于研究宋代政治、经济、文

① 周中孚：《郑堂读书记》补逸卷28《子部·小说家类·碧云騢》，上海，上海书店，2009。

化和社会情况，有补《宋史》之阙的文献作用。像卷二、卷三和卷五记唃厮啰政权和王韶熙河之役事云：

唃厮啰，唐土蕃赞普之后，据邈川之宗哥城，尽有河隍之地。祥符中，用蕃僧立遵之策，将众十万，穿古渭州入寇。时曹玮以引进使知秦州，领骑卒六千，守伏羌城。闻贼已过毕利城，玮率诸将渡渭逆之，遂合战于三都谷，贼军虽众，然器甲殊少，在后者所持皆白搭毛连，以备劫虏而已。玮知其势弱不足畏，欲以气凌之，自引百骑穿贼阵，出其后，升高指挥，军中鼓噪夹击，贼大溃，斩首三千级。明日，视林薄间，中伤及投崖死者万计。玮之威名，由是大震，唃氏自此衰弱矣。（卷二）

唐末西北蕃在者有回鹘、吐蕃，而吐蕃又分为唃厮啰，始甚盛强，自祥符间，衄于三都谷，势遂衰弱，视中国为神明，惕息不敢动。异时，与回鹘皆遣使，自兰州入镇戎军，以修朝贡。及元昊将叛，虑唃氏制其后，举兵攻破莱州诸羌，南侵至于马衔山，筑瓦川会，断兰州旧路，留兵镇守。自此唃氏不能入贡，而回鹘亦退保西州，元昊遂叛命，久为边害。朝廷虑之，议者以为唃氏尚在河、隍间，又与元昊世仇，傥遣使通谕朝廷之意，使西戎有后顾之忧，则边备解矣。仁宗然之。宝元二年，遣屯田员外郎刘涣奉使，涣自古渭州抵青塘城，始与唃氏遇，涣为述朝廷之意，因以邈川都统爵命授之，俾掎角以攻元昊。厮啰谢恩大喜，请举兵助中国讨贼，自此元昊始病于牵制，而唃氏复与中国通矣。（卷三）

王观文韶始为建昌军司理参军，时蔡枢密挺提点江西刑狱，一见知其必贵，顾待甚厚。数年，蔡知庆州，王调官关中，遂谒蔡于庆阳，且言将应制科，欲知西事本末。蔡遂以前后士大夫之言，及边事者皆示之。其间，有向宝议洮河一说，王悦之，以为可行。后掌秦州机宜，遂乞复洮河故地。朝廷命韶兼管勾蕃部，自是其谋浸广，欲尽取兰州、鄯、廓，知秦州李师中以为不可，而言事者亦多非沮，朝廷令王克臣乘驿参验其事，克臣亦依违两可。既而郭逵等又劾韶侵盗官物，兴起大狱，俾蔡确推勘，蔡明其无罪，自是君相之意，断然不疑。不数年，克青唐、武胜，城熙河，取洮、岷、迭、宕、西团，为熙河一路，由上意不疑所致也。（卷五）

不过，又因党见而屡有失实。晁公武即云："元祐中，纪其少时公卿间所闻，成此编，其所是非多不可信。心喜章惇，数称其长。则大概已可见，又多妄诞。"[①] 另外，书中还有论诗之语，像谓"梅尧臣作诗，务为清切闲谈"，而"皇祐已后，时人作诗尚豪放，甚者粗俗强恶，遂以成风。苏舜钦喜为健句"；又道范仲淹"作《渔家傲》乐歌数阙，皆以'塞下秋来'为首句，颇述边镇之劳苦。欧阳公尝呼为穷塞主之词"。又嘲程师孟诗"每日更忙须一到，夜深常是点灯来"为"登溷之诗"，诗虽切题而又恶俗。[②]

对魏书，四库馆臣评价说：

是书宋人无不诋淇之，而流传至今，则以其书自报复恩怨以外，所记杂事亦多可采录也。[③]

《东轩笔录》成书后，于宋代见刻，而今已不存。嘉靖三十四年（1555），有沈敕楚山书屋刻本，今存国家图书馆。于晚明，又收入《稗海》，为万历会稽商氏半埜堂刊本。至乾隆朝，编《四库全书》，收入"子部小说家类"，为内府藏本。至民国，收入《湖北先正遗书》，

---

① 晁公武：《郡斋读书志》卷 13《小说类·东轩笔录》，上海，上海古籍出版社，1990。

② 刘瑞光：《魏泰〈东轩笔录〉研究》，华东师范大学中国古典文献学硕士论文（2006）。

③ 《四库全书总目》卷 140《〈东轩笔录〉提要》，北京，中华书局，1965。

为沔阳卢氏慎始基斋刊本；又收入《笔记小说大观》和《丛书集成初编》，分别由上海进步书局、商务印书馆石印和排印；1984年前者由广陵古籍刻印社影印，1985年后者又由中华书局重印。今人李裕民以嘉靖本为底本点校，1983年由中华书局印行，列入《唐宋史料笔记丛刊》；今人田松青以稗海本为底本点校，2012年由上海古籍出版社排印，列入《历代笔记小说大观》，与马永卿《嬾真子录》合刊一册，是为现在最通行的版本。另外，1993年，收入《中国野史集成》，由巴蜀书社影印；2003年，又收入《全宋笔记》，由大象出版社排印。

孟元老与《东京梦华录》

孟元老（1103—1147），号“幽兰居士”，东京大梁（今开封）人。有学者认为，孟元老是宗室子弟赵子湞的化名。[①] 早年，他随先人游历南北；金灭北宋，又避居江左，今存所撰《东京梦华录》。

《东京梦华录》十卷，卷首绍兴十七年（1147）孟氏自序云：

> 暗想当年，节物风流，人情和美，但成怅恨。近与亲戚会面，谈及曩昔，后生往往妄生不然。仆恐浸久，论其风俗者，失于事实，诚为可惜，谨省记编次成集，庶几开卷，得睹当时之盛。古人有梦游华胥之国，其乐无涯者，仆今追念，回首怅然，岂非华胥之梦觉哉？目之曰《梦华录》。然以京师之浩穰，及有未尝经从处，得之于人，不无遗阙。倘遇乡党宿德，补缀周备，不胜幸甚。

“东京”，即北宋京师，又作大梁、汴京。孟氏南渡，追忆往日京城繁华，因以“梦华”题书。

孟书又卷下设目，即卷一“东都外城”、“旧京城”、“河道”、“大

① 伊永文：《孟元老考》，载《南开学报》，2011（3）。

内”、“内诸司”和“外诸司”；卷二“御街”、“宣德楼前省府宫宇”、“朱雀门外街巷”、“州桥夜市”、“东角楼街巷”、“潘楼东街巷”、“酒楼”和“饮食果子”；卷三“马行街北诸医铺”、“大内西右掖门外街巷”、“大内前州桥东街巷”、“祖国寺内万姓交易”、“寺东门街巷”、“上清宫”、“马行街铺席”、“般载杂卖”、“都市钱陌”、“雇觅人力”、“防火”、“天晓诸人入市”和“诸色杂卖”；卷四“军头司”、“皇太子纳妃”、“公主出降”、“皇后出乘舆”、“杂赁”、“修整杂货及斋僧请道”、“筵会假赁”、“会仙酒楼”、“食店”、“肉行”、“饼店”和“鱼行”；卷五“民俗”、“京瓦伎艺”、“娶妇”和“育子”；卷六“正月”、“元旦朝会”、“立春”、“元宵”、“十四日车驾幸五岳观”、“十五日驾诣上清宫”、“十六日”和“收灯都人出城探春”；卷七“清明节”、“三月一日开金明池琼林苑”、“驾幸临水殿观争标锡宴”、“驾幸琼林苑”、“驾幸宝津楼宴殿”、“驾登宝津楼诸军呈百戏”、“驾幸射殿射弓”、“范苑内纵人关扑游戏”和“驾回仪回”；卷八“四月八日”、“端午”、“六月六日崔府君生日二十四日神保观神生日”、“是月巷陌杂卖”、“七夕”、“中元节”、“立秋”、“秋社”、“中秋”和“重阳”；卷九“十月一日”、“天宁节”、“宰执亲王宗室百官入内上寿”和“立冬”；卷十“冬至”、“大礼预教车象”、“车驾宿大庆殿”、“驾行仪卫”、“驾宿太庙奉神主出室”、“驾诣青城斋宫”、“驾诣郊坛行礼”、“郊毕驾回”、“下赦”、“驾还择日诣诸宫行谢”、“十二月”和“除夕”。

书中所记，大多是徽宗朝东京的情况，内容涉及外城、内城及河道桥梁、皇宫内外官署衙门的分布，城内的街巷坊市、店铺酒楼，朝廷朝会、郊祭大典，东京的民风习俗、时令节日以及饮食起居、歌舞百戏之类，结合张择端《清明上河图》，描绘出了上至王公贵族、下及庶民百姓的生活情景，是研究北宋都市社会生活、经济文化的重要历史文献。[①] 而孟氏所创立的体例，也为后来张敦颐《六朝事迹类编》[②]、耐得翁《都城纪胜》、周密《武林旧事》和吴自牧《梦粱录》所沿用。

对孟书，四库馆臣给予了肯定：

> 自都城、坊市、节序、风俗，及当时典礼、仪卫，靡不赅载。虽不过识小之流，而朝章国制，颇错出其间。核其所纪，与《宋志》颇有异同……如此之类，皆可以互相考证，订史氏之讹舛。[③]

清人周中孚也说："元老于崇宁癸未卜居汴州西金梁桥西，至建炎丁未避地南来，与人谭东京旧事，多不然其说，恐久而论汴京风俗者愈失事实，因追述旧所经历为是录。其于典礼仪卫，都城坊市，岁时物产，民风俗尚，见闻习熟，言之甚悉，虽事隔前朝，犹令人想见其盛。而文辞又依准方俗，无强藻润，自能详不近杂，质不坠俚，可谓善记风土者……又录中尝及童、蔡诸园第，与夫后家戚里，而当时借权灼焰，启乱导亡之事，不能因事而见，故较之杨衒之《洛阳伽蓝记》，此为稍逊焉。"[④]

《东京梦华录》成书后，久无刊刻，一直以抄本流传。于晚明，收入《唐宋丛书》，为崇祯钟氏刊本。顺治三年（1646），收入《说郛续》，为两浙李氏宛委山堂刊本。至乾隆朝，编《四库全书》，收入"史部地理类"，为编修汪如藻家藏本。1956 年，古典文学出版社排印

---

① 刘宗迪：《东京梦华录》，载《民俗研究》，2012（1）。

② 张书十四卷，即卷一"总叙门"、卷二"形势门"、卷三"城阙门"、卷四"楼台门"、卷五"江河门"、卷六"山冈门"、卷七"宅舍门"、卷八"谶记门"、卷九"灵异门"、卷十"神仙门"、卷十一"寺院门"、卷十二"庙宇门"、卷十三"坟陵门"和卷十四"碑刻门"，保存了六朝史和南京地方史的丰富史料。

③ 《四库全书总目》卷70《〈东京梦华录〉提要》，北京，中华书局，1965。

④ 周中孚：《郑堂读书记》补逸卷18《史部·地理类·东京梦华录》，上海，上海书店，2009。

标点本，与吴自牧《梦粱录》、耐得翁《都城纪胜》、西湖老人《西湖老人繁胜录》和周密《武林旧事》合刊一册，1962年又由中华书局重印；1998年，收入《名家导读笔记丛书》，由文化艺术出版社排印，与吴自牧《梦粱录》、耐得翁《都城纪胜》、西湖老人《西湖老人繁胜录》和周密《武林旧事》合刊一册；2010年，又收入《国学经典》，由中州古籍出版社印行，是为现在最通行的版本。

姚宽与《西溪丛语》

姚宽（1105—1162），字令威，号“西溪居士”，越州嵊县（今属浙江）人。以父荫补官，为六部监门，官至尚书户部员外郎、枢密院编修官。他博洽工文，又工篆隶及工技之事，撰有《乐府》、《西溪集》[①]、《西溪丛语》、《弩守书》、《史记注》和《战国策补注》。

《西溪丛语》二卷，书分上下，凡二百六十四条。卷首姚氏自叙云：

> 尝读《新论》云：若小说家合丛残小语，以作短书，有可观之辞。予以生平父兄师友，相与谈说履历见闻，疑误考证，积而渐富，有足采者。因缀缉成篇，目为《丛语》，不敢夸于多闻，聊以自怡而已。

“西溪”，在今杭州城西，大略是姚氏晚居处，因以名号，又因号题书。从性质上说，姚书属于学术笔记，偏考诗文，又稍涉史事，也间有可取之处。像卷一记景教[②]传入情形云：

> 予长兄伯声，尝考火祆字，其画从天，胡神也，音醯坚

① 又作《西溪居士集》。

② 景教：又称“波斯教”和“大秦教”，为基督教支派。贞观九年（635），由叙利亚传入长安；会昌五年（845），唐武宗灭佛，它也遭禁毁。入元，复传入内地。

切，教法佛经所谓摩醯首罗也。本起大波斯国，号苏鲁支，有弟子名玄真，习师之法，居波斯国大总长如火山，后行化于中国。

宋次道《东京记》："宁远坊有祆神庙。"注云："《四夷朝贡图》云：康国有神名祆，毕国有火祆祠。疑因是建庙。或传晋戎乱华时立此。"又据杜预《左传注》云："睢受汴，东经陈留、梁、谯、彭城入泗。此水次有祆神，皆社祠之。盖杀人而用祭也。"此即火祆之神，其来盖久。

至唐贞观五年，有传法穆护何禄，将祆教诣阙闻奏，敕令长安崇化坊立祆寺，号"大秦寺"，又名"波斯寺"。至天宝四年七月敕："波斯经教，出自大秦，传习而来，久行中国，爰初建寺，因以为名，将以示人，必循其本，其两京波斯寺，宜改为大秦寺，天下诸州郡有者准此。"

武宗毁浮图，籍僧为民。会昌五年敕：大秦穆护火祆等六十余人，并放还俗。然而根株未尽，宋公言祆立庙，出于胡俗，而未必究其即波斯教法也。又尝见《官品令》，有祆正。祆法初来，以鸿胪寺为礼远令邸，后世因用以僧尼隶焉。设官来历如此。祆之有正，想在唐室。

段成式《酉阳杂俎》："孝亿国界三千余里，举俗事祆，不识佛法，有祆祠三千余所。"又："铜马俱在德建国乌浒河中，滩流中有火祆祠，相传祆神本自波斯国乘神通来，因立祆祠。祠内无像，于大屋下置小庐舍，向西，人向东礼神。有一铜马，国人言自天而下，屈前足在空中，后足入土，自古数有穿视，竟不及其蹄。西夷以五月为岁，每岁自乌浒河中有马出，其色如金，与此铜马嘶鸣相应，俄复入水。近有大食王不信，入祆祠，将坏之，忽有火烧其兵，遂不敢毁。"则祆教流行外域，延入中国，蔓衍如此。康国盖在西。《朝贡图》之言，与此合也。

《教坊记》曲名有《牧护子》，已播在唐乐府。《崇文书》有《牧护词》，乃李燕撰六言文字，记五行灾福之说。则后人因有作语为《牧护》者，不止巴人曲也。祆之教法盖远，而穆护所传，则自唐也。苏溪作歌之意，正谓旁门小道似是而非者，因以为戏，非效《参同契》之比。山谷盖未深考耳。且祆有祠庙，因作此歌以赛神，固未知刘作歌诗止效巴人之语，亦自知其源委也。

又同卷记卢秉与两浙盐法云：

元丰初，卢秉提点两浙刑狱。会朝廷议盐法，秉谓：自钱塘县杨村场上流，接睦、歙等州，与越州钱清场等，水势稍淡，以六分为额。杨村下接仁和县汤村，为七分。盐官场为八分。并海而东，为越州余姚县石堰场、明州慈溪县鸣鹤场，皆九分。至岱山、昌国，又东南为温州双穟、南天富、北天富，十分，著为定数。盖自岱山及二天富，皆取海水炼盐，所谓“熬波”也。自鸣鹤西南及汤村，则刮鹻以淋卤，以分记之，十得六七。盐官、汤村用铁盘，故盐色青白，而盐官盐色或少黑，由晒灰故也。汤村及钱清场织竹为盘，涂以石灰，故色少黄，竹势不及铁，则黄色为嫩，青白为上，色黑多卤，或又有泥石，不宜久停。若石堰以东，虽用竹盘，而盐色光白，以近海水咸故尔。后来法虽小变，公私所便，大抵不易卢法。

另外，像同卷记汉唐刊石经事、建州龙焙、茶纲和团茶事，也有一定的参考价值。四库馆臣称道说：“其书多考证典籍之异同……大致瑜多而瑕少，考证家之有根柢者也。”①

清人周中孚也说：“是书凡二百六十三条，皆考正旧文之同异及其

① 《四库全书总目》卷118《〈西溪丛语〉提要》，北京，中华书局，1965。

伪误之处，颇多精确，而间传于疏舛，大致与黄《靖康缃素杂记》、张《云谷杂记》相近，故为考据之学者多有取于斯焉。”①

《西溪丛语》成书后，久无刊刻，一直以抄本流传。于晚明，收入《稗海》和《津逮秘书》，分别为万历会稽商氏半埜堂刊本和崇祯虞山毛氏汲古阁刊本。顺治三年（1646），收入《说郛续》，为两浙李氏宛委山堂刊本。至乾隆朝，编《四库全书》，收入“子部杂家类”，为江苏巡抚采进本。嘉庆十年（1805），收入《学津讨原》，为虞山张氏照旷阁刊本。于同治朝，收入《啸园丛书》，为仁和葛氏刊本。至民国，收入《涵芬楼秘笈》和《五朝小说大观》，分别由商务印书馆、上海扫叶山房影印和排印；又收入《笔记小说大观》和《丛书集成初编》，分别由上海进步书局、商务印书馆石印和排印，1984 年前者由广陵古籍刻印社影印，1985 年后者又由中华书局重印。今人孔凡礼以津逮秘书本为底本点校，1993 年由中华书局印行，列入《唐宋史料笔记丛刊》，与陆游《家世旧闻》合刊一册，是为现在最通行的版本。2003 年，又收入《全宋笔记》，由大象出版社排印。

史浩与《两抄摘腴》

史浩（1106—1194），字直翁，明州鄞县（今浙江宁波）人。绍兴十五年（1145）进士，官至温州教授、国子博士、参知政事、尚书右仆射、翰林学士知制诰，右丞相，拜魏国公、会稽郡王。他通琴曲，长词文，撰有《尚书讲义》、《周官讲义》、《两抄摘腴》、《鄮峰真隐漫录》和《鄮峰真隐大曲》。

《两抄摘腴》一卷，从书名来看，这是史氏的抄录之作。书虽不

① 周中孚：《郑堂读书记》卷 54《子部・杂家类・西溪丛语》，上海，上海书店，2009。

厚，而涉及很广，主要是说天文，谈地理，考名物，列偏方，评诗文，记杂事，志风俗，释方言，书感怀。应该说，与史有关的内容不多，不过，像关于会稽山文物书记，于有关地方人文研究不乏参证价值：

会稽山，自山阴南，走剡东，走上虞、余姚之间，江山皆奇丽清远，烟云浓淡，楼观出没，有诗人画工所不能模写者。故汉晋以来，全德高行之士多萃于是，而方士瞿仙绝俗遗世者，亦往往出焉。史浩蒙恩，来守是邦，得胜地湖中，用道家法筑宫以祈两宫寿，因即其两庑，左祠高士，右奉列仙，皆作赞刻石，以备会稽故事。或谓鸱夷子皮之决，贺季真之洁，不得名高士，何也？于乎，予于是岂无意哉？夫贵于士者，进退不失礼义，彼子皮之遗言，人臣所不忍言，而季真阿附时相，年八十六而黄冠东归，又使李林甫辈祖饯赋诗，予见其辱，未见其荣也。使子皮居严子陵之上，季真寘张子同之列，则有不可者，故具述之……

又作《策诸士》一文曰：

事有利害，不切身而伤怀；人有古今，不同时而合志。吾亦不知其何心也？登冶城，访新亭，欲问神州在何处。后南渡百四十年，惟见青山一发渺渺愁，予耆老不足证矣，安得不寤寐东晋诸贤乎？衰草寒烟，犹带齐梁光景，徒以重人黯然耳。不知秦淮旧月曾照见千载英雄肝胆乎？惜其远而不可诘也。比来忠义王泽在心，慨叹黍离悲歌蒲柳，岂能忘情故都哉！至隆兴至端平三大败，缙绅不敢问中原，兵端不可轻开，国事不可再误，思目前之危急，舍分表而经营兹，犹可借口柏城涧水草木，自春不知谁家坟墓乎？每岁寒食，夏畦马医之子，无不以麦饭洒其松楸者，长陵坏讵客置而不问哉！刘裕取长安，道路谒五陵，时晋寄江左百有十三年矣。五胡云扰，岂暇念陵寝？舜野、禹穴，谁敢以疑心视之？此臣子不忍言之，至情也。秦始皇、陈隐王之墓，汉犹有人守之。三岁湮濡，义夫节妇坟墓，犹禁樵采，况祖宗神灵所眷顾乎？自端平至今，又二十有三年，八陵不复，恸人凄怆者矣。士大夫沉于湖山歌舞之娱，何知有天下大义？诸君北风素心，岂随薄俗间断哉……

这段文字，从一个重要的侧面，反映了晚宋正道文人的一种普遍心态。

《两抄摘腴》成书后，久无刊刻，一直以抄本流传。至民国，收入《丛书集成初编》，由商务印书馆排印，1985 年又由中华书局重印，与佚名《南窗纪谈》和鲜于枢《困学斋杂录》合刊一册，是为现在最通行的版本。

陈长方与《步里客谈》

陈长方（1108—1148），字齐之，号唯室，人称“唯室先生”，福州侯官人。绍兴八年（1138）进士，官至芜湖尉、江阴县学教授。他埋首经史，又善诗文，撰有《唯室集》、《尚书传》、《春秋传》、《礼记传》、《两汉论》、《唐论》和《步里客谈》。

《步里客谈》二卷，又作《步里谈录》；书分上下，今本凡五十八条，系四库馆臣从《永乐大典》中辑出。陈氏外公林旦，做过太仆寺卿，家居步里（今址不明）。陈父亡故后，他与母亲寄寓林家，因以“步里”名书。

陈书偏于文史考辨，又不乏嘉祐以来名臣言行，还涉及诗话、杂事之类，有关神宗朝的政事、人物的忠奸是非，可供宋史研究者参考。像卷上记魏泰撰《碧云騢》云：

魏泰托梅圣俞之名作书，号《碧云騢》，以诋当世巨公，如范文正亦不免。其曰范公欲附堂吏范仲之，故名仲淹，意欲结之为兄弟。余于石氏士繇家见之。

又同卷记崇宁朝立元祐奸党碑事云：

崇宁间，立元祐奸党碑于宣和殿，蔡京书立于诸长吏厅。事未几星变，一夕大雷雨，碎宣和殿碑石，遂并诸州者去之。人心不以为然而天应之。天人无间如此，体究可以知道。

宣和殿所立元祐奸党碑，以司马温公为首。元祐党籍固多真儒贤士，然蔡京以势利倾夺锢之。钩党者亦多矣，未必皆君子也。余尝题其后云："等是名丹籍，谁知品月多。虮龙同在肆，玉石共沉河。摧折人材尽，消磨岁月过。厉阶生已甚，龟鉴莫蹉跎。"

又卷下评《五代史》、考"变线"云：

《五代史》于杨凝式不立传，载其历梁、唐、晋、汉、周，以疾致仕。又不明其本心，凝式谏父涉言：大人为唐宰相，而以传国玺与人，则其心可见。又不仕五代，而托心疾，其人贤，其节高，可知矣。余尝谓自晦与草木共尽者，五代不为无人，史不得其自者，固可叹。若凝式本末昭晰，史复不书，执笔者何其与善之狭也！

承平时，茶酒班殿侍，系四五重颜色裹肚。先是，京师以竹盛五色线，拽之为戏，谓之"变线"。又以殿侍所系裹肚似之，故亦谓之"变线"。今不复系如许裹肚，但有义带数条耳。

对陈书，四库馆臣评价说：

胡伯能作《长方行状》，称所著有《步里谈录》二卷，亦即此书。盖初名《谈录》，后乃改今名也。所记多嘉祐以来名臣言行，而于熙宁、元丰之间邪正是非，尤三致意。其论元祐党人不皆君子，足破假借标榜之习。其引陈瓘与杨时书，讥欲裂白麻之非礼，亦深明大体，所见迥在宋人之上。至于评论文章，颇多可采。[①]

清人周中孚也称道："上卷皆记北宋诸臣言行，于邪正是非之间，判断颇为有见；下卷皆讨论典籍，评论文章，亦多可采。其曰'步里'者，齐之所居地也。"[②]

《步里客谈》早佚，由宋至明，不见刊刻。至乾隆朝，编《四库全书》，收入"子部小说家类"，为永乐大典本。嘉庆十四年（1809），收入《墨海金壶》，为虞山张氏照旷阁刊本。道光二十四年（1844），又收入《守山阁丛书》，为金山钱氏重编本。1991年，收入《丛书集成初编》，由中华书局排印，与李献民《云斋广录》、康与之[③]《昨梦录》和李季可《松窗百说》合刊一册；2003年，收入《全宋笔记》，由大象出版社排印，是为现在最通行的版本。

李季可与《松窗百说》

李季可（?），生卒年、字号、爵里及事迹行状俱不详，今存所撰《松窗百说》。

《松窗百说》一卷，书为杂考笔记。绍兴二十七年（1157）王十朋跋云：

> 余昔识李君于乡里，知其为博学有识君子也。别数年，复遇之于临安，出所撰《松窗百说》以见示，事多而词简，议论一出于正。如辨文王不倾商政，诸葛孔明尽臣道，有若似孔子不以貌，隽不疑诡辞以抗众，魏武帝宣言以欺人，韩退之不

① 《四库全书总目》卷141《〈步里客谈〉提要》，北京，中华书局，1965。

② 周中孚：《郑堂读书记》卷64《子部·小说家类·步里客谈》，上海，上海书店，2009。

③ 康与之（?），字伯可、叔闻，号退轩，京西滑州（今河南滑县）人。南渡后，依附秦桧，为秦门下十客之一。他长于词，另撰有《昨梦录》。

服硫黄，释宝志妖妄，仙家不寿考，士自负为不幸，皆大有益于风教，前辈议论所不及也。宋子京作《唐史》，至赞杜牧曰；“牧论天下兵，谓上策莫如先自治。贤矣哉！”牧以一言之当，见贤于宋，今李君百说皆善，又贤于牧一等矣。惜乎世未有知之者！①

王十朋（1112—1171），字才叔，大名成安（今属河北）人。绍兴进士，官至官至秘书郎、著作郎、国史院编修、起居舍人、侍御史。他工诗文，撰有《梅溪集》，后人又集有《王十朋集》。从王跋可知，李氏大略也是两宋之交的人。

李书卷下设目，凡一百条，即“郑昭公”、“耳余”、“萧曹”、“李广”、“东方朔”、“隽不疑”、“魏武”、“祖逖刘琨”、“识轻重”、“言过”、“豪杰”、“不已”、“葵丘”、“创业守成”、“无事”、“图难”、“治乱”、“兵难”、“名节”、“汉武”、“唐太宗”、“映山红”、“诸葛事”、“四象”、“仙家”、“观鱼”、“似是”、“虚船”、“问死”、“积散”、“死而不亡”、“自负”、“形比”、“天道”、“兵法”、“笑庸”、“负荷”、“待用”、“孔明”、“势”、“称”、“文王”、“济世”、“服近”、“退之”、“伊川云”、“三宝”、“孙武”、“宿昼”、“深戒”、“柳下惠”、“咎犯”、“范睢”、“范蠡马援”、“学而”、“王沂公”、“严延年”、“朱五经”、“有若”、“知人”、“方喜”、“梁秦”、“三教”、“实德”、“私”、“遂忘”、“诗眼”、“通鉴”、“恃众”、“燕云”、“因革”、“识辨”、“枉尺”、“以人望人”、“主盟”、“汉高祖”、“韩信”、“贾诩”、“李林甫”、“柳宗元”、“论命”、“宝志”、“妄”、“大江”、“服饵”、“染著”、“文欲有补”、“史误”、“拙速”、“诒患”、“奇庞”、“文必删”、“鸷鸟”、“立生”、“所蕴”、“迷著”、“孔奴”、“细民”、“累诣”和“知言”。

---

① 王氏跋，不见于《王十朋集》，而为王氏佚文，对了解李书很有帮助。

李氏主要摘取经史、传说中的有关条目，附以自己的评议和考证，像“汉武”、“唐太宗”、“诸葛事”、“孔明”、“王沂公”、“贾诩”、“李林甫”和“柳宗元”之类品评人物的条目，于有关史事研究，具有一定的参考价值。

对李书，清人周中孚评价说：“松窗博学有识，因撰是编，以见其学之所得，凡一百条，故曰《百说》。每条各有标目，杂论人物以及古今情事，一衷诸理，而有补于世，故卷末有绍兴丁丑王梅溪诸人七题，皆极推重之。”①

《松窗百说》成书后，久无刊刻，一直以抄本流传。于乾隆朝，收入《知不足斋丛书》，为长塘鲍氏刊本。稍后，又收入《宛委别藏》，为嘉庆原稿本，今存国家图书馆。民国二十三年（1934），收入《笔记小说大观》，为上海进步书局石印本，1984 年又由广陵古籍刻印社影印。1991 年，收入《丛书集成初编》，由中华书局排印，与陈长方《步里客谈》、李献民《云斋广录》和康与之《昨梦录》合刊一册；1996 年，收入《续修四库全书》，由上海古籍出版社影印。2003 年，又收入《全宋笔记》，由大象出版社排印，是为现在最通行的版本。

曾敏行与《独醒杂志》

曾敏行（1118—1175），字达臣，号“独醒道人”、“浮云居士”和“归愚老人”，庐陵吉水（今属江西）人。年甫二十，以病废仕进，于是潜心学问。他又工画草虫，今存所撰《独醒杂志》。

《独醒杂志》十卷，卷首淳熙十二年（1185）杨万里序：

> 达臣既没，吾得其书，所谓《独醒杂志》十卷。于其子

① 周中孚：《郑堂读书记》补逸卷 25《子部·杂家类·松窗百说》，上海，上海书店，2009。

三聘，盖人物之淑慝，议论之予夺，事功之成败，其载之无谀笔也。下至谑浪之语，细琐之汇，可喜可笑、可骇可悲咸在焉。是皆近世贤士大夫之言，或州里故老之所传也，盖有予之所见闻者矣，亦有予之所不知者矣。

宋人胡铨《浮云居士曾公行状》云：

初自号“浮云居士”，盖慕昔人黜浮而崇雅。又易其号曰“独醒”，将友灵均于沅、湘之野。

“独醒”一词，语出屈原《渔父词》：“举世混浊而我独清，众人皆醉而我独醒。”曾氏以之自号，又以自号题书。书记他平生闻见之事，上至五代末，下迄绍兴中，有关朝廷轶闻和民间杂事，鲜见于他书，对研究宋史具有一定的参考价值。像卷四记孔经甫事云：

孔经甫文仲，为台州司户日，范蜀公举应制科。经甫对策，极言青苗、免役之害，语大忤直。宋次道为初考，以入三等。王禹玉覆考，降一等。韩特国详定，从初考。王荆公见而恶之，密启于上，以御批点之，遂下诏发还本任。孙给事固封还制书，极言其不可。经甫将归，往见蜀公，公叹息其不遇。经甫曰：“苟不负科目及公知人之鉴，足矣。不敢以穷达为念也。”公甚壮之，谓曰：“君气节如此，无替古人。惟不替今日之志，则某之所愿也。”经甫元祐中为谏议大夫，果以抗直为时所推重云。

又卷五记徽宗朝议免夫钱[①]事云：

宣和六年，山后将入版图，大农告乏，蔡、李诸人遂建免夫钱之议。江西一道，凡赋钱一百五十七万，而漕运之费不预焉。令下之日，州县莫知所措，乃令税一千者输一万，约日而集，督责加峻。时赋敛遽起，民间嗟怨。守令有观望风旨者，

① 免夫钱：宋代百姓向官府缴纳之免役钱。

建皂纛以令曰：“稍愆期，即以乏军兴论。”人益皇惧，小民往往去而为盗。后夫钱之纲将至淮甸，而敌骑已及郊，钱皆为船人所私矣。

又卷六记尹商老事云：

尹商老博闻强记，与先君同仕湘中，以乡里故相友善。靖康之难，商老以江华令同部民兵勤王。至淮，偕谒提举曾吉甫。吉甫因出示关报，先君欲假以付吏缮录，商老耳语曰：“吾已识之，不用录也。”迨至馆，索笔为书数百言，不遗一字。其登科时年甚少，复中法科，继闻以法科进者不大拜，悔之，不受省札。尝宰一二壮县，皆有能称。在新喻时，每治事，听吏民坐两庑纵观，逋疑滞讼，剖析如流，庑下之人抚掌称赞。然性狷介，寡与少合，人罕知之者。仕止于倅。商老名躬，永新人。

对曾书，四库馆臣评价说：

书中多纪两宋轶闻，可补史传之阙。间及杂事，亦足广见闻。于南渡后，刘、岳诸将皆深相推挹，而于秦桧则惟记与翟汝文诟争一事，亦不甚置是非……盖以记录为主，不以考证为主也。[①]

清人周中孚也说：“是书就所见闻，随笔杂记，其子始编次成帙……盖所载两宋轶闻居多，是非皆不诡于正，足于史乘有裨。而不免间有疏舛者，由其书体近小说，专事记录，而不主考证故也。”[②]

《独醒杂志》成书后，久无刊刻，一直以抄本流传。至乾隆朝，编《四库全书》，收入“子部小说家类”，为两淮盐政采进本；又收入《知不足斋丛书》，为长塘鲍氏刊本。至民国，收入《笔记小说大观》和

① 《四库全书总目》卷141《〈独醒杂志〉提要》，北京，中华书局，1965。

② 周中孚：《郑堂读书记》卷64《子部·小说家类·独醒杂志》，上海，上海书店，2009。

《丛书集成初编》，分别由上海进步书局、商务印书馆石印和排印；1984年前者由广陵古籍刻印社影印，1985年后者又由中华书局重印。1986年，上海古籍出版社排印朱杰人点校本；2012年由上海古籍出版社重排朱氏点校本，列入《历代笔记小说大观》，与蔡絛《铁围山丛谈》合刊一册，是为现在最通行的版本。另外，2003年，又收入《全宋笔记》，由大象出版社排印。

韩元吉与《桐阴旧话》

韩元吉（1118—1187），字无咎，号南涧，开封雍邱人。绍兴十九年（1149），以门荫入选，官至龙泉主簿、建安县令、龙图阁学士、吏部及礼部尚书，晋颍川郡公。他广交游，与陆游、朱熹、辛弃疾、陈亮友善，互为诗词唱和，撰有《涧泉集》、《南涧诗余》、《涧泉日记》、《桐阴旧话》和《南涧甲乙稿》。

《桐阴旧话》一卷，四库馆臣介绍说："盖全书久佚，从诸书抄撮成编也。书中所记韩亿、韩综、韩绛、韩绎、韩维、韩缜杂事，共存十条，皆其家世旧闻，以京师第门有桐木，故云《桐阴旧话》。盖北宋两韩并盛，世以桐木韩家，别于魏国韩琦云。"①

即是说，韩氏京师府第门前，因广植桐木而有"桐木韩氏"之称，又因以"桐阴"题书。今之所存，实为十三条，记韩氏家事旧闻。韩氏一门，显赫当时，所以，书文虽说不长，可也是考究韩氏家史的重要资料，还可与有关北宋史事比对参用。像记韩亿事云：

> 公在蜀既逾年，仁宗欲召为参知政事。宰相有谓当俟秩满者，而更荐所厚善。及公受代，止以中丞召。至仁宗，遂迁公同知枢密院，迄拜参政，乃知圣眷自有定也。然范文正公尝进

① 《四库全书总目》卷61《〈桐阴旧话〉提要》，北京，中华书局，1965。

百官图，诋吕文简而力荐公宜相。文正出鄱阳，出榜朝堂，有妄露荐称，密行离间之语。仁宗以喻公，公奏曰："臣顷岁，陛下过听，擢赞枢密，未尝涉朋友比，结左右也。况仲淹非姻亲故旧，若仲淹举臣以公，则臣之拙直，陛下所知；举臣以私，则臣委职以来，素无交托。进退之际，惟陛下所裁。"仁宗赐诏褒答。

又记韩绛事云：

献肃公讳绛，字子华，发解，过省，殿试，皆第三，以元祐三年三月薨，皆三数，亦异事也。苏惠公颂挽诗云："三登庆历三人第，四入熙宁四辅尊。"盖公自枢副迁参政，宣抚陕右，即军中拜昭文相，再入史馆相也。

另外，韩绛死后，陆农师也作挽章云："棠棣行中排宰相，梧桐名上识韩家"①，足见他有很好的口碑。

又记韩缜事云：

契丹使每岁至中国，索食料，多不时珍异之物，州县挠动。公之使虏，入其境稍深，则必索猪肉及胃脏之属，从者莫能晓。盖燕北第产羊，俗不畜猪，驿司驰骑，疲于奔命，无日不加箠楚，所以困之尔。既回程，与送伴者饮，率尽酒。然公翊日骑行如故，初不病酲也。盖取随行大杯酌劝之，伴者不能胜，屡至委顿。临别痛饮达旦，及叙违，马上几不能相揖。后闻虏中责伴者以失仪，沙袋击之至死。

对韩书，清人周中孚评价说："元明以来，久无全书，此本所记韩亿、韩综诸人杂事，仅十三条，盖从诸书抄撮而成也。"②

《桐阴旧话》成书后，久无刊刻，又渐次散佚。于中晚明，收入

① 吴曾：《能改斋漫录》卷11《桐木韩家》，上海，上海古籍出版社，1979。

② 周中孚：《郑堂读书记》卷23《史部·传记类·桐阴旧话》，上海，上海书店，2009。

《古今说海》和《续百川学海》，分别为云间陆氏俨山书院刊本和崇祯金陵心远堂刊本。至乾隆朝，编《四库全书》，列入“史部传记类存目”，为编修程晋芳家藏本。道光十一年（1831），收入《学海类编》，为六安晁氏活字排印本。至民国，收入《丛书集成初编》，由商务印书馆排印，1985 年又由中华书局重印，与魏泰《东轩笔录》和高晦叟《珍席放谈》合刊一册。1993 年，收入《中国野史集成》，由巴蜀书社影印。2003 年，又收入《全宋笔记》，由大象出版社排印，是为现在最通行的版本。

另外，类似韩书者，在宋代还有不少，像陆游《家世旧闻》、庄绰《鸡肋编》、尤玘《万柳溪边旧话》之类，也是以记自家先世事迹为主。

高晦叟与《珍席放谈》

高晦叟（?），生卒年、字号、爵里及事迹行状俱不详，今存所撰《珍席放谈》。

《珍席放谈》二卷，今本系四库馆臣从《永乐大典》中辑出。所谓“放谈”，即信口、纵情谈论，语出《三国志·孟光传》：“光解正慎宜，不为放谈。”在这里，充分表达了高氏一些宋代人事的立场和态度，因以“放谈”题书。

高氏记事，上起宋太祖，下迄哲宗朝，大略可知他是崇宁以后人。有关朝廷典章沿革、名人掌故、士大夫言行，认为可资借鉴者，随所闻见分条记录；而一些宰辅、大臣的事迹，不见于史传，可补史文之阙。像卷下记富弼事云：

> 富文忠、杨隐甫皆晏元献公婿也。公在二府日，二人已升贵仕。富每诣谒，则书室中会话竟日，家膳而去。杨或来见，坐堂上置酒从容，出姬侍奏弦管、按歌舞以相娱乐。人以是知公待二婿之重轻也。二婿之功名年位亦自不相伦矣。

富文忠公以累朝旧相出镇河阳，龙图韩贽自西京被召孟洛，相去不及百里。虽非入都。正驿而迂行止一舍尔。韩未戒行，驰书于公，欲因而假道三城以通典谒。公报拒之，意谓侍从被召不当曲程，先展私觌，虑招物议。大臣于事避慎如此，飞谤其能及乎？

富文忠卜宅洛阳，胜伟寇于西都王君贶相继起第，又复过之也。然而富公年七十即上印绶乞骸致政，优佚自善，家居十期。太原公虽尝暂止其间，老犹任事，拥节旄殿方，面亟匄归甚切，未俞而终于镇，名圃广厦，虚设尔。有而不知足，失其所以有者也。

又同卷记韩琦事云：

韩魏公未相时，自政府出，更历方而久之。建节判相州，邺台，公松楸所在也。上谢表云："铺排牛酒，燕故老于里中；罗列旌幢，拜先臣于墓下。"一时之盛事也。人子致位若斯来临乡社，所谓以显父母者也。

韩魏公在相府。嘉祐中畿邑多蝗，朝廷遣使分行督捕。时一朝士还阙见公，面白县虽有蝗，全不食稼。公识其言之佞也，遂问有遗种否，佞者不期问此，遽对遗种不无。公曰："但恐来年令嗣不及尊君。"其人惭而退。

韩魏公秉钧时，王陶游其门，公亦素器之。累历从官，及为中丞，未登二府，怏怏有望于公。因抚细故奏疏诋公，由此出守转郡。谢上表，尤肆狂讦，词皆浮实，至举丁朱崖以况公，悖妄弗顾于理甚矣。忿欲攻人失其所御，一旦至于是也，由此大失望公。后虽复用于朝为计相，竟不跻丞弼之列，足为躁人鉴矣。

不过，对一些是非的评论，他又失之公允，也受到了人们的訾议。四库馆臣即云：

> 书中于朝廷典章制度沿革损益及士大夫言行可为法鉴者，随所闻见，分条录载。如王旦之友悌，吕夷简之识度，富弼之避嫌，韩琦之折佞，其事皆本传所未详，可补史文之阙。特间加评论，是非轩轾，往往不能持平……然一代掌故，犹借以考见大凡。所谓识小之流，于史学固不无裨助也。①

清人周中孚也说："所记北宋旧闻，始太祖，迄哲宗，于朝章国典，前言往行，叙述颇详，多可以补史传之阙遗，考东都之掌故。其间，持论间有失其平者，后人分别观之可也。"②

《珍席放谈》成书后，久无刊刻，一直以抄本流传。至乾隆朝，编《四库全书》，收入"子部小说家类"，为永乐大典本。嘉庆十四年（1809），收入《函海》，为绵州李氏万卷楼刊本。于同治朝，又收入《榕园丛书》，为真州张氏刊本。至民国，收入《丛书集成初编》，由商务印书馆排印，1985年又由中华书局重印，与魏泰《东轩笔录》和韩元吉《桐阴旧话》合刊一册。1993年，收入《中国野史集成》，由巴蜀书社影印。2003年，又收入《全宋笔记》，由大象出版社排印，是为现在最通行的版本。

蔡絛与《北狩行录》、《铁围山丛谈》

蔡絛（?），字约之，号"百衲居士"，兴化仙游（今属福建）人。他是蔡京季子，官至龙图阁直学士、徽猷阁待制。靖康元年（1126），因受父败牵累，贬窜白州（今广西博白）。他工诗文，撰有《西清诗话》、《北征纪实》、《北狩行录》和《铁围山丛谈》。

《北狩行录》一卷，记宋徽宗、钦宗在五国城的囚禁生活。不过，

---

① 《四库全书总目》卷141《〈珍席放谈〉提要》，北京，中华书局，1965。

② 周中孚：《郑堂读书记》卷64《子部·小说家类·珍席放谈》，上海，上海书店，2009。

四库馆臣认为，实为王若冲所撰："是书卷末云：北狩未有行纪。太上语王若冲曰：一自北迁，是今八年。所履风俗异事，不为不多。深欲纪录，未得其人。询之蔡鞗，以为学问文采无如卿者，为予记之云云。则是此书为若冲所作。"①"北狩"、"北迁"，不过是羞于言实之词，毋宁说"北囚"更准确一些。

蔡氏系徽宗之婿，过了一段在敌国伴君的生活。亡国夺妻之恨，以及在五国城的经历，蔡氏应是铭刻于心的。书中虽没有多少大关节，可也是有关这一事件重要的历史文献；它又偏记徽宗的起居言行，还免不了要为他歌功颂德。四库馆臣即云："书中多谀颂徽宗之词，在当时臣子之言自不得不尔，未足为异。"②

《北狩行录》成书后，久无刊刻，一直以抄本流传。至乾隆朝，编《四库全书》，列入"史部杂史类存目"，为浙江吴玉墀家藏本。道光十一年（1831），收入《学海类编》，为六安晁氏活字排印本。至民国，收入《丛书集成初编》，由商务印书馆排印，1985 年又由中华书局重印，与曹勋《北狩见闻录》、李纲《靖康传信录》和丁特起《靖康纪闻》合刊一册；1993 年，收入《中国野史集成》，由巴蜀书社影印；1997 年，又收入《四库全书存目丛书》，由齐鲁书社影印，是为现在最通行的版本。

《铁围山丛谈》六卷，作于蔡氏贬于白州（今广西博白）之际。州境有铁围山，因以题书。书中所记宋代史事，上起宋太祖，下迄宋高宗，主要是朝廷制度、士大夫轶闻和名人故实。它叙事生动，文采飞扬；不过，对蔡京奸佞误国每每袒护，则为后人所讥讽。③

对蔡书，四库馆臣评价说：

---

① 《四库全书总目》卷 52《〈北狩行录〉提要》，北京，中华书局，1965。

② 《四库全书总目》卷 52《〈北狩行录〉提要》，北京，中华书局，1965。

③ 刘美新：《蔡絛和他的〈铁围山丛谈〉》，载《天中学刊》，2002（3）；笪珪如：《〈铁围山丛谈〉研究》，华东师范大学中国古典文献学硕士论文（2005）。

> 倏所作《北征纪实》二卷，述伐燕之事，陈振孙谓其归罪童贯、蔡攸，为蔡京文饰。此书所叙京事，亦往往如是……他如……记所目睹，皆较他书为详核……皆足以资考证，广异闻……又徽宗绘事世称绝艺，观此书，乃知皆画院供奉代为染写，非真自作，尤历来赏鉴家所未言。“其人虽不足道，以其书论之，亦说部中之佳本矣。”①

清人周中孚也说：“其书上自乾德，下及建炎，中间二百年轶事，无不详志备载，亹亹动听。然多为其父文过饰非，与所作《北征纪实》归罪于童贯、蔡攸者同一用意……其人实不足道，而其书尚有足取者，以其久直中禁，所记徽宗时一切制作始末，究与传闻者不同，故多足以资考证焉。”②

《铁围山丛谈》成书后，久无刊刻，一直以抄本流传。于中晚明，收入《古今说海》和《历代小史》，分别为云间陆氏俨山书院刊本和万历安溪李氏刊本。顺治三年（1646），收入《说郛续》，为两浙李氏宛委山堂刊本。至乾隆朝，编《四库全书》，收入“子部小说家类”，为浙江鲍士恭家藏本；又收入《知不足斋丛书》，为长塘鲍氏刊本。道光十一年（1831），收入《学海类编》，为六安晁氏活字排印本。至民国，收入《说库》、《五朝小说大观》，分别由上海文明书局、扫叶山房石印和排印。今人冯惠民、沈锡麟以学海类编本为底本点校，1983 年由中华书局印行，列入《唐宋史料笔记丛刊》；今人李梦生以鲍氏本为底本点校，2012 年由上海古籍出版社排印，与曾敏行《独醒杂志》合刊一册，是为现在最通行的版本。另外，1993 年，收入《中国野史集成》，由巴蜀书社影印；1991 年，收入《丛书集成初编》，由中华书局印行，与孙升《孙公谈圃》和石茂良《避戎夜话》合刊一册；2003 年，又收

① 《四库全书总目》卷 141《〈铁围山丛谈〉提要》，北京，中华书局，1965。

② 周中孚：《郑堂读书记》卷 64《子部·小说家类·铁围山丛谈》，上海，上海书店，2009。

入《全宋笔记》，由大象出版社排印。

佚名与《建炎复辟记》、《建炎维扬遗录》和《靖炎两朝见闻录》

《建炎复辟记》一卷，记事起于建炎二年十月十六日，止于建炎三年五月十二日，主要是赵构于江南重建宋政权的过程。四库馆臣认为，它很可能出自韩世宗的门客之手："称其叙苗傅、刘正彦事始末，文颇繁冗。末叙世忠战功特详，疑即韩氏之客所为。"①

清人周中孚评价说："是书叙述苗傅、刘正彦凌逼高宗禅位，及群臣公请复辟本末，自建炎二年十月，迄三年五月傅、正彦伏诛而止，末叙韩世忠战功独详，通体亦曲折详明。叙傅、正彦罪状，如铸禹鼎以象神奸，真煌煌乎大文也。"②

《建炎复辟记》成书后，久无刊刻，一直以抄本流传。至乾隆朝，编《四库全书》，列入"史部杂史类存目"，为江苏巡抚采进本。于晚清，收入《武林掌故丛编》，为光绪钱塘丁氏嘉惠堂刊本。2003 年，收入《全宋笔记》，由大象出版社排印；2014 年，又收入《杭州史料别集丛书》，由当代中国出版社排印，与赵鼎《建炎笔录》、佚名《建炎复辟记》、李纲《建炎时政记》和《建炎进退志》合刊一册，是为现在最通行的版本。另外，1997 年，收入《四库全书存目丛书》，由齐鲁书社影印。

《建炎维扬遗录》一卷，四库馆臣说："记高宗建炎二年冬至次年三月事。高宗自建炎元年十月如扬州，至三年二月如杭州。此所记者由扬入杭之事，故以'维扬'为名。《文献通考》云：《戊申维扬录》一卷，无名氏。戊申即建炎二年，当即此书也。别有《维扬巡幸记》一

① 《四库全书总目》卷 52《〈建炎复辟记〉提要》，北京，中华书局，1965。

② 周中孚：《郑堂读书记》卷 19《史部·杂史类·建炎复辟记》，上海，上海书店，2009。

卷，自二月初十日以前与此本字句小异，而叙述尽同，惟无锡令任说逸其名姓。”①

清人周中孚也说：“是书记高宗建炎戊申、己酉间由扬入杭之事，故以‘维扬’为名，与《戊申维扬录》当即一书而二名也。所记虽简略，而议论叙事相间，颇得《史》、《汉》之法，惜作者名氏不存也。”②

《建炎维扬遗录》成书后，久无刊刻，一直以抄本流传。至乾隆朝，编《四库全书》，列入“史部杂史类存目”，为浙江范懋柱家天一阁藏本。嘉庆十年（1805），收入《学津讨原》，为虞山张氏照旷阁刊本。至民国，收入《丛书集成初编》，与赵鼎《建炎笔录》、辛弃疾《南渡录》、佚名《建炎复辟记》和《靖康朝野佥言》合刊一册。2003年，又收入《全宋笔记》，由大象出版社排印，是为现在最通行的版本。另外，1997年，收入《四库全书存目丛书》，由齐鲁书社影印。

《靖炎两朝见闻录》二卷，又作《两朝见闻录》，旧题署“陈东”。不过，四库馆臣认为，实乃托名而已：“东以建炎元年八月见杀，何由得记绍兴后事。盖传本阙撰人，后人不考，误题为东也。”③有人认为，它属抄袭之作，是由佚名《宣和遗事》和丁特起《孤臣泣血录》篡改而成。④

书之卷首云：“《两朝见闻录》者，靖康、建炎中事也。”自然，书记所记，是两宋之际的史事。

《靖炎两朝见闻录》成书后，久无刊刻，一直以抄本流传。至乾隆

① 《四库全书总目》卷52《〈建炎维扬遗录〉提要》，北京，中华书局，1965。

② 周中孚：《郑堂读书记》卷19《史部·杂史类·建炎维扬遗录》，上海，上海书店，2009。

③ 《四库全书总目》卷52《〈靖炎两朝见闻录〉提要》，北京，中华书局，1965。

④ 闫兴潘：《试论〈靖炎两朝见闻录〉内容之来源》，载《武汉大学学报》，2011（1）。

朝，编《四库全书》，列入“史部杂史类存目”，为两淮盐政采进本。光绪十年（1884），收入《碧琳琅馆丛书》，为巴陵方氏广东刊本。1995年，收入《续修四库全书》，由上海古籍出版社影印。1997年，收入《四库全书存目丛书》，由齐鲁书社影印。2003年，又收入《全宋笔记》，由大象出版社排印，是为现在最通行的版本。

另外，还有佚名《靖康蒙尘录》一卷、《靖康纪闻拾遗》一卷、《靖康朝野佥言》一卷、《中兴御侮录》二卷，《碧溪丛书》八种（包括佚名《吴武安公功绩记》一卷，记吴玠战功；蔡鞗《北狩行录》一卷，记从徽宗入金事；万俟卨《皇太后回銮事实》一卷，记韦太后南归事；佚名《顺昌战胜录》一卷，记刘锜遇金兵事；洪皓《松漠记闻》一卷，记出使金国事；洪皓《金国文具录》一卷，记宇文虚中为金定制事；湘水樵夫《绍兴正论》一卷，记不附秦桧和议人姓名；杨尧弼《伪豫传》一卷，记刘豫僭逆事）。在这些宋人书中，无名氏者非出于一人之手，可又同为研究两宋之际史事的珍贵文献。

丁特起与《靖康纪闻》

丁特起（?），庐州合肥人，生卒年、字号及事迹行状俱不详。绍兴五年（1135），由贵州文学为鼎州龙阳县尉，今存所撰《靖康纪闻》。

《靖康纪闻》一卷，又作《孤臣泣血录》和《靖康孤臣泣血录》；今本另附补遗一卷，凡十三条。卷首丁氏自序云：

> 纪闻者，纪靖康元年中事也……孤臣特起自春徂夏，适在京师，初迫桂王，尝为西枢门下客，颇得其事。继游函关，与同舍郎讲问尤详。悉痛二帝之播迁，悯王室之颠覆，咎大臣之误国，伤金戎之强盛。事有不可概举者，大惧天下后世或失其传，无以激忠臣义士之心，无以正乱臣贼子之罪，无以知吾君仁圣忧勤而罹此不辜之实，因列日以书之。起元年十一月，至

明年五月一日，目击而亲闻者，罔敢违误。其间褒贬，允协公议，非敢徇私臆说也。

“播迁”，即“流离”、“迁徙”之义。丁书的内容，由听闻而来。书中记事，起于靖康元年（1126）十一月，止于建炎元年（1127）五月，主要是汴京失守，宋徽宗、钦宗被俘和北迁之事。像记靖康元年闰十一月二十八日事云：

宰相亲王出郊谢二酋，开封府揭榜云：“仰在京文武百官、秀才僧录、司率众父老百姓，各赴大金军前，求告国相元帅、太子元帅，请愿将金帛牛酒犒设三军。”是日，内外士民睹请命之榜，相顾感泣，纷纷输财。献金帛牛酒者，络绎于道，各以长竿标挂大揭，榜示某坊某人献物于国相太子元帅，答谢活老小之恩，满城如旗帜，节次进献，金人留之，出城请命献物者如市。未刻黄榜云：“大金坚欲上皇出郊，朕以宗庙生灵之故，义当亲往，咨尔众庶，各务安静，无使惊扰，却误大事。”士庶睹榜，又怀疑虑。是日，溃散殿前军兵等所至为害，朝廷患之，散榜免罪招诱人，分遣将士及开封府捉事人捕捉讨，掳者甚众，径于通衢斩首以令，无虑数百人，民情愿快。凡斩首者，顷刻复为军人百姓剖剥殆尽，至有并骨持去者，遗骸不可胜计。蔡河、汴河老小横尸尤多，亦有被割尽者，皆军民乏食。至此，市井公然以人肉货卖。自是里城内讨掳稍息，而城外者犹未定，尚肆烧劫，军民至结连金人下城，或削发为装金人，共劫掠后族贵戚、王公大臣、富商巨贾之家，无不害者，如张温成、刘明远、刘大皇、聂婆婆等家，皆首被祸，其余士庶，烧劫扶持老幼迁徙入子城逃避者，累累然相望于道，如是累日未息。已而，流民殆遍于相国寺，乃寺东西廊庑间啼饥号寒，极可伤恻。

又“补遗”记汴京城陷情形云：

破城之日，百姓军人即都亭驿，杀金使四人，剖剥之，其一乃监军之子，余不得姓氏。自废主之后，凡欲洗城者数次，盖监军颇怒国人之杀其子也。力欲洗城，披甲挺刃，凡数次登，城中有黄旗兵将在空中，不可近，遂止。未知是否，但主洗城者乃刘监军与粘罕，二太子不预焉，盖其性善矣。

金人自陷城后，征求不一，罄府库，竭帑藏，至取乘舆服御嫔官等物，上在军中未尝动色，惟索及三馆书籍，上喟然嗟叹久之。

上讲和回，怜太学诸生辛勤，效死弗去，即遣中书舍人孙觌兼祭酒慰劳诸生，及闻议赏格，诸生感激上意，涕泗横流。继而再幸军中，驾往来，人数闻诸生时有献书乞诣军前论列者，官司例不许行。

丙午年十一月二十五日，金人到阙。闰十一月二十五日，大雪，城陷。十二月二十五日，大火烧开宝天宁寺及居民五百余家。丁未年正月二十五日，大风，金人敲杀从官梅执礼等四人及捶打台官四人。三月二十五日，金人前军启行，自犯阙围城，首尾半年，去来皆取二十五日，其余二十五日皆有变异，不知其适然耶或阴阳度数使之然也。

不难看出，丁书记事，很重细节，是有关两宋之交社会变乱的重要史料。清人周中孚评价说："其书起靖康元年十一月，至建炎元年五月止，所载汴京失守、二帝蒙尘之事，以日纪之，据事直书，有不胜感愤者。至其中文义粗率处，若云踧谓要亦危难中随笔，有不暇修饰耳。"①

《靖康纪闻》成书后，久无刊刻，一直以抄本流传。万历三十四年(1606)，先有张豫诚刻本，又收入《中华再造善本》，2012年由国家图

① 周中孚：《郑堂读书记》补逸卷9《史部·杂史类·靖康记闻》，上海，上海书店，2009。

书馆影印。道光十一年（1831），收入《学海类编》，为六安晁氏活字排印本。于民国，收入《丛书集成初编》，由商务印书馆排印，1985年又由中华书局重印，与曹勋《北狩见闻录》、蔡絛《北狩行录》和李纲《靖康传信录》合刊一册。2003年，又收入《全宋笔记》，由大象出版社排印，是为现在最通行的版本。另外，1993年，收入《中国野史集成》，由巴蜀书社影印。

石茂良与《避戎夜话》

石茂良（?），字太初，生卒年、爵里及事迹行状俱不详，今存所撰《避戎夜话》。

《避戎夜话》二卷，书分上下，记靖康元年（1126）汴京失陷前后的史事。“戎”，早先是对西方民族的统称，这里说的是女真金兵。京师城破，外逃以避敌锋芒，因以“避戎”题书。卷尾云：“余目击其事，故志。”可见，石氏是事件之亲历者，文虽不长，可细节翔实而又生动，足称信史。像卷上记云：

> 十九日夜，贼安炮之后，矢石不可及。二十一日，桥成，先有黑旗子三人先登岸。都统王瓆、姚仲友挥骁勇使臣与西兵数十人下战，亦杀数人。贼退桥之南，入洞子中。俄顷，宰相何栗至，黑旗子复如前登岸。城中弓弩箭如雨，贼兵略不顾，欲交锋。西城下寨一兵约六七百人，望风退走，贼亦不追。城上皆厉声叫云：“后面无贼。”然势不可回，隔岸矢石如雨，中伤者数百人，自填于陷马坑者三十余人。贼兵望风轻笑，宰相亲见之，而不恤。初缚虚棚时，仲友使多备湿麻刀、旧毡衲袄，盖防贼人有火箭火炮也。幸而金人不善制此二物。二十三日，贼桥侵广，仲友遣张宗颜、阎维、段永年领敢死兵三百人血战于城下，用纯斧队斫坏洞子七所。贼众败走，乘势遂北。

涉河至中流，冰解，陷死者数十入，反为贼兵击掩，岂天殆我师也?

又卷二记云：

二十五日早，宣化门大开，郭京出兵。城中居民跂踵延颈于宣化门者数千人，立俟捷报。俄顷报云：郭京前军已得大寨，立旗于贼营矣。又报云：前军又夺贼马千匹矣。姚仲友疑之，与石茂良登敌楼而望，正见贼兵整促人马。忽有郭京下使臣来传令云：楼子上除守楼子使臣军兵外，余人并不得上楼子。盖天甲法能使人隐形，若楼上人多，恐贼兵觇望。言犹在耳，贼兵两两翼翼鼓噪而进，冲断前军，一扫而空，若刈茅草。居后者悉坠护龙河，钓桥已尸积不可拽矣。城门急闭。贼帅大怒，鸣鼓振旅，铁衣满野，多若蝼蚁，皆沿城而上。止用一旧云梯，可置五十人，初有十余人登叠而上。班直枪手皆不向前用命。又值百姓般石城上，望走下。其守御之人与百姓军兵互相杀戮，无一用命向前者，其城遂陷。

对石书，四库馆臣评价说：

是编载靖康元年十一月，金人陷汴京事。盖亲在围城之内，记所见闻。其中，多言都统制姚友仲守御东、南两壁之功。史不为友仲立传，然《钦宗本纪》颇采用之。①

清人周中孚也说：“靖康丙午仲冬，金人陷汴京，太初在围城之内，目击其事，故著是编，后《宋史钦宗纪》颇采用之，然以徐氏《北盟会编》所引核之，知其书已删节不全，盖从明末李蘅《璅探》探内之本也。”②

《避戎夜话》成书后，久无刊刻，一直以抄本流传。于晚明，收入

① 《四库全书总目》卷52《〈避戎夜话〉提要》，北京，中华书局，1965。

② 周中孚：《郑堂读书记》卷19《史部·杂史类·避戎夜话》，上海，上海书店，2009。

《历代小史》，为万历安溪李氏刊本。至乾隆朝，编《四库全书》，列入“史部杂史类存目”，为两浙总督采进本。民国二十五年（1936），收入《中国内外乱祸历史丛书》，由神州国光社排印；1951 年，改题《中国历史研究资料丛书》，1982 年和 2003 年，又分别由上海书店、中国文史出版社重印；2003 年，又收入《全宋笔记》，由大象出版社排印，是为现在最通行的版本。另外，1993 年，收入《中国野史集成》，由巴蜀书社影印。

张邦基与《墨庄漫录》

张邦基（?），字子贤，高邮军（今属江苏）人。大略生活于两宋之际，今存所撰《墨庄漫录》。

《墨庄漫录》十卷，卷首张氏自序云：

> 仆以闻见虑其忘也，书藏其箧。归耕山间，遇力罢释耒之垄上，与老农憩谈，非敢示诸好事也。其间，是非毁誉，均无容心焉。仆性喜藏书，随所寓榜曰“墨庄”，故题其首曰《墨庄漫录》。

“墨庄”，即书丛。张氏善藏书，因称寓所，又因寓所题书。张书偏记杂事，又多所考证。有关宋代人事的内容，具有很高的史料价值。像卷一记定范纯仁谥号事云：

> 范纯仁尧夫丞相薨，礼官谥曰“忠宣”。考功邓忠臣议曰：“每思捐身而开策，常愿休兵而息民。只知扶危而济倾，宁恤跋前而疐后。”又曰：“谗言乱国，而明蔡确之无罪；奸党投石，而谓大防之可原。当众人莫敢言之时，在偏州无所用之地。义形正色，愤激至诚。非特救当世正人端士之织罗，直欲戒后世乱臣贼子之迷国。徇公忘己，为国惜贤。”又曰：“父母之国，有时而去；股肱之义，于是或亏。放之江湖，忽

如草芥。纫兰泽畔，更甚屈原之忠；占鹏坐隅，已分贾生之死。”又曰：“侧席南望，而怏浮云之蔽；趋节东归，而咏零雨之蒙”又曰：“法座想见其风采，诏书相望于道涂。”时论皆以为允当。崇宁初，追夺元谥，并定谥覆官并罚铜。二年六月，言者再论，忠臣得官祠。

又卷四记北宋京师景教情形云：

东京城北有祆庙，祆神本出西域，盖胡神也，与大秦穆护同入中国，俗以火神祠之，京师人畏其威灵，甚重之。其庙祝姓史，名世爽，自云：家世为祝累代矣，藏先世补受之牒凡三：有曰怀恩者，其牒唐咸通三年宣武节度使令狐给，令狐者，丞相绹也。有曰温者，周显德三年端明殿学士权知开封府王所给，王乃朴也。有曰贵者，其牒亦周显德五年枢密使权知开封府王所给，亦朴也。自唐以来，祆神已祀于汴矣，而其祝乃能世继其职，逾二百年，斯亦异矣。今池州郭西英济王祠，乃祀梁昭明太子也。其祝周氏，亦自唐开成年掌祠事至今，其子孙今分为八家，悉为祝也。噫，世禄之家，能箕裘其业，奕世而相继者，盖亦甚鲜，曾二祝之不若也。镇江府朱方门之东城上乃有祆神祠，不知何人立也。

另外，张书为研究古代文学史研究，提供了丰富的资料。清人历鹗作《宋诗纪事》，即引用了书中的三十八条。又卷三对同乡秦观的生平和作品也有深切关注，还记秦氏与侍妾从纳到遣、到再娶再遣，一波三折，具体而生动，为后来的评论家反复引证。

对张书，四库馆臣评价说：

其书多记杂事，亦颇及考证。如渭州潘源县土怪，周昕父变羊，胡师文见吴伴姑，明州士人遇裴休，叶世宁严清关注诸梦事，虽不免为小说家言……然如记韩愈诗风棱露液字之异同，苏轼儋耳诗石字、者字之讹误……皆极典核。他如辨《碧云骃》为魏泰作，辨《龙城录》、《云仙散录》为王铚作，皆足资考证……而所载宋时户口转运诸数，尤足与史籍相参考，宋人说部之可观者也。①

《墨庄漫录》成书后，久无刊刻，一直以抄本流传。于晚明，收入《稗海》，为万历会稽商氏半埜堂刊本。顺治三年（1646），收入《说郛续》，为两浙李氏宛委山堂刊本。至乾隆朝，编《四库全书》，收入"子部杂家类"，为兵部侍郎纪昀家藏本。至民国，收入《笔记小说大观》、《四部丛刊三编》和《丛书集成初编》，分别为上海进步书局、商务印书馆石印、影印和排印，1984 年前者又由广陵古籍刻印社影印，1985 年后者又由中华书局重印。今人孔凡礼以四部丛刊三编本为底本点校，2002 年由中华书局印行，列入《唐宋史料笔记丛刊》，与范公偁《过庭录》和张知甫《可书》合刊一册；2012 年，上海古籍出版社重排丁如明点校本，列入《历代笔记小说大观》，与王楙《燕翼诒谋录》合刊一册，是为现在最通行的版本。另外，2003 年，又收入《全宋笔记》，由大象出版社排印。

程大昌与《考古编》、《续考古编》、《演繁露》和《续演繁露》

程大昌（1123—1195），字泰之，徽州休宁（今属安徽）人。绍兴二十一年（1151）进士，官至太平州教授、大学正、秘书省正字、著作佐郎、国子司业、礼部侍郎、吏部尚书、明州知州。他明经史，长于考订，撰有《禹贡论》、《易原》、《雍录》、《易老通言》、《北边备对》、《考古编》、《续考古编》、《演繁露》和《续演繁露》。

《考古编》十卷，又作《程氏考古编》；《续考古编》十卷，又作《程氏续考古编》。卷首淳熙七年（1181）程氏自序云：

① 《四库全书总目》卷 121《〈过庭录〉提要》，北京，中华书局，1965。

予赋性朴拙，琴奕博射，法书名画，凡可以娱暇消日者，一皆不能……闲因莅官接物之隙，兀坐无为，则所为交际酬酢者，惟古今新旧书册而已……旧著恐遂散佚，辑为一编，以便寻绎，而叙识其所从作；苟有见，当缀续其后也。

程书正续，杂论经义异同和史传谬误。二书各有偏重，正编偏于辨别经义异同，旁及传记谬误；续编重在考订诸史，纠谬正误，保存了丰富的历史资料。

二书又卷下设目，即《考古编》卷一至卷二为“诗论”，卷三为“诗论”和“正朔”，卷四为“正朔”和“象刑”，卷五为“三宅三俊”、“舜论”、“禹论”和“夫子论”；卷六为“中庸论”、“庄子论”和“汉丞相封侯”，卷七“唐初对御草制”、“妇人拜”、“唐试通昼夜”、“御药院掌礼文”、“古书传说”、“立武后”、“古诗分韵”、“君子贵乎道者三”、“后汉附会谶语”、“发运司”、“缗钱省陌”、“张平叔请官粜盐”、“诗穷乃工”、“子沈子列子”、“昭武庙立像”、“武宗用道士赵归真言斥佛教”、“史记称武帝”、“皇甫湜未必肯师退之”、“汉特祭滕公”、“后九月”、“六奇祕计”和“后山用僧句意”，卷八“华清宫生荔枝”、“子司”、“中书舍人对还诏书”、“年四十而见恶焉”、“凌烟功臣”、“名宫阙避忌”、“外国地理书难信”、“王书乐毅论”、“兰亭”、“黄庭经”、“王僧虔论书”、“罗池碑”、“民献十夫”、“庙在郡国亦名原庙”、“李藩塗诏”、“法从”、“魏征寝”、“冠者五六人”、“天地有限”和“行不由径”，卷九“周太祖葬剑甲衮冕”、“僧尼拜天子”、“忞”、“舞马起于景龙间”、“六典”、“伏生口讹”、“北景”、“左藏火禁”、“食其”、“戚夫人生里”、“黎明”、“郝灵荃”、“台谏纳副本”、“中书舍人七员”、“虬须传”、“进马匹二十千”、“书后谨空”、“皇帝合而不死”、“土风”、“里行”、“进止”和“不怨”，卷十“禄薄不可养廉”、“当时人言时事有不同者”、“荀卿称子弓乃仲弓”、“贤书献祖庙”、“秦以前已曾刻石”、“欧阳易亡”、“平阳公主”、“对扬”、“以征伐利归臣下不归人主说和”、“便道之官”、“春夏行刑”、“贵粟”、“官俸有傔钱”、“杀一不辜”、“冯商续史记”、“通侯”、“立讲”、“唐李贤注令鲜水误”、“史记语为汉书所更”、“水经不纯桑钦书”、“菑县”、“秦缪公以人从死”、“以绢准贼”、“税不可合其名为一” 和 “少艾”；《续考古编》卷一“圣人以天下为度”、“后稷”、“汤都谷熟”、“盘庚戒伏箴”、“高帝立太子”、“汉立太子”、“唐立太子”、“光武生”、“刘备号蜀”、“魏文南征船尝泊著南岸”、“唐太宗朝不讳世字”、“宪宗议称祖”、“项羽”、“孟之反”、“子文三仕三已”、“优孟似孙叔敖”、“张武受赂”、“霍光”、“石建屏人言事” 和 “李泌”，卷二“宗正”、“古者未有宫观官而有其意”、“断来章”、“黄门画者”、“方面不得带散骑常侍”、“守令真令”、“采地世传”、“汉鬻爵”、“乞改司业官名”、“学省”、“中郎与外郎”、“郎尚书郎左右司郎”、“尚书郎草文书”、“山涛启事”、“知州监司供给钱”、“九卿”、“制诏录副本留中”、“门下称东省”、“中书称西省”、“进奏官”、“不时引臣下”、“门外无公事”、“里行”、“户部侍郎得预坐议”、“教授” 和 “兼署官两给俸禄”，卷三“封王先封郡王”、“唐勋赐有添给”、“集贤学士”、“权只应翰林院事”、“知州兼运使”、“百夫长”、“国初朝臣出外任无大小称奉使”、“左右史分立”、“重三司”、“签书却自同知迁”、“近臣亲在外不迎侍”、“白衣选人”、“李藩涂敕”、“唐县置两尉分掌六职”、“御史台北向”、“待制次对”、“草诏源流”、“司隶案中都官”、“丞郎”、“支郡直奏”、“郡博士”、“权知举”、“赀为郎”、“堂选堂除”、“郎官宰百里”、“都尉” 和 “妇人封侯”，卷四“节度使”、“州县官自免民役”、“待诏”、“董正治官”、“太守行县出郡界”、“致仕官无俸”、“丞相斩朝臣”、“臣下请对”、“汉世侯”、“检校官”、“满岁始得荐举”、“汉以大司马御史大夫为三公”、“通判”、“唐六馆”、“五月不可出宫”、“大将自贬”、“庶官为太常卿”、“郡县”、“周礼冬官属官散逸入载别官”、“驸马都尉”、“质子” 和 “士伍”，卷五“闻喜宴”、“殿试”、“进士宴戴花”、“新第人谒先师”、“试进士却以诸科中选”、“恩科”、“光学钱”、“人主访知未达之士”、“文毋害”、“吏人不得应举”、“诞圣节”、“嵩呼万岁”、“开元礼”、“起居”、“视朝日分”、“周觞五献群饮”、“父祖名讳”、“承祧”、“二祧”、“昭穆”、“仁宗厚葬”和“祔葬山陵”，卷六“自复道幸华清宫”、“长生殿”、“金明池”、“三台”、“辉和殿”、“明光殿”、“洛阳城”、“建章”、“甘泉”、“城县”、“蜀险”、“封山”、“闽中”、“三越”、“清水”、“岭南饮酒”、“诸越”、“积石”、“孙权都建业作石头城”、“魏大名”、“燕然山”、“濡须坞”、“滹沱不入黄河派”、“邾改为邹”、“程”、“秦汉徙民”、“以万国为七战国”、“新丰”和“五丈河”，卷七“除敛复取”、“榷酤”、“营田”、“商税”、“榷醋”、“代民输”、“多户”、“金玉为币不救饥寒”、“唐赋役四篇”、“隋高颎立法致户口顿增”、“唐食本钱”、“运米给斗耗”、“用谋”、“夹寨”、“牙兵”、“府兵”、“乏兴”、“郊赦有赏”、“郊赐军士”、“素历”、“戮”、“四凶”、“无余刑”、“汉世得专杀奴婢”和“死囚塞口”，卷八“易纬”、“关雎棠棣”、“秦止焚诗书”、“周书不称尧舜”、“太玄以善恶分昼夜吉凶”、“柳子封建论”、“贾谊用鹖冠子”、“泰誓”、“班固七表”、“班固九流”、“传注”、“注疏”、“左传世本战国策”、“卜子夏无易传”、“竹书纪年师春”、“本草”、“三苍”、“明皇改古文尚书为今文”、“唐明皇改古书”、“周公别有月令非吕不韦月令”、“经”、“伏生书”、“三字”、“西京杂记是吴均语”、“删史记”、“马迁世系错误”、“子夏易”、“温公通鉴历用尔雅岁名及今官文书改一二字为壹贰字”、“真汉书卷序与今本不同”、“支诺皋”、“切韵始周颙”和“敕撰千字”，卷九“故”、“周”、“容容”、“少艾幼艾”、“方行”、“主臣”、“打字”、“赖”、“魁梧”、“千百书为阡陌”、“敢言之”、“库姓”、“八墨”、“便时”、“二必”、“食粹”、“畴”、“马牛其风”、“木立而道生”、“益者三友”、“以夫子之道害夫子”、“君子所其无逸”、“无严诸侯”、“作人”、“曰予攸好德汝则锡之福”、“朕心朕德惟乃知”、“不见可欲使心不乱”、“嘘枯吹生”、“无”、“偏道必借圣人为名主”、“方诸取水”、“八百年差一日”、“准” 和 “苍龙甲寅”，卷十 “天人”、“何韩同姓”、“子姓”、“坋羊”、“以字行”、“杨妃不为后”、“与多概少”、“官爵奉董秦”、“公私”、“长至”、“昭星不如曀月”、“民居言宫”、“太后预政”、“执事”、“酸鼻”、“宫人”、“口占”、“人之字添之字”、“同生居上为弟”、“病首过”、“差池”、“虏互市”、“中国有戎狄”、“夷狄名称”、“契丹称叔侄”、“月氏亡在汉初”、“契丹四京” 和 “甘棠勿拜”。

不难看出，于读史，《考古编》不乏疏通之功；于考史，《续考古编》价值更高。具体说来，后者卷一着力评点古代圣贤，又以汉唐君臣居多；卷二至卷五，则偏于讨论官制典章；卷六重在主记宫殿城池、山川地理，卷七洞悉赋役政刑，卷八言及经籍原委；卷九至卷十，则杂谈史事，又间及时政，可谓很有学术品位。

对程书，四库馆臣评价说：

> 是编乃杂论经义异同，及记传谬误，多所订证……反覆推阐……说极辨博……其持论虽颇新异，而旁引曲证，亦能有所依据……以琅琊台碑文证秦以前已尝刻石，皆典确明晰，非泛为征摭。虽亚于《容斋随笔》，要胜于郑樵辈之横议也。①

清人周中孚也说：“其书冠以‘诗论’十七则，并系以序。以下凡一百十二则，皆尚论经史及世俗杂事，援据该博，议论纵横，洵考古之一助也……要其博洽详明处，实能正经解之乖违，订史传之阙误，于《演繁露》不啻如骖之有靳焉，善读者第撷其精华焉可也。”②

《考古编》成书后，收入《儒学警语》，为嘉泰元年（1201）俞氏刊本。至乾隆朝，编《四库全书》，收入“子部杂家类”，为浙江巡抚

① 《四库全书总目》卷118《〈考古编〉提要》，北京，中华书局，1965。

② 周中孚：《郑堂读书记》卷54《子部·杂家类·考古编》，上海，上海书店，2009。

采进本。于嘉庆朝，又收入《学津讨原》和《函海》，分别为虞山张氏照旷阁刊本和绵州李氏万卷楼刊本。至民国，收入《江氏聚珍板丛书》和《丛书集成初编》，分别由苏州文学山房、商务印书馆刊刻和排印，1985 年后者又由中华书局重印。今人刘尚荣以为底本点校，2000 年，收入《新世纪万有文库》，与《程氏续考古编》合刊一册；2008 年，中华书局印行刘氏点校本，列入《学术笔记丛刊》，与《续考古编》合刊一册，是为现在最通行的版本。另外，2003 年，又收入《全宋笔记》，由大象出版社排印。

《演繁露》十六卷，又作《演繁录》、《程氏演繁露》，凡四百四十八则；《续演繁露》六卷，又作《续演繁录》、《程氏续演繁露》，凡二百二十九则。汉儒董仲舒，作《春秋繁露》，程氏假演绎董书，因以“演繁露”题书。

全书援引广博，考证详明，又力行“格物致知”之旨。卷九“鞠”条，涉及有关古代踢皮毬的记述；卷十五“不托”，是有关古代汤饼的考辨；卷十三“蹛柳”条，记鲜卑秋日祭天，在没有树木的地方植柳，然后纵马驰绕；宋代阅兵，于毬场环插柳枝，军士骑马射之，即其遗意。这又探索了一种风习的渊源，可供研究有关史事作参考。[①] 四库馆臣评价说：

> 大昌所演，虽非仲舒本意，而名物典故，考证详明，实有资于小学。所引诸书，用李匡乂《资暇集》引《通典》例，多注出某书某卷。倘有讹舛，易于寻检，亦可为援据之法。其书正编不分类，续编分制度、文类、诗事、谈助四门……洪翰林云等人犹候人，盖军制如此，大昌所疑，未为详允。然书中似此偶疏者，不过一二条，其他实多精深明确，足为典据……考似孙所著《纬略》，其精博未必胜于大昌，或传闻者过，周

① 刘宇：《〈演繁露〉研究》，上海师范大学历史文献学硕士论文（2009）。

密误载之欤。①

清人周中孚也说："今观其书，正集每条标目，故体例较明晰。两集皆辨证详博，足资考据，而于小学亦颇有裨。其引书俱还出处，且于卷帙之繁者并注明其卷数，盖用李济翁《资暇集》引《通典》例也。后人不善学之，并卷帙之少者亦如之，过矣。"②

《演繁露》成书后，收入《儒学警语》，为嘉泰元年（1201）俞氏刊本。嘉靖三十年（1551），先有程大昌族孙程煦刻本；万历四十五年（1617），又有建武邓渼重刻本。至乾隆朝，编《四库全书》，收入"子部杂家类"，为两淮马裕家藏本。于嘉庆朝，又收入《学津讨原》、《墨海金壶》和《借月山房汇抄》，为虞山张氏照旷阁刊本。③ 1991 年，收入《丛书集成初编》，由中华书局排印；2003 年，收入《全宋笔记》，由大象出版社排印，是为现在最通行的版本。

洪迈与《容斋随笔》及二笔、三笔、四笔和五笔

洪迈（1123—1202），字景卢，号容斋、野处，饶州鄱阳（今江西波阳）人。他出身名门，为洪皓季子。绍兴十五年（1145）进士，官至中书舍人、侍读、直学士院、翰林学士、绍兴知府、龙图阁及端明殿学士。他学识广博，熟悉宋代典故，撰有《夷坚志》、《野处类稿》、《容斋随笔》、《容斋诗话》和《容斋四六丛谈》，还编过《唐人万首绝句》。

《容斋随笔》十六卷，又续笔、三笔、四笔各十六卷，五笔十卷，凡七十四卷，洪氏以自号题书。举凡历史、哲学、文学、艺术、地理、

---

① 《四库全书总目》卷 118《〈演繁露〉提要》，北京，中华书局，1965。

② 周中孚：《郑堂读书记》卷 54《子部·杂家类·演繁露》，上海，上海书店，2009。

③ 李红英：《〈演繁露〉版本源流考》，载《中国典籍与文化》，2009（1）。

风俗，无所不记，大略又一事一条，一一标目，总计记事一千二百三十则。书中考证了宋代以前的一些史事和政治、经济制度，以及词章典故及遗闻佚事，而有关北宋者居多，对一些人物和史事也有评论。洪氏记事，考据辨证，十分详审，具有很高的史料价值，与沈括的《梦溪笔谈》、王应麟的《困学纪闻》同重于世。[①]

洪氏以渊博闻名，又长于史学，所以，书中虽广涉经史典故、百家之言以及诗文语词，而又以关于史事者最可采。有关宋代的朝章典制，也为一些史传所不详。像随笔卷十二“元丰官制”、三笔卷五“枢密名称更易”、四笔卷二“文潞公奏除改官制”之类记官制沿革变迁的条目，随笔卷九“高科得人”、续笔卷十三“科举恩数”之类述宋代进士甲科授官之制的条目，五笔卷四“近世文物之殊”之类谈南渡以来典制风俗之变的条目，对考证南宋有关史事很有价值。对唐人笔记叙事之误，书中也有不少考辨。像随笔卷一“浅妄书”条之驳《开元天宝遗事》，卷三“张嘉贞”条之驳《明皇杂录》，详核人物的年月、事迹，以校正传闻之讹。又随笔卷四“野史不可信”条批评《东轩笔录》、《梦溪笔谈》叙事的失实，卷八“谈丛失实”条说明《后山谈丛》记录之违真，有关辨析确切有据。另外，随笔卷二“隔是”条、随笔卷四“宁馨阿堵”条、随笔卷七“羌庆同音”条、三笔卷十四“父兄为公”条考释词语，三笔卷三“兔葵燕麦”条、四笔卷十“过所”条考释名物，对正误史事、考镜源流大有裨益。

对洪书，四库馆臣评价说：

> 自经史诸子百家，以及医卜星算之属，凡意有所得，即随手劄记，辩证考据，颇为精确……尤熟于宋代掌故……皆极审核……又如史家本末及小学字体，皆无所发明，而缀为一条，

① 章惠康：《洪迈与〈容斋随笔〉》，载《图书馆》，1987（6）；周建：《论洪迈及其〈容斋随笔〉》，吉林大学历史文献学硕士论文（1991）；罗春兰：《洪迈〈容斋随笔〉的文献学成就》，南昌大学中国古典文献学硕士论文（2007）。

徒取速成，不复别择。然其大致，自为精博。南宋说部，终当以此为首焉。[①]

清人周中孚也说："大都考核经史，厘订典故，旁及诗词文翰、数术医卜之类，无不有所辨证……昔人尝称其考据精确，议论高简，如执权度而称量，万物不差累黍，欧、曾之徒所不及也。其淹通该博，实为南宋说部之冠。"[②]

晚清李慈铭，则有长篇议论："此书考证多精，识议亦胜，并时说部，最为可观。予尝论南渡后王观国《学林》之经学、字学，吴曾《能改斋漫录》之杂学，王应麟《困学纪闻》之史学，可谓荟萃众有，纵衡一时，撮其所长，蔚乎可述。洪氏虽不能奄有诸妙，颇亦兼诸厥能。至记时事之详，有裨尚论，亦周密《齐东野语》之亚；志当代朝章官制，与费衮《梁溪漫志》、岳珂《愧郯录》可相参核。宋时说部，据予所见，其号称佳者，若朱翌《猗觉寮杂记》，张淏《云谷杂记》，沈作喆《寓简》，孙奕《示儿编》，姚宽《西溪丛语》，刘昌《芦浦笔记》，赵与时《宾退录》，何薳《春渚纪闻》，陆游《老学庵笔记》，叶梦得《石林燕语》、《避暑录话》，虽标新立异，颇有独得，而或琐屑为累，或踳驳太甚，或意见偏盭，或篇幅寠狭，皆仅备取裁，无当巨著。惟朱弁《曲洧旧闻》，大指多论宋事，而间及前史，皆极精核，最为可贵。要之诸家当理学盛行之时，不务为心性空谈，独为根柢实学，于以箴陋砭荒，厥功甚伟。洪氏此书，尤俭岁之粱稷，寒年之纤纩"，"说经者尠可取，论史、纪时政者，多有可观"[③]。

《容斋随笔》成书后，即刻于婺州（今浙江金华）；续笔、三笔、四及五笔，于嘉定五年（1212）刻于章贡郡斋。稍后，则又有门人马

① 《四库全书总目》卷118《〈容斋随笔〉提要》，北京，中华书局，1965。

② 周中孚：《郑堂读书记》卷54《子部·杂家类·容斋随笔》，上海，上海书店，2009。

③ 李慈铭：《越缦堂读书记·杂记·容斋随笔》，北京，中华书局，2006。

巽甫刻本。入明，先后有弘治朝李翰刻本和崇祯朝马元调重刻本；又收入《津逮秘书》，为崇祯虞山毛氏汲古阁刊本。顺治三年（1646），收入《说郛续》，为两浙李氏宛委山堂刊本。至乾隆朝，编《四库全书》，收入“子部杂家类”，为内府藏本。于同治朝，又收入《洪氏晦木斋丛书》，为沔阳洪氏刊本。至民国，收入《国学基本丛书》、《四部丛刊续编》和《笔记小说大观》，分别由商务印书馆排印和影印，1984年后者又由广陵古籍刻印社影印。1978年，上海古籍出版社排印上海师大古籍组点校本，收入《宋元笔记丛刊》；今人孔凡礼以四部丛刊本为底本点校，2005年由中华书局印行，列入《唐宋史料笔记丛刊》，是为现在最通行的版本。另外，2003年，又收入《全宋笔记》，由大象出版社排印。

洪书之后，又有宋人永亨《搜采异闻录》五卷，实际上是剽取洪书、颠倒次序、重新编排而成，自然也没有多少实际的价值。

另外，洪氏之《夷坚志》，为晚年遣兴之作；原书四百二十卷，分为初志十集，每集二十卷；支志十集，每集十卷；三志十集，每集十卷；四志甲乙二集，二十卷，而今存已不足半。虽为志怪之书，可也杂有一些现实故事、轶闻、掌故、方言、民俗和医药之类足资考证的材料。像今本丙志卷十三的“蓝姐”条，记京东人王知军家的婢女蓝姐，于强盗来袭之际以奇智应变，应是现实生活中可能有的真事；又乙志卷十四“赵清宪”条，记梁道人为赵挺之治病事，即《东坡集》中的“采药壶公处处过，笑看金狄手摩挲”[①]一诗所赠之梁道人，这也恰好可用作这首苏诗的注脚。所以，从一定程度上说，《夷坚志》的价值，不仅在于志怪志异，更在于对社会生活的深刻反映。又金人元好问、元人吴元复，分别作《续夷坚志》[②]，以续洪氏之书，又一依洪书之体，

① 苏轼：《苏轼文集·赠梁道人》，北京，中华书局，1986。

② 吴书又作《湖海新闻夷坚续志》。

既志怪志异，又杂记时事、医方和文坛逸闻。

陆游与《家世旧闻》、《避暑漫抄》和《老学庵笔记》

陆游（1125—1210），字务观，号放翁，越州山阴（今浙江绍兴）人。乾道中，赐进士出身，官至夔州通判、四川制置使参议官、礼部郎中、宝谟阁待制。他工诗词，又长史学，与王安石、苏轼、黄庭坚合称“宋代四大诗人”，又与杨万里、范成大、尤袤[1]合称“南宋四大家”，撰有《剑南诗稿》、《渭南文集》、《南唐书》、《家世旧闻》、《避暑漫抄》和《老学庵笔记》。

《家世旧闻》二卷，书分上下，成书于淳熙三年至九年（1176—1182）之间。[2] 虽以记陆氏家事为主，而实际上关涉很多宋代制度和人事，可补史传之阙，对研究陆氏家世和宋代制度，具有很高的文献价值。像卷上记云：

> 司马温公初秉政，一日，谓从官曰：“比年法令滋彰太甚，如三省法，乃至数百策，又多繁词，不切于用。如其间一条云‘诸称省者，谓门下省、中书省、尚书省’，岂不可笑邪？”时诸人多与修书者，皆唯唯。楚公独起，对曰：“三省法所以多，缘并格式在其间。又所谓三百册，乃进本大者，而进表及元降旨挥、目录之类，自古却不少，若作中字，则不过五六十册，比旧日中书条例，所减乃过半，非滋彰也。至如‘诸称省谓门

---

① 尤袤（1124—1194），字延之，号“遂初居士”，常州无锡人。绍兴十八年（1148）进士，官至泰兴令、秘书丞、国史院编修、著作郎、台州知州、淮东提举常平、江东提刑、礼部侍郎、中书舍人、给事中、礼部尚书。他家富藏书，撰有《遂初堂书目》，后人又集有《梁溪遗稿》。他的后人尤玘，作《万柳溪边旧话》一卷，记尤氏先世事，又偏重尤袤事，可补正史之阙误。

② 吴珊珊：《〈家世旧闻〉研究》，华东师范大学中国古典文献学硕士论文（2007）。

下省、中书省、尚书省’者，盖为内侍省亦称省，若不明立此条，虑后世阉寺盛，或敢妄自张大故也。”温公改容，曰：“甚善。”至崇宁后，群阉用事，遂改都知为知内侍省事、同知内侍省事，押班为签书内侍省事，以僭视枢府，则楚公所论，可谓先见远虑矣。

又卷下记云：

先君言：青州王沂公所居坊，有榜曰“三元文正”之坊。又尝见沂公登科报其父书曰：“曾今日殿前唱名，遂忝第一，皆先世积德、大人教训所致，然此亦是世间有底事，大人不须过喜。”因言：楚公登科时，第四人张中在殿廷喜甚，挈楚公手，曰：“如何得乡里知去?”楚公不答。及归，密谓所亲曰：“此殆非远器也。”中为明州象山县官，坐私与高丽人朴寅亮和倡诗，停官，终身沉滞。虽一时不幸坐法，亦器宇非远大也……

宣和末，有故契丹臣夔离不者，号“四军大王”，或谓之“燕王”，收余众犯景、蓟。朝廷命郭药师出兵败之，遂函夔离不之首来献，以大旗引首函，曰：“伪燕王夔离不首级。”京师少年争往陈桥门观之，大臣建言御殿受贺。然夔离不实未尝死，虽部送诸卒，亦自窃笑。识者皆愤黠胡敢欺朝廷，而叹大臣之阿谀也、附会也。先君偶以书问晁叔用都城近事，叔用报曰：“亦别无他，但闻捉得燕王头耳。”京师旧谚谓张大矜伐者曰“恰似捉得燕王头”，初莫知何谓也。

对陆书，清人周中孚评价说：“是编记其祖父所述，故曰《家世旧闻》。多记南北宋诸人逸事，末载蔡京好方士，因致林灵素诸人，事颇详云。”①

《家世旧闻》成书后，不详早先刊刻情形。入明，有穴砚斋抄本，今存国家图书馆。顺治三年（1646），收入《说郛续》，为两浙李氏宛委山堂刊本。另外，又有节本，收入《稗海》和《丛书集成初编》，分别为万历会稽商氏半埜堂刊本和民国商务印书馆排印本，1985年后者又由中华书局重印，与《避暑漫抄》、俞成《萤雪丛说》和张知甫《可书》合刊一册。今人孔凡礼以穴砚斋抄本为底本点校，1993年由中华书局印行，列入《唐宋史料笔记丛刊》，与姚宽《西溪丛语》合刊一册，是为现在最通行的版本。2003年，又收入《全宋笔记》，由大象出版社排印。

《避暑漫抄》一卷，凡二十七条。顾名思义，它主要是一部抄撮之作，引书包括《明皇杂录》、《群居解颐》、《解颐》、《哀异记》、《唐史》、《大唐遗事》、《喙呓集》、《清异录》、《铁围山丛谈》、《秘史》、《丛谈》、《春渚纪闻》、《异闻录》、《仇池笔记》、《中兴笔记》、《番禺杂记》和《闻见录》；从内容上说，主要是唐宋及五代的朝野杂事。不过，也还有三条不缀出处，应该是出于陆氏自撰，有一定的参证价值。像记张易之事云：

> 张易之，行成之族孙。则天临朝，太平公主引其弟昌宗入侍。昌宗荐易之“器用过臣”，即令召见，俱承辟阳之宠。右补阙朱敬则谏曰：“臣闻志不可满，乐不可极。嗜欲之情，愚智皆同，惟贤者能节之不使过度，则前圣格言也。陛下内宠，已有薛怀义、张易之、昌宗，固应足矣。近闻尚食奉御柳模，自言子良宾洁白美须眉；左监门卫长史侯祥，自云阳道壮伟，过于薛怀义，专欲自进，堪充宸内供奉。无礼无义，溢于朝

① 周中孚：《郑堂读书记》补逸卷26《子部·杂家类·家世旧闻》，上海，上海书店，2009。

听。臣愚职在谏诤，不敢不奏。”则天劳之曰：“非卿直言，朕不知此，赐彩百段。”唐史、旧书详载斯语。父子、兄弟、君臣荐进、献纳如此，亦可谓之秽史也。

又记李可及事云：

咸通中，优人李可及，滑稽谐戏，独出辈流。虽不能托讽喻，然巧智敏捷，亦不可多得。尝因延庆节，缁黄讲诵毕，次及优倡为戏。可及褒衣博带，摄斋升座，称三教论衡。偶坐者问曰：“既言博通三教，释迦如来是何人？”对曰：“妇人。”问者惊曰：“何也？”曰：“《金刚经》云：‘敷坐而坐。’非妇人，何须夫坐而后儿坐也？”上为之启齿。又曰：“太上老君何人？”曰：“亦妇人也。”问者益所不喻。乃曰：“《道德经》云：‘吾有大患，为吾有身。及吾无身，吾有何患？’非妇人，何患于有娠乎？”上大悦。又问曰：“文宣王何人也？”曰：“妇人也。”问者曰：“何以知之？”曰：“《论语》云：‘沽之哉，沽之哉，我待贾者也。’非妇人，奚待嫁为？”上意极欢，赐予颇厚。

又记北宋曹后事云：

慈圣光献曹后，佐佑仁庙定策，立英宗、神宗，乃本朝后妃盛德之至者也。其在父母家时，与群女共为撚钱之戏。而后一钱辄独旋转盘中，凡三日乃止。及晚岁疾病，急顾左右问此为何日。左右对以十月二十日，实太祖大忌日也。后颔之，乃自语曰：“只此日去，只此日去，免烦他百官。”盖谓不欲别日立忌，使百官、有司奉慰行香之劳也，遂以是日崩。今人学道，号超脱非常，一旦于死生之际，未必能达。后之始终若此，岂非天人乎？

《避暑漫抄》成书后，久无刊刻，一直以抄本流传。嘉靖二十三年（1544），收入《古今说海》，为云间陆氏俨山书院刊本。于晚明，又收入《历代小史》和《五朝小说》，分别为万历安溪李氏刊本和崇祯常熟毛氏汲古阁刻本。道光元年（1821），收入《说纂》，为苕溪邵氏酉山堂刻本。至民国，收入《五朝小说大观》和《丛书集成初编》，分别由上海扫叶山房、商务印书馆石印和排印，1985年后者又由中华书局重印，与《家世旧闻》、俞成《萤雪丛说》和张知甫《可书》合刊一册，是为现在最通行的版本。

《老学庵笔记》十卷，为陆氏晚年之作。他蛰居山阴（今属浙江绍兴）乡村，长达十二年之久。“老学庵”，是他乡居的书斋，又作《老学庵》诗云：“老学衡茅底，秋毫敢自欺。开编常默识，闭户有余师。大节艰危见，真心梦寐知。唐虞元在眼，生世未为迟。”书成，因以斋名题书。

陆书所记，大多是作者亲历、亲见、亲闻之事，内容十分丰富，具有很高的史料价值。有关抗金活动的记录，受到学人的高度重视。像卷一记宋高宗赵构“维扬南渡时，虽甚仓猝，二府犹张盖搭䠷坐而去，军民有怀甎狙击黄相者”；又同卷记秦桧“杀岳飞于临安狱中，都人皆涕泣”，秦桧“当国，数以言罪人，势焰可畏”，卷二记宋汴讽刺秦桧所为是“去不得的勋业”，卷三记秦桧的“十客”，卷二、卷三和卷五记秦桧的儿子秦熺及孙女的仗势欺人，强横霸道，卷八记秦桧专权忮刻，是对秦桧的深刻揭露，反映了人民对投降派的强烈义愤；又卷三记童贯借镇压方腊，乘机买卖官爵；又卷五记考进士用糊名法始于真宗朝，卷六记举人对策先写策题之制废于庆历初年，是涉及宋代科举的重要史料；又卷七记宋高宗在临安，正值时事艰难之际，每每出行还要铺沙为黄道，反映了帝王之奢侈、昏庸；又卷八记卖国投敌的张邦昌死后，家里每月还得到赐钱十万，说明了权臣之气焰熏天；又卷九记王小波、李顺事变的经过，有助于研究四川农民的反宋斗争。又卷五记田登作郡，自讳其名，人不敢言“灯”字，上元放灯，揭榜于市云“本州依例放火三日”，也可供研究词语作参考。俗语：“只许州官放火，不许百姓点灯”，即因书中所记田登的传说而形成。总的说来，陆书算得上宋代笔记的佼佼者。①

对陆书，学界是佳评连连。宋人陈振孙即云：“生识前辈，年及耄期，所记所闻，殊可观也。”② 四库馆臣评价说：

> 振孙称其生识前辈，年及耄期，所记见闻，殊有可观……杂谐戏者亦不过七八事，其余则轶闻旧典，往往足备考证……此编论诗诸条，颇足见游之宗旨，亦可以补诗话之阙矣。③

清人周中孚也说：“是书皆其综述见闻，订证文艺，多有裨于考证。其所记间及神怪，或近于谐戏者，亦不过百分之一二耳。”④ 晚清李慈铭又云：“放翁此书，在南宋时足与《猗觉寮杂记》、《曲洧旧闻》、《梁溪漫志》、《宾退录》诸书并称。其杂述掌故，间考旧文，俱为谨严；所论时事人物，亦多平允……其论诗数十条，亦多可观……《老学庵笔记》掌故最多，其述官制者……凡此诸条，多史志所未详。”⑤

《老学庵笔记》成书后，于中晚明，收入《稗海》和《津逮秘书》，分别为万历会稽商氏半埜堂刊本和崇祯虞山毛氏汲古阁刊本。顺治三年(1646)，收入《说郛续》，为两浙李氏宛委山堂刊本。至乾隆朝，编《四库全书》，收入“子部杂家类”，为江苏巡抚采进本。嘉庆十年(1805)，收入《学津讨原》，为虞山张氏照旷阁刊本。至民国，收入《宋人小说》、《四部丛刊续编》和《丛书集成初编》，分别由神州国光社、商务印书馆排印和影印，1990年前者又由上海古籍出版社重印，

---

① 剑雄：《陆游和〈老学庵笔记〉》，载《读书》，1980（9）；鲁锦寰：《读〈老学庵笔记〉》，载《华侨大学学报》，1999（2）；阮怡：《〈老学庵笔记〉研究》，四川师范大学中国古代文学硕士论文（2010）。

② 陈振孙：《直斋书录解题》卷11《小说家类·老学庵笔记》，上海，上海古籍出版社，1987。

③ 《四库全书总目》卷121《〈老学庵笔记〉提要》，北京，中华书局，1965。

④ 周中孚：《郑堂读书记》卷56《子部·杂家类·老学庵笔记》，上海，上海书店，2009。

⑤ 李慈铭：《越缦堂读书记·杂记·老学庵笔记》，北京，中华书局，2006。

1985年后者又由中华书局重印。今人李剑雄、刘德权以四部丛刊本为底本点校，1979年由中华书局印行，列入《唐宋史料笔记丛刊》；2012年，上海古籍出版社重排高克勤点校本，列入《历代笔记小说大观》，与朱彧《萍州可谈》合刊一册，是为现在最通行的版本。另外，2003年，又收入《全宋笔记》，由大象出版社排印。

范成大与《揽辔录》、《骖鸾录》和《吴船录》

范成大（1126—1193），字致能，号“石湖居士”，苏州吴县人。绍兴二十四年（1154）进士，官至监和剂局、处州及静江知府、起居郎、广西安抚使、四川制置使、参知政事。他工于诗，与杨万里、陆游、尤袤合称南宋“中兴四大诗人”，撰有《石湖集》、《揽辔录》、《骖鸾录》、《吴船录》和《桂海虞衡志》。

《揽辔录》一卷，凡十七则。“揽辔”一词，语出《后汉书·范滂传》：“滂登车揽辔，慨然有澄清天下之志。”范氏以之题书，表示使金以正国体之志的胸怀。乾道六年（1170）六月，他奉命出使金国，书记沿途河流渡口、州县城邑、风土物产、生活风尚、名胜古迹、中都现状、官职制度、族帐部曲以及北宋沦陷区人民的悲惨生活和盼望收复国土的情况，是研究金朝宫殿建筑、城市规划、典章制度、历史人物和名胜古迹的珍贵的史料。① 像记金地风俗云：

> 民亦久习胡俗，态度嗜好，与之俱化，最甚者衣装之类，其制尽为胡矣。自过淮已北皆然，而京师尤甚。惟妇人之服不甚改，而戴冠者绝少，多绾髻。贵人家即用珠珑璁冒之，谓之“方髻”。

---

① 赵永春：《范成大与〈揽辔录〉》，载《昭乌达蒙族师专学报》，1987（2）；左景权：《范成大〈揽辔录〉校补初编序》，载《史学史研究》，1990（4）。

金宫多内宠，其最贵者，有元、德、淑、丽、温、恭、慧、明等十妃。臣下亦娶数妻，多少视官品，以先后聘为序。民惟得一妻。

对范书，清人周中孚评价说：“乾道庚寅，石湖以资政殿大学士奉使金国，因记所闻见，自八月戊午至十月戊午止，所记山川古迹风俗物产，稍具其略，惟于金宫殿制度特详耳。”①

《揽辔录》成书后，久无刊刻，一直以抄本流传。于晚明，收入《宝颜堂秘笈》、《稗乘》和《续百川学海》，分别为万历绣水沈氏刊本、徽州新安黄氏刊本和崇祯金陵心远堂刊本。顺治三年（1646），收入《说郛续》，为两浙李氏宛委山堂刊本。于乾隆朝，收入《知不足斋丛书》，为长塘鲍氏刊本。至民国，收入《丛书集成初编》，由商务印书馆排印，1985年又由中华书局重印，与陈士元《江汉丛谈》合刊一册。今人孔凡礼以涵芬楼说郛本为底本点校，2002年收入《范成大笔记六种》，由中华书局印行，列入《唐宋史料笔记丛刊》，与《骖鸾录》、《桂海虞衡志》、《吴船录》、《梅谱》和《菊谱》合刊一册，是为现在最通行的版本。另外，2003年，又收入《全宋笔记》，由大象出版社排印。

《骖鸾录》一卷，乃乾道八年（1172）范氏出知静江途中见闻。“骖鸾”一词，语出韩愈《送桂州严大夫》：“远胜登仙去，飞鸾不暇骖。”

对范书，清人周中孚评价说：“石湖以乾道壬辰出知静江府，因随日纪道途所见，自十二月七日至明年二月二十八日止，凡山川古迹与所游从论述可喜可感，随笔占记，事核词雅，实具史法。”②

---

① 周中孚：《郑堂读书记》卷24《史部·传记类·揽辔录》，上海，上海书店，2009。

② 周中孚：《郑堂读书记》卷24《史部·传记类·骖鸾录》，上海，上海书店，2009。

《骖鸾录》成书后，久无刊刻，一直以抄本流传。至乾隆朝，编《四库全书》，收入“史部传记类”，为浙江鲍士恭家藏本；又收入《知不足斋丛书》，为长塘鲍氏刊本。至民国，收入《丛书集成初编》，由商务印书馆排印，1985 年又由中华书局重印，与包汝楫《南中纪闻》和严如煜《三省山内风土杂识》合刊一册。今人孔凡礼以知不足斋本为底本点校，2002 年收入《范成大笔记六种》，由中华书局印行，列入《唐宋史料笔记丛刊》，与《揽辔录》、《桂海虞衡志》、《吴船录》、《梅谱》和《菊谱》合刊一册，是为现在最通行的版本。另外，2003 年，又收入《全宋笔记》，由大象出版社排印。

《吴船录》二卷，卷首陈士业题词云：

> 范石湖《吴船录》二卷，自成都至平江数千里，饱历饫探，具有夙缘。其纪大峨八十四盘之奇，与银色世界，兜罗绵云，摄身清光，现诸异幻，笔端雷轰电掣，如观战于昆阳，呼声动地，屋瓦振飞也。蜀中名胜，不遇石湖，鬼斧神工，亦虚施伎巧耳。岂徒石湖之缘，拟亦山水之遭逢焉？

范书又开篇即云：

> 石湖居士，以淳熙丁酉岁五月二十九日戊辰，离成都，是日泊舟小东郭合江亭下。合江者，岷江别派。自永康离堆，分入成都及彭、蜀诸郡，合于此。以下新津，绿野平林，烟水清远，极似江南……蜀人入吴者，皆自此登舟。其西则万里桥，诸葛孔明送费祎使吴曰：“万里之行始于此”，后因以名桥。杜子美诗曰：“门泊东吴万里船。”此桥正为吴人设。余在郡时，每出东郭，过此桥，辄为之慨然。东下五里曰板桥滩，自蜀都下峡滩之始也。

“丁酉”，即淳熙四年（1177），范氏自四川制置使召还临安。书记他由成都走水路出川，直至长江下游平江[①]的经历见闻；又随日记事，起于五月戊辰，止于十月己巳，对山川地理、古迹形胜，多所考察，是地理书，为游记文，又兼涉时政、人事，自然也具有一定的史料价值。

对范书，四库馆臣评价说：

> 于古迹形胜言之最悉，亦自有所考证。如释继业纪乾德二年太祖遣三百僧往西方求舍利贝多叶书路程，为他说部所未载，颇足以广异闻。[②]

清人周中孚也说："石湖于淳熙丁酉由四川制置使召还，自五月戊辰离成都，迄十月己巳至平江止，数千里水程，案日纪载，于古迹形胜，记之最详。又载所见古画，多黄休复《益州名画记》所未载，亦可以补其阙云。"[③]

《吴船录》成书后，久无刊刻，一直以抄本流传。至乾隆朝，编《四库全书》，收入"史部传记类"，为浙江鲍士恭家藏本；又收入《知不足斋丛书》，为长塘鲍氏刊本。至民国，收入《丛书集成初编》，由商务印书馆排印，1985年又由中华书局重印，与彭宗孟《江上杂疏》、吴绮《扬州鼓吹词序》和王澐《云间第宅志》合刊一册。今人孔凡礼以知不足斋本为底本点校，2002年收入《范成大笔记六种》，由中华书局印行，列入《唐宋史料笔记丛刊》，与《揽辔录》、《骖鸾录》、《桂海虞衡志》、《梅谱》和《菊谱》合刊一册，是为现在最通行的版本。2003年，又收入《全宋笔记》，由大象出版社排印。

另外，范氏还有《桂海虞衡志》三卷，记录了广西经略使治下之少数民族地区的情况，包括植物、动物、矿产、土产、工技、岩洞、风

---

① 政和三年（1113），升苏州为平江府；至元十三年（1276），又升府为路，隶属江浙行省。

② 《四库全书总目》卷58《〈吴船录〉提要》，北京，中华书局，1965。

③ 周中孚：《郑堂读书记》卷24《史部·传记类·吴船录》，上海，上海书店，2009。

俗、气候、文字以及安南（今越南）的内容，实为以桂林为中心之广右地区的博物志和民族志，是研究广西民族史和安南地方史的第一手资料。

周必大与《玉堂杂记》、《二老堂杂志》和《归庐陵日记》

周必大（1126—1204），字子充、洪道，号“省斋居士”、“青原野夫”和“平园老叟”，吉州庐陵（今江西吉安）人。绍兴二十年（1150）进士，官至徽州司户参军、起居郎、枢密使、左丞相，晋益国公。他工文词，撰有《省斋集》、《平园集》、《亲征录》、《龙飞录》、《思陵录》、《玉堂类稿》、《玉堂杂记》、《二老堂杂志》、《二老堂诗话》和《归庐陵日记》，后人又集有《周益国文忠公集》①。

《玉堂杂记》三卷，书分上中下，又作《淳熙玉堂杂记》，卷首有淳熙九年（1182）周氏自序、绍熙元年（1190）丁朝佐序和绍熙二年苏森序。自序云：

> 必大……两入翰苑，首尾十年……岁月既久，凡涉典故，及闻见可纪者，辄笔之。淳熙庚子……裒为一编。

又丁序云：

> 朝佐顷者官桂阳，获观今丞相周公《銮坡录》，爱而传之，兹如武林。又得其《玉堂杂纪》，益闻所未闻。盖中兴以来，九重之德美，前辈之典刑，恩数之异同，典故之沿革，皆因事而见之，此尤不可不传也。

“庚子”，即淳熙七年（1180），大略是周书成编之年。“玉堂”，汉代官署名，原为侍中所居；宋代以来，为翰林院代称。周氏两入翰林，负责草拟制诏。这也是周书取名之缘由。唐德宗移学士院于金銮殿旁的

① 又作《文忠集》和《周益国文忠公全集》。

金銮坡上，“銮坡”后来也成为翰林院的别称。

书记南宋翰林旧事，凡承诏应对、制诏、制度沿革，周氏应手记录，从容成编。所录资料，既十分丰富，而又真实可信，对南宋典章制度提供了可靠的记录，是研究南宋政治体制的重要参考书。[①] 四库馆臣称道说：

> 此书皆记翰林故事，后编入必大文集中……凡銮坡制度沿革，及一时宣召奏对之事，随笔纪录，集为此编。所纪如奉表德寿署名、赐安南国王嗣子诏书之类，皆能援引古义，合于典礼。其他琐闻遗事，亦多可资谈柄……其隆兴以后翰林故实，惟稍见于《馆阁续录》及洪迈《容斋随笔》中。得必大此书，互相稽考，南渡后玉堂旧典，亦庶几乎釐然具矣。[②]

清人周中孚也说：“平园两入翰林，首尾十年，自直院至学士承旨，皆遍为之，岁月既久，凡涉典故及见闻可纪者，辄笔之。后在二府，因略加删订，得五十余条，裒为是记。所载多朝制及君臣礼遇、同官一心之事，堪补全史之遗，非特备玉堂之掌故而已。”[③]

《玉堂杂记》成书后，收入《百川学海》，弘治十四年（1501），又有无锡华氏覆宋本。于晚明，收入《历代小史》和《津逮秘书》，为万历安溪李氏刊本和崇祯虞山毛氏汲古阁刊本。顺治三年（1646），收入《说郛续》，为两浙李氏宛委山堂刊本。至乾隆朝，编《四库全书》，收入“史部职官类”，为浙江鲍士恭家藏本。嘉庆十年（1805），收入《学津讨原》，为虞山张氏照旷阁刊本。1991 年，收入《丛书集成初编》，由中华书局排印，与李肇《翰苑群书》和程俱《麟台故事》合刊一册；2003 年，收入《全宋笔记》，由大象出版社排印，是为现在最通

① 徐珊珊：《周必大〈玉堂杂记〉的文献价值》，载《天中学刊》，2012（1）。

② 《四库全书总目》卷79《〈玉堂杂记〉提要》，北京，中华书局，1965。

③ 周中孚：《郑堂读书记》卷28《史部·职官类·淳熙玉堂杂记》，上海，上海书店，2009。

行的版本。

《二老堂杂志》五卷，周氏以堂名题书。书又卷下设目，即卷一“黜陟”、“夔制乐”、“明夷”、“教子教国子”、“后艰终吉”、“记闻人滋五说”、“天王”、“论富贵”、“论德诚”、“酒诰”、“郑子产”、“以智笼愚”、“古人作文以事系月”、“井蛙骅骝”、“楚熊渠子李广射石”、“高祖先主功业”、“高祖武帝待士重轻”、“张良不祀”、“袁安吴雄葬地”、“皋陶”、“以曾子为圣人”、“唐开元钱”、“韩退之鳄文台参”和“薛元超不以字行”；卷二“史官改定制诏”、“记李煜与刘鋹长书全文”、“告词用上语”、“察官兼翰苑”、“经筵官给告”、“侍读说书”、“李益能召试”、“给事中降诏”、“皇子食邑”、“张德远始终为右相”、“高宗朝进士第二人官过大魁”、“本朝宰相书敕著姓”、“馆职召试”、“汪丞相坠笏”和“记观秘阁御书”；卷三“谏省阙官”、“庆国不当封”、“相位久虚”、“大宴金狮子”、“三省密院覆奏朝殿所得旨”、“记恭请圣语”、“记黎州事”、“皇太子幕次”、“纳南郊卤簿字图”、“郊坛行礼”、“盘雕金眼睛紫窄衫”、“绯紫阶品”、“敕用准字”、“追班”、“四朝国史误字”、“高宗实录误字”和“侍从不带职正郎奉荐”；卷四“贤关边琐”、“辨宋景文公任器字”、“陈无己字称欧阳公”、“记陆务观二说”、“辨楮币二字”、“楷木”、“临安四门所出”、“辨知后典误”、“亭堂单用二字”、“蛰燕”、“卜昭庆钟”、“牛鱼”、“齿后官卑主事”、“省吏补牒”、“州名为戏”、“划龟”、“荠花”、“蟠桃核酒杯”、“治头风方”、“以名相戏”、“谢石拆字”、“州郡请印牌”、“漳州少侍从”、“宪台”、“辨偞字”、“种植之法”、“张循王赐第”、“天井巷井”、“纪梦”、“曾少监梦”、“记李秀叔梦”、“记先太师先夫人寿数偶同”和“记先夫人损寿”；卷五“记昆山登览”、“记金陵登览”、“记镇江府金山”、“记太平州牛渚矶”、“记西湖登览”、“易安斋”和“记阁皂登览”。

从设目来看，书也应了一个“杂”字。既又考又记又论，又时代有前有后，而内容又有制度、有掌故、有名物，还有人事、梦魇、种植、医方和游记之类。从史料价值上说，它比不上《玉堂杂记》，不过，有关宋代的史事，还是值得关注的。

对周书，清人周中孚评价说："其书凡九十六则，皆其随笔杂记，多及当代故实。平园历官皆值史馆，掌制诰，故能据实而谈，言皆实录，其杂考证亦颇有援据。"①

《二老堂杂志》成书后，道光十一年（1831），收入《学海类编》，为六安晁氏活字排印本。至民国，收入《丛书集成初编》，由商务印书馆排印，1985 年又由中华书局重印。2003 年，又收入《全宋笔记》，由大象出版社排印，是为现在最通行的版本。

《归庐陵日记》一卷，又作《癸未日记》和《癸未归庐陵日记》。"癸未"，即隆兴元年（1163）；"庐陵"，即今江西吉安，为周氏乡里。可见，书记他于是年归乡见闻。②

具体说来，日记记事，起于隆兴元年三月甲辰，止于六月壬午。周氏归庐陵，与朝政情形有关。宋孝宗初政，大量任用藩邸旧臣和外戚，这引起了包括周氏在内的朝臣的反对。可赵昚一意孤行，周氏也愤然辞官归里。

关于归庐陵的道程，周氏于书中一一道来：三月，乞祠，主管台州崇道观；四月，登舟出城，李平淑、陆游、邹德章、王致君、范成大携诗赠别。在归庐陵的过程中，周氏与友人遍游所历山水，寄情于山水之间。六月，至宁都，省尚氏姊，相向而恸。二十二日，至太和县，七兄周必正自永和来迎；次日至永和镇，谕本觉寺。周氏随行记录，对沿途所闻掌故、传说、奇闻、趣事，产生了很大的兴趣，又以记洞霄宫最为生动。不过，他毕竟还是一个政治家，不可能完全沉溺于山水、亲情，

① 周中孚：《郑堂读书记》卷 56《子部·杂家类·二老堂杂志》，上海，上海书店，2009。

② 顾静：《周必大日记文研究》，西北师范大学中国古代文学硕士论文（2010）。

而不关心国家和民族的命运。所以，书中也有这样的文字：

壬子……涉安仁入金溪界。路稍平，道易。中见抚守张安守榜示："民户凡奇零税绢，别差官受纳，随给户钞。"其法可取。

庚午，初伏，雨凉。洪州札探都督府五月出师，收符离，或萧琦富察特默等。史直翁以是月十五日罢相。

《归庐陵日记》成书后，收入《周益国文忠公集》，即《文忠集》。至乾隆朝，编《四库全书》，《文忠集》收入"集部别集类"，为江西巡抚采进本。咸丰元年（1851），又《周益国文忠公集》，有庐陵欧阳棨瀛塘别墅刊本。2006 年，收入《历代日记丛钞》，由学苑出版社排印，与韩淲《涧泉日记》、吕希哲《侍讲日记》、赵抃《御试备官日记》、范成大《骖鸾录》、姚燧《西林日记》、刘跂《暇日记》、源豪《四度授法日记》、叶盛《水东日记》、郭畀《客杭日记》和《云山日记》合刊一册；2007 年，收入《宋元地理史料汇编》，由四川大学出版社影印；2013 年，又收入《宋代日记丛编》，由上海书店印行，是为现在最通行的版本。

范公偁与《过庭录》

范公偁（1126—1158），苏州吴县人，范仲淹玄孙，字号及事迹行状不详，今存所撰《过庭录》。

《过庭录》一卷，凡一百一十四条。"过庭"一词，即父亲教诲子弟的言止，语出《论语·季氏》："陈亢问于伯鱼曰：'子亦有异闻乎?'对曰：'未也。'尝独立，鲤趋而过庭。"范书偏记之祖德，实闻之于父范直方，因以"过庭"题书。

范氏记祖辈事迹，是研究范氏家族珍贵的资料。有关施政、家训的内容，切实有据，很少溢美之词，涉及宋朝大政、变法和官制，可作正史研校之用。另外，又兼及宋朝文人名士、诗文杂事，保留了一些名家、名作之外的诗词文句和佚事，也不失为有用的文学史资料。①

于范书中，宋代士大夫的佚闻遗事，大略可分为三类：一是文坛掌故，像吴人孙山失意科场，以致“名落孙山”的典故流传至今；又记范文正规滕子京，从侧面证明范仲淹不曾到过岳阳，有助于了结这桩聚讼纷纭的公案。二是以小事见士人品质者，像记张永锡义娶吉氏，为人称道，而后守太原时降金，以致晚节不忠；又记韩维知开封、许州，不乏阿谀奉承者，在读了崔子厚“衣锦荣名虽煊赫，挂冠高节莫因循”的诗句后，他即急流勇退、挂冠而去。三是所引诗词文采藻然，引人遐思，可补宋代诗词之阙，像“李诚之别桂词”、“曾子开丐祠归江南别僚属词”、“刘原父别茶娇诗”、“燕仲明诗”和“赵信可赠先子词”之类。

而有关范氏家族的内容，条目占了全书之一半，自然是全书的重心所在，可与《宋史》和有关笔记小说互相发明印证。书中所记，主要是家族中的范仲淹、范纯佑、范纯仁、范纯礼、范纯粹、范正民、范正平、范正思和范直方这些人。像范纯佑一条，结合宋史本传、《墨庄漫录》和《鸡肋编》，看来他聪慧有才智，众口一词，绝非虚妄；又范纯仁十条，显示他是磊落坦诚、为民请命之人。有人评价他说：“每思捐身而开策，尝愿休兵而息民。只知扶危而济倾，宁恤跋前而疐后。”又说他“徇公忘己，为国惜贤”②。这一评价十分恰当。而范纯礼，做过尚书右丞，是一位嫉恶如仇、关心民瘼的政治家。宦官阎守忠，恃宠专恣，百官畏其权势，缄默不言，独纯礼作色叱之。知永安军（今河南巩义），曾公亮负责修曹皇后陵寝，有司科敛甚急，乡间骚然，独纯礼不肯奉命，对曾说：“山陵所在，财用已羡二倍，民力竭矣。永安山陵所

① 任崇岳：《范公偁与〈过庭录〉》，载《黄河科技大学学报》，2007（5）。

② 张邦基：《墨庄漫录》卷1《邓忠臣作范尧夫谥议》，北京，中华书局，2002。

在正宜惜一方力，以坚崇奉意。”曾纳其言，不再科敛百姓。而宋史本传，说他待人忠恕，有乃父、乃兄之风。范纯粹为范仲淹四子，为官洛阳，严惩“秽行甚彰”的僧人，又巧妙查出偷商人银两的盗贼，显示出了过人的才智。另外，书中还有关于纯仁长子正民、次子正平、公偁祖父正思及公偁之父直方的记录，也是秉笔直书，翔实可信。足见范氏四代人，丹心辅国、忠厚传家的可贵品质，是一个值得研究的家族。这个家族的嘉言懿行，至今也有启示和借鉴的价值。

对范书，四库馆臣评价说：

> 其书多述祖德，皆绍兴丁卯、戊辰间闻之其父，故命曰《过庭》。语不溢美，犹有淳实之遗风……中亦间及诗文杂事，如记宋祁论杜诗实下虚成语，记苏轼论中岳画壁似韩愈南海碑语，皆深有理解。其记苏、黄集外文及燕照邻、崔鹍诸人诗词，亦多可观。①

《过庭录》成书后，久无刊刻，一直以抄本流传。于晚明，收入《稗海》，为万历会稽商氏半埜堂刊本。至乾隆朝，编《四库全书》，收入“子部小说家类”，为内府藏本。至民国，收入《笔记小说大观》和《丛书集成初编》，分别由上海进步书局、商务印书馆石印和排印；1984 年前者由广陵古籍刻印社影印，1985 年后者又由中华书局重印，与张耒《明道杂志》合刊一册。今人孔凡礼以稗海本为底本点校，2002 年由中华书局印行，列入《唐宋史料笔记丛刊》，与张邦基《墨庄漫录》和张知甫《可书》合刊一册，是为现在最通行的版本。另外，2003 年，又收入《全宋笔记》，由大象出版社排印。

俞成与《萤雪丛说》

俞成（?），字元德，浙东东阳（今浙江金华）人，生卒年及事迹

① 《四库全书总目》卷 141《〈过庭录〉提要》，北京，中华书局，1965。

行状不详，今存所撰《萤雪丛说》。

《萤雪丛说》二卷，书分上下，凡五十九条。卷首庆元六年（1200）自序云：

余自四十以后，便不出应举，人笑其无能为也，是则然矣。然而早能知退，又有人之所不能为焉……自此功名灰念，加以拙于谋利，时复优游黄卷，考究讨论，付之书记；囊萤映雪，无所不为，尘积日久，遂成一编，目曰《萤雪丛说》，寔其实也。

俞书又卷下设目，即卷上“致字说”、“忍字说”、“记史法”、“解书诀”、“歌颂”、“祝寿”、“祭文”、“四凶辨”、“赋假人名体状题意”、“赋善使事”、“韵学”、“诗随景物下语”、“诗人警句”、“史臣不载人臣实事”、“功臣特奏朝请”、“试画工形容诗题”、“陈同甫议论作文之法”、“文章活法”、“注题目出处”、“文字节要”、“以《论语》、《法言章句》最有官君子”、“梦见主盟道学”、“不责酒过”、“不怪炎凉”、“矢鱼于棠”、“溺于阴阳”、“人之小名”、“事要有分”和“得失有时”；卷下“忠恕违道不远”、“克己复礼天下归仁”、“圣人之于天道”、“学易无大过”、“解书”、“解《孟子》”、“东莱教学者作文之法”、“徐积悟作文之法”、“辨滕王阁序落霞之说”、“评论词赋破题”、“赋以一字见工拙”、“假用夏字”、“诗贵熟读”、“廷对二说”、“祝贺生辰”、“严子陵本姓庄”、“淅川”、“用夏变夷”、“自悟前身”、“天堂地狱”、“修外功德内功德”、“善恶有报”、“偷割牛舌果报”、“心目相乱”、“责己说”、“断饮说”、“茹蔬说”、“声律对偶假借用字”、“诗题用全名”和“戒食菰蕈”。

从设目来看，俞书属于杂考类笔记。“史”的分量不大，价值也不高，不过，个别条目也间有可取。像卷上“溺于阴阳”条记云：

陈季陆尝挽刘韬仲诸公同往武夷，访晦翁朱先生，偶张体仁与焉。会宴之次，朱张志形交谈风水，曰如是而为笏山，如是而为靴山，称赏蔡季通无已。季陆遂难云：“蔡丈不知世代攻于阴阳，方始学此。”晦翁又从而褒誉之，乃祖、乃父明于龙脉，季通尤精。季陆复辨之曰：“据其所见，尝反此说若儒者世家，故能成效。若日者世家，便不足取信于人。何者？公卿宰相皆自其门而出，他人何望焉？”周居晦应苗曰：“他家也出官，出巡官陈尝。譬如烧金炼银之术，父可传之于子，子可传之于孙，孙何必教外人？古者人皇氏，世人有九头，已无定形。未有百官，已有许多山了，不知何者为笏山，何者为靴山。”……亲闻是语，故纪之，以为溺于阴阳者之戒。

又卷下“自悟前身”条记云：

余因以类彰，羊祜自省前身为李氏之子，边镐为谢灵运后身。韦皋既生一身，有一胡僧造其家曰：儿若有喜色。韦氏问之，僧曰：此子乃诸葛武侯后身。因以武侯字之。见《宣室志》。及观王十朋绝句：“石桥未到神先到，日里还同梦里时。僧教我名刘道者，前身曾为石桥碑。”石桥，乃天台五百尊罗汉洞口也。今世所以聪明，所以福德，所以不昧，本来面目皆前世有以胎之。不是大修行僧道，便是大有德官员，功成行满道洽政治，故有如是灭，亦复有如是生。彼有灵物托化星辰降诞，神道出世为我等相者，应见自性如来，岂他人之所能知哉？

不过，清人周中孚尖锐批评道：“今观其书，凡五十九条，各为标目，多论当时场屋之学问及杂说琐事，率皆迂缪玄谈，以此激昂后进，适足以窒其思路，其去车胤、孙康之意远矣。”

《萤雪丛说》成书后，收入《儒学警语》，为嘉泰元年（1201）俞氏刊本。民国十一年（1922），有武进陶氏刊本《警语》，1982 年由天津古籍书店复印，2000 年又由中华书局影印。又于南宋，《丛说》收入《百川学海》，弘治十四年（1501），又有无锡华氏覆宋本。于晚明，收入《稗海》，为万历会稽商氏半埜堂刊本。于同治朝，收入《金华丛书》，为永康胡氏退补斋刊本。[1] 至民国，收入《丛书集成初编》，由商务印书馆排印，1985 年又由中华书局重印，与张知甫《可书》、陆游《避暑漫抄》和《家世旧闻》合刊一册，是为现在最通行的版本。

董弅与《闲燕常谈》

董弅（?），生卒年、字号、爵里及事迹行状俱不详，今存所撰《闲燕常谈》。

《闲燕常谈》一卷，凡二十一条，偏记两宋史事；又绍兴八年（1138），董氏刊刻过《世说新语》，可知他大略生活于南宋初年。“闲燕”一词，本义是清静之所，语出《国语·齐语》：“昔圣王之处士也，使就闲燕；处工，就官府；处商，就市井；处农，就田野。”又引申为休息，《续资治通鉴·宋哲宗元祐六年》：“甲寅，王岩叟言：‘秋气已凉，陛下闲燕之中，足以留意经史。’”董氏好书，有闲情雅趣可知，因以“闲燕”题书。

书虽不厚，而从实际记录来看，不少内容应是他的所见所闻，还是不乏有补史传之阙的作用。像记张昌言、种世衡事云：

> 张昌言初与种世衡善，及持父丧，世衡遗以汝州田十顷。辞，弗受。使者在涂而世衡卒，乃以还其子诂。诂遵父命不承田，遂芜废者三十年。元丰中，邻人告官。移文二家，皆弗取。郡守刘斐言诸朝，愿以田给州学，朝廷嘉之，卒还种氏。昌言名闻，位至给事中。夫世有争邻畔踬步之田，至相纷竞。甚者，兄弟宗族斗讼，谛不肯已，遂为世仇者，亦闻种张之事乎?

① 张忠纲：《〈萤雪丛说〉辑佚》，载《陕西师范大学学报》，2004（4）。

又记事赵霈、胡寅事云：

绍兴乙卯，夏大旱。车驾在临安府，诏禁屠宰，以祷雨。谏议大夫赵霈上言曰："自来断屠，止禁猪羊，而不及鹅鸭。请并禁止。"中书舍人胡寅曰："一疏无二百言，而用字以十数。况谏议乃及此乎？闻虏中统兵者，号'龙虎大王'。脱或入寇，宜以鹅鸭。"谏议拒之，时人以为名对。

又记何执中事云：

政和中，何执中为首台，广殖赀产。邸店之多，甲于京师。时有以旧印行吉观国所试"为君难"小经义，称为上皇御制者，人竞传诵。会大宴，伶官为优戏相谓曰："官家万几之暇，何所为？"曰："不过燕乐尔！"曰："不然，亦如举子作文义。"问："何以知之？"遂举"为君难"义，诵一过，乃以手加额，北向赞叹说："圣意匪独俯同韦布之士留神经术。仰见竞竞图治，不安持守之深意，天下幸甚。"又问："宰相退朝之暇何所为？"曰："亦作文义。"问："何义？"曰："为臣不易义。"乃批其颊曰："日掠百二十贯房钱，犹自不易？"

又记王济、宋汝霖事云：

太宗朝，王济主漳州龙溪簿。时福建诸郡，输鹳翎为箭羽。既非常有之物，而官司督责甚急，民间苦之。济辄以便宜喻郡民，用鹅翎代之。因附驿以闻诏，可其请，施及旁郡，民咸德之。

宋汝霖泽，政和初知莱州掖县。时户部下提举司科，买牛黄以供在京惠民和剂局合药用。督责急如星火，州县百姓竞屠牛以取黄。既不登所科之数，则相与敛钱，以赂上下胥吏丐免。汝霖独以状申提举司，言牛遇岁疫，则多病，有黄。今太平之久，和气充塞县境，牛皆充腯，无黄可取。使者不能诘，一县获免。无不欢呼感戴者。

《闲燕常谈》成书后，久无刊刻，一直以抄本流传。于晚明，收入《历代小史》，为万历安溪李氏刊本。至民国，又收入《丛书集成初编》，由商务印书馆排印，1985年又由中华书局重印，与王明清《挥麈录》合刊一册；1993年，又收入《中国野史集成》，由巴蜀书社影印，是为现在最通行的版本。

周煇与《北辕录》、《清波杂志》和《清波别志》

周煇（1126—1198），字昭礼，浙西钱塘（今杭州）人。于高宗朝，应试博学鸿词科，晚年隐居钱塘。他嗜学工文，撰有《北辕录》、《清波杂志》和《清波别志》。

《北辕录》一卷，记淳熙四年（1177）周氏随张子政出使金朝的行程见闻，与范成大《揽辔录》、楼钥《北行日录》一样，在一定的程度上，反映了中原残破及人民生活的状况，表现了浓厚的伤时忧国的情绪。"北辕"，本义是"驱车北行"。杜甫《自京赴奉先县咏怀五百字》即云："北辕就泾渭，官渡又改辙。"金在宋之北，出使金国，因以"北辕"题书。周氏于记事中，还附录有关制度，考辨地理建置，也有重要的史料价值。像记马科、相州事云：

> 马科于民，谓之"户马"。御者不俟据鞍即散，盖防与之话言，泄秽事也。细车四辆，奉南北使副，亦以序行。车之形制，既不美观，出馆，各有细纱二烛笼为导，气象甚不佳。亦有羌管从后，声顿凄怨，永夜修途，行人为之感怆。车每辆用驴十五头，把车五六人。行差迟，以巨梃击驴，谓之"走车"，其震荡如逆风上下波涛间。粗车三十六辆，每辆挽以四牛，礼物私觌使介，三节行李皆在焉。自起程至三许折车，真定、汴京、燕山也。盖常先一两程，而往来人夫及挽车牛驴，至州县更易。

> 十五日，至相州，阛阓繁盛，观者如堵。二楼曰康乐，曰月白风清。又二楼曰翠楼，曰秦楼。时方卖酒其上，牌书“十洲春色”酒名也。或云韩魏公昼锦堂，今为一贵人宅，石记犹在。好事者叩门打碑，不禁也。相出茜草，故缬名天下。铜雀台、讲武城、漳河、纣之朝歌城，皆在境内。讲武南有塔，闻是旧邺，于高丘相望，名七十二塚。世谓曹孟德狙诈，惑后人使迷其葬所。相，实古邺相魏文侯始封之地。

对周书，清人周中孚评价说：“淳熙丙申十一月，诏待制敷文阁张充贺金国生辰使……时昭礼从行，因记其道途所经，及金国宴使之事。词颇简约，而有裨于考据。”①

《北辕录》成书后，久无刊刻，一直以抄本流传。于中晚明，收入《古今说海》和《历代小史》，分别为云间陆氏俨山书院刊本和万历安溪李氏刊本。1991年，收入《丛书集成初编》，由商务印书馆排印，与王瓘《北道勘误志》、路振《乘轺录》和楼轮《北行日录》合刊一册；2003年，又收入《全宋笔记》，由大象出版社排印，是为现在最通行的版本。

《清波杂志》十二卷，卷首周氏自序云：

> 煇早侍先生长者，与聆前言往行，有可传者。岁晚遗忘，十不二三，暇日因笔之。非曰著述，长夏无所用心，贤于博弈云尔。时居都下清波门，目为《清波杂志》。

“清波”，为杭州城南门名，遗址即今南山路边柳浪闻莺。周氏晚年，寓居清波门之南，因以题书。又宋人张贵谟序云：

> 余故人周昭礼嗜学，工于文，当时名公卿多折节下之……一日，示余以所撰《清波杂志》十有二卷；记前言往行及耳

① 周中孚：《郑堂读书记》卷24《史部·传记类·北辕录》，上海，上海书店，2009。

目所接，虽寻常细事，多有益风教及可补野史所阙疑者。

周书又卷下设目，即卷一“潜邸瑞应”、“裨将善相”、“颍川郡王”、“普安院”、“新兴吴安”、“思陵俭德”、“建康行宫”、“娄寅亮请立嗣”、“赦书二本”、“祖宗家法”、“元祐大婚”、“册后典礼”、“配享”、“金宝牌”、“印文”、“赴调期限”、“掌书诏”、“用兵利害”、“改秩”和“庆寿推恩”；卷二“蔡童罪恶”、“王黼身任伐燕”、“右府太尉”、“凉伞”、“修书谬无赏”、“疑狱”、“沙门岛罪人”、“马子约阴德”、“扁榜”、“绍兴置衫帽”、“凉衫”、“表章用字”、“诸公前身”、“东坡八赋”、“重湖诗”、“小孤祠”、“妇女夹拜”、“狄武襄像”、“青沙烂”、“书画”、“韩魏公遇刺”、“神御殿”、“蔡京东明谶”、“青布条”、“蔡京二事”、“玉盏玉卮”、“呼子为公”、“失认旗”、“表忠碑”、“《王荆公日录》”和“赐进士及第期集钱”；卷三“景阳台”、“金陵风物”、“钟山唱和”、“上元古迹”、“新林名”、“建康府治”、“《避暑录》”、“朔北气候”、“士大夫好尚”、“朝士去国”、“日者谈休咎”、“林灵素”、“王俊乂问道”、“王仔昔”、“生菜”、“吴长吉”、“琼花”、“金带围”、“钱塘旧景”、“庐山”、“挽诗”、“东坡祠”、“坡入荆溪”、“乳羊”、“茶盐表”、“立皇子诏”、“宏词取人”、“七夫人”、“行脚僧”和“觞客欢洽”；卷四“借书”、“藏书”、“造请疏数”、“逐客”、“张芸叟迁谪”、“碧云騢”、“能容于物”、“从官荐自代”、“四六剪裁”、“唐子西复官表”、“焦坑茶”、“密云龙”、“拆洗惠山泉”、“馆伴应对”、“汴都旧事”、“萧注人伦”、“修图经详略”、“雁燕”、“两学人物”、“章持及第”、“赐监生酒”、“倭国”、“茶器”、“吕申公茶罗”、“史传是非”、“辟置幕属”、“修锁”、“宫人斜”和“独活石脾”；卷五“陈东”、“《兰亭序》”、“文体二”、“夕阳楼”、“重刻《醉翁亭记》”、“大观东库”、“蜂儿”、“徐东湖”、“二道人”、“海棠诗”、“朔庭苦寒”、“《秀水闲居录》”、“名贤辈行”、“劣丈”、“家塾”、“发蒙师”、“渡金山”、“军中饮”、“荐二帅”、“幸第”、“随侍子弟”、“丹砂变雉”、“《茶山诗》”、“封妾”、“定器”、“辛巳扰攘”、“李宝海道立功”、“修敬祠堂”、“寿酒”、“贯休罗汉”、“清晓图”、“牧牛影”、“王右军帖”、“唾砚”和“世德碑”；卷六“不书温成碑”、“榷酤”、“经总制钱”、“元祐诸公日记”、“北郊斋宫”、“卖卦陈”、“上元二诗”、“初寮《曲宴》百韵”、“符离府库”、“外国章表”、“玛瑙”、“不除太常卿”、“养生修身”、“掘藏”、“大理伪贡”、“送邹道乡”、“御炉炭”、“江岸”、“竹笼石”、“丙午年入吴蜀”、“舅姑”、“郎潜”、“贫富受赐”、“苏林交情凶终”、“遗留物”、“虏庭玉钱”、“审察”、“正身出头”、“冷茶”、“阙亡投刺”、“禁苑花竹”、“东西园”和“遇郊任子”；卷七“生日押赐”、“洮河开边”、“丈人”、“生而富贵”、“汴河遗物”、“恩科议姻”、“曹武惠下江南”、“阳关数条”、“交印避忌”、“常平”、“《五路墨宝》”、“秦汉碑刻”、“没字碑”、“玛瑙盘”、“坡教作文”、“石林三戒”、“吉阳风土恶弱”、“曹王母”、“唐帝像”、“卧榻缕金”、“葛公坐亡”、“僧谭祸福”、“大暑去酷吏”、“僧道数”、“《钱谱》”、“顺天得一”、“王言有疑”、“宰辅年甲”、“名公下世”、“使高丽”、“刘莘老诗”和“杀鼋”；卷八“中兴颂”、“板本讹舛”、“芝山诗”、“垂肩冠”、“富春坊”、“邮亭曲”、“慧林老”、“高山仰止”、“西园会”、“食料羊”、“《唐诗选》”、“《宋诗选》”、“水晶”、“四先生”、“老人发肤”、“龙骧将军”、“姚解元”、“知和叔”、“宣和骑射”、“郡守画像”、“范忠宣麦舟”、“六一堂”、“茶图记”和“台谏上殿”；卷九“洞府投简”、“无垢《语录》”、“富郑公封驳”、“封押遗奏”、“仕宦知止”、“嫁女娶妇”、“不受盘餐”、“群游嵩山二说”、“《侍儿小名》”、“关永坚”、“花信风”、“野艇”、“郴州词”、“善博日胜”、“毁《通鉴》”、“猫食”、“莫安排”、“仲车杂著”、“说食经”、“行纪”、“投献取知”、“池鱼”、“代王言”、“彭门会”、“下水船词”、“军帅起复”、“御府折食钱”和“论帝姬”；卷十“吏文弊倖”、“不置田宅”、“春帖子”、“喻厮啰”、“为文三易”、“三经义”、“捍海堰”、

"东坡僦宅"、"张思齐诗"、"不事佛果"、"县尉"、"雪醅"、"论蛇虺"、"路岩报应"、"春州"、"客舍留题"、"待遇僚属"、"黄巢姬妾"、"王绪军法"、"柳氏家诫"、"宅凶"、"曾鲁公更名"、"虏程迂回"、"赐章服"、"黎洞白巾"、"梅苑"、"祸延过客"和"烽火"；卷十一"郊坛瑞应"、"太素脉"、"米芾"、"为学三多"、"郑顾道除夕诗"、"东坡亲书"、"常产"、"缴私书"、"府治回禄"、"蟾芝"、"乐语"、"善能出身"、"台评"、"书札过情"、"九僧诗"、"属笔"、"昭达纵龟"、"道昌相"、"瑞鹤仙"和"郑侠封事二说"；卷十二"上饶古冢"、"朱墨本"、"司马田宅"、"职名三等"、"饲饥虎"、"张守性"、"胆水胆土"、"张怀素"、"火葬"、"牂牁"、"行虫飞虫"、"拦滩网"、"王荆公墓"、"虏改沃州"、"两学记"、"范文正复姓"、"聚香鼎"、"船舫立名"、"互送不归己"、"响字"、"惠民局"、"四川茶马"和"《山阴图》"。①

从设目来看，周书偏记宋代的名人轶事、典章制度和风俗物产，还保留了不少宋人的佚文、佚诗和佚词，具有很高的史料价值和文学价值，不失为宋代笔记中的上乘之作。从这个角度上说，四库馆臣的评价，是略显低估了一些：

> 所记皆宋人杂事，方回桐江续集力诋其尊王安石之非。考书中称煇之曾祖与安石为中表，盖亲串之闲，不无回护，犹之王明清《挥麈》诸录曲为曾布解耳。知其私意所在则可，以此尽废其书，则又门户之见矣。②

清人周中孚则认为："其书皆记两宋间君臣杂文，并其家祖父遗事，及自所历之事，以及杂说琐闻，而于王介甫颇致回护，盖其曾祖与介甫为亲串，虽其私意所在，而尚不敢诋斥当时正人，则犹存直道之公，故

---

① 唐黎明：《〈清波杂志〉史料价值探微》，吉林大学历史文献学硕士论文(2009)。

② 《四库全书总目》卷141《〈清波杂志〉提要》，北京，中华书局，1965。

多可以补史之阙，是又不得门户之见少之矣。”① 晚清李慈铭又云：“其中论古者寥寥，考据尤疏陋……所载宋官制，则多可补史志之阙，其记神、哲、徽、高间事尤详。”②

《清波杂志》成书后，久无刊刻，一直以抄本流传。至晚明，收入《稗海》，为万历会稽商氏半埜堂刊本。至乾隆朝，编《四库全书》，收入“子部小说家类”，为内府藏本；又收入《知不足斋丛书》，为长塘鲍氏刊。至民国，收入《笔记小说大观》、《四部丛刊初编》和《丛书集成初编》，分别由上海进步书局、商务印书馆石印、影印和排印；1984 年前者由广陵古籍刻印社影印，1985 年后者又由中华书局重印。1991 年，又收入《四库笔记小说丛书》，由上海古籍出版社排印，与庄绰《鸡肋编》、邵博《闻见后录》、施德操《北窗炙輠录》、陈长方《步里客谈》、岳珂《桯史》、曾敏行《独醒杂志》、陈鹄《耆旧续闻》和叶绍翁《四朝闻见录》合刊一册。今人刘永翔以四部丛刊初编本为底本点校，1997 年由中华书局印行，列入《唐宋史料笔记丛刊》；今人秦克也以四部丛刊初编本为底本点校，2012 年由上海古籍出版社排印，列入《历代笔记小说大观》，与袁褧《枫窗小牍》合刊一册，是为现在最通行的版本。另外，2003 年，又收入《全宋笔记》，由大象出版社排印。

《清波别志》三卷，书分上中下，为接续《杂志》而作，是对《杂志》的有益补充。于《杂志》偏于记略有不同，《别志》则又不乏于论。像卷上记徽宗说元祐、绍圣事云：

> 徽宗尝对辅臣，语及元祐、绍圣事，皆欲以大公至正之道，扶偏救弊。至于两党之人，但当区别邪正，勿以彼时此时为间，乃改元曰建中靖国，未几改崇宁，时事复变。淳熙间，

① 周中孚：《郑堂读书记》卷 64《子部・小说家类・清波杂志》，上海，上海书店，2009。

② 李慈铭：《越缦堂读书记・杂记・清波杂志/别志》，北京，中华书局，2006。

寿皇论古之朋党曰："朕思之，朋党不难破，不必问其人。但是是非非，唯理之所在而已。"是为至当不易之论。向来宰执去国，凡所引用人才，悉随罢免。令用舍进退，一本之是非之公。诒谋垂裕，圣模宏远，朋邪虽未尽去，亦焉能害我治哉？

又卷中记崇宁以来用度情形云：

崇宁间，户部尚书虞策言："中都经费岁六百万，与天下供相当。又以祖宗时考之，皇祐中，总三千九百万，而费三之一；治平中，四千四百余万，而费五之一；熙宁中，五千六十余万，而费尽之。今诸路一月所须，皆汲汲旋营。愿省节浮费，以宽用度"云云。淳熙间，亦有言："户部经常支用，一岁所入，仅足相当，无复有余。一值水旱起解稽违，不过借南库钱以应急耳。"其说甚备。崇宁之数，辉得于实录；淳熙之数，有户部郎官杨颉当日劄子在。自崇宁至绍兴至今日，司计者当亦能计会盈虚而未见也。

又卷下记宋代河防情形云：

国家河防，无一岁不决溢。上轸宵旰之虑，殚邦财，竭人力，随溃修塞，仅偷一日之安。元丰间，议者欲复禹之故道，裕陵曰："陵谷变更，虽神禹复出，亦不可拘以故道。盖水之就下者，性也。今止以州县为碍，壅遏水势，致不由其性。此乃治水之事，非治水之道也。"若以道观之，则水未尝为患也。而州县为水之害，大哉言乎，亦非臣下所及。

《清波别志》成书后，久无刊刻，一直以抄本流传。至晚明，收入《稗海》，为万历会稽商氏半埜堂刊本。至乾隆朝，编《四库全书》，收入"子部小说家类"，为内府藏本；又收入《知不足斋丛书》，为长塘鲍氏刊。至民国，收入《笔记小说大观》、《四部丛刊初编》和《丛书集成初编》，分别由上海进步书局、商务印书馆石印和排印；1984 年前者由广陵古籍刻印社影印，1985 年后者又由中华书局重印。1987 年，上海古籍出版社合刊周氏《杂志》和《别志》；2003 年，二书又收入《全宋笔记》，由大象出版社排印，是为现在最通行的版本。

另外，清人徐逢吉作《清波小志》二卷、陈景钟作《清波三志》三卷，显系周氏二志之续作，也是研究杭州地方时的重要参考资料。

王铚与《默记》

王铚（?），字性之，自号“汝阴老民”，人称“雪溪先生”，颍州汝阴（今安徽阜阳）人。于绍兴朝，为迪功郎，官至枢密院编修官、右承事郎、湖南安抚司参议官。他工诗文，撰有《默记》、《雪溪集》、《七朝国史》、《续清夜录》[①] 和《补侍儿小名录》。

《默记》三卷，书分上中下，凡一百零三条。“默记”，本义是“暗中记住”。于两宋之交，王氏有亡国丧家之痛，他不稍忘历史，又关注史事鉴戒，因以“默记”题书。书记汴京朝野遗闻，不少为史传所未详。记事始于显德三年（956），讫于政和四年（1114），以仁宗朝史事分量最重。王氏熟悉掌故，所考之事，大多言之有据；而记君主、大臣，又直书而不隐。[②]

像卷上记徐铉见李煜致祸事云：

> 徐铉归朝，为左散骑常侍，迁给事中。太宗一日问：“曾见李煜否？”铉对以：“臣安敢私见之！”上曰：“卿第往，但言朕令卿往相见可矣。”铉遂径往其居，望门下马，但一老卒守门。徐言：“愿见太尉。”卒言：“有旨不得与人接，岂可见也！”铉云：“我乃奉旨来见。”老卒往报，徐入立庭下久之。老卒遂入取旧椅子相对。铉遥望见，谓卒曰：“但正衙一椅足

① 即为续沈括《清夜录》而作，属于志怪志异的范畴。

② 朱杰人：《王铚及其〈默记〉》，载《浙江学刊》，1993（2）。

矣。”顷间，李主纱帽道服而出。铉方拜，而李主遽下阶引其手以上。铉告辞宾主之礼，主曰：“今日岂有此礼？”徐引椅少偏乃敢坐。后主相持大哭，及坐默不言。忽长吁叹曰：“当时悔杀了潘佑、李平。”铉既去，乃有旨再对，询后主何言。铉不敢隐，遂有秦王赐牵机药之事。牵机药者，服之前却数十回，头足相就如牵机状也。又后主在赐第，因七夕命故妓作乐，声闻于外，太宗闻之大怒；又传“小楼昨夜又东风”及“一江春水向东流”之句，并坐之，遂被祸云。

又卷中记刘原父就省试事云：

刘原父就省试，时父立之为湖北转运使。按部至鄂州，与郡守王山民宴于黄鹤楼，数日不发，谓守曰：“吾且止此，以候殿榜，儿子决须魁天下。”守心不平，且曰：“四海多士，虽令似才俊，岂可预料？”立之曰：“纵使程试不得意，亦须作第二人。”来日，殿榜到州，原父果第二名。继得家书云：“初考乃状元，为赋中小误，遂以贾黯为魁。”立之即以书示郡守而行。所谓“知子莫若父”也。

又卷下记吕惠卿罢相事云：

吕吉甫自罢参知政事，最为偃蹇。元祐间，贬为散官，居于建州凡十年。再见绍圣，固当预政。章子厚、蔡元度先得路，百计逐之，老于为帅。继以蔡元长久据大位，以妖人事再贬武昌。至张天觉作相，始荐于上皇，召为宫使，留京师。吉甫作谢表云：“历官三十八任，受恩虽出于累朝；去国四十二年，留侍方从于今日。”徽庙大喜，甚有大拜意。一日，书于纸曰：“何执中除太傅平章事，张商英左仆射兼门下侍郎，吕惠卿右仆射兼中书侍郎。”既书之矣，适一士人献宫词百篇，其一首云：“先帝熙宁有旧臣，曾陪元宰转洪钧。嗣皇不减周文美，八十重来起渭滨。”徽宗改“不减”作“不啻”，御书二扇，一以赐吉甫。众谓必相矣。然何执中、郑居中方攻天觉，尽用其党逐天觉门人，起大狱为奇祸。而吉甫以腹疾乞致仕，卒于京师，其命矣乎！

不过，书中也有一些偏小说家的内容。对王书，四库馆臣评价说：

然铚熟于掌故，所言可据者居多……惟所记王朴引周世宗夜至五丈河旁见火轮小儿，知宋将代周一事，涉于语怪，颇近小说家言，不可据为实录耳。①

清人周中孚也说："是书所记凡一百二条，皆汴京朝野轶事，颇具端末，间有舛误，而可征者居多，特未能除去小说习气，喜于语怪耳。末有考证曹子建感甄赋事，而援李义山诗以实之，可谓烦而无当。"②

《默记》成书后，收入《百川学海》，弘治十四年（1501），又有无锡华氏覆宋本。于中晚明，收入《古今说海》和《历代小史》，分别为云间陆氏俨山书院刊本和万历安溪李氏刊本。顺治三年（1646），收入《说郛续》，为两浙李氏宛委山堂刊本。至乾隆朝，编《四库全书》，收入"子部小说家类"，为两淮马裕家藏本；又收入《知不足斋丛书》，为长塘鲍氏刊本。道光十一年（1831），收入《学海类编》，六安晁氏活字排印本。至民国，收入《五朝小说大观》和《宋元人说部书》，分别为上海扫叶山房排印本和商务印书馆涵芬楼铅印本。今人朱人杰据涵芬楼本为底本点校，1987 年由中华书局印行，列入《唐宋史料笔记丛刊》，与王栐《燕翼诒谋录》合刊一册；2012 年，上海古籍出版社重排孔一点校本，列入《历代笔记小说大观》，与岳珂《桯史》合刊一册，是为现在最通行的版本。另外，2003 年，又收入《全宋笔记》，由大象出版社排印。

---

① 《四库全书总目》卷 141《〈默记〉提要》，北京，中华书局，1965。

② 周中孚：《郑堂读书记》卷 64《子部·小说家类·默记》，上海，上海书店，2009。

王明清与《挥麈录》、《投辖录》和《玉照新志》

王明清（1127—1214），字仲言，颍州汝阴（今安徽阜阳）人，王铚之子。他工诗文，撰有《挥麈录》、《投辖录》、《玉照新志》和《清林诗话》。

《挥麈录》二十卷，包括前录四卷、后录十一卷、三录三卷、余话二卷，凡四百五十则。

王书成之不易，撰于乾道二年（1166）至庆元二年（1196），历经了三十一年。书中所记，不乏关于两宋之际大动乱时代的政治、军事和社会情况，是朝政败坏、统治者生活腐朽的北宋末期，以及人民要求抗敌、统治者妥协苟安的南宋初期的一面历史镜子。具体说来，前三录所记，主要是宋代政治、典章制度的沿革，不少鲜见于史传所录；而余话主要记诗文、碑铭之类，以补前三录之阙。王氏的撰述宗旨，在于存史事旧闻，追步父亲之余绪，力求持正论，详故实，不失史法。从内容来看，可谓翔实可据，为史学家李焘所称道。书中所记南渡史事，即为李心传《建炎以来系年要录》所采用；赵构渡海避难的部分，也是官修《宋高宗实录》十分重视的资料。另外，书中还记录了一些刚正之士的事迹，收录了他们昂扬正气、温情并茂之文；而有关典章制度和社会矛盾的记录，也可补史传记述的不足。

对王书，学界好评不绝。陆游即云："动数百千言，退而质之，无一语缪。"[①] 至乾隆朝，四库馆臣评价说：

> 是编皆其劄记之文。前录为乾道丙戌，奉亲会稽时所纪，多国史中未见事……后录为绍熙甲寅，武林官舍中所纪，有海陵王禹锡跋。《第三录》为庆元初请外时所纪，于高宗东狩事

① 陆游：《老学庵笔记》卷6，北京，中华书局，1979。

独详。余话兼及诗文碑铭，补前三录所未备，有浚仪赵不譾跋……明清为王铚之子，曾纡之外孙，纡为曾布第十子，故是录于布多溢美……然明清为中原旧族，多识旧闻。要其所载，较委巷流传之小说，终有依据也。①

清人周中孚也说：“是编前三录皆纪朝廷故事，余话则兼及诗文碑铭之类，先辈所谓麈谭之绪余也。然皆其札记之文，不同寻常说部，故篇幅恢扩，究极端末，洵足以备两宋之旧闻矣。”② 晚清李慈铭又云：“是录皆朝章国故，最为可观”，后录“所载绍兴以前士夫轶事为多，亦间及典制……续宋宣献《春明退朝录》而作，宋止于熙宁三年，此止于孝宗朝，多足补《宋史》之阙”③。

《挥麈录》成书后，久无刊刻，一直以抄本流传。至乾隆朝，编《四库全书》，收入“子部小说家类”，为河南巡抚采进本。嘉庆十年（1805），收入《学津讨源》，为虞山张氏照旷阁刊本。至民国，收入《丛书集成初编》和《四部丛刊续编》，分别由商务印书馆排印和影印，1985 年前者又由中华书局重印。1961 年，中华书局上海编辑所印行点校本。2003 年，收入《全宋笔记》，由大象出版社排印。2009 年，收入《历代笔记丛刊》，由上海书店排印；2012 年，上海古籍出版社重排田松青点校本，列入《历代笔记小说大观》，是为现在最通行的版本。另外，1993 年，又收入《中国野史集成》，由巴蜀书社影印。

另外，还有题署“杨万里”的《诚斋挥麈录》一卷，实为从《挥麈录》中摘出而假托杨氏所作之重编本，自然也实无可取之处。

《投辖录》一卷，凡四十四条，尽属鬼神卜相之事，大略与张读《宣室志》、郭彖《睽车志》类同，而与《挥麈录》体例殊异。四库馆

---

① 《四库全书总目》卷 141《〈挥麈录〉提要》，北京，中华书局，1965。

② 周中孚：《郑堂读书记》卷 64《子部·小说家类·挥麈录》，上海，上海书店，2009。

③ 李慈铭：《越缦堂读书记·杂记·挥麈录》，北京，中华书局，2006。

臣也说："大都掇拾丛碎，随笔登载，不能及《挥麈录》之援据赅洽，有资考证。然故家文献，所言多信而有征，在小说家中，犹为不失之荒诞者。"①

《投辖录》成书后，顺治三年（1646），收入《说郛续》，为两浙李氏宛委山堂刊本。至乾隆朝，编《四库全书》，收入"子部小说家类"，为内府藏本。至民国，涵芬楼编《宋元人说部书》，为商务印书馆排印本；又收入《五朝小说大观》和《宋人小说》，分别由上海扫叶山房和神州国光社排印。1991 年，上海古籍出版社排印朱菊如点校本，收入《宋元笔记丛刊》，与《玉照新志》合刊一册；2012 年，上海古籍出版社重排朱氏点校本，列入《历代笔记小说大观》，与《玉照新志》合刊一册，是为现在最通行的版本。另外，1993 年，收入《中国野史集成》，由巴蜀书社影印；2003 年，又收入《全宋笔记》，由大象出版社排印。

《玉照新志》六卷，成书于《挥麈录》之后。卷首王氏自序云：

> 庆元戊年，明清得玉照一于友人永嘉鲍子正，色泽温润，制作奇古，真周秦之瑞宝也。又获米南宫书"玉照"二字，因揭寓舍之斗室，屏迹杜门，思索旧闻凡数十则，缀缉之，名曰《玉照新志》。务在直书，初无私意，为善者固可以为韦弦，为恶者又足以为龟鉴。间有奇怪谐谑，亦存乎其中。若夫人祸天刑，则付之无心可也。

"戊年"，即庆元四年（1198）；"玉照"，即玉镜也；"米南宫"，即大书家米芾。于宋代，人称礼部为"南宫"，而米氏则做过礼部员外郎。从自序可知，王氏因斗室珍藏玉镜而以之题书；从作书的旨趣来说，则是"务在直书，初无私意，为善者固可以为韦弦，为恶者又足以为龟鉴"。很显然，这是很传统也很可贵的一种思想倾向。

① 《四库全书总目》卷 141《〈投辖录〉提要》，北京，中华书局，1965。

书中所记，多谈神怪及琐事，还涉及朝野旧闻及前人逸作，而后者可补《挥麈录》之阙。公道说，它的史学价值是远不及《挥麈录》的。不过，四库馆臣还是给予了很高的评价：

此书多谈神怪及琐事，亦间及朝野旧闻，及前人逸作……盖明清博物洽闻，兼娴掌故，故随笔记录，皆有裨见闻也。①

清人周中孚也说："今观其书，所载之文篇幅亦极冗长，而多语怪谐谑之事，其于朝野旧闻，前人逸作，亦间及之，大都可以补《挥麈》诸录之阙，再益之以《投辖录》，而奇闻异事亦颇备矣。"②

《玉照新志》成书后，久无刊刻，一直以抄本流传。于晚明，收入《宝颜堂秘笈》和《唐宋丛书》，分别为万历绣水沈氏刊本和崇祯钟氏刊本。顺治三年（1646），收入《说郛续》，为两浙李氏宛委山堂刊本。至乾隆朝，编《四库全书》，收入"子部小说家类"，为内府藏本。嘉庆十年（1805），收入《学津讨原》，为虞山张氏照旷阁刊本。宣统二年（1910），收入《古今说部丛书》，上海国学扶轮社排印本。至民国，涵芬楼编《宋元人说部书》，为商务印书馆排印本；又收入《说库》、《宋人小说》和《丛书集成初编》，分别为上海文明书局、神州国光社、商务印书馆石印和排印。1991 年，上海古籍出版社排印汪新森、朱菊如点校本，收入《宋元笔记丛刊》，与《投辖录》合刊一册；2012 年，上海古籍出版社重排汪、朱点校本，列入《历代笔记小说大观》，与《投辖录》合刊一册，是为现在最通行的版本。另外，1993 年，收入《中国野史集成》，由巴蜀书社影印；2003 年，又收入《全宋笔记》，由大象出版社排印。

---

① 《四库全书总目》卷 141《〈玉照新志〉提要》，北京，中华书局，1965。

② 周中孚：《郑堂读书记》卷 64《子部・小说家类・玉照新志》，上海，上海书店，2009。

李如篪与《东园丛说》

李如篪（?），字季牗，浙东括苍（今浙江丽水）人，生卒年及事迹行状不详。晚年，以特科官桐乡丞，撰有《乐书》和《东园丛说》。

《东园丛说》三卷，书分上中下，凡一百一十八条。卷首绍兴二年（1132）李氏自序云：

> 仆顷年僻居语儿之东乡，既无进取之望，又不能营治资产，日与樵渔农圃者处，羹藜饭糗，安分循理，亦足以自乐。时时披阅文集，省记旧闻，随手笔之，遂成卷帙。其间，经史子集、天文地理、历数之说，无不有之，目之曰《东园丛说》。好古博雅君子览之者，殆有取焉。

“语儿”，即语儿乡，在今浙江桐乡西南。袁康《越绝书·越地传》：“语儿乡，故越界，名曰就李。吴疆越地，以为战地，至于柴辟亭。女阳亭者，句践入官于吴，夫人从，道产女此亭，养于李乡。勾践胜吴，更名女阳，更就李为语儿乡。”“东园”，或即东乡，或为园名，李氏因以题书。

李氏作书，很讲究体例。书分《春秋说》、《易说》、《书说》、《三礼说》、《左传说》、《语孟说》、《天文历数说》和《杂说》九个部分，又下设子目，即卷上《春秋说》“春秋行夏之时”、“诗亡然后春秋作”、“春秋感麟而作”、“黜周王鲁”、“天王狩于河阳”、“齐人来归卫俘”、“盟于召陵盟于袁娄”和“纪季纪侯”，《易说》“王用三驱失前禽”、“坤六五”、“参伍以变”、“参天两地”、“生蓍”、“六者三才之道”、“太极生两仪”、“易有八法”、“精气为物游魂为变”、“六日七分”和“太玄踦赢二赞”，《书说》“召公不说”、“江汉朝宗于海”、“和夷”、“汤始居亳将治亳殷”、“洛邑”、“三澨”、“浮磬”和“三江”，《三礼说》“月令”、“祭”、“丧制”、“七庙九庙”、“祭存三古”、“三年耕必有一年之食”、“土圭测景”、“乡遂”、“周家不用商声”、“大宗小宗”、“两之以九窍之变参之以九藏之动”和“阴德阳德”，《诗说》“周南”、“芣苢”、“长庚”、“诗各有体”、“生民玄鸟”、“我姑酌彼兕觥”、“用金银为环置指间”、“有女同车”、“关雎”和“召伯听讼”，《左传说》“艮之八”、“亥有二首六身”、“风马牛”、“包茅缩酒”、“先轸”、“两葵丘”、“鱼丽阵”、“歌钟二肆与其镈磬”、“魏绛”、“其处者为刘氏”和“元后”，卷中《语孟说》“北辰”、“执圭鞠躬如也”、“禘自既灌而往”、“知之次也”、“叩其两端”、“子路”、“微生高”、“画邑”、“孟子”、“诸子言性”、“瞽瞍厎豫”、“耕者九一”、“金声玉振”、“尽心”、“辨经传所言天”和“天上帝”，《天文历数说》“四游”、“地深厚之数”、“天地之形”、“浑盖”、“二极隐见之度”和“月蚀冲”；卷下《杂说》“赤壁赋”、“韩信自当项羽”、“荀卿史迁作文之体”、“学者自出己见”、“李照论乐以十龠为合”、“纳音”、“感生帝”、“韩愈诗文”、“韩柳”、“欧文”、“钓台记”、“坡词”、“论诗”、“唐赞”、“鹏赋注”、“诸葛孔明”、“坚壁”、“以少败众”、“记时事”、“石米”、“唐太宗”、“二帝三王之乐”、“五行避忌”、“氏号占两地”、“秦楚皆三迁国都”、“范增”、“刘先主”、“天雨”、“唐太宗”、“憸佞”、“筹边”和“郦食其说高祖”。

从自序、分部和设目不难看出，李书主要是一部读书笔记，又遍考经史子集，摭拾前言往行，足资治经史者参考。而卷下《杂说》中“憸佞”条，记绍兴六年（1136）杨么、李成事；又“记时事”条，记绍兴二十四年（1154）秦埙登第事；又“以少败众”条，记绍兴三十一年（1161）两淮失守事，也有补于有关南宋史传之文。

《东园丛说》成书后，初刊于绍兴四年。至乾隆朝，编《四库全书》，收入“子部杂家类”，为浙江巡抚采进本。于道光朝，收入《指海》，为金山钱氏重编本。至民国，收入《丛书集成初编》，由商务印书馆排印，1985年又由中华书局重印。2003年，又收入《全宋笔记》，由大象出版社排印，是为现在最通行的版本。

张知甫与《可书》

张知甫（?），生卒年、字号、爵里及事迹行状俱不详。于宣和朝，大略在汴京做过官。于南渡后，他与苏庠有交往，今存所撰《可书》。

《可书》一卷，又作《张氏可书》。今本凡五十条，已非完帙，系四库馆臣从《永乐大典》中辑出。张氏生活于两宋之际，书记北宋史事，偏于汴梁盛景、故都遗闻、朝廷故实、人物轶事和诙谐神怪。书虽单薄，可也不乏有裨于史的内容。像记贾种民筑汴桥堤岸事云：

> 章惇方柄任，用都提举汴河堤岸司贾种民议，起汴桥二楼，又依桥作石岸，以锡铁灌其缝。宋用臣过之，大笑而去，种民疑之，谒用臣访以致笑之端，用臣云："石岸固奇绝，但上阔下狭，若瓮尔。"种民始悟，恳以更制，用臣曰："请作海马云气以阔其下。"卒如其言而成。

又记侍立修注官之设：

> 侍立修注官者，自罗春伯始。祖宗时，以起居舍人寄禄而更命他官领其事，谓之同修起居注，官制行，复为郎舍人。淳熙十五年十月，春伯自户部员外郎除右史，避曾祖讳，乃以为太常少卿兼侍立修注官，其后两史或阙，则降旨以某人权。侍立官盖自此始。

又记绍兴七年（1137）当涂火灾事云：

> 绍兴丁巳，江东太平州有回禄之患，燔烧殆尽，死于火者数千人。越数日，池之铜陵夜闻车马人足之声，或啼或笑，自空而下，盘礴于邑，市人于门隙窃窥之，有闻索姜醋者，有与泣诉回禄之苦者，久之冉冉从西北而去。张纮为令，详睹其事。

又记“绍兴间盗贼充斥，每招致必以厚爵；又，行朝士子多鬻酒醋为生。故谚云：若要富，守定行在卖酒醋；若要官，杀人放火受招安”，从侧面反映了南宋初社会情形。又记“京师一富人，质得金带一条，常常系之，每送迎宾客，辄止中门而返，必曰：腰带有碍，不敢出门，且告不罪也”，刻画出富人显摆之丑态。

对张书，四库馆臣评价说：

> 今考书中所纪，有仆顷在京师，因干出南熏门事，又有见海贾鬻龙涎香于明节皇后阁事。是在宣和之初，尝官汴京……盖其人生于北宋末年，犹及见汴梁全盛之日，故都遗事，目击颇详。迨其晚岁，追述为书，不无沧桑今昔之感。故于徽宗时朝廷故实，纪录尤多，往往意存鉴戒。其余琐闻佚事，为他说家所不载者，亦多有益谈资。虽诙谐神怪之说，杂厕其间，不免失于冗杂，而案其本旨，实亦孟元老《东京梦华录》之流，未尝不可存备考核也。①

清人周中孚也说：“其书已佚，今馆臣从《永乐大典》录出，凡五十条。于徽宗时朝廷故事追述特详，盖就其当日所目击者言之，颇足以垂劝戒。其他轶事异闻，亦足以资谈柄，与孟元老《东京梦华录》同一用意也。”②

《可书》成书后，久无刊刻，一直以抄本流传。至乾隆朝，编《四库全书》，收入“子部小说家类”，为永乐大典本。嘉庆十四年（1809），收入《函海》和《墨海金壶》，分别为绵州李氏万卷楼刊本和虞山张氏照旷阁刊本；民国十年（1921），又有上海博古斋景印本。道光二十四年（1844），收入《守山阁丛书》，为金山钱氏重编本。光绪朝，又收入《十万卷楼丛书》，为湖州陆氏刊本。至民国，收入《湖北

---

① 《四库全书总目》卷141《〈张氏可书〉提要》，北京，中华书局，1965。

② 周中孚：《郑堂读书记》卷64《子部·小说家类·张氏可书》，上海，上海书店，2009。

先正遗书》和《丛书集成初编》，分别由沔阳卢氏慎始基斋、商务印书馆刊刻和排印，1985年又由中华书局重印，与俞成《萤雪丛说》、陆游《避暑漫抄》和《家世旧闻》合刊一册。今人孔凡礼以陆氏本为底本点校，2002年由中华书局印行，列入《唐宋史料笔记丛刊》，与张邦基《墨庄漫录》和范公偁《过庭录》合刊一册，是为现在最通行的版本。另外，2003年，又收入《全宋笔记》，由大象出版社排印。

王栐与《燕翼诒谋录》

王栐（?），字叔永，号“求志老叟”，无为军庐江（今属安徽）人，生卒年及事迹行状不详。他大略是南宋初年人，在淮北山阳（今淮安）做过官，今存所撰《燕翼诒谋录》。

《燕翼诒谋录》五卷，又作《宋朝燕翼诒谋录》，凡一百六十二条。“燕翼贻谋”一词，语出《诗经·大雅·文王有声》：“武王岂不仕，诒厥孙谋，以燕翼子。”原义是，周武王谋及孙而抚其子，后来泛指为后嗣作好打算。显然，王氏作书，是在于为南宋统治者提供资政鉴戒，因以“燕翼贻谋”题书。

王氏取材，重国史、实录、宝训和圣政之书，而舍弃稗官小说，足见重视正史和官方资料；书记建隆至嘉祐朝的典章制度，又详论其兴革得失之由，于北宋史研究具有很高的史料价值。像卷一记有关选举制度云：

> 国初承五季之乱，吏铨书判拔萃科久废。建隆三年八月，因左拾遗高锡上言，请问法书十条以代试判，诏今后应求仕及选人，并试判三道，仍复书判拔萃科。先是诸道州府参选者，每年冬集于吏铨，乾德二年正月甲申，诏选人四时参选。待之者甚厚，责之者甚至，真得驭臣之柄矣。后因铨部姑应故事，不分臧否，虽文纰缪、书不成字者，亦令注官。故真宗景德元

年八月，令铨司引对，赍所试书判，以备奏御。仁宗即位之初，以诸路阙官，凡守选者并与放选，以示特恩。至景祐元年正月，遂废书判为铨试。议者以为奏补人多令人假手，故更新制。曾不思书判犹如今之帘引，虽有假手，不可代书，若铨试之弊，则又甚矣，虽他人代书可也，省试犹可，况铨试乎承平时，假手者用薄纸书所为文，揉成团，名曰“纸球”，公然货卖，亦由朝廷施刑浸宽故也。

又卷二记纳粟补官之制云：

纳粟补官，国初无。天禧元年四月，登州牟平县学究郑河，出粟五千六百石振饥，乞补弟巽。不从。晁迥、李维上言，乞特从之，以劝来者，丰稔即止。诏补三班借职（今承信郎）。自后援巽例以清者，皆从之。然州县官不许接坐，止令庭参。熙宁元年八月，诏给将作监主簿、斋郎、助教牒，募民实粟于边。此古人募民实粟塞下遗意也。因记淳熙间，诏以旱故募出粟拯民，二千石补初品官，而龙舒一郡应格者数人，郡以姓名来上，孝宗皇帝疑而不与，仲父轩山先生力谏，以为失信于人，恐自后歉岁无应募者，孝宗亟从之，已而应募者众。

又卷三记宋太宗定僧尼之额云：

江南李主佞佛，度人为僧，不可数计。太祖既下江南，重行沙汰，其数尚多。太宗乃为之禁，至道元年六月己丑，诏：江南、两浙、福建等处诸州，僧三百人岁度一人，尼百人岁度一人。自昔岁度僧道惟试经，且因寺之大小立额，如进士应举。然虽奸猾多窜身其中，而庸蠢之甚者无所容。自朝廷立价鬻度牒，而仆厮下流皆得为之，不胜其滥矣。

又卷五记宦官流弊云：

国初，宦者不过数十人，真宗时渐众，盖以遇郊恩，任子皆十数岁小儿，积累至多故也。皇祐五年闰七月戊辰，言者以为久弊当革，乃诏自供奉官至行门，以百八十员为额，遇阙额方许奏补。至元祐二年二月，又诏自供奉官至黄门，以百人为额。然流弊之久，终不能革，至宣、政间，动以千数矣。

对王书，四库馆臣给予了很高的评价：

其书大旨，以宋至南渡以后典章放失，祖宗之良法美政俱废格不行，而变为一切苟且之治。故采成宪之可为世守者，上起建隆，下迄嘉祐，凡一百六十二条，并详及其兴革得失之由，以著为鉴戒，盖亦鱼藻之义……今观其胪陈故实，如丝联绳贯，本末粲然，诚杂史中之最有典据者也。[①]

清人周中孚也说："爰考建隆迄于嘉祐，良法美意，灿然具陈，治平以后，此意渐泯，乃备述其由，以稽世变……盖宋自南渡后，凡所为计，一切苟且，故以是书为法戒，用意深矣。至其采录，又皆国史、实录、宝训、圣政等书，凡稗官小说悉弃不取，故所载皆极典据。"[②]

《燕翼诒谋录》成书后，至乾隆朝，编《四库全书》，收入"史部杂史类"，为浙江鲍士恭家藏本。嘉庆十年（1805），收入《学津讨原》，为虞山张氏照旷阁刊本。至民国，又收入《宋元人说部书》和《丛书集成初编》，由商务印书馆排印，1985年后者又由中华书局重印。今人朱人杰以宋元人说部书本为底本点校，1987年由中华书局印行，列入《唐宋史料笔记丛刊》，与王铚《默记》合刊一册；今人孔一以学津讨原本为底本点校，2012年由上海古籍出版社排印，列入《历代笔记小说大观》，与张邦基《墨庄漫录》合刊一册，是为现在最通行的版本。

① 《四库全书总目》卷141《〈燕翼诒谋录〉提要》，北京，中华书局，1965。

② 周中孚：《郑堂读书记》卷9《史部·杂史类·燕翼诒谋录》，上海，上海书店，2009。

吴炯与《五总志》

吴炯（？），生卒年、字号、爵里及事迹行状俱不详。建炎四年（1130），他避地无诸城（今福州）；于绍兴中，官至枢密院编修官、浙西提举，今存所撰《五总志》。

《五总志》一卷，建炎四年，成书于无诸萧寺道山亭。卷首吴氏自序云：

> 于细绎方册，与夫耳闻所闻见，有可纪述者……因事辄书，杂以己语，或以古证今。

“五总”一词，取“龟生五总，灵而知事”之语；又颜真卿《丽正殿二学士殷君墓碣铭》：（殷践猷）“博览群言，尤精《史记》、《汉书》百家氏族之说，至于阴阳数术医方刑法之流，无不该洞焉。与贺知章、陆象先，我伯父元孙、韦述友善，贺呼君为五总龟，以龟千年五聚，问无不知也。”[1] 可见，“五总”乃“博学多识”之谓也，吴氏因以题书。

书中偏记吴氏所见所闻，间及考证旧说，而论诗推重黄庭坚，认为他于诗人有开辟之功，当属江西流派。有关杂事内容，虽说难免琐碎，足资治文史者参考。像记田端彦、欧阳元老事云：

> 元祐中，李邦直帅真定，先子与田端彦、欧阳元老为幕府。端彦春秋高，故以丈事之。端彦后为官荆南，与郡将不合，弃去冠冕，从元老游。元老时方卜筑渚宫，为终焉计。既闻蔡元长拜相，乃欲谒之，说以勿兴朋党。元老以诗赠行云：“守节固穷匪易事，铁中谁许斗铮铮。闻道新除右仆射，难留高卧老先生。能令余党留残息，必有昌言佐盛明。我欲效颦嗟老矣，西风回首涕纵横。”既至京师，果以祸福利害喻元长，

① 《新唐书·殷践猷传》，北京，中华书局，1975。

且出元老诗示之，虽若不乐，然坚欲召见。端彦以书抵元老，元老以诗答云："莫嗟骐骥老，不识云台仗。此骥天所晓，未易论得丧。"元老有子，小字镇儿，端彦书中勉其读书，元老答曰："小子饮啖，数倍于曩时，多昼日眠，而懒读书。观其意无他，要作好官故也。"端彦既与元长不合，乃遁嵩少间，今犹无恙，年将九十，颜如渥丹，行步可逐奔马。时时多乞钱于洛阳城中，得即以施贫者，盖得道静长官之流也。

对吴书，四库馆臣评价说：

其书皆纪所闻见杂事，间亦考证旧说。取"龟生五总，灵而知事"之语，名之曰《五总志》。其论诗推重黄庭坚，以为于诗人有开辟之功，盖亦江西流派。其引述故事，得失互见……然于北宋琐事，纪录綦详，犹有足资参证者。①

《五总志》成书后，久无刊刻，一直以抄本流传。顺治三年(1646)，收入《说郛续》，为两浙李氏宛委山堂刊本。至乾隆朝，收入"子部杂家类"，为浙江巡抚采进本；又收入《知不足斋丛书》，为长塘鲍氏刊本。于嘉庆朝，收入《艺海珠尘》，为南汇吴氏听彝堂刊本。至民国，又收入《笔记小说大观》和《丛书集成初编》，分别由上海进步书局、商务印书馆石印和排印，1984 年前者由广陵古籍刻印社影印，1985 年后者又由中华书局重印，与吴枋《宜斋野乘》和汪应辰《石林燕语辩》合刊一册。2003 年，又收入《全宋笔记》，由大象出版社排印，是为现在最通行的版本。

李垕与《续世说》

李垕（？—1179），字仲信，眉州丹棱（今属四川）人，李焘次

① 《四库全书总目》卷 121《〈五总志〉提要》，北京，中华书局，1965。

子。乾道七年（1171），应贤良方正，赐制科出身，官至秘书省著作郎、奉议郎，今存所撰《续世说》。

《续世说》十卷，又作《南北史续说》、《续世说新语》和《南北史续世说》，旧题署“唐陇西李垕”；四库馆臣则认为，它是明人俞安期伪托之作，实误。① 王应麟即云：“李仲信垕为《南北史续世说》，朱文公谓《南北史》凡《通鉴》所不取者，皆小说也。”②

王氏所谓“朱文公”，即南宋大儒朱熹。可见，李氏因朱氏言论，乃取李延寿《南史》和《北史》中所记，又仿刘义庆《世说新语》而成编；而于刘书设目之外，又增添了十一门，凡五十七门，即卷一“德行”和“言语”，卷二“政事”和“文学”，卷三“方正”、“雅量”和“识鉴”，卷四“赏誉”、“品藻”、“规箴”和“捷悟”，卷五“夙慧”、“豪爽”、“容止”、“自新”、“钦羡”和“伤逝”，卷六“栖逸”、“贤媛”、“术解”、“巧艺”和“宠礼”，卷七“任诞”、“简傲”、“排调”、“轻诋”和“假谲”，卷八“黜免”、“俭啬”、“汰侈”（癖嗜附）、“忿狷”、“谗险”（猜忌附）、“尤悔”、“纰漏”、“惑溺”和“仇隙”，卷九“博洽”、“介洁”、“兵策”、“骁勇”和“游戏”，卷十“释教”、“言验”、“志怪”、“感动”、“痴弄”和“凶悖”。要是再算上“癖嗜”和“猜忌”，则李书总计为五十九门。

有人统计，李书中几乎所有条目，来源于《南史》和《北史》，所以，它对于《南史》和《北史》也具有一定的校勘价值。③ 另外，明人林茂佳作《南北朝新语》，也大略走的是李垕的路子；所以，李书和林书也有比对参证的价值。

---

① 宁稼雨：《关于李垕〈续世说〉——〈四库提要〉辨误一则》，载《文史知识》，1985（11）；张固也：《〈续世说〉的作者李垕是宋人》，载《文献》，1998（1）；毛西旁：《李垕应是“眉州丹棱人”》，载《文献》，1998（4）。

② 王应麟：《困学纪闻》卷13，上海，上海古籍出版社，2008。

③ 王东：《〈南北史续世说〉校考》，西南交通大学古典文献学硕士论文（2009）。

对李书，四库馆臣评价说：

今考其书，惟取李延寿南北二史所载碎事，依《世说》门目编之，而增以博洽、介洁、兵策、骁勇、游戏、释教、言验、志怪、感动、痴弄、凶悖十一门，别无异闻，可资考据。①

《续世说》成书后，于南宋，收入曾慥《类说》，天启六年（1626），又有岳钟秀刻本。明人姚咨茶梦斋抄本，今存上海图书馆；清人丁丙竹书堂抄本，今存南京图书馆。万历三十七年（1608），又有俞安期翏翏阁重修本，今存国家图书馆、北京大学图书馆、清华大学图书馆、北京师范大学图书馆和重庆图书馆。至乾隆朝，编《四库全书》，列入“子部小说家类存目”，为兵部侍郎纪昀家藏本。1981 年，收入《笔记小说大观丛刊》，由台湾新兴书局影印；1997 年，又收入《四库存目丛书》，由齐鲁书社影印，是为现在最通行的版本。

吴曾与《能改斋漫录》

吴曾（?），字虎臣，抚州崇仁（今属江西）人。绍兴十一年（1141），因献《左氏发挥》，以布衣特补右迪功郎，官至奉常主簿、玉牒所检讨官、太常丞、吏部郎官、工部郎中，又为靖州、全州及严州知州。他平生博学，撰有《君臣论》、《负暄策》、《得闲文集》、《南北事类》、《毛诗辨疑》、《春秋考异》、《左传发挥》、《新唐书纠谬》、《能改斋漫录》和《南征北伐编年》。

《能改斋漫录》十八卷，成书于绍兴三十二年（1162）。今本卷首绍熙元年（1190）京镗重刊序云：

吏部吴公曾虎臣，以胸中万卷之书，游戏笔端，裒为此

① 《四库全书总目》卷 143《〈续世说〉提要》，北京，中华书局，1965。

集……今削其不合载者，而存其所不当废者，刊诸成都郡斋，既以广好事之传，且以志公之博也。

“能改”一词，语出《左传·宣公二年》：“吾知所过矣，将改之。稽首而曰：人非圣贤，孰能无过！过而能改，善莫大焉。”吴氏以之名斋，又因以题书。

从总体上说，吴书为一部学术笔记。它以类相从，凡十三类，即卷一至卷二为“事始”、卷三至卷五为“辨误”、卷六至卷七为“事实”、卷八为“沿袭”、卷九为“地理”、卷十为“议论”、卷十一为“记诗”、卷十二至卷十三为“记事”、卷十四为“记文”和“类对”、卷十五为“方物”、卷十六至卷十七为“乐府”、卷十八为“神仙鬼怪”。另外，今本还收录有逸文和附录。各类之下，又分条记述，总计超过了两千条。书记史事异闻，辩证诗文曲故，解析名物制度，既资料丰富，又援引广博，保存了大量有关唐宋文学与史学史的资料。

以“记事”为例，卷十二下设“清直勇”、“穷达有命”、“王子野乐党”、“不许冒籍欺君”、“范淳父焚进论不应贤良”、“吕公教读书要字字分明”、“儒者读书无用处”、“富家翁爱其弟”、“宁受人欺不可使好贤心替”、“三代威仪尽在是”、“李定公好儒学”、“和买绢”、“仁宗厚遣公主”、“正叔不认住者罪”、“曹玮行兵”、“夏英公好古器珍玩”、“张程学”、“吴观音”、“狄武襄不知礼”、“狄武襄不去黥文”、“石刻厄会”、“贵贱在命”、“两王难当二堂”、“曾鲁公与旁舍生钱偿鬻女直”、“樊若水按所仇家酒额因破其家”、“马知节直诚不善书”、“狄武襄一鼓而破侬智高”、“陈谏议偿直取马”、“章郇公与丁晋公会博”、“造九鼎”、“监酒要术”、“状元焦”、“张天觉论词臣之文”、“阎立本画”、“俞温父判语”、“神宵乐郁罗萧台”、“青帅许王沂公远大”、“欧阳文忠服章郇公非卖恩”、“谏院得人御史称职”、“曾鲁公责妓讼官吏”、“国家养贤不与士卒同”、“陈谏议家法甚严”、“章郇公代副枢叱报庆者”、“宋参政不奏补奴隶”、“杜岐公通变”、“柴主与李主角富贵”、“对徽宗诗句”、“公主称”、“四亥四丑”、“闰不同”、“王祐植三槐”、“曾滁州误呼厍为库”、“曾公亮得龙脊王荆公得龙睛”、“箕子易牙名”、“杜祁公问贾黯以生事有无”、“甘露”、“荀卿为孙卿”、“斥中贵”、“高氏出太皇太后以有阴德之助”、“杨文公辞诰润笔与同列均分”、“曾鲁公神明”、“唐公肃远识”、“张知常不认同舍金”、“晏元献节俭”、“蔡絛西清诗话”、“徽宗赐王黼第御书七牌”、“薛昂黜用史记西汉讳蔡京名”、“郑文肃按奸赃流冯士元”、“蒋希鲁建西学宋宏肖其像于文翁祠”、“微司理几误杀人”、“李昭述得古铜符”、“郑文肃复西湖旧堤”、“蒋临川摘大姓李申罪弃市”、“郑文肃取仓腐粟俸饭”、“洪觉范因张郭罪配朱崖”、“罢史学”、“胡宗师以奏乐韶节义落职宫观”、“责降朱师复制”、“打破铜泼了菜”、“笑面夜叉”、“目米元章以颠”、“修御殿为潜德观”、“许风闻言事”、“补张清太医助教”、“以太祖陈桥传舍为显烈观”和“陈噩行外制落职”条；卷十三下设“郎中知制诰”、“吴有方奏神宗宜检视政事”、“朝廷曰退宴游曰归”、“子衿在郑诗之末”、“杨震急逐鹤去”、“大相国寺额”、“同时位太师”、“真宗亲为教授”、“司户受节度使节制”、“赐服带”、“王子纯免屠城而宲生”、“姚雄召故寨主子毕亲礼”、“克宽畏仆郭福”、“文正公愿为良医”、“林绩毁张嗣宗妖术印”、“罢舍法卒如黄裳言”、“赐藏书阁名稽古”、“诏所在置教授”、“复曾布蒋之奇资政学士”、“乞编皇宋政典”、“诏禁外制衣装”、“禁淫哇声”、“御赐酒名清醑”、“御笔宫观寺院不得称主”、“奏禁止圣名字”、“禁名意僭窃”、“禁渎侮混元皇帝名”、“诏学者治御注道德经”、“诏史记升老子传为列传首”、“诏学生添大小经及增置士名分入官品”、“诏禁以天字称”、“讨论履制度”、“封罗汉作应真”、“见任教授不得为人撰书启简牍乐语”、“唐元结名”、“契丹之法”、“河中府浮桥”、“樊知古荐河北令簿”、“刘师道解王文穆罪文穆复师道职”、“李端懿端愿问卜人寿”、“真宗书鲁宗道刚直于殿柱”、“司马光近于迂阔”、“滕宗谅兴湖学”、“刘沆开遗张友直珠冠书”、

“金像”、“英宗山陵不及嘉祐十分之一”、“熙宁月俸”、“陈洪进子以白金赂改父谥”、“刘庠言鲁公之短”、“王荆公司马文正议省辞郊赉”、“英宗壁书师说六箴”、“置天下常平官”、“赦官吏失入死罪”、“守正不阿为贤用人当用君子”、“宋主辰晋主参”、“欧阳公多谈吏事”、“潘温叟医”、“下蜀辎重百里不绝”、“御亲赐带花”、“致仕文吏当养其廉耻武吏当任其功旧”、“唐宋运漕米数”、“铸钱费多得少”、“荫子法”、“司马文正除李公择息贪吏掊克之心”、“以程氏礼用尹德充”、“开封地谶”、“儒冠多误身”和“章子厚与叔安仁令书”条。

实际上，除了“记事”类之外，书中记唐宋人事的条目，在在有之。像卷一“洪州为镇南军”、“直阁名官”、“立天丈架阁”、“本朝制置使”、“卖坊场河渡”和“道驾官朝服”条，卷二“宋敏求家报状皆全”、“制玉鱼袋”、“增谷价”、“三司使之职”、“将帅遥领州镇”、“举选人充京官”、“待制”、“行事举例”、“监司之职”、“三馆可称学士”、“二税起催用周制”和“亲事官”条，卷三“开元钱”和“乾德之号二”条，卷四“崇政殿说书”、“景钟”、“纪闻非温公所为”、“闽人登第不自林藻”和“铸钱”条，卷五“牛僧孺聪明台”、“柳子厚谓李义府为大臣”和“裴度圣相”条，卷六“定昆池”和“张平叔赃吏”条，卷九“镜湖”、“羊城”、“陈桥”、“利夔路置帅维蜀之险”和“唐宋三河改隶”条，也有一定的史料价值。

可是，又因党附秦桧，吴氏为人所不齿。所以，于当朝，刘昌诗作《芦浦笔记》，即指出了吴书中十一条舛误；赵彦卫作《云麓漫抄》，也批评“佛法与天地并原”条，为所学之诬妄，还说吴氏诟訾前贤不少。不过，四库馆臣并不这么看：

> 今观其书，以荀彧为汉之忠臣，以冯道为大人，其是非甚为乖剌。又如孙仲鼇贺秦桧诗，曾惇上秦桧书事十绝句，皆胪载无遗，是其党附权奸，昭然可见。并其书遭人攻击，盖由于此……然曾记诵渊博，故援据极为赅洽，辨析亦多精核，当时

虽恶其人，而诸家考证之文，则不能不徵引其说，几与洪迈《容斋随笔》相埒。置其人品而论其学问，弃其瑕类而取其英华，在南宋说部之中，要称佳本，则亦未可竟废矣。①

很显然，与刘氏、赵氏的诟病比起来，这样的评价当为公允之论。清人周中孚也说："大抵皆考证之说，援据该博，后来注家多引之。然在当时，颇为诸家所纠驳，由其人党附秦桧，其书亦有所不免也。今考所述，间有舛误，而精确者终不可废，故阅六七百载而光景常新云。"②晚清李慈铭又云："虎臣依附秦桧，赵景安《云麓漫抄》中深诋之。其书始出时已盛有名，并时说部如赵与洪迈、王观国、王楙、刘昌等已指摘其失，然浩博终不可没。故自宋迄今，诸家虽驳之而不能不引之。其'事始'、'辨误'、'地理'三门，颇有创发。'记事'、'方物'两门，亦足资考证，中多驳正王观国《学林新编》、高承《事物记原》二书。《学林》于宋代说部最为精核，虽小有舛漏，固非虎臣所能及。"③

《能改斋漫录》成书后，初刊于绍兴中，隆兴元年（1163），因仇家告讦而遭禁；绍熙元年（1190）重刊，而于元代又大略刊绝。入明，有人从秘阁抄出，吴书乃传。至乾隆朝，收入《武英殿聚珍版丛书》，为武英殿木活字本；又编《四库全书》，收入"子部杂家类"，为浙江巡抚采进本。嘉庆十四年（1809），收入《墨海金壶》，为虞山张氏照旷阁刊本。道光二十四年（1844），又收入《守山阁丛书》，为金山钱氏重编本。又于嘉道中，收入《龙眠丛书》，为桐城光氏刊本。至民国，收入《笔记小说大观》和《丛书集成初编》，分别由上海进步书局、商务印书馆石印和排印；1984 年前者由广陵古籍刻印社影印，1985 年后者又由中华书局重印。1960 年，中华书局上海编辑所出版排

① 《四库全书总目》卷 118《〈能改斋漫录〉提要》，北京，中华书局，1965。

② 周中孚：《郑堂读书记》卷 54《子部・杂家类・能改斋漫录》，上海，上海书店，2009。

③ 李慈铭：《越缦堂读书记・杂记・能改斋漫录》，北京，中华书局，2006。

印本；1979 年，上海古籍出版社又刊行重印本；2003 年，又收入《全宋笔记》，由大象出版社排印，是为现在最通行的版本。

沈作喆与《寓简》

沈作喆（?），字明远，号寓山，归安（今浙江湖州）人，沈该之从子。绍兴五年（1135）进士，官至奉议郎、江南西路转运使属官。他沿承家传，撰有《寓简》和《寓山集》。

《寓简》十卷，又附录一卷。卷首淳熙元年（1174）沈氏自序云：

> 予屏居山中，无与晤语，有所记忆，辄寓诸简牍。纷纶丛脞，虽诙谐俚语无所不有，而至言妙道间有存焉。已而诵言之，则欣然如见平生，故人抵掌剧谈，一笑相乐也。因名之曰《寓简》，聊以自娱，庶几漆园之无心，抑有如惠子者，或知其为无用之用乎？

可见，沈氏以记忆“寓诸简牍”而成编，因以“寓简”题书。书分条记事，又偏言易理。四库馆臣称：“此书自序题甲午岁，以长历推之，为孝宗淳熙元年，乃放废以后所作。”①

沈书于考证古事，多有可取。像卷四“柳子厚文集多假妄”条，断定《柳州谢上表》为伪作，又云《代刘禹锡同州谢上表》、《上大理崔卿启》非出自柳宗元之手。又卷六“古今之言地理”条，举出班固、司马相如误称水名之失，还指出“郦元《水经》诞妄处十二三也”。在史学上，沈氏也有一定的研究。像卷三“读史者但知武纪”条，主张读史要关注作者的“微意”；又同卷“史氏书事之法”条，提出史家修史的原则，应该是“事关大体则书之”。又卷五“故事朝殿惟起居郎舍人得直前奏事”条，论述起居郎、起居舍人直前奏事这一制度的兴废沿

① 《四库全书总目》卷 121《〈寓简〉提要》，北京，中华书局，1965。

革，保存了很重要的政治制度史史料。又卷一“天下事有病弊难革”条，记宋朝最初进士考试没有一定的日期，所以很多举子多占邻州户籍，多处参加考试，希望有一次能考中，导致很多问题，绍兴年间统一了考试日期，终于解决了这一长期困扰有司的问题。这也是一条科举制度史的重要材料。卷四“神宗朝王文恪”条，收录王陶家中看到的王氏弹劾宰相韩琦不押常朝班的奏状的全文，从而保存了这一重要文献。不过，沈书还记有一些怪异之事，像卷四“李太白云”条，又卷九“宣和间执政邓子常家”、“蔡州宣和间”，既不可取，又不足怪。①

《寓简》成书后，久无刊刻，一直以抄本流传。顺治三年（1646），收入《说郛续》，为两浙李氏宛委山堂刊本。至乾隆朝，编《四库全书》，收入“子部杂家类”，为浙江巡抚采进本；又收入《知不足斋丛书》，为长塘鲍氏刊本。宣统二年（1910），收入《古今说部丛书》，为上海国学扶轮社排印本。至民国，又收入《丛书集成初编》，由商务印书馆排印，1985 年又由中华书局重印。2003 年，又收入《全宋笔记》，由大象出版社排印，是为现在最通行的版本。

张世南与《游宦纪闻》

张世南（?），字光叔，饶州鄱阳（今属江西）人。早年随父官蜀，后官于闽之永福。他与刘过、高九万、赵蕃和韩淲交游，今存所撰《游宦纪闻》。

《游宦纪闻》十卷，凡一百零八条。书记内容广泛，论及当代掌故、逸闻轶事、风土人情、文物鉴赏，以及艺文、小学、考古、历法、

① 邓瑞全、陈娜：《〈寓简〉的版本和学术价值》，载《淮北煤炭师范学院学报》，2008（1）。

术数、医药和园艺，具有很高的史料价值。[①]

像卷一鄱阳秋荐[②]人数云：

鄱阳为郡，文物之盛，甲于江东，无图经地志……嘉定乙亥，史守始延郡之前辈访问，汇聚而为图经，然登载亦未详尽；如秋荐五十有五人，殊无确然之说。世南尝闻之先生长者云："旧额三十五人。自范文正公守此邦，通榜浑化，骤增员数。"此说盛行，牢不可破，是亦口耳之传。有故旧家藏元祐五年解榜，止三十有三人，在文正公之后。又德兴县开山记载，宣政间，拨弋阳县建节乡入本县，分割苗税，而信州减两名解额归饶。以此可见人言之妄。尝试考之，盖自大观兴三舍试，番士寖盛，以在郡学人数定贡士额，岁贡一十八人半。后罢贡法行乡举，合三年大比，积计五十五人半，遂为定制。此说载之国史及法律学令。南渡后，西北流寓士人，每郡科场，各举二人。绍兴丙子罢流寓，入本贯额。诸郡各增其二，惟饶以额宽，故仍旧云。

又卷五记大观中添创八宝，从于阗国求大玉事云：

一日，忽有国使奉表至。故事，下学士院，召译表语，而后答诏。其表云："日出东方，赫赫大光，照见西方五百国，五百国条贯主，师子黑汗王，表上日出东方，赫赫大光，照见四天下，四天下条贯主，阿舅大官家：你前时要者玉，自家甚是用心力，只为难得似你尺寸底。自家已令人两河寻访，才得似你尺寸底，便奉上也。"当时传以为笑。后果得之，厚大逾二尺，色如截肪，昔未始有也。

---

① 蔡荣生、何振作：《张世南〈游宦纪闻〉散考》，载《图书馆理论与实践》，2010（6）。

② 秋荐：即秋贡。于唐宋，州府向朝廷荐举会试人员的选拔考试，因于秋季举行而得名。

大抵今世所宝，多出西北部落：西夏、五台山、于阗国。玉分五色：白如截肪，黄如蒸栗，黑如点漆，红如鸡冠，或如胭脂。惟青碧一色，高下最多。端带白色者，浆水又分九色：上之上、之中、之下；中之上、之中、之下；下之上、之中、之下。

又卷一记士大夫谒见刺字，卷二记蕲春铁钱监、赐绯借紫，卷六记高丽国使人状，卷八记何致初拓岣嵝碑始末，卷十记杨凝式条，足资研究者考证；又卷二记犀角，卷五记古器，卷六记端砚，卷七记龙涎之类，也足资广闻博识。不过，书中也有瑕疵，像卷三记紫姑仙，卷四永福农家子，卷六记张氏先伯应考之类，宣扬神怪，自然也不可信。

对张书，四库馆臣评价说：

其书多记杂事旧闻，而无一语及时政。如记秦观元祐刺字，记黄师尹解打字义，记张嵩先借紫，记讳名讳字，记苏黄用一鸥字，记古书刀，记何致初拓岣嵝碑始末，皆足资考证。其驳黄伯思八十一首之说，及推阐王湜百六之义，尤极精核。其他如论犀角、龙涎、端砚、古器之类，亦足以资博识。宋末说部之佳本也。①

清人周中孚也说："今观其书，多记轶事琐闻以及杂物，而于时政概不及之。所记颇为谨慎，考证亦极该博，大抵闻之刘、高、赵、韩、程诸人居多，而程说尤多，且多记永福县事，当即其仕宦之地，未知究属何官也。夫以半生经历睹记之富，而所存止此，实宋季说部之后劲也。"②

《游宦纪闻》成书后，久无刊刻，一直以抄本流传。于晚明，收入《稗海》和《宋人百家小说》，分别为万历会稽商氏半埜堂刊本和桃源

① 《四库全书总目》卷121《〈游宦纪闻〉提要》，北京，中华书局，1965。

② 周中孚：《郑堂读书记》卷56《子部·杂家类·游宦纪闻》，上海，上海书店，2009。

溪陈氏刊本。顺治三年（1646），收入《说郛续》，为两浙李氏宛委山堂刊本。至乾隆朝，编《四库全书》，收入“子部杂家类”，为两江总督采进本；又收入《知不足斋丛书》，为长塘鲍氏刊本。至民国，收入《抱经楼丛刊》、《五朝小说大观》和《丛书集成初编》，分别为慈谿沈氏刊本、上海扫叶山房和商务印书馆排印本，1985 年又由中华书局重印。今人张茂鹏以鲍氏本为底本点校，1980 年由中华书局印行，列入《唐宋史料笔记丛刊》，与李心传《旧闻证误》合刊一册，是为现在最通行的版本。

袁文与《瓮牖闲评》

袁文（1129—1190），字质甫，四明鄞县（今宁波）人，事迹行状不详。他少小爱书，又恬于仕途，今存所撰《瓮牖闲评》。

《瓮牖闲评》八卷，今本系四库馆臣从《永乐大典》中辑出。从性质上说，它是一部学术笔记。而具体到书中内容，按四库馆臣的说法，即“一卷论经，二卷论史，三卷论天文、地理、人事之类，四卷专论小学，五卷论诗、词、书、画之类，六卷论饮食、衣服、器用、宫室之类，七卷论释、道、技术、物产之类，而以杂论因果怪异及自记之语终焉”①。

“瓮牖”一词，语出《礼记·儒行》：“筚门圭窬，蓬户瓮牖。”郑玄注：“以瓮为牖。”孔颖达疏：“以败瓮口为牖。”以破瓮为窗，谓贫寒之家。袁氏以之自嘲，又因以题书。

从总体上看，袁书系学术考辨笔记，而有关“史”的内容虽不多，可又间有可采之处，像卷二“萧何识韩信为偶然”、“宰予未尝作乱”、“三国志记汉高祖追封昭灵皇后事疑有误”、“汉高祖相吴王濞语有误”、

① 《四库全书总目》卷 118《〈瓮牖闲评〉提要》，北京，中华书局，1965。

"周章无百万之师"、"容斋误谓晁错父弃市"、"颜师古误断汉书赵禹传文"、"王嘉减法律"和"武则天之祸乃太宗所遗下"条，卷三"皇帝驸马公主"、"宋初岁有科举奏荐"、"徽宗时大内殿名"、"徽宗朝封王之滥"和"蔡京改公主为帝姬"条，卷六"蔡王梁三家奢纵"、"汉官服色"、"南渡后服紫凉衫之非制"和"大相国寺十绝"条，卷七"宋自仁宗以后始拜佛"、"黄太史痛戒酒色肉食"、"王老志戒蔡京"和"东坡戏庞安常"条，卷八"宋齐邱之死"、"五代夜试许用烛"、"太祖陈桥推戴事不密"、"立晋王乃太祖意"、"鲁道宗讥丁谓"和"宗泽妄杀之报"条。另外，袁氏生当南宋之初，目睹中原乱离惨状，于书中，多家国之思和兴亡之叹。立论虽多不得要领，而倾注深情，或可一观。像卷三记"徽宗朝封王之滥"云：

祖宗之制，异姓王封郡王者，皆外戚之尊属尔，及其薨也，始赠真王。若故相而有勋德，亦未闻有王爵之赠，况生封者哉！徽宗朝则不然，是时乃蔡京用事，遽封王介甫为舒王，以其弟卞之外舅也；又封韩魏公为魏王，以其有援立之功而与之同也；何执中之死，则封为清河郡王，以其在朝同执政也。以至郑居中赠荥阳郡王，童贯封广阳郡王，若此者莫非为身谋耳，谓他日既殂之后，一郡王无疑。岂知祸变相仍，重责以死，仅免于刑戮，由其用心不臧故也。然而京之所自为谋者，又岂止一二事而已耶？

又卷六记"蔡王梁三家奢纵"云：

徽宗朝，蔡京诸公用事，四方馈遗皆充牣其家，入上方者才十一。京家令点检蜂儿见在数目，得三十七秤。王黼家黄雀鲊自地至栋者凡满三楹。事见《曲洧旧闻》。梁师成家一日人惠牛酥一百舶。事见《漫录》。其奢纵如此，以是知前代有胡椒八百斛如元载者，盖不足云也。

对袁书，四库馆臣评价说：

> 其书专以考订为主，于经史皆有辨论，条析同异，多所发明，而音韵之学尤多精审。凡偏旁点画，反切训诂，悉能剖别于毫厘疑似之间，其所载典故事实，亦首尾完具，往往出他书所未备。虽征引既繁，不无小误……①

清人周中孚也说："其书考证异同，具有根据，而于小学尤精，堪与王彦宾《学林》相伯仲……注释甚详，此则又精于彦宾之书矣。"②

《瓮牖闲评》成书后，不详早先刊刻情形。至乾隆朝，收入《武英殿聚珍版丛书》，为武英殿木活字本；又编《四库全书》，收入"子部杂家类"，为永乐大典本。光绪十六年（1890），收入《清芬堂丛书》，为黄梅梅氏慎自爱轩刊本。至民国，收入《丛书集成初编》，1985年又由中华书局重印。1985年，上海古籍出版社排印李伟国点校本，收入《宋元笔记丛刊》，与叶大庆《考古质疑》合刊一册；2007年，中华书局重排李氏点校本，列入《学术笔记丛刊》，与叶大庆《考古质疑》合刊一册，是为现在最通行的版本。另外，2003年，又收入《全宋笔记》，由大象出版社排印。

楼钥与《北行日录》

楼钥（1137—1213），字大防，号"攻媿主人"，浙江鄞县人。隆兴元年（1163）进士，官至温州教授、起居郎、中书舍人、翰林学士、吏部尚书、翰林侍讲、参知政事、资政殿大学士。他久任内廷，长于内外制及书奏启札，撰有《攻媿集》、《乐书正误》、《北行日录》和《范文正公年谱》。

乾道五年（1169），随舅父汪大猷出使金朝。《北行日录》二卷，

---

① 《四库全书总目》卷118《〈瓮牖闲评〉提要》，北京，中华书局，1965。

② 周中孚：《郑堂读书记》卷54《子部·杂家类·瓮牖闲评》，上海，上海书店，2009。

即为他按日记使金的行程见闻。书分上下，卷上记事起于乾道五年十月九日，止于十二月三十日；卷下记事起于乾道六年正月一日，止于三月六日。从内容上说，包括天气、行程、道里、城郭、古迹、人物、风俗、饮食、物产和典章。

楼书反映了中原残破及人民生活的状况，表现了浓厚的伤时忧国的情绪。而记金朝事，比范成大《揽辔录》和周煇《北辕录》详尽，是研究金代政治、经济、女真习俗和历史地理的珍贵史料。

像卷上记乾道五年十二月二日过灵璧云：

饭后乘马行八十里，宿灵璧。行数里，汴水断流，人家独处者皆烧拆去。闻北人新法，路傍居民尽令移就邻保。恐蒙奸盗，违者焚其居……灵璧两岸人家皆瓦屋，亦有小城……买扑坊场递铺，皆筑小坞，四角插皂旗。遇贺正人使，先排两马南去。金法：金牌走八骑，银牌三，木牌二，皆铺马也。木牌最急，日行七百里，军期则用之。

又卷下记乾道六年正月十五日过相州云：

随使副乘马过漳河，登车，六十里至相州。使副上马入城，灯洞不如磁州之多，而工巧过之。秦楼街尤繁华，自北门至南门，约七八里所，士女多靓装拥观。有食店挂一灯，上为胡羊，中横一瓠，下为经一卷，盖河朔人语音以羹为经也。宿城外安阳驿，把车人言："去年十二月，方差使一番为年时，被蒙子国炒。旧时南畔用兵，尽般军器在南京，今却般向北边去。三月中般用牛三千头，般未尽间，被黄河水涨后且休。"问驴马价，云："驴上等有直四千者，马更高贵。旧时家家有马，炀王南征尽刷去，不知几万万匹。后来都是行归，而今又殃我等贵价买。"问绢帛价，云："好绢每疋二贯五百文，丝每两百五十文。"又有云："越王不平其弟为储国主，曾以女小底十人赐之，逊谢不受。云：'他日生出孩儿来，亦无用处。’蒙古国作梗，太子自去边头议和，半年不决，且又归。今又遣莫都统提兵去。”军子云：“我辈三四口，种少麻豆，足了得吃。旧时见说厮杀都喜欢，而今只怕佥起去，彼此休厮杀也好。”又有云：“我见父母说生计人口都被他坏了，我辈只唤他做贼，应河南北钱物都般向里去，更存活不得。”

对楼书，清人周中孚评价说：“因逐日记其道路所经，较周昭礼《北辕录》颇详赡，故虽止二卷，而文多于昭礼十倍。南宋人使北诸记，当以是录称观止焉。”①

楼氏《攻媿集》，原本一百二十卷，于流传中略有散佚。至乾隆朝，编《四库全书》，收入“集部别集类”，为两淮盐政采进本。四库馆臣删去“青词”数卷，编定为一百一十二卷，主要有诗、状札、表笺、奏议、外内制、序记、书启和墓志，卷尾即为《北行日录》。于乾隆朝，收入《知不足斋丛书》，为道光长塘鲍氏刊本。至民国，收入《四部丛刊》和《丛书集成初编》，分别为商务印书馆影印和排印本，1985 年后者又为中华书局重印。2003 年，又收入《全宋笔记》，由大象出版社排印，是为现在最通行的版本。

赵彦卫与《云麓漫抄》

赵彦卫（1140—1210），字景安，开封浚仪人，南渡后移居江阴。隆兴元年（1163）进士，官至乌程知县、徽州通判、新安郡守、随州及徽州知州，今存所撰《云麓漫抄》。

《云麓漫抄》十五卷，原名《拥炉闲话》、《拥炉闲纪》。今本卷首，有开禧二年（1206）赵氏自序和友人陈造序。陈序云：

---

① 周中孚：《郑堂读书记》卷 24《史部·传记类·北行日录》，上海，上海书店，2009。

> 吾友赵彦卫景安，佐吴门幕，一时郡守使者，委以事而立办，谘以疑而冰释，犁然当人心者，皆与经史合……暇日出杂著一编，凡笔古今事若干说，析误勾隐，辨是与否，有益学者。予读之，惊且叹，有过所得。

自序又云：

> 《拥炉闲纪》十卷，近刊于汉东学官，颇有索观者，无以应其求。承乏来此，适有见版，并后五卷，刻诸郡斋。近有《避暑录》，似与之为对，易曰《云麓漫钞》云。

今本卷尾，另附《赵彦卫生平考索》、《赵彦卫思想倾向靠辨》、《云麓漫抄版本源流考证》及《诸书题跋》，于了解赵氏生平、思想及赵书版本与价值，大有助益之用。从总体上说，赵书内容丰富，广涉宋代及宋代以前政治、经济、军事、文化艺术、典章制度、地理沿革、人物事迹、风土人情、花草虫鱼以及阴阳五行、八卦图谶。作者随感而发，不受体裁、篇章结构约束，不愧为宋代笔记中的上乘之作。

至于它的价值，一方面，体现出它对唐宋史料的记录；另一方面，则反映了赵氏自己的研究成果。具体说来，一是反映了下层机构的设置情况，记录了下层人物的思想与活动，像卷十二记“州郡用人之制”，包括衙前、吏人、帖司、造帐司、只候典、散从官、院虞候、斗子诸县人吏、剩员指挥以及供职条件的有关规定，还记录了里长、户长的设置制度，几乎不见于《宋史·职官志》。二是记录了很多宋代军队的情况，像卷十二记“禁军、厢军”，包括戍卫、迁转、训练、联络以及各地城郭的修葺之制；又卷七记“背嵬军”，包括张、韩、刘、岳四大将领所属部队的设置及作战情况；又同卷记“宋军退役制度”，对研究宋代军队的设置、部署、战斗力、服役制度，具有重要的参考价值。三是记录了不少正史语焉不详的人物和事迹，像卷一记“许翁翁”和“善拳寺”、卷四记“张叔夜”、卷七记“赵九龄”、卷八记“郭元迈”和“韩紃”、卷十记“秦门十客”，可与有关史传比对参证。四是书中还收录了很多文学艺术和科学技术方面的资料，大多也鲜见于他书。凡此种种，足以表明，赵书有助于更具体、更直观和更全面地了解宋代社会的面貌。[①]

对赵书，四库馆臣评价说：

书中记宋时杂事者十之三，考证名物者十之七，其记事于秦桧父子无贬词，而枉杀曲端一事，遗张浚而独归王庶，又称勘端反状，殊为曲笔，其考证颇为赅博……中有偶然纰漏者，皆不能知其依托，均为瑕类。[②]

晚清李慈铭也说："其书皆记名物故事，考据简核，议论亦鲜有南宋人腐气，多载唐宋官制，尤足裨于史阙。自序谓可比叶梦得《避暑录话》，《四库书目》称其实胜梦得书，以予观之，博洽似逊洪景庐之《容斋随笔》、王厚斋之《困学纪闻》、王观国之《学林新编》、吴虎臣之《能改斋漫录》，然亦无诸君驳杂之病。以当时人相较，正与朱少章之《曲洧旧闻》、朱新仲之《猗觉寮杂记》、戴埴之《鼠璞》、周公谨之《齐东野语》，可以骖驔雁行，张淏、姚宽、孙奕、沈作喆、陆游辈皆不能及也。"[③]

《云麓漫抄》成书后，先有汉东学宫初刊本。于明清，又有姚咨抄本、吴骞抄本和吴焯抄本。于晚明，收入《稗海》，为万历会稽商氏半埜堂刊本。顺治三年（1646），收入《说郛续》，为两浙李氏宛委山堂刊本。至乾隆朝，编《四库全书》，收入"子部杂家类"，为浙江巡抚采进本。至民国，收入《笔记小说大观》和《丛书集成初编》，分别由上海进步书局、商务印书馆石印和排印；1984 年前者由广陵古籍刻印社影印，1985 年后者又由中华书局重印。今人傅根清以吴焯本为底本

① 李丽静：《〈云麓漫抄〉研究》，上海师范大学中国古典文献学硕士论文（2010）。

② 《四库全书总目》卷 121《〈云麓漫抄〉提要》，北京，中华书局，1965。

③ 李慈铭：《越缦堂读书记·杂记·云麓漫抄》，北京，中华书局，2006。

点校，1996年由中华书局印行，列入《唐宋史料笔记丛刊》，是为现在最通行的版本。另外，2003年，又收入《全宋笔记》，由大象出版社排印。

王楙与《野客丛书》

王楙（1151—1213），字勉夫，平江长洲（今苏州）人。他少孤力学，疏食布衣，不求仕进，题所居曰“分定斋”，潜心读书，人称“讲书君”，撰有《巢睫稿笔》、《小名犬子》和《野客丛书》。

《野客丛书》三十卷，凡六百八十一条；另附他父亲王大成《野老纪闻》一卷，凡三十九条。卷首有庆元元年（1195）自序，又有嘉泰二年（1202）自记一条，书后有友人陈造的跋文。自序云：

> 仆间以管见，随意而书，积数年间，卷帙俱满。旅寓高沙，始名笔吏，不暇诠次，总而录之为三十卷，目之曰《野客丛书》。井蛙拘墟稽考不无疏卤，议论不无狂僭，君子谓其野客则然，不以为罪也。

于自记中王氏又说：

> 此书自庆元改元以来，凡三笔矣，继观他书，间有暗合，不免为之窜易，转乌焉，吏笔舛讹，以俟订正，续有数卷，见《别录》云。

“野客”，含义是乡野之人，王氏居乡耕读，因以题书。

王书又卷下设目，以卷一至卷六为例，即卷一“汉再受命之兆”、“班史略于节义”、“欧公讥荆公落英事”、“文帝露台”、“兰亭不入选”、“高帝弃二子”、“古者男女相见无嫌”、“东箱”、“炎凉世态”、“张杜酷恶之报”、“张杜皆有后”、“董仲舒决狱事”、“王章孔融儿女”、“文无害”、“三公治狱阴德”、“臣瓒误引事”、“汲黯逊周阳由”和“隽不疑刘德”；卷二“杨兴妄作”、“持国秉”、“诬罔难明”、“龚张对上无隐”、“杨恽有外祖风”、“未渠央”、“当时佚事”、“卑之无甚高论”、“天亡秦兆”、“次公何义”、“楚王好细腰”、“经书因误”、“称汉年数”、“事有见于他传”、“官名沿革轻重不同”、“何敞引陈平语”、“殷浩失望”、“晋惠问虾蟆声”和“率迩逖听”；卷三“论语点句”、“欧公论驺虞”、“汉唐酒价”、“唐时酒味”、“女侍中”、“缊组还妇”、“萧何强买民田宅”、“太牢”、“东汉呼万岁”、“喜人附己”、“周顗处暖昧召祸”、“古文奇字”、“妇人封命”、“杨胡有后”、“汉奉行故事之弊”、“晋史舛误”和“班马史文”；卷四“公子非暴胜之字”、“张辅妄论班史”、“赵周守节优劣”、“汉宣亲政事”、“荆轲”、“爰盎密害晁错”、“田叔善导骄主”、“尚书牴牾”、“王子猷操行”、“王涯学太玄”、“刘向讥恭显”、“萧疏二傅”、“前汉有两万石君”、“苏武在匈奴”、“新书所云”、“胶东之诈”、“蜀先主读书”、“袁郭论孔明”、“穆生邹阳”、“石显谮望之”和“汉贵荐贤”；卷五“唐人言牡丹”、“玉蕊花”、“后世务省文”、“玉树青葱”、“敬字”、“颜驷事与冯唐同”、“惠帝讳字”、“相如上林赋”、“竹坡言绿沉枪”、“王维诗误”、“高适诗误”、“麦秋”、“文选注谬”、“夏侯传注”、“孙公谈圃”、“和乐职诗”、“二公言宫殿”和“翱、湜待退之之异”；卷六“荆公读苏文”、“作字”、“毛诗异同”、“乐天姬侍”、“诗句用嫖姚事”、“露盘”、“东坡梅词”、“苏明允不能诗”、“弋人何篡”、“携家居省”、“毛诗谐声”、“来南协声”、“莪仪同音”、“三传不同”、“文人递相祖述”、“喷嚏”、“古语稚拙”、“苏杭妓名”和“周礼中言糕字”。

从性质上说，王书为一部学术笔记，以考证古书异同为主，广泛涉及经史、碑刻、经济、地理、文字、诗词、名物、制度、故事和风俗，具有很高的史料和学术价值。[①] 在这里，有关考史、经济、名物、制度

① 郑明：《〈野客丛书〉杂考》，载《古籍整理研究学刊》，1986（3）；姚铭：《〈野客丛书〉研究》，上海师范大学历史文献学硕士论文（2012）。

和故事内容，最值得治史者关注。

对王书，学界多有好评。陈造跋文即云："其议论之纯正，稽考之精确，钩摭之博洽，信可以不朽。"四库馆臣称道说："考辨精核，位置于《梦溪笔谈》、《缃素杂记》、《容斋随笔》之间，无愧色也。"① 清人周中孚也说："是编皆摘引群书，以考证其同异，辩论其是非，极为详明精确。虽卷帙繁富，不免时有舛误，然于经史大端多所厘正，在南宋说部之中，惟《容斋五笔》可与对垒，他家终不逮也。"②

不过，晚晴李慈铭的评价大不一样：

> 其记闻颇淹洽，而识见多局，笔亦冗漫，时有酸馅陈腐之气。在宋人说部中，不过位置《瓮牖闲评》、《学斋占毕》、《寓简》、《鼠璞》之间，以较《学林》、《能改斋漫录》诸书尚不及，《四库提要》比之《梦溪笔谈》、《容斋随笔》，则相去远矣。③

公道说，陈氏之论，有美化好友之嫌；四库馆臣，则有拔高王书之偏；而李氏之说，也有过激不公的倾向。应该说，陈书虽有瑕疵，不乏疏舛、因袭之处，可也瑕不掩瑜，不失为宋代考辨史文的名作。

《野客丛书》成书后，久无刊刻，一直以抄本流传。正统七年(1442)，有钮氏世德楼抄本；嘉靖四十一年（1562），又有王楙十一世孙王谷祥刻本。于晚明，收入《宝颜堂秘笈》和《稗海》，为万历会稽商氏半埜堂刊本和绣水沈氏刊本。入清，有康熙三十五年（1696）振鹭堂刻本。至乾隆朝，编《四库全书》，收入"子部杂家类"，为浙江巡抚采进本。至民国，收入《笔记小说大观》和《丛书集成初编》，分别由上海进步书局、商务印书馆石印和排印；1984 年前者由广陵古籍

① 《四库全书总目》卷 118《〈野客丛书〉提要》，北京，中华书局，1965。

② 周中孚：《郑堂读书记》卷 54《子部·杂家类·野客丛书》，上海，上海书店，2009。

③ 李慈铭：《越缦堂读书记·杂记·野客丛书》，北京，中华书局，2006。

刻印社影印，1985年后者又由中华书局重印。1983年，上海古籍出版社排印郑明、王义耀点校本，收入《宋代笔记丛书》；今人王文锦以嘉靖刻本为底本点校，1987年由中华书局印行，列入《学术笔记丛刊》，是为现在最通行的版本。另外，2003年，又收入《全宋笔记》，由大象出版社排印。

韩淲与《涧泉日记》

韩淲（1159—1224），字仲止、子仲，号涧泉，祖上在开封雍丘，后迁信州上饶（今属江西），韩元吉之子。早年以父荫入仕，为平江府属官，撰有《涧泉集》、《涧泉诗余》和《涧泉日记》。

《涧泉日记》三卷，书分上中下，凡一百九十八条，韩氏以自号题书。今本以类相从，大略按有关史事、品评人物、考证经史、鉴赏诗文和杂记山川古迹的顺序排列。书中所记，不乏他书鲜记之遗闻佚事，考证也很见功底，对研究宋代历史和文学具有一定的史料价值。① 像卷上记明道二年（1033）明肃太后亲谒太庙事，可证叶梦得《石林燕语》之误：

> 明道二年春二月乙巳，皇太后朝飨太庙，乘玉辂，服袆衣，九龙花钗冠，斋于庙。质明服衮衣十章，减宗彝藻，去剑，冠仪天冠。皇太妃亚献，皇后终献，薛奎尝谏不见听。

又同卷记大观四年（1110）诏命修宋哲宗正史事，也可补史传记录之阙：

> 大观四年四月丁酉，命礼部尚书郑中久、翰林学士承旨邓询仁、翰林学士张阁，修哲宗郑书；吏部侍郎范致虚、礼部侍

---

① 孙菊园：《韩淲与他的〈涧泉日记〉》，载《上海师范大学学报》，1988（2）。

郎霍端友、殿中监姚祐同修，限一年成书。至政和二年四月壬子，诏哲宗帝纪进呈笔，修史官蔡薿、郑久中、姚祐、张邦昌、于文粹中，各转两官邓洵仁、张阁、霍端友，转一官，以不经进呈故也。

又同卷记宣和冗官、冗费情形：

宣和元年四月庚子，臣僚言恩泽之行，比年寖滥，有入仕十二年转十官者。今两选朝奉大夫、朝请大夫，六百五十五员；奉直大夫，至光禄大夫，二百九十员；横行右武大夫，至通侍大夫，二百二十九员；修武郎，至武功大夫，六千九百九十一员。又言酬赏转官，不得回授，白身人自有约束，今又稍稍同行。选人在部者，一万六千五百十二员，小使臣二万三千七百余员。吏员猥冗，法拟不行。

又卷下讨论史学云：

史法须是识治体，不可只以成败是非得失立论。盖上下千百载，见得古人底里明白，然后可载；后世所不可不载之事，泛然欲备，则不胜其史矣。

古人之史，是非备遗忘要务多以美观也。因今劝后，因后明前。经制、述作二者是大，他琐琐皆不足记也……

古今兴废，不可只据纸上看过，须是高著言，与伸冤道屈，使后世无侥幸之心。其当然而不然，却只得归之天运，时数之消长，生民之幸不幸耳。

对韩书，四库馆臣评价说：

淲清高绝俗，不妄见贵人，亦不妄受馈遗，其人品学问，即具有根柢……其亲串亦皆当代故家……故多识旧闻，不同剿说……可补史传之遗。其他议论，率皆精审。在宋人说部中，固卓然杰出者也。①

清人周中孚也说："其书久佚，今馆臣从《永乐大典》录出，凡一百九十八条，因以次相从，分为三卷。首掌故，次品题人物，次考证经史，次评论诗文，次杂记山川古迹。其所记有与他书互异者，俱各加案语于其下。仲止人品学问本属高雅，又为参知政事之裔，吏部尚书之子，故家遗俗，俱有传闻，故所言率有根据，与剿说者异也。"②

《涧泉日记》成书后，久无刊刻，一直以抄本流传。顺治三年（1646），收入《说郛续》，为两浙李氏宛委山堂刊本。至乾隆朝，收入《武英殿聚珍版丛书》，为武英殿木活字本；又编《四库全书》，收入"子部杂家类"，为永乐大典本。光绪十六年（1890），收入《清芬堂丛书》，为黄梅梅氏慎自爱轩刊本。至民国，收入《说库》和《丛书集成初编》，分别由上海文明书局、商务印书馆石印和排印，1985 年又后者由中华书局重印，与郭畀《客杭日记》、黄庭坚《宜州乙酉家乘》和赵抃《御试备官日记》合刊一册。1993 年，上海古籍出版社排印孙菊园点校本，收入《宋元笔记丛刊》，与陈鹄《西塘集耆旧续闻》合刊一册；2006 年，又收入《历代日记丛钞》，由学苑出版社排印，与吕希哲《侍讲日记》、赵抃《御试备官日记》、周必大《归庐陵日记》、范成大《骖鸾録》、姚燧《西林日记》、刘跂《暇日记》、源豪《四度授法日记》、叶盛《水东日记》、郭畀《云山日记》和《客杭日记》合刊一册，是为现在最通行的版本。另外，2003 年，又收入《全宋笔记》，由大象出版社排印。

---

① 《四库全书总目》卷 121《〈涧泉日记〉提要》，北京，中华书局，1965。

② 周中孚：《郑堂读书记》卷 56《子部·杂家类·涧泉日记》，上海，上海书店，2009。

史绳祖与《学斋占毕》

史绳祖（?），字庆长，眉州眉山（今属四川）人。早年师从魏了翁，官至朝请大夫，直焕章阁，主管成都府玉局观。他工于诗，撰有《孝经解》和《学斋占毕》。

《学斋占毕》四卷，又作《学斋占毕纂》，凡一百一十一九条。卷首史氏自序云：

> 余少之时，将求多能，蚤夜以孜孜。凡读书有疑，随即疏而思之。遇有所得，质之于师友而不谬也，则随而录之，积久成编。

“占毕”一词，又作“佔毕”、“占哔”和“詀毕”，语出《礼记·学记》：“今之教者，呻其佔毕，多其讯，言及于数，进而不顾其安。”原义即视简上文字诵读以教人，后来也泛称“诵读”。史氏诵读经史，参核异同，因以“占毕”题书。

从性质上说，史书属考据辩证类笔记。具体说来，卷一考经，包括《书》、《易》、《诗》、《礼记》和《论语》，凡三十八条，又以考《易》为主；卷二以考史为主，包括制度、名物和史事，凡三十六条；卷三和卷四为杂考，实际上也涉及经史内容。不难看出，卷二考史的部分，像“孔子诔”、“成王冠颂”、“麦秀之歌”、“龙蛇之歌”、“晋志之误”、“铜鼓始于汉”、“汉唐史取代之文以为赞叙”、“中书檄词当始于唐人”、“唐给事中草制学士不草制”、“折梅遣使始于诸发不始于陆机”之类条目，多少还是有一定价值的。

对史书，四库馆臣评价说：

> 是书皆考证经史疑义……以禹于周易直鼎卦，以至解黄庭坚诗讥苏轼之类，皆失之穿凿……谓市井字出后汉《循吏传》，而不知本出《国语》；谓双声诗始姚合，而不知先有齐

王融之类，皆疏于考据。然其他援据辨论，精确者为多，亦孙奕《示儿编》之亚也。①

清人周中孚也说："庆长尝受业于魏鹤山，所谓'质之师友'者，当即指鹤山也。故是编凡一百二十条，每以朱子之书证其考定经史疑义，立论尚多根据，而不免间有伪舛，庆长亦自谓'弗敢自是，欲集诸同志而共定之'，亦可见其愿学之勤，读书之详，不为苟且以自慊也。"②

《学斋占毕》成书后，收入《百川学海》，弘治十四年（1501），又有无锡华氏覆宋本。于晚明，收入《稗海》，为万历会稽商氏半埜堂刊本。顺治三年（1646），收入《说郛续》，为两浙李氏宛委山堂刊本。至乾隆朝，编《四库全书》，收入"子部杂家类"，为通行本。嘉庆十年（1805），又收入《学津讨原》，为虞山张氏照旷阁刊本。至民国，收入《丛书集成初编》，由商务印书馆排印，1985 年又由中华书局重印。民国二十八年（1939），又有中华书局排印单行本。1992 年，收入《四库笔记小说丛书》，由上海古籍出版社影印，与戴埴《鼠璞》、赵升《朝野类要》、王应麟《困学纪闻》、罗璧《识遗》、叶寘《爱日斋丛抄》和黄溍《日损斋笔记》合刊一册，是为现在最通行的版本。

高文虎与《蓼花洲闲录》

高文虎（?），字炳如，明州四明（今宁波）人。绍兴三十年（1160）进士，官至吴兴主簿、太学博士、国史院编修官、将作丞、实录院检讨官、玉牒所检讨官、国子祭酒、中书舍人翰林学士、实录院修撰、提举太平兴国宫。他长于史学，参编过《高宗实录》、《神宗玉

① 《四库全书总目》卷 118《〈学斋占毕〉提要》，北京，中华书局，1965。

② 周中孚：《郑堂读书记》卷 54《子部・杂家类・学斋占毕》，上海，上海书店，2009。

牒》、《徽宗玉牒》和《四朝国史》，另撰有《蓼花洲闲录》。

《蓼花洲闲录》一卷，偏为一部抄撮之作。高氏引书，主要有《清波杂志》、《南唐近事》、《玉堂逢辰录》、《隽永录》、《搜神秘览》、《退斋笔录》、《唾玉集》、《渔隐丛话》、《金玉诗话》、《南游纪旧》、《谈选》、《石林燕语》、《杜阳杂编》、《湘山野录》、《春渚纪闻》、《沧浪野录》、《鲁公谈录》、《随手杂录》和《吹剑续录》。这些书大多尚存，所以，高氏之抄录没有多少价值，倒可作校勘之用。不过，书中也有一些不标出处的条目，包括一些药方和疑似自撰的部分，略有可取之处。像记蔡懋事云：

> 蔡确之子蔡懋，宣和末为同知枢密院事。因奏事言及确南迁时事，云苏轼有章"救先臣确，臣家尝传录"，因袖出章进上。上皇云："苏轼此章，在哲宗朝所上章。哲宗一一旋封册子，手自录次。今在宫中，并无此章。"懋怅然而退。

又记梦庚夫人徐氏事云：

> 参政梦庚夫人徐氏，有奇疾，每发于见闻，即举身战栗，至于几绝。其见母与弟皆然，母至死不相见，又恶闻徐姓及打银、打铁声。尝有一婢，使之十余年，甚得力，极喜之。一日，偶问其家所为业，婢曰："打银。"疾亦遂作，更不可见，竟逐去之。医祝无能施其术，盖前世所未尝闻也。

《蓼花洲闲录》成书后，久无刊刻，一直以抄本流传。嘉靖二十三年（1544），收入《古今说海》，为云间陆氏俨山书院刊本。至民国，又收入《丛书集成初编》，由商务印书馆排印，1985 年又由中华书局重印，与庄绰《鸡肋编》合刊一册。2003 年，又收入《全宋笔记》，由大象出版社排印，是为现在最通行的版本。

龚颐正与《芥隐笔记》

龚颐正（?），字养正，和州历阳（今安徽和县）人。他大略是宋高宗至宁宗朝人，官至和州文学、秘书丞、国史院检讨和宗正丞。他学问博洽，参编过《四朝国史》、《孝宗实录》和《光宗实录》，另撰有《芥隐笔记》。

《芥隐笔记》一卷，一事一记，凡一百三十五事，即“八十一万岁”、“祸双”、“掷火万里流铃八卫”、“东坡宸奎阁碑铭”、“蜂虿”、“杀之三宥之三”、“退之用字”、“腾骧字”、“黄石白猿”、“折绵冰酒”、“退之诗”、“东坡泗州塔诗”、“杜子美诗”、“滕王阁记”、“退之用丞辅字”、“陈琳书”、“山谷用巴西字”、“退之越裳操辨田字”、“闵己赋辨宽字”、“淮西碑辨谋字”、“辨古人用牙字”、“古人用山字”、“辨口字”、“辨厚字”、“辨亩字音”、“辨垢厚字”、“辨寫字音”、“辨闲字音”、“辨濶字音”、“辨乖字音”、“辨稼字音”、“辨角字音”、“辨蛇字音”、“辨降字音”、“辨售字音”、“正餐字音”、“哀字音”、“壹似字”、“用泐字”、“荆公押而字”、“正老杜自平诗”、“作诗下字来历”、“杜诗古今本不同”、“老杜秦城字”、“乐天诗”、“荆公用归字”、“老杜用受字进字逗字”、“作诗祖述有自”、“作诗得意句”、“唐朝酒价”、“八十八为八秩”、“蒲桃琵琶调笑司马”、“乐天用渊明诗”、“东坡德星句”、“东坡用乐天诗格”、“乐天与子美诗一意”、“李商隐诗”、“诗中用爱闲字”、“老杜乐天诗语”、“太史公司马相如赞”、“鱼千里”、“北征诗”、“柳耆卿词语”、“乐天长恨歌”、“牧之劻勷字”、“诗用斗在字”、“转席”、“苏小小”、“郑重字”、“季布毁誉”、“落吾手”、“杜诗用前人意”、“席寿”、“装潢两字”、“钳勒”、“善禁架”、“唾手”、“盗亦有道”、“左方”、“桑荫不徙”、“诸史语”、“饵药”、“经史杂语”、“贾捐之语”、“鸷鸟累百不如一鹗”、“曹植用墨子语”、“羊祜宗管子语”、“倒行逆施”、“欧阳建”、“子美诗有祖述”、“古人作文皆有依仿”、“意匠”、“老杜仿淮南子语”、“古人用字”、“太湖”、“窫窳、封豨、凿齿”、“徐凝用界字”、“崔骃宗杨雄”、“真赝字”、“拟鲊”、“雨绝”、“东坡用韩非子语”、“鄂鄂”、“左氏与史迁”、“天启之矣”、“豚犊”、“首鼠”、“破碎天道”、“绿沉绿檀”、“反水不收”、“千石鱼”、“王岐公宗乐天诗”、“矢来无乡”、“富贵他人合”、“森如束”、“来兹”、“思君令人老”、“东坡西江月”、“东坡真迹”、“往古来今”、“笑啼俱不敢”、“饥鹰待一呼”、“金斗熨波”、“刘梦得东坡用字法”、“五柞三杨”、“荆公用事”、“理丝竹筦弦”、“涪翁”、“退之徐偃王铭”、“退之联句”和“不子也”。

龚氏好书，六艺百家，无所不读；河图洛书、鑱石冢刻、方言地志、佛道经典、骚客之文，无所不记。至于讨论典故，订正史实，辨明音训，评论文体，虽片言只字，必推源是正。每有心得，随笔记录，以成是书。从总体上说，龚书属于考据辩证类笔记，又偏于文字音韵和诗词流变；有关“史”的分量虽小，可也有助于疏通读史文义，足资治史研文者参考。

对龚书，卷尾晚明毛晋跋云：“昔人称史论之核，莫如容垒，音训之精，莫如芥隐。”入清，四库馆臣即说它“不在沈括《梦溪笔谈》、洪迈《容斋随笔》之下，未可以卷帙多少为甲乙也”①。清人周中孚也说：“今观其书曰《芥隐》者，养正书室之名也……其考据该博，实与《容斋随笔》相亚，固不以篇页无多为嫌也。”②

不过，这种评价也有过誉之嫌。一方面，从格局和分量上，它是不可与沈书和洪书同日而语的；另一方面，它的正文与注文，也有不少舛谬之处。像韩愈“马上谁家白面郎”句，误以为是杜甫之诗；王昌龄“梦中唤作梨花雪”句，误以为王建之诗；《公羊传》孔父义形于色，误以为《左传》孔子之语；又“班固宾戏”条，正文与注文不相应；“王安石草堂怀古”条明注异同，而“王建”条注文则驳之，可见抵牾。

---

① 《四库全书总目》卷118《〈芥隐笔记〉提要》，北京，中华书局，1965。

② 周中孚：《郑堂读书记》卷54《子部·杂家类·芥隐笔记》，上海，上海书店，2009。

《芥隐笔记》成书后，收入《百川学海》，弘治十四年（1501），又有无锡华氏覆宋本。于中晚明，收入《顾氏文房小说》、《格致丛书》、《唐宋丛书》和《津逮秘书》，分别为嘉靖顾氏夷白斋刊本、万历胡氏刊本、崇祯钟氏刊本和虞山毛氏汲古阁刊本。顺治三年（1646），收入《说郛续》，为两浙李氏宛委山堂刊本。至乾隆朝，编《四库全书》，收入"子部杂家类"，为通行本。嘉庆十年（1805），收入《学津讨原》，为虞山张氏照旷阁刊本。至民国，收入《丛书集成初编》，由商务印书馆排印，1985年又由中华书局重印，与魏了翁《鹤山渠阳经外杂抄》合刊一册。2003年，又收入《全宋笔记》，由大象出版社排印，是为现在最通行的版本。

郭彖与《睽车志》

郭彖（?），字伯象，和州历阳（今安徽和县）人。绍兴进士，官括苍主簿、知兴国军，今存所撰《睽车志》。

《睽车志》六卷，大略成书于宋孝宗朝。"睽车"一词，语出《易·睽》"睽上六载鬼一车"。郭氏偏记鬼怪神异，因以"睽车"题书。

书中所记，主要是建炎、绍兴、乾道和淳熙朝事，大部分内容荒诞不经，旨在阐明因果报应，以劝人迁善改过。不过，它以宋代社会为背景，一些人事、风气和习俗，从侧面也反映了当时的社会面貌，于治史者也有一定的参证价值。

虽说书中主要颂扬了一批不怕鬼神的人物，而像卷一孙机仲条，卷二绍兴府戍卒、汀漳士人条，卷三平江张虞部、瞿公逊条，卷六刘先生条，并非一味宣扬迷信；像卷一岳侯降乩赋诗条，记录了同情岳飞的资料和佚诗；又卷一吴兴扬礼女、湖州妙善村民相二十条，卷三泉州永春县毗湖村民苏二十一郎条，卷四金陵舟梢李某者条，卷五丹阳牙校靳瑶妻条，还保留了不少宋代的风俗史料；又卷二绍兴三年癸丑八月五日平江长洲县地震、治平丁未年漳州地震条，则是十分难得之地震资料。

另外，郭书仿苏鹗《杜阳杂编》之体，每条之下必注明出处。不过，郭氏所引，大多已不见经史，不乏文献价值。像卷五孙机仲、卷四宗室赵伯琯条，可考张良臣事迹；卷五昆陵薛季成条，可考费衮事迹，从中也透露出郭氏的交游及活动情况。

对郭书，四库馆臣评价说：

> 是书皆纪鬼怪神异之事，为当时耳目所见闻者……书中所载，多建炎、绍兴、乾道、淳熙间事，而《汴京旧闻》亦间为录入……其大旨亦主于阐明因果，以资劝戒。特摭拾既广，亦往往缘饰附会，有乖事实……然小说家言，自古如是，不能尽绳以史传，取其勉人为善之大旨可矣。[①]

《睽车志》成书后，久无刊刻，一直以抄本流传。于中晚明，收入《古今说海》和《稗海》，分别为嘉靖云间陆氏俨山书院刊本万历会稽商氏半埜堂刊本。顺治三年（1646），收入《说郛续》，为两浙李氏宛委山堂刊本。至乾隆朝，编《四库全书》，收入“子部小说家类”，为内府藏本；又收入《龙威秘书》，为石门马氏大西山房刊本。至民国，又收入《五朝小说大观》和《丛书集成初编》，分别由上海扫叶山房和商务印书馆排印，1985 年后者又由中华书局重印，与方凤《物异考》和鲁应龙《闲窗括异志》合刊一册。今人徐凌云以四库全书本为底本点校，1991 年由黄山书社印行，列入《唐宋笔记小说三种》，与张洎《贾氏谈录》和康骈《剧谈录》合刊一册；2012 年，上海古籍出版社重排李梦生点校本，列入《历代笔记小说大观》，与徐铉《稽神录》合刊一册，是为现在最通行的版本。

① 《四库全书总目》卷 142《〈睽车志〉提要》，北京，中华书局，1965。

吴箕与《常谈》

吴箕（?），字嗣之，徽州新安人。乾道五年（1169）进士，官至仁和主簿、当涂知县，撰有《常谈》和《听词类稿》。

《常谈》一卷，四库馆臣云：“大抵皆评骘史事，而间及于考证。”[①]可见，它是一部考辨、史评类笔记。今本已非完帙，系四库馆臣从《永乐大典》中辑出。

吴氏与陆九渊[②]友善，深有得于金溪之学。像陆氏论汉高祖为义帝讨项羽事，谓新城三老深知天下大计，而吴氏也说：“新城三老独知而言之，汉有天下遂定于此”；又陆氏论曹参相汉，谓其能师盖公，用黄老术，汉家之治，血脉在此，而吴氏也说：“曹参得安静之体，盖公清心之言，有以先入之。”不过，他也并非墨守陆氏之说，像陆氏称汲黯仗节守义，虽曰未学，必谓之学，而他则说：“汲黯之直谏，本于气质，非学而得，故昧于大道。”

吴氏评史，有它的独到之处。像评《史记》记赵高、秦二世事云：

> 《史记》载赵高之所以蔽二世者，不无过辞。二世之昏愚，固可蒙塞，然不至于深居自隐，绝不与臣下相闻也。叔孙通传载，陈胜初起兵山东，使者以闻，二世召博士、诸儒生问之。秦至斥恶儒学，一旦有警，犹进博士辈询之，则在朝廷之臣，岂不一见而言乎？可知其不无过辞。

又评汉及唐宋货殖观云：

---

① 《四库全书总目》卷121《〈常谈〉提要》，北京，中华书局，1965。

② 陆九渊（1139—1193），号象山，字子静，书斋名“存”，人称“存斋先生”，又因于贵溪龙虎山聚徒讲学，山形如象，自号“象山翁”，人称“陆象山”、“象山先生”，抚州金溪（今属江西）人。他与朱熹齐名，史称“朱陆”，是宋明“心学”的开山鼻祖。

货殖传中所载富者，固曰甚盛。然求之近代，似不足道。樊嘉以五千万为天下高赀，五千万钱在今日言之，才五万贯尔。中人之家，钱以五万缗计之者多甚，何足传之于史。盖汉时兼并之风，犹未至盛，民之富者，特止于是。自唐以来，财产蓄于私室，而贫民无立锥，宜乎货殖之多于古也。

又评李延寿《北史》云：

李延寿作南北史，于《北史》多溢美，而书之亦甚详。书北事则曰某皇帝。盖唐承隋祚，其来自北。而高祖之前，与延寿累叶皆仕北朝，其私意如此。

又评程元振、鱼朝恩欲害郭子仪事云：

郭子仪自平安、史，功盖天下，鱼朝恩深忌之。及代宗立，程元振嫉之尤甚，乃罢子仪兵权，寘之京师。及后吐蕃入寇，兵迫近郊，上已出奔，始命为关内元帅，遣屯咸阳。是时，子仪无兵，麾下才数骑。鱼、程二人，非有意于御狄敌也，盖以之喂贼尔。意以为寇兵甚盛，师已近及，子仪虽有才望，必不能以数骑抗敌。近战则必危，退去，则因以军法杀之。子仪不死于寇，必死于罪，此二人意也。所幸天相忠义，使之成功尔。

对吴书，今本卷首清人李调元序云：“观尤袤与箕同时，而所辑《遂初堂书目》，已列《常谈》之名，则当时即珍重其书可知矣。”清人周中孚也说：“其书虽皆杂论经子史传，而论史事最多，间及考证。其持论颇从陆象山文集、语录而来，盖其学出自金溪也。然不为苟异，亦不为苟同，此为善学柳下惠者欤?”①

《常谈》成书后，久无刊刻，一直以抄本流传。至乾隆朝，编《四

① 周中孚：《郑堂读书记》卷56《子部·杂家类·常谈》，上海，上海书店，2009。

库全书》，收入“子部杂家类”，为永乐大典本。嘉庆十四年（1809），收入《函海》，为绵州李氏万卷楼刊本。至民国，收入《丛书集成初编》，由商务印书馆排印，1985年又由中华书局重印，与员兴宗《辨言》合刊一册。2003年，又收入《全宋笔记》，由大象出版社排印，是为现在最通行的版本。

孙奕与《示儿编》

孙奕（?），字季昭，号履斋，吉州庐陵（今江西吉安）人，生卒年及事迹行状不详。他大略生活于宋光宗、宁宗朝①，今存所撰《示儿编》。

《示儿编》二十三卷，又作《履斋示儿编》、《新刊履斋示儿编》。卷首开禧元年（1205）孙氏自序云：

> 考评经传，渔猎训诂，非敢以污当代英明之眼，姑以示之子孙。

以“示之子孙”为主旨，孙氏因以“示儿”题书。

孙书为一部学术笔记，依类分卷，书分七类，即卷一为“总说”，卷二至卷六为“经说”，卷七至卷十为“文说”和“诗说”，卷十一至卷十三为“正误”，卷十四至卷十七为“杂记”，卷十八至卷二十三为“字说”。孙书又卷下设目，即以卷一“总说”为例，又设“经传引古”、“六经主于王”、“六经无真字”、“天帝”、“后皇烝辟”、“皇帝王通称”、“岁祀年载通称”、“校庠序皆在乡”、“五行先后不同”、“问礼乐官名”、“倒文”、“字训辨”、“曾字”、“屑字”、“惟唯维字”、“有亡字”和“不字”十七条；卷七“文说”之下，又设“史重复”、“文重复”、“承舛袭讹”、“祖述文意”、“祖意而胜”、“拟圣作经”、“史体

① 赵伟含：《〈履斋示儿编〉考述》，载《哈尔滨学院学报》，2010（5）。

因革”、“古今之言详略”、“句法同”、“文意同”、“经同文”、“经异文”和“史同文”十三条；卷八“文说”之下，又设“史异文”、“经史异”、“破题道尽”、“作文法”、“赋要识题”、“赋需韵脚意全”、“赋贵巧于使事”和“赋以一字见功夫”八条；卷九“文说”、“诗说”之下，又设“声画押韵贵乎审”、“双音字贵详审”、“协韵不可重押”、“用字贵详审”、“祭文简古”、“对用人名”、“假对”、“偏枯对”、“假用字”、“双字”、“递相祖述”、“用古今句法”、“类前人句”、“杜诗转字音”、“韩诗转字音”和“柳诗转字音”十六条；卷十一“正误”之下，又设“仟佰”、“未渠央”、“丰碑”、“寿堂”、“名讳”、“正昭”、“三辰”、“民农”、“黎苗”、“弋人何慕”、“日一日劳”、“道术”、“庄子语疵”和“荀子反经”十四条；卷十二“正误”之下，又设“程伯休父”、“阳生”、“龟策”、“两伏波”、“发纵”、“上廉”、“数奇”、“尚书尚公主”、“陈蕃设榻”、“暨艳”、“薛愿”、“瓜丘甘露”、“秦焚书之渐”、“句读”、“章句”、“文辞”、“五湖”、“四海”、“六辔”、“百丈”、“百金”、“来牟”、“浙米”、“东壁东井南箕北斗”、“黎明”、“陈玄”、“重穋”和“印文牓额有之字”二十八条；卷十四“杂记”之下，又设“无恙多能果然率然”、“地有二义”、“可称之地”、“地名异”、“地名同”、“帝王历年”、“纪元”、“年号同”、“姓名同”、“慕人名姓”和“不类名字”十一条；卷十五“杂记”之下，又设“人物通称”、“人物易名”、“物重名”和“因物得名”四条；卷十六“杂记”之下，又设“易物名”、“人相反”、“物相反”、“自相反”和“事类”五条；卷十七“杂记”之下，又设“事同”、“郡国因革”、“卦配十二月”、“汉将相起微贱”、“汉兵唐兵”、“唐兴亡以女祸”、“太宗戒官吏碑”、“死生以义为重”、“学贯通古今”、“涂注乙”、“癖”、“痴”、“圣”、“仙”、“杀妻食子”、“西施乳舌”、“托名”、“草木冬青”、“屏风儿”和“祭之明日”二十条。

从分类不难看出，书以考评经史文艺、杂引众说为主，又兼及朝野轶闻琐事。而以“史”而论，有关考史内容和轶闻琐事，很值得研究者关注。

一方面，于“正误”、“杂记”部分，孙氏旁征博引，由史实考订到字词释义，细大不捐，详略得当。像论“名讳”、析“囊橐”、释“马耳”之类，妙会旁参，发人未发，实有疏通文义之功。另一方面，孙氏广泛征引文献，为研究古代典籍提供了很多有价值的线索，实可补《宋史·艺文志》之阙。另外，书中还保留了不少逸文，像严有翼《艺苑雌黄》早佚，而孙书征引有十五条，对充分认识严书的性质、体例有所助益。再一方面，孙氏重视类比，像卷十四“纪元”条，总结历代纪元义例，又“年号同”、“姓名同”条，搜罗史书相同者于一处；卷十五“人物异名”条，汇聚各种称呼于一处，出入子史，博采笔记，材料十分丰富，足以增广学识，拓展视野。至于书中所记习俗制度与遗闻轶事，对了解宋代社会风貌不无裨益。像“文说”部分的“赋要识题”、“双声字贵详审”、“协韵字虽亦作字不可重押”条，即于研究宋代科举律赋规则有重要价值。

另外，像卷十二“尚书尚公主”、“陈蕃设榻”、“暨艳”、“薛愿”、“瓜丘甘露”和“秦焚书之渐”条，卷十七“郡国因革”、“卦配十二月”、“汉将相起微贱”、“汉兵唐兵”、“唐兴亡以女祸”、“太宗戒官吏碑”、“死生以义为重”、“学贯通古今”、“杀妻食子”和“西施乳舌”条，于了解有关人事也略有可取。

不过，孙书也有明显的缺点。而反映在史学上，一是因刻意求新而难免有穿凿之嫌；二是因贪多务博而于史料有疏忽之处。像卷九“祭文简古”条，四库馆臣及钱大昕《十驾斋养新录》卷七，即对杨大年撰章献太后祭文一事，提出了质疑与辩证。①

① 侯体健：《〈履斋示儿编〉的学术得失与版本流传考略》，载《图书馆杂志》，2011（8）。

对孙书，四库馆臣评价说：

> 其书杂引众说，往往曼衍，又征据既繁，时有笔误。然其中字音、字训，辨别异同，可资考证者居多……其冗杂者可削，其精核者究不可废也。[①]

清人周中孚也说："今观其书，辨经史之异同，核文辞之是非，诗之评，字之正，人物之绮谈，奇闻奥旨，靡所不载，往往伤于芜杂，且亦小有舛误，而精核之论又时时错出于其间。至其辨书之形声，实有裨于考证，特不可与《梦溪笔谈》诸书相提并称耳。"[②] 晚清李慈铭又云："季昭乃南宋人之知古学者，虽有踳驳，自为淹贯。"[③]

《示儿编》成书后，久无刊刻，一直以抄本流传。入元明，又有刘氏学礼堂刻本、雪晴斋抄本和潘氏如苇馆刻本，今存国家图书馆。至乾隆朝，编《四库全书》，收入"子部杂家类"，为兵部侍郎纪昀家藏本；又收入《知不足斋丛书》，为长塘鲍氏刊本。至民国，收入《丛书集成初编》，由商务印书馆排印，1985 年又由中华书局重印。今人侯体健以知不足斋丛书本为底本点校，2014 年由中华书局排印，列入《学术笔记丛刊》，是为现在最通行的版本。

张淏与《云谷杂记》

张淏（?），字清源，东京开封人。南渡后，侨居婺州（今浙江金华）。绍兴二十七年（1157）进士，官至将仕郎、吏部架阁文字、奉议郎。他通文史，撰有《艮岳记》、《云谷杂记》和《会稽续志》。

---

① 《四库全书总目》卷 121《〈示儿编〉提要》，北京，中华书局，1965。

② 周中孚：《郑堂读书记》卷 56《子部 · 杂家类 · 示儿编》，上海，上海书店，2009。

③ 李慈铭：《越缦堂读书记 · 综合性笔记 · 示儿编》，北京，中华书局，2006。

《云谷杂记》四卷，又补编二卷，凡一百一十条，今本系四库馆臣从《永乐大典》中辑出。

张书又卷下设目，即卷一“管子”、“说苑新序载事不同”、“鹖冠子”、“和璧”、“管子篇名”、“望祭舜”、“秦刻石文”、“萧何营汉宫”、“兰蕙”、“又一则”、“又一则”、“太公九府”、“汉武立幼主”、“楼船戈船”、“甘泉玉树”、“兰亭序”、“唐为李广后”和“紫荷橐”；卷二“龙须”、“唐初人名字”、“本草”、“慈恩寺”、“中和节”、“双陆”、“新唐书不载诏令”、“击壤”、“马肝石”、“汉武内传”、“韩荆州”、“姓不蕃”、“袁客师”、“中兴颂”、“白接䍦”、“退之评孔墨”、“姚铉文粹取段去韩”、“韩文”、“嘉话录诋韩”、“石鼎联句”、“杜荀鹤诗”、“开口笑”、“以字为名”、“字讳易音”、“同直郎”和“广韵”；卷三“太宗识见”、“孝宗诞生”、“宗子预科举”、“艮岳”、“太祖达生知命”、“年号”、“州县用年号名”、“京城侵窃之弊”、“称相印”、“人之识见”、“崔府君”、“神泉”、“祈梦”、“读书所嗜不同”、“徐珌词”、“二疏”、“石鼓文”、“韩魏公身后名德”、“韩定辞”、“苏诗注不详”、“苏诗用典”、“疑凝二字”、“化鹤事有二”、“虎头州”、“米元晖”和“青奴山矾”；卷四“玉蕊花”、“又一则”、“鱼袋”、“老人授官”、“文中子门人”、“戍字音”、“明字亦从日”、“年号铸钱”、“呼矢为箭”、“一瓠千金”、“游灵芝宫”、“大耐官职”、“取进止”、“男女拜礼”、“宁馨”、“宰相问生事”、“鲍钦止赞”、“史浩眷遇”、“梦阅榜”、“李光诗”、“李孟博死于琼州”、“宸妃”、“郑侨梦”、“刊书擅改字”、“文士厌求索”、“葨芝”和“王象先作画”。又补编卷一“胪句传”、“紫盖黄旗”、“玉帐”、“月令字误”、“书后押字”、“太祖达生知命”、“上祭于毕”、“宰予之枉”、“藏金石刻”、“饮茶盛于唐”、“神道”、“门下”、“莺桃”、“木剑”、“温公得人心”、“登闻鼓”、“寿山艮岳”、“联句所始”和“人事物”；补编卷二“蒜发”、“关羽印”、“无置锥地”、“称臣呼卿”、“称万岁”、“崔豹”、“断屠”、“刘歆颜游秦有功于汉书”、“檄书露布所始”、“黄庭经”、“鱼雁传书”、“又”、“竹之异品”、“佛书”、“刀耕火种”、“钟鸣漏尽”、“燕脂”、“孝宗圣德”、“干姓”、“谥号”、“二赤松子”、“五大夫”、“礼部韵”、“尧九男”、“二洪崖先生”、“阿堵”、“后汉人亦有二字名”、“酒名齐物论”、“蔗字”和“避忌讳字”。

从性质上说，张书为考辨类笔记，内容涉及经史子集；它厘定详明，重视证据，足资治文史者参考。以“史”而论，像卷一“秦刻石文”、“萧何营汉宫”、“太公九府”、“汉武立幼主”和“唐为李广后”条，卷二“新唐书不载诏令”、“汉武内传”、“韩荆州”、“姓不蕃”、“袁客师”条，卷三“太宗识见”、“孝宗诞生”、“宗子预科举”、“年号”、“州县用年号名”、“京城侵窃之弊”、“称相印”、“崔府君”和“虎头州”条，卷四“鱼袋”、“年号铸钱”、“史浩眷遇”、“李孟博死于琼州”和“宸妃”条，又补编卷一“胪句传”、“紫盖黄旗”、“饮茶盛于唐”、“温公得人心”和“登闻鼓”条，补编卷二“关羽印”、“无置锥地”、“称臣呼卿”、“称万岁”、“崔豹”、“断屠”、“刘歆颜游秦有功于汉书”、“檄书露布所始”和“孝宗圣德”条，可与有关史文比对参证。

对张书，四库馆臣评价说：

> 宋人说部纷繁，大都摭拾琐屑，侈谈神怪。惟淏此书，专为考据之学。其大旨见自跋中。故其折中精审，厘订详明，于诸家著述，皆能析其疑而纠其缪。[①]

清人周中孚也说：“今观其书，实仿洪氏书为之，其于书传皆辨正伪谬，旁证远引，多所厘订，其为书亦博矣。且其考证之学，即能行之于听讼，杨尝举其二事以概之，称其敏识过人，亦平时记问之助云。”[②]

① 《四库全书总目》卷118《〈云谷杂记〉提要》，北京，中华书局，1965。

② 周中孚：《郑堂读书记》卷54《子部·杂家类·云谷杂记》，上海，上海书店，2009。

《云谷杂记》成书后，久无刊刻，一直以抄本流传。顺治三年(1646)，收入《说郛续》，为两浙李氏宛委山堂刊本。至乾隆朝，收入《武英殿聚珍版丛书》，为武英殿木活字本；又编《四库全书》，收入“子部杂家类”，为永乐大典本。于道光朝，收入《海山仙馆丛书》，为番禺潘氏刊本。光绪十六年（1890)，收入《清芬堂丛书》，为黄梅梅氏慎自爱轩刊本。民国十五年（1926)，收入《五朝小说大观》，为上海扫叶山房排印本。1958 年，中华书局排印张宗详校录本；1984 年，由台湾新文丰出版公司印行，与杨伯岩《臆乘》、戴埴《鼠璞》和邢凯《坦摘通编》合刊一册；1991 年，收入《丛书集成初编》，由中华书局排印，是为现在最通行的版本。

八　南宋历史笔记（下）

○概说

宋宁宗、理宗、度宗、恭帝、端宗和帝昺六朝，南宋江河日下，最终亡于元朝。主上昏庸、权臣当道、内忧外患、战火纷飞和民不聊生，是晚宋社会崩盘的总像。

在这种大趋势下，晚宋统治者早已无暇顾及历史经验的总结了。所以，南宋后期史学成就，是私撰远胜于官修。官修史书不多，主要表现在撰实录和编会要上，又只是留下了一部实录和一部会要，即《宋宁宗实录》和《国朝会要总类》。

《宋宁宗实录》四百九十九卷，成书于淳祐二年（1242）。《国朝会要总类》五百八十八卷，为李心传晚年依历朝会要编成，是有关两宋典章制度的简明汇总。

至于晚宋的私撰之作，可谓是华彩灿烂，主要表现在编会要、记当代和作笔记上。

以编会要而言，主要是徐天麟的两汉会要。《西汉会要》七十卷，成书于嘉定四年（1211）；书仿《唐会要》，分十五门，即帝系、礼、乐、舆服、学校、运历、祥异、职官、选举、民政、食货、兵、刑法、方域和蕃夷；门下另设子目，凡三百七十六目，是关于西汉典章制度的总汇。《东汉会要》四十卷，例同《西汉会要》，凡三百八十四目，是关于东汉典章制度的总汇。

以记当代而言，主要是李心传的《建炎以来系年要录》二百卷，成书于端平三年（1236）；它编年记事，始于建炎元年（1127），止于绍兴三十二年（1162），是关于宋高宗朝三十六年最重要的历史记录。与《资治通鉴》、《续资治通鉴长编》一样，它弘扬了《左传》编年记事又重在鉴戒的传统；又与《续资治通鉴长编》和《三朝北盟会编》一样，充分反映出南宋史家关注现实的社会责任感。

以考史书而言，主要是高似孙的《史略》六卷，考评两汉至唐宋史书，体制不同于刘知几《史通》，质量也远逊于刘书，可也值得史学研究者参阅。

而这一时段的历史笔记，则主要有李心传的《旧闻证误》和《建炎以来朝野杂记》，叶大庆的《考古质疑》，赵与时的《宾退录》，魏了翁的《古今考》和《鹤山笔录》，方回的《续古今考》，张端义的《贵耳集》，陈鹄的《耆旧续闻》，岳珂的《桯史》和《愧郯录》，陈郁的《藏一话腴》，叶绍翁的《四朝闻见录》，罗大经的《鹤林玉露》，费衮的《梁溪漫志》，江万里的《宣政杂录》，黄震的《黄氏日抄》，王应麟的《困学纪闻》，谢采伯的《密斋笔记》，周密的《齐东野语》、《癸辛杂识》、《武林旧事》、《志雅堂杂抄》和《云烟过眼录》，陈世崇的《随隐漫录》，刘昌诗的《芦浦笔记》，徐度的《却扫编》，赵升的《朝野类要》，俞文豹的《吹剑录》和《清夜录》，赵溍的《养疴漫笔》，叶寘的《爱日斋丛抄》，钱愐的《钱氏私志》，李之彦的《东谷随笔》，佚名的《咸淳遗事》，吴自牧的《梦粱录》和罗璧的《罗氏识遗》。

在它们当中，又主要以李心传《旧闻证误》和《建炎以来朝野杂记》，叶大庆《考古质疑》，赵与时《宾退录》，张端义《贵耳集》，陈鹄《耆旧续闻》，岳珂《桯史》，叶绍翁《四朝闻见录》，罗大经《鹤林玉露》，费衮《梁溪漫志》，王应麟《困学纪闻》，周密《齐东野语》、《癸辛杂识》和《武林旧事》，刘昌诗《芦浦笔记》，徐度《却扫编》，赵升《朝野类要》，叶寘《爱日斋丛抄》，李之彦《东谷随笔》和吴自牧《梦粱录》为代表。

李心传与《旧闻证误》、《建炎以来朝野杂记》

李心传（1166—1243），字微之、伯微，号秀岩，隆州井研人（今四川乐山）人。庆元元年（1195），乡试下第，绝意应举，闭户作书。晚年，赐进士出身，官至史馆校勘、工部侍郎。他有史才，撰有《学易编》、《道命录》、《诵诗训》、《春秋考》、《礼辨》、《读史考》、《旧闻证误》、《西陲泰定录》、《辨南迁录》、《建炎边防记》和《建炎以来朝野杂记》。

《旧闻证误》四卷，今本系四库馆臣从《永乐大典》中辑出。又今本卷首，有清人李调元二序、李光廷和缪荃孙跋。序云：

> 《旧闻证误》四卷，在微之撰述中，不过沙界微尘，而辨驳详明，根据凿凿……非具知人论世之识，逐加辨正，遂令贤者蒙垢不浅，欲不谓之良史才得乎？盖其渊源有自，而又兼才学识之长，故所作过人如此耳。
>
> 微之……又有《旧闻证误》一书，杂采宋初以来各家说部所载有关朝章典制者加以辨论，证其讹误，而凡轶闻琐事有所闻者，亦并载焉。虽案头之校本，亦史学之绪余也，因亦为刊行。

从性质上说，李书属于史评、史考类笔记。凡宋代私史及说部之书，自典章制度、岁月、姓名之讹异，先列旧闻，次为驳正，又略涉轶闻琐事。具体说来，李氏所谓“证误”，主要是证像魏泰《东轩笔录》、邵伯温《闻见前录》、叶梦得《石林燕语》、马永卿《元城语录》、王偁《东都事略》[①]、欧阳修《归田录》和李焘《续资治通鉴长编》的书记之误。像卷一记曹彬下江南事云：

曹彬、潘美伐太原，将下，曹麾兵稍却，潘力争进兵，曹终不许。即归至京，潘询曹何故退兵不进，曹徐语曰：“上尝亲征不能下，下之则我辈速死。”既入对，太祖诘之，曹曰：“陛下神武圣智，尚不能下，臣等安能必取?”帝颔之而已。太祖亲征太原不能下，开宝二年春也。时曹武惠实掌兵扈驾。明年，命潘武惠伐岭南。四年，岭南平，留知广州。五年，兼岭南转运使。六年，还朝。七年，与曹武惠同伐江南诸国，八年克之，九年还朝。是岁，太祖崩。二公未尝共伐太原也。按，史，开宝元年尝伐北汉，李继勋为大将，曹王为都监。然上亲征乃在次年，此谓“神武圣智尚不能下”，盖误也。太平兴国四年，曹王为枢密使，潘武惠为北面都招讨制置使，二公同行。然是岁太宗乃亲平太原，亦与此录不合。又按，平晋之岁，太宗亲征幽州，不能下。雍熙三年，曹、潘二王同出，亦无功。疑所云“神武圣智不能下者”指此。然是役也，曹出山前，潘出山后，潘克云中五郡，以曹失律，遂班师，实不同行。此云“曹麾兵稍却，潘力争”，亦非也。曹既失律，召还下吏，责为卫将军。潘屯雁门如故，久之，乃入朝。此云“既还京，曹语潘”云云亦谬。

对李书，四库馆臣称道说：

---

① 全书一百三十卷，为纪传体北宋史；记事起自宋太祖赵匡胤，止于宋钦宗赵桓，包括帝纪十二卷、世家五卷、列传一百零五卷；又附录八卷，列举辽、金、夏、西蕃和交阯的情况。

《要录》于诸书讹异，多随事辨正。此书所论北宋之事为多，不复出也。或及于南宋之事，则《要录》之所未及，此补其遗也。凡所见私史小说，上自朝廷制度沿革，下及岁月之参差，名姓之错互，皆一一详征博引，以折衷其是非。大致如司马光之《通鉴考异》，而先列旧文，次为驳正，条分缕析，其体例，则如孔丛之诘墨。其间，决疑定舛，于史学深为有裨，非淹通一代掌故者不能为也。①

清人周中孚也说："其书久佚，馆臣从《永乐大典》录出，只存一百四十余条，略依时代，编次为四卷，俱杂采宋初以来各家说部所载，有关朝章典制者，加以辩论，证其伪误，而凡轶闻琐事有所闻者，亦并载焉。虽案头之较本，亦史学之绪余也。"②

近人也有好评，同治十三年（1874）李光廷跋即云："此编更合古今见闻，无论正史、杂录，一一皆为正定。如曹彬下江南之举，吕文靖罢枢密之事，各录皆有据，此则百无一真。又欧阳观之出妇，人皆为文忠讳，据此则实有其事。其所援据皆日月确凿，洵有补于史学也。"又光绪二十六年（1900）近人缪荃孙跋云："宋李伯微旧闻证误，宋艺文志作十五卷，因所见私家小说窃言朝廷制度，而岁月参差、名姓错误，爰详称博引以折衷其是非，至为详悉。惜明代已无传本，馆臣集诸永乐大典，得一百四十余条，编为四卷。"

《旧闻证误》成书后，久无刊刻，又渐次散佚。至乾隆朝，编《四库全书》，收入"史部史评类"，为永乐大典本。嘉庆十四年（1809），收入《函海》，为绵州李氏万卷楼刊本。于同治朝，又收入《榕园丛书》，为真州张氏刊本。至晚清，又收入《藕香零拾》，为宣统江阴缪氏刊本。至民国，收入《丛书集成初编》，由商务印书馆排印，1985年

① 《四库全书总目》卷88《〈旧闻证误〉提要》，北京，中华书局，1965。

② 周中孚：《郑堂读书记》卷35《史部·史评类·旧闻证误》，上海，上海书店，2009。

又由中华书局重印。今人崔文印以缪氏本为底本点校，1981年由中华书局印行，列入《唐宋史料笔记丛刊》，与张世南《游宦纪闻》合刊一册，是为现在最通行的版本。另外，2003年，又收入《全宋笔记》，由大象出版社排印。

《建炎以来朝野杂记》四十卷，书分甲乙，各二十卷。甲集卷首李氏自序云：

> 每念渡江以来，纪载未备，使明君良臣名儒猛将之行事，犹郁而未彰。至于七十年间兵戎、财赋之源流，礼乐、制度之因革，有司之传往往失坠，甚可惜也。乃缉建炎至今朝野所闻之事，凡有涉一时之利害与诸人之得失者，分门著录，起丁未，迄壬戌，以类相从，凡六百有五事，勒为二十卷。

“丁未”，即建炎元年（1127）；“壬戌”，即嘉泰二年（1202），应是甲集成书之年。又乙集卷首嘉定九年（1216）李氏自序云：

> 《朝野杂记》既成之，三年复为书，号《续记》，既抵乙丑之冬矣。顾视前集所书，往往缺略未备，而所忆中兴以来旧闻遗事，尚或有之欲补缀成编……乃取旧编束之高阁而熟复乎圣经贤传之书，又念前所未录者尚数百条，不忍弃也，萃而次之，谓之《乙集》……然则是编也，或可以备汗青之采摭乎。若夫择焉而不精，语焉而不详，则单见浅闻无所逃罪，后之览者亦尚恕之哉？

“乙丑”，即开禧元年（1205），应是乙集始撰之年，而嘉定九年当是成书之年。李书名为“杂记”，体例实同会要，而又采笔记之体。李氏以一时之利害、一人之得失、一事之源流、一物之因革分门编类，可谓很重体例。具体说来，甲集分十三门，即“上德”、“郊庙”、“典礼”、“制作”、“朝事”、“时事”、“故事”、“杂事”、“官制”、“取士”、“财赋”、“兵马”和“边防”；比之甲集，乙集缺“郊庙”，可又于卷尾别出“边事”，仍为十三门。又门下设子目，而从门、目之设来看，李书可谓博大，实非一般的野史、笔记可比。李氏编书，主要从官修史书和档案副本中取材，又旁及时人议论，记宋高宗、孝宗、光宗和宁宗四朝之礼乐、刑政、职官、科举、兵农、食货，又注重辨析沿革和得失，资料完备齐全，为南渡以来野史之最翔实者。①

而书中有关的统计数字，具有很高的史料价值，一直为学界所重视。像甲集卷十四“景珰庆历绍兴盐酒税绢数”、“总论国朝盐鹾”和“蜀盐”条，提供了十分重要的经济史资料；又从同集同卷“财赋”条，可知东南岁入供钱二百万缗，乃是“正赋”；经制钱六百六十万缗，总制钱七百八十万缗，月桩钱四百万缗，乃是“增赋”；连同茶盐酒算、坑冶、榷货、籴本等项收入四千四百九十万缗，可推算出南宋岁入已超出北宋岁入之最高额。又从同集卷十八“乾道内外大军数”条，可知南宋有上百万的军队，而一兵一岁费用五十千，一年兵费则为五千万，“合钱粮衣赐约二百缗可养一兵”，可推知南宋的军费开支很大，而老百姓的赋税负担也十分沉重。

对李书，四库馆臣称道说：

> 盖掇拾群言，失真者固亦不免。然于高、孝、光、宁四朝礼乐刑政之大，以及职官科举、兵农食货，无不该具。首尾完赡，多有马端临《文献通考》、章俊卿《山堂考索》及《宋史》诸志所未载。②

清人周中孚也说：“秀岩谓渡江以来，明君良臣、名儒猛将之行事，既作《系年要录》以纪之矣，至于七十年间，兵戎财赋之源流，礼乐制度之因革，有司之传，往往失坠，乃辑建炎以来朝野所闻之事，凡有涉一时之利害与诸人之得失者，起丁未迄壬戌，以类相从……总名之曰

---

① 徐规：《李心传〈建炎以来朝野杂记〉》，载《杭州师范学院学报》，1996(2)。

② 《四库全书总目》卷81《〈建炎以来朝野杂记〉提要》，北京，中华书局，1965。

《朝野杂记》，与《系年要录》相辅而行。自有此书，而文献赖以征，轶事赖以存，而凡《通考》各门、《宋史》诸志所未载者，皆借此书以补其阙，故陈直斋称为南渡以来野史之最详者也。"①

晚清李慈铭又云：李书甲集"俱记南渡四朝事，分十三门，自帝系后妃，君德朝政，以及制度沿革，时事治乱，而士夫间遗闻佚事，亦偶及之。原原本本，叙次简严，载述详核，盖兼备国史及会要之用……考南宋故事，固莫善于此书矣"②。

不过，李氏作《要录》和《杂记》，同书高宗朝事，可在"年月"、"地名"、"人名"、"系衔"、"疑似"、"裁断"、"真相"和"事始"上，二书存在不少的歧异。有学者认为，是因"两书性质的不同"、"两书依据材料的不同或处理材料手法的不同"以及"两书未作同步的修订"③。

《建炎以来朝野杂记》成书后，至乾隆朝，收入《武英殿聚珍版丛书》，为武英殿木活字本；又编《四库全书》，收入"史部政书类"，为两淮盐政采进本。嘉庆十四年（1809），收入《函海》，为绵州李氏万卷楼刊本。光绪二十一年（1895），会稽孙星华以殿本翻刻，又参照归安陆心源藏影宋本校改。至民国，收入《适园丛书》、《国学基本丛书》和《丛书集成初编》，分别为乌程张氏刊本和商务印书馆排印本，1985年后者又由中华书局重印。今人徐规以适园丛书本为底本点校，2000年由中华书局印行，列入《唐宋史料笔记丛刊》，是为现在最通行的版本。另外，1993年，收入《中国野史集成》，由巴蜀书社影印；2003年，又收入《全宋笔记》，由大象出版社排印。

---

① 周中孚：《郑堂读书记》卷29《史部·政事类·建炎以来朝野杂记》，上海，上海书店，2009。

② 李慈铭：《越缦堂读书记·周秦以后史书·建炎以来朝野杂记》，北京，中华书局，2006。

③ 梁太济：《〈系年要录〉、〈朝野杂记〉的歧异记述及其成因》，见《唐宋历史文献研究丛稿》，上海，上海古籍出版社，2004。

叶大庆与《考古质疑》

叶大庆（?），字荣甫，浙东龙泉人，生卒年及事迹行状不详。开禧元年（1205）进士，官至建州州学教授。他以词赋见长，今存所撰《考古质疑》。

《考古质疑》六卷，为叶氏晚年之作，今本系四库馆臣从《永乐大典》中辑出，凡七十八条。

于叶氏之先，程大昌作《考古编》，叶书似有接迹之义。叶氏熟谙六经诸史和当代名家撰述，书中之考辨内容，广涉历朝史实、曲章制度、文字训诂和诗词文章，又偏于考证史实为多，为考古专业、古汉语专业、古典文学专业研究者的必读之书。①

今本叶书，又卷下设目，即卷一“论史汉以一人为二人二人为一人之失”、“古人著书多有为后人所加者”、“刘知几责春秋之言无当”、“论史记用尚书之误”、“史记记事参考互见有失”、“古文尚书出壁事辨”、“古来字读厘音”和“论古今避讳疏密”；卷二“论史记所载父师少师非箕子比干”、“论孟子战国策史记诸书记齐王伐燕事之异同”、“史记淳于髡后百余年有优孟质疑”、“辨司马彪历志谓太初年始用三统历之误”、“策书溯源”、“论票姚字音”、“论司马法刑法志记都鄙之法异同”、“论文子非周平王时人”、“新序记昭奚恤之言乃寓言”、“新序二误”、“论陈平不可与三杰并立”和“留中之始”；卷三“非熊”、“论年号钱”、“谓马岁为齿不自唐张万岁始”、“西汉有太学”、“数奇数字当音所具切”、“论列子寓言”、“论列子书多后人增益”、“斗星”、“论古字音义之异同”、“论古字之繁省”和“论古人制字名义”；卷四

① 丁雪松：《〈考古质疑〉研究》，华东师范大学中国古典文献学硕士论文（2011）。

“说苑误以赵襄子善相士为仲尼之言”、“说苑记诸御己谏楚庄王之言有误”、“龙蛇之章乃介之推事非舟之侨事”、“说苑记晏子见吴王夫差事有误”、“说苑记屠余梁公弘倚相之事有误”、“曾子晏子不同时”、“晋楚郯之战在晋景公世非昭公世”、“说苑记孔子赵襄子问答事误”、“墨子记晏子非孔子之言之妄”、“汉世以蛙为御膳及宗庙之荐”、“论树桃李”、“神有五能五不能解”、“祀先农不始于汉”、“论岫非山而乃山之穴”、“记二苏诗用对床听雨语”、“迁莺辨”、“老子为学日益为道日损解”、“撑犁孤涂辨”、“论急急如律令之义”和“论万岁”；卷五“文中子辨”、“中说有王氏子弟附会之语”、“记东坡诗文之误”、“落霞孤鹜辨”、“论尧临民以五非谓尧以土德王天下”、“论兰亭序滕王阁序无可厚非”、“汉书李陵传质疑”、“筠乃竹皮”、“曲逆当如本字读”和“指纵指踪辨”；卷六“孟子百里奚辨韩愈讳辨两文之妙”、“论孟子不见诸侯而见梁惠王”、“孟子三宿而后出昼或云当作画”、“论曲之始”、“列子西极之化人即佛”、“飓风解”、“宁馨阿堵解”、“果蠃”、“辕毂非一物”、“殿堂”、“殿堂非天子专有”、“避殿之始”和“论刑法当主忠厚”。另外，还有佚文八条，即“论司马迁疏略而难信”、“论史记不载燕昭筑台事”、“论史记与通鉴纪事不同”、“论庄子寓言”、“论诗人所作美刺难概言”、“论歇后语”、“集句”和“智脱王敦难者乃王允之非王羲之”。

叶氏读书认真，学问淹贯，考据凿凿有据。于“史”而论，有关考辨史事、典制的内容，最值得治史者关注。像卷一“史记记事参考互见有失”条，卷三“论年号钱”条，卷五“记东坡诗文之误”、“论兰亭序滕王阁序无可厚非”条，可谓条剖缕析，令人折服，不乏启示价值。

对叶书，四库馆臣给予了很高的评价：

其书上自六经诸史，下逮宋世著述诸名家，各为抉摘其疑义，考证详明，类多前人所未发。其有征引古书及疏通互证之处，则各于本文之下用夹注以明之，体例尤为详悉，在南宋说部之中，可无愧淹通之目。①

清人周中孚也说："其书凡七十四条，自经史传记，以迄当代人著述，其有疑义者，一一为之抉摘。考订详密，援引该博，而议论精确，往往出人意表，且行文亦极典赡可观。其于各条多有夹注，或释音义，或注出处，或具详引书端末，体例允为尽善。"②

《考古质疑》成书后，宝庆二年（1226），由建州郡丞叶武子刊刻。至乾隆朝，收入《武英殿聚珍版丛书》，为武英殿木活字本；又编《四库全书》，收入"子部杂家类"，为永乐大典本。于道光朝，收入《海山仙馆丛书》，为番禺潘氏刊本。至光绪朝，又收入《啸园丛书》和《清芬堂丛书》，分别为仁和葛氏刊本和黄梅梅氏慎自爱轩刊本。1984年，由台湾新文丰出版公司印行，与赵与时《宾退录》合刊一册。1985年，上海古籍出版社排印李伟国点校本，收入《宋元笔记丛刊》，与袁文《瓮牖闲评》合刊一册；2007年，中华书局重排李氏点校本，列入《学术笔记丛刊》，与袁文《瓮牖闲评》合刊一册，是为现在最通行的版本。

赵与时与《宾退录》

赵与时（1172—1228），字行之、德行，东京大梁（今开封）人，宋太祖赵匡胤七世孙。他弱冠应举，补官右选，调管库之任，还做过婺、泰、衢州的地方官，又监御前军器所。他矢志不忘科举，为宝庆二年（1226）进士，又以从事丞居于丽水，今存所撰《宾退录》。

《宾退录》十卷，成书于嘉定十七年（1224）。卷首赵氏自序云：

---

① 《四库全书总目》卷118《〈考古质疑〉提要》，北京，中华书局，1965。

② 周中孚：《郑堂读书记》卷54《子部·杂家类·考古质疑》，上海，上海书店，2009。

> 余里居待次，宾客日相过，平生闻见所及，喜为客诵之。意之所至，宾退，或笔于牍，阅日滋久，不觉盈轴，欲弃不忍，因稍稍傅益，析为十卷，而题以《宾退录》云。

从自序可知，他以平日闻见，笔录成篇；后有宾客来访，又谈诵平生闻见，宾客退后，即书于纸笺，终于累积成书，因以“宾退”题书。

赵书以考证经史、辨析典故和评论诗词为主，也涉及不少宋代史事，具有很高的史料价值。像卷一关于王建和花蕊夫人宫词前后再见，自纠前条所记未详，不迁就前说而予以纠正，得失并存，不自以为是，足见治学态度之严谨。

又同卷记嘉定、眉州夫子庙情形云：

> 嘉、眉多士之乡，凡一成之聚，必相与合力建夫子庙。春秋释奠，士子私讲《礼》焉，名之曰乡校。亦有养士者谓之小学。眉州四县凡十有三所，嘉定府五县凡十有八所。他郡惟遂宁四所，普州二所。余未之闻。

又卷三辨《南迁录》真伪云：

> 近岁，金虏为鞑靼所攻，自燕奔汴，有《南迁录》一编盛行于时。其实伪也。卷首题通直郎秘书省著作郎骑都尉赐绯张师颜编。虏之官制，其于《士民须知》，独无通直一阶，其伪一也；虏之世宗，以孙原王璟为嗣，储父曰允恭，璟立，追尊允恭为显宗。《录》乃谓璟为允植之子，其伪二也；虏之君臣，皆以小字行，然各自有名，粘罕名宗维，兀术名宗弼，《录》乃称忠献王罕，忠烈王术，其伪三也。虏事，中国不能详，然灼知其伪者已如此，而士大夫多信之。

又卷六记富弼出使辽国事云：

> 富郑公奉使契丹，虏主言欲举兵。公曰：“北朝与中国通好，则人主专其乎，而臣下无所获，若用兵，则利归臣下，而人主任其祸。故北朝群臣争劝举兵者，此皆其自谋，非国计

也。胜负未可知，就使其胜，所亡士马群臣当之欤抑人主当之欤”是时语录传于四方。苏明允读至此曰：“此一段议论，古人有之否”东坡未十岁，在傍对曰：“记得严安上书云：‘今徇南夷，朝夜郎；略薉州，建城邑；深入匈奴，燔其龙城。议者美之，此人臣之利，非天子长策也。’正是此意。”明允以为然。洪文敏又记：“魏太武时，南边诸将表称宋人大严，将入寇，请先其未发，逆击之，魏公卿皆以为当。崔伯深曰：‘朝廷群臣及西北守将，从陛下征伐，西平赫连，北破蠕蠕，多获美女、珍宝，南边诸将，闻而慕之，亦欲南钞以取资财，皆营私计，为国生事，不可从也。’魏主乃止。其论亦然。”余谓严、崔之说，皆陈于其君，非若富公以和战利害，别白于异域而能见听。独唐郑元璹使突厥，谓颉利曰：“今掠资财劫人口，皆入所部，可汗一不得，岂若仆旗接好，则金玉重币，一归可汗。”颉利当其言。时自将攻太原，遽引还，正与富公之事合。文敏偶忘之，何耶？然富公岂蹈袭它人之语者，盖理之所在，古今所同，推诚以告之，虽蛮貊之邦行矣。

对赵书，四库馆臣评价说：

后题称阏逢涒滩，盖成于嘉定十七年甲申也。书中惟论诗多涉迂谬，于吟咏之事茫然未解。至于考证经史，辨析典故，则精核者十之六七，可为《梦溪笔谈》及《容斋随笔》之续。①

清人周中孚也说：“行之受学于杨慈湖，文艺非其所长，故是编论诗多迂谬，即开卷第一则论王建《宫词》，亦自知纠正于末卷也。至于辩论经史，多有证据，杂记掌故，皆属实录，虽卷帙不及《容斋五笔》

① 《四库全书总目》卷118《〈宾退录〉提要》，北京，中华书局，1965。

之宏富，而精核则固与之并矣。”[1] 晚清李慈铭又云：“此书在宋说部中亦以考据名……汉世钱重一条，援证亦博而核，所载故事，亦可与史传相参考。虽余多无可观，且有疵谬，固亦足以传矣。”[2]

《宾退录》成书后，久无刊刻，一直以抄本流传。顺治三年（1646），收入《说郛续》，为两浙李氏宛委山堂刊本。至乾隆朝，编《四库全书》，收入“子部杂家类”，为江苏巡抚采进本。道光十一年（1831），收入《学海类编》，为六安晁氏活字排印本。于晚清，收入《对雨楼丛书》，为光绪江阴缪氏刊本。至民国，收入《古书丛刊》、《择是居丛书》和《丛书集成初编》，分别为古书流通处影印本、吴兴张氏刊本和商务印书馆排印本，1985 年后者又由中华书局重印。1983 年，上海古籍出版社排印齐治平点校本，收入《宋元笔记丛刊》。今人傅成以古书丛刊本为底本点校，2012 年由上海古籍出版社排印，列入《历代笔记小说大观》，与徐度《却扫编》合刊一册，是为现在最通行的版本。另外，1984 年，由台湾新文丰出版公司印行，与叶大庆《考古质疑》合刊一册；2003 年，又收入《全宋笔记》，由大象出版社排印。

魏了翁/方回与《鹤山笔录》、《古今考》和《续古今考》

魏了翁（1178—1237），字华父，号鹤山，邛州蒲江（今属四川）人。庆元五年（1199）进士，官至成都节度判官、直学士、校书郎官、广汉及眉州知县、汉州及泸州知州、宝章阁待制，潼川路安抚使、福建安抚使、礼部尚书、端明殿学士。他推崇朱熹，长于诗文，撰有《鹤山集》、《九经要义》、《古今考》、《经史杂抄》、《师友雅言》和《鹤山长

① 周中孚：《郑堂读书记》卷 54《子部・杂家类・宾退录》，上海，上海书店，2009。

② 李慈铭：《越缦堂读书记・杂记・宾退录》，北京，中华书局，2006。

短句》。

《鹤山笔录》一卷，实为《经外杂抄》[①] 之节本，杂记经史文化之事，又附注自己的见解，可供治文史者参考。像记吕蒙正罢相事云：

> 至道初，吕蒙正罢相，以仆射奉朝请，上曰："蒙正今退在班列寂寞，想其目穿望复位矣。"刘昌言曰："仆射非寂寞之地，且亦不闻蒙正郁悒。"刘昌言罢，上问赵镕等曰："频见昌言否？涕泣否？"曰："与臣等谈，多至流涕。"钱若水曰："实未尝涕泣。"镕等迎合上意，若水因自念上待辅臣若此，盖未尝有秉节高迈，不贪名势，能全进退之道，以感动人主。遂贻上之轻鄙，将以满岁移疾，遂草章求解职，会宴驾，不果上。及今上之初年，再表逊位，乃得请。至道元年，赵镕、刘昌言、向敏中俱为同知密院，正月昌言罢，若水代之。愚谓若水既知为上所鄙而不即去，乃谓将以满岁移疾，遂草章求解政，会宴驾不果上，然则是终太宗之世，无一人引去者，宜为人主所薄也。且刘昌言能明吕公未尝郁悒，则必不以己之罢政对人流涕。小人鄙浅逢迎，以坏人主心术，大抵若此。至道元年正月，吕端、寇准为参政，镕、若水与敏中俱为同枢，然则若问西府，敏中亦闻上语也，而独无一言，何哉？

《鹤山笔录》成书后，久无刊刻，一直以抄本流传。于乾隆朝，收入《奇晋斋丛书》，为平湖陆氏刊本。嘉庆十四年（1809），收入《函海》，为绵州李氏万卷楼刊本。道光十一年（1831），又收入《学海类编》，为六安晁氏活字排印本。1991年，收入《丛书集成初编》，由中华书局排印，与马纯《陶朱新录》、陈郁《话腴》、刘泌《垄起杂事》和赵葵《行营杂录》合刊一册，是为现在最通行的版本。另外，2003年，《经外杂抄》又收入《全宋笔记》，由大象出版社排印。

---

① 又作《鹤山渠阳经外杂抄》。

《古今考》一卷，系未尽之作，卷首有自序一则。在魏氏看来，古制多不可考，两汉儒者一本叔孙通的成说，唐人孔颖达、贾公彦的疏文又去汉久远，即使是汉制也不可考。所以，他依《汉书》本纪中提到名物，随文辨理，手录成篇，题作今名，可为阅读、辨析班书之参证。

方回（1227—1307），字万里，号虚谷，别号“紫阳山人”，徽州歙县（今属安徽）人。景定三年（1262），以别头试[①]登第，官至提领池阳郡茶盐、严州知州；入元，为建德路总管，为郡人所耻。他晚年寓居杭州，潜心书文，撰有《瀛奎律髓》、《虚谷集》、《古今续考》、《桐江集》、《桐江续集》和《文选颜鲍谢诗评》。

咸淳三年（1267），方氏从魏氏之子处得到《古今考》手稿，于是推衍魏书主旨，撰成《续古今考》三十七卷。

作为魏书的续作，方氏录魏氏原书，又各附论于条下，分别用鹤山先生曰、紫阳方氏曰以示区别。对原书有目无文四条，他补了“刘媪梦与神遇”一条。不过，魏氏所考，重在制度；方氏所考，范围更广。后者仍以《汉书》本文标目，而于制度详以推衍，细细考辨，明察原委，有补于史文研究。不过，因推崇程朱，每每参以理学之语，难免主观臆断。

对魏书和方书，四库馆臣评价说：

> 了翁所考多在制度，回则以在宋之日献媚贾似道，似道势败又先劾之，既反覆阴狡，为世所讥……然回人品心术虽不足道，而见闻尚属赅洽，所考多有可取者，并了翁书录之，亦不以人废之义也。[②]

《古今考》及《续古今考》，久无刊刻，一直以抄本流传。于晚明，

---

① 宋制：考官及有关官员的子弟、亲戚、门客，参加科考必须回避，要另立考场，别派考官，谓之“别头试”，也简称“别试”。

② 《四库全书总目》卷118《〈古今考/续古今考〉提要》，北京，中华书局，1965。

收入《宝颜堂秘笈》和《续百川学海》，分别为绣水沈氏刊本和崇祯金陵心远堂刊本；崇祯九年（1636），又有鄞县谢氏刊本。至乾隆朝，编《四库全书》，列入“子部杂家类”，为副都御史黄登贤家藏本。嘉庆十八年（1813），又收入《诒经堂藏书》，为当涂金氏刊本。1971 年，收入《杂著秘笈丛刊》，由台湾学生书局印行，二书合刊一册，是为现在最通行的版本。另外，2003 年，《古今考》又收入《全宋笔记》，由大象出版社排印。

另外，在魏氏《古今考》、方氏《续古今考》的影响下，还出现了伪托金人元好问所作《续古今考》九卷。不过，四库馆臣认为，它大略成于清人之手。①

张端义与《贵耳集》

张端义（1179—1248），字正夫，号荃翁，京西郑州（今属河南）人。他少读书于苏州，问学于项安世，与杨简、陈埙、魏了翁友善。端平中，三次应诏上书，坐“妄言”罪，安置韶州。他负气好议论，今存所撰《贵耳集》。

《贵耳集》三卷，书分三集。“贵耳”一词，为“贵耳贱目”之略，语出张衡《东京赋》：“若客所谓，末学肤受，贵耳而贱目者也。”又《颜氏家训·慕贤》：“世人多蔽，贵耳贱目。”张氏以宁信传说、不重事实自讥，因以“贵耳”题书。

张书一集一卷，一集成书于淳祐元年（1241），卷首自序云：

> 余从江湖游，接诸老绪余，半生钻研，仅得《短长录》一帙。秀岩李心传先生见之，则曰：“余有《朝野杂录》至戊己矣，借此以助参订之阙。”余端平上书，得罪落南，无一书

---

① 《四库全书总目》卷 126《〈续古今考〉提要》，北京，中华书局，1965。

相随。思得此录增补近事，贻书索诸妇……因追忆旧录，记一事，必一书，积至百，则名之《贵耳录》。

二集成书于淳祐四年（1244），卷首自序云：

《贵耳》二集续成……而渡江以来，隆、绍间士大夫，犹语元符、宣政旧事，淳熙间士大夫，犹语炎隆旧事，庆元去淳熙未远，士大夫知前事者渐少，嘉定以后，视宣、炎间事，十不知九矣，况今端、淳乎？使《贵耳集》不付子云之覆酱瓿，幸也。

三集成书于淳熙六年（1246），卷首自序云：

余《贵耳》三集成，乃补拾前二集之遗，可以绝笔矣。未能守圣门寡尤之训，粗可备稗官虞初之求，必不忘其事之陋也。绍兴间，秦发与会之失欢，诸子多碎前朝所闻，犹未成编，或者以作私史告，稔成书祸，则知文字之害人也如此。

张书中虽有舛误，可它记录了大量轶文，足资考证；而论诗、论文和论时事，也往往可取，自然不当因小疵而废全书。像卷上一集记宋徽宗信道事云：

徽考宝箓宫设醮，一日，尝亲临之。其道士伏章，久而方起。上问其故，对曰："适至帝所，值奎宿奏事方毕，章始达。"上问曰："奎宿何神？"答曰："即本朝苏轼也。"上大惊，因是使能之臣，谮言不入。虽道流之言出于谠恍，然不为无补也。

又卷中二集记各地向宋孝宗进贡事云：

绍兴三十二年，寿皇登极，诸路帅臣监司郡守进贡，总数为金约百五十两，为银约一十九万一千七百六十三两有奇，为绢约三万四千五百匹，为马约五十匹。此许及之谏稿内载。

又卷下三集记崔与之事云：

高孝二朝，帅蜀必要临遣，未尝就外除，亦以蜀为重事。

庙堂欲除崔菊坡先生，觉菊坡之意未就，司谏王贯卿上疏，指以士大夫辞难避事，不肯任朝廷之委用。疏上后，菊坡之命始出，菊坡只得一行。在九江时，余往见之，扣其入蜀之意，菊坡自言："朝廷以蜀中散乱，令某整齐之。"余进曰："今天下散乱，岂特一蜀耶？朝廷何不留先生整齐天下之散乱，而独私于蜀耶！"菊坡唯唯而已。近汤季能有辞难避事之疏，三十年间两见之，恨无菊坡再见此疏也。

对张书，四库馆臣评价说：

其书多记朝廷轶事，兼及诗话，亦有考证数条……观其三集，大抵本江湖诗派中人，而负气好议论，故引据非其所长，往往颠舛如此。然所载颇有轶闻，足资考证，其论诗、论文、论时事皆往往可取，所长固亦不可没焉。①

清人周中孚也说："大都记朝廷轶事，并考典籍，述琐闻。然其论经多引据疏舛，不及其论诗文、论时事之用其所长。至其兼涉神怪之谈，流入《齐谐》、《虞初》一派，此又词人之积习也。"② 晚清李慈铭也有讥评："其书笔舌冗俗，罕可观采。每卷为一集，卷首各有小引，颇自夸诩，而文尤拙。"③

《贵耳集》成书后，久无刊刻，一直以抄本流传。于晚明，收入《历代小史》和《津逮秘书》，分别为万历安溪李氏刊本和崇祯虞山毛氏汲古阁刊本。顺治三年（1646），收入《说郛续》，为两浙李氏宛委山堂刊本。至乾隆朝，编《四库全书》，收入"子部杂家类"，为江苏巡抚采进本。至民国，收入《五朝小说大观》和《丛书集成初编》，分别由上海扫叶山房和商务印书馆排印，1985 年后者又由中华书局重印。

① 《四库全书总目》卷 121《〈贵耳集〉提要》，北京，中华书局，1965。

② 周中孚：《郑堂读书记》卷 56《子部·杂家类·贵耳集》，上海，上海书店，2009。

③ 李慈铭：《越缦堂读书记·杂记·贵耳集》，北京，中华书局，2006。

1958 年，收入《中国文学参考资料丛书》，由中华书局上海编辑所排印。2003 年，又收入《全宋笔记》，由大象出版社排印。今人李保民以津逮秘书本为底本点校，2012 年由上海古籍出版社排印，列入《历代笔记小说大观》，与庄绰《鸡肋编》合刊一册，是为现在最通行的版本。

陈鹄与《耆旧续闻》

陈鹄（?），字里、生卒年、事迹行状俱不详，今存所撰《耆旧续闻》。

《耆旧续闻》十卷，又作《西塘集耆旧续闻》。清之鲍氏知不足斋丛书本，题署“南阳陈鹄录正”，似南阳为陈氏祖籍；而“西塘”，或为陈氏所居，因以题书。

陈氏多采他书和他人记录而成，所记主要是汴京故事、南渡后名人言行，各条之下夹注书名及所述人的姓名。所以，虽属杂谈琐语，而有据可查，可谓信史，对研究宋代人物和文学史很有参考价值。

像卷三记韩持国、曾子固事云：

> 嘉祐、治平间，韩氏、吕氏人望盛矣。议者谓魏公将老，置辅非韩即吕。故王介甫结韩持国，又因持国以结子华。持国入政府，每言介甫知经术，可大用。神宗初政，即以学士召，又与子华同入爰立。遂用晦叔为中丞。已而不合，虽子华竭力弥缝亦不乐。而持国、晦叔几若世仇。然介甫微时，与曾子固甚欢，曾又荐于欧阳公。既贵，而子固不屈，故外补近二十年，元丰末方召用。又每于上前，力诋子固与苏子瞻，《日录》可考也。

又卷四记郑戬事云：

> 郑戬，字天休，知开封府。府吏冯元者，奸巧通结权贵，

号为“立地京兆尹”。戬穷其罪，流于海岛。后移守长安……代范仲淹为四路招讨，置府于泾州。元昊拥众临黑山，戬勒兵巡边，趋莲花堡，时大寒风劲，置酒高会，旗帜绛野，铙鼓聒天，虏众十万不敢动。元昊曰：“已遣使称臣，何为复用此公护诸将!”观此，则守帅谢表亦可以见其志节否也。范文正公守饶州，谢表云：“此而为郡，陈优优布政之方；必也立朝，增蹇蹇匪躬之节。”天下叹公至诚许国，终始不渝，不以进退易其守也。王元之守滁日，谢表云：“诸县丰登，苦无公事；一家饱暖，全藉君恩。”欧阳公取其语，发为歌咏云：“诸县丰登少公事，一家饱暖荷君恩。”亦见身在外服，不忘其君之义也。自祖宗以来，凡外郡谢表未有不复之者。庆元初，权奸用事，论对官希旨，乞勿报行，遂以为例矣。

又卷八记王钦若、钱易事云：

王钦若乡荐赴阙，张仆射齐贤时为江南漕，以书荐于钱易希白。钱时以才名独步馆阁，适延一术士以考休咎，不容通谒。王局蹙门下，厉声诟阍人，术者遥闻之，谓钱曰：“不知何人耶？若声形相称，世无此贵者，但恐形不副声尔。愿延之，使某获见。”希白召之，冀公单微远人，神貌疏瘦，复赘于颈，举止山野，希白蔑视之。术者悚然，侧目谛视。既退，术者稽颡兴叹曰：“人中之贵，有此十全者。”钱戏曰：“都堂便有此等宰相乎?”术者正色曰：“公何言欤！且宰相何时而无，此君不作则已，若作则天下富盛，而君臣相得，至死有庆而无吊。不完者，但无子而已。”钱戏曰：“他日当陶铸吾辈乎?”术者曰：“恐不在他日，即日可得，愿公毋忽。”后希白方为翰林学士，冀公已真拜。

对陈书，四库馆臣评价说：

书中载陆游、辛弃疾诸人遗事，又自记尝与知辰州陆子逸

> 游，则开禧以后人也。所录自汴京故事，及南渡后名人言行，摭拾颇多，间或于条下夹注书名……虽丛谈琐语，间伤猥杂，其可采者要不少也。①

清人周中孚也说："是书皆叙述两宋闻人遗事，多掇拾诸家文集、家传而成，其例本注所引书于下，故往往不改其称，及阅时既久，展转传抄，多所脱漏，以致有似自述者，有似子孙之词者，反于体例有乖，其实原书不如是也。其所录旧闻绪论皆有端末，而于品评文艺尤有根据，即间及怪异，亦寥寥可数耳。其曰'续闻'者，当先有正集而佚之矣。"②

《耆旧续闻》成书后，久无刊刻，一直以抄本流传。至乾隆朝，编《四库全书》，收入"子部小说家类"，为浙江鲍士恭家藏本；又收入《知不足斋丛书》，为长塘鲍氏刊本。至民国，收入《丛书集成初编》，由商务印书馆排印，1985 年又由中华书局重印。1993 年，上海古籍出版社排印孙菊园点校本，收入《宋元笔记丛刊》，与韩淲《涧泉日记》合刊一册；今人孔凡礼以知不足斋丛书本为底本点校，2002 年由中华书局印行，列入《唐宋史料笔记丛刊》，与李廌《师友谈记》和朱弁《曲洧旧闻》合刊一册；2012 年由上海古籍出版社重排郑世刚点校本，列入《历代笔记小说大观》，与王辟之《渑水燕谈录》合刊一册，是为现在最通行的版本。另外，2003 年，又收入《全宋笔记》，由大象出版社排印。

岳珂与《桯史》、《愧郯录》

岳珂（1183—1243），字肃之，号亦斋、倦翁，相州汤阴（今属河

① 《四库全书总目》卷 141《〈耆旧续闻〉提要》，北京，中华书局，1965。

② 周中孚：《郑堂读书记》卷 64《子部·小说家类·耆旧续闻》，上海，上海书店，2009。

南）人，岳飞之孙。嘉泰中，为承务郎，官至光禄丞、司农寺主簿、军器监丞、司农寺丞、嘉兴知府、承议郎、江南东路转运判官、户部侍郎、淮东总领制置使。他工诗文，撰有《玉楮集》、《桯史》、《愧郯录》、《金陀粹编》、《宝真斋法书赞》和《九经三传沿革例》。

《桯史》十五卷，卷首岳氏自序云：

亦斋又桯焉，介几间，髹表可书，余或从缙绅间闻闻见见归，倦理铅椠，辄记其上，编已，则命小史录藏去，月率三五以为常。每窃自恕，以谓公是公非，古之人莫之废也，见睫者不若身历，幐口者不若目击，史之不可已也审矣。

“桯”，原本是床前之几案；所谓“桯史”，是取“几案上私史”之义，不纯于正道史体。明人江泺题记云：

《桯史》一书，宋末岳先生珂之所著也。所载皆当时史书不及收者，暨贤达诗文，世俗谑语，或倔奇峻怪之事，不纯于史体，故曰《桯史》，示止备私居记述尔。

岳书又卷下设目，即卷一“张紫微原芝”、“艺祖禁谶书”、“徐铉入聘”、“石城堡寨”、“汤岐公罢相”、“南陔脱帽”、“张元吴昊”、“王义丰诗”、“琵琶亭术者”、“汴京故城”、“施宜生”和“晋盆杅”；卷二“行都南北内”、“奔粗字说”、“李顺吴曦名谶”、“隆兴按鞠”、“东坡属对”、“富翁五贼”、“太学祭斋碑”、“泉江三地名”、“牧牛亭”、“黠鬼酝梦”、“望江二翁”、“刘改之诗词”、“金华士人滑稽”和“贤已图”；卷三“岁星之祥”、“梓潼神应”、“机心不自觉”、“馆娃语溪”、“天子门生”、“姑苏二异人”、“赵希光节概”和“稼轩论词”；卷四“寿星通犀带”、“周梦与释语”、“郑广文武诗”、“九江二盗”、“叶少蕴内制”、“宣和御画”、“乾道受书礼”、“一言悟主”和“苏葛策问”；卷五“刘观堂读赦诗”、“部胥增损文书”、“看命司”、“宣和服妖”、“安庆张寇”、“阳山舒城”、“宸奎坚忍字”、“何处难忘酒”、“见一堂”、“义騟传”、“凤凰弓”、“大小寒”和“赵良嗣随军诗”；卷六“汪革谣谶”、“铁券故事”、“鸿庆铭墓”、“苏衢人妖”、“快目楼题诗”和“记龙眠海会图”；卷七“吴畏斋谢贽启”、“楚齐僭册”、“优伶诙语”、“嘉禾篇”和“朝士留刺”；卷八“九江郡城”、“日官失职”、“紫宸廊食”、“阜城王气”、“袁孚论事”、“鹦鹉谕”、“月中人妖”、“牸牧相卫”、“解禅偈”、“玉虚密词”、“太岁方位”和“逆亮辞怪”；卷九“裕陵圣瑞”、“状元双笔”、“尧舜二字”、“正隆南寇”、“鳖渡桥”、“燕山先见”、“蠲毒圆”、“宪圣护医”、“鲁公拜后”、“金陵无名诗”、“万岁山瑞禽”、“王泾庸医”和“黑虎王医师”；卷十“永泰挽章”、“殿中鹇”、“刘蕴古”、“大散论赏书”、“成都贡院”、“万春伶语”、“谷范滂传”和“紫岩二铭”；卷十一“李白竹枝词”、“蚁蝶图”、“周益公降官”、“番禺海獠”、“王荆公”、“尊尧集表”、“三忠堂记”和“临江四谢”；卷十二“王卢溪送胡忠简”、“秦桧死报”、“吕东莱祭文”、“猫牛盗”、“味谏轩”、“龙见赦书”、“丹棱巽岩”、“郑少融迁除”、“沙世坚”、“淮阴庙”、“金鲫鱼”、“张贤良梦”和“乾坤鉴法”；卷十三“范碑诗跋”、“晦庵感兴诗”、“武夷先生”、“任元受启”、“冰清古琴”和“选人戏语”；卷十四“陈了翁始末”、“八阵图诗”、“开禧北伐”、“泗州塔院”和“二将失律”；卷十五“淳熙内禅颂”、“爱莫助之图”、“庆元公议”、“杨艮议命”、“献陵疏文”、“李敬子”、“黄潜善”和“郭倪自比诸葛亮”。

书记两宋故事，又偏于朝政得失，多可补史传之不详，不乏研究宋代历史的有用资料。像卷五“刘观堂读赦诗”条，卷十四“开禧北伐”和“二将失律”条，可谓实录。又卷四“乾道受书礼”条，记宋孝宗朝与金人通使受书的卑屈辱国；又卷七“优伶诙语”、卷十二“秦桧死报”条，记优伶讽刺秦桧及秦桧死讯传来，闻者欢声如雷，反映出时人对这个卖国者的憎恨。又卷八“逆亮辞怪”条，记金主完颜亮的绝句、律诗和鹊桥仙、喜迁莺词，足以显示出他的野心勃勃，而“提兵百万西湖上，立马吴山第一峰”之句，也反映了他力主南侵的夙愿。另外，卷一“南陔脱帽”条，记王寀机警是很有名的故事，明人凌濛初《二刻拍案惊奇》中的《十三郎五岁朝天》一回，即依这个故事写成。

对岳书，四库馆臣评价说：

> 是编载南北宋杂事……其间，虽多俳优诙谑之词，然惟金华士人著命司诸条，不出小说习气，为自秽其书耳。余则大旨主于寓褒刺，明是非，借物论以明时事，非他书所载，徒资嘲戏者比……所录诗文，亦多足以旁资考证，在宋人说部之中，亦王明清之亚也。①

清人周中孚也说：“所记两宋轶事，可补史传之阙，间及诗文、谐谑，亦足资考览，备鉴戒。”② 晚清李慈铭又云：“此书虽间及谐戏怪琐之事，然大率记朝政得失及南渡士夫佚事为多，惟笔颇冗慢，不似所著《愧郯录》之简洁。”③

《桯史》成书后，久无刊刻，一直以抄本流传。成化十一年（1475），先有江浙刊本，又有嘉靖钱如京重刊本。于晚明，收入《稗海》和《津逮秘书》，分别为万历会稽商氏半埜堂刊本和崇祯虞山毛氏汲古阁刊本。至乾隆朝，编《四库全书》，收入“子部小说家类”，为浙江鲍士恭家藏本。嘉庆十年（1805），收入《学津讨原》，为虞山张氏照旷阁刊本。至民国，收入《四部丛刊续编》和《丛书集成初编》，分别为商务印书馆影印和排印，1985年后者又由中华书局重印。今人吴企明以四部丛刊续编本为底本点校，1981年由中华书局印行，列入《唐宋史料笔记丛刊》；2012年，上海古籍出版社重排黄益元点校本，列入《历代笔记小说大观》，与王铚《默记》合刊一册，是为现在最通行的版本。

---

① 《四库全书总目》卷141《〈桯史〉提要》，北京，中华书局，1965。

② 周中孚：《郑堂读书记》补逸卷28《子部·小说家类·桯史》，上海，上海书店，2009。

③ 李慈铭：《越缦堂读书记·杂记·桯史》，北京，中华书局，2006。

《愧郯录》十五卷，凡一百一十七则，为考辨类学术笔记。“愧郯”一词，语出《左传·昭公十七年》：“秋，郯子来朝，公与之宴。昭公问焉，曰：‘少皞氏鸟名官，何故也？’郯子曰：‘吾祖也，我知之……’仲尼闻之，见于郯子而学之。既而告人曰：‘吾闻之，天子失官，官学在四夷，犹信。’”岳珂认为，自己远不及郯子渊博，以“愧郯”题书，也表达了慕贤与自谦之义。

岳书又卷下设目，即卷一“祖宗徽称”、“五字定制”、“崇政改谥”、“后谥因革”、“隆祐寿康宫”、“申福殿”、“永崇陵”、“追改陵名”、“郊庙之谏”、“号谥之异”和“宗室联名”；卷二“近属名制”、“宗庙旧讳”、“旧讳训名”、“御名不联字”、“淳熙南衙”、“孝明后制”、“宗族之别”和“圣旨教令之别”；卷三“南北郊”、“思陵近误”、“诸陵复名”、“馆学轻重”、“阶官避家讳”和“赠官回避”；卷四“先庙后郊”、“鱼袋”、“服章入衔”、“执政阶官封爵”和“尚书之名”；卷五“永固更号”、“熙宁崇宁年号”、“泰安宫”、“五齐三酒”、“齐酒废革”、“牲牢均胙”、“副本缘起”、“百官转对”和“任子分授”；卷六“寺监簿职守”、“牙鱼不可服用”、“真徽沔三州”、“国名寓意”、“辛简穆谥”、“修书恩数”、“闽中伪传兆域”、“开元寺”、“绍兴嘉泰二词”、“北使借官”、“官年实年”和“仙释异教之禁”；卷七“官品名意之伪”和“散阶勋官寄禄功臣检校试衔”；卷八“年号阁名”、“陞建府镇”、“升定建府”、“镇国封号”、“词科宗室二制”、“中司论事”、“给舍论驳”、“带节降麻”、“纳节旧典”和“彭辂告词”；卷九“礼殿坐像”、“作邑之制”、“岁降度牒”、“宣总公移”、“书记支使”、“枢密称呼”、“国忌日断刑”、“官品不分别”、“金年号”和“场屋编类之书”；卷十“人品明证”、“改易职事官名称”、“李文简奏稿”、“同二品”、“旌节”、“慈德宫”和“寺观敕差住持”；卷十一“制举科目”、“追册后”、“后陵名乐舞”、“上后谥官”和“告谥祖庙”；卷十二“文武服带之制”、“非宰执赐笏头带”、“开禧复泗州赦”、“宫禁进见”、“刊进书载表卷首”、“金银牌”和“古今祠历”；卷十三“指南记里鼓车”、“京师木工”、“国忌设斋”、“皇祐差牒”、“绍兴储议”、“遂国记误”、“武定军”、“金版”、“荐飨太庙”和“冷端甲”；卷十四“九阁”、“天章阁侍讲班次”、“天章阁”、“天章阁官名”、“敷文阁”、“直省官”和“藩邸旌节”；卷十五“外戚赠王爵”、“赠官不改国”、“锁小殿子”、“国初宫禁节料钱”、“赦宥之数”、“祖宗朝田米直”、“潜藩节镇”和“官称不避曹司”。

从设目不难看出，岳书记宋代的典章、文物制度，间及金制，参证旧典之异同。考证内容十分宽泛，广涉职官、舆服、礼仪、宗室和科举制度，还保存了地理、宗教、经济、儒学和科技方面的史料，具有很高的史料价值。另外，书中征引的文献相当丰富，除前代正史、杂史和笔记外，还有宋代官修史书和官方认可的私修史书以及大量私人撰述，这些文献有的今已散佚，而岳书所记则保存了它们的局部面貌。[①]

对岳书，四库馆臣评价说：

> 其中记鱼袋颁赐及章饰之始末，公主之改称帝姬，辨论甚确。同二品之起于五代，金带之有六种，金涂带之有九种，皆史志所未备……其间，偶尔舛讹……然大致考据典赡，于史家、礼家均为有裨，不可谓非中原文献之遗也。[②]

清人周中孚也说：“其书凡一百十七则，多记宋代制度，所考典故沿革，间及前代，皆足补史志之阙。其援引颇为典赡，而不免偶有舛误，亦不足以为累也。”[③]

《愧郯录》成书后，久无刊刻，一直以抄本流传。顺治三年(1646)，收入《说郛续》，为两浙李氏宛委山堂刊本。至乾隆朝，编

---

① 朱寅：《〈愧郯录〉史料价值探微》，载《武陵学刊》，2011(3)。

② 《四库全书总目》卷121《〈愧郯录〉提要》，北京，中华书局，1965。

③ 周中孚：《郑堂读书记》卷56《子部·杂家类·愧郯录》，上海，上海书店，2009。

《四库全书》，收入“子部杂家类”，为江苏巡抚采进本；又收入《知不足斋丛书》，为长塘鲍氏刊本。道光十一年（1831），收入《学海类编》，为六安晁氏活字排印本。至民国，《笔记小说大观》、《四部丛刊续编》和《丛书集成初编》，分别由上海进步书局、商务印书馆石印、影印和排印；1984年前者由广陵古籍刻印社影印，1985年后者又由中华书局重印；2000年，收入《中国野史集成续编》，由巴蜀书社印行；2006年，又收入《中华再造善本》，由北京图书馆出版社影印，是为现在最通行的版本。

陈郁与《藏一话腴》

陈郁（1184—1275），字仲文，号藏一。抚州临川（今属江西）人。于理宗朝，官至缉熙殿应制、东宫讲堂掌书，今存所撰《藏一话腴》。

《藏一话腴》四卷，分甲、乙二集，又集分上下。书记两宋杂事，间及诗话，又有记有论，还夹杂考经评史。而有关宋代人事，自然值得治史者关注。像甲集卷上记孙冕事云：

> 孙冕，临江军新淦人，擢进士第。天禧末守苏州。会乡里素交罢相，以宾傅出判临杭。舟泊苏台，欢款甚密，谓孙曰：“老兄淹迟日久，且宽衷，予当致拜闻。”冕正色答曰：“君二十年出处中书，以素交潦倒江湖，不预一点化笔。今事权属他人，去庙堂千里，为方面，始以此语见说，得为信乎?”里人愧谢，夜半解舟潜遁。冕大书一诗于厅壁，拂衣归九华。诗云：“人生七十鬼为邻，已觉风光属别人。莫待朝廷差致仕，早谋泉石养闲身。去年河北曾逢李，今日淮西又见陈。寄语苏州孙刺史，也须抖擞老精神。”清节高操，可羞百执事之颜。朝廷闻之，令再仕，诏下已归，竟不出矣。

又乙集卷上记史越王浩与张浚事云：

史越王浩，隆兴元年拜平章事兼枢密使，都督江淮军马。张浚与浩俱在上前议边事，浚请上幸建康，上顾浩，浩曰："万乘一动，有名则可。以臣观之，曰亲征乎？曰劳军乎？曰移跸乎？今日兵力未盛，民力未苏，财力未足，三者俱未可。谓之亲征而动大军，则虏必以大军应我，是无故而招数十万人寇边。谓之劳军，则用度当如上皇时。当时费缗钱数百千万，其他可知，六军闻之必喜；所赐不如前日，必怨望矣。若曰移跸，未审陛下自与六宫以往乎？借曰上皇欲往，则未有德寿宫，且未知上皇意向。臣料上皇未必行也。上皇不行，陛下安得与六宫往乎？上皇不行，乃是亲征，即非移跸。若曰亲征，则有功乃归乎？不待有功而归乎？三者皆未可也。陛下父慈子孝，今日岂可跬步相离耶？"上始悟，谓浚曰："都督先临边，俟有功，朕何惮行？"浚又欲取山东，又欲取费于民，如燕山钱，免夫钱。浩力争之。浚自请于上，由是三省枢密院径以金字牌自命。诸将出兵，外廷莫之知也。五月戊戌，浩得邵宏渊状，准御前金字牌，奉圣旨择日进兵。始知四月甲午，师已渡淮矣。浩大惊，谓康伯曰："今出兵数日，吾人俱以宰相兼枢密使，而不得与闻焉，焉用相？"上表力辞，乃除浩提举洞霄宫。十有四日，符离失利；大军十三万一夕奔溃。上降诏哀痛罪己，六月，浚上表自劾。余谓浚非不忠也，特太急耳。浩可谓责难于君者矣，可谓见远识微之士矣，可谓得镇抚四夷之体矣。是可为师出无名之戒云。

又同集卷下记聂昌事云：

建炎枢密聂昌，临川人也。上庠释褐出身，原名山，御笔改今名。朝廷令往河北割地，粘罕须昌撤伞而后见。昌云："彼此皆王臣也，平交耳，安有撤伞之礼？"竟不从。粘罕亦莫之屈。当时河北百姓不肯割土，昌因与虏争战，死河北。圣恩轸其忠，谥曰“荣愍”。见《东都事略》。昌死未几，于东京相国寺廊壁题诗云：“星流一箭五心摧，电掣戈矛两胁开。车马乱中颅项碎，乌鸢啄后骨成灰。有身报国今偿志，无计归家谩举哀。寂寞孤魂何处托，冥冥空筑望乡台。”字画俨然如昌亲染。见者皆悯之。昌子为湖北帅司参议，孙周臣为市舶提举，曾孙济为高邮主簿。忠魂英气，已死犹生，而圣朝赏延不绝，岂负人也哉？

对陈书，四库馆臣评价说：

是书分甲乙二集，又各分上下卷，多记南北宋杂事，间及诗话，亦或自抒议论…其持论……颇涉庸肤……然所记遗闻，多资劝戒，亦未尝无一节之可取焉。①

《藏一话腴》成书后，收入《百川学海》，弘治十四年（1501），又有无锡华氏覆宋本。嘉靖二十三年（1544），收入《古今说海》，为云间陆氏俨山书院刊本。顺治三年（1646），收入《说郛续》，为两浙李氏宛委山堂刊本。至乾隆朝，编《四库全书》，收入“子部杂家类”，为两江总督采进本。道光十一年（1831），收入《学海类编》，为六安晁氏活字排印本。至民国，收入《适园丛书》、《豫章丛书》和《五朝小说大观》，分别为乌程张氏刊本、南昌编刻局刊本和上海扫叶山房排印本。

叶绍翁与《四朝闻见录》

叶绍翁（1194—?），字嗣宗，号靖逸，处州龙泉（今属福建）人。早先做过小官，晚年隐居西湖之滨。他属江湖派诗人，撰有《靖逸小

① 《四库全书总目》卷121《〈藏一话腴〉提要》，北京，中华书局，1965。

集》和《四朝闻见录》。

《四朝闻见录》五卷，分甲、乙、丙、丁、戊五集，凡二百零七条。因偏记宋高宗、孝宗、光宗和宁宗四朝事，因以“四朝“题书。

叶书又卷下设目，即卷一甲集“恭孝仪王大节”、“潘阆不与先贤祠”、“东莱南轩书说”、“考亭解中庸”、“慈湖疑大学”、“赐宴涤爵”、“大臣衩衣见百官”、“庆元六君子”、“卫魁廷尉”、“布衣入馆”、“光尧幸径山”、“宪圣拥立”、“止斋陈氏”、“宏而不博，博而不宏”、“胡紘李沐”、“制科词赋三经宏博”、“词学”、“武林山”、“高宗幸太学”、“中和堂御制诗”、“请斩乔相”、“三文忠”、“天子狱”、“华子西”、“刘三杰扶陛”、“请斩秦桧”、“请斩赵忠定”、“九里松用金字”、“寿星寺寒碧轩诗”、“夏执中扁榜”、“三省”、“南屏兴教磨崖”、“天竺观音”、“易安斋梅岩亭”、“五丈观音”、“柳洲五龙王庙”、“张司封庙”、“忠勇庙”、“清庙制词”、“径山大慧”、“宏词”、“文忠答赵履常”、“徐竹隐草皇子制”、“昆命于元龟”、“考亭”、“洪景卢”、“赵忠定抡才”、“太学诸生置绫纸”、“心之精神是谓圣”、“郑节使酒过”、“史越王表”、“杨和王相字”和“朱赵谥法”；卷二乙集“高宗驻跸”、“武林”、“武林”、“钱唐”、“洛堂”、“吴云壑”、“赵忠定”、“吴云壑”、“又”、“高宗御书石经”、“光皇御制”、“三王得”、“清湖陈仙”、“乌髭药”、“光拙庵”、“万年国清”、“皇甫真人”、“孝宗召周益公”、“孝宗恢复”、“秦桧王继先”、“杨沂中穴西湖”、“普安”、“楮券”、“宪圣不妒忌之行”、“光皇策士”、“又”、“佑圣观”、“庄文致疾”、“宁皇二屏”、“陆放翁”、“熊子复”、“越王陪位”、“高宗知命”、“宪圣拥立”、“攻鬼楼公”、“翁中丞”、“张于湖”、“真文忠居玉堂”、“又”、“甲戌进士”、“函韩首”、“胡桃文鹁鸽色炭”、“王竹西驳论黄潜善汪伯彦”、“吕成公编文鉴”、“洪景卢编唐绝句”、“秦小相黄葛衫”、“秦夫人淮青鱼”、“高宗好丝桐”、“黄振以琴被遇”、“倪文节请以谏议大夫入阁”、“去左右二字”、“宣政宫烛”、“柔福帝姬”、“技术不遇”、“刘錡边报”、“陆石室”和“开禧兵端”；卷三丙集“褒赠伊川”、“虎符”、“逆曦伪服印”、“万弩营”、“来子仪”、“朱希真”、“宁皇进药”、“秦桧待金使”、“真文忠公谥议”、“悼赵忠定诗”、“鹁鸽诗”、“宫鸦”、“田鸡”、“史越王青词”、“司马武子忠节”、“张史和战异议”、“宁皇登位”、“叶洪斥侂胄”、“景灵行香”、“王医”、“高士”、“萧照画”、“慈明”、“节度”、“注脚端明”、“秃头防御”、“贤良”、“第一则”、“第二则”、“第三则”、“高宗六飞航海”、“韦居士”、“九里松字”、“王正道”、“张通古”、“史文惠荐士”、“孝宗御制赐吴益”、“闽人讹传兆域”、“天上台星”、“洞仙歌”、“方奉使”、“草头古”、“二元”、“单夔知夔州”、“宁皇御舟”、“两朝玉带之祥”、“张公九成玉带”和“史弥远玉带”；卷四丁集“宁皇即位”、“庆元丞相”、“考异”、“考异”、“考异”、“考异”、“考异”、“庆元党”、“考异”、“文公谥议”、“覆谥”、“庆元二年戒饬场屋”、“科举为党议发策”和“嘉泰制词”；卷五戊集“岳侯追封”、“考异”、“遗事”、“毕再遇”、“周虎”、“田俊迈”、“开禧施行韩侂胄御批黄榜”、“罢韩侂胄麻制”、“臣僚雷孝友上言”、“臣僚上言”、“又臣僚上言”、“给舍缴驳论疏”、“尚书省榜”、“因韩党诏谕中外百官”、“考异”、“侂胄师旦周筠等本末”、“韩势败笑鉴”、“阅古南园”、“南园记考异”、“四夫人”、“满潮都是贼”、“逆曦归蜀”、“优伶戏语”、“侂胄助边”、“韩墩梨”、“黄胖诗”、“刘淮题韩氏第”、“西湖放生池记”、“犬吠村庄”、“考异”和“李季章使金诗”。另外，又附庆元开禧杂事“淮民浆枣”、“浦城乡校芝草之瑞”、“台臣用谣言”、“好女儿花”和“秘书曲水砚”，又缀附刊及附录。

从设目来看，叶书广涉南宋朝政、典章制度，是考察南宋史事所不可或缺的史料。① 而关于韩侂胄的条目很多，包括从韩氏以传诏定策功

① 林琳：《〈四朝闻见录〉的史料价值》，载《河南机电高专学报》，2009（2）。

得幸至兴庆元党禁以及势败被诛的过程，也很受有关研究者关注。像卷三丙集“虎符”条，记诛杀韩侂胄，首尾具备，谓由夏震派部下拦截韩车于六部桥，以铁鞭击之而得手，还说起先定计不周而险些误事；卷四戊集有关条目，记韩氏凿山为园、俯瞰宗庙及宠幸四夫人事，而他书远不及叶书记之具体和详尽。入元，叶书中很多情节，即采入《宋史·韩侂胄传》。

对叶书，四库馆臣评价说：

> 绍翁与真德秀游，故其学一以朱子为宗，然卖武夷山一条乃深惜朱在之颓其家声，无所隐讳。则非攀援门户者比，故所论颇属持平。南渡以后诸野史足补史传之阙者，惟李心传之《建炎以来朝野杂记》号为精核，次则绍翁是书……今核其体裁，所评良允。故心传书入史部，而此书则列小说家焉。[①]

清人周中孚也说：“嗣宗当理宗之世，正理学大昌之时，故其学一宗朱子，但其所记载有涉于朱氏者，皆直书无讳，足知其是非之公。虽体裁稍嫌烦碎，不脱小说之习，然宋自南渡以后，记载颇略，是书亦足补其阙遗，不似李秀岩《要录》、《杂记》二书止备高宗一朝之事已也。”[②]

《四朝闻见录》成书后，久无刊刻，一直以抄本流传。至乾隆朝，编《四库全书》，收入“子部小说家类”，为江苏巡抚采进本；又收入《知不足斋丛书》，为长塘鲍氏刊本。至民国，收入《丛书集成初编》，由商务印书馆排印，1985 年又由中华书局重印。今人沈锡麟、冯惠民以鲍氏本为底本点校，1989 年由中华书局印行，列入《唐宋史料笔记丛刊》；2012 年，上海古籍出版社重排尚成点校本，列入《历代笔记小说大观》，与陈世崇《随隐漫录》合刊一册，是为现在最通行的版本。另外，1993 年，收入《中国野史集成》，由巴蜀书社影印；2003 年，

① 《四库全书总目》卷 141《〈四朝闻见录〉提要》，北京，中华书局，1965。

② 周中孚：《郑堂读书记》卷 64《子部·小说家类·四朝闻见录》，上海，上海书店，2009。

收入《全宋笔记》，由大象出版社印行；2004 年，又收入《历代名家小品文集》，由三秦出版社排印。

罗大经与《鹤林玉露》

罗大经（1195—1252），字景纶，号儒林、鹤林，吉州庐陵（今江西吉安）人。宝庆二年（1226）进士，官至容州法曹掾、辰州判官、抚州军事推官。晚年闲居，潜心书文，撰有《鹤林玉露》。

《鹤林玉露》十八卷，另补遗一卷①；书分甲、乙、丙编三编，编各六卷，又编各有罗氏自序。淳祐八年（1248）甲编自序云：

> 余闲居无营，日与客清谈鹤林之下。或欣然会心，或慨然兴怀，辄令童子笔之。久而成编，因曰《鹤林玉露》，盖“清谈玉露蕃”，杜少陵之句云耳。

又淳祐十一年（1251）乙编自序云：

> 或曰：“子记事述言，断以己意，惧贾僭妄之讥奈何？”余曰：“樵夫谈王，童子知国，余乌乎僭？若以为妄，则疑以传疑，《春秋》许之。”

又淳祐十二年丙编自序云：

> 余为临川郡从事逾年。考举粗足，侍御史叶大有忽劾余罢官。临汝书院堂长黄景亮曰：“鹤林纵未通金闺之籍，殆将增《玉露》之编乎？”余谢不敢当也。还山数月，丙编遂成。

“鹤林”一词，原为佛家语。传说，释迦牟尼于娑罗丛中入灭，林色变白，好像白鹤栖木。后来，人称佛寺林木为“鹤林”。又杜甫《赠虞十五司马》：“爽气金天豁，清谈玉露蕃。”罗氏于鹤林下与客清谈，所得像玉露一样繁富，因以“鹤林”、“玉露”题书。

---

① 罗书另有不分编之十六卷本。

罗书体例，在诗话、小说之间，偏记琐闻、杂事、诗话、文评和议论，宗旨也在文士、道学和山人之间，又记稍少而论偏多。所记宋代轶闻，像甲编卷一记金主完颜亮读柳永《望海潮》词的“有三秋桂子，十里荷花”之句，于是起了南侵的意图；又同编同卷记宋高宗崇信张浚，对他晚年不满张氏提出异议；又乙编卷二记韩侂胄之馆客预言他将得祸；又同编卷三记宋光宗朝一次未遂政变；又同编卷六记淳朝茶农领袖赖文政事败后，部下献给官府不是他的人头；又丙编卷五说秦桧早年奏议及自金归来后之为金人反间；又同编卷六记朝臣逼光宗退位、拥立宁宗事，还有甲编卷一“养兵”和“官省钱”条、卷三“民兵”条、卷四“邓友龙使虏”条，乙编卷一“经总钱”条、卷四“庐陵苗盐”条，丙编卷二“告命”和“老卒回易”条，卷五“广右丁钱”条之类，足资有关史事的考证。

不过，书中最有价值的，还是有关论诗的部分。像乙编卷二论杜诗的“迟日江山丽，春风花草香”的意境；又同编同卷论咏杨太真诗，以李商隐的“薛王沉醉寿王醒”一绝为得体，也有较为深刻的见解；又丙编卷一谓杜甫的“日月笼中鸟，乾坤水上萍”一联，为慨叹之辞，是说拘束以度日月，似鸟在笼中；漂泛于乾坤之际，像萍浮水上。本为凄凉之义，乃翻作壮丽之语，足见这个说法十分透辟。不过，书中所记杂事，也有失察、失真之处。像甲编卷三说杨万里不知晋有干宝，还把他说成是“于宝”，以杨氏之学识，不至于像这样的孤陋寡闻。①

对罗书，四库馆臣评价说：

> 其书体例在诗话、语录之间，详于议论而略于考证……大抵本文章之士而兼慕道学之名，故每持两端，不能归一。然要其大旨，固不谬于圣贤也……盖是书多因事抒论，不甚以记事

① 凯其玲：《罗大经与〈鹤林玉露〉研究》，南昌大学文艺学硕士论文（2008）。

为主。偶据传闻，不复考核，其疏漏固不足异耳。①

清人周中孚也说："是书杂记所得，或似语录，或似诗话，不以考证为事，而以议论为工，故援引典籍每多舛误，叙述见闻亦少详核。其中多引朱文公、张南轩、真西山、魏鹤山之说，知其宗旨乃在道学，尚不似寻常杂家多惑溺于二氏也。"②

《鹤林玉露》成书后，久无刊刻，一直以抄本流传。入明，则有活字本、陆师道抄本、谢天瑞校本、王叔承校本和南京都察院刊本，万历四十六年（1618），又收入《稗乘》，为徽州新安黄氏刊本。顺治三年（1646），收入《说郛续》，为两浙李氏宛委山堂刊本。至乾隆朝，编《四库全书》，收入"子部杂家类"，为两江总督采进本。至民国，收入《笔记小说大观》和《丛书集成初编》，分别由上海进步书局、商务印书馆石印和排印；1984 年前者由广陵古籍刻印社影印，1985 年后者又由中华书局重印。今人王瑞来以日本庆安本为底本点校，1983 年由中华书局印行，列入《唐宋史料笔记丛刊》；今人孙雪霄以为底本点校，2012 年由上海古籍出版社排印，列入《历代笔记小说大观》，是为现在最通行的版本。

费衮与《梁溪漫志》

费衮（?），字补之，常州无锡人。绍熙中，为国子监免解进士，宦履不详。他幼承家训，克绍箕裘，撰有《梁溪漫志》及《续志》、《文章正派》和《文选李善五臣注异同》。

《梁溪漫志》十卷，卷首绍熙三年（1192）费氏自序云：

> 前辈之学，不徒为空言也，施之于用，然后为言。故掌制

① 《四库全书总目》卷 121《〈鹤林玉露〉提要》，北京，中华书局，1965。

② 周中孚：《郑堂读书记》卷 56《子部·杂家类·鹤林玉露》，上海，上海书店，2009。

作命则言抗疏，论谏则言知人安民，矢谟则言舍是而有言焉。所谓垂世立教者，则亦不得已云尔。予生无益于时，其学迂阔无所可用，暇日时以所欲言者记之于纸，岁月寖久，积而成编，因目以《漫志》。

“梁溪”，为流经无锡的一条河流，旧称“梁清溪”，又为无锡别称。费氏寓居城西梁伯鸾家，因以“梁溪”题书；而绍熙三年，应是费书的成书之年。

费书又卷下设目，即卷一“本朝殿阁建官”、“宰辅沿革”、“廷魁入相”、“宰相出处”、“监修提举国史”、“宰相父子袭爵”、“封国当避”、“三省勘当避讳”、“枢密置使”、“都督宣抚等使名”、“二府总师”、“同知签书虚位”、“功臣号勋官”、“大礼五使”、“摄官典礼”、“时政记”和“台谏见政府”；卷二“文武官制”、“翰苑降诏”、“学士不草诏”、“知制诰不试而命”、“学士带知制诰”、“北门西掖不以科第进”、“二史扈从”、“三馆馆职”、“秘书省官撰文字”、“检校官”、“百官谥命词与否”、“文正谥”、“臣下姓谥多同”、“外夷使入朝”、“知军州事”、“都厅签厅”、“谒刺”和“座主门生”；卷三“入阁”、“元祐党人”、“行卷”、“氏族”、“王文贞婿入蜀”、“司马温公读书法”、“高密辞起复”、“范淳父字”、“射雁堂”、“闲乐异事”、“元城了翁表章”和“王定国记东坡事”；卷四“东坡教人读《檀弓》”、“东坡识任德翁”、“东坡西湖了官事”、“东坡改《和陶集引》”、“东坡教人作文写字”、“东坡谪居中勇于为义”、“东坡缘在东南”、“东坡卜居阳羡”、“东坡懒版”、“《毗陵东坡祠堂记》”、“武臣献东坡启”、“东坡戴笠”、“东坡《荔支诗》”、“东坡用事对偶精切”、“退之、东坡用先后语”、“东坡文效唐体”、“东坡录沿流馆诗”、“石屋洞题名”、“柳展如论东坡文”、“贬所敬苏、黄”、“昌化盛事”和“侍儿对东坡语”；卷五“优孟《孙叔敖》歌”、“史载祸福报应事”、“古者居室皆称宫”、“诸父大人”、“子者男子通称”、“前言往行有所感发”、“老而能学”、“温公论商鞅”、“辨高祖卧内夺韩信军”、“《平淮西碑》误”、“《晋史》书事鄙陋”、“论姚崇序进郎吏”、“晁错名如字读”、“西汉句读”、“《西汉·沟洫志》”、“作史华实相副”、“论季布”、“辨唐太宗臂鹞事”、“五代典章”、“老泉赞画五星”、“痛饮读《离骚》”、“《通鉴》不载《离骚》”、“《四六谈麈》差误”和“庄岳齐地名”；卷六“成都大成殿”、“蜀中石刻东坡文字稿”、“温公论碑志”、“唐严火禁”、“二唐论宰相”、“文字用语助”、“夏英公四六”、“翟忠惠四六”、“四六用事”、“吴丞相著书”、“嫩真子辨太公名”、“晋人言酒犹兵”、“《地里指掌图》”、“大观廷策士”、“青唐、燕山边赏”、“道乡记毗陵后河”、“江西长老”、“石刻多失真”、“《唐·藩镇传叙》”、“退之《赠李愿诗》”、“张横浦读书”、“《楚词》落英”、“米元章拜石”、“孟子之平陆”、“叵字”和“论书画”；卷七“作诗押韵”、“诗人咏史”、“作诗当以学”、“诗作豪语”、“东坡论石曼卿《红梅诗》”、“东坡《放鱼诗》”、“东坡《雪诗》”、“王逢原《孔融诗》”、“潘老重阳句”、“孟东野诗”、“唐诗工靡丽”、“张文潜诗”、“诗人用字”、“杜少陵《闷诗》”、“方言入诗”、“《明妃曲》”、“陈子高《观宁王进史图诗》”、“陈辅之论林和靖《梅诗》”、“张芸叟词”、“诗人相呼”、“禁东坡文”、“王左丞《同名诗》”、“雍孝闻”、“二州酒名”、“三处西湖”、“毗陵二画”和“画水”；卷八“苏子美《与欧阳公书》”、“陈少阳遗文”、“韩蕲王词”、“烈女守节”、“《改德士颂》”、“英雄先见”、“树稼灵误”、“陆宣公哀方书”、“药方传人”、“《闻见后录》论田横”、“程文简碑志”、“称象出牛之智”、“士人祈闲适”和“蔡絛著书”；卷九“刘高尚事”、“事有专验于一数”、“谭命”、“江阴士人强记”、“《本草》误”、“张文潜《粥记》”、“著书称谓”、“作字提笔法”、“何秘监语”、“官户、杂户”、“惟扬澄江”、“戚氏词”、“薛能诗”、“陈子车殉葬”、“乌江项羽神”、“二儒为僧”、“天生对”和“唐重氏族”；卷十“陆鸿渐为茶所累”、“范信中”、“投水屈原”、“祠庙之讹”、“伏波崔府君庙”、“临安旌忠庙”、“二相公庙乞梦”、“蜀僧东明寺题诗”、“《梵志诗》”、“王虚中”、“惠历寺轮藏”、“江东丛祠”、“作赋赎罪”和“俚语盗智”。

费书主要记宋代政事典章，又考证史传，评论诗文，间及传闻琐事。综观全书，可见费氏持论有据，不少旧典遗文，也得以费书保存。[①] 像卷二“知制诰不试而命”条，说不试而授知制诰，始于梁周翰而非杨亿，以正欧阳修《归田录》之讹；又谓薛映、梁鼎与杨亿同命，不与梁周翰同命，以纠叶梦得《避暑录话》之失。

具体说来，卷一至卷二及卷三“入阁”条，详记宋代朝廷典故；卷三“元祐党人”条以下，则偏述杂事；而卷三“王定国记东坡事”条及卷四，则全记苏轼事，是研究这位大文豪的重要资料；卷五至卷九，大半属于考证史传、品定诗文的内容；卷十则杂记神怪庙祠之事。而从具体内容上说，一是辨述朝廷典章制度，像卷一、卷二对元丰中改官及入阁仪制，记述详备，足可弥补正史中所记之不足。二是有关前人遗闻轶事，像卷八“苏子美《与欧阳公书》”条，对于了解庆历党争的史实，很有借助之用。费氏推崇苏轼，关注他的事迹，可窥见他的政治抱负、文学造诣和生活情趣。三是考订史事，像纠欧阳修《归田录》、叶梦得《避暑录话》、王巩《甲申杂记》、谢汲《四六谈麈》和邵博《闻见后录》之讹、之失。又卷六“《地里指掌图》”条，依卷尾“乃有崇宁以后，迄于建炎、绍兴所废置者”，而否定书序云东坡所作之说；又卷九“薛能诗”条，以正史为据，力辨薛能与秦宗权联诗一事之讹传。四是品评诗画文章，费书所述、所论，也可资品评诗画、文章之参考。

对费书，四库馆臣评价说：

> 是书惟首二卷及第三卷首入阁一条，言朝廷典故。自元祐

---

① 张莉莉：《费衮〈梁溪漫志〉初探》，四川师范大学中国古典文献学硕士论文（2008）。

党人一条以下，则多说杂事。而卷末王巩一条，及第四卷，则全述苏轼事。五卷以下多考证史传，品定诗文。末卷乃颇涉神怪。盖杂家者流，不尽为史事作也。惟其持论具有根柢，旧典遗文往往而在……皆考据凿凿，不同他小说之剽袭……小小疵累，亦时有之。然其可采者最多，不以一二小节掩也。①

清人周中孚也说："今观其书，以言朝廷典故者为前二卷，说杂事者为第三卷，述东坡事者为第四卷，考证史传者为第五卷，评论史事者为后五卷。盖杂家之书，不尽有关史事……以此书所载旧典遗文考证精确，足以订他书之谬伪，非寻常说部之可比也。至其书间有疏舛，亦不过百中之一二耳。"②

《梁溪漫志》成书后，初刊于嘉泰元年（1201）；又开禧二年（1206），为国史实录院收录。崇祯八年（1635），收入《稽古堂丛刻》，为绣水高氏刻本。顺治三年（1646），收入《说郛续》，为两浙李氏宛委山堂刊本。至乾隆朝，编《四库全书》，收入"子部杂家类"，为内府藏本；又收入《知不足斋丛书》，为长塘鲍氏刊本。道光十一年（1831），收入《学海类编》，为六安晁氏活字排印本。光绪二十五年（1899），又收入《常州先哲遗书》，为武进盛氏汇刻本。民国二十九年（1940），收入《宋人小说》，为神州国光社排印本，1990 年又由上海古籍出版社影印，与车若水《脚气集》合刊一册。1985 年，上海古籍出版社排印金圆点校本，收入《宋元笔记丛书》；2012 年，上海古籍出版社重排金氏点校本，列入《历代笔记小说大观》，与惠洪《冷斋夜话》合刊一册，是为现在最通行的版本。另外，1986 年，山西人民出版社排印傅毓钤标点本；2003 年，又收入《全宋笔记》，由大象出版社排印。

---

① 《四库全书总目》卷 121《〈梁溪漫志〉提要》，北京，中华书局，1965。

② 周中孚：《郑堂读书记》卷 56《子部・杂家类・梁溪漫志》，上海，上海书店，2009。

江万里与《宣政杂录》

江万里（1198—1275），字子远，号古心，南康军都昌（今属江西）人。以乡举入太学，宝庆二年（1226）进士，官至吉州知州、隆兴知府、福建转运使、左丞相、枢密使。德祐元年（1275），元军破饶州，与家人投水死。他热衷教育，创办白鹭洲书院和宗濂书院，今存所撰《宣政杂录》。

《宣政杂录》一卷，旧题署“谯郡公”。“宣政”，为宋徽宗年号“政和”、“宣和”之合称。所以，江书杂记宋徽宗晚年杂事，因以“宣政”题书。书虽不厚，又属杂记，可也对了解北宋末有关史事，还是有一定的参证价值。像记女真人“臻蓬蓬歌”云：

> 宣和初，收复燕人以旧朝，金民来居京师，其俗有“臻蓬蓬歌”，亦扣鼓，和臻蓬蓬之音为节而舞，人无不喜闻其声而效之者。

这是一种歌伴舞形式，大略是女真人从契丹人那里继承而来；这种边击鼓、边舞蹈、边歌唱的形式，应该是东北大秧歌的雏形。又记宣和七年（1125）事云：

> 宣和乙巳五月间，禁中有事务。内人忽发心疾，自永巷直犯木围。力士辈莫能挽，于是怖之，曰，官家来。曰，不畏。又举后妃，皆不省。或曰，太子来。始伏地连声曰，畏畏。人莫知所以。是冬徽宗逊位，方验。

又记两宋之交民间戏法云：

> 靖康初，民间以竹径二寸，长无尺许，冒皮于首，鼓成节奏，取其声似曰通同部。又谓制作之法，曰“谩上不谩下”，通衢用以为戏云。

在这里，江氏所记“谩上不谩下”，实际上是影射蔡京，童贯蒙蔽宋钦宗，也是对只欺骗上面的人，对下面的人则无所顾忌，公开做坏事的人深刻揭露。有学者还认为，江氏撰《杂录》，以史为鉴的倾向十分明显，即作为“靖康之难”的一面镜子来教育人们，以图重振朝纲，巩固南宋的半壁江山，可谓用心良苦。①

《宣政杂录》成书后，久无刊刻，一直以抄本流传。至晚明，收入《历代小史》，为万历安溪李氏刊本。顺治三年（1646），收入《说郛续》，为两浙李氏宛委山堂刊本。1991 年，收入《丛书集成初编》，由中华书局排印，与林洪《山家清事》、廉布《清尊录》、彭乘《续墨客挥犀》、谢枋得《碧湖杂记》和韦瓘《大唐传载》合刊一册，是为现在最通行的版本。

黄震与《黄氏日抄》

黄震（1213—1280），字东发，号于越，人称“于越先生”，庆元慈溪（今属浙江）人。宝祐四年（1256）进士，官至吴县尉、史馆检阅、抚州知州、江西提点刑狱、浙东提举常平。他学宗周程、朱子，撰有《黄氏日抄》、《古今纪要》和《戊辰修史传》，后人又集有《黄震全集》。

《黄氏日抄》九十五卷，又作《东发日抄》和《慈溪黄氏日抄》；原为九十七卷，今本散佚卷八十一和卷八十九。黄书为读书笔记，凡读经三十卷，读三传一卷，读孔氏书一卷，读诸儒书十三卷，读史五卷，读杂史四卷，读诸子四卷，读文集十卷，凡六十八卷；而卷六十九以下，包括奏札、申明、公移、讲义、策问、书记、序跋、启、祝文、祭文、行状和墓志，凡二十七卷。

① 徐明德：《论十三世纪中国江万里崇高的历史地位》，载《浙江大学学报》，2000（1）。

很明显，以“史”而论，最当关注的，是读史五卷和读杂史四卷。黄书又卷下设目，即以“读史”和“读杂史”为例，前者包括《史记》、《汉书》、《三国志》、《晋书》、《南史》、《北史》、《唐书》、《五代史》和《名臣言行录》；后者包括《苏子古史》、《汲冢周书》、《国语》、《战国策》、《吴越春秋》、《越绝书》、《春秋世纪》、《夷国世纪》和《东莱大事记》。黄氏的考察很细，即以《史记》为例，他分别考辨了“五帝纪”、“夏纪”、“殷纪”、“周纪”、“秦纪”、“项羽纪”、“高祖纪”、“吕后纪”、“文帝纪景帝纪武帝纪”、“封禅书”、“河渠书”、“平准书”、“吴太伯世家”、“齐世家”、“鲁世家”、“燕世家”、“管蔡世家”、“陈杞世家”、“卫康叔世家”、“宋世家”、“晋世家”、“楚世家”、“越世家”、“郑世家”、“赵世家”、“魏世家”、“韩世家”、“田敬仲世家”、“孔子世家”、“外戚世家”、“楚元王世家”、“荆燕世家”、“齐悼王世家”、“萧相国世家”、“曹参世家”、“留侯世家”、“陈丞相世家”、“绛侯世家”、“梁孝王世家”、“五宗世家”、“三王世家”、“伯夷传”、“管晏传”、“老子韩非传”、“司马穰苴孙子吴起传”、“伍子胥传”、“仲尼弟子传”、“商君传”、“苏秦传”、“张仪传”、“樗里子甘茂传”、“穰侯传”、“白起王翦传”、“孟子荀卿传”、“孟尝君传”、“平原君虞卿传”、“魏公子无忌传”、“春申君传”、“范睢蔡泽传”、“乐毅传”、“廉颇蔺相如”、“田单传”、“鲁仲连邹阳传”、“屈原传”、“吕不韦传”、“刺客传”、“李斯传”、“蒙恬传”、“张耳陈余传”、“魏豹彭越传”、“黥布传”、“淮阴侯传”、“韩王信卢琯传”、“田儋传”、“樊郦滕灌传”、“张丞相传”、“郦生陆贾传”、“傅靳蒯成传”、“刘敬叔孙通传”、“季布栾布传”、“袁盎晁错传”、“张释之冯唐传”、“万石张叔传”、“田叔传”、“扁鹊仓公传”、“吴王濞传”、“魏其武安侯传”、“韩长孺传”和“李将军传”。应该说，这些考辨条目，对阅读、引用有关史书，还是很有参证用处的。

对黄书，四库馆臣评价说：

> 是编以所读诸书随笔札记，而断以己意。有仅摘切要数语者，有不摘一语而但存标目者，并有不存标目而采录一两字者。大旨于学问排佛老，由陆九渊、张九成以上溯杨时、谢良佐，皆议其杂禅。①

清人周中孚也说："东发在宋季，最尊信周、程、朱子之说，以上探孔、孟六经之旨，一切反之躬行，以为实用。所阅经史诸书，随手考订，分类编集……于其本末纤巨，靡不研究，一衷于道，以为评骘，不为弔诡之论，故其辞婉而深，和而确，其心虚，故入理者细，其气平，故所持者允，转觉诸儒之气象有不免于过刚者耳。"②

《黄氏日抄》成书后，绍定二年（1229），先有于都积德堂刻本，残卷今存国家图书馆和山东博物馆；入元明，又有重刻本和正德刻本。至乾隆朝，编《四库全书》，收入"子部儒家类"，为安徽巡抚采进本。乾隆三十二年（1767），又有新安汪佩锷刊本。至民国，节本收入《丛书集成初编》，由商务印书馆排印，1985 年又由中华书局重印，与《古今纪要逸编》合刊一册；2005 年，收入《中华再造善本》，由北京图书馆出版社影印，是为现在最通行的版本。

另外，黄氏《古今纪要》十九卷，今本已为残卷，名之曰"逸编"。书记南宋理家、度宗二朝事，还涉及贾似道、杜范、崔与之等人。有些文字很生动，类同小说家言，也是足资考证的原始史料。至乾隆朝，收入《知不足斋丛书》，为长塘鲍氏刊本。至民国，收入《笔记小说大观》和《丛书集成初编》，分别由上海进步书局、商务印书馆石印和排印；1984 年前者由广陵古籍刻印社影印，1985 年后者又由中华书局重印，是为现在最通行的版本。

---

① 《四库全书总目》卷 92《〈鹤林玉露〉提要》，北京，中华书局，1965。

② 周中孚：《郑堂读书记》卷 36《子部·儒家类·黄氏日抄》，上海，上海书店，2009。

王应麟与《困学纪闻》

王应麟（1223—1296），字伯厚，号厚斋，别署“深宁居士”，人称“厚斋先生”，庆元鄞县（今属浙江）人。淳祐元年（1241）进士，官至太常寺主簿、台州通判中书舍人、徽州知州、礼部尚书。入元，足不出户，潜心学术。他广见识，为书文大家，撰有《玉海》、《诗考》、《诗地理考》、《汉制考》、《汉艺文志考证》、《小学绀珠》、《玉堂类稿》、《深宁集》、《困学纪闻》和《通鉴地理通释》。一般还认为，家喻户晓的《三字经》也成于他之手。

《困学纪闻》二十卷，书成于入元之后。卷首王氏自题云：

> 幼承义方，晚遇艰屯，炳烛之明，用志不分，困而学之，庶自别于下民，开卷有得，述为《纪闻》。

“困学”一词，含义是“遇困而学”，语出《论语·季氏》：“生而知之者，上也；学而知之者，次也；困而学之，又次也；困而不学，民斯为下矣。”王氏“困而学之”，因以“困学”题书。

王书包括说经八卷，天文、地理、诸子二卷，考史六卷，评诗文三卷，杂识一卷。具体说来，即卷一“易”；卷二“书”；卷三“诗”；卷四“周礼”；卷五“仪礼”、“礼记”、“大戴礼记”和“乐”；卷六“春秋”和“左氏传”；卷七“公羊传”、“谷梁传”、“论语”和“孝经”；卷八“孟子”、“小学”和“经说”；卷九“天道”和“历数”；卷十“地理”和“诸子”；卷十一至卷十六“考史”，包括历代史书以及《史记正误》、《汉河渠考》、《历代田制考》、《历代漕运考》和《两汉崇儒考》之类；卷十七和卷十九“评文”；卷十八“评诗”；卷二十“杂识”。他考证是非，不偏阿附，发前人所未发，证前人之所误，对研究古代经史、政治、经济有重要参考价值。[①]

以“史”而论，“考史”六卷，十分精审，也最值得治史者关注。像卷六“左氏”条，引《左传》隐公九年（前714）“平地尺为大雪”的传文和《春秋》桓公八年（前704）“冬十月雨雪”的经文，驳《文选·雪赋》吕向注隐公九年大雪为丰年、桓公八年“大雪平地广一丈”的说法缺乏依据；又卷十一“史记正误”条，引《左传》僖公十五年（前645）的孔颖达疏，驳司马迁《史记·晋世家》称申生母为齐桓公女、夷吾母是重耳母女弟的说法不符合事实；又卷三“诗”条，指出沈括引《后汉书·朱浮传》之误，足见王应麟对史书的熟知程度。另外，卷十五“考史”，记宋仁宗朝制科十五人的姓名；卷二十“杂识”，考宋敏求居住的春明坊、晁公武居住的昭德坊，对考订有关史事也有参考价值：

> 仁宗时，制科十五人：天圣何泳、富弼，景祐，苏绅、吴育、张方平、田况，庆历钱明逸、彦远，皇祐吴奎，嘉祐夏噩、陈舜俞、钱藻、苏轼、辙、王介。东坡诗：先帝亲收十五人。注者多误。（卷十五“考史”）
>
> 宋次道《春明退朝录》，晁子止《昭德读书志》，考之《东京记》：朱雀门外天街东，第六春明坊，宋宣献公宅，本王延德宅。宣德门前天街东，第四昭德坊，晁文元公宅。致政后辟小园，号养素园，多阅佛书，起密严堂。（卷二十“杂识”）

对于历代诗文，书中既辑录了不少前人的议论，也反映了王氏自己的见解。像卷二十“杂识”称“殷芸《小说》：蔡司徒说在洛见陆机兄弟，住参佐廨中，三间瓦屋，士龙住东头，士衡住西头。东坡诗：自甘

① 王文华：《王应麟及其〈困学纪闻〉》，载《史学史研究》，1986（4）；张献文：《〈困学纪闻〉简介》，载《档案天地》，2000（1）。

茅屋老三间。简斋诗：士龙同此屋三间。又云：‘士衡去国三间屋’”，而不知此事早已记录在刘义庆《世说新语·赏誉》中，可见王氏对小说一路不怎么熟悉，自然也难免百密一疏。不过，这些小疵仍难掩全书的华彩。总的说来，王氏博涉经史子集，展示了深厚的考据学功力，确立了王书在古文献学史上的卓越地位，与撰《梦溪笔谈》的沈括和作《容斋随笔》的洪迈一道，合称宋代考据笔记三大家。从这个角度上说，王书可谓宋代笔记巨制的压轴之作。

对王书，四库馆臣即云：

> 是编乃其劄记考证之文……应麟博洽多闻，在宋代罕其伦比……盖学问既深，意气自平，能知汉、唐诸儒本本原原，具有根柢，未可妄诋以空言，又能知洛、闽诸儒亦非全无心得，未可概视为弇陋。故能兼收并取，绝无党同伐异之私。所考率切实可据，良有由也。①

清人周中孚也说：“按厚斋卒于元成宗元贞二年丙申，是书当作于入元以后也。皆其读书有得，以次札记……凡考据评证，皆出己意，发前人之所未发，辞约而明，理融而达，渊奥精实，非博极群书、卓然有识者何以能之，亦可为宋一代说部之后劲矣。”② 晚清李慈铭又云：“王氏于宋末号为博学，此书尤有名。然见闻锢于道学，考订域于宏词，虽取便初学，实鲜可观”，“王氏此书晐综甚博，一生读之，尚未贯彻”③。

《困学纪闻》成书后，至治二年（1322），先有牟应龙序本；泰定二年（1325），又有袁桷序本。至乾隆朝，编《四库全书》，收入“子部杂家类”，为通行本。学人也热衷注释，主要有阎若璩、全祖望、何

① 《四库全书总目》卷118《〈困学纪闻〉提要》，北京，中华书局，1965。

② 周中孚：《郑堂读书记》卷54《子部·杂家类·困学纪闻》，上海，上海书店，2009。

③ 李慈铭：《越缦堂读书记·综合性笔记·困学纪闻》，北京，中华书局，2006。

焯、程瑶田、钱大昕、屠继绪、万希槐和翁元圻笺注本。[①] 至民国，收入《四部备要》和《四部丛刊三编》，分别由中华书局、商务印书馆排印和影印。1959 年，由商务印书馆铅印。今人孙通海以四部丛刊本为底本点校，1998 年由辽宁教育出版社印行，列入《新世纪万有文库》；今人栾保群、田松青和吕宗力以翁氏笺注本为底本点校，2008 年由上海古籍出版社排印，是为现在最通行的版本。

谢采伯与《密斋笔记》

谢采伯（?），字元若，台州临海（今属浙江）人，谢深甫[②]长子。嘉泰二年（1202）进士，知广德军，官至湖州知州、大理寺丞、大理寺正、保康军承宣使，今存所撰《密斋笔记》。

《密斋笔记》五卷，又续记一卷，今本系四库馆臣从《永乐大典》中辑出。卷首淳祐元年（1241）谢氏自序云：

> 余好渔猎书传，时年六十有三，易班东归，天赐一闲，无以解日，书生结习未除，亦自角有闻见，岂应以鹞弁泯没，遂著于篇以示儿辈，曰或问者，儿辈所质问也。经史、本朝文艺杂说几五万余言，固未足追媲古作。要之，无抵牾于圣人，不犹愈于稗官、小说、传奇、志怪之流乎？庶后之子孙，知余老不废学云尔。

“密斋”，应是谢氏书斋名，又因以题书。书之性质，为读书笔记。又谢氏关注经史百家，远绍旁搜，每有心得，则随笔记录；于当朝文艺

① 张晓飞：《〈困学纪闻〉版本源流考述》，载《中国典籍与文化》，2009（2）。

② 谢深甫（1139—1204），字子肃，号东江，台州临海（今属浙江）人。乾道二年（1166）进士，官至嵊县尉、昆山县丞、浙漕考官、青田知县、大理丞、右正言、起居郎、临安知州、工部及吏部侍郎、端明殿学士、签书枢密院事、参知政事、金紫光禄大夫、右丞相，撰有《东江集》。

杂说，也尽力吸取，还间涉宋代史事，不乏史料价值。像卷一记钞法之弊云：

崇宁五年，敕节文小钞，知通监造，书押印，造样号，年限条禁，并依川钱法，军人官员请给不用外，买卖、仓场、库务、出纳依见钱行用，三年为界。大观二年，第一料其样与今会子略同，上段印准，伪造钞已成，流三千里，已行用者处斩。至庚寅九月，更不用，中段印画泉山，下段平写一贯文，省守倅姓押子，此会子兆端也。绍兴十二年，户部张澄欲行会子，给事中胡霈然沮之而止。绍兴二十二年，竟行之，今九十余年，其弊极矣。而大观小钞，民以为便者，造之有限，而换之有信也。

又同卷记宋金议和云：

京师失守自耿南仲主和；靖康播迁自何桌主和。维扬失守自汪伯彦、黄酒善主和；金人之变自秦桧主和。议者乃曰："外虽和，内不忘战，此又其向来权臣误国之言也。一溺于和，将士解体，尚能战乎？"此胡澹庵之论。若然，则景德、庆历之和，致一百七十余年承平之效非欤？寇莱公富郑公辈果误国者欤？余曰："和在我，则为御侮；在人，则为纳侮。"绍兴八年，金遣乌凌思谋来议和，豪长达赉主之，上虽听桧计与之和，实疑其诈。王伦奏："北有悔割地意。"继诛达赉。十年，兀术集兵祁州，分四道入侵。桧言于上曰："臣昨见金国达赉有讲和割地之议，故赞陛下取疆。既而，兀术戕其叔达赉，和议已变，故赞陛下定吊伐之计。"金之初和也，诸将有异议，及其果叛盟，益以和为非。桧有再和之议，独患诸将难制，于是范同献策，召三大将既至，遂皆拜枢莞而罢其兵。三十一年，金人复败盟，侵淮。此绍兴和议始末。至隆兴甲申，和议定，而开禧丙寅复自渝盟矣。

又续记评司马光云：

元载以贪被诛，籍其家，胡椒八百石。杨绾以清简俭素，代其平章事。郭子仪减声乐，黎干省驺从。崔宽撤第舍，盛德感人，习俗一变，而四月拜命，七月己巳毙。司马光，元祐元年闰二月拜左仆射，公首更诏书，开言路，分别邪正，进退甚者十余人，旋罢。保马、市易、助役、青苗、盐铁、茶法，复常平、粜籴法，身徇社稷，躬亲庶务，而是年九月丙辰毙。二公，天不假年，相业未究，古今惜之。君子有福，小人无福，此治世也。君子无福，小人有福，事可知矣。

对谢书，四库馆臣评价说：

是编乃其易班东归时所撰，录以示其子者。杂论经史文义，凡五万余言，自序以为无牴牾于圣人。其间，援据史传，颇足以考镜得失。杂录前贤懿言嫩行，亦多寓惩劝。虽持论间有未醇，其援引证据，亦未能如《容斋随笔》、《梦溪笔谈》之博洽。而语有本源，瑜多瑕少，要亦说部之善本也。①

清人周中孚也说："是书乃元若晚年易班东归时所著，辨别经史及记前人嘉言懿行、当代文艺杂说，颇足以资考镜焉。"②

《密斋笔记》成书后，久无刊刻，一直以抄本流传。至乾隆朝，编《四库全书》，收入"子部杂家类"，为永乐大典本。咸丰三年（1853），收入《琳琅秘室丛书》，为仁和胡氏木活字本。至民国，收入《赤城遗书汇刊》和《丛书集成初编》，分别为台州金氏刊本和商务印书馆排印本，1985年后者又由中华书局重印；1992年，收入《四库笔记小说丛书》，由上海古籍出版社排印，与张邦基《墨庄漫录》、沈作喆《寓简》、苏籀《栾城遗言》、李如篪《东园丛说》、吴箕《常谈》、赵彦卫

① 《四库全书总目》卷121《〈密斋笔记〉提要》，北京，中华书局，1965。

② 周中孚：《郑堂读书记》补逸卷26《子部·杂家类·密斋笔记》，上海，上海书店，2009。

《云麓漫抄》、孙奕《示儿编》、张世南《游宦纪闻》、费衮《梁溪漫志》和韩淲《涧泉日记》合刊一册，是为现在最通行的版本。

周密与《齐东野语》、《癸辛杂识》、《武林旧事》、《志雅堂杂抄》和《云烟过眼录》

周密（1232—1298），字公谨，号草窗、苹洲，别署“四水潜夫”、“弁阳老人”、“弁阳啸翁”，京东济南（今属山东）人。南渡后居吴兴，以门荫监建康府都钱库。咸淳中，为两浙运司掾属；端宗中，为义乌知县。他长于文史，撰有《草窗词》、《草窗韵语》、《澄怀录》、《浩然斋杂谈》、《浩然斋雅谈》、《齐东野语》、《武林旧事》、《癸辛杂识》、《志雅堂杂钞》和《云烟过眼录》。

《齐东野语》二十卷，凡二百七十七条。卷首周氏自序云：

> 泰、禧之间，大父从属车，外大父掌帝制。朝野之故，耳闻目接，岁编日纪，可信不诬。我先君博极群书，习闻台阁旧事……余龆侍膝下，窃剽绪余，已有叙次……闲居追念得一二于十百，惧复坠逸为先人羞。乃参之史传诸书，博以近闻脞说，务求事之实，不计言之野也。异时展余卷者，噱曰：“野哉言乎，子真齐人也。”余对曰：“客知言哉！余故齐，欲不齐不可。虽然，余何言哉？何言，亦言也，无所言也，无所不言，乌乎言。”客大笑，吾因以名其书。

“齐东野语”，语出《孟子·万章上》：“此非君子之言，齐东野人之语也。”周氏以之题书，一是自谦言不足信，二是表示不忘本。

周书又卷下设目，即卷一“孝宗圣政”、“温泉寒火”、“段干木”、“表答用先世语”、“蜜章密章”、“三苏不取孔明”、“诗用史论”、“汉租最轻”、“真西山”、“书史载箕子比干不同”、“梓人抡材”、“林夏”、“汪端明”和“张定叟失出”、“放翁钟情前室”；卷二“张魏公三战本末略”；卷三“绍熙内禅”和“诛韩本末”；卷四“避讳”、“方巨山争体统”、“曝日”、“经验方”、“用事切当”、“杨府水渠”和“潘庭坚、王实之”；卷五“四皓名”、“作文自出机杼难”、“端平入洛”、“端平襄州本末”、“赵氏灵璧石”、“南园香山”、“李泌、钱若水事相类”、“用事偶同”、“方翥”、“乔文惠晚景”、“赵伯美”和“二苏议礼”；卷六“绍兴御府书画式”、“解颐”、“山陵使故事”、“胡明仲本末”、“诗用事”、“王魁传”、“向氏粥田”、“祥瑞”和“杭学游士聚散”；卷七“鸱夷子见黜”、“王敦之诈”、“赠云贡云”、“出师旗折”、“朱氏阴德”、“毕将军马”、“洪君畴”、“谢惠国坐亡”、“洪端明入冥”、“野婆”和“王宣子讨贼”；卷八“张魏公二事”、“罗春伯政事”、“庸峭”、“许公言”、“士子诉试”、“赵德庄诲后进”、“朱墨史”、“苏大璋”、“徐汉玉”、“韩慥奇卜”、“以赋罢相”、“小儿疮痘”、“曹西士上竿诗”、“昌化章氏”、“吴季谦改秩”、“作邑启事”、“斋不茹荤必变食”、“二李省诗”、“宗子请给”、“郑安晚前谶”、“赵佥判花字样”、“一府三守”、“六么羽调”、“香炬锦茵”、“登闻鼓”、“义绝合离”、“熊子复”、“郑时中得官”、“诗词祖述”和“嘲觅荐举”；卷九“形影身心诗”、“父执之礼”、“李全”、“王公衮复仇”、“富春子”、“王宣子失告命”、“配盐幽菽”、“疽阴阳证”、“陈周士”和“秀王嗣袭”；卷十“古今左右之辨”、“《史记》多误”、“文章相类”、“杨太后”、“脱靴返棹二图赞”、“轻容方空”、“范公石湖”、“多蚊”、“俞侍郎执法”、“尹惟晓词”、“都厕”、“敬岩注《唐书》”、“黄子由夫人”、“洪景卢自矜”、“吴郡王冷泉画赞”、“绢纸”、“谈重薄命”、“椰酒菊酒”、“《混成集》”、“明真王真人”、“牙”和“字舞”；卷十一“黄德润先见”、“谱牒难考”、“滕茂实”、“何宏中”、“姚孝锡”、“蜀娼词”、“桤木”、“办章”、“曹泳”、“朱汉章本末”、“陆务观得罪”、“苏师旦麻”、“雷变免相”、“高宗立储”、“慈懿李后”、“道学”、“邓友龙开边”、“文庄论安丙矫诏”、“王沈趋张说”、“协韵牵强”、“沈君与”、“吴倜”、“御宴烟火”和“朱芮杀龙”；卷十二“姜尧章自叙”、“白石禊帖偏旁考”、“禊序不入选帖”、“淳绍岁币”、“书籍之厄”、“雷书”、“贾相寿词”、“事圣茹素”、“笏异”、“三教图赞”、“捕猿戒”、“火浣布”和“历差失闰”；卷十三“汉改秦历始置闰”、“《纲目》误书”、“秦桧之收诸将兵柄”、“张才彦”、“韩通立传”、“老苏族谱记”、“中谢中贺”、“复、覆、伏三字音义”、“岳武穆逸事”、“若干如干”、“祠山应语”、“傅伯寿以启擢用”、“林外”、“甄云卿”、“西林道人”、“崔福”、“张义林叔弓”、“优语”和“讥不肖子”；卷十四“馆阁观画”、“针砭”、“巴陵本末”、“数奇”、“谏笋谏果”、“姚斡父杂文”、“继母服”和“食牛报”；卷十五“曲壮闵本末”、“浑天仪、地动仪”、“腹笥”、“龟溪二女贵”、“算历约法”、“玉照堂梅品”、“花宜称”、“律历”、“张氏《十咏图》”、“耿听声”和“周陆小词”；卷十六“三高亭记改本”、“昆命元龟辨证本末”、“诗道否泰”、“贾岛佛”、“菊花新曲破”、“潘陈同母”、“省、状元同郡”、“金刚钻”、“多藏之戒”、“理、度议谥”、“谢太后”、“北令邦”、“降仙”、“文庄公滑稽”、“腹腴”、“睡”、“性所不喜”、“黄门”和“马塍艺花”；卷十七“杨凝式僧净端”、“奇对”、“笙炭”、“徐谓礼相术”、“咸淳三事”、“龚孟鍨策问”、“景定行公田”、“景定彗星”、“琼花”、“嚼虱”、“姓名相戏”和“朱唐交奏本末”；卷十八“昼寝”、“宜兴梅冢”、“莫子及泛海”、“薰风联句”、“汉唐二祖少恩”、“《史记》无燕昭筑台事”、“《孟子》三宿出昼”、“方大猷献屋”、“长生酒”、“开运靖康之祸”、“近世名医”、“前辈知人”、“赵信国辞相”、“琴繁声为郑卫”、“章氏玉杯”和“二张援襄”；卷十九“嘉定宝玺”、“鬼车鸟”、“兰亭诗”、“著书之难”、“安南国王”、“贾氏前兆”、“明堂不乘辂”、“贾氏园池”、“子固类元章”、“陈用宾梦放翁诗”、“汉以前惊蛰为正月节”、“后夫人进御”、“有丧不举茶托”和“清凉居士词”；卷二十“岳武穆御军”、“莫氏别室子”、“耆英诸会”、“纥石烈子仁词”、“读书声”、“刘长卿词”、“庆元、开庆六士”、“文臣带左右”、“马梁家姬”、“山獭治箭毒”、“月忌”、“张功甫豪侈”、“台妓严蕊”、“间字义”、“舟人称谓有据”、“张仲孚”、“隐语”、“赵涯”、“书种、文种”、“温公重望”和“陈孝女”。

书中所记，偏于南宋朝野史事、典故、诗文和琐闻。像卷二“张魏公三战本末略”条，卷三“绍熙内禅”和“诛韩本末”条，卷五“端平入洛”和“端平襄州本末”条，卷六“胡明仲本末”条，卷九“李全”条，卷十一“朱汉章本末”、“邓友龙开边”和“文庄论安丙矫诏”条，卷十二“淳绍岁币”条，卷十三“岳武穆逸事”和“秦桧之收诸将兵柄”条，卷十四“巴陵本末”条，卷十五“曲壮闵本末”条，卷十七“景定行公田”和“朱唐交奏本末”条，卷十八“赵信国辞相”和“二张援襄”条，卷十九“嘉定宝玺”条，卷二十“岳武穆御军”和“张仲孚”条，足以补史传之阙。而谈书画、记琐闻的内容，也有助于研究艺文。像卷二十中的“台妓严蕊”条，记天台营妓严蕊为朱熹系狱折磨，即为明人凌濛初《二刻拍案惊奇》中的“甘受刑侠女著芳名”一回所本。

对周书，四库馆臣评价说：

> 此书以《齐东野语》名，本其父志也。中颇考正古义，皆极典核。而所记南宋旧事为多……皆足以补史传之阙……国史之论，异私意也。定、哀多微词，有所避也。牛、李有异议，有所党也。爱憎一衰，议论乃公。①

清人周中孚也说：“今观其书，所记南宋旧事为多，皆兴亡治乱之大端。其言核，其事确，其询官名精，其订舆图审，其涉礼乐，词意亦极典赡。他所称举，旁闻曲证，亦不苟于记述，与其所作《癸辛杂识》好录琐语者不同。”② 晚清李慈铭又云：“周密《齐东野语》言汉租最

① 《四库全书总目》卷121《〈齐东野语〉提要》，北京，中华书局，1965。

② 周中孚：《郑堂读书记》卷56《子部·杂家类·齐东野语》，上海，上海书店，2009。

轻，虽三代亦所不及……考核详悉，可谓名论不刊”，“他若辨黄金台缘起……辨古今左右之轻重，辨《史记》、《通鉴纲目》之误，皆确凿。至所载南宋事……皆详书情事，曲得其平。至如李全之乱，淳绍岁币之增，赵范襄州之变，倪思昆命元龟之辨，皆纪之甚悉，有裨史学”，“宋末说部可考见史事者，莫如此书……公谨本文士，故其叙述独为简明……公谨家世仕宦，具有旧闻，自较他书为可信。”①

《齐东野语》成书后，久无刊刻，一直以抄本流传。于晚明，收入《稗海》、《历代小史》和《津逮秘书》，分别为万历会稽商氏半埜堂刊本、安溪李氏刊本和崇祯虞山毛氏汲古阁刊本。至乾隆朝，编《四库全书》，收入“子部杂家类”，为两江总督采进本。嘉庆十年（1805），又收入《学津讨原》，为虞山张氏照旷阁刊本。至民国，涵芬楼编《宋元人说部书》，由商务印书馆排印；又收入《丛书集成初编》，由商务印书馆排印，1985 年又由中华书局重印。今人张茂鹏以涵芬楼本为底本点校，1983 年由中华书局印行，列入《唐宋史料笔记丛刊》；1987 年，华东师范大学出版社排印朱菊如校注本；1998 年，收入《历代笔记小说小品丛刊》，由学苑出版社印行；2012 年，上海古籍出版社重排黄益元点校本，列入《历代笔记小说大观》，是为现在最通行的版本。

后来，又有佚名《幽居录》三卷，实则全录《齐东野语》卷六至卷十的内容，只是次第稍有颠倒罢了；② 至乾隆朝，编《四库全书》，列入“子部小说家类存目”，为浙江范懋柱家天一阁藏本。

《癸辛杂识》六卷，分前集、后集、续集和别集；前集、后集各一卷，续集、别集各二卷。卷首周氏自序云：

> 余卧病荒间，来者率野人畸士，放言善谑，醉谈笑语，靡所不有。可喜可噩，以警以偲，或献一时之笑，或起千古之

① 李慈铭：《越缦堂读书记·杂记·齐东野语》，北京，中华书局，2006。

② 《四库全书总目》卷 143《〈幽居录〉提要》，北京，中华书局，1965。

悲，其见给者固不少，然求一二于千百，当亦有之。暇日萃之成编，其或独夜遐想，旧朋不来，展卷对之，何异平生之友相与抵掌剧谈哉……“癸辛”，盖余所居里云。

“癸辛”，临安（今浙江杭州）街名，因有周氏寓所而题书。书中所记内容，大略近于《齐东野语》。不过，《野语》偏于朝廷大政及考证古义，而《杂识》偏记人物、遗闻佚事和作者见闻。两相比较起来，《杂识》可谓名副其实，突出了一个“杂”字，记事琐屑，不比《齐东野语》有价值。不过，所记轶事、遗文，不乏可资史文研究之处。像前集“吴兴园圃”、“王小官人”和“孝宗行三年丧”条，后集“成均旧规”、“故都戏事”和“正闰”条，续集“罗椅”、“二王入闽大略”、“成都恶事”、“回回送终”、“宋江三十六赞”、“吴妓徐兰”、“秦九韶”、“入燕士人”、“倭人居处”、“蔡陈市舶”、“张世杰忠死”条，别集“彭晋叟”、“林乔”、“王盖伏法”、“刘漫塘”、“方回”、“杨髡发陵”、“德佑表诏”、“史嵩之始末”、“徐霖”、“史嵩之致仕”、“襄阳始末”和“置士籍”条，可与有关史文比对参证。

对周书，四库馆臣评价说：

是编……与所作《齐东野语》大致相近。然野语兼考证旧文，此则辨订者无多，亦皆非要义；《野语》多记朝廷大政，此则琐事杂言居十之九，体例殊不相同，故退而列之小说家，从其类也……书中所记颇猥杂……而遗文佚事可资考据者实多，究在《辍耕录》之上。所记罗椅、董敬庵、韩秋岩诸人于宋末讲学之弊，言之最悉。①

清人周中孚也说：“其书大致虽与所作《齐东野语》相近，然多记琐事、杂言，不及朝廷大政，故今不与《野语》同入杂家，而入之小说。观其自序所云，便知两书体例之各异矣。惟所载遗文、佚事，多有

① 《四库全书总目》卷141《〈癸辛杂识〉提要》，北京，中华书局，1965。

裨于考证，究非寻常小说之可比也。间及男娼、过癞诸秽亵者，亦聊以垂戒耳，不足以为全书之累。"①

《癸辛杂识》成书后，久无刊刻，一直以抄本流传。于晚明，收入《稗海》和《津逮秘书》，分别为万历会稽商氏半埜堂刊本和崇祯虞山毛氏汲古阁刊本。至乾隆朝，编《四库全书》，收入"子部小说家类"，为两江总督采进本。嘉庆十年（1805），又收入《学津讨原》，为虞山张氏照旷阁刊本。今人吴企明以学津讨原本为底本点校，1988年由中华书局印行，列入《唐宋史料笔记丛刊》；今人王根林也以学津讨原本为底本点校，2012年由上海古籍出版社排印，列入《历代笔记小说大观》，是为现在最通行的版本。

《武林旧事》十卷，又作《武林旧事记》，旧题署"四水潜夫"。卷首周氏自序云：

> 乾道、淳熙间，三朝授受，两宫奉亲，古昔所无。一时声名文物之盛，号"小元祐"。丰亨豫大，至宝祐、景定，则几于政、宣矣。予曩于故家遗老得其梗概……每欲萃为一编，如吕荥阳《杂记》而加详，孟元老《梦华》而近雅，病忘慵惰，未能成书。世故纷来，惧终于不暇纪载，因摭大概，杂然书之。

"武林"，为南宋京师临安（今杭州）别称；以记京师往事，周氏因以"武林"题书。周书又卷下设目，即卷一"庆寿册宝"、"四孟驾出"、"大礼"、"登门肆赦"、"恭谢"和"圣节"；卷二"御教"、"御教仪卫次第"、"燕射"、"公主下降"、"唱名"、"元正"、"立春"、"元夕"、"舞队"、"灯品"、"挑菜"、"进茶"和"赏花"；卷三"西湖游幸"、"放春"、"社会"、"祭扫"、"浴佛"、"迎新"、"端午"、

① 周中孚：《郑堂读书记》卷64《子部·小说家类·癸辛杂识》，上海，上海书店，2009。

“禁中纳凉”、“都人避暑”、“乞巧”、“中元”、“中秋”、“观潮”、“重九”、“开炉”、“冬至”、“赏雪”、“岁除”和“岁晚节物”；卷四“故都宫殿”和“乾淳教坊乐部”；卷五“湖山胜概”；卷六“诸市”、“瓦子勾栏”、“酒楼”、“歌馆”、“赁物”、“作坊”、“骄民”、“游手”、“市食”、“果子”、“菜蔬”、“粥”、“羓鲊”、“凉水”、“糕”、“蒸作从食”、“诸色酒名”、“小经纪”和“诸色伎艺人”；卷七“乾淳奉亲”；卷八“车驾幸学”、“人使到阙”、“宫中诞育仪例略”、“册皇后仪”、“皇后归谒家庙”和“皇子行冠礼仪略”；卷九“高宗幸张府节次略”；卷十“官本杂剧段数”、“张约斋赏心乐事”和“约斋桂隐百课”。另外，又附录周氏“西湖游幸记”一文。

从设目不难看出，周书源自目睹耳闻和故书杂记，偏记朝廷典礼、山川风俗、市肆经纪、四时节物和教坊乐部情况，为了解南宋城市经济文化和市民生活，以及都城面貌、宫廷礼仪，提供十分丰富的史料。即以卷六“诸色伎艺人”条为例，记录了包括演史、杂剧、影戏、角抵、散耍在内的五十五类技艺、五百二十一位名艺人的姓名和艺名；又卷十“宫本杂剧段数”条，记录了二百八十本杂剧剧目，是有关宋代文学、艺术和戏曲史的珍贵资料。

对周书，四库馆臣评价说：

> 是书记宋南渡都城杂事，盖密虽居弁山，实流寓杭州之癸辛街。故目睹耳闻，最为真确。于乾道、淳熙间三朝授受、两宫奉养之故迹，叙述尤详……其间，逸闻轶事，皆可以备考稽。而湖山歌舞，靡丽纷华，著其盛，正著其所以衰。遗老故臣，恻恻兴亡之隐，实曲寄于言外，不仅作风俗记、都邑簿也。①

即是说，对于它，不宜以“风俗记”、“都邑簿”视之。应该说，

---

① 《四库全书总目》卷70《〈武林旧事〉提要》，北京，中华书局，1965。

这个看法是可取的。事实上，周氏以笔记的写法，展现了广泛的社会内容，表达了深刻的思想情感。

清人周中孚也说："是书乃其于入元后追忆杭州都城旧事而作，分六十有四目，凡朝廷典礼，山川风俗，与夫市肆节物，教坊乐部，至为详备，而于孝庙奉亲之事尤致意焉。征武林掌故者，多于斯取材。其自序一篇，声情绵邈，悽然有故国旧君之思，不仅流连风物而已，此真宋之义士。"①

《武林旧事》成书后，久无刊刻，一直以抄本流传。入明，先后有正德宋廷佐刊本和嘉靖陈珂翻刻本；万历三十四年（1606），又收入《宝颜堂秘笈》，为绣水沈氏刊本。至乾隆朝，编《四库全书》，收入"史部地理类"，为内府藏本；又收入《知不足斋丛书》，为长塘鲍氏刊本。于晚清，收入《武林掌故丛编》，为光绪钱塘丁氏嘉惠堂刊本。至民国，收入《笔记小说大观》，由上海进步书局石印，1984 年又由广陵古籍刻印社影印。1956 年，收入《东京梦华录（外四种）》，由古典文学出版社排印。1982 年，由中国商业出版社印行，与孟元老《东京梦华录》、耐得翁《都城纪胜》、西湖老人《繁胜录》和吴自牧《梦粱录》合刊一册。今人以鲍氏本为底本点校，1984 年由浙江人民出版社排印，收入《杭州掌故丛书》；1998 年，收入《名家导读笔记丛书》，由文化艺术出版社印行，与孟元老《东京梦华录》、耐得翁《都城纪胜》、西湖老人《繁胜录》和吴自牧《梦粱录》合刊一册；2007 年，又收入《中华经典随笔》，由中华书局排印，是为现在最通行的版本。

《志雅堂杂抄》二卷，记事起于至元二十六年（1289），止于元贞二年（1295）。从性质上说，它与《癸辛杂识》和《云烟过眼录》类同，又偏录有关图画碑帖、珍玩、宝器、医药、阴阳、算术、仙佛和书

① 周中孚：《郑堂读书记》补逸卷 18《史部 · 地理类 · 武林旧事》，上海，上海书店，2009。

史。以史料价值而言，它是远不及《齐东野语》、《癸辛杂识》和《武林旧事》的。晚清李慈铭评价说："其书多言图画、古器及类记琐闻……公谨此书，成于元代，道学之风甚盛，而能为是言，此是非之公也。近世一目之士，动以诋斥宋儒为莫道之罪，亦愚甚矣。至公谨言贾似道之祸国，辞直如是，而赵云松犹谓其依附贾氏，多为讼冤，又何其不乐成人之美也。"①

《志雅堂杂抄》成书后，久无刊刻，一直以抄本流传。顺治三年（1646），收入《说郛续》，为两浙李氏宛委山堂刊本。至乾隆朝，编《四库全书》，列入"子部杂家类存目"，为两淮盐政采进本。于嘉庆朝，又有大梁书院重刊本。至道光朝，收入《粤雅堂丛书》和《得月簃丛书》，分别为南海伍氏刊本和得月簃荣氏刊本。宣统二年（1910），收入《古今说部丛书》，为上海国学扶轮社排印本。民国二十三年（1934），收入《笔记小说大观》，由上海进步书局石印，1984 年又由广陵古籍刻印社影印。1958 年，又有台北广文书局影印本。1991 年，由中华书局排印，与沈俶《谐史》和方回《虚谷闲抄》合刊一册，是为现在最通行的版本。2000 年，收入《新世纪万有文库》，由辽宁教育出版社排印，与《澄怀录》、《浩然斋雅谈》和《云烟过眼录》合刊一册，是为现在最通行的版本。

《云烟过眼录》二卷，又续录一卷，成书于元贞二年（1296）。从性质上说，它与《癸辛杂识》和《志雅堂杂抄》类同，是《杂抄》中所述周氏走访藏家后对藏品的著录，也是中国第一部以著录私家藏画为主的专书，计录入四十六家藏品，分别标出作者、画名、收藏印记、题跋及流传经过，还附有简明的鉴别论断。不过，追考辨证稍弱。四库馆臣即云："是书记所见书画古器，略品甲乙，而不甚考证。"②

---

① 李慈铭：《越缦堂读书记·杂记·志雅堂杂抄》，北京，中华书局，2006。

② 《四库全书总目》卷 123《〈云烟过眼录〉提要》，北京，中华书局，1965。

《云烟过眼录》成书后，久无刊刻，一直以抄本流传。至乾隆朝，编《四库全书》，收入“子部杂家类”，为浙江巡抚采进本。光绪十三年（1887）陆氏刻本。1960年，由商务印书馆排印，与汤允漠《云烟过眼录续集》合刊一册。至民国，收入《丛书集成初编》，由商务印书馆排印，1985年又由中华书局重印，与汤允漠《云烟过眼录续集》合刊一册。1994年，由巴蜀书社影印，与赵希鹄《洞天清禄集》、汤允漠《云烟过眼录续集》、陈继儒《妮古录》、曹昭《新增格古要论》、董其昌《骨董十三说》和谢堃《金玉琐碎》合刊一册。2000年，收入《新世纪万有文库》，由辽宁教育出版社排印，与《澄怀录》、《浩然斋雅谈》和《志雅堂杂钞》合刊一册，是为现在最通行的版本。

陈世崇与《随隐漫录》

陈世崇（1245—1309），字伯仁，号随隐，抚州崇仁（今属江西）人。他随父陈郁入宫，充东宫讲堂说书，官至椒殿掌笺、皇城司检法。因受贾似道排挤，退隐归乡，今存所撰《随隐漫录》。

《随隐漫录》五卷，原本十二卷，今本另附佚文十一则。偏记南宋诗话、杂记，有关人事可补史传之不足。像卷一记紫宸殿上寿、正旦朝贺、朔望起居以及朝辞之类仪注，卷二记仪卫，卷三记驾出仪卫，反映了宋理宗、度宗朝仪注及仪卫情况，大多不见于《宋史》“礼志”和“仪卫志”。又卷一列谥号，包括一百三十一种“上谥”、十四种“中谥”和六十五种“下谥”，卷四考姓氏由来，卷三记宋代舆服制度，也可与有关史传比对印证。又佚文“内命妇五品”一则云：

> 贵妃、淑妃、贤妃，则锁院降制。贵仪、淑仪、淑容、顺容、婉仪、婉容、昭仪、昭容、昭婉、修仪、修容、修婉、充仪、充媛、婕妤、美人、才人、侍御郡夫人、郡夫人、十字、六字、四字、两字、两字两国、四字两国、两字、一字国夫人

为一品。尚正、尚宫、尚仪、尚食、尚服、尚围、尚翰、尚拭、尚制、尚薰、司衣、司宝、司饰、司围、司言、司膳、司剂、司设、司采、典衣、典宝、典饰、典制、典围、典籍、典醖、典珍、典乐、掌衣、掌记、掌采、掌乐、掌围、掌籍、掌醖，红霞帔，知尚书内省事，仙韶使、副使、小殿直、都知押班为二品。紫霞帔，尚书省都事，大侍御，小殿直，第一等长行，仙韶都头为三品。听宣尚书省内事录事小殿直，二等长行，仙韶色为四品。殿直，散直，散手，尚书省小侍御，皇后閤祗候，小殿直，第三等长行，著绯著绿，女童为五品。

与佚文“杭州治”一则记行宫一样，也是了解南宋有关宫廷制度的难得史料。对陈书，四库馆臣评价说：

其书多记同时人诗话，而于南宋故事言之尤详……颇有史传所未及者。他所记诗话杂事，亦多可采……假借古事以寓南宋臣降君辱之惨，与所以致败之由，而终无一言之显斥，犹有黍离诗人悱恻忠厚之遗，尤非他说部所及也。①

《随隐漫录》成书后，久无刊刻，一直以抄本流传。于晚明，收入《稗海》，为万历会稽商氏半埜堂刊本。至乾隆朝，编《四库全书》，收入“子部小说家类”，为兵部侍郎纪昀家藏本。至民国，收入《笔记小说大观》、《宋元人说部书》和《古今文艺丛书》，分别由上海进步书局、商务印书馆、广益书局石印和排印，1984年前者由广陵古籍刻印社影印。1991年，又收入《丛书集成初编》，由中华书局排印，与赵溍《养疴漫笔》和孙宗鉴《西畬琐录》合刊一册。今人孔凡礼以四库全书本为底本点校，2010年由中华书局印行，列入《唐宋史料笔记丛刊》，与叶寘《爱日斋丛抄》和周密《浩然斋雅谈》合刊一册；2012年，上海古籍出版社重排尚成点校本，列入《历代笔记小说大观》，与叶绍翁

① 《四库全书总目》卷123《〈随隐漫录〉提要》，北京，中华书局，1965。

《四朝闻见录》，是为现在最通行的版本。

刘昌诗与《芦浦笔记》

刘昌诗[①]（?），字兴伯，施州清江（今湖北恩施）人，生卒年、事迹行状俱不详。开禧元年（1205）进士，官至六峰[②]令、监华亭芦沥场盐课，今存所撰《芦浦笔记》。

《芦浦笔记》十卷，凡八十七条。卷首嘉定六年（1213）刘氏自序云：

> 予服役海陬，自买盐外无他职事……兀坐篝灯，惟翻书以自娱。凡先儒之训传，历代之故实，文字之讹舛，地理之迁变，皆得逆其源而循其流……久惧遗忘，因并取畴昔所闻见者而笔之册，凡百余事，萃为十卷。有未检证者，留俟续编……芦浦，乃廨宇之攸寓云。

可见，它主要是一部读书笔记；又“芦浦”，为刘氏在芦沥场廨宇之寓所，因以题书。刘书又卷下设目，即卷一“洪范七稽疑脱字”、“冯妇”、“约法三章”、“有味其言”、“廉远地”、“饧字出处”、“宁馨”、“三郎”、“重五日生”、“射寝石”、“从理入口”、“泥轼”、“屏星”、“阿字”、“阿堵”和“生活”；卷二“武成次序”、“辨诸葛武侯疏脱误句读”、“内长文”、“性善辨”和“汉砖”；卷三“负兹”、“折俎”、“潜火”、“贤关”、“仁频”、“乾鹊”、“紫荷”、“糊名”、“裴二端公”、“振字”、“山谷南还误”、“漫录书人官位差误”、“晋人吊丧弹琴作驴鸣”、“雁行”、“打字”和“粆盆”；卷四“孙叔敖碑”、“周府君名”、“中阳里”、“心经”、“夔子国”、“扬州”、“巴丘”、“贤女

① 一作“刘昌”。
② 六合之别称，今属江苏。

铺”、“余干”、“于越”、“管名”、“尧庙”、“荆佽飞庙”和“草鞋大王事”；卷五“赵清献公充御试官日记”和“金花帖子”；卷六“金根车”、“季子碑”、“瘗鹤铭”、“六合大同印”、“屏著”、“紫微王舍人梦”、“四明寺”、“佛牙”和“喘药方”；卷七“比事”、“启母石”和“仙卜”；卷八“至和拜相制”、“资政庄节王公家传”和“卞氏二牒”；卷九“白玉楼赋”、“祭蝗虫文”、“懿斋铭”、“驩饮箴”和“驩会誓”；卷十“杜诗句差”、“筹笔驿诗”、“回峰院留题”、“米小仪题禊帖诗”、“绝览亭诗”、“康伯可诗”、“胡藏之诗”、“石芥诗”、“丫头岩诗”、“上元词”、“念奴娇”、“陶谷使江南词”、“石林词”和“生查子”。

书偏考证，也很详审。一方面，纠正了吴曾《能改斋漫录》中的一些错误。像卷三“山谷南还误”条，纠正吴书《记诗》卷中关于山谷与南华竹轩的地理方位之误，即应为西还而非南还；又同卷“漫录书人官位差误”条，纠正吴书《记文》卷中所说“大丞相冯当世”、“参政蒋之奇”之误，而刘书考订“蒋未尝为参政，当作枢密”。另一方面，卷三“糊名”和卷五“赵清献公充御试官日记”条，是考证宋代科举史实之重要依据。又一方面，像卷八“资政庄节王公家传”，可补《宋史》中关于王复记录的空白，为史学研究者提供了帮助。再一方面，像卷一“冯妇”和“约法三章”条，也可说是史料辨伪学之例证。① 所以，尽管书中有一些附会之处，像卷七“启母石”条，难辨《淮南子》之妄，可从总体上看，仍不失为一部很有价值的考论之作，可资文史研究者参考之用。

对刘书，四库馆臣评价说：

> 其书多纠吴曾《能改斋漫录》之失，其论泥轼、屏星、金根车、诸葛亮表脱句、孙叔敖碑舛讹、欧阳修误题《多心

---

① 吉毛仔：《〈芦浦笔记〉的史料价值》，载《文教资料》，2010（12）。

> 经》、杜甫诗错简，皆有特识。又张栻《悫斋铭》，本集不载，黄庭坚咏藕诗，实胡藏之作，皆足以资考据。王士祯《池北偶谈》尤称其记王复死节之事，可补《宋史》之阙。①

清人周中孚也说：“是书成于嘉定癸酉……盖作于监芦浦盐课时也。然按是书，所载地理故迹，多及四明奉化，而无一语及云间，疑所谓芦浦者当是宁波边海之区，非今之芦沥场也。其书纠正吴虎臣《能改斋漫录》者为多，而甄录古今诗词、杂文亦复不少，或加考证，或不加考证，皆足以供艺苑之需。其载金石刻，并及汉砖六事，更足以补洪、赵诸家所未及云。”②

《芦浦笔记》成书后，刘氏捐俸刻于六峰县斋。入明，有谢肇淛小草斋抄本、谢兆申抄本和明穴砚斋抄本。至清朝，编《四库全书》，收入“子部杂家类”，为两淮盐政采进本；又收入《知不足斋丛书》，为长塘鲍氏刊本。道光十一年（1831），收入《学海类编》，为六安晁氏活字排印本。至民国，收入《笔记小说大观》和《丛书集成初编》，分别由上海进步书局、商务印书馆石印和排印；1984年前者由广陵古籍刻印社影印，1985年后者又由中华书局重印。今人张荣铮、秦呈瑞以鲍氏本为底本点校，1986年由中华书局印行，列入《唐宋史料笔记丛刊》，是为现在最通行的版本。

徐度与《却扫编》

徐度（?），字敦立，应天谷熟（今河南商丘）人，徐处仁③幼子。

---

① 《四库全书总目》卷118《〈芦浦笔记〉提要》，北京，中华书局，1965。

② 周中孚：《郑堂读书记》卷54《子部·杂家类·芦浦笔记》，上海，上海书店，2009。

③ 徐处仁（?—1127），字择之，应天谷熟（今河南商丘）人。元丰进士，官至宗正寺丞、太常博士、监察御史、户部尚书、尚书右丞、蕲州知州、中书侍郎、门下侍郎、观文殿大学士、北道都总管。

南渡后，寓居吴兴。绍兴八年（1138），为校书郎，官至员外郎、吏部侍郎，今存所撰《却扫编》。

《却扫编》三卷，书分上中下，卷首徐氏自序云：

予闲居吴兴卞山之阳，曰吕家步。地僻且陋，旁无士子之庐，杜门终日，莫与晤言。间思平日闻见可纪者，辄书之。未几盈编，不忍弃去，则离为三卷。时方杜门却扫，因题曰《却扫编》。虽不足继前人之述作，补史氏之阙遗，聊以备遗忘、示儿童焉。

“却扫”一词，谓不扫径迎客，即闭门谢客，语出三国王粲《寡妇赋》：“阖门兮却扫，幽处兮高堂。”又南梁江淹《恨赋》：“闭关却扫，塞门不仕。”徐氏寓居吴兴，闭门作书，因以“却扫”题书。

徐书偏记宋代典制、大臣逸事、风气遗俗，间及前朝制度和遗文琐事，可补史传之阙，具有很高的史料价值。像卷上记集贤院、弘文馆之变迁：

唐开元中，始聚书集贤院，置学士、直学士、直院总之。又置大学士，以宠宰相，自是不废。其后又置弘文馆，亦以宰相为大学士。本朝避宣祖讳，易为昭文，然必次相迁首相始得之。其后惟王章惠随、庞庄敏籍、韩献肃降旨初拜直除昭文，故王岐公行献肃制词，有曰“度越往制，何爱隆名之私”者，盖谓是也。

又记枢密院长官的充任，可看出宋代重文轻武的政治倾向：

文臣签书枢密院，始于石元懿，初称枢密直学士签书枢密院事，竟以本院学士而签书院事而已。至张公齐贤、王公沔皆直以谏议大夫为之，不复带学士，自是不复除。至熙宁八年，曾公孝宽始复自龙图阁直学士起居舍人、枢密都承旨，拜枢密直学士、签书枢密院事，而不迁官、不赐球文带。未几，以忧去位，至服阕，乃以端明殿学士判司农寺。元祐三年，赵公瞻自中散大夫户部侍郎；六年，王公岩叟自左朝奉郎、龙图阁待制、权知开封府；七年，刘公奉世自左朝请大夫、宝文阁待制、权户部尚书，皆拜枢密直学士、签书枢密院事，不迁官。赵公明年乃迁中大夫、同知枢密院事，王、刘二公至罢皆除端明殿学士。是四公于从班中资品尚浅，而躐迁执政，故有是命，盖不尽以执政之礼畀之。而必带枢密直学士者，正用石元懿故事也。绍圣以还，又复除。渊圣受禅之初，亟擢宫僚耿南仲为执政，而西府适无阙员，故复自徽猷阁直学士、太子詹事拜签书。未几，复欲命一执政使虏，而在位者皆不可遣，遽以兵部尚书路公允迪为签书而行。先是枢密直学士已废不置，改为述古殿直学士，故二公皆超拜资政殿学士。虽签书带职犹用故事，而非本意矣。自是遂相踵成例，凡签书者必带端明资政之职。至六曹尚书、翰林学士皆执政之亚，径迁同知可也。然初拜亦必为签书而带学士职，疑非是。

武臣签书枢密院，始于杨守一。端拱元年，自内客省使、宣徽北院使为之；二年，张逊自盐铁使，亦以宣徽北院使为之；景德三年，韩崇训自枢密都承旨、四方馆使，以检校太傅为之；同时，马正惠公知节自枢密都承旨、东上阁门使，以检校太保为之；天禧三年，曹武穆公玮自华州观察使鄜延副总管，以宣徽北院使为之；明道二年，王武恭公德用自步军副指挥使、福州观察使，以检校太保为之；治平三年，郭宣徽逵自殿前都虞候、容州观察使，以检校太保为之；建炎三年，王渊自向德军节度使、御营都统制，直以节度使为之。

另外，像卷中论诗“用意太过，反失于凿”，“作诗之外，他应有知”，以及作诗“大要忌俗”，很有可取之处。不过，徐氏博采异闻，难免失之泛滥。像卷上记叶梦得所录俚语，卷中记王鼎嘲谑，卷下记翟巽诙谐，体例也不纯。可又瑕不掩瑜，所以，四库馆臣对它的评价不低：

> 此编所纪，皆国家典章，前贤逸事，深有裨于史学……此书上卷载叶梦得所记俚语一条，中卷载王鼎嘲谑一条，下卷载翟巽诙谐一条，为例不纯，自秽其书，是亦嗜博之一证矣。然大致纂述旧闻，足资掌故，与《挥麈》诸录、《石林燕语》可以鼎立；而文简于王，事核于叶，则似较二家为胜焉。[①]

清人周中孚也说："今观是编，所纪皆朝廷旧典，耆宿轶事，足有资于掌故。间有嗜博之失，参以小说，亦寥寥无几耳。盖敦立为靖康中参知政事处仁之子，而自亦通显，故随笔所记皆文献足征，且较庞氏《文昌杂录》、叶氏《石林燕语》、朱氏《曲洧旧闻》为简核焉。"[②]

《却扫编》成书后，久无刊刻，一直以抄本流传。于晚明，收入《津逮秘书》，为崇祯虞山毛氏汲古阁刊本。顺治三年（1646），收入《说郛续》，为两浙李氏宛委山堂刊本。至清朝，编《四库全书》，收入"子部杂家类"，为河南巡抚采进本。嘉庆十年（1805），收入《学津讨原》，为虞山张氏照旷阁刊本。于同治朝，又收入《榕园丛书》，为真州张氏刊本。至民国，收入《择是居丛书》和《丛书集成初编》，分别为吴兴张氏刊本和商务印书馆排印本，1985年后者又由中华书局重印，与侯延庆《退斋笔录》合刊一册。今人尚成以学津讨原本为底本点校，2012年由上海古籍出版社排印，列入《历代笔记小说大观》，与赵与时《宾退录》合刊一册，是为现在最通行的版本。另外，1993年，收入《中国野史集成》，由巴蜀书社影印；2003年，收入《全宋笔记》，由大象出版社排印。

---

① 《四库全书总目》卷121《〈却扫编〉提要》，北京，中华书局，1965。

② 周中孚：《郑堂读书记》卷56《子部·杂家类·却扫编》，上海，上海书店，2009。

赵升与《朝野类要》

赵升（?），字向晨，琼州文昌（今属海南）人，生卒年、事迹行状俱不详，今存所撰《朝野类要》。①

《朝野类要》五卷，卷首端平三年（1236）赵氏自序云：

> 仆自幼入京都，观公朝仪刑政事名理，及闻夫缙绅间众所称谓，皆蒙然无所知识。求之于书，甚为简略，或无载记，后历闻诸师友老先生指诲。岁月浸久，虽曰强记，终不如弱文。遂寄之毫楮，姑目曰《朝野类要》。逮今岁自九江归舍，而旧所记述，间为鼠蠹之余，弃之可惜。又以好事者来需，第须别录。既病且懒，遂移书札之费，增而锓之于木。不独有以应酬，亦足以广四方之见闻。

从自序可知，赵氏自幼入京，观朝仪、刑政、名理，吏牍之文，缙绅互谓习语，因茫然无知，又探求书文、求教师友，岁月寖久，笔录成书。

全书征引朝廷典制故事，分为二十类，即“班朝”、“典礼”、“故事”、“称谓”、“举业”、“医卜”、“入仕”、“差除”、“升转”、“爵禄”、“职任”、“法令”、“文书”、“政事”、“杂制”、“帅幕”、“降免”、“退闲”、“忧难”和“余纪”；各类之下又分别排比材料，列事三百二十九条，每条又各标小题，一一辨识，又以解说宋代公牍文字和士大夫的习语最有价值。像卷二“举业”门，称“天下士人，不限有无学籍，皆得赴试本经一场，中者入上庠”，谓之“混补”；卷三“入仕”门，称“后妃亲属该恩得官者”，谓之“捧香恩例”；卷四“法

① 王端来：《略述〈朝野类要〉的成书与流传》，载《中国典籍与文化》，2009（1）。

令”门，称“刑部定法断狱奏呈”，谓之“进拟”。这些解释，可以帮助了解史事。而卷四“文书”门，还说明了“诏书”、“制书”、“手诏”、“御札”、“白麻”、“堂劄”、“白劄子”的含义和区别，足见赵书开卷厘然，可当词典来查阅和使用；它也类同于政书，对研究宋代朝野礼仪、典章制度、吏牍文辞和官场沿习，具有重要的参考价值。

像卷一释“把见”云：

把见　军头引见司等子，駈拥有罪之人朝见也。向来绍兴末年，四川宣抚司管押到招捉北界伪知虢州元颜守能、知商州折可直尝如此。盖唐以来朝见之仪有五，此其一也。

又卷二释科试名目云：

帘试　补试中者，再于长官帘前试一次。治经人作语孟义，词赋人作省题诗。优者行食。其有任子铨试，过赴吏部帘试经义破题或有诗，亦谓之帘试。

供课　州县学生分旬习试三场，各给册子供呈，上庠亦然。

堂试　州学考试考分，将来由此升补。

升补　堂试累中人推赏，至于升入上庠。

补试　州县学春秋两放补试，白身人本经中者注籍。

混补　天下士人不限有无学籍，皆得赴试本经一场，中者入上庠。

大补　选试旧举待补及州县学等级该恩士人，升上庠也。

待补　三场内只第一场合格，及补试内只大经合格，盖恐黜下之可惜，故以此勉其学者。惟武举只弓马合格者待补，谓之一事中。

私试　每月试一场，凡满季计三场，谓孟月本经，仲月论，季月策，并锁试于前廊，以学官主文考校，惟公试之月免。

公试 每岁春二三月之交公试，两日三场，谓第二日论策各一道，并差外官于贡院主文，以学官干预考校。

对赵书，四库馆臣评价说：

宋至今五六百年，其一时吏牍之文，与缙绅沿习之语，多与今殊，如朝仪有把见、科举有混试之类，骤读其文，殆不可晓。是书逐条解释，开卷厘然，诚为有功于考证。较之小说家流资嘲戏，侈神怪者，固迥殊矣。①

清人周中孚也说："今观其书……大致仿蔡邕《独断》体例，以纪宋代朝野故事。于当时案牍之文与沿习之语，一一诠释详明，虽难以文义推求者，亦可得其解也。惟其宫禁内职，不复纪录，非缺文也，在外人有所不敢耳。"②

《朝野类要》成书后，初刊于端平三年（1236）。弘治元年（1488），又有溧阳史学刻本，今存上海图书馆。至乾隆朝，收入《武英殿聚珍版丛书》，为武英殿木活字本；又编《四库全书》，收入"子部杂家类"，为江苏巡抚采进本；又收入《知不足斋丛书》，为长塘鲍氏刊本。到民国，又收入《笔记小说大观》、《四部丛刊三编》和《丛书集成初编》，分别由上海进步书局、商务印书馆石印、影印和排印；1984年前者由广陵古籍刻印社影印，1985年后者又由中华书局重印。今人王端来以溧阳史学本为底本点校，又附王氏《〈朝野类要〉研究》长文，2007年由中华书局印行，列入《唐宋史料笔记丛刊》，是为现在最通行的版本。

---

① 《四库全书总目》卷118《〈朝野类要〉提要》，北京，中华书局，1965。

② 周中孚：《郑堂读书记》卷54《子部·杂家类·朝野类要》，上海，上海书店，2009。

俞文豹与《吹剑录》、《清夜录》

俞文豹（?），字文蔚，浙东括苍人，生卒年及事迹行状不详。他不近科试和官场，晚年闭门守泊，条理故事，撰有《吹剑录》、《清夜录》和《古今艺苑谈概》。

《吹剑录》四卷，分正录一卷、续录一卷、三录一卷和四录一卷；而四录，又作《吹剑别录》和《吹剑录外集》。“吹剑”一词，语出《庄子·则阳》：“吹剑首者，吷而已矣。”吹剑环上的小孔，发音微弱而不动听，以喻事之渺小不足道；俞氏因之“题书”，显系自谦之词。

俞书杂记南宋宫廷、官场及民间之遗闻轶事，于道学党禁之始末最详。另外，作者读书零札，多据前言往事而加辨证发明。由于对一些人事的评价与传统观点相违，像认为诸葛亮可谓之识时务、忠刘备，不可谓之明大义、忠汉室，引起了后人非议。书内品评诗文之语，时有灼见。像论诗当有兴而作，诗“不可无体，亦不可拘于体”；论观诗当先观大体，不可斤斤于小节之类。又间及文人轶事，像苏轼幕客论苏词与柳（永）词的不同，也有一定的文学资料价值。

清人周中孚也说：“是书凡一百有八则，所记前人嘉言懿行以及当代轶事极为详赡，而议论亦极纯正无疵。此其晚年所作，阅历既久，意气渐平，故不似正集之偏驳也。”①

《吹剑录》成书后，《正录》和《续录》，刊于淳祐三年（1243），《三录》和《四录》则刊于稍后。顺治三年（1646），《续录》收入《说郛续》，为两浙李氏宛委山堂刊本。至乾隆朝，编《四库全书》，《四录》收入“子部杂家类”，为江苏巡抚采进本；收入《知不足斋丛

---

① 周中孚：《郑堂读书记》卷56《子部·杂家类·吹剑录》，上海，上海书店，2009。

书》，为长塘鲍氏刊本；至民国，又收入《笔记小说大观》，1984年由广陵古籍刻印社影印。又《正录》，列入《四库全书》“子部杂家类存目”，为两淮盐政采进本。而《续录》和《三录》，则久佚不传。宣统至民国，《古今说部丛书》和《五朝小说大观》又收入一卷本，分别为上海国学扶轮社和扫叶山房排印本。近人张宗祥辑成《吹剑录全编》，1958年由古典文学出版社印行，次年又由中华书局上海编辑所重印；1991年，又收入《丛书集成初编》，由中华书局排印，是为现在最通行的版本。

《清夜录》一卷，四库馆臣说：“是编所记皆宋时杂事，叙次颇丛杂，亦多他书所已见。”① 清人周中孚也说：“其书凡二十三条，皆记当代旧事，大都已见之他书者，文蔚又从而叙述之，殊嫌丛杂少绪。”② 即是说，它偏记宋代杂事，编次显得零乱；又很多记事内容，不难见于他书。所以，从总体上说，它的史料价值不高。不过，对南宋政治腐败有所揭露，对丽水的山川人物也有赞颂，多少也还是有可取之处的。

像记金兵攻破汴京城后情形一段，按俞氏的说法，有些人事“不见于史传，而见于曹勋《北狩录》，故表而出之”。不过，说“都城受围四十余日，易子而食，有以子肥瘦不等而争讼者。富人贵戚，以雀鼠猫犬为佳味相送惠”，则既不见于曹书，很明显，又并非全是小说家之言。又记开庆元年（1259）毛兴守涟水死事、胡安国谈宿卫亲兵、范仲淹欲求退子弟请治屋宅园圃条，也可与有关时文比对参证。

《清夜录》成书后，久无刊刻，一直以抄本流传。于中晚明，收入《明朝四十家小说》和《历代小史》，分别为嘉靖顾氏夷白斋刊本和万历安溪李氏刊本。顺治三年（1646），《续录》收入《说郛续》，为两浙李氏宛委山堂刊本。至乾隆朝，编《四库全书》，列入“子部小说家类

① 《四库全书总目》卷143《〈清夜录〉提要》，北京，中华书局，1965。

② 周中孚：《郑堂读书记》卷64《子部·小说家类·清夜录》，上海，上海书店，2009。

存目”，为浙江巡抚采进本。至民国，收入《广四十家小说》和《五朝小说大观》，分别由上海文明书局、扫叶山房石印和排印。1991年，收入《丛书集成初编》，由中华书局排印，与车若水《脚气集》合刊一册，是为现在最通行的版本。

赵溍与《养痾漫笔》

赵溍（?），字元溍，号冰壶，潭州（今湖南长沙）人。咸淳七年（1271），为淮东统领，官至镇江及建宁知府、沿江及江西制置使，今存所撰《养痾漫笔》。

《养痾漫笔》一卷，偏记宋代轶闻琐事，又附录几条医方。赵书大多采摭他书而成，一些条目也标明出处。虽说它的价值总体不高，可也有与有关史文比对参证的作用。

像记陈亮与辛弃疾事云：

> 陈同甫，名亮，号龙川。始闻辛稼轩名，访之。将至门，遇小桥，三跃而马三却。同甫怒拔剑挥马首，推马仆地，徒步而进。稼轩适倚楼，望见之，大惊异。遣人询之，则已及门，遂定交。稼轩帅淮时，同甫与时落落，家甚贫。访稼轩于治所，相与谈天下事。酒酣，稼轩言南北之利害，南之可以并北者，如此。北之可以并南者，如此。且言钱塘非帝王居，断牛头之山，天下无援兵；决西湖之水，满城皆鱼鳖。饮罢，宿同甫于斋中。同甫夜思稼轩沈重寡言，醒必思其误，将杀我以灭口，遂盗其骏马而逃。月余，同甫致书稼轩，假十万缗以济贫，稼轩如数与之。

又记真定大历寺藏经情形云：

> 真定大历寺有藏，虽小精巧，藏经皆唐宫人所书，经尾题名氏，极可观。佛龛上有一匣，藉匣古锦，俨然有开元赐藏经

敕书，及会昌间赐免拆殿敕书。有涂金匣，藏经一卷，字体尤婉丽，其后题曰：善女人杨氏为大唐皇帝李三郎书。士之穷通出处，盖有命焉，非人所能为也。元祐中，东坡知贡举，李方叔就试，将锁院，坡缄封一简，令叔党持与方叔。值方叔出，其仆受简，置几上。有顷，章子厚二子曰持、曰援者来，取简窃观，乃《杨雄优于刘向论》一篇。二章惊喜，携之以去。方叔归，求简不得，知为二章所窃，怅惋不敢言。已而果出此题，二章皆模仿坡作，方叔几于阁笔。及拆号，坡意魁必方叔也，乃章援。第十名文意与魁相似，乃章持。坡失色。二十名间一卷颇奇，坡谓同列曰："此必方叔。"视之，乃葛敏修。时山谷亦与校文，曰："可贺内翰得人，此乃仆宰泰和时，一学子相从者也。"而方叔竟下第。坡出院，闻其故，大叹恨。作诗送其归，所谓：平生漫说古战场，过眼空迷目五色者是也。其母叹曰："苏学士知贡举，而汝不成名，复何望哉?"抑郁而卒。余谓坡拳拳于方叔如此，真盛德事。然卒不能增益其命之所无，反使二章得窃之以发身，而子厚小人，将以坡为有私有党，而无以大服其心，岂不重可惜哉！

清人周中孚也说："其书多记宋代朝野琐事，并及医方，凡三十一条，大抵采掇诸书成编，而不注出处。"①

《养疴漫笔》成书后，久无刊刻，一直以抄本流传。于晚明，收入《历代小史》，为万历安溪李氏刊本。至乾隆朝，编《四库全书》，列入"子部小说家类存目"，为编修汪如藻家藏本。至民国，收入《丛书集成初编》，由商务印书馆排印，1985 年又由中华书局重印，与陈世崇《随隐漫录》和孙宗鉴《西畬琐录》合刊一册，是为现在最通行的

① 周中孚：《郑堂读书记》卷 64《子部·小说家类·养疴漫笔》，上海，上海书店，2009。

版本。

叶寘与《爱日斋丛抄》

叶寘（?），字子真，号坦斋，池州青阳（今属安徽）人，生卒年及事迹行状不详。他与洪咨夔、魏了翁友善，今存所撰《爱日斋丛抄》。

《爱日斋丛抄》五卷，凡一百五十三条，系四库馆臣从《永乐大典》中辑出；今本又有“补遗”一卷、“续补”一卷。“爱日斋”，应是叶氏斋名，又以斋名题书。

叶书以辨析名物、稽考典故为主，从体例上说，大略近于张淏的《云谷杂记》、叶大庆《考古质疑》。叶氏征引很广，包括赵德麟、王直方、蔡絛、朱翌、洪迈、叶梦得、陆游、周必大、龚颐正、何薳、赵彦卫的杂史和笔记；他订讹正舛，可取之处很多，又不乏真知灼见。像卷一辨印书起于晚唐、“準”书作“准”不始于宋、铜人凡四铸、“罘罳”有二义、妇人拜跪之变礼、百官乘轿之制，于考经证史有所裨益；又论诗各条，抉摘深微，很能得古人之义，与胡仔、魏庆之诸说，既互为发明，也互为补充，是研究唐宋文学的重要资料，足资有关文史研究者参考。而有关宋代人事的条目，更应引起治史者关注。

像卷一记殿中金狮事云：

> 宋朝殿上大宴，有蛮人控金狮子对设柱间。乾道八年正月五日，宴北使，雪后，日照殿门，乐语云：“香袅狻猊，杂瑞烟于彩仗；雪残鳷鹊，耀初日于金铺。”此益公记行都事也。故都紫宸殿有二金狻猊，盖香兽也，故晏公《冬节诗》：“狻猊对立香烟度，鸑鷟交飞组绣明。”今奉使至朔庭，率见之，此陆务观追东都事也。范至能《揽辔录》记两楹间有出香金狮，按大防《北行日录》记有金香狮、金龙山各二，此必务

观谓率见之者，独未详益公所记何如也。

又卷二范雍、范仲淹之谓“大范”、“小范”云：

> 范文正公帅延安，夏人相戒：“今小范老子，腹中自有数万甲兵，不比大范老子可欺。”大范谓雍也。东坡以月石研屏献子功中书、涵星研献纯父侍讲，有诗云：“故将屏砚送两范，要使珠璧栖窗棂。大范忽长谣，语出月胁令人惊。小范当继之，说破星心如鸡鸣。”子功讳百禄，纯父诸父行，乃有两大小范也。子由《赋毛国镇生日诗》云：“生日原同小赵公。”自注：“世谓叔平，大赵参政。阅道，小赵参政。”大小之称，一时假为差别，若华阳之范出于一门，犹汉上郡歌“大、小冯君”与元宪兄弟呼“大、小宋”是也。

另外，像卷四记石鼓、白鹿书院事，对研究宋代书院的发展，也有一定的参考价值。对叶书，四库馆臣评价说：

> 书中大旨，主于辨析名物，稽考典故。凡前人说部如赵德麟、王直方、蔡絛、朱翌、洪迈、叶梦得、陆游、周必大、龚颐正、何薳、赵彦卫诸家之书，无不博引繁称，证核同异。其体例，与张淏《云谷杂记》、叶大庆《考古质疑》仿佛相近，特其文笔拖沓，颇伤冗蔓，又援引多而断制少，往往惝怳无归，不能尽出于精粹。然征据既富，中间订讹正舛，可采者亦多。①

《爱日斋丛抄》成书后，鲜有刊刻，又渐次散佚。元明之际，陶宗仪《说郛》收录有二十二条，《永乐大典》收录一百四十三条。至清朝，编《四库全书》，收入“子部杂家类”，为永乐大典本。道光二十四年（1844），收入《守山阁丛书》，为金山钱氏重编本。至民国，收入《丛书集成初编》由商务印书馆排印，1985年又由中华书局重印。

① 《四库全书总目》卷118《〈爱日斋丛抄〉提要》，北京，中华书局，1965。

今人孔凡礼以四库全书本为底本点校，2010 年由中华书局印行，列入《唐宋史料笔记丛刊》，与周密《浩然斋雅谈》和陈世崇《随隐漫录》合刊一册，是为现在最通行的版本。

钱愐与《钱氏私志》

钱愐（?），临安钱塘（今杭州）人，生卒年、字号及事迹行状俱不详，今存所撰《钱氏私志》。

《钱氏私志》一卷，今本卷尾钱世昭[①]序云。

> 叔父太尉，昭陵之甥，亲见宣政太平文物之懿，逮事太上，备膺养遇，在帝左右，衔金出疆，凡耳目所接，事出一时，语流千载者，广记而备言之，世昭敬请而集，名曰《钱氏私志》云。

关于成书情况，四库馆臣考辨云："此书末有钱世昭序，谓叔父太尉昭陵之甥。凡耳目之所接，事出一时，语流千载者，皆广记而备言之。世昭敬请其说，得数万言，叙而集之，名曰《钱氏私志》。据此，则是书固非彦远所为，亦非尽愐所纂。盖愐尝记所闻见，而世昭序而集之尔。"[②]

从钱序的说法来看，书中所记，主要源于"耳目所接"，说明主要是宋代朝野轶闻琐事，对研究有关人事具有一定的参考价值。像记燕北风俗云：

> 燕北风俗，不问士庶，皆自称小人。宣和间，有辽国右金吾卫上将军韩正归朝，授捡校少保、节度使。对中人以上说话，即称"小人"；中人以下，即称"我家"。每日到漏舍，

① 钱愐之侄。

② 《四库全书总目》卷 140《〈钱氏私志〉提要》，北京，中华书局，1965。

诵《天童经》数十遍，其声朗朗，然且云："对天童，岂可称我？"自皇天生我，皆改为小人，云皇天生小人，皇地载小人，日月照小人，北斗辅小人，前后一十余句，凡称我者，皆改为小人。诵毕，赞笑云："这天童极灵圣。"王少师云："若无灵圣，如何持得许多小人？然小人有母，皆尝小人之食，小人之称，其来古矣。"施之于经，是可笑也。

又记贺子忱与陈理公事云：

隆兴初，贺子忱知枢密院。有武臣陈理公，尝称从军三十余年，累立战功。宣和年第一次燕山府立功，靖康年第二次白沟河立功，第三次黄河立功，第四次京城立功，建炎年第五次海州立功，第六次扬州立功，绍兴年第七次瓜州立功，第八次和州立功，第九次太平州立功，辞气不平，谓朝廷推赏，一次轻于一次。贺正色云："只为边功一次，近于一次。"武臣无词，闻者称报。

对钱书，清人周中孚评价说："今观是书，凡十八条，皆杂述家世见闻，而中有一条记欧阳永叔事，颇极丑诋，并言永叔《五代史》、《十国世家》痛毁吴越，又于《归田录》中说文僖数事，皆非善谈云云。然则钱氏父子明明以记载为报怨之计，岂止文人相轻而已哉？"①

《钱氏私志》成书后，收入《百川学海》，弘治十四年（1501），又有无锡华氏覆宋本。于中晚明，收入《古今说海》和《历代小史》，分别为云间陆氏俨山书院刊本和万历安溪李氏刊本。顺治三年（1646），收入《说郛续》，为两浙李氏宛委山堂刊本。至乾隆朝，编《四库全书》，收入"子部小说家类"，为浙江范懋柱家天一阁藏本。道光十一年（1831），又收入《学海类编》，为六安晁氏活字排印本。民国四年

① 周中孚：《郑堂读书记》卷64《子部·小说家类·钱氏私志》，上海，上海书店，2009。

(1915)，收入《说库》，为上海文明书局石印本。1991 年，收入《丛书集成初编》，由中华书局排印，与王铚《默记》、王曾《王文正笔录》、赵鼎《辩诬笔录》、胡铨《经筵玉音问答》和费衮《梁溪漫志》合刊一册；2003 年，又收入《全宋笔记》，由大象出版社排印，是为现在最通行的版本。

李之彦与《东谷随笔》

李之彦（?），号东谷，浙东永嘉（今温州）人，生卒年及事迹行状不详，今存所撰《东谷随笔》。

《东谷随笔》一卷，又作《东谷所见》。四库馆臣说："皆愤世嫉俗，词怨以怒……前有自序，题咸淳戊辰小春，正宋政弊极之时也。"①“戊辰”，即咸淳四年（1268），应是书之成帙之年。

李书又卷下设目，凡三十则，即“先垄”、“寿命福德”、“杀人欠债”、“异端”、“简翰”、“物价”、“养子”、“招师”、“教导”、“劝学文”、“富贵贫贱”、“钱”、“名利”、“朋友”、“故旧”、“药石”、“好官好人”、“谦逊”、“借亲”、“养军”、“理学”、“狱讼”、“寒暑”、“茹素”、“谋利”、“闲”、“贪欲”、“祷祈”、“科举”和“太行山”。

从“教导”条可知，李氏为乡里塾师。他生活于晚宋，于教书之余，随手笔录所见所闻，对社会风气的败坏，发出了无可奈何的感慨，对了解晚宋弊政和风俗很有帮助。

像“养军”条记云：

> 近年郡家，每月逼期旋籴军粮支散。浙右素号沃饶，亦如此艰难万状，蔑裂百端，甚而折钱，价直峻减。又甚而拖欠，未即补偿。军人敢怨而不敢言，盖明知皆前太守屡任席卷之

① 《四库全书总目》卷 124《〈东谷所见〉提要》，北京，中华书局，1965。

罪，未可咎今太守不能措办之过也。吁！饱目前之欲，不顾后来之忧；徇一家之谋，不恤一郡之害。留之家，家未必能保；付之于孙，子孙未必能久，徒贻害如斯其烈也。使后之为守者，其果贤耶？则背理伤道，决有所不敢为。生财足用，必无所措手足，惟以即能罢去为幸，殆类范文子。使祝宗祈死，无及于难，其亦可哀也。己果不贤耶？则衍为富不仁之政，用移东补西之术，决江海以救焚，火灭而溺至；饮鸩爵以止渴，渴止而身亡，号为能吏，不过如此。且几年养军，今日掣肘，物价腾踊，民不聊生。万一荒歉，群盗必起，诸军素抱乏粮之怨，孰为可备？惊急之人，其辞甲使鹤御暴者反为暴，滔滔皆是也。当是时，祸必先及于富贵充溢之家。不知为乡贵，为巨室亦虑及此否？然则虑之，当如何积而能散？

又“太行山”条，以“今之有真是非，遇无识者，正不必与之辨”作结，也清楚反映出李氏的心境。清人周中孚也说：“东谷以老塾师，据其所见，随笔记录，凡三十则，各有标目，皆任意迅笔，肆言无忌，亦由宋社将屋之秋，故处士横议如此。”①

《东谷随笔》成书后，收入《百川学海》，弘治十四年（1501），又有无锡华氏覆宋本。顺治三年（1646），收入《说郛续》，为两浙李氏宛委山堂刊本。至乾隆朝，编《四库全书》，列入“子部杂家类存目”，为内府藏本。道光十一年（1831），又收入《学海类编》，为六安晁氏活字排印本。民国十五年（1926），收入《五朝小说大观》，为上海扫叶山房排印本。1991年，收入《丛书集成初编》，由中华书局排印，与区仕衡《理学简言》和潘音《读书录存疑》合刊一册，是为现在最通行的版本。

① 周中孚：《郑堂读书记》卷53《子部·杂家类·东谷随笔》，上海，上海书店，2009。

佚名与《咸淳遗事》

《咸淳遗事》二卷，书分上下，今本系四库馆臣从《永乐大典》中辑出。“咸淳”，为宋度宗年号（1265—1274），可推知作者为由宋入元之遗民。

书记宋度宗朝轶事，不乏有价值的史料。像卷上记景定五年（1264）事云：

> 甲子春二月辛未，雨土行都大火……宰臣奏曰：“陛下勤于求治有年，于兹宁有阙失，实臣等辅政无状所致。上贻圣忧，臣见上疏，乞罢免可以上弭天灾。”上曰：“正当相与辅承阙失…皆公田不便民间，愁叹不平之所致，乞罢公田以答天意。”贾似道亦丐辞右相位，上曰：“言事易任事难，自古然也。使公田之说不可行，则卿建议之始，朕已沮之矣。惟其上可免朝廷造楮之费，下可免浙西和籴之扰，公私兼济，所以举意命卿行之，今业已成矣，一岁之军饷仰给于此，若遽因人言而罢之，虽可以快一时之异议，如国计何？如军饷何？”

又卷下记宋度宗与朱禩孙问对云：

> 上以边患，召沿江安抚使朱禩孙赴阙引见，禩孙上殿奏事。上曰：“卿此来，专欲以蜀事付卿。”禩孙奏：“臣职在驰驱，敢不东西惟命。”上曰：“当今财用，甚为可忧。”禩孙奏曰：“祖宗时，以全天下事，力备西北二边。渡江以后，半天下事，力备三边。今日又以东南一隅之地，备四边事，力可知。”上首肯，复问曰：“蜀中境土如何？”禩孙奏曰：“六十余州，今止有二十余州。所谓二十余州者，又皆荒残，或一州而存一县，或一县而存一乡。古人虽一成一旅，尚能祀夏，未尝有不可为之事。然曰兵，曰财，一无所出，内则仰朝廷科

降，外则仰荆阃应援，内外脉络相通，臣方展布。”上曰：“然。朕甚以蜀为忧，欲复版图，得以无负先帝付托，须卿一行。”禩孙曰：“陛下率宁人疆土忧顾如此，臣敢不鞠躬尽瘁尽力以为报塞。至于成败利钝。虽诸葛亮尚谓不能逆睹，臣亦岂能自必？惟知尽忠而已。”

类似的君臣对话，从一些重要的侧面反映了晚宋社会走向。对于这部无名氏书，四库馆臣评价说：

核其词意，疑宋之故臣遗老为之也。其书于尊崇锡命诸政典，纪载颇详，并备录学士院所行制命之词，而朝廷大政乃多阙略不载……然其遗闻琐记，多史氏之所未备。虽识小之流，亦足以资考订而明鉴戒也。①

清人周中孚也说：“其书久佚，今馆臣从《永乐大典》录出……皆宋度宗咸淳元年至八年间诸典礼，于治诏内批全录无遗，而独阙载朝廷大政，并咸淳九、十两年亦阙焉，盖掇拾案牍，排次成编，势不能一朝全备录尔，然亦足以补正史之阙矣。”②

《咸淳遗事》成书后，久无刊刻，一直以抄本流传。嘉庆十四年（1809），收入《墨海金壶》，为虞山张氏照旷阁刊本。至乾隆朝，编《四库全书》，收入“史部杂史类”，为永乐大典本。道光二十四年（1844），收入《守山阁丛书》，为金山钱氏重编本。1991年，收入《丛书集成初编》，由中华书局排印，与王巩《甲申杂记》、《闻见近录》和《随手杂录》，佚名《三朝野史》，滕甫《征南录》，王从谨《清虚杂录补阙》，方勺《青溪寇轨》和王弥大《青溪弄兵》合刊一册，是为现在最通行的版本。

---

① 《四库全书总目》卷51《〈咸淳遗事〉提要》，北京，中华书局，1965。

② 周中孚：《郑堂读书记》卷19《史部·杂史类·咸淳遗事》，上海，上海书店，2009。

吴自牧与《梦粱录》

吴自牧（?），临安钱塘（今杭州）人，生卒年、字号及事迹行状俱不详，今存所撰《梦粱录》。

《梦粱录》二十卷，卷首吴氏自序云：

> 昔人卧一炊顷，而平生事业扬历皆遍，及觉则依然故吾，始知其为梦也，因谓之“黄粱梦”。矧时异事殊，城池苑囿之富，风俗人物之盛，焉保其常如畴昔哉！缅怀往事，殆犹梦也，名曰《梦粱录》云。

“黄粱梦”，典出唐人沈既济《枕中记》。景炎元年（1276），元军攻陷临安，吴氏怅惘追忆京师风貌，因以“梦粱”题书。所以，也大略可知吴氏为宋元之际人。

书仿孟元老《东京梦华录》之例，不过，它在篇幅上超过孟书，所记内容也更为丰富。吴书又卷下设目，即卷一“正月”、“元旦大朝会”、“立春”、“元宵”、“车驾诣景灵宫孟飨”、“二月”、“八日祠山圣诞”和“二月望”；卷二“三月”、“诸州府得解士人赴省闱”、“荫补未仕官人赴铨”、“清明节”、“诸库迎煮”、“州府节制诸军春教”、“二十八日东岳圣帝诞辰”和“暮春”；卷三“四月”、“皇太后圣节”、“宰执亲王南班百官入内上寿赐宴”、“皇帝初九日圣节”、“僧寺结制”、“五月”和“士人赴殿试唱名”；卷四“六月”、“七月立秋附”、“七夕”、“解制日”、“八月”、“中秋”、“解闱”和“观潮”；卷五“九月”、“明年预教习车象”、“明堂差五使执事官”、“驾出宿斋殿”、“五辂仪式”、“差官祭及清道”、“驾诣景灵宫仪仗”、“驾回太庙宿奉神主出室”、“驾宿明堂斋殿行祀礼”、“明礼成登门放赦”和“郊祀年驾宿青城端诚殿行郊祀礼”；卷六“十月”、“立冬”、“孟冬行朝飨礼遇明岁行恭谢礼”、“十一月冬军”和“除夜”；卷七“杭州”、“大河桥道”、

“小河桥道”、“西河桥道”、“小西河桥道”、“倚郭城南桥道”、“倚郭城北桥道”和“禁城九厢坊巷”；卷八“大内”、“德寿宫”、“太庙”、“景灵宫”、“万寿观”、“御前宫观”、“西太乙宫”、“佑圣观”、“显应观”、“四圣延祥观”、“三茅宁寿观”、“开元宫”、“龙翔宫”和“宗阳宫”；卷九“三省枢使谏官”、“六部”、“六部监门”、“诸寺”、“秘书省”、“诸监”、“大宗正司”、“省所”、“六院四辖”、“三衙”、“阁职”、“监当诸局”、“诸仓”、“内司官”和“内诸司奉安”；卷十“诸官舍”、“府治”、“运司衙”、“后戚府”、“诸王宫”、“家庙”、“馆驿”、“本州仓场库务”、“点检所酒库”、“安抚司酒库”、“厢禁军”、“防隅巡警”和“帅司节制军马”；卷十一“诸山岩”、“岭”、“诸洞”、“溪潭涧浦”、“井泉”、“池塘”和“堰闸渡”；卷十二“西湖”、“下湖”、“浙江”、“城内外河”、“湖船”、“江海船舰”和“河舟”；卷十三“两赤县市镇”、“都市钱会”、“团行”、“铺席”、“天晓诸人出市”、“夜市”和“诸色杂货”；卷十四“祠祭”、“山川神”、“忠节祠”、“仕贤祠”、“含神祠”、“土俗祠”、“东都随朝祠”和“外郡行祠”；卷十五“学校”、“贡院”、“城内外诸宫观”、“城内外寺院”、“僧塔寺塔”、“古今忠烈孝义贤士墓”和“历代古墓”；卷十六“茶肆”、“酒肆”、“分茶酒店”、“面食店”、“荤素从食店”、“米铺”、“肉铺”和“鲞铺”；卷十七“历代人物”、“文武状元表”、“武举状元”、“后妃列女”、“历代方士”、“历代方外僧”和“行孝”；卷十八“民俗”、“户口”、“物产”、“免本州岁纳及苗税”、“免本州商税”、“恩霈军民”和“恤贫济老”；卷十九“园囿”、“瓦舍”、“塌房”、“社会”、“闲人”、“顾觅人力”和“四司六局筵会假赁”；卷二十“嫁娶”、“育子”、“妓乐”、“百戏伎艺”、“角抵”和“小说讲经史”。

总的说来，吴书记临安的郊庙、宫殿、衙署、街巷、山川、溪湖、塘堰、道桥、人物、市肆、物产、饮食、户口、风俗、节庆、百工、杂戏、寺观、祠庙、园囿、学校和科举，为了解南宋城市经济活动，手工业、商业发展情况，市民的经济文化生活，提供了十分丰富的史料。而有关妓乐、百戏伎艺、角抵、小说讲经史之类内容，是研究宋代文学艺术的珍贵资料。[①] 而与周密《武林旧事》、耐得翁《都城纪胜》和西湖老人《西湖老人繁胜录》比对，又可见南宋杭州的发展演变之迹。

对吴书，四库馆臣评价说：

> 是书全仿《东京梦华录》之体，所纪南宋郊庙宫殿，下至百工杂戏之事，委曲琐屑，无不备载。然详于叙述，而拙于文采，俚词俗字，展笈纷如，又出《梦华录》之下。[②]

清人周中孚也称赞道："钱塘以宋南渡建都，其山川宫阙、衣冠礼乐不亚汴京，而其时序、土俗、坊宇、游戏之事，多以细琐不登史册。吴氏生长于兹，事皆目击，因为之纪述……尝见一写本有朱竹垞跋，谓其用笔拖沓，不能简而有要，然叙述特为详赡，南宋时承平气象可因此想见，独观张择端一幅《清明上河图》也。"[③]

《梦粱录》成书后，久无刊刻，一直以抄本流传。至乾隆朝，编《四库全书》，收入"史部地理类"，为两江总督采进本；又乾隆四十四年（1779），收入《知不足斋丛书》，为长塘鲍氏刊本。嘉庆十年（1805），收入《学津讨原》，为虞山张氏照旷阁刊本；道光十一年（1831），收入《学海类编》，为六安晁氏活字排印本。于晚清，收入《武林掌故丛编》，为光绪钱塘丁氏嘉惠堂刊本。至民国，收入《笔记小说大观》和《丛书集成初编》，分别由上海进步书局、商务印书馆石印和排印；1984 年前者由广陵古籍刻印社影印，1985 年后者又由中华书局重印。1956 年，古典文学出版社印行标点本，与孟元老《东京梦

---

① 李小树：《吴自牧〈梦粱录〉研究》，中国人民大学史学理论及史学史硕士论文（2009）；王云路：《〈梦粱录〉研究》，浙江大学中国古典文献学博士论文（2010）。

② 《四库全书总目》卷 70《〈梦粱录〉提要》，北京，中华书局，1965。

③ 周中孚：《郑堂读书记》补逸卷 18《史部 · 地理类 · 梦粱录》，上海，上海书店，2009。

华录》、耐得翁《都城纪胜》、西湖老人《西湖老人繁胜录》和周密《武林旧事》合刊一册，1962年又由中华书局重印；1984年，由浙江人民出版社排印单行本。1998年，收入《名家导读笔记丛书》，由文化艺术出版社排印，与孟元老《东京梦华录》、耐得翁《都城纪胜》、西湖老人《西湖老人繁胜录》和周密《武林旧事》合刊一册，是为现在最通行的版本。

罗璧与《罗氏识遗》

罗璧（?），字子苍，号默耕，湖南平江人[①]。他生活于宋元之际，入元又隐居不出，今存所撰《罗氏识遗》。

《罗氏识遗》十卷，原名《识遗》。罗书又卷下设目，即卷一“成书得书难”、“经题签”、“笔史”、“孔子师”、“文繁省”、“书史讹名”、“雉释文”、“孔门多才”、“孔子讳鲁”、“理根本”、“曹参不伐”、“有国二权”、“明辞识时”、“十六相四凶”和“姬周姓”；卷二“担头上看花”、“经根人事作”、“史阙文”、“子夏子思”、“崛奇可味”、“寅正非夏”、“改朔”、“历代帝陵”、“两韩信非”、“三策中原”、“川陕江河上游”、“子冠氏上”、“三大处置”、“大横”和“十二州”；卷三“古文不相袭”、“《左传》非邱明”、“班史出刘歆”、“《公羊》、《谷梁》”、“形容失当”、“古事难诘”、“洞庭古九江”、“禽释擒”、“终命椽笔”、“封略自然之险”、“古税不拘什一”、“不署字之福”、“大计不惜小费”、“忍字二义”和“温公独乐园”；卷四“识其大者”、“今存经注”、“孔子生年”、“瞽瞍武后”、“言不相副”、“矫古说之过”、“与齿去角”、“寺观藏”、“圣贤纲常之变”、“送终不讳”、“封建限百里”、“兴创规模”、“分数明”、“古将不专兵”和“自古有死”；卷五“秦后

① 四库馆臣作“新安”人，清人李元度《平江县志》，考为“平江”人。

六经”、“《易》象物”、“经文合一之始”、“禹事舜”、“县邑”、“泮水”、“汉儒言礼”、“士异”、“息二训”、“西北豪杰所产”、“处置两得”、“随时救时”、“地理”、“衡”和“魂魄”；卷六“阙疑”、“读书致用”、“先天太极一理”、“蜡腊异祭”、“井田”、“牛耕”、“卜决疑”、“佛入中国”、“豚犬斥子”、“迂阔”、“祭求阴阳”、“周公瑾”、“司马懿”、“事非智力所及”和“《史记》世系”；卷七“一体、具体”、“《左传》纪人名”、“豕亟”、“《庄子》”、“古铜代金”、“龙门”、“战国说士”、“乡举里选”、“老彭”、“治贵审时”、“将老”、“帅职”、“服食为本”、“江河淮汴”、“张道陵”和“对独说”；卷八“天即理”、“仓颉”、“轩辕黄帝”、“陶唐、殷、商、荆、楚”、“尧舜病博施”、“豫让”、“饮器”、“射日补天”、“经解”、“玩物之戒”、“夏后氏”、“大城多兵”、“武士不恤”、“过百为寿”、“豪杰不苟就”、“三教”和“耘耔”；卷九“星土”、“孔子不述礼”、“击壤”、“田猎”、“五行寓数”、“诗从寺”、“制币”、“莱”、“伊吕、周公之将”、“宫府一体”、“奸雄入科目”、“兵势缓急”、“王荆公”、“英雄不死”、“倡乱”和“以攻完守”；卷十“天干地支”、“古乐”、“梦卜”、“圜扉”、“名犯圣贤”、“服节”、“社稷”、“九夷”、“矢字”、“创业之主诚直”、“文武取人”、“度才”、“御小人”、“东南国势”、“荆襄”、“前定”、“冥官历”、“月受日光”、“文尚喻”和“儒者生杀”。

罗书为考辨类笔记，于经史百家、朝野遗闻，几乎无所不论，无所不考。大体说来，征索旧文有据，考辨精审，虽不免疏舛，可又不乏可取之处。像卷一“文繁省”、“曹参不伐”和“有国二权”条，卷二“历代帝陵”和“三策中原”条，卷三“封略自然之险”、“古税不拘什一”和“大计不惜小费”条，卷四“孔子生年”、“寺观藏”、“分数明”和“古将不专兵”条，卷五“县邑”和“随时救时”，卷六“井田”和“事非智力所及”条，卷七“乡举里选”和“治贵审时”条，卷八“大城多兵”条，卷九“王荆公”和“倡乱”条，卷十“文武取人”和“东南国势”条，可与有关史文比对参证。

《罗氏识遗》成书后，久无刊刻，一直以抄本流传。至乾隆朝，编《四库全书》，收入“子部杂家类”，为两淮马裕家藏本。道光十一年(1831)，收入《学海类编》，为六安晁氏活字排印本。光绪十年(1884)，收入《碧琳琅馆丛书》，为巴陵方氏广东刊本。民国二十四年(1935)，又收入《芋园丛书》，为南海黄石汇印本。2010年，收入《湖湘文库》，由岳麓书社印行，与王观国《学林》同刊一册，是为现在最通行的版本。

九　辽金历史笔记

○概说

辽国的历史（916—1125），经历了辽太祖、太宗、世宗、穆宗、景宗、圣宗、兴宗、道宗和天祚帝九朝，前后持续了二百一十年。金国的历史（1115—1234），经历了金太祖、太宗、熙宗、海陵王、世宗、章宗、卫绍王、宣宗、哀宗和昭宗十朝，前后持续了一百二十年。

与历史上的游牧政权一样，辽金不长于文化积累，又屡历内外变乱，所以，流传至今的史学成果屈指可数。以辽为例，除了追忆先祖传说与史事的《奇首可汗事迹》、《遥辇可汗至重熙以来事迹》外，主要有萧韩家奴的《礼书》和《兴宗起居注》，又有耶律俨的《辽志》和《皇朝实录》七十卷，大致包含了辽国的历史。另外，还有官修之《道宗起居注》、《统和实录》和《太祖以来七帝实录》，佚名的《七贤传》，马得臣的《唐三纪行事录》和耶律孟简的《辽三臣行事》。而这些史书，又早已堙没无迹了。

比之于辽，金国的史学成就更为可取。以官修史书而论，主要表现在修《辽史》、编通鉴和纂实录上。

金两修《辽史》，一是七十五卷本，成书于皇统八年（1148），包括纪三十卷、志五卷和传四十卷；二是陈大任重编本，成书于泰和七年（1207），为元修《辽史》至底本。又大安二年（1210），卫绍王诏儒臣编《续资治通鉴》，以续司马光《资治通鉴》。

金之历朝实录，是金代官修史书最重要的成就，包括《太祖实录》、《太宗实录》、《睿宗实录》、《熙宗实录》、《海陵实录》、《世宗实录》、《显宗实录》、《章宗实录》和《宣宗实录》。

至于私撰之作也略有可观，主要有蔡珪的《金石遗文》六十卷、《金石遗文跋尾》十卷、《古器类编》三十卷和《南北史志》六十卷，张暐的《大金仪礼》、完颜孛迭的《中兴事迹》和史公奕的《大定遗训》。另外，像元好问的《中州集》[①]十卷，是一部附录作者小传的金代诗歌总集，也是一部诗作、诗论和史传结合的大书，可谓不乏史学价值。

辽金历史笔记也不多，主要有王鼎的《焚椒录》、李天民的《南征录汇》、张师颜的《南迁录》、可恭的《宋俘记》、王成棣的《青宫译语》、佚名的《大金吊伐录》和刘祁的《归潜志》。在这些笔记中，不乏出于辽金遗老之手者。他们入元之后，大多不仕新朝，而是隐居田园，以耕读为娱；又结合自身经历，追述前朝轶闻，记录当时杂事，所以琐记、随笔一类，量虽不大而可又富含史料。

王鼎与《焚椒录》

王鼎（?），字虚中，涿州人。清宁五年（1059）进士，官至翰林

① 又作《翰苑英华中州集》和《中州鼓吹翰苑英华》。

学士、观书殿学士。生卒年及事迹行状不详，今存所撰《焚椒录》。

《焚椒录》一卷，卷首大安五年（1089）王氏自序云：

当时南北面官，悉以异说互为证足，遂使萧氏蒙被淫丑，不可湔浣。而王鼎妻之乳母，有女蒙哥，为耶律乙辛宠婢，故知乙辛奸构、陷害萧后之详情……相与执手，叹其冤诬，至于涕淫淫下也……去乡数千里，视日如岁。触景兴怀，旧感来集，乃直书其事，用为俟后之良史。

鼎于咸太之际，方侍禁近，会有懿德皇后之变。一时南北面官，悉以异说赴权互为证足，遂使懿德蒙被淫丑，不可湔浣。嗟嗟！大黑蔽天，白日不照，其能户说以相白乎？鼎妇乳媪之女蒙哥，为律耶乙辛宠婢，知其奸构最详，而萧司徒复为鼎道其始末，更有加于媪者。因相与执手叹其冤诬，至为涕淫淫下也。观变已来，忽复数载，顷以待罪可敦城去乡数千里，视日如岁，触景兴怀，旧感来集，乃直书其事，用俟后之良史，若夫少海翻波变为险陆，则有司徒公之实录在。

“椒房”，原系汉代殿名，为皇后之居所，后来也代指皇后。而所谓“焚椒”，即云皇后被杀。明人程羽文《鸳鸯牒》即云：“辽萧后骚雅缠绵，焚椒最惨。”王氏记耶律乙辛①诬陷道宗宣懿后一案，因以“焚椒”题书。

王书为编年体笔记，也是今存唯一的辽代私史。四库馆臣云：“是书纪道宗懿德皇后萧氏为宫婢单登构陷事……事涉宫闱，在当日益不敢宣布，宋人自无由而知。”② 萧观音（1040—1075），契丹人，辽道宗皇后，号懿德皇后，既容貌冠绝，娇艳动人，又很有才华，通晓诗词、音

① 耶律乙辛（？—1081），字胡睹衮，五院部人。清宁五年（1059），为南院枢密使，又改知北院，晋赵王。大康元年（1075），太子预朝政，乙辛知不得逞；于是设计诬死皇后，又迫害太子。九年十月，图谋叛逃投宋，事泄被缢死。

② 《四库全书总目》卷52《〈焚椒录〉提要》，北京，中华书局，1965。

律。她作情韵缠绵之《回心院词》，又让宫廷乐师赵惟一谱曲。耶律乙辛即以二人有染，又唆使宫婢单登诬陷，致令三十六岁的绝代佳人香消玉殒。

王氏同情萧后，是以为之洗冤的心情来写作的，目的是供史官采录，为萧后平反昭雪。参照《辽史》之王鼎、萧惟言传，可证王书记录之可信，足可清晰了解萧观音冤案始末。又书中全文照录之萧后的诗记号疏谏，从而使它具有笔记小说的文学性质，有助于准确评价这位美人才女的文学成就。所以，尽管有人怀疑过王书的真伪，可学界还是充分肯定了它的价值，为研究辽代政治史、文学史提供了重要的文献资料。①

对王书，清人周中孚评价说："是编记辽道宗时耶律乙辛害懿德皇后萧氏事。考《契丹国志》及《辽史》，俱有《懿德皇后传》，但举其要，此正史体宜尔，得此可补其阙，所以厉樊榭《辽史拾遗》全录之，盖虚中以辽人记辽事，宜其事事实录也。至谓懿德所以取祸者有三，曰好音乐与能诗善书，论虽正而却是非，盖君子论人，当于有过中求无过，不当于无过中求有过，况妇女不可好音乐与能诗善书？此为臣庶家属说法则可耳，非所以论帝王之家也。"②

《焚椒录》成书后，久无刊刻，一直以抄本流传。于晚明，收入《宝颜堂秘笈》、《津逮秘书》和《续百川学海》，分别为绣水沈氏刊本、崇祯虞山毛氏汲古阁刊本和金陵心远堂刊本。顺治三年（1646），收入《说郛续》，为两浙李氏宛委山堂刊本。至乾隆朝，编《四库全书》，列入"史部杂史类存目"，为内府藏本。宣统元年（1909），收入《香艳丛书》，为上海国学扶轮社排印本。1991 年，收入《丛书集成初编》，

① 刘凤华：《读〈焚椒录〉谈萧观音死因》，载《晋阳学刊》，1999（2）；尤李：《〈焚椒录〉及其史料价值考释》，载《古籍整理研究学刊》，2011（6）。

② 周中孚：《郑堂读书记》卷 19《史部·杂史类·焚椒录》，上海，上海书店，2009。

由中华书局排印，与佚名《朝野遗记》和刘祁《归潜志》合刊一册；1993 年，收入《中国野史集成》，由巴蜀书社影印；1995 年，收入《续修四库全书》，由上海古籍出版社影印；1997 年，又收入《四库全书存目丛书》，由齐鲁书社影印，是为现在最通行的版本。

李天民与《南征录汇》

李天民（?），生卒年、字号、爵里及事迹行状俱不详，今存所撰《南征录汇》。

《南征录汇》一卷，为笔记体杂史，记金人南下攻取汴京灭北宋事，因以“南征”题书。它大略是由他书汇编而成，李氏的依凭，即刘同《寿圣院札记》、克锡《青城秘录》、高有恭《行营随笔》、赵士先《毳幕闲谈》、阿嬾《大金武功记》、李东贤《辛斋随笔》、佚名《雏凤清声》、《宋遗民愤谈》和《屯翁目录》。李氏的做法，即把这些书中的内容，按年、月、日分条编排成书。

李书记事，起于天会四年（1126）闰十一月二十五日，即金兵攻陷汴京城之日；止于次年四月一日，即宋徽、钦二帝由刘家寺北迁之际。它详细记录了金军兵临城下，逼迫宋徽宗、钦宗投降的全过程，是研究靖康之役重要的历史文献。李氏所采九书，早已亡佚不存，因为李书所征引，又大多注明出处，保留了这些亡书的部分珍贵文字，也足见李书保存历史资料的可贵之处。

另外，李氏所录原书的作者，是随金军南征之人，所记是他们的亲历亲闻，当为第一手资料，史料自然也真实而可靠。像阿嬾，即完颜宗宪，为南征北宋大将粘罕之弟，亲身参与了这次大规模的征战。又因他身份特殊，书中还记有不见于他书的一些“内幕”，有些史事与宋人有关记述不尽一致，乃至不乏完全相反之处，为从不同视野、角度和史料考证史实提供了条件。所以，尽管这些金人之史，不似宋朝史书宏富而有系统，可两两比对，相互印证，异者可于不同之中考征偏颇与不实之处，从而凸显出这些史料的价值来。又刘同作《寿圣院札记》，书中的“寿圣院”，是金人在青城[①]关押宋徽宗、钦宗及帝姬、妃嫔之处。刘氏参与办事之人，所记也必为可信之史。书记天会五年二月初九、初十，所解到被卖王妃、帝姬九人，独一妇不从，而与二太子宗望对话，可谓十分生动：“二太子曰：‘汝是千锭金买来，敢不从?’妇曰：‘谁所卖?谁得金?’曰：‘汝家太上有手敕，皇帝有手约，准犒军金。’”要是作者不亲自在场，当不会有这般的记录。这段对话，是关于徽、钦二帝出卖宫室妇女以充犒金军事。《青城秘录》和《行营随笔》二书，对这件事也有记录，即钦宗手押认可：“原定犒军金一百万锭，银五百万锭，须于十日内输解无缺，如不敷数，以帝姬、王妃一人准金一千锭；宗姬一人准金五百锭，族姬一人准金二百锭，宗妇一人准银五百锭，族妇一人准银二百锭，贵戚女一人准银一百锭，任听帅府选择。”另外，这些史实可见于《开封府状》之中。所以，“不从妇”与宗望的对话，绝非刘氏之虚构。

应该说，李氏《南征录汇》与韦承《瓮中人语》，是记金军兵临城下、逼迫宋帝投降这段历史的史书。二书相为表里，有异曲同工之妙。一为困于汴京城内的宋人记述，一为围于汴京城外的金人记录，从不同的两方面史书中，可以比较全面地了解这次事件的真相。

《南征录汇》成书后，隆兴二年（1164），确庵编入《同愤录》[②]；

① 北宋东京城外，有二青城，一在南薰门外，为南郊祭天之处，是为南青城；一在封丘门外，为北郊祭地之处，是为北青城。靖康元年，金人攻陷东京后，囚徽、钦二帝于南青城。

② 含佚名《开封府状》、李天民《南征录汇》、佚名《宋俘记》、王成棣《青宫译语》和佚名《呻吟语》五种。

咸淳三年（1267），耐庵编入《靖康稗史》[1]。民国二十八年（1939），后者又有王大隆己卯丛编本。1993年，收入《中国野史集成》，由巴蜀书社影印，是为现在最通行的版本。

张师颜与《南迁录》

张师颜（?），生卒年、字号、爵里及事迹行状俱不详。他官至通直郎、秘书省著作郎、骑都尉，今存所撰《南迁录》。

《南迁录》一卷，又作《金国南迁录》。卷首张氏自序云：

> 大定甲戌冬，六飞南迈，新宅大都于宣武，师颜握笔东观，道间被命，仍兼礼郎，驰驱清跸间，粗知记注颠末。恭惟太祖皇帝，布昭圣武，兴于龙朔，太宗皇帝应天顺人，灭辽俘宋，定鼎中京，率土宾服。凡王会所图，琛贡相续，象胥效职，离任迭奏。视昔帝王之盛，汉唐之隆，惟金继之……于是踵太王居岐之仁，嗣成周卜洛之举，肆上帝复我高祖之德，永地于兹新邑，保定大功，厥有望哉！师颜推极患原，始于大定之末，用示厥鉴，尚祈谨斯，敢窃序，以为《南迁录》云。

四库馆臣云："金爱王大辨叛据五国城，及元兵围燕，贞祐迁都汴京之事。"[2] "贞祐"，为金宣宗完颜珣年号（1213—1217）。"南迁"，即金朝迁都汴京，又称"贞祐南迁"。张氏记这次迁都过程，因以"南迁"题书。

大安二年（1211），蒙古攻掠西京大同府；次年，又破东京辽阳府。不久，又围困金中都大兴府（今北京）。完颜珣以金中都缺粮，不

① 含佚名《开封府状》、李天民《南征录汇》、佚名《宋俘记》、王成棣《青宫译语》、佚名《呻吟语》、佚名《瓮中人语》和钟邦直《宣和乙巳奉使金国行程录》七种。

② 《四库全书总目》卷52《〈南迁录〉提要》，北京，中华书局，1965。

能应变为由，决计南迁京师。金皇室仓惶南迁出逃，蒙古军步后尘南侵，又反金之民变不断，促使金朝迅速走向衰亡。

关于张书，四库馆臣认为：“盖必出于宋人雪愤之词，而又假造事实以证佐之。”① 即是说，书为宋人所作，为“雪愤”而“假造事实”，又托名张氏。不过，所举年号不实之类事例，还缺乏十分有力的证据。实际上，书中所记，并非完全是无中生有，至少也有与他书比对参证的价值。像记贞祐元年（1213）九月蒙金议和事云：

> 初二日，遣谕北使，颇如所约，止许以前所陷失州郡为界，岁赂牛、马、羊各二万，银绢二十万，仍命大臣聂希古等作书以答北国。其书略曰：“大金国相大臣聂希古等，谨致书于北天帝国相左右，亲仁善邻，国之宝也，圣经所训敢不敬欤？由是贵国因皇天之悔祸，念赤子之流离，远示诲函，许通和好，览所言之来意，敢详酌以陈诚。但自今以前，已陷没之城池，悉归北界，惟见存之州郡皆属本朝，封域如斯，永为定制，子孙相继，久远遵承。仍岁备牛、羊、马匹各二万，银二十万两以供贵国之需，倘沭允从，续当誓约。白玉带一，黄金带二，金花酒器十事，银花器皿百事，绫绮百端，彩绢千匹，用置回篚，宜白北天帝受之。”北使既去，有旨赵子宣、张元应，并召还，子宣除直昭文馆，元应总天驷飞龙十七监。敕已出，权给事中兼知制诰孙大鼎、封还录黄奏言：“多事之世，士无常守，外顺内逆，惟利所在。子宣、元应之归朝廷、以其言遣使，遂以为诚，臣深疑之。自天统之中至今三十年，北兵陷执官吏不知其几多，不知其存亡，传闻戮辱囚苦，皆是求死，独此二人忽然逃归，情态张皇，气貌不改，恐未必非敌之间。古事臣不必言，谨按国史，天会八年冬，诸大臣虑南宋君

① 《四库全书总目》卷52《〈南迁录〉提要》，北京，中华书局，1965。

臣之克苦于复仇，思有以止之，而势难于自屈。鲁王曰：‘惟遣彼臣先归，因示空胁，而使其臣顺遵之，我佯不从而勉强以听，或可以定。’”

《南迁录》成书后，久无刊刻，一直以抄本流传。至乾隆朝，编《四库全书》，列入“史部杂史类存目”，为浙江范懋柱家天一阁藏本。道光十一年（1831），收入《学海类编》，为六安晁氏活字排印本。1993年，收入《中国野史集成》，由巴蜀书社影印；1997年，又收入《四库全书存目丛书》，由齐鲁书社影印，是为现在最通行的版本。

可恭与《宋俘记》

可恭（?），生卒年、字号、爵里及事迹行状俱不详，今存所撰《宋俘记》。

《宋俘记》四卷，今本已非完帙，不及原书之半。卷首可氏自序云：

> 天会四年十一月二十五日，既平赵宋，俘其妻孥三千余人，宗室男、妇四千余人，贵戚男、妇五千余人，诸色目三千余人，教坊三千余人，都由开封府列册津送，诸可考索。入寨后丧逸二千人，遣释二千人，仅行万四千人。北行之际，分道分期。逮至燕、云，男十存四，妇十存七。孰存孰亡，瞢莫复知。追溯临愔，贯分六道，阇母、谷神两道，纪载犹缺，余虽详略不同，要有笔札可推。删繁纪要，以存其人，凡分宫眷、宗室、戚里、臣民四卷。

天会四年（1126），靖康之役后，金人押解包括宋徽宗、钦宗在内的俘虏北归。可书记录了这一过程，又偏于这些俘虏本身，因以“宋俘”题书。

书又分类作记，包括“宫眷”、“宗室”、“戚里”和“臣民”四个部分。今本只存“宫眷”一卷及“宗室”中少部分内容。于正文之先，还开列了分七批解送宋俘的情况：

首起：宗室贵戚男丁二千二百余人、妇女三千四百余人，濮王、晋康、平原、和义、永宁四〔郡〕王皆预焉，都统阇母押解。天会五年三月二十七日，自青城国相寨起程，四月二十七日抵燕山。存妇女一千九百余人，男丁无考。居甘露寺。六年七月，迁通塞州。十二月，迁韩州，存男、妇九百余人。八年七月，迁咸州，四郡王别从昏德行。九年十一月，存五百余人，迁上京，编充兵役，婢媪守把宫院。

二起：昏德妻韦氏，相国、建安两子，郓、康两王妻妾，富金、嬛嬛两帝姬，郓、康两王女，共三十五人，真珠大王设野马、盖天大王赛里、千户国禄、千户阿替计押解。天会五年三月二十八日，自寿圣院刘家寺皇子寨起程，五月二十三日入上京洗衣院。

三起：重昏妻妾、珠珠帝姬、柔嘉公主，共三十七人，宝山大王斜保、盖天大王赛里押解。天会五年四月初一日，自斋宫起程，十八日抵燕山，居愍忠祠。十月，与昏德会。

四起：昏德公，燕、越、郓、肃、景、济、益、莘、徐、沂、和、信十一王，安康、广平二郡王，瀛、嘉、温、英、仪、昌、润、韩八国公，诸皇孙，驸马，昏德妻妾、奴婢共一千九百四十余人，万户额鲁观、左司萧庆、孛堇葛思美押解。天会五年三月二十七日夜，自斋宫及青城国相寨移至刘家寺皇子寨。二十九日起程，五月十三日抵燕山，居延寿寺。十月，迁中京，居相国院。六年八月，迁上京，居元帅甲第。十二月，迁韩州。八年七月，迁五国城。

五起：帝姬、王妃等一百有三人，侍女一百四十二人，二皇子元帅斡离不押解。天会五年三月二十九日，自刘家寺皇子寨寿圣院起程，五月十九日抵燕山，居皇子寨府。

六起：贡女三千一百八十人、诸色目三千四百十二人，右监军固新、左监军达赉押解。天会五年四月初一日，自青城国相寨起程，五月二十七日抵燕山，实存贡女二千九百人，诸色目一千八百人，分其半至上京。

七起：重昏侯、太子、祁王、缨络帝姬及从官十二人，侍女一百四十四人，国相元帅粘没喝、右司高庆裔、都统余睹押解。天会五年四月初一日，自青城国相寨起程，六月初二日抵云中，七月初十日，还燕山，与昏德会。

文中之“昏德”、“昏德公”，即宋徽宗赵佶；“重昏”、“重昏侯”，即宋钦宗赵桓。而“昏”与“重昏”，可说是对这一对北宋亡国之君父子的准确和辛辣的评价与讽刺。

于“宫眷”之中，又分为徽宗和钦宗两部分记述；各部分包括他们本人和他们妻、妾、婢、子、女、媳、孙、孙女等项；每项之中逐人记录，略记他们在北迁过程及北迁以后的大致情况。只是行文简要，记了个梗概而已。像记燕王俣之死云：“赵俣即燕王，四起北行，四月十六日殁于都城店”，不及宋人《呻吟语》所记具体；又后者记沂王㮚事云：“沂王㮚、驸马刘文彦首告太上左右及信王谋叛，千户孛堇按打曷即习古国王接其词。七月，遣使诘问，太上遣莘王植、驸马宋邦光渡河往辩……沂王、刘文彦承诬……宣命赐死”，而可书只有三言两语：“㮚十年七月控昏德左右叛，坐诬，伏诛于五国。”可见，正像可氏自序所云“删繁纪要，以存其人”。不过，它记事虽简，可所涉及的人数众多，同样为研究这段历史及人物事迹始末提供了珍贵的史料，可与《呻吟语》比对参证，是研究靖康之变余绪最重要的参考书之一。

又书出金人之手，史料可靠而准确，大多可补《宋史·宗室传》中有关传记的缺无，还有不少地方可以作为考证史实的依据。像《宋史·公主传》云：“荣德帝姬至燕京，驸马曹晟卒，改适习古国王。”

《开封府状》又云："荣德帝姬二十五岁，即金奴。"《宋俘记》则记："金奴入达赉寨，天眷二年没入宫。"另注云："皇统二年封夫人。"又《呻吟语》于绍兴十二年三月条云："虏封华福帝姬，玉嫱、飞燕宗姬。并次妃；荣德帝姬夫人……"《宋俘记》与《呻吟语》印证，可知《宋史》关于荣德帝姬的记录乃为误记。

《宋俘记》成书后，隆兴二年（1164），确庵编入《同愤录》；咸淳三年（1267），耐庵编入《靖康稗史》。民国二十八年（1939），后者又有王大隆己卯丛编本。又宣统元年（1909）抄本，今存大连图书馆。1993 年，收入《中国野史集成》，由巴蜀书社影印；1994 年，收入《丛书集成续编》，由上海书店影印，是为现在最通行的版本。

王成棣与《青宫译语》

王成棣（?），宋人《呻吟语》作"王昌远"，生卒年、字号、爵里及事迹行状俱不详，医官王宗沔之子，今存所撰《青宫译语》。

《青宫译语》一卷，与《宋俘记》类同，为纪实性笔记。天会五年（1127），王氏作为随军翻译，佐助珍珠大王设野马，负责押送第二批宋俘北上。后来，他还娶宋徽宗女赵金玲为妻。金兵攻陷汴京后，宋皇室被俘人员监押在城南青城斋宫，王氏记录解送韦后一行人北归行程和见闻，因以"青宫"题书。

王书所记内容，是王氏亲闻历见之事，可谓真切可靠。它按日记程，与宋人许亢宗《宣和乙巳奉使金国行程录》，可互为发明和补充。像记天会五年四月三十一日抵海云寺，"五月一日入寺驻马，王及妃姬皆洗手焚香。妃姬辈请成棣书疏，发愿期得还乡……初二日，王令驻屯一日，共浴温泉"；而许氏出使金国也到过海云寺，于《行程录》记云："自来州八十里至海云寺……寺去海半里许，有温泉二池……"对照二书，可以互为注释。又天会五年五月，"初七日过兔儿涡，初八日渡梁鱼涡。此两日如在水中行，妃姬辈虽卧兜子中，驼马背亦湿透重裳，地狱之苦，无过于此”；而《行程录》记云：“第二十三程自显州九十里至兔儿涡。第二十四程，自兔儿涡六十里至梁鱼务[①]。离兔儿涡东行，即地势卑下，尽皆萑苻沮洳积水，是日凡三十八次渡水，多被溺……”显然，这与王书所云“如在水中行”也可互相印证。二书所记行程，也有不同之处，可考见驿站的变动情况。像临近上京的几程即是，可王书与稍后洪皓《松漠纪闻》所记很切合。王书记云：“二十日渡混同江，宿报打孛堇寨。二十一日渡来流河，宿阿萨铺。二十二日抵会宁头铺，上京在望，众情忻然”；而洪书反方向记为：上京“三十里至会宁头铺，四十五里至第二铺，三十五里至阿萨铺，四十里至来流河，四十里至报打孛堇铺……”类似的情况表明，它们是研究金国历史地理的重要史料。

另外，对一路上所见北方经历战乱的凄惨景象，以及宋皇室王、妃、姬一干人在北迁途中的坎坷经历，于王书中也有具体和生动的表现；再者，书中还记录了女真族纳妾的仪式，是研究女真民俗与北迁妇女屈辱命运的罕见史料：

> 皇帝退朝，赐韦妃等宴殿左，后妃六人陪宴。赐相国、建安宴殿右，郎君四人及大王、阿替纪、成棣陪宴。宴毕，对御座谢恩，胡跪两叩。宣诏官口宣云：赐帝姬赵富金、王妃徐圣英、宫嫔杨调儿、陈文婉侍设野马郎君为妾；郡国夫人陈桃花、杨春莺、邢佛迷、曹大姑随侍为婢者。赐宋妃赵韦氏、郓王妃朱凤英、康王妃邢秉懿、姜醉媚，帝姬赵嬛嬛、王女肃大姬、肃四姬、康二姬，宫嫔朱淑媛、田芸芳、许春云、周男儿、何红梅、方芳香、叶寿星、华正仪、吕吉祥、骆蝶儿浣衣院居住者。赐宋相国王赵梴、建安王赵楧燕山居住者。赐道亡

① “梁鱼务”，即梁鱼涡之同名异译。

宋康王妃田春罗、王女肃二姬、肃三姬、康大姬，宫嫔徐金玉、沈知礼、褚月奴迄侍婢九人，妥为掩埋者。宣毕，王又引韦妃等十八人，侍婢九人一行立已，与相国、建安、富金帝姬等十人一行立，对座谢恩。又引韦妃等入院，始挈富金等归邸。

皇帝已遣女官先至，主纳妾礼，并赐王黄金一百两、马十匹，表缎十端；赵富金等国服八袭。王谢恩讫，女官引王上座，引妾婢八人向王胡跪，两叩讫，引入内幄，卸其衣，出悬幄门，请王入幄合卺。又取国服悬邸门，速贺客。申刻，王出幄，取国服六袭，赐已合卺之赵富金、徐圣英、杨调儿、陈文婉、陈桃花、邢佛迷，导坐中庭，见贺客。女官取故衣，衣未合卺之杨春莺、曹大姑，坐外幄，用其俗也。客集宴以全猪，乐用契丹三部。戌时乃散。

《青宫译语》成书后，隆兴二年（1164），确庵编入《同愤录》；咸淳三年（1267），耐庵编入《靖康稗史》。至晚清，又有光绪常熟丁氏适园抄本。民国二十八年（1939），后者又有王大隆己卯丛编本。1993年，收入《中国野史集成》，由巴蜀书社影印，是为现在最通行的版本。

佚名与《大金吊伐录》

《大金吊伐录》四卷，今本一百六十一条，系四库馆臣从《永乐大典》中辑出。“吊伐”一词，是“吊民伐罪”之省称，语出自《孟子·滕文公下》：“诛其罪，吊其民，如时雨降，民大悦。”书记金太祖、太宗对宋用兵之事，即以所谓“吊民伐罪”为名，因以“吊伐”题书。

书又卷下设目，即卷一“与宋主书”、“答宋主书”、“白札子”、“南宋回书”、“白札子”、“又白札子”、“南宋誓书”、“回南宋国书”、

“回赐誓书”、“南宋国书”、“与南宋书草”、“报南宋获契丹昏主书”、“与宋阉人、河北、河东、陕西等处宣抚使、广阳郡王童贯书”、“牒南宋宣抚司问罪”、“元帅府左副元帅、右监军、右都监下所部事迹檄书”、“次事目札子”、“宋三省枢密院札子”、“回札子”、“宋主书”、“事目”、“回宋书”、“事目”、“回书誓文及差康王少宰出质”、“事目”、“回奏宋主”、“别上书”、“报进誓书及乞约束书”、“宋主致谢书及报因便附问”、“别幅”、“回谢宋主书”、“宋少主新立誓书”、“宋少主敕太原守臣诏”、“宋少主与左副元帅府报和书”、“别幅”[①]、“回谢书”、“宋主回书”、“别幅”、“遣计议使副及回谢书”、“遣李棁持宝货物折充金银书”、“又书”、“别幅”和“宋主为分画疆界书”；卷二“上宋主书”、“宋主回书”、“又书”、“再上书”、“宋主遣报谢使副回书”、“上书”、“别幅”、“宋主回谢书”、“又书”、“谢宋主饯礼书”、“别幅”、“宋主遣计议使副书”、“又乞放肃王书”、“宋主与左副元帅书”、“回宋主书”、“元帅府与宋三省枢密院事牒”、“与南宋书”、“元帅府再与宋三省枢密院牒”、“宋主回书”、“宋主再乞免割三镇书”、“别幅”、“左副元帅回书”、“两路元帅府差官问罪书”、“书外闻达事件”、“宋遣和议国信使副书”、“王云呈覆”、“宋再遣使乞免割三镇增岁币书”、“左副元帅回书”、“宋复遣使告免割三镇书”、“别幅”、“回南宋书”、“宋宣抚判官书”、“宋谢过书”、“别幅”、“宋宣抚司牒”、“都部署司回牒”、“宋宣抚判官书”、“宋复遣陈谢请和使书”、“别副”和“回答书外事件”；卷三“元帅府书”、“李若水状”、“冯澥状”、“宋主书”、“事目”、“宋主书”、“聂昌说谕河东士民”、“宋主与河北、河东敕”、“枢密院告谕两路指挥”、“元帅府与宋书”、“宋主乞免攻城书”、“又书”、“与宋主书”、“宋主遣仕□往议事宜书”、“仕□等充报谢使书”、“回宋主书”、“宋主差李仔充请命使文字”、“与宋主书”、

① 别幅，又作“别副”，即随表、书附送之礼物。

“宋主求哀书”、“宋求再造”、“宋求哀请命书”、“元帅与宋主书”、“宋主乞上皇不出书”、“宋主欲亲诣军前书”、“送蔡附马书”、“宋主降表”、“宋告谕合交割州府官吏军民指挥”、“宋主告收城上军文字”、“宋主降表”、“行府告谕两路抚慰指挥”、“宋主谢书”、“宋主贺行府元日书”、“宋主许面议书”、“废国取降诏”、“行府下前宋宰执举一人”、“孙傅等状乞复立废主第一状”、“孙傅等状乞立赵氏第二状”、“孙傅以下告立赵氏状第三状”、“孙傅等乞留皇太子监国状”、“帅府再下举人”、“军民耆老等状乞立赵氏”、“孙傅等状乞立赵氏第四状”、“孙傅状乞立赵氏第五状”、“又状”、“帅府再下札子”、“复下汴举人”、“张叔夜状乞立赵氏”、“乞命张邦昌治国状”、“秦桧状乞立赵氏”、“元帅府要秦桧惩断”、“依准制造、迎接等事状”和“议迁都状”；卷四“册大楚皇帝文”、“楚主与行府书”、“贺南楚书”、“楚主谢遣使书”、“回南楚书”、“楚复致书”、“行府与楚书”、“行府告谕亡宋诸路立楚文字”、“与楚计会陕西地书”、“楚回书”、“与楚减免银绢钱书”、“楚谢减银绢钱书”、“楚回书”、“元帅右监军与楚书”、“康王与帅府通问”、“康王书”、“回康王书”、“伐康王晓告诸路文字”、“差刘豫节制诸路总管、安抚晓告诸处文字”、“辽主耶律延禧降表”、“辽主谢免罪表”、“降封辽主为海滨王诏”、“辽主谢封海滨王表”、“郭药师拜降表”、“贺宋画河请和表”、“皇弟子木班贝勒杲等贺俘宋主表”、“左副元帅宗翰、右副元帅元望贺俘宋主表”、“降封昏德公诏”、“降封重昏侯诏”、“昏德公表”、“又谢表”、“重昏侯谢表”、“昏德公表”、“册大齐皇帝文”、“刘蜀王进封曹王制”和“曹王刘豫谢表”。

从设目来看，书之内容，主要是官府所存案牍；又按年编录，从天辅七年（1123）到天会五年（1127），包括灭辽破宋和立伪楚的国书、誓诏、册表、文状、指挥和牒檄之类往来文书。卷首述金太祖开国以来概况，卷尾附降封徽钦二帝、辽天祚帝诏书和受封者谢表。有些内容为宋方所不记，因出于金人之手，也可与宋人有关史传比对参照，对于研究宋金和战具有重要的史料价值。清人周中孚评价说："其书纪金太祖、太宗用兵克宋，故城'吊伐'，乃金人采故府案牍所编，与宋徐氏《三朝北盟会编》所载详略可以互考。"①

《大金吊伐录》成书后，久无刊刻，一直以抄本流传。至乾隆朝，编《四库全书》，收入"史部杂史类"，为永乐大典本。嘉庆十四年(1809)，收入《墨海金壶》，为虞山张氏照旷阁刊本。道光二十四年(1844)，收入《守山阁丛书》，为金山钱氏重编本。至民国，收入《四部丛刊三编》和《丛书集成初编》，分别为商务印书馆影印和排印，1985年后者又由中华书局重印，与王鹗《汝南遗事》合刊一册。1993年，又收入《中国野史集成》，由巴蜀书社影印。2001年，中华书局排印金少英校补本，是为现在最通行的版本。

刘祁与《归潜志》

刘祁（1203—1250），字京叔，号"神川遁士"，山西浑源人。早年为金太学生，随祖、父游宦于南京（今河南开封），结识了不少官场和文化名人。金亡后，他经河南、山东返归故里，筑室曰"归潜"，读书自娱。后来，又充山西东路考试官，还于征南行省辟置幕府。他长于史文，撰有《归潜志》和《神川遁士集》。

《归潜志》十四卷，另有附录一卷。今本卷首有刘氏自序，附录收入《金史》本传，王恽《浑源刘氏世德碑》，笔麈《归潜志序》，钱曾《读书敏求记》一则，赵穆、宋定国、李北苑、卢文弨和鲍廷博的跋文。自序云：

> 独念昔所与交游，皆一代伟人，人虽物故，其言论、谈

---

① 周中孚：《郑堂读书记》补逸卷9《史部·杂史类·大金吊伐录》，上海，上海书店，2009。

笑，想之犹在目。且其所闻所见可以劝戒规鉴者，不可使湮没无传，因暇日记忆，随得随书，题曰《归潜志》。“归潜”者，予所居之堂之名也。因名其书，以志岁月，异时作史，亦或有取焉。

从自序可知，刘书所记，主要是金代人物史事，而以堂名作书名，旨在“异时作史，亦或有取焉”。《归潜志》与元好问的《壬辰杂编》齐名，至元代修《金史》，确乎参阅过二书。在研究了有关史料之后，元代的史官认为：“凡《丛言》、《松漠记》、张棣《金志》等书皆无足取”[①]，“刘京叔《归潜志》与元裕之《壬辰杂编》二书，虽微有异同，而金末丧乱之事犹有足征者焉”[②]。后来，元书亡于明中叶，刘书的价值也就更突出了。四库馆臣即称：“谈金源遗事者，以此志与元好问《壬辰杂编》为最，《金史》亦并称之。《壬辰杂编》已佚，则此志尤足珍贵矣。”[③] 它详记金元之际的史事，“论金一代盛衰兴亡实为确当，足以备后世之殷鉴焉”[④]，有助于了解金朝由衰到亡的转折过程[⑤]。

书虽有卷无目，可又以类相从，编次很有条理。卷一至卷六，除首记金海陵王、宣孝太子、金章宗和金王公外，又记士大夫的经历、言行和诗文，略似人物小传；卷七至卷十，记金朝政治、艺文琐闻、轶事；卷十一记大梁被蒙古大军围困的始末；卷十二记崔立[⑥]叛变投敌、劫持

---

① 《金史·世纪》，北京，中华书局，1975。

② 《金史·完颜奴申传》，北京，中华书局，1975。

③ 《四库全书总目》卷141《〈归潜志〉提要》，北京，中华书局，1965。

④ 周中孚：《郑堂读书记》卷65《子部·小说家类·归潜志》，上海，上海书店，2009。

⑤ 宋德金：《刘祁与〈归潜志〉》，载《史学月刊》，1982（3）；王德朋：《论刘祁〈归潜志〉的史料价值》，载《社会科学辑刊》，2004（1）；夏英琳：《刘祁及其〈归潜志〉》，安徽大学历史文献学硕士论文（2009）。

⑥ 崔立（？—1234），山东西路德州（今属山东）人。蒙古军南下之际，他参加河北地主武装。天兴元年（1232），在汴京围城中，出任西面元帅；次年又杀宰相，立梁王承恪为监国。随后，与蒙古军议和，旋为部将李伯渊所杀。

群臣的经过，另附“辨亡”一篇和有关议论；卷十三记一些零星感想和读书心得，主要是处世的经验之谈，还附录麻革的《游龙山记》和刘祁的《书证类本草后》、《游西山记》、《游林虑西山记》、《北使记》，佚诗二首及逸事一则；卷十四记刘祁的《归潜堂记》和后人所作《归潜堂铭》，另有后人辑录的元人郝经《浑源刘先生哀辞》、王恽《追挽归潜刘先生》七律一首。

书中所记的金人诗文、官场糜烂和汴京沦陷，给人留下十分深刻的印象。像卷一记海陵王完颜亮有“大柄若在手，清风满天下”、“屯兵百万西湖上，立马吴山第一峰”之句，反映了他渴望秉政和力主南侵的夙愿；又卷四录王元节《明妃》诗云：“环佩魂归青冢月，琵琶声断黑河秋。汉家多少征边将，泉下相逢也自羞”，可谓意象俱佳。又卷七记金兵南渡以后，为政者无恢复之谋，上下以苟安为乐；各级官员，谄媚成风，隐瞒灾情和民间疾苦；遇事搪塞，互相推诿，号曰“养相体”；朝廷选人、用人，看重不露锋芒、软熟易制者，号曰“恐生事”，足见官场之腐败、糜烂。又像卷十二记大梁被围，金兵屡败，当朝者仓皇无计，金末帝欲自缢宫中，为人所救；城内百姓多饿死，出现了人吃人的现象。后来，崔立叛变降元，杀两执政，元兵入城，大肆焚掠，金朝遂亡。刘祁亲历了这些变故，所述见闻也就十分可信。另外，书中还谈及金末政教风俗的弊端，也发人深省。又卷十二《辨亡》，论及金玉与菽粟之用，刘氏感慨道：

> 金银珠玉，世人所甚贵，及遇凶年则不及菽粟，何哉？事有先后，势有缓急也。平时富贵之家，求一珠玉、犀象、玩好之物，至发粟出帛，唯恐其不得，将以充其室夸耀于人以自乐者，皆是也。壬辰岁，余在大梁时，城久被围，公私乏食，米一升至银二两余，殍死者相望。人视金银如泥土，使用不计。士庶之家，出其平日珠玉玩好、妆具环佩、锦绣衣衾，日陈于天津桥市中，唯博鬻升合米豆，以救朝夕。尝记余家一毳袍，

极致密鲜完，博米八斗，金钗易牛肉一肩，趣售之。以是知明君贵五谷而贱金玉，诚知其本也。古人云："薪如桂，米如珠。"岂虚言哉？

"重农贵粟"的思想，先秦以来早已有之。在这里，刘祁以他亲身经历，验证了菽粟重于珠玉的道理。

对刘书，清人周中孚评说道："其编次极有条理，实非随得随书者也。后来修《元史》者，亦颇取裁于是。此书乃小说体，不可以入杂史，惟其论金一代之盛衰兴亡实为确当，足以备后世之殷鉴焉。"[①] 晚清李慈铭也有好评："京叔多交京源名士，熟于掌故，其所闻见，足以传信。予尝谓说部之佳者，如《世说》、《语林》、《唐语林》、《国史补》，宋之《春明退朝录》，金之此书，元之《辍耕录》，皆足称小史，与他书之偶存故事者不同。惟京叔文笔颇拙，又世仕完颜，而以身久不第，于宣哀二宗，颇无怨词。幽兰之炬，青城之刑，千古惨变，而苛贬末帝，绝无哀痛之言，文人轻薄，可太息也；至其辨金之亡，不咎宣宗轻弃燕都，而摭拾浮谈，亦为非要。"[②]

这个评价总体上是不错的，不过，说他"文笔颇拙"，实际上正是刘书的优点。它不涉虚妄，不谈怪异，叙事朴厚无华，风格尤在金元其它笔记之上。[③]

《归潜志》成书后，于元代，先有孙和伯元刻本，另有元明抄本流传。至乾隆朝，编《四库全书》，收入"子部小说家类"，为浙江范懋柱天一阁家藏本。乾隆四十四年（1779），从莱阳太守赵起杲处，鲍廷博抄得十四卷本，收入《知不足斋丛书》，为长塘鲍氏刊本。民国二十三年（1934），收入《笔记小说大观》，由上海进步书局石印；1984 年，

① 周中孚：《郑堂读书记》卷 65《子部·小说家类·归潜志》，上海，上海书店，2009。

② 李慈铭：《越缦堂读书记·杂记·归潜志》，北京，中华书局，2006。

③ 刘叶秋：《历代笔记概述》，146 页，北京，北京出版社，2003。

又由广陵古籍刻印社重印。今人崔文印以鲍氏本为底本点校，1983 年由中华书局印行，收入《元明史料笔记丛刊》；今人黄益元以鲍氏本为底本点校，2012 年由上海古籍出版社排印，列入《历代笔记小说大观》，与姚桐寿《乐郊私语》同刊一册，是为现在最通行的版本。①

另外，像唐人段公路记岭南异物奇事的《北户②录》，莫休符记桂林物产民风的《桂林风土记》，韦述记长安、洛阳风物的《两京新记》，陆广微记吴地③山川、古迹、县邑和户口的《吴地记》，张著记南京宫室的《建康宫阙图》，樊宗师记私家园池的《绛守居园池记》，徐灵府记天台山地理、人文和传说的《天台山记》，樊绰、徐云虔、袁滋、韦齐、窦滂、卢携记安南、广西、云贵山川、风物和民情的《蛮书》、《南诏录》、《云南记》、《云南行记》、《云南别录》和《云南事状》，宋人耐得翁、西湖老人记杭州名胜的《都城纪胜》、《古杭梦游录》和《西湖老人繁胜录》，康与之记汴京、滑台人事的《昨梦录》，李格非记洛阳私家园林的《洛阳名园记》，周去非记岭南风土人情的《岭外代答》，赵万里记开禧二年（1206）南宋军民抗击金兵围攻襄阳事的《襄阳守城录》，赵与衮记嘉定十四年（1221）南宋军民抗击金军围攻蕲州事《辛巳泣蕲录》，这类偏于地理、纪游、叙事及异闻之作，也可归于历史笔记的范畴，对研究唐五代和宋辽金史，同样具有不可小觑的史料价值，也是有关地方文史研究的重要参考文献。

① 刘祁由金入蒙古，所以，论及金代和元代笔记，《归潜志》似可分别列入。

② 《尔雅·释地》："觚竹、北户、西王母、日下，谓之四荒。"东晋郭璞注："觚竹在北，北户在南。"北宋邢昺疏："北户者，即曰南郡是也。"

③ "吴地"之名，源于春秋之吴国，大略为今之苏南、浙北和皖南。

参考文献

后晋官修．旧唐书．北京：中华书局，1975
欧阳修．新唐书．北京：中华书局，1975
宋官修．旧五代史．北京：中华书局，1976
欧阳修．新五代史．北京：中华书局，1974
元官修．宋史．北京：中华书局，1977
元官修．辽史．北京：中华书局，1974
元官修．金史．北京：中华书局，1975
郑樵．通志略．北京：中华书局，1990
晁公武．郡斋读书志．上海：上海古籍出版社，2011
陈振孙．直斋书录解题．上海：上海古籍出版社，1987
马端临．文献通考．北京：中华书局，1986
清官修．四库全书总目．北京：中华书局，1965
余嘉锡．四库提要辨证．北京：中华书局，1980
张之洞．书目答问．北京：三联书店，1998
李慈铭．越缦堂读书记．北京：中华书局，2006

周中孚．郑堂读书记．上海：上海书店，2009
王重民．中国善本书提要．上海：上海古籍出版社，1986
梁启超．中国历史研究法．北京：中华书局，2011
梁启超．中国历史研究法补编．北京：中华书局，2010
梁启超．中国近三百年学术史．北京：商务印书馆，2011
鲁迅．中国小说史略．北京：中华书局，2010
程毅中．唐代小说史．北京：人民文学出版社，2003
程毅中．宋元小说研究．南京：江苏古籍出版社，1999
吴礼权．中国笔记小说史．台湾：商务印书馆，1993
郑宪春．中国笔记文史．长沙：湖南大学出版社，2004
陈平原．中国散文小说史．上海：上海人民出版社，2004
刘叶秋．历代笔记概述．北京：北京出版社，2003
刘叶秋．古典小说笔记论丛．天津：南开大学出版社，1985
汪辟疆．唐人小说．上海：古典文学出版社，1955
万曼．唐集叙录．北京：中华书局，1980
王国良．唐代小说叙录．台湾：嘉新水泥公司文化基金会，1979
王梦鸥．唐人小说校释．台湾：正中书局，1985
周勋初．唐人笔记小说考索．南京：江苏古籍出版社，1996
周勋初．唐代笔记小说叙录．南京：凤凰出版社，2008
卞孝萱．唐人小说与政治．厦门：鹭江出版社，2003
严杰．唐五代笔记考论．北京：中华书局，2009
张晖．宋代笔记研究．武汉：华中师范大学出版社，1993
王远征．宋代轶事小说研究．广州：暨南大学出版社，2008
梁太济．唐宋历史文献研究丛稿．上海：上海古籍出版社，2004
瞿林东．中国史学史纲．北京：北京出版社，1999
瞿林东．中国简明史学史．上海：上海人民出版社，2005
安作璋．中国古代史史料学．福州：福建人民出版社，1998

谢保成．隋唐五代史学．北京：商务印书馆，2007
黄永年．唐史史料学．上海：上海书店，2002
瞿林东．唐代史学论稿．北京：北京师范大学出版社，1989
朱瑞熙，程郁．宋史研究．福州：福建人民出版社，2006
李锡厚，白滨．辽西夏金史研究．福州：福建人民出版社，2005
张舜徽．中国历史文献学九讲．北京：中华书局，2011
黄爱平．中国历史文献学．北京：中国人民大学出版社，2010

后　记

乾隆十四年（1749），郑燮说过这样的话："板桥诗文，最不喜求人作叙。求之王公大人，既以借光为可耻；求之湖海名流，必至含讥带讪，遭其荼毒而无可如何，总不如不叙为得也。"[①] 这个因书"难得糊涂"字幅而名噪天下的人，我看一点儿也不糊涂，至少我也希望有他一样的感怀。这么些年，我已写过不下于十本书，可又从不曾求人作序以暗抬身价，大略也是出于他的这种心思。所以，一如既往，略作一篇后记，依旧还是自话自说。

予自弱冠，初识史学，即好笔记。我不爱热闹，好蜗居在家。以教书为美，以读书为乐，以写书为快，美乐快事，岂不妙哉？

与《元明历史笔记论丛》和《清代历史笔记论丛》一样，这部书写于北京与西宁来回奔波之中，二地大略成之各半。在西宁之简易居处，因年久失修，由春至秋，雨大渗水，墙、顶浸湿过半，陋室俨然又成漏室。而识学天大，演绎春秋，笔耕事忙，也就顾不上这种窘境了。

---

① 郑燮：《郑板桥集·十六通家书小引》，上海，上海古籍出版社，1962。

再者说，先贤有云：“君子居之，何陋之有？”我今居之，又何怨之漏？

三年前，计划研究历史笔记，可又涉水太深。《唐宋历史笔记论丛》、《元明历史笔记论丛》、《清代历史笔记论丛》和《中国历史笔记通论》四书，算得上是一个完善而又庞大的工程。这些年日以继夜、夜以继日，而今总算交付出三部“论丛”，可又弄得“衣带渐宽”，也可谓“作茧自缚”、“自作自受”。

比之《元明历史笔记论丛》和《清代历史笔记论丛》，《唐宋历史笔记论丛》一书，涉及时空跨度要大很多，牵扯到有关人事也要复杂一些，远且不说，光是有关书文的检索、阅读和消化，即已耗费了不少的时日。小女对唐宋文史很有兴趣，做了大量消化资料、厘定条目和阅校文稿的工作。完稿搁笔之际，总算是长舒了一口气。不过，毕竟还有一部“通论”还列队于后，不作和缓作难以心安，也很难让这个系列真正体现出价值来。所以，今岁来年，我恐怕还不得不“蛮拼”一把了。

而今之《唐宋历史笔记论丛》，仍由青海民族大学民族学与社会学学院资助出版，又还是忝列学院之“民族学博士点建设文库”，允我再一次感谢院首马成俊、乔文良和先巴君的一贯督促。而让小书得以顺利付梓，又还是获益于民族出版社编辑用力纠偏，悉心补弊，从而避免了很多瑕疵；我编校过有关古书文字的稿件，深知这是一件吃力难讨好的苦差事，在此，我由衷地表达对他们的致谢之情。言虽有尽，而感怀无穷，是为记。

姚继荣

2015年夏于北京成寿寺南绿萝斋